Die grenzüberschreitende Sitzverlegung von Gesellschaften innerhalb der Europäischen Union – eine Analyse anhand der Niederlassungsfreiheit

Forum Unternehmens-, Steuer- und Bilanzrecht

Deutsche, europäische und internationale Rechtsfragen
Herausgegeben von Oliver Fehrenbacher / Michael Stöber

Band 14

PETER LANG

Adrian Druzga

Die grenzüberschreitende Sitzverlegung von Gesellschaften innerhalb der Europäischen Union – eine Analyse anhand der Niederlassungsfreiheit

PETER LANG

Bibliografische Information der Deutschen Nationalbibliothek
Die Deutsche Nationalbibliothek verzeichnet diese Publikation in der Deutschen Nationalbibliografie; detaillierte bibliografische Daten sind im Internet über http://dnb.d-nb.de abrufbar.

Zugl.: Kiel, Univ., Diss., 2019

Gedruckt auf alterungsbeständigem, säurefreiem Papier.
Druck und Bindung: CPI books GmbH, Leck

D 8
ISSN 2366-293X
ISBN 978-3-631-80321-9 (Print)
E-ISBN 978-3-631-81204-4 (E-PDF)
E-ISBN 978-3-631-81205-1 (EPUB)
E-ISBN 978-3-631-81206-8 (MOBI)
DOI 10.3726/b16544

Peter Lang – Berlin · Bern · Bruxelles · New York · Oxford · Warszawa · Wien

Diese Publikation wurde begutachtet.

www.peterlang.com

Vorwort

Die vorliegende Arbeit ist im Sommersemester 2019 vom Fachbereich Rechtswissenschaften der Christian-Albrechts-Universität zu Kiel als Dissertation angenommen worden.

Zuallererst danke ich meinem Doktorvater Herrn Prof. Dr. Michael Stöber, der die Arbeit stets hilfsbereit betreut und das Erstgutachten erstellt hat. Bei Herrn Prof. Dr. Bernhard Kreße bedanke ich mich für die Anfertigung des Zweitgutachtens und für seine sehr wertvollen Anregungen.

Darüber hinaus danke ich Herrn Prof. Dr. Oliver Fehrenbacher und Herrn Prof. Dr. Michael Stöber für die Aufnahme in die Schriftenreihe Forum Unternehmens-, Steuer- und Bilanzrecht – Deutsche, europäische und internationale Rechtsfragen.

Meiner Kollegin Christine Reichert und meinem Kollegen Fabian Tönnies danke ich für die Unterstützung beim Korrekturlesen und für ihre nützlichen Anregungen.

Nicht zuletzt danke ich insbesondere meiner Frau Bianca für ihre Geduld, ihre immerwährende Unterstützung und Liebe. Ohne sie wäre die Anfertigung der Arbeit nicht möglich gewesen.

Ferner danke ich meinen Eltern Joanna und Artur, meiner Schwester Jessica und meinen Großeltern Rosa und Erich sowie Maria und Bronisław für den stetigen Rückhalt in jeder Lebenslage. Dank gebührt ebenfalls meinen Schwiegereltern Barbara und Andreas.

Für die Drucklegung sind Rechtsprechung und Literatur auf den Stand von August 2019 gebracht worden.

Dortmund, im August 2019 Adrian Druzga

Inhaltsverzeichnis

Abkürzungsverzeichnis

– a.A.	andere Ansicht(en)
– ABl.	Amtsblatt
– Abs.	Absatz/Absätze
– aE	am Ende
– AG	Aktiengesellschaft
– allg.	allgemein
– Anh.	Anhang
– Anm.	Anmerkung
– Aufl.	Auflage
– Bd.	Band
– bez.	bezüglich
– Bsp.	Beispiel
– bspw.	beispielsweise
– bzw.	beziehungsweise
– ca.	circa
– d.h.	das heißt
– Darst.	Darstellung
– dt.	deutsch
– Einl.	Einleitung
– engl.	englisch
– EU	Europäische Union
– EuR	Europarecht
– Fn.	Fußnote
– frz.	französisch
– FS	Festschrift
– GA	Generalanwalt
– ggf.	gegebenenfalls
– GmbH	Gesellschaft mit beschränkter Haftung
– grds.	grundsätzlich
– idS	in diesem Sinne
– iE	im Ergebnis
– insb.	insbesondere
– Int.	international
– iRv	im Rahmen von
– iSd	im Sinne des/der
– iSe	im Sinne eines/einer
– iSv	im Sinne von
– KG	Kommanditgesellschaft
– Kom.	Kommission
– lit.	littera

- lt. laut
- Ltd. Limited
- m. Verw. mit Verweis
- m.w.N. mit weiteren Nachweisen
- Nr. Nummer
- RbaGes Rechtsvorschriften über beherrschte ausländische Gesellschaften
- Rn. Randnummer
- Rs. Rechtssache
- S. siehe
- s.a. siehe auch
- s.a.o. siehe auch oben
- SCE Societas Cooperativa Europaea
- SE Societas Europaea
- s.o. siehe oben
- sog. sogenannt/sogenannte
- sys. systematisch(e)
- UG Unternehmergesellschaft
- u.A. unter Anderem
- u.v.m. und viele mehr
- Urt. Urteil
- v. von
- verb. verbunden
- versch. verschieden(e)
- VO Verordnung
- Vorb. Vorbemerkung
- z.B. zum Beispiel
- zw. zwischen
- zzt. zurzeit

Für alle sonstigen Abkürzungen wird auf das Abkürzungsverzeichnis der Rechtssprache von Hildebert Kirchner in der 8. Auflage 2015 verwiesen.

A. Einleitung

Die grenzüberschreitende Sitzverlegung ist ein Thema, welches die juristische Literatur seit Jahrzehnten bewegt und einige europäische und nationale Leitentscheidungen sowie zahlreiche Kommentierungen hervorbrachte. Diese Arbeit analysiert diese Thematik anhand der Niederlassungsfreiheit und soll einen primär europarechtlichen Blick auf die Materie ermöglichen. Die Diskussion um die Mobilität von Gesellschaften ist ansonsten vielfach von einer eher nationalen Betrachtungsweise geprägt. Die Arbeit blendet dabei nationale Gesichtspunkte und insbesondere das nationale Gesellschaftsrecht nicht aus, da sich die Sitzverlegung unter der Niederlassungsfreiheit im Schnittfeld zwischen nationalem und Europarecht vollzieht. Allerdings wird der Schwerpunkt bewusst auf die europarechtliche Dimension und die Dogmatik der Niederlassungsfreiheit gelegt.

Zunächst werden eingehend der Inhalt, die Wirkung und die Prüfung der Niederlassungsfreiheit vorgestellt, da sie den Maßstab der Analyse darstellt (B.). Dabei wird bereits auf die Unterschiede zwischen juristischen und natürlichen Personen hingewiesen. Daraufhin werden die grenzüberschreitende Sitzverlegung erläutert und ihre verschiedenen Ausprägungsformen aufgezeigt (C.). Für das Verständnis der Niederlassungsfreiheit von Gesellschaften ist ein Blick auf Art. 54 AEUV, seine Wirkungsweise und sein Verhältnis zum Internationalen Privatrecht der Mitgliedstaaten unumgänglich (D.). Hierauf gründet sich eine Vielzahl von Problemen der grenzüberschreitenden Sitzverlegung.

Aufgrund bisher fehlender sekundärrechtlicher Harmonisierung der Sitzverlegung und mannigfaltiger Unterschiede in den gesellschaftsrechtlichen Regelungen der Mitgliedstaaten kam und kommt der Rechtsprechung des Europäischen Gerichtshofs zur Sitzverlegung von Gesellschaften eine herausragende Bedeutung zu.[1] Die Leitfälle und ihre kritische Bewertung in der Literatur werden deshalb äußerst intensiv anhand von besonders relevanten Themengebieten vorgestellt (E.). Dabei wird zumeist die Perspektive der unmittelbaren Zeit nach den Urteilen eingenommen. Dies soll die Entwicklung der Rechtsprechung und die Auseinandersetzung innerhalb der Literatur deutlich machen sowie aufzeigen, wie sich bestimmte Themenkomplexe entwickelt haben und ob Problemfelder möglicherweise aufgelöst wurden oder weiter bestehen. Auch wird so nach und nach der derzeitige Stand der Niederlassungsfreiheit und der Sitzverlegung deutlich.

Es folgt eine Zusammenfassung der Ergebnisse der Rechtsprechung zum Gehalt der Niederlassungsfreiheit hinsichtlich der Sitzverlegung von Gesellschaften nach den einzelnen Formen und jeweils aus Zuzugs- und Wegzugsperspektive erläutert (F.). Diese Ergebnisse, die nicht immer den Wortlaut der Normen widerspiegeln, werden eingehend anhand von Art. 49, 54 AEUV analysiert und bewertet (G.).

---

1 S. exemplarisch *Forsthoff*, EuZW 2015, 248 ff.

Darauf aufbauend wird ein potenzielles System der „Mobilitätsfreiheit" unter der Niederlassungsfreiheit vorgestellt (H.). Es soll – anders als die bisherige Rechtsprechung – umfassend alle Formen der Sitzverlegung, unabhängig von der Perspektive des Weg- oder Zuzugs einer Gesellschaft, schützen und ein dogmatisch stringentes, mit den anderen Grundfreiheiten konvergentes, vor allem rechtfertigungsbasiertes Modell der Mobilität von Gesellschaften unter der Niederlassungsfreiheit aufzeigen. Hierbei werden einzelne aufgezeigte Problemfelder (E., G.) insbesondere innerhalb der Verhältnismäßigkeitsprüfung aufgegriffen und einem handhabbaren Mechanismus zugeführt. Dieses System beansprucht, im Hinblick auf den derzeitigen Stand der Binnenmarktintegration keine absolute Richtigkeit, sondern soll nur eine andere Form der Problemlösung darstellen. Abschließend folgt ein kurzes, thesenartiges Resümee der wesentlichen Ergebnisse (I.).

B. Die Niederlassungsfreiheit

I. Das Ziel der Niederlassungsfreiheit

Als Personenverkehrsfreiheit ist die Niederlassungsfreiheit Teil des funktionierenden Binnenmarktes (Art. 26 Abs. 2 AEUV).[2] Sie schützt nach Art. 49, 54 AEUV die freie Wahl des Standorts natürlicher und juristischer Personen[3] und eröffnet den unternehmerischen Standortwettbewerb.[4] Die Unternehmer sollen den Ort ihrer Niederlassung im europäischen Binnenmarkt nur anhand wirtschaftlich rationaler Kriterien wählen.[5] Dies wird in aller Regel der Ort sein, welcher die günstigsten Rahmen-, d.h. Rechts-, Umwelt-, Investitions-, und Strukturbedingungen bietet.[6]

II. Der Schutzbereich der Niederlassungsfreiheit

Der Schutzbereich der Niederlassungsfreiheit kann wie bei jeder Grundfreiheit in den sachlichen, persönlichen, räumlichen und zeitlichen Schutzbereich unterteilt werden.[7]

1. Der sachliche Schutzbereich

Der sachliche Schutzbereich ist eröffnet, sofern die Grundfreiheiten anwendbar sind, ein grenzüberschreitender Bezug sowie eine sachlich geschützte Tätigkeit vorliegen und weder eine Bereichsausnahme noch eine missbräuchliche Inanspruchnahme der Grundfreiheit einschlägig ist.[8]

---

2 *Forsthoff* in: Grabitz/Hilf/Nettesheim, Recht der EU, Art. 49 AEUV, Rn. 4; *Kingreen* in: v. Bogdandy/Bast, EU-Verfassungsrecht, S. 718.

3 *Streinz*, EuR, Rn. 938; *Herdegen*, EuR, § 16, Rn. 22; *Möslein*, JA 2007, 833 (834 f.).

4 *Müller-Graff* in: Streinz, EUV/AEUV, Art. 49 AEUV, Rn. 5; *Korte* in: Calliess/Ruffert, EUV/AEUV, Art. 49 AEUV, Rn. 1; *Ego* in: MüKo AktG, Bd. 7, B., Rn. 2.

5 *Tietje* in: Ehlers, EU-Grundrechte und -freiheiten, § 10, Rn. 2; *Hobe*, EuR, Rn. 837; *Thiermann*, Verschmelzungen, S. 119.

6 *Ludwigs* in: Dauses/Ludwigs, HB EU-Wirtschaftsrecht, E. I., Rn. 2; *Tiedje* in: v.d. Groeben/Schwarze/Hatje, EuR, Vorb. Art. 49–55 AEUV, Rn. 4.

7 *Ehlers* in: Ehlers, EU-Grundrechte und -freiheiten, § 7, Rn. 70; *Frenz*, HB EuR, Bd. 1: Grundfreiheiten, Rn. 388, 415; *Streinz*, EuR, Rn. 815, 820, 822 (ohne zeitlichen SB).

8 *Ehlers* in: Ehlers, EU-Grundrechte und -freiheiten, § 7, Rn. 71 ff.; ähnlich *Manger-Nestler/Noack*, JuS 2013, 503 und Oppermann/*Classen*/Nettesheim, EuR, § 22, Rn. 10.

a) Anwendbarkeit der Niederlassungsfreiheit

Das Europäische Niederlassungsrecht ist, ähnlich wie die Freizügigkeit der Arbeitnehmer, sehr weitgehend sekundärrechtlich harmonisiert.[9] Die Niederlassungsfreiheit findet keine Anwendung, sofern eine nach Art. 288 AEUV abschließende Regelung ergangen ist, welche die Grundfreiheit nach dem Lex-Specialis-Grundsatz verdrängt.[10]

b) Grenzüberschreitender Bezug

Die Grundfreiheiten entfalten ihre Schutzwirkung nur bei Sachverhalten mit Auslandsbezug.[11] Für die Niederlassungsfreiheit ist dies bereits im Wortlaut des Art. 49 AEUV angelegt: „Beschränkungen...eines Mitgliedstaats im Hoheitsgebiet eines anderen Mitgliedstaats sind...verboten."[12] Eine reine Inländerdiskriminierung, ergo eine Schlechterstellung von Inländern gegenüber Ausländern, insbesondere in Folge einer Abschaffung bereits festgestellter Diskriminierungen oder Beschränkungen, gehört nicht zum Anwendungsbereich der Niederlassungsfreiheit.[13] Der EuGH ließ ehemals nur potenzielle Grenzübertritte nicht ausreichen.[14] Die Anforderungen an die Auslandsberührung sind allerdings mehr und mehr aufgeweicht worden, sodass nunmehr auch hypothetische Grenzüberschreitungen genügen.[15] Es ist darauf hinzuweisen, dass sich die Niederlassungsfreiheit einerseits gegen den Aufnahmestaat (Zuzugsfall) und andererseits auch gegen den Herkunftsstaat (Wegzugsfall) richten kann.[16]

c) Die sachlich geschützte Tätigkeit

Der Begriff der Niederlassung wird im AEUV nicht legal definiert, sondern allenfalls umschrieben.[17] Nach Art. 49 AEUV „umfasst die Niederlassungsfreiheit die

---

9 S. bspw. für das EU-Gesellschaftsrecht *Grundmann*, EU-GesR, § 31, Rn. 1132; *Herdegen*, EuR, § 16, Rn. 36; *Kilian/Wendt*, EU-WirtschaftsR, Rn. 289 für das Arbeitsrecht.

10 *Frenz*, HB EuR, Bd. 1: Grundfreiheiten, Rn. 382; *Manger-Nestler/Noack*, JuS 2013, 503; *Ehlers* in: Ehlers, EU-Grundrechte und -freiheiten, § 7, Rn. 8, 72.

11 EuGH, Urt. v. 28.06.1984, Rs. 180/83, ECLI:EU:C:1984:233, Rn. 15 – Moser; *Cramer*, Jura 2015, 39 (43); *Frenz*, EuR, Rn. 229; *Kilian/Wendt*, EU-WirtschaftsR, Rn. 232.

12 *Streinz*, EuR, Rn. 845; *Korte* in: Calliess/Ruffert, EUV/AEUV, Art. 49 AEUV, Rn. 1.

13 Oppermann/Classen/*Nettesheim*, EuR, § 28, Rn. 19; *Müller-Graff* in: Streinz, EUV/AEUV, Art. 49 AEUV, Rn. 20.

14 Bspw. EuGH, Urt. v. 28.06.1984, Rs. 180/83, ECLI:EU:C:1984:233, Rn. 18 – Moser.

15 *Lippert*, ZEuS 2014, 273 (280 f.), m. Verw. auf „Goldene-Aktien"-Urteile EuGH, Urt. v. 04.06.2002, Rs. C-483/99, ECLI:EU:C:2002:327, Rn. 41 – Kom./Frankreich; EuGH, Urt. v. 28.09.2006, Rs. C-282, 283/04, ECLI:EU:C:2006:608, Rn. 20 – Kom./Niederlande.

16 *Tietje* in: Ehlers, EU-Grundrechte und -freiheiten, § 10, Rn. 39.

17 *Forsthoff* in: Grabitz/Hilf/Nettesheim, Recht der EU, Art. 49 AEUV, Rn. 16; *Tiedje* in: v.d. Groeben/Schwarze/Hatje, EuR, Art. 49 AEUV, Rn. 1; *Hobe*, EuR, Rn. 840, S. Fn. 287.

Aufnahme und Ausübung selbstständiger Erwerbstätigkeiten sowie die Gründung und Leitung von Unternehmen...nach den Bestimmungen des Aufnahmestaats...". Der EuGH liest aus dieser Formulierung die folgenden Voraussetzungen für eine Niederlassung iSd Art. 49 AEUV heraus: Eine Niederlassung umfasst die tatsächliche Ausübung einer selbstständigen, wirtschaftlichen Tätigkeit durch eine feste Einrichtung auf unbestimmte Zeit, welche eine Eingliederung in die nationale Volkswirtschaft des Mitgliedstaates impliziert.[18] Der Begriff der Niederlassung ist weit auszulegen.[19]

Die Niederlassungsfreiheit erfordert eine wirtschaftliche Erwerbstätigkeit. Die Tätigkeit muss auf einen Erwerbszweck gerichtet sein, wobei weder Gewinnerzielungsabsicht noch Deckung des Lebensunterhalts notwendig, aber in jedem Fall ausreichend sind.[20] Auch können religiöse, gemeinnützige, politische, kulturelle oder sportliche Tätigkeiten im Einzelfall vom Schutzbereich der Niederlassungsfreiheit erfasst sein, sofern sie erwerbsorientiert durchgeführt werden und damit Teil des Wirtschaftslebens sind.[21] Die Tätigkeit muss keinem Berufsbild zugeordnet werden können.[22] Auch sittenwidrige und verbotene Tätigkeiten fallen im Grundsatz in den Anwendungsbereich der Niederlassungsfreiheit.[23] Dies entspricht dem Effet-Utile-Grundsatz, wonach das Europarecht möglichst weite Geltung beanspruchen soll.[24] Eine Korrektur dieser Problematik ist sodann im Einzelfall auf Rechtfertigungsebene möglich.[25] Eine allenfalls faktische Ausnahme vom Schutz der Niederlassungsfreiheit besteht nur dort, wo eine Tätigkeit in allen Mitgliedstaaten verboten ist.[26]

Es muss sich des Weiteren um eine selbstständige Tätigkeit handeln. Diese liegt vor, wenn jemand weisungsunabhängig, in eigener Verantwortung und auf eigenes

---

18 EuGH, Urt. v. 11.12.2007, Rs. C438/05, ECLI:EU:C:2007:772, Rn. 70 – Viking; EuGH, Urt. v. 30.11.1995, Rs. C-55/94, ECLI:EU:C:1995:411, Rn. 25 – Gebhard; EuGH, Urt. v. 25.07.1991, Rs. C-221/89, ECLI:EU:C:1991:320, Rn. 20 – Factortame II.

19 Oppermann/Classen/*Nettesheim*, EuR, § 28, Rn. 16; *Forsthoff* in: Grabitz/Hilf/Nettesheim, Recht der EU, Art. 49 AEUV, Rn. 16; *Demleitner*, SteuK 2011, 360 (361).

20 *Korte* in: Calliess/Ruffert, EUV/AEUV, Art. 49 AEUV, Rn. 12; *Frenz*, HB EuR, Bd. 1: Grundfreiheiten, Rn. 2203 ff.; *Forsthoff* in: Grabitz/Hilf/Nettesheim, Recht der EU, Art. 49 AEUV, Rn. 20; *Borchardt*, EU-Rechtsgrundlagen, Rn. 1043.

21 *Müller-Graff* in: Streinz, EUV/AEUV, Art. 49 AEUV, Rn. 12; *Ludwigs* in: Dauses/Ludwigs, HB EU-Wirtschaftsrecht, E. I., Rn. 18.

22 *Korte* in: Calliess/Ruffert, EUV/AEUV, Art. 49 AEUV, Rn. 13.

23 *Frenz*, HB EuR, Bd. 1: Grundfreiheiten, Rn. 2215; *Tietje* in: Ehlers, EU-Grundrechte und -freiheiten, § 10, Rn. 23.

24 *Bergmann*, HL EU, Effet Utile; *Potacs*, EuR 2009, 465 (467 f.); *Streinz*, EuR, Rn. 461; *Hakenberg*, EuR, Rn. 232; *Herdegen*, EuR, § 10, Rn. 35.

25 *Tietje* in: Ehlers, EU-Grundrechte und -freiheiten, § 10, Rn. 23; *Ludwigs* in: Dauses/Lud-wigs, HB EU-Wirtschaftsrecht, E. I., Rn. 19.

26 *Frenz*, HB EuR, Bd. 1: Grundfreiheiten, Rn. 2217 ff.; ähnlich *Tiedje* in: v.d. Groeben/Schwarze/Hatje, EuR, Art. 49 AEUV, Rn. 68.

Risiko tätig wird.[27] Das Merkmal der Selbstständigkeit grenzt die Niederlassungsfreiheit (Art. 49 AEUV) von der Arbeitnehmerfreizügigkeit (Art. 45 AEUV) ab – ein Arbeitnehmer ist den Weisungen seines Vorgesetzten unterworfen.[28] Die Führungskräfte eines Unternehmens sind in ihrer Tätigkeit, sofern sie eine bestimmte Entscheidungsgewalt innehaben, von der Niederlassungsfreiheit geschützt, ohne bestimmte Partizipationsrechte jedoch von der Arbeitnehmerfreizügigkeit.[29]

Die in der Rechtssache Factortame II entwickelte und im Urteil Vale erneut aufgegriffene Definition der Niederlassung beinhaltet auch die „tatsächliche Ausübung" einer Wirtschaftstätigkeit (s.o.).[30] Ob es sich hier allerdings um ein ausschließendes Tatbestandsmerkmal oder um eine auf der Rechtfertigungsebene zu berücksichtigende Tatsache handelt, ist noch umstritten.[31] Dies beruht insbesondere auf systematischen Widersprüchen innerhalb zweier EuGH-Urteile. Es ist weiterhin umstritten, weil die „Ausübung einer tatsächlichen Tätigkeit" in der Rechtssache Cadbury Schweppes erst auf Rechtfertigungsebene geprüft wurde und im Urteil Vale unter dem Prüfungspunkt „Vorliegen einer Beschränkung und... Rechtfertigung". Allerdings verweist der EuGH auch immer auf den Begriff der Niederlassung,[32] was wiederum für die Annahme eines Tatbestandsmerkmals spricht. Dieser Streitpunkt wird im weiteren Verlauf noch behandelt.

Die tatsächliche Ausübung einer Wirtschaftstätigkeit ist bereits Ausdruck der Funktion der Niederlassungsfreiheit.[33] Abstrakte Kriterien für das Vorliegen einer tatsächlichen Tätigkeit am Standort sind nur schwer zu entwickeln.[34] Allenfalls Indizien können Personal oder Infrastruktur sein.[35] Ob am Ort der Niederlassung tatsächliche Aktivität herrscht, ist mit einem Vergleich zwischen

---

27 Oppermann/Classen/*Nettesheim*, EuR, § 28, Rn. 17; *Hobe*, EuR, Rn. 840; *Frenz*, EuR, Rn. 292; *Bergmann*, HL EU, Niederlassungsfreiheit.

28 *Knop*, Gesellschaftsstatut, S. 91; *Forsthoff* in: Grabitz/Hilf/Nettesheim, Recht der EU, Art. 49 AEUV, Rn. 20; *Müller-Graff* in: Streinz, EUV/AEUV, Art. 49 AEUV, Rn. 14.

29 *Frenz*, HB EuR, Bd. 1: Grundfreiheiten, Rn. 2221; *Tiedje* in: v.d. Groeben/Schwarze/Hatje, EuR, Art. 49 AEUV, Rn. 56.

30 EuGH, Urt. v. 25.07.1991, Rs. C-221/89, ECLI:EU:C:1991:320, Rn. 20 – Factortame II; EuGH, Urt. v. 12.07.2012, Rs. C-378/10, ECLI:EU:C:2012:440, Rn. 34 – Vale.

31 Für eine Prüfung im Tatbestand bspw.: *Kindler*, EuZW 2012, 888 (891); *Böttcher/Kraft*, NJW 2012, 2701 (2703); *v. Hein* in: MüKo BGB, Bd. 11, Art. 3 EGBGB, Rn. 107; a.A. bspw.: *Bayer/Schmidt*, ZIP 2012, 1481 (1486); *Drygala*, EuZW 2013, 569 (570).

32 EuGH, Urt. v. 12.07.2012, Rs. C-378/10, ECLI:EU:C:2012:440, Rn. 34 – Vale; EuGH, Urt. v. 12.09.2006, Rs. C-196/04, ECLI:EU:C:2006:544, Rn. 54 – Cadbury Schweppes.

33 *Korte* in: Calliess/Ruffert, EUV/AEUV, Art. 49 AEUV, Rn. 1, 32; *Roth*, EuZW 2010, 607 (608).

34 *Forsthoff* in: Grabitz/Hilf/Nettesheim, Recht der EU, Art. 49 AEUV, Rn. 24; *Wassermeyer/Schönfeld*, GmbHR 2006, 1065 (1071).

35 EuGH, Urt. v. 12.09.2006, Rs. C-196/04, ECLI:EU:C:2006:544, Rn. 67 f. – Cadbury Schweppes; zustimmend: *Axer*, IStR 2007, 162 (164 f.).

Investitionsumfang und wirtschaftlicher Tätigkeit zu ermitteln.[36] Sofern es gänzlich an Aktivitäten fehlt, ist das Merkmal in jedem Fall nicht erfüllt.[37]

Eine Niederlassung bedarf auch einer festen Einrichtung auf unbestimmte Zeit im Zielmitgliedstaat. Hier soll die Niederlassungs- wiederum von der Dienstleistungsfreiheit (Art. 56 AEUV) abgegrenzt werden.[38] Eine „Niederlassung ohne Niederlassung" (ohne Infrastruktur) kann es nicht geben.[39] Musterbeispiele für eine feste Einrichtung sind Fabrik-, Lager- und Büroräume.[40] Bei atypischen Infrastrukturen wie etwa Schiffen, Kraftfahr- oder Flugzeugen muss ein bestimmter Grad an Organisation hinzutreten.[41] Es werden ansonsten aber keine hohen Hürden für das Merkmal der festen Einrichtung aufgestellt. Es soll nur die Möglichkeit schaffen, in stabiler und kontinuierlicher Weise am staatlichen Wirtschaftsleben teilzunehmen.[42] Die bloße Unterhaltung von Websites, Telefonanschlüssen oder Mailadressen genügt daher nicht.[43] Allerdings ist eine feste Einrichtung allein auch nicht ausreichend.[44] Ein Dienstleistungserbringer kann im Zielstaat ebenfalls mittels gewisser Infrastruktur über einen bestimmten längeren Zeitraum, Leistungen erbringen und somit unter die Dienstleistungsfreiheit fallen.[45]

Hinzukommen muss eine gewisse Dauer der Tätigkeitsausübung. Die Dienstleistungsfreiheit schützt nur die vorübergehende Erbringung wirtschaftlicher Tätigkeiten.[46] Welche Dauer für eine Niederlassung notwendig ist, lässt sich allerdings nicht genau bestimmen. Die Rechtsprechung hat über die Jahre einen „Strauß" an Kriterien (Häufigkeit, regelmäßige Wiederkehr, Kontinuität der Leistungserbringung) entwickelt, welcher für die Abgrenzung zwischen den Grundfreiheiten

---

36 *Korte* in: Calliess/Ruffert, EUV/AEUV, Art. 49 AEUV, Rn. 32; eine Art Substanztest sehen *Sedemund*, BB 2006, 2118 (2120) und *Kraft/Bron*, RIW 2006, 209 (212 f.) vor.

37 *Forsthoff* in: Grabitz/Hilf/Nettesheim, Recht der EU, Art. 49 AEUV, Rn. 24.

38 *Ludwigs* in: Dauses/Ludwigs, HB EU-Wirtschaftsrecht, E. I., Rn. 36; *Müller-Graff* in: Streinz, EUV/AEUV, Art. 49 AEUV, Rn. 21; *Mitterecker*, Sitzverlegungen, S. 37.

39 *Korte* in: Calliess/Ruffert, EUV/AEUV, Art. 49 AEUV, Rn. 25.

40 *Tiedje* in: v.d. Groeben/Schwarze/Hatje, EuR, Art. 49 AEUV, Rn. 12; *Müller-Graff* in: Streinz, EUV/AEUV, Art. 49 AEUV, Rn. 18.

41 *Forsthoff* in: Grabitz/Hilf/Nettesheim, Recht der EU, Art. 49 AEUV, Rn. 36.

42 *Müller-Graff* in: Streinz, EUV/AEUV, Art. 49 AEUV, Rn. 18; *Herdegen*, EuR, § 16, Rn. 22; *Mitterecker*, Sitzverlegungen, S. 37.

43 *Tiedje* in: v.d. Groeben/Schwarze/Hatje, EuR, Art. 49 AEUV, Rn. 12; *Korte* in: Calliess/Ruffert, EUV/AEUV, Art. 49 AEUV, Rn. 25.

44 *Tietje* in: Ehlers, EU-Grundrechte und -freiheiten, § 10, Rn. 28; *Müller-Graff* in: Streinz, EUV/AEUV, Art. 49 AEUV, Rn. 16; *Streinz*, EuR, Rn. 943.

45 *Mitterecker*, Sitzverlegungen, S. 36; *Ludwigs* in: Dauses/Ludwigs, HB EU-Wirtschaftsrecht, E. I., Rn. 41, 57; *Korte* in: Calliess/Ruffert, EUV/AEUV, Art. 49 AEUV, Rn. 26.

46 *Frenz*, HB EuR, Bd. 1: Grundfreiheiten, Rn. 2227; *ders.*, EuR, Rn. 295; *Hobe*, EuR, Rn. 841; *Knop*, Gesellschaftsstatut, S. 91; Oppermann/Classen/*Nettesheim*, EuR, § 28, Rn. 7.

Indizwirkung entfaltet.[47] Am Ende sind alle Elemente in einer Gesamtschau im jeweiligen Einzelfall zusammenzutragen und gegeneinander abzuwägen.[48] Es kommt für die Annahme einer Niederlassung schlussendlich darauf an, ob mit der Tätigkeitsausübung eine Eingliederung in die mitgliedstaatliche Volkswirtschaft einhergeht.[49]

d) Bereichsausnahme

Die Niederlassungsfreiheit beinhaltet in Art. 51 Abs. 1 AEUV eine Bereichsausnahme für Tätigkeiten, die „mit der Ausübung öffentlicher Gewalt verbunden sind". Eine Bereichsausnahme verschließt bei Einschlägigkeit bereits den Schutzbereich der jeweiligen Grundfreiheit.[50] Der EuGH legt Bereichsausnahmen wegen ihres Ausnahmecharakters im Grundsatz eng aus.[51] Der Begriff der „öffentlichen Gewalt" ist autonom europarechtlich auszulegen.[52] Es handelt sich bei dem Begriff allerdings eher um eine rahmengebende Terminologie, welche ausfüllend auf die nationalen Regeln der Mitgliedstaaten angewiesen ist, als um eine abschließende Definition,[53] zumal Sinn und Zweck der Bereichsausnahme auch ist, den Mitgliedstaaten weiterhin große Autonomie im Bereich ihrer eigenen Organisation staatlicher Gewalt zu gewähren.[54]

„Öffentliche Gewalt" liegt vor, wenn die Tätigkeit eine unmittelbare und spezifische Teilnahme an der Ausübung öffentlicher Gewalt darstellt.[55] Die dominanten

---

47 EuGH, Urt. v. 30.11.1995, Rs. C-55/94, ECLI:EU:C:1995:411, Rn. 27 – Gebhard; EuGH, Urt. v. 11.12.2003, Rs. C-215/01, ECLI:EU:C:2003:662, Rn. 28 – Schnitzer.

48 Oppermann/Classen/*Nettesheim*, EuR, § 28, Rn. 16; *Frenz*, EuR, Rn. 296; *Mitterecker*, Sitzverlegungen, S. 37; *Müller-Graff* in: Streinz, EUV/AEUV, Art. 49 AEUV, Rn. 17.

49 *Tietje* in: Ehlers, EU-Grundrechte und -freiheiten, § 10, Rn. 27, 32; *Frenz*, HB EuR, Bd. 1: Grundfreiheiten, Rn. 2227; *Hobe*, EuR, Rn. 841; *Knop*, Gesellschaftsstatut, S. 91; a.A.: *Korte* in: Calliess/Ruffert, EUV/AEUV, Art. 49 AEUV, Rn. 27.

50 *Korte* in: Calliess/Ruffert, EUV/AEUV, Art. 51 AEUV, Rn. 3; *Tiedje* in: v.d. Groeben/Schwarze/Hatje, EuR, Art. 51 AEUV, Rn. 1; *Dederer*, EuR 2011, 865.

51 Streinz, EuR, Rn. 941; Oppermann/Classen/*Nettesheim*, EuR, § 28, Rn. 28; *Frenz*, EuR, Rn. 299; *Herdegen*, EuR, § 16, Rn. 35; *Hobe*, EuR, Rn. 848.

52 *Streinz*, EuR, Rn. 861; *Korte* in: Calliess/Ruffert, EUV/AEUV, Art. 51 AEUV, Rn. 7; *Müller-Graff* in: Streinz, EUV/AEUV, Art. 51 AEUV, Rn. 4.

53 *Forsthoff* in: Grabitz/Hilf/Nettesheim, Recht der EU, Art. 51 AEUV, Rn. 10; *Tietje* in: Ehlers, EU-Grundrechte und -freiheiten, § 10, Rn. 45.

54 *Forsthoff* in: Grabitz/Hilf/Nettesheim, Recht der EU, Art. 51 AEUV, Rn. 4; *Dederer*, EuR 2011, 865 (866 f.); neben dem Grund, nur Inländer mit der Ausübung von Hoheitsrechten betrauen zu können, s. zusätzlich etwa *Ludwigs* in: Dauses/Ludwigs, HB EU-Wirt-schaftsrecht, E. I., Rn. 46; *Müller-Graff* in: Streinz, EUV/AEUV, Art. 51 AEUV, Rn. 3.

55 EuGH, Urt. v. 21.06.1974, Rs. 2/74, ECLI:EU:C:1974:68, Rn. 44/45 – Reyners; EuGH, Urt. v. 13.07.1993, Rs. C-42/92, ECLI:EU:C:1993:304, Rn. 8 – Thijssen; EuGH, Urt. v. 30.03. 2006, Rs. C-451/03, ECLI:EU:C:2006:208, Rn. 46 – Servizi Ausiliari Dottori Commercialisti Srl.

Faktoren sind hierbei die Ausübung von Zwangsbefugnissen und die autonome Entscheidungsfindung.[56] Dabei muss allerdings nicht immer eine Befugnis zum Erlass eines Verwaltungsaktes bestehen, auch schlicht-hoheitliches Handeln kann ausreichend sein.[57] Die Bereichsausnahme der Niederlassungsfreiheit umfasst, im Gegensatz zur Arbeitnehmerfreizügigkeit (Art. 45 Abs. 4 AEUV), nur einen Teilbereich einer konkreten Tätigkeit zu einem bestimmten Zeitpunkt und keinen gesamten „Branchen- oder Sektorausschluss".[58] Eine abstrakte Definition lässt sich nicht erreichen und eine einzelfallabhängige Betrachtung entspricht auch eher dem Geist der Niederlassungsfreiheit.[59] Der EuGH schließt allerdings explizit aus, dass Hilfs- und Vorbereitungstätigkeiten für die Ausübung öffentlicher Gewalt von Art. 51 Abs. 1 AEUV umfasst sind.[60] Er hat bspw. öffentliche Krankentransporte, Bewachungs- und Sicherheitsmaßnahmen sowie die anwaltliche und notarielle Tätigkeit von Art. 51 Abs. 1 AEUV ausgenommen.[61] Es besteht auch die Möglichkeit, Bereichsausnahmen für die Niederlassungsfreiheit auf sekundärrechtlicher Ebene zu treffen (Art. 51 Abs. 2 AEUV).[62]

e) Missbrauch

Schlussendlich ist auch eine missbräuchliche Berufung auf die Grundfreiheiten nicht statthaft.[63] Die Figur des Rechtsmissbrauchs ist ein im allgemeinen EU-Recht anerkannter Rechtsgrundsatz.[64] Generell bedeutet ein Missbrauch der

---

56 *Hobe*, EuR, Rn. 849; *Forsthoff* in: Grabitz/Hilf/Nettesheim, Recht der EU, Art. 51 AEUV, Rn. 14; *Korte* in: Calliess/Ruffert, EUV/AEUV, Art. 51 AEUV, Rn. 9.

57 *Tietje* in: Ehlers, EU-Grundrechte und -freiheiten, § 10, Rn. 46; *Borchardt*, EU-Rechtsgrundlagen, Rn. 1045; *Ludwigs* in: Dauses/Ludwigs, HB EU-Wirtschaftsrecht, E. I., Rn. 46.

58 Oppermann/Classen/*Nettesheim*, EuR, § 28, Rn. 27; *Hobe*, EuR, Rn. 848; *Forsthoff* in: Grabitz/Hilf/Nettesheim, Recht der EU, Art. 51 AEUV, Rn. 12.

59 *Hobe*, EuR, Rn. 848; *Borchardt*, EU-Rechtsgrundlagen, Rn. 1045.

60 EuGH, Urt. v. 29.10.1998, Rs. C-114/97, ECLI:EU:C:1998:519, Rn. 38 f. – Kom./ Spanien; EuGH, Urt. v. 13.07.1993, Rs. C-42/92, ECLI:EU:C:1993:304, Rn. 22 – Thijssen.

61 EuGH, Urt. v. 29.04.2010, Rs. C-160/08, ECLI:EU:C:2010:230 – Kom./Deutschland; EuGH, Urt. v. 31.05.2001, Rs. C-283/99, ECLI:EU:C:2001:307 – Kom./Italien; EuGH, Urt. v. 21.06.1974, Rs. 2/74, ECLI:EU:C:1974:68 – Reyners; EuGH, Urt. v. 24.05.2011, Rs. C-54/08, ECLI:EU:C:2010:230 – Kom./Deutschland.

62 Von dieser Ermächtigung hat der Unionsgesetzgeber bislang noch keinen Gebrauch gemacht s. *Müller-Graff* in: Streinz, EUV/AEUV, Art. 51 AEUV, Rn. 11; *Frenz*, HB EuR, Bd. 1: Grundfreiheiten, Rn. 3187; die Norm ist wegen ihres Blankocharakters ungewöhnlich und umstritten, s. *Tiedje* in: v.d. Groeben/Schwarze/Hatje, EuR, Art. 51 AEUV, Rn. 26; *Forsthoff* in: Grabitz/Hilf/Nettesheim, Recht der EU, Art. 51 AEUV, Rn. 24.

63 *Ehlers* in: Ehlers, EU-Grundrechte und -freiheiten, § 7, Rn. 79; *Frenz*, HB EuR, Bd. 1: Grundfreiheiten, Rn. 461 f.; *Kindler* in: MüKo BGB, Bd. 12, Teil 10, Rn. 431.

64 S. die Verweise auf die EuGH-Urteile bei *Germelmann*, EuZW 2008, 596 ff. in Fn. 45.

Grundfreiheiten die grenzüberschreitende Nutzung des Wirtschaftsverkehrs, um ungerechtfertigte Vorteile zu generieren.[65] Eine klare Definition oder dogmatische Herleitung des Missbrauchstatbestands existiert allerdings nicht.[66] Besondere Bedeutung erfuhr er durch die Rechtsprechung des EuGH zur Mobilität von Gesellschaften, also durch Entscheidungen zur Niederlassungsfreiheit.[67] Heftig umstritten war und ist dabei das Thema der Briefkastengesellschaften.[68] Fest steht allerdings, dass das alleinige Ausnutzen von gesellschafts- oder steuerrechtlichen Regelungsgefällen zwischen einzelnen Mitgliedstaaten keinen Missbrauch darstellt.[69] Allerdings soll eine gänzlich fehlende Tätigkeit am Zielort eines Unternehmens einen Missbrauch darstellen, wobei noch nicht eindeutig feststellbar ist, ob dieser Umstand auf Schutzbereichs- oder Rechtfertigungsebene zu berücksichtigen ist (s.o. bereits zum Begriff der Niederlassung).[70] Gleichwohl ist ein Missbrauch wegen des Ausnahmecharakters nur selten anzunehmen.[71]

2. Persönlicher Schutzbereich

Die Niederlassungsfreiheit nach Art. 49 AEUV schützt wortlautgemäß die „Staatsangehörigen eines Mitgliedstaates“. Somit fällt jeder Unionsbürger iSd Art. 20 AEUV im Grundsatz in den persönlichen Anwendungsbereich.[72] Drittstaatenangehörige können sich prinzipiell nicht auf das Niederlassungsrecht berufen, es sei denn, sie sind Familienangehörige einer durch die Grundfreiheit berechtigten Person.[73] Das Besondere am personellen Schutzbereich der Niederlassungsfreiheit ist allerdings, dass er der einzige ist, welcher explizit und in einer zusätzlichen Norm (Art. 54 AEUV) auf juristische Personen erstreckt wird.[74] Die Norm findet über den Verweis aus Art. 62 AEUV auch für die Dienstleistungsfreiheit Anwendung.

---

65 *Ehlers* in: Ehlers, EU-Grundrechte und -freiheiten, § 7, Rn. 79.

66 *Lang/Orttmann* in: Ziemons/Jaeger BeckOK GmbHG, Int. GesR, Rn. 97 ff.

67 EuGH, Urt. v. 09.03.1999, Rs. C-212/97, ECLI:EU:C:1999:126, Rn. 24 – Centros; EuGH, Urt. v. 30.09.2003, Rs. C-167/01, ECLI:EU:C:2003:512, Rn. 96 – Inspire Art; EuGH, Urt. v. 12.09.2006, Rs. C-196/04, ECLI:EU:C:2006:544, Rn. 35 f. – Cadbury Schweppes.

68 *Servatius* in: Henssler/Strohn, GesR, Int. GesR, Rn. 18; vgl. *Kindler*, NJW 1999, 1993 ff.; Rn. 18; *Geyrhalter/Gänßler*, DStR 2003, 2167 ff.; *Verse*, ZEuP 2013, 458 (473).

69 *Kindler* in: MüKo BGB, Bd. 12, Teil 10, Rn. 433; *Ulmer*, NJW 2004, 1201 (1203); *Weller*, DStR 2003, 1800 (1803); *Köhler/Eicker*, DStR 2006, 1871 (1872).

70 S.o. unter B., II., 1., c); *Korte* in: Calliess/Ruffert, EUV/AEUV, Art. 49 AEUV, Rn. 33.

71 *Ehlers* in: Ehlers, EU-Grundrechte und -freiheiten, § 7, Rn. 79; *Frenz*, HB EuR, Bd. 1: Grundfreiheiten, Rn. 462; *Franz*, EuZW 2016, 930 (932).

72 *Manger-Nestler/Noack*, JuS 2013, 503; *Cramer*, Jura 2015, 39 (43).

73 *Forsthoff* in: Grabitz/Hilf/Nettesheim, Recht der EU, Art. 49 AEUV, Rn. 12; *Hakenberg*, EuR, Rn. 407; Oppermann/Classen/*Nettesheim*, EuR, § 28, Rn. 11; *Streinz*, EuR, Rn. 816.

74 *Frenz*, HB EuR, Bd. 1: Grundfreiheiten, Rn. 233.

Laut allgemeiner Meinung[75] sind Personenmehrheiten ebenfalls vom persönlichen Schutzbereich der Warenverkehrs- sowie Kapital- und Zahlungsverkehrsfreiheit umfasst.[76]

Nach Art. 54 Abs. 1 AEUV „stehen die nach den Rechtsvorschriften eines Mitgliedstaates gegründeten Gesellschaften...den natürlichen Personen gleich". Damit findet das gesamte Kapitel über die Niederlassungsfreiheit (Art. 49–55 AEUV) auch auf juristische Personen Anwendung, welche „ihren satzungsmäßigen Sitz, ihre Hauptverwaltung oder ihre Hauptniederlassung innerhalb der Union haben". Als Gesellschaften gelten solche des „bürgerlichen Rechts und des Handelsrechts...und die sonstigen juristischen Personen des öffentlichen und privaten Rechts", welche einen Erwerbszweck verfolgen (Art. 54 Abs. 2 AEUV).[77]

Der Begriff der „Gesellschaft" iSv Art. 54 AEUV muss nach unionsrechtlichen Grundsätzen ausgelegt werden.[78] Dies gilt auch dann, wenn eine Gesellschaft nach nationalen Rechtsvorschriften gegründet wird.[79] Außerdem ist der Begriff möglichst weit zu verstehen.[80] Trotz der zumindest unglücklichen Formulierung der „sonstigen juristischen Personen" muss eine Gesellschaft keine juristische Person im nationalen Sinne darstellen.[81] *Teichmann* verweist hierbei auf das deutlich weitere Verständnis juristischer Person im französischen Recht und auf die englische Sprachfassung, welche sich neben den „companies" (Kapitalgesellschaften) auch auf „firms" (Personengesellschaften) bezieht.[82] Zwar sind nach nationalem Recht anerkannte juristische Personen definitiv als „Gesellschaften" iSv Art. 54 AEUV zu qualifizieren, allerdings reicht eine eigene Rechtspersönlichkeit oder eine nur hinreichend rechtliche Struktur (auch Nicht- und Teilrechtsfähigkeit) ebenfalls aus.[83] Damit sind bspw. auch die deutsche GbR und die OHG Gesellschaften nach Art. 54 AEUV.[84]

---

75 *Ehlers* in: Ehlers, EU-Grundrechte und -freiheiten, § 7, Rn. 47; *Cramer*, Jura 2015, 39 (43); *Frenz*, HB EuR, Bd. 1: Grundfreiheiten, Rn. 235 ff.

76 Fraglich erscheint deshalb, warum nur die Niederlassungsfreiheit nach Art. 54 AEUV ausdrücklich Gesellschaften in Bezug nimmt.

77 S.a. *Wasmeier*, Umstrukturierung, S. 72; *Hobe*, EuR, Rn. 839.

78 *Mitterecker*, Sitzverlegungen, S. 31; *Frenz*, HB EuR, Bd. 1: Grundfreiheiten, Rn. 2284; Oppermann/Classen/*Nettesheim*, EuR, § 28, Rn. 13; *Teichmann*, ZGR 2011, 639 (659).

79 *Korte* in: Calliess/Ruffert, EUV/AEUV, Art. 54 AEUV, Rn. 4 f.

80 *Mitterecker*, Sitzverlegungen, S. 31; *Forsthoff* in: Grabitz/Hilf/Nettesheim, Recht der EU, Art. 54 AEUV, Rn. 5 f.; *Tietje* in: Ehlers, EU-Grundrechte und -freiheiten, § 10, Rn. 65.

81 *Müller-Graff* in: Streinz, EUV/AEUV, Art. 54 AEUV, Rn. 2; *Korte* in: Calliess/Ruffert, EUV/AEUV, Art. 54 AEUV, Rn. 23; *Knof/Mock*, ZIP 2009, 24 (31).

82 *Teichmann*, ZGR 2011, 639 (659).

83 *Forsthoff* in: Grabitz/Hilf/Nettesheim, Recht der EU, Art. 54 AEUV, Rn. 5 f.; *Ludwigs* in: Dauses/Ludwigs, HB EU-Wirtschaftsrecht, E. I., Rn. 75; *Knof/Mock*, ZIP 2009, 24 (31).

84 *Tietje* in: Ehlers, EU-Grundrechte und -freiheiten, § 10, Rn. 65; *Hobe*, EuR, Rn. 839.

Art. 54 Abs. 2 AEUV setzt eine Erwerbstätigkeit von Gesellschaften voraus. Dies ergibt sich allerdings überwiegend schon aus dem sachlichen Schutzbereich (s.o.), welcher für natürliche und juristische Personen gleichermaßen gilt.[85] Auch juristische Personen des öffentlichen Rechts sind vom Schutzbereich umfasst, sofern sie keine Hoheitsgewalt ausüben.[86] Ausgenommen sind hingegen rein karitative, religiöse oder soziale Personenmehrheiten ohne hinreichenden Bezug zum Wirtschaftsleben.[87]

Des Weiteren muss eine Gesellschaft „nach den Rechtsvorschriften eines Mitgliedstaates gegründet" sein sowie den „satzungsmäßigen Sitz, ihre Hauptverwaltung oder ihre Hauptniederlassung" in der EU haben. Diese zwei Voraussetzungen ersetzen die „Staatsangehörigkeit" natürlicher Personen als Anknüpfungspunkt für die EU-Zugehörigkeit.[88] Die Staatsangehörigkeit der Anteilseigner oder Geschäftsführer ist bei der Beurteilung der Zugehörigkeit irrelevant.[89] Eine Gesellschaft gilt als „nach den Rechtsvorschriften eines Mitgliedstaates gegründet", wenn sie die nationalen Gründungsvoraussetzungen eines Mitgliedstaates erfüllt und somit als wirksam gegründet angesehen werden kann.[90] Ebenso wie bei der Staatsangehörigkeit natürlicher Personen, richtet sich diese Voraussetzung für Gesellschaften ausschließlich nach dem Recht der Mitgliedstaaten.[91]

Fraglich ist allerdings, ob eine einmal nach dem Recht eines beliebigen Mitgliedstaates wirksam gegründete Gesellschaft auch wirksam nach diesem Recht fortbestehen muss, um in den Genuss der Niederlassungsfreiheit zu gelangen. Unsicher ist mit anderen Worten, ob die mitgliedstaatliche Autonomie bei der Bestimmung der Gründungsvoraussetzungen einer Gesellschaft auch für die Fortexistenz gilt.[92] Der EuGH geht von dieser Auslegung des Art. 54 AEUV aus.[93] Diese

---

85 *Frenz*, HB EuR, Bd. 1: Grundfreiheiten, Rn. 2290; *Korte* in: Calliess/Ruffert, EUV/AEUV, Art. 54 AEUV, Rn. 9; *Ludwigs* in: Dauses/Ludwigs, HB EU-Wirtschaftsrecht, E. I., Rn. 75; a.A.: *Forsthoff* in: Grabitz/Hilf/Nettesheim, Recht der EU, Art. 54 AEUV, Rn. 7 ff.

86 Oppermann/Classen/*Nettesheim*, EuR, § 28, Rn. 13; *Frenz*, HB EuR, Bd. 1: Grundfreiheiten, Rn. 2290; *Mitterecker*, Sitzverlegungen, S. 31.

87 Oppermann/Classen/*Nettesheim*, EuR, § 28, Rn. 13; *Ludwigs* in: Dauses/Ludwigs, HB EU-Wirtschaftsrecht, E. I., Rn. 76; *Müller-Graff* in: Streinz, EUV/AEUV, Art. 54 AEUV, Rn. 2.

88 *Frenz*, HB EuR, Bd. 1: Grundfreiheiten, Rn. 2292; *Borchardt*, EU-Rechtsgrundlagen, Rn. 1041; *Forsthoff* in: Grabitz/Hilf/Nettesheim, Recht der EU, Art. 54 AEUV, Rn. 13 f.

89 EuGH, Urt. v. 25.07.1991, Rs. C-221/89, ECLI:EU:C:1991:320, Rn. 30 – Factortame II.

90 *Forsthoff*, EuR 2000, 167 (173); *Knop*, DZWiR 2009, 147 (149); *Frenzel*, EWS 2009, 158 (160); *Teichmann*, ZGR 2011, 639 (670).

91 EuGH, Urt. v. 16.12.2008, Rs. C-210/06, ECLI:EU:C:2008:723, Rn. 109 – Cartesio; EuGH, Urt. v. 29.11.2011, Rs. C-371/10, ECLI:EU:C:2011:785, Rn. 26 – National Grid Indus.

92 *Wasmeier*, Umstrukturierung, S. 74 f.; *Knop*, Gesellschaftsstatut, S. 84; *Sethe/Winzer*, WM 2009, 536 (538); *Verse*, ZEuP 2013, 458 (462).

93 EuGH, Urt. v. 16.12.2008, Rs. C-210/06, ECLI:EU:C:2008:723, Rn. 110 – Cartesio.

Deutung wurde insbesondere vor dem Hintergrund des klaren Wortlauts („gegründeten Gesellschaften“ und nicht auch „fortexistierenden“) häufig kritisiert,[94] wegen einer strukturellen Vergleichbarkeit von Gründung und Fortbestand einer Gesellschaft aber auch befürwortet.[95] Auf diese essenzielle Fragestellung wird an späterer Stelle noch zurückzukommen sein.[96]

Außerdem muss die Gesellschaft zwingend über eine der aufgeführten Sitzvarianten innerhalb eines Mitgliedstaates verfügen. Aufgrund der Unterschiede in den nationalen Gesellschaftsrechten der Mitgliedstaaten werden der satzungsmäßige Sitz, die Hauptverwaltung und die Hauptniederlassung gleich geachtet.[97] Das heißt, dass auch nur ein Alternativ- und kein Kumulativverhältnis zwischen den drei Optionen besteht.[98] Die Hauptverwaltung ist dabei der sichtbare Ort der unternehmerischen Leitung, die Hauptniederlassung stellt den Ort des tatsächlichen Geschäftsschwerpunkts dar und der satzungsmäßige Sitz ist der Ort, welcher in der Satzung angegeben ist.[99] Darüber hinaus stellt Art. 54 AEUV kein Erfordernis der Ansässigkeit innerhalb der EU auf. Allerdings folgt dies, zumindest für die sekundäre Niederlassungsfreiheit (zur Unterscheidung zwischen primärer und sekundärer Niederlassungsfreiheit s.u.), bereits aus Art. 49 Abs. 1 S. 2.[100] Ansässigkeit in einem Mitgliedstaat liegt vor, wenn die natürliche Person oder Gesellschaft überwiegend in die nationale Volkswirtschaft integriert ist.[101] Dies ist auch aus dem allgemeinen Programm zur Aufhebung der Beschränkungen der Niederlassungsfreiheit von 1962 herauszulesen.[102] Allerdings wird das Merkmal der Ansässigkeit auch kritisch gesehen.[103]

---

94 *Forsthoff* in: Grabitz/Hilf/Nettesheim, Recht der EU, Art. 54 AEUV, Rn. 17; *Müller-Graff* in: Streinz, EUV/AEUV, Art. 54 AEUV, Rn. 8, 19; *Knop*, Gesellschaftsstatut, S. 84; *Leible/Hoffmann*, BB 2009, 58 (59); *Knof/Mock*, ZIP 2009, 24 (32).

95 *Korte* in: Calliess/Ruffert, EUV/AEUV, Art. 54 AEUV, Rn. 14 f.; *Kindler* in: MüKo BGB, Bd. 12, Teil 10, Rn. 131; *Behrens*, IPRax 1999, 323 (330); *Barthel*, EWS 2010, 316 (322); *Teichmann*, ZIP 2009, 393 (400).

96 S. unten unter G., II., 1., b), bb).

97 EuGH, Urt. v. 27.09.1988, Rs. 81/87, ECLI:EU:C:1988:456, Rn. 20 – Daily Mail.

98 *Frenz*, HB EuR, Bd. 1: Grundfreiheiten, Rn. 2296; *Wasmeier*, Umstrukturierung, S. 73; *Ludwigs* in: Dauses/Ludwigs, HB EU-Wirtschaftsrecht, E. I., Rn. 78.

99 *Korte* in: Calliess/Ruffert, EUV/AEUV, Art. 54 AEUV, Rn. 17; *Tiedje* in: v.d. Groeben/Schwarze/Hatje, EuR, Art. 54 AEUV, Rn. 28; *Mitterecker*, Sitzverlegungen, S. 32 f.

100 *Forsthoff* in: Grabitz/Hilf/Nettesheim, Recht der EU, Art. 54 AEUV, Rn. 23 f.; *Tiedje* in: v.d. Groeben/Schwarze/Hatje, EuR, Art. 54 AEUV, Rn. 30; *Ludwigs* in: Dauses/Ludwigs, HB EU-Wirtschaftsrecht, E. I., Rn. 79 f.; *Knop*, Gesellschaftsstatut, S. 89.

101 *Korte* in: Calliess/Ruffert, EUV/AEUV, Art. 54 AEUV, Rn. 19; *Frenz*, HB EuR, Bd. 1: Grundfreiheiten, Rn. 2300; *Müller-Graff* in: Streinz, EUV/AEUV, Art. 49 AEUV, Rn. 31 f.

102 ABl. Nr. 2 der EG vom 15.01.1962, S. 36, Abs. I, Spiegelstrich 4.

103 *Mitterecker*, Sitzverlegungen, S. 34, sieht wegen der anderen Merkmale kein Bedürfnis der Ansässigkeit und keine Rechtsgrundlage; s.a. *Thiermann*, Verschmelzungen, S. 128.

3. Räumlicher und zeitlicher Schutzbereich

Die Niederlassungsfreiheit gilt im gesamten territorialen Anwendungsbereich (Hoheitsgebiet der Mitgliedstaaten) des Unionsrechts (Art. 52 EUV; 355 AEUV).[104] Grundsätzlich ist sie also nicht auf Niederlassungen in Drittländern anzuwenden.[105] Etwas anderes gilt allerdings dann, wenn das zugrundeliegende Rechtsverhältnis oder die Auswirkungen einer unionsauswärtigen Tätigkeit einen hinreichend engen Bezug zur EU aufweisen.[106] Mit Ablauf der Übergangsfrist gelten die Grundfreiheiten unmittelbar in den Mitgliedstaaten.[107] Bei einem Neubeitritt richtet sich die zeitliche Geltung nach dem Beitrittsvertrag.[108] Die Grundfreiheiten gelten auf unbestimmte Zeit (Art. 53 EUV; 356 AEUV).[109]

III. Niederlassungsformen: Primäre und sekundäre Niederlassungsfreiheit

Bei der Niederlassungsfreiheit wird unterschieden zwischen der primären (Art. 49 Abs. 1 S. 1 AEUV) und der sekundären Ausprägungsform (Art. 49 Abs. 1 S. 2 AEUV).[110] Die primäre Niederlassungsfreiheit schützt die grenzüberschreitende Neuaufnahme einer wirtschaftlichen Tätigkeit, also die Gründung einer Hauptniederlassung oder die grenzüberschreitende Verlagerung eben dieser.[111] Die sekundäre Form umfasst dagegen die grenzüberschreitende Begründung rechtlich oder wirtschaftlich abhängiger Filialen unter Beibehaltung der Hauptniederlassung.[112]

Bei den Sekundärniederlassungen handelt es sich insbesondere um Agenturen, Zweigniederlassungen oder Tochterunternehmen.[113] Die Aufzählung im AEUV ist allerdings nicht abschließend.[114] Vielmehr ist jede Art von Hilfsstützpunkt

---

104 Oppermann/Classen/*Nettesheim*, EuR, § 28, Rn. 29; *Frenz*, HB EuR, Bd. 1: Grundfreiheiten, Rn. 2184; *Tiedje* in: v.d. Groeben/Schwarze/Hatje, EuR, Art. 54 AEUV, Rn. 36.

105 *Korte* in: Calliess/Ruffert, EUV/AEUV, Art. 49 AEUV, Rn. 38.

106 *Forsthoff* in: Grabitz/Hilf/Nettesheim, Recht der EU, Art. 45 AEUV, Rn. 13; *Tietje* in: Ehlers, EU-Grundrechte und -freiheiten, § 10, Rn. 13.

107 EuGH, Urt. v. 05.02.1963, Rs. 26/62, ECLI:EU:C:1963:1 – Van Gend & Loos.

108 *Frenz*, HB EuR, Bd. 1: Grundfreiheiten, Rn. 420.

109 *Ehlers* in: Ehlers, EU-Grundrechte und -freiheiten, § 7, Rn. 66.

110 *Habersack/Verse*, EU-GesR, § 3, Rn. 2; Oppermann/Classen/*Nettesheim*, EuR, § 28, Rn. 21; *Mitterecker*, Sitzverlegungen, S. 38; *Leible/Hoffmann*, EuZW 2003, 677.

111 *Jung*, EuZW 2012, 863 (863, 865); *Korte* in: Calliess/Ruffert, EUV/AEUV, Art. 49 AEUV, Rn. 29; *Frenz*, HB EuR, Bd. 1: Grundfreiheiten, Rn. 2234.

112 *Forsthoff* in: Grabitz/Hilf/Nettesheim, Recht der EU, Art. 49 AEUV, Rn. 52; *Orthmann*, Exit Tax, S. 292; *Thiermann*, Verschmelzungen, S. 129.

113 *Teichmann*, ZGR 2011, 639 (664); *Kindler*, NZG 2003, 1086 (1088).

114 *Mitterecker*, Sitzverlegungen, S. 38; *Tietje* in: Ehlers, EU-Grundrechte und -freiheiten, § 10, Rn. 36; *Thiermann*, Verschmelzungen, S. 130.

umfasst.[115] Tochtergesellschaften sind juristisch selbstständig, können alleine haften, bei Abwicklung der Muttergesellschaften fortbestehen und sind im Grundsatz in ihren Entscheidungen frei.[116] Agenturen und Zweigniederlassungen sind rechtlich unselbstständig.[117] Als sekundäre Niederlassungen gelten auch rechtlich verselbstständigte Teileinheiten eines Unternehmens, wenn sie beauftragt sind, für das Hauptunternehmen dauerhaft als Agentur tätig zu werden.[118]

Zwischen der Primär- und Sekundärniederlassung ist grundsätzlich nach wirtschaftlichem Schwerpunkt zu unterscheiden.[119] Allerdings hat der EuGH in der Centros-Entscheidung entschieden, dass auch eine Niederlassung, über welche die gesamte wirtschaftliche Tätigkeit ausgeübt wird, als Sekundärform angesehen werden kann.[120] Hierbei wird es entscheidend darauf ankommen, wie die Gesellschaftsstrukturen zwischen den Niederlassungen ausgestaltet sind und welcher Teil des Unternehmens über den anderen herrscht (Primärniederlassung).[121] Allerdings sind beide Niederlassungsformen qualitativ gleich zu behandeln und unterliegen deshalb dem gleichen Schutzmaßstab.[122] Trotzdem soll die sekundäre Niederlassungsfreiheit die wirtschaftlich relevantere und bedeutendere sein.[123]

IV. Die Beeinträchtigung der Niederlassungsfreiheit

Als Beeinträchtigung der Niederlassungsfreiheit können Diskriminierungen oder Beschränkungen durch Verpflichtete der Grundfreiheit angesehen werden.[124] Verpflichtete sind dabei in erster Linie die Mitgliedstaaten.[125] Aber auch die EU und unter bestimmten Umständen private Akteure können durch die Niederlassungsfreiheit gebunden sein.[126] Eine Beeinträchtigung kann in einer Handlung, Duldung

---

115 *Frenz*, HB EuR, Bd. 1: Grundfreiheiten, Rn. 2235.

116 *Tiedje* in: v.d. Groeben/Schwarze/Hatje, EuR, Art. 49 AEUV, Rn. 42.

117 *Ludwigs* in: Dauses/Ludwigs, HB EU-Wirtschaftsrecht, E. I., Rn. 58; *Forsthoff* in: Grabitz/Hilf/Nettesheim, Recht der EU, Art. 49 AEUV, Rn. 62.

118 EuGH, Urt. v. 04.12.1986, Rs. 205/84, ECLI:EU:C:1986:463, Rn. 21 – Kom./Deutschland.

119 *Thiermann*, Verschmelzungen, S. 130; *Forsthoff* in: Grabitz/Hilf/Nettesheim, Recht der EU, Art. 49 AEUV, Rn. 55.

120 EuGH, Urt. v. 09.03.1999, Rs. C-212/97, ECLI:EU:C:1999:126, Rn. 17–20 – Centros.

121 *Forsthoff* in: Grabitz/Hilf/Nettesheim, Recht der EU, Art. 49 AEUV, Rn. 55; *Tietje* in: Ehlers, EU-Grundrechte und -freiheiten, § 10, Rn. 35.

122 *Korte* in: Calliess/Ruffert, EUV/AEUV, Art. 49 AEUV, Rn. 30; *Müller-Graff* in: Streinz, EUV/AEUV, Art. 49 AEUV, Rn. 23; *Ego* in: MüKo AktG, Bd. 7, B., Rn. 37.

123 So *Frenz*, HB EuR, Bd. 1: Grundfreiheiten, Rn. 2238.

124 *Ehlers* in: Ehlers, EU-Grundrechte und –freiheiten, § 7, Rn. 87; *Streinz*, EuR, Rn. 829.

125 *Hobe*, EuR, Rn. 847; *Jarass*, EuR 2000, 705 (714); *Cramer*, Jura 2015, 39(40).

126 *Cramer*, Jura 2015, 39 (40 ff.); *Korte* in: Calliess/Ruffert, EUV/AEUV, Art. 49 AEUV, Rn. 40 ff.; zur streitigen Frage der Drittwirkung der Grundfreiheiten s.a. *Müller-Graff*, EuR 2014, 3 ff.; *Birkemeyer*, EuR 2010, 662 ff.; *Pießkalla*, NZA 2007, 1144 ff.

oder Unterlassung liegen und rein tatsächlicher oder rechtlicher Natur sein.[127] Sie kann sowohl vom Herkunfts- als auch vom Aufnahmestaat aus erfolgen.[128]

1. Diskriminierungsverbot

Die Niederlassungsfreiheit beinhaltet ein Verbot von diskriminierenden Maßnahmen.[129] Sie ist eine besondere Ausprägung des allgemeinen Diskriminierungsverbots iSv Art. 18 AEUV.[130] Eine Diskriminierung ist dabei eine Schlechterstellung von grenzüberschreitenden Sachverhalten gegenüber rein inländischen.[131] Hierbei wird unterschieden zwischen offenen oder unmittelbaren Diskriminierungen, welche Staatsangehörige anderer Mitgliedstaaten ausdrücklich benachteiligen, und versteckten oder mittelbaren Diskriminierungen, welche vordergründig nicht auf die Staatsangehörigkeit abstellen, aber typischerweise Ausländer stärker treffen als Inländer.[132] Im Bereich der juristischen Personen (Art. 54 AEUV) tritt der Ort des Sitzes als Anknüpfung an die Stelle der Staatsangehörigkeit, weshalb es eine Diskriminierung darstellt, Gesellschaften mit Sitz im Ausland schlechter zu behandeln.[133]

Der EuGH hat sich zur Konkretisierung von Diskriminierungen des Öfteren auf das Allgemeine Programm zur Aufhebung von Beschränkungen der Niederlassungsfreiheit berufen.[134] Neben den unmittelbar niederlassungsrelevanten Tätigkeiten bezieht sich das Diskriminierungsverbot auch auf sog. „Umfeldmaßnahmen", wie etwa die Gewährung einer Studienbeihilfe für das Kind eines niedergelassenen Unternehmers.[135]

Offene Diskriminierungen sind vor allem Inländervorbehalte für bestimmte Tätigkeiten oder Zulassungserfordernisse für Ausländer.[136] Eine offene

127 *Manger-Nestler/Noack*, JuS 2013, 503; *Jarass*, EuR 2000, 705 (712 ff.).

128 *Korte* in: Calliess/Ruffert, EUV/AEUV, Art. 49 AEUV, Rn. 43.

129 *Hakenberg*, EuR, Rn. 407; *Streinz*, EuR, Rn. 823; *Basedow*, ZEuP 2008, 230 (234 f.).

130 EuGH, Urt. v. 12.04.1994, Rs. C-1/93, ECLI:EU:C:1994:127, Rn. 12 – Halliburton Services; EuGH, Urt. v. 13.04.2000, Rs. C-251/98, ECLI:EU:C:2000:205, Rn. 23 f. – Baars.

131 *Müller-Graff* in: Streinz, EUV/AEUV, Art. 49 AEUV, Rn. 42; *Borchardt*, EU-Rechtsgrundlagen, Rn. 1049; *Ludwigs* in: Dauses/Ludwigs, HB EU-Wirtschaftsrecht, E. I., Rn. 86.

132 *Tietje* in: Ehlers, EU-Grundrechte und -freiheiten, § 10, Rn. 51; *Frenz*, HB EuR, Bd. 1: Grundfreiheiten, Rn. 488 ff.; *Borchardt*, EU-Rechtsgrundlagen, Rn. 1050.

133 *Knop*, Gesellschaftsstatut, S. 123; *Tiedje* in: v.d. Groeben/Schwarze/Hatje, EuR, Art. 49 AEUV, Rn. 74; *Kokott/Ost*, EuZW 2011, 496 (497).

134 EuGH, Urt. v. 18.06.1985, Rs. 197/84, ECLI:EU:C:1985:260, Rn. 15 – Steinhauser; EuGH, EuGH, Urt. v. 08.06.1999, Rs. C-337/97, ECLI:EU:C:1999:284, Rn. 27 – Meeusen: in Bezug auf ABl. Nr. 2 der EG vom 15.01.1962, S. 36 ff.

135 *Tietje* in: Ehlers, EU-Grundrechte und -freiheiten, § 10, Rn. 50; *Forsthoff* in: Grabitz/Hilf/Nettesheim, Recht der EU, Art. 49 AEUV, Rn. 76.

136 EuGH, Urt. v. 21.06.1974, Rs. 2/74, ECLI:EU:C:1974:68 – Reyners (Rechtsanwalt); EuGH, Urt. v. 13.07.1993, Rs. C-42/92, ECLI:EU:C:1993:304 – Thijssen (Wirtschaftsprüfer); EuGH, Urt. v. 28.06.1977, Rs. 11/77, ECLI:EU:C:1977:113 – Patrick (Architekt).

Diskriminierung von Gesellschaften liegt z.B. vor, wenn eine Tätigkeit nur durch juristische Personen mit Inlandssitz ausgeübt werden darf.[137] Versteckte Diskriminierungen sind häufig Wohnsitz- oder Spracherfordernisse.[138] Auch im Steuerrecht sind solche indirekten Diskriminierungen häufiger anzutreffen.[139] So hat der EuGH bspw. eine versteckte Diskriminierung bei einer Regel angenommen, welche eine steuerliche Abzugsfähigkeit von Forschungsausgaben nur für Unternehmen mit Hauptsitz im betroffenen Mitgliedstaat vorsah, wodurch sekundäre Niederlassungen (meist ohne Forschungseinrichtung) benachteiligt würden.[140] Der Unterscheidung kommt speziell bei der Rechtfertigung von Beeinträchtigungen Bedeutung zu, da offene Diskriminierungen nur durch die geschriebenen Rechtfertigungsgründe des Art. 52 AEUV gedeckt sein können.[141]

2. Beschränkungsverbot

Neben der gleichheitsrechtlichen Funktion (Diskriminierungsverbot) der Grundfreiheiten haben diese anerkanntermaßen auch eine freiheitsfördernde Funktion (Beschränkungsverbot).[142] Diese wurde spätestens mit dem Urteil Dassonville für die Warenverkehrsfreiheit anerkannt, allerdings erst spät mit den Entscheidungen Klopp und Vlassopoulou auch für die Niederlassungsfreiheit bestätigt.[143] Mittlerweile hat der EuGH auch eine allgemeine Beschränkungsformel für die Niederlassungsfreiheit entwickelt: Als Beschränkungen der Niederlassungsfreiheit „sind alle Maßnahmen anzusehen, die die Ausübung dieser Freiheit(en) unterbinden, behindern oder weniger attraktiv machen".[144]

Gegen das Verständnis als Beschränkungsverbot kann vorgebracht werden, dass der Begriff der Niederlassung zwingend eine Integration in die Marktwirtschaft des Mitgliedstaates beinhaltet. Dies spricht ebenso wie der Wortlaut des Art. 49 Abs. 2 AEUV („nach den Bestimmungen des Aufnahmestaates") gegen ein

---

137 EuGH, Urt. v. 09.09.2010, Rs. C-64/08, ECLI:EU:C:2010:506, Rn. 32 – Engelmann.

138 *Ludwigs* in: Dauses/Ludwigs, HB EU-Wirtschaftsrecht, E. I., Rn. 87; *Frenz*, HB EuR, Bd. 1: Grundfreiheiten, Rn. 2448; *Korte* in: Calliess/Ruffert, EUV/AEUV, Art. 49 AEUV, Rn. 48.

139 *Tietje* in: Ehlers, EU-Grundrechte und -freiheiten, § 10, Rn. 51; Forsthoff in: Grabitz/Hilf/Nettesheim, Recht der EU, Art. 49 AEUV, Rn. 83; s. a. bspw. *Saß*, BB 1995, 69.

140 EuGH, Urt. v. 08.07.1999, Rs. C-254/97, ECLI:EU:C:1999:368, Rn. 13 – Baxter.

141 *Forsthoff* in: Grabitz/Hilf/Nettesheim, Recht der EU, Art. 49 AEUV, Rn. 79; *Ludwigs* in: Dauses/Ludwigs, HB EU-Wirtschaftsrecht, E. I., Rn. 87; *Cramer*, Jura 2015, 39 (52).

142 *Ehlers* in: Ehlers, EU-Grundrechte und -freiheiten, § 7, Rn. 30; *Frenz*, HB EuR, Bd. 1: Grundfreiheiten, Rn. 158; Oppermann/Classen/*Nettesheim*, EuR, § 28, Rn. 34.

143 EuGH, Urt. v. 11.07.1974, Rs. 8/74, ECLI:EU:C:1974:82, Rn. 5 – Dassonville; EuGH, Urt. v. 12.07.1984, Rs. 107/83, ECLI:EU:C:1984:270, Rn. 18 – Klopp; EuGH, Urt. v. 07.05.1991, Rs. C-340/89, ECLI:EU:C:1991:193, Rn. 15 – Vlassopoulou.

144 EuGH, Urt. v. 15.01.2002, Rs. C-439/99, ECLI:EU:C:2002:14, Rn. 22 – Kom./Italien.

niederlassungsrechtliches Verbot von Beschränkungen.[145] Allerdings spricht neben der Rechtsprechung des EuGH auch der Grundsatz der Konvergenz der Grundfreiheiten für eine Übertragung bzw. gleichförmige Prüfung.[146] Der ausdrückliche Wortlaut („Beschränkungen") des Art. 49 Abs. 1 AEUV bestätigt ebenfalls das Verständnis als Beschränkungsverbot.[147] Außerdem können Beschränkungen partiell schwerer wiegen als Diskriminierungen und die Verwirklichung des Binnenmarktes ernsthaft gefährden.[148] Das Beschränkungsverbot spiegelt das Ziel der Niederlassungsfreiheit wider, einen möglichst freien Marktzugang für sich Niederlassende zu gewähren und dabei gleiche Wettbewerbsbedingungen zu schaffen.[149]

Beschränkungen sind Beeinträchtigungen der Niederlassungsfreiheit, welche unterschiedslos, d.h. für In- und Ausländer gleichermaßen gelten und trotzdem die grenzüberschreitende Ausübung der Freiheit behindern.[150] Hierunter sind für die Niederlassungsfreiheit insbesondere spezifische Zugangsbehinderungen zu verstehen, welche den Zutritt zum Markt eines Mitgliedstaates bzw. der einschlägigen Rechtsordnung aus ökonomischer Sicht weniger attraktiv erscheinen lassen.[151] Ein gänzliches Verbot spezieller Tätigkeiten ist bspw. nicht diskriminierend. Allerdings schränkt es den Marktzugang für diese Tätigkeit vollständig ein und stellt somit eine Beschränkung der Niederlassungsfreiheit dar. Gleiches gilt für staatliche Monopole.[152] Weitere besondere Beschränkungen der Niederlassungsfreiheit sind etwa Verbote von Mehrfachniederlassungen innerhalb der EU[153], Bedürfnisprüfungen[154], Sondervorgaben an das Mindestkapital[155] oder Qualifikationsanforderungen[156].

---

145 *Knop*, Gesellschaftsstatut, S. 124; *Müller-Graff* in: Streinz, EUV/AEUV, Art. 49 AEUV, Rn. 59; *Teichmann*, ZIP 2009, 393 (396).

146 *Jarass*, EuR 2000, 705 (706); *Hilf/Pache*, NJW 1996, 1169 (1171); *Tietje* in: Ehlers, EU-Grundrechte und -freiheiten, § 10, Rn. 53; kritisch, weil keine eigenständige Argumentationsfigur *Ludwigs/Weidermann*, Jura 2014, 152 (164).

147 *Streinz*, EuR, Rn. 835; *Müller-Graff* in: Streinz, EUV/AEUV, Art. 49 AEUV, Rn. 58; *Frenz*, HB EuR, Bd. 1: Grundfreiheiten, Rn. 153.

148 *Streinz*, EuR, Rn. 835; *Dietz/ders.*, EuR 2015, 50 (72); s. bspw. Totalverbote.

149 *Ludwigs* in: Dauses/Ludwigs, HB EU-Wirtschaftsrecht, E. I., Rn. 83; *Knop*, Gesellschaftsstatut, S. 124.

150 *Hobe*, EuR, Rn. 688; *Frenz*, EuR, Rn. 243; *Orthmann*, Exit Tax, S. 295.

151 *Tietje* in: Ehlers, EU-Grundrechte und -freiheiten, § 10, Rn. 54; *Forsthoff* in: Grabitz/Hilf/Nettesheim, Recht der EU, Art. 49 AEUV, Rn. 96.

152 *Ludwigs* in: Dauses/Ludwigs, HB EU-Wirtschaftsrecht, E. I., Rn. 95; *Forsthoff* in: Grabitz/Hilf/Nettesheim, Recht der EU, Art. 49 AEUV, Rn. 97 ff.

153 EuGH, Urt. v. 30.04.1986, Rs. 96/85, ECLI:EU:C:1986:189, Rn. 12 – Kom./Frankreich; EuGH, Urt. v. 12.07.1984, Rs. 107/83, ECLI:EU:C:1984:270, Rn. 18 – Klopp.

154 EuGH, Urt. v. 10.03.2009, Rs. C-169/07, ECLI:EU:C:2009:14, Rn. 36 – Hartlhauer; EuGH, Urt. v. 27.09.2001, Rs. C-63/99, ECLI:EU:C:2001:488, Rn. 59 – Gloszczuk.

155 EuGH, Urt. v. 30.09.2003, Rs. C-167/01, ECLI:EU:C:2003:512, Rn. 100 f.– Inspire Art.

156 EuGH, Urt. v. 07.05.1991, Rs. C-340/89, ECLI:EU:C:1991:193, Rn. 15 – Vlassopoulou.

3. Verengung des Beschränkungsverbots (durch die Keck-Formel)

Da die Niederlassungsfreiheit mittlerweile unumstritten auch ein Beschränkungsverbot beinhaltet, liegt der Schwerpunkt der Diskussion nunmehr bei der Frage um die Reichweite des Beschränkungsverbots.[157] Es haben sich hierzu einige Ansätze herauskristallisiert. Der Gerichtshof selbst spricht zur Konturierung des Beschränkungsverbots von „ernsthaften Hindernissen" oder einer „abschreckenden Wirkung" bestimmter Regeln. Allerdings sieht er auch „geringfügige oder unbedeutende Beschränkungen" als mitumfasst an.[158] Ein bestimmtes Ausmaß an Intensität des staatlichen Eingriffs, etwa in Form eines Spürbarkeitserfordernisses, ist demgemäß nicht notwendig.[159] Der EuGH hat allerdings keine Beschränkungen angenommen, wenn Maßnahmen in ihrer beschränkenden Wirkung auf die Niederlassungsfreiheit zu „ungewiss" oder zu „mittelbar" waren.[160]

Eine dogmatischere Lösung bietet die sog. Keck-Formel, welche zur Eingrenzung des „uferlosen" Beschränkungsverbots iSd Dassonville-Formel entwickelt wurde.[161] Für Waren unterscheidet sie, ob eine Maßnahme vertriebs- oder produktbezogen ist.[162] Vertriebsbezogene Maßnahmen sind solche, die die Art und Weise des Verkaufs oder Vertriebs, also das „Wie" regeln, ohne mit dem Produkt verbunden zu sein.[163] Dagegen sind produktbezogene Maßnahmen solche, die sich auf das Produkt selbst beziehen, etwa die Ausmaße oder das Aussehen der Verpackung.[164] Rein vertriebsbezogene Regeln sind nicht als Beschränkungen der Warenverkehrsfreiheit anzusehen.[165] Eine Ausnahme besteht nur dann, wenn sie

---

157 *Ludwigs* in: Dauses/Ludwigs, HB EU-Wirtschaftsrecht, E. I., Rn. 92; *Forsthoff* in: Grabitz/Hilf/Nettesheim, Recht der EU, Art. 49 AEUV, Rn. 96; *Kokott/Ost*, EuZW 2011, 496 (498); *Dietz/Streinz*, EuR 2015, 50 (55).

158 EuGH, Urt. v. 05.10.2004, Rs. C-442/02, ECLI:EU:C:2004:586, Rn. 12 – CaixaBank France; EuGH, Urt. v. 11.03.2004, Rs. C-9/02, ECLI:EU:C:2004:138, Rn. 42, 45 – De Lasteyrie du Saillant.

159 *Müller-Graff* in: Streinz, EUV/AEUV, Art. 49 AEUV, Rn. 61; *Korte* in: Calliess/ Ruffert, EUV/AEUV, Art. 49 AEUV, Rn. 50; *Ego* in: MüKo AktG, Bd. 7, B., Rn. 116.

160 EuGH, Urt. v. 20.06.1996, Rs. C-418/93 mit Weiteren verbunden, ECLI:EU:C:1996: 242, Rn. 32 – Semeraro Casa Uno.

161 EuGH, Urt. v. 24.11.1993, Rs. C-267/91 und C-268/91, ECLI:EU:C:1993:905, Rn. 14–17 – Keck; vgl. *Ehlers* in: Ehlers, EU-Grundrechte und -freiheiten, § 7, Rn. 98 ff.

162 *Frenz*, HB EuR, Bd. 1: Grundfreiheiten, Rn. 2423; *ders.*, EuR, Rn. 235; *Mayer*, EuR 2003, 793 (810); *Haas* in: Baumbach/Hueck, GmbHG, § 64, Rn. 58; *Hobe*, EuR, Rn. 740.

163 *Epiney* in: Ehlers, EU-Grundrechte und -freiheiten, § 8, Rn. 44 f.; Oppermann/*Classen*/Nettesheim, EuR, § 22, Rn. 32; *Hakenberg*, EuR, Rn. 351.

164 *Epiney* in: Ehlers, EU-Grundrechte und -freiheiten, § 8, Rn. 44 f.; *Hobe*, EuR, Rn. 740; *Streinz*, EuR, Rn. 909; *Wägenbaur*, EuZW 1998, 709 (713).

165 *Frenz*, HB EuR, Bd. 1: Grundfreiheiten, Rn. 2423; *ders.*, EuR, Rn. 235; *Haas* in: Baumbach/Hueck, GmbHG, § 64, Rn. 58; *Sander/Sigloch*, PharmaR 2003, 371 (373).

zwar nur das „Wie“ regeln, aber trotzdem den Marktzugang hinreichend schwer beschränken.[166]

Man kann diese Formel auf die Niederlassungsfreiheit übertragen.[167] Produktbezogene Maßnahmen entsprächen hierbei niederlassungsbezogenen Maßnahmen und vertriebsbezogene entsprächen solchen, die lediglich die Ausübung der Niederlassungsfreiheit („Wie“) betreffen.[168] Viele Stimmen in der Literatur sprechen sich iSd Konvergenz der Grundfreiheiten für eine Übertragung der Keck-Formel auf die Niederlassungsfreiheit aus.[169] Dabei ist die Keck-Formel selbst bei der Warenverkehrsfreiheit nicht über jeden Zweifel erhaben und kritikabel.[170] Sie ist zu „formalistisch“, schafft eine Art „Schein-Rechtssicherheit“ und wird der tatsächlichen Komplexität der Sachverhalte nicht gerecht.[171] Eine gänzliche Übertragung auf die Niederlassungsfreiheit erscheint unpassend.[172] Eine Begriffspaarbildung, wie bei produkt- und vertriebsbezogenen Maßnahmen, ist schwer möglich und widerspricht dem Wortlaut des Art. 49 AEUV, welcher die „Aufnahme und Ausübung selbstständiger Erwerbstätigkeiten“ gleichermaßen schützt.[173]

Einige Autoren konzentrieren sich deshalb nur auf das Marktzugangskriterium, welches jeder Beschränkungsprüfung innewohnt und zur Eingrenzung des Beschränkungsverbots besser zur Übertragung auf alle Grundfreiheiten geeignet sein soll.[174] In diese Richtung tendiert nunmehr auch der EuGH.[175] Sofern eine Regel ein Marktzugangshindernis für niederlassungswillige natürliche Personen oder Gesellschaften darstellt, ist sie als Beschränkung der Niederlassungsfreiheit anzusehen.[176] Somit könnte man die tragenden Beweggründe der Keck-Formel auch

---

166 *Dietz/Streinz*, EuR 2015, 50 (51); *ders./Leible* in: Grabitz/Hilf/Nettesheim, Recht der EU, Art. 34 AEUV, Rn. 76; *Epiney* in: Ehlers, EU-Grundrechte und -freiheiten, § 8, Rn. 46.

167 *Habersack/Verse*, EU-GesR, § 3, Rn. 8; *Clausnitzer*, NZG 2008, 321 (323 f.).

168 *Frenz*, EuR, Rn. 301; *ders.*, HB EuR, Bd. 1: Grundfreiheiten, Rn. 2424; *Knop*, Gesellschaftsstatut, S. 129; *Wasmeier*, Umstrukturierung, S. 87 f.

169 *Eidenmüller* in: Eidenmüller, Ausländische KapGes, § 3, Rn. 16; *ders.*, NJW 2005, 1618; *Ludwigs* in: Dauses/Ludwigs, HB EU-Wirtschaftsrecht, E. I., Rn. 94; *Radtke/Hoff-mann*, EuZW 2009, 404 (406); s.a. *Braun*, Wegzugsfreiheit, S. 39; *Frenz*, EuR, Rn. 301.

170 *Mayer*, EuR 2003, 793 (810); *Epiney* in: Ehlers, EU-Grundrechte und -freiheiten, § 8, Rn. 48; *Streinz*, EuR, Rn. 909 f.; *Kieninger*, ZEuP 2004, 685 (691).

171 So etwa *Dietz/Streinz*, EuR 2015, 50 (51).

172 *Tietje* in: Ehlers, EU-Grundrechte und -freiheiten, § 10, Rn. 55; *Müller-Graff* in: Streinz, EUV/AEUV, Art. 49 AEUV, Rn. 62; *Kieninger*, ZEuP 2004, 685 (691).

173 *Tiedje* in: v.d. Groeben/Schwarze/Hatje, EuR, Art. 49 AEUV, Rn. 110.

174 *Epiney* in: Ehlers, EU-Grundrechte und -freiheiten, § 8, Rn. 46; *Schanze/Jüttner*, AG 2003, 661 (667); *Wasmeier*, Umstrukturierung, S. 86 f.

175 EuGH, Urt. v. 10.02.2009, Rs. C-110/05, ECLI:EU:C:2009:66, Rn. 36 – Kom./Italien.

176 *Eidenmüller*, NJW 2005, 1618; *Dietz/Streinz*, EuR 2015, 50 (64); *Radtke/Hoffmann*, EuZW 2009, 404 (406); *Frenz*, HB EuR, Bd. 1: Grundfreiheiten, Rn. 2428.

für die Niederlassungsfreiheit fruchtbar machen.[177] Es wäre auch der Einwand ausgeräumt, die Weite des Beschränkungsbegriffs führe bei der Niederlassungsfreiheit zu einer Generalüberprüfung aller nationalen Gesellschaftsrechtsordnungen.[178] Allerdings kann auch das Marktzugangskriterium unter dem Gesichtspunkt der Unschärfe kritisiert werden.[179] Trotzdem herrscht relative Einigkeit über das Bedürfnis einer Verkürzung des Beschränkungsbegriffs bei der Niederlassungsfreiheit.[180] Diese Ausführungen sollen an dieser Stelle genügen und das Thema Keck-Formel an späterer Stelle erneut aufgegriffen werden.[181]

V. Rechtfertigungsmöglichkeiten

Sofern eine Schutzbereichsbeeinträchtigung der Niederlassungsfreiheit vorliegt, ist eine Tendenz zu Gunsten eines Verstoßes erkennbar. Allerdings besteht die Möglichkeit, eine Beeinträchtigung zu rechtfertigen und diese Vermutung zu widerlegen.[182] Dabei trägt der Verpflichtete die Beweislast.[183] Dafür bedarf es einer sog. Schranke der Grundfreiheiten, quasi das Einfallstor einer Rechtfertigungsprüfung.[184] Der allgemeinen Dogmatik der Grundfreiheiten entsprechend besteht die Möglichkeit einer Rechtfertigung einerseits aus den geschriebenen Schranken (für die Niederlassungsfreiheit nach Art. 52 Abs. 1 AEUV) und andererseits aus den ungeschrieben Schranken, den sog. „zwingenden Gründen des Allgemeinwohls“ iSd Cassis-Rechtsprechung[185], nebst sonstigem Primärrecht wie etwa den EU-Grundrechten.[186] Eine Schranke allein ist jedoch nicht ausreichend. Auch diese muss im Lichte der Grundfreiheiten ausgelegt werden. So sind die Schranken-Schranken ebenfalls zu berücksichtigen, wobei insbesondere der Verhältnismäßigkeitsgrundsatz hervorzuheben ist.[187]

---

177 *Schanze/Jüttner*, AG 2003, 661 (667); *Eidenmüller* in: Eidenmüller, Ausländische KapGes, § 3, Rn. 16.

178 S. *Knop*, Gesellschaftsstatut, S. 136; fraglich bei *Classen*, EuR 2009, 555 (561).

179 *Wasmeier*, Umstrukturierung, S. 87; *Knop*, Gesellschaftsstatut, S. 136; *Cramer*, Jura 2015, 39 (50).

180 *Dietz/Streinz*, EuR 2015, 50 (55); Oppermann/Classen/*Nettesheim*, EuR, § 28, Rn. 34; a.A.: *Tietje* in: Ehlers, EU-Grundrechte und -freiheiten, § 10, Rn. 56.

181 S. zugleich unten unter H., III., 2.

182 *Cramer*, Jura 2015, 39 (51); *Jarass*, EuR 2000, 705 (716).

183 *Ehlers* in: Ehlers, EU-Grundrechte und -freiheiten, § 7, Rn. 107.

184 Oppermann/Classen/*Nettesheim*, EuR, § 28, Rn. 35 ff.

185 Die Cassis-Formel verdankt ihren Namen einem frz. Likör, um den es im Urteil ging, s. EuGH, Urt. v. 20.02.1979, Rs. C-120/78, ECLI:EU:C:1979:42, Rn. 8 – Rewe-Zentral.

186 *Ehlers* in: Ehlers, EU-Grundrechte und -freiheiten, § 7, Rn. 107; *Mitterecker*, Sitzverlegungen, S. 41; *Hakenberg*, EuR, Rn. 416; *Frenz*, EuR, Rn. 308.

187 *Cramer*, Jura 2015, 39 (54); *Ludwigs* in: Dauses/Ludwigs, HB EU-Wirtschaftsrecht, E. I., Rn. 99; *Frenz*, HB EuR, Bd. 1: Grundfreiheiten, Rn. 2660.

1. Schranken

a) Geschriebene Schranken des Art. 52 Abs. 1 AEUV

Ausdrückliche Schranken der Niederlassungsfreiheit sind die öffentliche Ordnung, Sicherheit und Gesundheit (Art. 52 Abs. 1 AEUV).[188] Dieser Ordre-Public-Vorbehalt gilt als Rechtfertigungsgrund gleichermaßen sowohl für offene als auch versteckte Diskriminierungen sowie unterschiedslos geltende Beschränkungen der Niederlassungsfreiheit.[189] Als verengende Sondervorschrift ist sie wie alle Schranken eng auszulegen.[190]

Wortlautgemäß verweist Art. 52 Abs. 1 AEUV auf „Sonderregelungen für Ausländer".[191] Deshalb sehen einige Autoren das vorrangige Anwendungsgebiet der Schranke im nationalen Ausländerrecht der Mitgliedstaaten.[192] Allerdings beschränkt sie sich nicht auf diesen Bereich, sondern gilt für alle Regeln, die Ausländer unterschiedlich behandeln.[193] Der Wortlaut macht allerdings deutlich, dass die Mitgliedstaaten im Bereich der Niederlassungsfreiheit gegenüber Ausländern teilweise Maßnahmen ergreifen, die sie gegenüber ihren eigenen Staatsangehörigen nicht ergreifen dürfen.[194]

Die aufgezählten Begriffe der öffentlichen Ordnung, Sicherheit und Gesundheit sind europarechtliche Termini, welche autonom auszulegen sind.[195] Unter dem Begriff der öffentlichen Ordnung ist jede Rechtsverletzung zu subsumieren, sofern sie eine tatsächliche und hinreichende Gefährdung eines Grundinteresses der Gesellschaft darstellt.[196] Was dabei ein Grundbelang der Gesellschaft darstellen kann, ist unter Beachtung eines europäischen Rechtsrahmens nach nationalen

---

188 *Cramer*, Jura 2015, 39 (51); *Braun*, Wegzugsfreiheit, S. 42; *Frenz*, EuR, Rn. 308.

189 *Frenz*, HB EuR, Bd. 1: Grundfreiheiten, Rn. 2560; *Müller-Graff* in: Streinz, EUV/AEUV, Art. 52 AEUV, Rn. 3 f.; *Borchardt*, EU-Rechtsgrundlagen, Rn. 1058.

190 EuGH, Urt. v. 26.02.1975, Rs. 67/74, ECLI:EU:C:1975:34, Rn. 6 – Bonsignore; EuGH, Urt. v. 19.01.1999, Rs. C-348/96, ECLI:EU:C:1999:6, Rn. 23 – Calfa.

191 *Müller-Graff* in: Streinz, EUV/AEUV, Art. 52 AEUV, Rn. 3; *Cramer*, Jura 2015, 39 (52); *Korte* in: Calliess/Ruffert, EUV/AEUV, Art. 52 AEUV, Rn. 5.

192 *Tietje* in: Ehlers, EU-Grundrechte und -freiheiten, § 10, Rn. 59 f.; *Tiedje* in: v.d. Groeben/Schwarze/Hatje, EuR, Art. 52 AEUV, Rn. 1.

193 *Ludwigs* in: Dauses/Ludwigs, HB EU-Wirtschaftsrecht, E. I., Rn. 100; *Korte* in: Calliess/Ruffert, EUV/AEUV, Art. 52 AEUV, Rn. 3; *Ohler*, EuR 2010, 253 (256).

194 *Ludwigs* in: Dauses/Ludwigs, HB EU-Wirtschaftsrecht, E. I., Rn. 100, s. insb. Fn. 406; *Korte* in: Calliess/Ruffert, EUV/AEUV, Art. 52 AEUV, Rn. 2.

195 Oppermann/Classen/*Nettesheim*, EuR, § 28, Rn. 35; *Frenz*, HB EuR, Bd. 1: Grundfreiheiten, Rn. 2570; *Hobe*, EuR, Rn. 819.

196 EuGH, Urt. v. 27.10.1977, Rs. 30/77, ECLI:EU:C:1977:172, Rn. 33/35 – Bouchereau; EuGH, Urt. v. 19.01.1999, Rs. C-348/96, ECLI:EU:C:1999:6, Rn. 21 – Calfa.

Prinzipien der Mitgliedstaaten zu bestimmen.[197] Unter der öffentlichen Sicherheit ist die innere sowie äußere Sicherheit des Mitgliedstaates zu verstehen. Dabei umfasst die äußere Sicherheit alle außen- und sicherheitspolitischen sowie staatengemeinschaftlichen Belange. Die innere Sicherheit beinhaltet dagegen die Existenz und Funktion des Staates in Form seiner Einrichtungen, welche für das Überleben der Bevölkerung notwendig sind.[198]

Zur öffentlichen Gesundheit ist der Schutz vor Krankheiten sowie die Sicherstellung der Gesundheitsversorgung in einem Mitgliedstaat zu zählen.[199] Zur Konkretisierung kann auf die Freizügigkeits-Richtlinie verwiesen werden. In Art. 29 sind unter dem Gesichtspunkt der öffentlichen Gesundheit Krankheiten beschrieben, welche ein epidemisches Potenzial beinhalten oder auf sonstige Weise übertragbar sind bzw. infektiöse oder parasitäre pathologische Erscheinungen.[200] Unter dem Aspekt der Gesundheitsversorgung ist vor allem eine qualitativ hochwertige, ausgewogene sowie allen zugängliche ärztliche und klinische Versorgung, nebst Arzneimittelversorgung, zu fassen.[201]

Über Art. 54 Abs. 1 AEUV finden die in Art. 52 AEUV genannten Rechtfertigungsgründe selbstverständlich auch Anwendung auf juristische Personen.[202] Der Anwendungsbereich ist aber eher gering. Allerdings kann es wegen der besonderen mitgliedstaatlichen Autonomie der Mitgliedstaaten in Bezug auf ihr eigenes nationales und Internationales Gesellschaftsrecht teilweise zu schwierigen Abgrenzungsfragen kommen: Wann ist eine gesellschaftsrechtliche Regel etwa, ähnlich dem Ausländerpolizeirecht bei natürlichen Personen, nach Art. 52 AEUV zu rechtfertigen, wann aber spiegelt sie nur eine an Art. 54 AEUV zu messende, also keinen Rechtfertigungsgrund darstellende, gesellschaftsrechtliche Besonderheit wider?[203]

---

197 *Frenz*, HB EuR, Bd. 1: Grundfreiheiten, Rn. 2575; *Ludwigs* in: Dauses/Ludwigs, HB EU-Wirtschaftsrecht, E. I., Rn. 102; *Frey/Pfeifer*, EuR 2015, 721 (729 f.).

198 EuGH, Urt. v. 04.10.1991, Rs. C-367/89, ECLI:EU:C:1991:376, Rn. 22 – Richardt; EuGH, Urt. v. 17.10.1995, Rs. C-70/94, ECLI:EU:C:1995:328, Rn. 26 – Werner Industrie; EuGH, Urt. v. 10.07.1984, Rs. 72/83, ECLI:EU:C:1984:256, Rn. 34 – Campus Oil.

199 *Tiedje* in: v.d. Groeben/Schwarze/Hatje, EuR, Art. 52 AEUV, Rn. 36; *Frenz*, HB EuR, Bd. 1: Grundfreiheiten, Rn. 2584.

200 Richtlinie 2004/38/EG des Europäischen Parlaments und des Rates über das Recht der Unionsbürger und ihrer Familienangehörigen, sich im Hoheitsgebiet der Mitgliedstaaten frei zu bewegen und aufzuhalten v. 29.04.2004, ABl. 2004 Nr. L 158/47.

201 EuGH, Urt. v. 10.03.2009, Rs. C-169/07, ECLI:EU:C:2009:141, Rn. 47 – Hartlauer; EuGH, Urt. v. 16.05.2006, Rs. C-372/04, ECLI:EU:C:2006:325, Rn. 104 – Watts; EuGH, Urt. v. 19.05.2009, Rs. C-171/07 und C-172/07, ECLI:EU:C:2009:316, Rn. 28, 34 f. – Apothekerkammer des Saarlandes.

202 *Ludwigs* in: Dauses/Ludwigs, HB EU-Wirtschaftsrecht, E. I., Rn. 100.

203 *Tiedje* in: v.d. Groeben/Schwarze/Hatje, EuR, Art. 52 AEUV, Rn. 5–9; *Forsthoff* in: Grabitz/Hilf/Nettesheim, Recht der EU, Art. 52 AEUV, Rn. 5, 18.

b) Ungeschriebene Schranken – Zwingende Gründe des Allgemeinwohls

In Fällen, in denen Gesellschaften betroffen sind, finden die ungeschriebenen Schranken iSd Cassis-de-Dijon-Formel dagegen deutlich häufiger Verwendung. Aber auch bei natürlichen Personen wird diese Form der Schranken häufiger bemüht.[204] Der EuGH hat, zunächst für die Warenverkehrsfreiheit, eine Möglichkeit gesucht, die ausufernde Anwendung der Dassonville-Formel, den weiten Beschränkungsbegriff, einzudämmen.[205] Durch das Urteil Rewe-Zentral-Finanz („Cassis de Dijon") wurde eine weitere, nicht im AEUV enthaltene Rechtfertigungsmöglichkeit für unterschiedslos geltende Maßnahmen eingeführt.[206] Durch die Konvergenzbestrebungen findet diese auch bei der Niederlassungsfreiheit Anwendung.[207]

Der EuGH hat die Cassis-de-Dijon-Formel mit der Zeit auch für versteckte Diskriminierungen genutzt.[208] Dies ist darauf zurückzuführen, dass versteckte Diskriminierungen und Beschränkungen sich nicht eindeutig auseinanderhalten lassen und in sie ihrer Wirkung meist gleich intensiv sind.[209] Offene Diskriminierungen lassen sich allerdings nur nach den geschriebenen Schranken rechtfertigen.[210] Zwar wird dies vermehrt in Zweifel gezogen und eine formale Unterscheidung zwischen offener bzw. versteckter Diskriminierung sowie Beschränkungen aufgegeben,[211] jedoch verstoßen offene Diskriminierung in besonders starkem Maße gegen die Konzeption eines freien Marktes, was eine hohe Schwelle und enge Auslegung der Rechtfertigungsgründe notwendig macht.[212] Anerkannte zwingende Gründe des Allgemeinwohls, also Rechtfertigungsgründe iSd Cassis-de-Dijon-Rechtsprechung, sind bspw. der Verbraucher- oder Umweltschutz sowie die

---

204 Insgesamt sind offene Diskriminierungen im Binnenmarkt heute weithin abgebaut, was zusammen mit der restriktiven Auslegung der geschriebenen Schranken dazu führt, dass die meisten Urteile zu Grundfreiheiten einer Rechtfertigungsprüfung nach „Cassis" unterliegen.

205 *Streinz*, EuR, Rn. 864; *Ludwigs* in: Dauses/Ludwigs, HB EU-Wirtschaftsrecht, E. I., Rn. 100; *Fremuth*, EuR 2006, 866 (877); *Cramer*, Jura 2015, 39 (52).

206 EuGH, Urt. v. 20.02.1979, Rs. C-120/78, ECLI:EU:C:1979:42, Rn. 8 – Rewe-Zentral.

207 EuGH, Urt. v. 31.03.1993, Rs. C-19/92, ECLI:EU:C:1993:123, Rn. 32 – Kraus; EuGH, Urt. v. 30.11.1995, Rs. C-55/94, ECLI:EU:C:1995:411, Rn. 37 – Gebhard.

208 EuGH, Urt. v. 28.10.1999, Rs. C-55/98, ECLI:EU:C:1999:533, Rn. 21–23 – Vestergaard; EuGH, Urt. v. 16.01.2003, Rs. C-388/01, ECLI:EU:C:2003:30, Rn. 21 – Kom./Italien; *Herdegen*, EuR, § 15, Rn. 17; kritisch *Heselhaus*, EuZW 2001, 645.

209 *Ehlers* in: Ehlers, EU-Grundrechte und -freiheiten, § 7, Rn. 119; Oppermann/Classen/*Nettesheim*, EuR, § 28, Rn. 36; *Korte* in: Calliess/Ruffert, EUV/AEUV, Art. 49 AEUV, Rn. 63.

210 *Herdegen*, EuR, § 15, Rn. 17; *Hobe*, EuR, Rn. 840; *Mitterecker*, Sitzverlegungen, S. 43.

211 Schlussanträge des GA Lenz v. 05.11.1996, Rs. C-250/95, ECLI:EU:C:1996:420, Anm. 40 ff. – Futura Participations; *Hakenberg*, EuR, Rn. 416; *Weiß*, EuZW 1999, 493 (497).

212 *Ehlers* in: Ehlers, EU-Grundrechte und -freiheiten, § 7, Rn. 119; *Heermann*, GRUR Int 1999, 579 (589); *Kingreen* in: Calliess/Ruffert, EUV/AEUV, Art. 36 AEUV, Rn. 82.

Verkehrssicherheit.[213] Für die Niederlassungsfreiheit, das Gesellschaftsrecht und mögliche Sitzverlegungen besonders relevant sind die Wirksamkeit steuerlicher Kontrollen, der Gläubigerschutz, der Schutz von Minderheitsgesellschaftern und Arbeitnehmern sowie bestimmte verpflichtende Berufsregeln.[214] Allerdings sind diese Gründe nicht abschließend geregelt, sodass alle staatlich legitimen Interessen und Gemeinwohlbelange nicht-wirtschaftlicher Natur als Rechtfertigungsgründe in Betracht kommen.[215]

c) EU-Grundrechte und sonstiges Primärrecht

Neben den „typischen" Schranken können auch Unionsgrundrechte den Grundfreiheiten Schranken setzen.[216] Hierbei ist auf den Fall Schmidberger zu verweisen, bei welchem die Demonstrationsfreiheit als Schranke für die Warenverkehrsfreiheit diente. Die Frage war, ob der österreichische Staat eine Sperrung der Brenner-Autobahn durch Protestierende auflösen musste, um den freien Warenfluss auf der Fernstraße zu ermöglichen.[217]

2. Die Schranken-Schranke der Verhältnismäßigkeit

Zwar ist anerkannt, dass auch Unionsgrundrechte und sonstiges EU-Primärrecht bei einem Verstoß gegen die Grundfreiheiten als Schranken-Schranken dienen können.[218] Die bedeutendere Schranken-Schranke ist hingegen der Verhältnismäßigkeitsgrundsatz.[219] Die Voraussetzung einer Verhältnismäßigkeitsprüfung lässt sich den geschrieben Schranken entnehmen, die allesamt auf „gerechtfertigte" Eingriffe verweisen.[220] Allerdings ist die Verhältnismäßigkeit auch ein

---

213 EuGH, Urt. v. 20.02.1979, Rs. C-120/78, ECLI:EU:C:1979:42, Rn. 8 – Rewe-Zentral; EuGH, Urt. v. 09.07.1992, Rs. C-2/90, ECLI:EU:C:1992:310, Rn. 32 – Kom./Belgien; EuGH, Urt. v. 20.03.2014, Rs. C-639/11, ECLI:EU:C:2014:173, Rn. 54 – Kom./Polen.

214 EuGH, Urt. v. 08.07.1999, Rs. C-254/97, ECLI:EU:C:1999:368, Rn. 18 – Baxter; EuGH, Urt. v. 30.09.2003, Rs. C-167/01, ECLI:EU:C:2003:512, Rn. 135 – Inspire Art; EuGH, Urt. v. 13.12.2005, Rs. C-411/03, ECLI:EU:C:2005:762, Rn. 28 – Sevic; EuGH, Urt. v. 20.05.1992, Rs. C-106/91, ECLI:EU:C:1992:230, Rn. 35 – Ramrath.

215 *Ehlers* in: Ehlers, EU-Grundrechte und -freiheiten, § 7, Rn. 118; *Frenz*, HB EuR, Bd. 1: Grundfreiheiten, Rn. 559–561; *Fremuth*, EuR 2006, 866 (876 f.); *Streinz*, EuR, Rn. 868.

216 *Ehlers* in: Ehlers, EU-Grundrechte und -freiheiten, § 7, Rn. 115; *Cramer*, Jura 2015, 39 (53), beide verweisen allerdings darauf, dass dies noch streitig ist; *Hobe*, EuR, Rn. 777.

217 EuGH, Urt. v. 12.07.2003, Rs. C-112/00, ECLI:EU:C:2003:333 – Schmidberger.

218 *Ehlers* in: Ehlers, EU-Grundrechte und -freiheiten, § 7, Rn. 123.

219 Deshalb ist die Verhältnismäßigkeit in Lehrbüchern oft einzige Schranke, s. etwa *Herdegen*, EuR, § 15, Rn. 20; *Hobe*, EuR, Rn. 767; *Hakenberg*, EuR, Rn. 356.

220 *Ehlers* in: Ehlers, EU-Grundrechte und -freiheiten, § 7, Rn. 129; *Korte* in: Calliess/Ruffert, EUV/AEUV, Art. 52 AEUV, Rn. 16; *Jarass*, EuR 2000, 705 (721).

anerkannter EU-Rechtsgrundsatz und hat seinen Niederschlag im EUV erhalten (Art. 5 Abs. 4).[221]

Ähnlich den deutschen Grundrechten besteht eine nationale Maßnahme diesen Test nur, wenn sie einem legitimen Ziel dient und geeignet, erforderlich sowie angemessen ist.[222] Allerdings legt der EuGH, anders als vielleicht von der Prüfung deutscher Grundrechte bekannt, seinen Prüfungsschwerpunkt meist auf die Geeignetheit und Erforderlichkeit.[223] So formuliert der Gerichtshof bspw. für die Niederlassungsfreiheit, dass eine Rechtfertigung nur möglich ist, sofern die Maßnahme „in nicht-diskriminierender Weise angewandt wird..., aus zwingenden Gründen des Allgemeininteresses gerechtfertigt ist, geeignet ist, die Verwirklichung des mit der Maßnahme verfolgten Ziels zu gewährleisten und...nicht über das hinausgeht, was zur Erreichung dieses Ziels erforderlich ist".[224] Bei dieser Maßgabe handelt es sich um die sog. Gebhard-Formel oder den Vier-Konditionen-Test.[225] Allerdings beinhaltet die Stufe der Erforderlichkeit dann auch die Gesichtspunkte der Angemessenheit, was zu einem Ausgleich der widerstreitenden Interessen von Verpflichtetem und Berechtigtem der Grundfreiheiten führt. Faktisch handelt es sich also um eine den deutschen Grundrechten ähnliche, aber weniger strikte Verhältnismäßigkeitsprüfung.[226]

Eine Maßnahme ist geeignet, wenn sie den ihr zugrundeliegenden Zweck erreichen kann.[227] Sie ist erforderlich, wenn sie das mildeste Mittel bei höchstmöglicher Effektivität darstellt,[228] und angemessen, wenn sie die widerstreitenden Interessen zum größtmöglichen Einklang bringt.[229] Auf die Verhältnismäßigkeit sind je nach Art der Beeinträchtigung unterschiedliche Maßstäbe anzuwenden. So sind offene Diskriminierungen im Grundsatz schwerer zu rechtfertigen als versteckte,

---

221 *Hakenberg*, EuR, Rn. 356; *Kahl/Schwind*, EuR 2014, 170 (184 f.); *Trstenjak/Beysen*, EuR 2012, 265; *Brigola*, EuZW 2017, 406; *Pache*, NVwZ 1999, 1033 (1034 f.).

222 EuGH, Urt. v. 11.07.1989, Rs. C-265/87, ECLI:EU:C:1989:303, Rn. 21 – Schräder; EuGH, Urt. v. 14.10.2004, Rs. C-423/98, ECLI:EU:C:2000:401, Rn. 19 – Albore; EuGH, Urt. v. 13. 07.2000, Rs. C-36/02, ECLI:EU:C:2004:614, Rn. 36 ff.– Omega.

223 *Frenz*, HB EuR, Bd. 1: Grundfreiheiten, Rn. 587; *Ehlers* in: Ehlers, EU-Grundrechte und -freiheiten, § 7, Rn. 132; *Brigola*, EuZW 2017, 406; *Streinz*, EuR, Rn. 870.

224 EuGH, Urt. v. 30.11.1995, Rs. C-55/94, ECLI:EU:C:1995:411, Rn. 37 – Gebhard.

225 *Mitterecker*, Sitzverlegungen, S. 42; *Böttcher/Kraft*, NJW 2012, 2701 (2702); *Verse*, ZEuP 2013, 458 (470); *Herrler*, DNotZ 2009, 484.

226 *Glöckner* in: MüKo LauterkeitsR, Bd. 1, Teil III., C., Rn. 80; *Ehlers* in: Ehlers, EU-Grundrechte und -freiheiten, § 7, Rn. 132; *Wasmeier*, Umstrukturierung, S. 91; *Kingreen* in: Calliess/Ruffert, EUV/AEUV, Art. 36 AEUV, Rn. 98.

227 *Mitterecker*, Sitzverlegungen, S. 44; *Brigola*, EuZW 2017, 406 (410); *Kischel*, EuR 2000, 380 (386); *Trstenjak/Beysen*, EuR 2012, 265 (271); *Hobe*, EuR, Rn. 767.

228 *Pache*, NVwZ 1999, 1033 (1036); *Ehlers* in: Ehlers, EU-Grundrechte und -freiheiten, § 7, Rn. 130; *Ludwigs* in: Dauses/Ludwigs, HB EU-Wirtschaftsrecht, E. I., Rn. 112.

229 *Frenz*, HB EuR, Bd. 1: Grundfreiheiten, Rn. 597; *Kingreen* in: Calliess/Ruffert, EUV/AEUV, Art. 36 AEUV, Rn. 98; *Cramer*, Jura 2015, 39 (54).

welche grundsätzlich wiederum schwerer wiegen als Beschränkungen.[230] Diese schematische Unterscheidung wird zwar nicht durchgängig eingehalten, kann jedoch als Anhaltspunkt dienen. Ebenfalls unterschiedliche Maßstäbe sind an die verschiedenen Grundfreiheiten zu stellen: So kann einem sich Niederlassenden (Niederlassungsfreiheit) mehr abverlangt werden, weil dieser sich freiwillig dem Rechtsregime des Mitgliedstaates unterwirft und dort bereits bestimmte handels- und gesellschaftsrechtliche Regeln vorherrschen.[231] Den Mitgliedstaaten kommt insoweit ein weiterer Ermessensspielraum zu, jedoch ist die Kontrolldichte auch bei der Niederlassungsfreiheit als hoch einzustufen.[232]

Unverhältnismäßig sind etwa Maßnahmen, welche vorsehen, dass nur diplomierte Optiker ein Optikergeschäft unterhalten dürfen und die Anzahl strikt auf ein Geschäft limitiert ist. Unverhältnismäßig sind auch das Vorschreiben eines Mindestkapitals für zuziehende ausländische Gesellschaften, welche nach ihrem Gründungsrecht ein solches Mindestkapital nicht aufweisen müssen, zu strikte Sprachanforderungen für Zahnärzte, damit diese angemessen mit Muttersprachlern im Zielstaat kommunizieren können, Verweise im Steuerrecht, welche besagen, dass eine Überprüfbarkeit von bestimmten Tatsachen im Ausland zu schwierig ist, oder aber Zweigstellenverbote für bestimmte Tätigkeiten, die eine dauerhafte, direkt persönliche Beratung sicherstellen sollen, wenn eine solche auch mit Mitteln der Fernkommunikation sichergestellt werden kann.[233]

---

230 *Trstenjak/Beysen*, EuR 2012, 265 (277); *Korte* in: Calliess/Ruffert, EUV/AEUV, Art. 49 AEUV, Rn. 87; *Jarass*, EuR 2000, 705 (723); *Leible/Hoffmann*, RIW 2006, 161 ff.

231 *Jarass*, EuR 2000, 705 (722); *Korte* in: Calliess/Ruffert, EUV/AEUV, Art. 49 AEUV, Rn. 87; *Ludwigs* in: Dauses/Ludwigs, HB EU-Wirtschaftsrecht, E. I., Rn. 115.

232 *Korte* in: Calliess/Ruffert, EUV/AEUV, Art. 49 AEUV, Rn. 69.

233 EuGH, Urt. v. 21.04.2005, Rs. C-140/03, ECLI:EU:C:2005:242, Rn. 30 ff. – Kom./ Griechenland; EuGH, Urt. v. 09.03.1999, Rs. C-212/97, ECLI:EU:C:1999:126, Rn. 35 ff.– Centros; EuGH, Urt. v. 04.07.2000, Rs. C-424/97, ECLI:EU:C:2000:357, Rn. 60 – Haim; EuGH, Urt. v. 17.07.2014, Rs. C-48/13, ECLI:EU:C:2014:2087, Rn. 37 f. – Nordea Bank; EuGH, Urt. v. 12.07.1984, Rs. 107/83, ECLI:EU:C:1984:270, Rn. 21 – Klopp.

C. Die grenzüberschreitende Sitzverlegung von Gesellschaften

In Zeitschriftenbeiträgen wird häufiger von der grenzüberschreitenden Sitzverlegung von Gesellschaften gesprochen, ohne diese Konstellation von Grund auf zu erklären.[234] Dabei besteht dieser Komplex aus vier verschiedenen Teilen: Einerseits muss es sich bei dem Subjekt um eine Gesellschaft handeln. Dies bestimmt das Gesellschaftsrecht der Mitgliedstaaten. Die Interpretation des Art. 54 AEUV gibt Aufschluss darüber, welche rechtlichen Zusammenschlüsse im europäischen Sinne als Gesellschaften anzusehen sind.[235] Eine solche Personenmehrheit hat einen Unternehmenssitz.[236] Als Sitz gilt, angelehnt an § 21 AO, allgemein der Ort, von dem der Unternehmer das Unternehmen betreibt.[237] Bei der Sitzverlegung wird der Sitz vom bisherigen an einen anderen Standort transferiert. Solch ein Vorgang ist transnational, wenn er sich über die staatlichen Grenzen hinweg vollzieht. Nur bei einer innereuropäischen Grenzüberschreitung kann eine Sitzverlegung den Schutz der Niederlassungsfreiheit genießen.[238]

I. Der Sitz der Gesellschaft

Art. 54 AEUV nennt als Gesellschaftsstandort den satzungsmäßigen Sitz, die Hauptverwaltung und -niederlassung. Dabei werden alle genannten Sitzalternativen in Bezug auf die Niederlassungsfreiheit von Unternehmen gleich geachtet. Dies spiegelt die unterschiedlichen Sitzmöglichkeiten in den verschiedenen Rechtsordnungen der Mitgliedstaaten wider.[239]

Die deutschen Kapitalgesellschaften haben sowohl einen Verwaltungs- als auch einen Satzungssitz.[240] Diese können seit Einführung des MoMiG örtlich zusammen- oder auseinanderfallen.[241] Dagegen haben Personengesellschaften keinen

234 Wegen der jahredauernden Diskussion um die Sitzverlegung werden Vorkenntnisse der Grundlagen vorausgesetzt, bspw. *Bron*, EWS 2012, 32 ff.

235 S.o. unter B., II., 2.

236 Dieser ist ähnlich der Staatsangehörigkeit und dem Aufenthaltsort bei natürlichen Personen Anknüpfungspunkt für die rechtliche Bewertung, s. *Kegel/Schurig*, IPR, S. 572.

237 *Korn* in: Bunjes, UStG, § 3a, Rn. 10; für eine genauere Erläuterung zum Unternehmenssitz und zur Differenzierung veschiedener Sitzarten s. zugleich unter C., I./II.

238 S.o. unter B., II., 1., b).

239 EuGH, Urt. v. 27.09.1988, Rs. 81/87, ECLI:EU:C:1988:456, Rn. 20 – Daily Mail.

240 *Drygala/Staake/Szalai*, KapGesR, § 2, Rn. 28; *Hirte*, KapGesR, Rn. 2.59.

241 Das Gesetz zur Modernisierung des GmbH-Rechts und zur Bekämpfung von Missbräuchen; vgl. BT-Drucks. 16/6140, S. 29; s.a. *Heinze*, NZV 2012, 369.

satzungsmäßigen Sitz im eigentlichen Sinne. Wird der Sitz einer OHG oder KG in das Handelsregister eingetragen, so handelt es sich nach allgemeiner Meinung um den Verwaltungssitz.[242] Aus EU-Perspektive ist dieser Unterschied irrelevant, da der Verwaltungssitz als Anknüpfungspunkt für Art. 54 AEUV ausreicht und Personengesellschaften, trotz der in Deutschland fehlenden Einordnung als juristische Person, ebenfalls von der Niederlassungsfreiheit umfasst sind.[243]

Der Satzungssitz ist der Ort, welcher in der Satzung angegeben ist.[244] Dagegen ist der Verwaltungssitz der Ort, an dem die Hauptverwaltung ihre grundlegende Tätigkeit durchführt.[245] Nach den gesetzlichen Vorgaben der §§ 4a GmbHG, 5 AktG ist beim Sitz der Kapitalgesellschaften immer der satzungsmäßige Sitz gemeint.[246] Ebenso verhält es sich bei der Europäischen (Aktien-)Gesellschaft (Societas Europaea, kurz SE).[247] Auch in Italien ist mit Sitz der Satzungssitz gemeint. Hingegen sieht das französische Recht einen Gleichlauf von Satzungs- und Verwaltungssitz im sog. „Registrierten Firmensitz" vor.[248]

II. Die Verlegung des Gesellschaftssitzes

1. Satzungs- und Verwaltungssitzverlegung

Wenn also das GmbHG und das AktG von einer Sitzverlegung sprechen, meinen sie die Verlegung des Satzungssitzes.[249] Gleiches gilt für die SE-VO[250], wobei nach deren Art. 7 S. 2 die Mitgliedstaaten ohnehin einen Gleichlauf von Satzungs- und Verwaltungssitz fordern können.[251] Faktisch kann allerdings grundsätzlich, wie

---

242 *Saenger*, FS P+P Pöllath+Partners 2008, 295 (300); *Langhein* in: MüKo HGB, § 106, Rn. 26; grds. *Roth* in: Baumbach/Hopt, HGB, § 106, Rn. 8, aber im EU-Kontext kritisch.

243 S.o. unter B., II., 2.

244 *Drygala/Staake/Szalai*, KapGesR, § 2, Rn. 28; *Wicke*, GmbHG, § 4a, Rn. 1; *Rehberg*, Zuzug und Wegzug, S. 3 f.; *Lips/Randel/Werwigk*, DStR 2008, 2220 (2223).

245 *Braun*, Wegzugsfreiheit, S. 25; *Janisch*, Sitzverlegung, S. 33; *Meckbach*, NZG 2014, 526 (527); *Heinze* in: MüKo GmbHG, § 4a, Rn. 10; *Wiehe/Thies*, BB 2012, 1891.

246 *Wicke*, GmbHG, § 4a, Rn. 1; *Fastrich* in: Baumbach/Hueck, GmbHG, § 4a, Rn. 1; *Koch* in: Hüffer/Koch, AktG, § 5, Rn. 6; *Solveen* in: Hölters, AktG, § 5, Rn. 8.

247 *Casper* in: Spindler/Stilz, AktG, Bd. 2, SE-VO, Art. 7, Rn. 1 und Art. 8, Rn. 1; *Oechsler/Mihaylova* in: MüKo AktG, Bd. 7, A., Art. 7, Rn. 1 und Art. 8, Rn. 6.

248 *Falco* in: Wegen/Spahlinger/Barth, GesRdA, Italien, Rn. 271; *Basuyaux/Delpech/de Labrouhe* in: Wegen/Spahlinger/Barth, GesRdA, Frankreich, Rn. 249 f.

249 *Solveen* in: Hölters, AktG, § 45, Rn. 2; *Gerber* in: Spindler/Stilz, AktG, Bd. 1, § 45, Rn. 3; *Heinze* in: MüKo GmbHG, § 4a, Rn. 18; s.a. oben unter C., I.

250 Verordnung (EG) Nr. 2157/2001 des Rates über das Statut der Europäischen Gesellschaft (SE) v. 08.10.2001; ABl. 2001 Nr. L 294/1.

251 *Drygala/Staake/Szalai*, KapGesR, § 2, Rn. 10; *Oechsler*, AG 2005, 373 (379 f.).

gerade erläutert, einerseits der Satzungs- und andererseits der Verwaltungssitz einer Gesellschaft verlegt werden.[252] So führt dies auch die Begründung (A., I.) des Vorentwurfs zu einer 14. Gesellschaftsrechtlichen Richtlinie von 1999 aus, welcher die Sitzverlegung thematisierte, allerdings bis heute nicht verabschiedet wurde.[253] Satzungs- und Verwaltungssitzverlegung können jeweils alleine oder auch gemeinsam erfolgen, weshalb in dieser Hinsicht bereits drei verschiedene Konstellationen möglich und am nationalen wie europäischen Recht zu messen sind.[254]

Der EuGH nutzt die Terminologie des „Sitzes" bzw. der „Sitzverlegung" teilweise undifferenziert.[255] Man könnte meinen, dass er in bestimmten Bereichen bewusst nicht zwischen Verwaltungs- und Satzungssitzverlegung unterscheiden möchte.[256] Allerdings ist die deutsche Sprachfassung der Urteile manchmal zu ungenau. Die englische und französische Version sind in dieser Hinsicht regelmäßig deutlicher.[257] Diese Ungenauigkeit erschwert eine exakte Beurteilung der Rechtsprechung.[258]

Ein wichtiger Bestandteil der echten Sitzverlegung ist zweifellos die identitätswahrende Kontinuität.[259] Es ist unbestritten, dass eine Gesellschaft jederzeit in einem Staat aufgelöst werden kann, um sich als neue Gesellschaft in einem anderen Mitgliedstaat niederzulassen.[260] Ein solches Vorgehen (grenzüberschreitende Neugründung) ist jedoch mit wirtschaftlichen, rechtlichen und tatsächlichen Nachteilen verbunden.[261]

---

252 *Mitterecker*, Sitzverlegungen, S. 13; *Schön*, ZGR 2013, 333 (354 ff.); *Schulte*, IWRZ 2016, 3; *Janisch*, Sitzverlegung, S. 67; *Behme*, Sitzverlegung, S. 7 f.

253 Vorentwurf eines Richtlinienvorschlags zur Verlegung des Gesellschaftssitzes innerhalb der EU des Europäischen Parlaments und des Rates v. 20.04.1997, abgedruckt in ZGR 1999, 157 ff.; s.a. *von Bismarck*, Sitzverlegungen, S. 213 f.

254 *Braun*, Wegzugsfreiheit, S. 25; *Wöhlert/Degen*, GWR 2012, 432; *von Bismarck*, Sitzverlegungen, S. 60–65; *Schaper*, ZIP 2014, 810 (815).

255 *Saenger*, FS P+P Pöllath+Partners 2008, 295 (299); *Braun*, Wegzugsfreiheit, S. 24.

256 *Teichmann*, ZIP 2009, 393 (394), m. Verw. auf EuGH, Urt. v. 16.12.2008, Rs. C-210/06, ECLI:EU:C:2008:723 – Cartesio Rn. 105, 110 „Sitz", „siège" (frz.), „seat" (engl.), „satzungsmäßiger Sitz/wahrer Sitz", „siège statutaire/siège réel", „registered office/real seat".

257 S. etwa EuGH, Urt. v. 30.09.2003, Rs. C-167/01, ECLI:EU:C:2003:512, Rn. 34 – Inspire Art – im deutschen „Sitz", im englischen „registered office" und im frz. „siège social"; EuGH, Urt. v. 09.03.1999, Rs. C-212/97, ECLI:EU:C:1999:126, Rn. 3 – Centros – im deutschen „Sitz", im englischen „registered office".

258 *Korom*/Metzinger, ECFR 2009, 125 (135).

259 Gemeint ist das Fortleben der Gesellschaft; vgl. *Kindler* in: MüKo BGB, Bd. 12, Teil 10, Rn. 819; *Schön*, ZGR 2013, 333 (339); *Schindler*, ECFR 2006, 109 (117).

260 EuGH, Urt. v. 27.09.1988, Rs. 81/87, ECLI:EU:C:1988:456, Rn. 18, 20 – Daily Mail.

261 Ausführlich *Frank*, Formwechsel, S. 127; weiterhin *Spahlinger* in: Spahlinger/Wegen, Int. GesR, Rn. 443; *Weller*, DStR 2004, 1218; *Pießkalla*, EuZW 2009, 75 (82).

2. Formwechselnde und formwahrende Satzungssitzverlegung

Hinzukommt, dass die Satzungssitzverlegung in zwei Unterkategorien eingeteilt werden kann: Die Verlegung des Satzungssitzes kann auf der einen Seite formwahrend und auf der anderen Seite formwechselnd erfolgen.[262] Eine formwahrende Satzungssitzverlegung würde bedeuten, dass die bereits wirksam gegründete Gesellschaft ihre Rechtsform des Gründungsmitgliedstaates und damit das anwendbare Recht beibehalten und als ausländische Gesellschaft in einem neuen Mitgliedstaat eingetragen würde.[263] So würde bspw. eine GmbH deutschen Rechts den Satzungssitz von Deutschland in die Niederlande verlegen und weiterhin als GmbH deutschen Rechts gelten und operieren.

Dagegen würde eine formwechselnde Sitzverlegung bedeuten, dass der Satzungssitz mit gleichzeitigem Wechsel der Rechtsform und des anwendbaren Rechtsregimes einhergehen würde.[264] Eine deutsche GmbH würde z.B. ihren Satzungssitz nach Großbritannien verlegen und fortan als Ltd. geführt werden. Teilweise wird die transnationale Satzungssitzverlegung als grenzüberschreitender Formwechsel bezeichnet bzw. nicht zwischen diesen Formen differenziert.[265] Dies scheint daran zu liegen, dass nahezu alle Mitgliedstaaten der EU, wohl mit Ausnahme Portugals und Italiens,[266] für inländische Rechtsformen einen inländischen Satzungssitz vorschreiben, wodurch eine formwahrende Satzungssitzverlegung nicht möglich ist.[267]

3. Verschmelzungen

Der Gesellschaftssitz kann nicht nur im bisher aufgezeigten herkömmlichen Sinne verlegt werden, sondern auch durch eine grenzüberschreitende Verschmelzung. Mit einer Verschmelzung geht meist auch eine Verlegung des Hauptverwaltungssitzes einher.[268] Allerdings kann durch die Verschmelzung auf eine neu zu gründende Gesellschaft im Ausland über Umwege auch der Satzungssitz verlegt werden.[269] Bei

---

262 *Eidenmüller* in: Eidenmüller, Ausländische KapGes, § 4, Rn. 125; *Mitterecker*, Sitzverlegungen, S. 21; *Frobenius*, DStR 2009, 487 (492); *Frank*, Formwechsel, S. 128 f.

263 *Franz*, EuZW 2016, 930 (935); *Winter/Marx/De Decker*, DStR 2017, 1664 (1665); *Mitterecker*, Sitzverlegungen, S. 21; *Frank*, Formwechsel, S. 127.

264 *Barthel*, EWS 2010, 316 (325); *Janisch*, Sitzverlegung, S. 72; *Verse*, ZEuP 2013, 458 (476); *Rubner/Leuering*, NJW-Spezial 2012, 527.

265 Bspw. *Campos Nave*, BB 2009, 870 (871); *Grohmann*, DZWiR 2009, 322 (325); *Knof/Mock*, ZIP 2009, 24 (32 f.); *Hushahn*, RNotZ 2014, 137 (138); *Kobelt*, GmbHR 2009, 808 (812 f.); *Wasmeier*, Umstrukturierung, S. 68.

266 *Di Marco*, ZGR 1999, 3 (5).

267 *Verse*, ZEuP 2013, 458 (473); *Behrens*, IPRax 1999, 323 (325); *Braun*, Wegzugsfreiheit, S. 222; s.a. §§ 4a GmbHG; 5 AktG „Sitz der Gesellschaft ist der Ort im Inland".

268 *Mitterecker*, Sitzverlegungen, S. 192; *Grundmann*, EU-GesR, § 22, Rn. 756; *Forsthoff*, DStR 2006, 613 (617).

269 *Siems*, EuZW 2006, 135 (139); *Gutkès* in: Sagasser/Bula/Brünger, Umwandlungen, § 13, Rn. 231; *Müller*, NZG 2006, 286 (287); *Hushahn*, RNotZ 2014, 137 (139).

der Verschmelzung sind wiederum mehrere Varianten zu unterscheiden: Zunächst gibt es die Verschmelzung zur Aufnahme.[270] Hierbei wird das Vermögen als Ganzes einer oder mehrerer abgebender Gesellschaften auf eine bereits bestehende aufnehmende Gesellschaft übertragen.[271] Des Weiteren gibt es die Verschmelzung zur Neugründung.[272] Hierdurch übertragen mindestens zwei übergebende Gesellschaften ihr Vermögen als Ganzes auf eine neu zu gründende übernehmende Gesellschaft.[273] In beiden Fällen tritt ein Erlöschen der transferierende(n) Gesellschaft(en) ohne Abwicklung ein.[274]

Durch das grenzüberschreitende Element ergeben sich somit folgende Konstellationen: Eine Gesellschaft oder mehrere Gesellschaften aus einem oder mehreren Mitgliedstaaten verschmilzt/verschmelzen auf eine Gesellschaft in einem anderen EU-Staat (Verschmelzung zur Aufnahme), mindestens zwei Gesellschaften aus einem Mitgliedstaat verschmelzen auf eine neue Gesellschaft in einem anderen EU-Staat oder mindestens zwei Gesellschaften aus verschiedenen Mitgliedstaaten verschmelzen auf eine neue Gesellschaft im Mitgliedstaat einer der ursprünglichen Gesellschaften oder in einem völlig neuen EU-Staat (Verschmelzungen durch Neugründung).[275] Dabei ist es nicht notwendig, dass die Gesellschaften ihre Hauptverwaltung in verschiedenen Mitgliedstaaten haben.[276] Es handelt sich etwa auch um eine grenzüberschreitende Verschmelzung, sofern eine britische Ltd. mit Verwaltungssitz in Deutschland auf eine deutsche GmbH, ebenfalls mit Verwaltungssitz in Deutschland, verschmilzt. Der Satzungssitz der Ltd. läge auch notwendigerweise in Großbritannien. Es ist zu beachten, dass die grenzüberschreitende Verschmelzung sekundärrechtlich geregelt ist.[277]

4. Spaltungen

Keine Sitzverlegung im eigentlichen Sinne stellt auch die Spaltung von Gesellschaften dar, jedoch ist zu beachten, dass sich die Sitzverhältnisse auch hier ändern

---

270 *Braun*, Wegzugsfreiheit, S. 206; *Janisch*, Sitzverlegung, S. 77; *Kraft/Bron*, IStR 2006, 26 (27); *Schwedhelm*, GmbH-StB 2007, 182 (183).

271 *Hirte*, KapGesR, Rn. 6.110; *Sagasser/Luke* in: Sagasser/Bula/Brünger, Umwandlungen, § 9, Rn. 1; *Thiermann*, Verschmelzungen, S. 75; *Saenger*, GesR, Rn. 887.

272 *Grundmann*, EU-GesR, § 26, Rn. 925; *Braun*, Wegzugsfreiheit, S. 925; *Tiedtke* in: Korintenberg, GNotKG, § 107, Rn. 46; *Klein*, RNotZ 2007, 565 (573).

273 *Hirte*, KapGesR, Rn. 6.111; *Gutkès* in: Sagasser/Bula/Brünger, Umwandlungen, § 13, Rn. 231; *Thiermann*, Verschmelzungen, S. 76; *Habersack/Verse*, EU-GesR, § 8, Rn. 9.

274 *Braun*, Wegzugsfreiheit, S. 206; *Grundmann*, EU-GesR, § 25, Rn. 879.

275 Einige dieser Konstellationen sind beschrieben bei *Müller*, NZG 2006, 286 f.

276 *Drinhausen* in: Semler/Stengel, UmwG, §122a, Rn. 10; *Polley* in: Henssler/Strohn, GesR, UmwG, §122a, Rn. 8; *Müller*, NZG 2006, 286 f.

277 Richtlinie 2005/56/EG des Europäischen Parlaments und des Rates über die Verschmelzung von Kapitalgesellschaften aus verschiedenen Mitgliedstaaten v. 26.10.2005, ABl. 2005 Nr. L 310/1.

können. Die Spaltung ist dabei nichts anderes als die Umkehr der Verschmelzung.[278] Eine Spaltung kann zunächst auf zwei verschiedene Arten ergehen: Eine Gesellschaft kann sich aufspalten.[279] Dabei überträgt sie das gesamte Gesellschaftsvermögen auf mindestens zwei andere Gesellschaften.[280] Daraufhin wird die sich aufspaltende Gesellschaft ohne Abwicklung aufgelöst.[281] Die Gesellschaft kann sich allerdings auch abspalten.[282] Hierbei überträgt sie Vermögensanteile auf eine oder mehrere andere Gesellschaften.[283] Die sich abspaltende Gesellschaft bleibt in der Ursprungsform bestehen.[284]

Wie bei der Verschmelzung können die Rechtsträger, in welche die Gesellschaft auf- bzw. abgespalten wird, bereits bestehen oder aber neu gegründet werden.[285] Durch den grenzüberschreitenden Bezug ergeben sich mannigfaltige Konstellationen.[286] Für die Notwendigkeit eines grenzüberschreitenden Bezugs gilt, wie bei der Verschmelzung auch, dass die an der Spaltung beteiligten Gesellschaften ihre Hauptverwaltung im gleichen Staat haben können, sofern mindestens eine Gesellschaft eine solche ausländischen Rechts darstellt.[287] Nur die binnenstaatliche Spaltung ist sekundärrechtlich geregelt und die Richtlinie beansprucht auch nur Geltung, wenn der Mitgliedstaat bereits Spaltungsregeln vorsieht.[288]

5. Verschiedene Perspektiven der Sitzverlegung (hinein/hinaus)

Bei allen aufgezeigten Konstellationen der Sitzverlegung (Satzungs- oder Verwaltungssitzverlegung, rechtsformwahrende oder -wechselnde Sitzverlegung bzw. Verschmelzung oder Spaltung), sei die Verlegung des Sitzes faktischer oder tatsächlicher, unmittelbarer oder mittelbarer Natur, können zwei Blickwinkel der

---

278 *Krause/Kulpa*, ZHR 2007, 38 (47); *Drygala/von Bressensdorf*, NZG 2016, 1161 (1165); *Hirte*, KapGesR, Rn. 6.172; *Kindler* in: MüKo BGB, Bd. 12, Teil 10, Rn. 781.

279 *Asmus* in: Haritz/Menner/Bilitewski, UmwStG, § 15, Rn. 24; *Prinz/Hütig* in: Prinz/Winkeljohann, HB GmbH, § 19, Rn. 76; *Fisch*, NZG 2016, 448 (449).

280 *Herzig/Förster*, BB 1992, 1251; *Kleba*, RNotZ 2016, 273 (274); *Hirte*, KapGesR, Rn. 6.171; *Sagasser* in: Sagasser/Bula/ Brünger, Umwandlungen, § 17, Rn. 9.

281 *Saenger*, GesR, Rn. 903; *Sagasser* in: Sagasser/Bula/Brünger, Umwandlungen, § 17, Rn. 4; *Kleba*, RNotZ 2016, 273 (274); *Fisch*, NZG 2016, 448 (449).

282 *Asmus* in: Haritz/Menner/Bilitewski, UmwStG, § 15, Rn. 24; *Prinz/Hütig* in: Prinz/Winkeljohann, HB GmbH, § 19, Rn. 76; *Drygala/von Bressensdorf*, NZG 2016, 1161 (1165).

283 *Saenger*, GesR, Rn. 903; *Kalss/Klampfl* in: Dauses/Ludwigs, HB EU-Wirtschaftsrecht, E. III., Rn. 136; *Tiedje* in: v.d. Groeben/Schwarze/Hatje, EuR, Art. 50 AEUV, Rn. 56.

284 *Kleba*, RNotZ 2016, 273 (274); *Saenger*, GesR, Rn. 903.

285 *Hirte*, KapGesR, Rn. 6.167; *Kleba*, RNotZ 2016, 273 (274); s.a. oben unter C., II., 3.

286 Beispielhaft *Herzig/Förster*, BB 1992, 1251 (1252).

287 *Herzig/Förster*, BB 1992, 1251 (1252); s.a. oben unter C., II., 3.

288 Richtlinie 82/891/EWG des Rates betreffend die Spaltung von Aktiengesellschaften v. 17.12.1982, ABl. 1982 Nr. L 378/47.

Mitgliedstaaten unterschieden werden.[289] Die Mitgliedstaaten können einerseits der Herkunfts- oder Entsendestaat (auch abgebender Staat) sein, d.h. der Staat der Gründung oder der bisherige Sitzstaat bei bereits vorher vollzogener Sitzverlegung.[290] Diese Staaten begleiten die Gesellschaften, bildlich gesprochen, zumindest teilweise hinaus aus ihrem Territorium. Es handelt sich folglich um Sitzverlegungen hinaus oder Hinausformwechsel, -verschmelzungen, -spaltungen, welche die Richtung der Gesellschaft aus der Perspektive des Mitgliedstaates aufzeigen.[291]

Gleichzeitig ist bei diesen Formen der Gesellschaftsmobilität immer auch mindestens ein zweiter Mitgliedstaat involviert.[292] Dieser ist der Ziel- oder Aufnahmestaat, d.h. der neue Sitzstaat.[293] Der Bestimmungsstaat nimmt die Gesellschaften zumindest teilweise an seiner Grenze wieder auf. Es handelt sich dann um Sitzverlegungen hinein oder Hineinformwechsel, -verschmelzungen, -spaltungen, welche die Richtung der Gesellschaft aus der Perspektive des Mitgliedstaates ebenfalls, diesmal entgegengesetzt, veranschaulichen.[294]

Die an einer Sitzverlegung beteiligten Staaten nehmen sich ein- und desselben rechtlichen wie tatsächlichen Vorgangs an – es unterscheidet sich nur ihr Blickwinkel.[295] Im europarechtlichen Kontext wird auch gerne von Zuzugs- oder Wegzugsperspektive gesprochen.[296] Je nachdem, welche Perspektive ein Staat einnimmt, können sich verschiedene (Schutz-)Interessen an der Ausgestaltung der Unternehmensmobilität ergeben.[297] Hieran lässt sich bereits erkennen, dass es bei Sitzverlegungen eine besondere Schwierigkeit gibt: Es sind immer mindestens zwei Mitgliedstaaten involviert, welche ihr eigenes nationales Recht (insbesondere das Gesellschaftsrecht sowie Internationale Privatrecht) aufweisen, was auch jeweils zur Anwendung kommt.[298] Wie das nationale Recht der Mitgliedstaaten dabei in Einklang zu bringen ist und welche Schwierigkeiten sich ergeben können, wird nachfolgend erläutert.

---

289 *Frank*, Formwechsel, S. 93, 98, 112, 118, 130, 135; *Behme*, Sitzverlegung, S. 10.

290 *Kalss/Klampfl* in: Dauses/Ludwigs, HB EU-Wirtschaftsrecht, E. III., Rn. 61; *Streinz*, EuR, Rn. 938; *Probst/Kleinert*, NJW 2004, 2425; *Schulte*, IWRZ 2016, 3 (4).

291 *Spahlinger/Wegen*, NZG 2006, 721 (724 f.); *Kessler/Philipp*, DStR 2012, 267 (269); *Geerling* in: Haritz/Menner/Bilitewski, UmwStG, Anh. § 40 KStG aF, Rn. 27 ff.

292 *Frenz*, HB EuR, Bd. 1: Grundfreiheiten, Rn. 2512 f.; *Eidenmüller* in: Eidenmüller, Ausländische KapGes, § 1, Rn. 1/§ 4, Rn. 55.

293 *Kalss/Klampfl* in: Dauses/Ludwigs, HB EU-Wirtschaftsrecht, E. III., Rn. 61; *Braun*, Wegzugsfreiheit, S. 21; *Probst/Kleinert*, NJW 2004, 2425 (2426).

294 *Spahlinger/Wegen*, NZG 2006, 721 (724 f.); *Wicke*, GmbHG, § 4a, Rn. 10; *Siems*, EuZW 2006, 135 (139 f.); *Ege/Klett*, DStR 2012, 2442 (2443, 2447).

295 *Verse*, ZEuP 2013, 458 (460); *Sailer-Coceani/Kraft* in: MüHB GesR, Bd. 4, § 8, Rn. 13.

296 *Knop*, Gesellschaftsstatut, S. 94; *Braun*, Wegzugsfreiheit, S. 21; *Janisch*, Sitzverlegung, S. 67 ff.; *Frenz*, HB EuR, Bd. 1: Grundfreiheiten, Rn. 2541; *Streinz*, EuR, Rn. 838.

297 *Wasmeier*, Umstrukturierung, S. 4; *Lutter/Drygala*, JZ 2006, 770 (772); *Teichmann*, ZIP 2009, 393 (402 f.); *Barthel*, EWS 2010, 316 (320).

298 *Kindler* in: MüKo BGB, Bd. 12, Teil 10, Rn. 513; *Mitterecker*, Sitzverlegungen, S. 70; *Schulte*, IWRZ 2016, 3 (4); *Böttcher/Kraft*, NJW 2012, 2701 (2704).

D. Internationales Privatrecht in der Schnittstelle von nationalem und europäischem Recht – Die Problematik des Art. 54 AEUV

Wie bereits zum persönlichen Schutzbereich erklärt, bewirkt Art. 54 AEUV, dass die Niederlassungsfreiheit iSd Art. 49 AEUV auch auf Gesellschaften Anwendung findet.[299] Zentrale Voraussetzung ist dabei, dass eine Gesellschaft „nach den Rechtsvorschriften eines Mitgliedstaates gegründet" ist.[300] Die Vorschrift rekurriert also primär auf das nationale Gesellschaftsrecht der Mitgliedstaaten, welches darüber entscheiden soll, ob eine Gesellschaft existiert oder nicht.[301] Das nationale Recht muss allerdings die Vorgaben des Europarechts beachten.[302]

Verlegt eine Gesellschaft in irgendeiner Form ihren Sitz von einem in einen anderen Mitgliedstaat, können im Grundsatz zwei nationale Gesellschaftsrechtsordnungen Anwendung finden.[303] Sollten die unterschiedlichen Regeln beider Mitgliedstaaten zu verschiedenen Ergebnissen führen, kommt es zu einer „Kollision" der Rechtsordnungen.[304] Dann entscheidet das Internationale Privatrecht der Mitgliedstaaten, welche Rechtsordnung wann zur Anwendung berufen wird.[305]

I. Das Kollisionsrecht der Mitgliedstaaten und das Gesellschaftsstatut

Jeder Mitgliedstaat der EU hat sein eigenes Internationales Privatrecht.[306] Diese Rechtsmaterie ist viel älter als die EU selbst.[307] Staatsgrenzen gibt es seit jeher und sofern es einen Rechtsstreit mit Auslandsberührung gibt, muss festgestellt werden,

---

299 S.o. unter B., II., 2.

300 *Tietje* in: Ehlers, EU-Grundrechte und -freiheiten, § 10, Rn. 66; *Eidenmüller* in: Eidenmüller, Ausländische KapGes, § 1, Rn. 1; *Kropholler*, IPR, S. 568.

301 *Tiedje* in: v.d. Groeben/Schwarze/Hatje, EuR, Art. 54 AEUV, Rn. 4 f.; *Forsthoff* in: Grabitz/Hilf/Nettesheim, Recht der EU, Art. 54 AEUV, Rn. 16.

302 EuGH, Urt. v. 15.07.1964, Rs. 6/64, ECLI:EU:C:1964:66 – Costa/ENEL.

303 *Grundmann*, EU-GesR, § 22, Rn. 769; *Behme*, Sitzverlegung, S. 10.

304 Deshalb wird das IPR auch als „Kollisionsrecht" bezeichnet, s. *Lorenz* in: Bamberger/Roth/Hau/Poseck, BeckOK BGB, EGBGB, Eltg. IPR, Rn. 1; s.a. *Junker*, IPR, § 1, Rn. 5.

305 *von Hoffmann/Thorn*, IPR, § 1, Rn. 3 f.; *Horn*, NJW 2004, 893 (894).

306 *Kegel/Schurig*, IPR, S. 9; *Brödermann/Rosengarten*, IPR/IZVR, Rn. 573.

307 Als einer der Väter des modernen IPR gilt Carl Friedrich von Savigny, welcher Mitte des 19. Jahrhunderts wirkte; das deutsche IPR wurde erstmalig im EGBGB von 1900 kodifiziert, s. *v. Hein* in: MüKo BGB, Bd. 11, Einl. IPR, Rn. 17–23.

welches Sachrecht der involvierten Staaten über den Streitfall entscheiden soll.[308] Dies geschieht im Wege der Anknüpfung: Dabei wird dem zu regelnden Rechtsgebiet (Anknüpfungsgegenstand), etwa der Rechtsfähigkeit von Gesellschaften, durch einen Anknüpfungsmoment, bspw. den Gesellschaftssitz, eine Rechtsordnung zugewiesen (Rechtsfolge).[309] Ziel ist die Anwendung des Rechts, welches die größte Sachnähe zum Sachverhalt aufweist.[310]

Das Internationale Privatrecht der einzelnen Staaten ist dabei, anders als der Name vielleicht vermuten lässt, nationales Recht.[311] Deshalb muss auch das Kollisionsrecht europarechtskonform sein.[312] Für gesellschaftsrechtliche Fragen mit Auslandsberührung trifft das sog. Internationale Gesellschaftsrecht die Entscheidung über das anzuwendende Recht.[313] Das Internationale Gesellschaftsrecht ist ein Teilbereich des Internationalen Privatrechts.[314] In Deutschland ist es, anders als andere Bereiche des Internationalen Privatrechts, nicht kodifiziert.[315]

Das Internationale Gesellschaftsrecht bestimmt das Gesellschaftsstatut oder auch das Personalstatut der Gesellschaft.[316] Dieses beinhaltet alle Regeln, nach denen die wesentlichen gesellschaftsrechtlichen Rechtsverhältnisse festgelegt werden.[317] Teilweise ist die Reichweite des Gesellschaftsstatuts in Randgebieten nicht eindeutig festzumachen und schwer von anderen Statuten abzugrenzen.[318] Grundsätzlich entscheidet es allerdings über die Gründungsmodalitäten der Gesellschaften, ihre Binnenorganisation und auch die Erlöschensgründe.[319] Welche gesellschaftsrechtlichen Sachverhalte genau der Anknüpfungsnorm unterfallen,

---

308 *Junker*, IPR, § 6, Rn. 1; *Rauscher*, IPR, Rn. 1; *Lorenz* in: Bamberger/Roth/Hau/Poseck, BeckOK BGB, EGBGB, Eltg. IPR, Rn. 1; *Müller*, Jura 2015, 1319 (1320).

309 *Haumsann* in: Hausmann/Odersky, Int. PrivR, § 1, Rn. 4–8; *Lorenz* in: Bamberger/Roth/ Hau/Poseck, BeckOK BGB, EGBGB, Eltg. IPR, Rn. 33; *Saenger*, GesR, Rn. 863.

310 *v. Hein* in: MüKo BGB, Bd. 11, Einl. IPR, Rn. 3; *Junker*, IPR, § 5, Rn. 5; *Kegel/Schurig*, IPR, S. 131; *von Hoffmann/Thorn*, IPR, § 1, Rn. 12; *Frank*, Formwechsel, S. 4.

311 *Ring/Olsen-Ring*, IPR, Rn. 2; *Junker*, IPR, § 1, Rn. 4; *v. Hein* in: MüKo BGB, Bd. 11, Art. 3 EGBGB, Rn. 7; *Hausmann* in: Hausmann/Odersky, Int. PrivR, § 1, Rn 75.

312 *Forsthoff* in: Grabitz/Hilf/Nettesheim, Recht der EU, Art. 54 AEUV, Rn. 46; *Lorenz* in: Bamberger/Roth/Hau/Poseck, BeckOK BGB, EGBGB, Eltg. IPR, Rn. 28.

313 *Junker*, IPR, § 13, Rn. 36 f.; *Brödermann/Rosengarten*, IPR/IZVR, Rn. 545; *Heider* in: MüKo AktG, Bd. 1, § 5, Rn. 20; *Mitterecker*, Sitzverlegungen, S. 47.

314 *Fastrich* in: Baumbach/Hueck, GmbHG, Einl., Rn. 59; *Weller*, DStR 2003, 1800.

315 *Rauscher*, IPR, Rn. 627; *von Hoffmann/Thorn*, IPR, § 7, Rn. 22; *Kiefer*, NZG 2000, 352; *Drinhausen* in: Semler/Stengel, UmwG, Einl. C., Rn. 6; *Kropholler*, IPR, S. 568.

316 *Knop*, Gesellschaftsstatut, S. 20; *Westermann* in: Scholz, GmbHG, Anh. § 4a, Rn. 1.

317 *Ego* in: MüKo AktG, Bd. 7, B., Rn. 170; *von Hoffmann/Thorn*, IPR, § 7, Rn. 23; *Altmeppen*, IWRZ 2017, 107 (110); *Fleischer* in: Lutter, Auslandsgesellschaften, S. 79.

318 *Fastrich* in: Baumbach/Hueck, GmbHG, Einl., Rn. 60; *Weller* in: MüKo GmbHG, Bd. 1, Eltg., Rn. 397 ff.; *Spahlinger/Wegen* in: Spahlinger/Wegen, Int. GesR, Rn. 263.

319 *Junker*, IPR, § 13, Rn. 45; *Brödermann/Rosengarten*, IPR/IZVR, Rn. 545; *Eidenmüller*, ZIP 2002, 2233 (2234); *Westermann* in: Scholz, GmbHG, Anh. § 4a, Rn. 1.

ist durch Zuordnung zum Anknüpfungsgegenstand zu ermitteln (Qualifikation).[320] Die herrschende Ansicht in der Literatur geht davon aus, dass das Gesellschaftsstatut iSd „Einheitslehre" gänzlich nach dem gleichen Recht bestimmt wird.[321]

Das durch das Kollisionsrecht zur Anwendung berufene Sachrecht kann an eine Sitzverlegung von Gesellschaften negative Folgen bis hin zu einer Auflösungsverpflichtung knüpfen, sodass eine Sitzverlegung unterbunden wird.[322] Eine Auflösungsanordnung ist deshalb problematisch, weil es sich bei den betroffenen Gesellschaften um „nach den Rechtsvorschriften eines Mitgliedstaates gegründete Gesellschaften" iSv Art. 54 AEUV handelt, welche iVm Art. 49 AEUV wirksame Träger der Niederlassungsfreiheit sind. Eine nationale Regel könnte über die Reichweite oder die Anwendung der Niederlassungsfreiheit entscheiden.[323]

Art. 54 AEUV zeugt von einer gewissen Autonomie der Mitgliedstaaten bezüglich ihres eigenen Gesellschaftsrechts, was sich insbesondere in der Befugnis äußert, die Gründungsvoraussetzungen einer Gesellschaft festzulegen.[324] Das EU-Recht ist sogar auf die nationalen Gesellschaftsrechte angewiesen, um den Anwendungsbereich des Art. 49 AEUV auf Gesellschaften (Art. 54 AEUV) auszuweiten.[325] Hiermit wird auch den Unterschieden in den verschiedenen Gesellschaftsrechtsordnungen der Mitgliedstaaten Rechnung getragen.[326] Der Verweis des Art. 54 AEUV auf das nationale Gesellschaftsrecht der Mitgliedstaaten sagt allerdings noch nichts über den Umfang der Rechte von juristischen Personen aus, welche durch die Gleichstellung mit natürlichen Personen entstehen. Insbesondere heißt dies nicht, dass die gesamte dem Gesellschaftsstatut unterfallende Rechtsmaterie von der Niederlassungsfreiheit unberührt bleibt.[327]

Bei der Erörterung des persönlichen Schutzbereichs (s.o.) ist bspw. bereits die Frage angeklungen, ob die mitgliedstaatliche Autonomie im nationalen Gesellschaftsrecht über die im Wortlaut des Art. 54 AEUV angelegte „Gründung" ohne

320 *Saenger*, GesR, Rn. 863; *Hausmann* in: Hausmann/Odersky, Int. PrivR, § 3, Rn. 1; *Kegel/Schurig*, IPR, S. 327; *von Hoffmann/Thorn*, IPR, § 6, Rn. 1.

321 Bspw. *Wall* in: Hausmann/Odersky, Int. PrivR, § 19, Rn. 1; *Brödermann/Rosengarten*, IPR/IZVR, Rn. 545; *Spahlinger* in: Spahlinger/Wegen, Int. GesR, Rn. 21; *Saenger*, GesR, Rn. 863; *Weller*, DStR 2003, 1800 (1803); *ders.* in: MüKo GmbHG, Bd. 1, Eltg., Rn. 388; *Göthel*, RIW 1999, 566 (567); a.A.: *Altmeppen*, IWRZ 2017, 107 (119).

322 *Ring/Olsen-Ring*, IPR, Rn. 570; *Grundmann*, EU-GesR, § 22, Rn. 770.

323 *Forsthoff* in: Grabitz/Hilf/Nettesheim, Recht der EU, Art. 54 AEUV, Rn. 17; *Herrler*, DNotZ 2009, 484 (486 f.); *Knof/Mock*, ZIP 2009, 24 (32).

324 S.o. B., II., 2. und D.; *Junker*, IPR, § 13, Rn. 51; *Teichmann*, FS Hommelhoff 2012, 1213 (1218 f.); *Barthel*, EWS 2010, 316 (319); *Verse*, ZEuP 2013, 458 (461).

325 *Forsthoff* in: Grabitz/Hilf/Nettesheim, Recht der EU, Art. 54 AEUV, Rn. 15; *Braun*, DZWiR 2012, 411 (413); Oppermann/Classen/*Nettesheim*, EuR, § 28, Rn. 13.

326 EuGH, Urt. v. 27.09.1988, Rs. 81/87, ECLI:EU:C:1988:456, Rn. 20 – Daily Mail; EuGH, Urt. v. 16.12.2008, Rs. C-210/06, ECLI:EU:C:2008:723, Rn. 105 – Cartesio.

327 *Korte* in: Calliess/Ruffert, EUV/AEUV, Art. 49 AEUV, Rn. 4 f.; *Tiedje* in: v.d. Groeben/Schwarze/Hatje, EuR, Art. 54 AEUV, Rn. 4.

Einschränkung auch für die Fortexistenz der Gesellschaft gilt.[328] Die Reichweite des Art. 54 AEUV muss wegen spezifischer Besonderheiten, etwa des Umstands, dass es sich bei Gesellschaften um rechtliche und nicht natürliche Gebilde handelt, oder der angesprochenen mitgliedstaatlichen Autonomie, allerdings nicht der des Art. 49 AEUV entsprechen.[329] Da das Internationale Gesellschaftsrecht der Mitgliedstaaten über die anzuwendende Rechtsordnung und damit mittelbar über das anzuwendende Sachrecht entscheidet, kann auch die international-privatrechtliche Rechtsanwendung zu einer Beeinträchtigung der Niederlassungsfreiheit führen.[330]

II. Die Ermittlung des Gesellschaftsstatuts

Für die Ermittlung des Gesellschaftsstatuts im Rahmen eines gesellschaftsrechtlichen Sachverhalts mit Auslandsberührung haben sich in der EU im Grundsatz zwei Theorien herausgebildet: Namentlich sind dies die Sitz- und die Gründungstheorie.[331] Dabei ist festzuhalten, dass beide Anknüpfungstheorien ihre Vor- und Nachteile haben, weshalb sich in der Literatur auch eine große Anzahl von Befürwortern der jeweiligen Methoden herausgebildet hat.[332] Es ist zu bedenken, dass beide Theorien weder richtig noch falsch sind. Sie beruhen nur auf verschiedenen Interessen und verfolgen verschiedene ordnungspolitische Ziele.[333] Deshalb wird die Diskussion teilweise von rechtspolitischen Ausführungen geprägt.[334]

1. Die Sitztheorie

Die in Kontinentaleuropa und auch in Deutschland lange Zeit vorherrschende Methode zur Ermittlung des Gesellschaftsstatuts war die Sitztheorie.[335] Sie sieht

---

328 S.o. unter B., II., 2.

329 *Müller-Graff* in: Streinz, EUV/AEUV, Art. 54 AEUV, Rn. 1; *Teichmann*, FS Hommelhoff 2012, 1213 (1213 f.); *Barthel*, EWS 2010, 316 (324).

330 *Tietje* in: Ehlers, EU-Grundrechte und -freiheiten, § 10, Rn. 70; *Knop*, Gesellschaftsstatut, S. 65; *Kropholler*, IPR, S. 74 f.

331 *Knop*, Gesellschaftsstatut, S. 22; *Mitterecker*, Sitzverlegungen, S. 59.

332 Bspw. pro Gründungstheorie: *Heidenhain*, NZG 2002, 1141 (1143); *Teichmann*, ZGR 2011, 639 (644); *Behrens*, IPRax 1999, 323 (331); *Leible/Hoffmann*, BB 2009, 58 (62); a.A.: *Roth* in: Roth/Altmeppen, GmbHG, 8. Auflage 2015, § 4a, Rn. 13; *Kindler*, IPRax 2009, 189 (190); zu den Vor- und Nachteilen s. *Großfeld/König*, RIW 1992, 433 (433 f., 435, 439), wobei die Autoren eher Befürworter der Sitztheorie sind, aber auch eine Öffnung des Marktes und demgemäß eine Entwicklung vernehmen.

333 *Eidenmüller*, ZIP 2002, 2233 (2235); *Kindler* in: MüKo BGB, Bd. 12, Teil 10, Rn. 362; *Wall* in: Hausmann/Odersky, Int. PrivR, § 18, Rn. 17.

334 S. etwa: *Sethe/Winzer*, WM 2009, 536 (539); *Ego* in: MüKo AktG, Bd. 7, B., Rn. 279 ff.; *Spahlinger/Wegen* in: Spahlinger/Wegen, Int. GesR, Rn. 467.

335 BGH, Beschluß v. 30.03.2000, VII ZR 370/98, EuZW 2000, 412; *Kropholler*, IPR, S. 568; *Brödermann/Rosengarten*, IPR/IZVR, Rn. 576; aktueller Überblick über die

das Recht als maßgebend an, in welchem die Gesellschaft ihren tatsächlichen Verwaltungssitz[336] innehat.[337] Verlegt eine Gesellschaft den Verwaltungssitz in einen anderen Mitgliedstaat, so kommt es zu einem Statutenwechsel.[338] Dieser ist aber nur wirksam, sofern das internationale Gesellschaftsrecht des neuen Sitzstaates die Verweisung auf sein materielles Gesellschaftsrecht annimmt und nicht wiederum auf das Sachrecht des alten Sitzstaates verweist.[339] Hinzukommen muss, dass die neue und die alte Rechtsordnung den identitätswahrenden Zu- bzw. Wegzug der Gesellschaft akzeptieren.[340] Die Fragen des Sachrechts sind dabei notwendigerweise von der kollisionsrechtlichen Ebene zu trennen.[341]

Der Leitgedanke der Sitztheorie ist, dass das „Herzstück" der Gesellschaft ihre Hauptverwaltung ist und damit der Ort ihrer tatsächlich größten Wirkung.[342] Diese Wirkung beeinflusst den Staat der Hauptverwaltung im größtmöglichen Maße, weil die Gesellschaft tatsächlich auf seinem Markt agiert.[343] Deshalb sind dort die Schutzinteressen der Gläubiger, Gesellschafter und Arbeitnehmer am stärksten betroffen.[344] Der Sitzstaat kann diese durch den kollisionsrechtlichen Verweis auf sein materielles Gesellschaftsrecht am effektivsten kontrollieren und durchsetzen.[345] Auch werden durch die Sitztheorie sog. „Schein- oder Briefkastengesellschaften" verhindert, welche im Ausland gegründet werden, um strengeres inländisches Recht zu umgehen, tatsächlich aber nur oder weitgehend im Inland agieren.[346] Des Weiteren knüpfen auch das Internationale Insolvenz- und Zivilprozessrecht an den Verwaltungssitz an.[347] Ferner ist die Sitztheorie nur eine Art

---

Anknüpfungen der Mitgliedstaaten in *Kindler* in: MüKo BGB, Bd. 12, Teil 10, Rn. 508 f.

336 S.o. unter C., I.

337 *Wall* in: Hausmann/Odersky, Int. PrivR, § 18, Rn. 6 f.; *von Hoffmann/Thorn*, IPR, § 7, Rn. 24; *Rauscher*, IPR, Rn. 630; *Kropholler*, IPR, S. 571; *Bayer*, BB 2003, 2357 (2358).

338 *Ring/Olsen-Ring*, IPR, Rn. 570; *Habersack/Verse*, EU-GesR, § 3, Rn. 14; *Saenger*, GesR, Rn. 830; *Lang/Orttmann* in: Ziemons/Jaeger BeckOK GmbHG, Int. GesR, Rn. 14.

339 *Müller* in: Spindler/Stilz, AktG, Bd. 2, Int. GesR, Rn. 8; *Kindler* in: MüKo BGB, Bd. 12, Teil 10, Rn. 465; *Roth* in: Lutter, Auslandsgesellschaften, S. 381 f.

340 *Rauscher*, IPR, Rn. 648; *Kropholler*, IPR, S. 572; *Behrens*, RIW 1986, 590 (591).

341 *Halbhuber*, ZEuP 2003, 418 (424); *Grundmann*, EU-GesR, § 22, Rn. 770; *Roth* in: Lutter, Auslandsgesellschaften, S. 383; *Behrens*, RIW 1986, 590.

342 *Tiedje* in: v.d. Groeben/Schwarze/Hatje, EuR, Art. 54 AEUV, Rn. 35; *Spahlinger* in: Spahlinger/Wegen, Int. GesR, Rn. 35; *Geyrhalter/Gänßler*, NZG 2003, 409 (410).

343 *Kegel/Schurig*, IPR, S. 137; *Kindler* in: MüKo BGB, Bd. 12, Teil 10, Rn. 421; *Görk*, GmbHR 1999, 793 (794); *Teichmann*, ZGR 2011, 639 (675).

344 *Kieninger*, Wettbewerb, S. 121; *Wall* in: Hausmann/Odersky, Int. PrivR, § 18, Rn. 10; *Göttsche*, DStR 1999, 1403 (1404); *Geyrhalter/Gänßler*, NZG 2003, 409 (410).

345 *Kindler* in: MüKo BGB, Bd. 12, Teil 10, Rn. 423; *Spahlinger* in: Spahlinger/Wegen, Int. GesR, Rn. 35; *Cains*, ERPL 2010, 569 (572).

346 *Mitterecker*, Sitzverlegungen, S. 61; *Göttsche*, DStR 1999, 1403 (1404); *Schulz*, NJW 2003, 2705 (2708); *Knop*, Gesellschaftsstatut, S. 24; *Weller*, DStR 2003, 1800.

347 *Kindler* in: MüKo BGB, Bd. 12, Teil 10, Rn. 422.

Kompetenztheorie, wonach der Sitzstaat lediglich seine Kompetenz-Kompetenz zur Regelung des Gesellschaftsrechts wahrnimmt.[348]

Besondere Probleme können sich mit fortschreitender Internationalisierung und progressivem technischen Fortschritt bei der praktischen Eruierung des Verwaltungssitzes ergeben.[349] Außerdem kann die Sitztheorie dazu führen, dass eine Gesellschaft mit Verlegung des Sitzes aufgelöst wird, also gerade nicht wirtschaftlich vorteilhaft identitätswahrend das tatsächliche Aktionszentrum verlagern kann.[350] Der Sitztheorie wird vorgeworfen, sie „mauere" die Gesellschaften ein, sei von übermäßigen Schutzgedanken getrieben und beruhe auf der Vorstellung, dass nur das eigene Gesellschaftsrecht hinreichenden Schutz biete.[351] Sie sei in ihrer Wirkung „pauschal" und „präventiv".[352] Ihr wird gar ein logischer Widerspruch vorgeworfen.[353] Außerdem wirkt sich die Sitztheorie nachteilig auf die grenzüberschreitende Mobilität von Gesellschaften aus.[354]

2. Die Gründungstheorie

Als Gegenströmung zur Sitztheorie etablierte sich, vor allem im anglo-amerikanischen Rechtskreis, die sog. Gründungstheorie.[355] Sie beruft die Gründungsrechtsordnung für gesellschaftsrechtliche Fragestellungen zur Anwendung.[356] Der tatsächliche Anknüpfungspunkt wird in den meisten Fällen der Satzungssitz sein.[357] Allerdings werden in der Literatur teilweise auch andere Anknüpfungspunkte diskutiert: Der Inkorporationsort, der Registrierungsort, der Ort des anzuwendenden Rechts (faktisch nach Wahl der Gründer) oder der Ort, an dem der

---

348 So etwa *Halbhuber*, ZEuP 2003, 418 (424 f.).

349 *von Hoffmann/Thorn*, IPR, § 7, Rn. 24; *Spahlinger* in: Spahlinger/Wegen, Int. GesR, Rn. 58; *Bayer*, BB 2003, 2357 (2358); *Leible/Hoffmann*, RIW 2002, 925 (935).

350 *Tiedje* in: v.d. Groeben/Schwarze/Hatje, EuR, Art. 54 AEUV, Rn. 36; *Ego* in: MüKo AktG, Bd. 7, B., Rn. 178; *Sandrock*, BB 1999, 1337 (1341).

351 *Lutter*, BB 2003, 7 (10); *Kropholler*, IPR, S. 575 f.; *Paefgen*, DZWiR 2003, 441 (446); *Wasmeier*, Umstrukturierung, S. 31 f.; *Trautrims*, ZHR 2012, 435 (434).

352 *Schulz*, NJW 2003, 2705; *Forsthoff*, EuR 2000, 167 (190); *Eidenmüller*, ZIP 2002, 2233 (2242); *Mitterecker*, Sitzverlegungen, S. 63.

353 *Binge/Thölke*, DNotZ 2004, 21 (29); ähnlich *Meilicke*, GmbHR 2000, 693 (697 f.).

354 *Ego* in: MüKo AktG, Bd. 7, B., Rn. 179; *Spahlinger* in: Spahlinger/Wegen, Int. GesR, Rn. 58; *Leible* in: Michalski/Heidinger/Leible/Schmidt, GmbHG, Bd. 1, sys. Darst. 2 – Int. GesR, Rn. 6; *Bayer*, BB 2003, 2357 (2358); *Behme*, BB 2008, 70.

355 *Kieninger*, Wettbewerb, S. 106, 118; *Knop*, Gesellschaftsstatut, S. 38; *Rauscher*, IPR, Rn. 628; *Tiedje* in: v.d. Groeben/Schwarze/Hatje, EuR, Art. 54 AEUV, Rn. 38.

356 *von Hoffmann/Thorn*, IPR, § 7, Rn. 24; *Kegel/Schurig*, IPR, S. 573; *Saenger*, GesR, Rn. 830; *Ring/Olsen-Ring*, IPR, Rn. 572; *Wall* in: Hausmann/Odersky, Int. PrivR, § 18, Rn. 11.

357 *Mitterecker*, Sitzverlegungen, S. 64; *Brödermann/Rosengarten*, IPR/IZVR, Rn. 551; *Junker*, IPR, § 13, Rn. 39; *Grundmann*, EU-GesR, § 22, Rn. 769.

Gesellschaft die Rechtsfähigkeit verliehen wird.[358] Die Alternativen werden dabei nicht immer präzise getrennt.[359] Wenn bei der Sitztheorie der Satzungssitz[360] für die Bestimmung des Gesellschaftsstatuts grundsätzlich irrelevant ist, so trifft dies bei der Gründungstheorie auf den Verwaltungssitz zu.[361]

Verlegt eine Gesellschaft ihren Verwaltungssitz in einen anderen Mitgliedstaat, so führt dies nicht zu einem Statutenwechsel.[362] Selbst eine initiale, grenzüberschreitende Trennung von Satzungs- und Verwaltungssitz ist mit Geltung der Gründungstheorie möglich.[363] Das Wesensmerkmal der Gründungstheorie ist die Statutentreue.[364] Es soll im Grundsatz immer die Gründungsrechtsordnung als Gesellschaftsstatut entscheiden.[365] Dieser Grundsatz wird allerdings durchbrochen, wenn der Satzungssitz wirksam verlegt wird.[366] Das gilt hingegen nicht, wenn nicht etwa der Satzungssitz, sondern der Inkorporationsort[367] das Anknüpfungsmerkmal darstellen soll. Prinzipiell wäre auch eine Satzungssitzverlegung möglich, ohne dass es zu einem Statutenwechsel kommt (Unwandelbarkeit des Gesellschaftsstatuts unter der Inkorporationstheorie als Unterform der Gründungstheorie), was aber meist wegen sachrechtlicher Bestimmungen nicht möglich ist.[368]

Sowohl der Satzungssitz als auch der Inkorporationsort sind unproblematisch zu identifizieren.[369] Mithin liegt ein Vorteil der Gründungs- gegenüber der Sitztheorie

---

358 *Weller* in: MüKo GmbHG, Bd. 1, Eltg., Rn. 333; *Ego* in: MüKo AktG, Bd. 7, B., Rn. 182; *Eidenmüller* in: Eidenmüller, Ausländische KapGes, § 1, Rn. 3.

359 *Hoffmann*, ZVglRWiss 2002, 283; *Trautrims*, ZHR 2012, 435 (437), insb. Fn. 8; *Zimmer*, RabelsZ 2003, 298 (300).

360 S.o. unter C., I.

361 *Weller* in: MüKo GmbHG, Bd. 1, Eltg., Rn. 335; *Hoffmann*, ZVglRWiss 2002, 283 (308); *Bayer*, BB 2003, 2357 (2358); *Borsutzky*, EuZA 2014, 437 (441).

362 *Spahlinger* in: Spahlinger/Wegen, Int. GesR, Rn. 59; *Kropholler*, IPR, S. 575; *Junker*, IPR, § 13, Rn. 40; *Weller*, ZGR 2010, 679 (691); *Leuering*, ZRP 2008, 73 (74).

363 *Weller* in: MüKo GmbHG, Bd. 1, Eltg., Rn. 335; *Frank*, Formwechsel, S. 12 f.

364 *Ego* in: MüKo AktG, Bd. 7, B., Rn. 183; *von Hoffmann/Thorn*, IPR, § 7, Rn. 24; *Leible/Hoffmann*, BB 2009, 58 (61).

365 *Saenger*, GesR, Rn. 830; *Fastrich* in: Baumbach/Hueck, GmbHG, Einl., Rn. 62.

366 *Bungert*, RIW 1999, 109 (112); *Eidenmüller* in: Eidenmüller, Ausländische KapGes, § 1, Rn. 3; *von Bismarck*, Sitzverlegungen, S. 34.

367 Der Inkorporationsort wird im Common-Law-Rechtskreis verstanden als ein unabänderlicher Ort der erstmaligen Eingliederung der Gesellschaft. Zwar tritt der Inkorporationsort meist durch die erstmalige Registrierung zu Tage, der Registrierungsort kann aber nicht mit dem Inkorporationsort gleichgesetzt werden; s. *Knop*, Gesellschaftsstatut, S. 39; s.a. *Rauscher*, IPR, Rn. 628; so aber noch *Bayer*, BB 2003, 2357 (2358).

368 *Hoffmann*, ZVglRWiss 2002, 283 (284); *Leible*, ZGR 2004, 531 (553); *Wasmeier*, Umstrukturierung, S. 68; *Knop*, Gesellschaftsstatut, S. 39; *Kieninger*, Wettbewerb, S. 113 f.

369 *Wall* in: Hausmann/Odersky, Int. PrivR, § 18, Rn. 14; *Spahlinger* in: Spahlinger/Wegen, Int. GesR, Rn. 59; *Kropholler*, IPR, S. 575; *Saenger*, GesR, Rn. 830.

in der Gewährung höherer Rechtssicherheit.[370] Dies äußert sich etwa durch die Vermeidung hinkender Gesellschaftsrechtsverhältnisse.[371] Das Mobilitätspotenzial von Gesellschaften wird nicht eingeschränkt, es wird gefördert.[372] Durch die Möglichkeit der Verwaltungssitzverlegung unter Beibehaltung des Gesellschaftsstatuts herrscht bei der Gesellschaftsgründung annähernd freie Rechtswahl.[373] Dies begünstigt einen Wettbewerb der Gesellschaftsrechtsordnungen, in dem sich Gesellschaftsformen als Produkte des freien EU-Binnenmarktes etablieren müssen.[374]

Ein solcher Wettbewerb der Gesellschaftsrechte kann wohlfahrtsfördernd wirken.[375] Am freien Markt setzen sich idealer Weise die Gesellschaftsformen durch, welche wirtschaftlich vorteilhaft sind. Auf der anderen Seite wird die Befürchtung geäußert, dass sich nur die Gesellschaftsformen durchsetzen, welche die geringsten Schutzanforderungen bieten, sodass der wirtschaftliche Vorteil auf dem Rücken der zu schützenden Gesellschafter, Gläubiger und Arbeitnehmer fußt.[376] Häufig wird dieses Phänomen als „race to the bottom" oder „Delaware-Effekt" bezeichnet.[377] Eventuelle Schutzlücken können von den Zuzugsrechtsordnungen, wegen fehlender Rechtsformkenntnis bzw. Überwachungsmöglichkeiten, teilweise schwer geschlossen werden.[378] Insbesondere besteht die Angst vor sog. Schein- oder Briefkastengesellschaften ohne nennenswerte Tätigkeit im Gründungsstaat.[379]

---

370 *von Hoffmann/Thorn*, IPR, § 7, Rn. 24; *Bayer*, BB 2003, 2357 (2358); *Borsutzky*, EuZA 2014, 437 (441); *Wasmeier*, Umstrukturierung, S. 42.

371 *Leible* in: Michalski/Heidinger/Leible/Schmidt, GmbHG, Bd. 1, sys. Darst. 2 – Int. GesR, Rn. 9; *Weller/Thomale/Benz*, NJW 2016, 2378 (2381); *Hoor*, NZG 1999, 984.

372 *Wall* in: Hausmann/Odersky, Int. PrivR, § 18, Rn. 15; *Rauscher*, IPR, Rn. 628; *Kropholler*, IPR, S. 575; *Koch/Magnus/Winkler von Mohrenfels*, IPR, § 8, Rn. 18.

373 *Junker*, IPR, § 13, Rn. 40; *Brödermann/Rosengarten*, IPR/IZVR, Rn. 577; *Spahlinger* in: Spahlinger/Wegen, Int. GesR, Rn. 59; *Kegel/Schurig*, IPR, S. 573.

374 *Weller* in: MüKo GmbHG, Bd. 1, Eltg., Rn. 222, 337; *Tiedje* in: v.d. Groeben/Schwarze/Hatje, EuR, Art. 54 AEUV, Rn. 40; *Eidenmüller*, ZIP 2002, 2233 (2235).

375 *Eidenmüller*, ZIP 2002, 2233 (2235, 2237); *ders.*, FS Heldrich 2005, 581 (586 ff.); *Hirte* in: Hirte/Bücker, Grenzüberschreitende Gesellschaften, § 1, Rn. 95 ff.

376 *Kindler* in: MüKo BGB, Bd. 12, Teil 10, Rn. 364; *Junker*, IPR, § 13, Rn. 41; *Rauscher*, IPR, Rn. 628; *Wall* in: Hausmann/Odersky, Int. PrivR, § 18, Rn. 16.

377 *Weller* in: MüKo GmbHG, Bd. 1, Eltg., Rn. 222, 337; *Papmehl*, ZVglRWiss 2002, 200 (207 f.); *Eidenmüller* in: Eidenmüller, Ausländische KapGes, § 1, Rn. 17.

378 *Junker*, IPR, § 13, Rn. 41; *Kropholler*, IPR, S. 576; *Habersack/Verse*, EU-GesR, § 3, Rn. 14, 4. Auflage 2011; *von Bismarck*, Sitzverlegungen, S. 37; *Bayer*, BB 2003, 2357 (2365 f.).

379 *Weller* in: MüKo GmbHG, Bd. 1, Eltg., Rn. 337; *Ego* in: MüKo AktG, Bd. 7, B., Rn. 184; *Leible* in: Michalski/Heidinger/Leible/Schmidt, GmbHG, Bd. 1, sys. Darst. 2 – Int. GesR, Rn. 10; *Ulmer*, NJW 2004, 1201 (1209); *Bayer*, BB 2003, 2357 (2358).

3. Kollisionsrechtliche Folgen der Sitz- und Gründungstheorie aus der Perspektive einer Hinein- und einer Hinausverlegung des Sitzes

Wenn sowohl der abgebende (Perspektive: Hinausverlegung) als auch der aufnehmende Staat (Perspektive: Hineinverlegung) der Sitztheorie folgen, führt eine Verwaltungssitzverlegung zu einem Statutenwechsel.[380] Wenn der Ursprungsstaat allerdings der Sitztheorie folgt und der Zielstaat der Gründungstheorie, so ist nach Art der Verweisung der Sitztheorie durch den Herkunftsstaat zu unterscheiden: Sofern es sich um eine Sachnormverweisung handelt, eine Verweisung nur auf das materielle Gesellschaftsrecht des Aufnahmestaates, ändert sich nichts am obigen Ergebnis.[381] Handelt es sich dagegen um eine Gesamtverweisung, eine Verweisung auf das Sach- und Internationale Privatrecht des Aufnahmestaats, kommt es durch die Anwendung der Gründungstheorie im Zielstaat zu einer Rückverweisung auf das Recht des Abgabestaates.[382] Sofern der Zielstaat auf sein Sachrecht verweist, kommt es zur Anwendung des nationalen Gesellschaftsrechts des Herkunftsstaates. Auch hier erfolgt kein Statutenwechsel.[383]

Problematisch ist es hingegen, wenn der Zielstaat eine Gesamtverweisung ausspricht. Da auch der Herkunftsstaat eine solche ausgesprochen hat, kommt es immer wieder zu einer Hin- und Herverweisung, sodass es bildlich gesprochen zu einem dauerhaften „Doppelpass" zwischen den Rechtsordnungen käme, ohne eine Annäherung an das „Tor", also eine Zielverweisung mit endgültiger Anwendung eines nationalen Gesellschaftsrechts.[384] Eine unendliche Verweisungskette kann aber verhindert werden, wenn die Rechtsordnung, welche zum zweiten Mal berufen wird, also das Recht des Herkunftsstaates, endgültig nach ihrem Sachrecht entscheidet.[385]

Wenn der abgebende Staat der Gründungstheorie folgt und der aufnehmende Staat hingegen der Sitztheorie, so kommt es zu einem Statutenwechsel.[386] Anders ist es, wenn sowohl der Gründungs- als auch der Zielstaat der Gründungstheorie folgen. Hier ist der Statutenwechsel nicht die Rechtsfolge.[387] Für die Verlegung

380 *Leible* in: Michalski/Heidinger/Leible/Schmidt, GmbHG, Bd. 1, sys. Darst. 2 – Int. GesR, Rn. 193; *Emmerich* in: Scholz, GmbHG, § 4a, Rn. 29.

381 *Leible/Hoffmann*, BB 2009, 58 (61); *Wasmeier*, Umstrukturierung, S. 52 f.

382 *Eidenmüller* in: Eidenmüller, Ausländische KapGes, § 1, Rn. 4; *Leible* in: Michalski/Heidinger/Leible/Schmidt, GmbHG, Bd. 1, sys. Darst. 2 – Int. GesR, Rn. 77.

383 *Roth*, FS Hoffmann-Becking 2013, 965 (979); *Kindler*, IPRax 2009, 189 (199); *Leible/Hoffmann*, BB 2009, 58 (61); *Ego* in: MüKo AktG, Bd. 7, B., Rn. 176.

384 *Kropholler*, IPR, S. 164; *Sonnentag*, Renvoi, S. 101; *v. Hein* in: MüKo BGB, Bd. 11, Art. 4 EGBGB, Rn. 9; *Kegel/Schurig*, IPR, S. 393 f.

385 *Lorenz* in: Bamberger/Roth/Hau/Poseck, BeckOK BGB, EGBGB, Art. 4, Rn. 20; *v. Hein* in: MüKo BGB, Bd. 11, Art. 4 EGBGB, Rn. 9; kritisch *Kropholler*, IPR, S. 165.

386 *Wall* in: Hausmann/Odersky, Int. PrivR, § 18, Rn. 116; *Mitterecker*, Sitzverlegungen, S. 71.

387 *Kieninger*, ZEuP 2004, 685 (694); *Leuering*, ZRP 2008, 73 (74).

des Satzungssitzes spielt die kollisionsrechtliche Anknüpfung des Aufnahme- oder Herkunftsstaates im Ergebnis keine Rolle, da alle Mitgliedstaaten für die Annahme einer Rechtsform ihrer Rechtsordnung einen inländischen Satzungssitz vorsehen.[388] Gleiches gilt zudem bei simultaner Verlegung des Satzungs- und Verwaltungssitzes.[389]

388 *Roth*, ZHR 2016, 691; *Braun*, Wegzugsfreiheit, S. 222.

389 *Leible* in: Michalski/Heidinger/Leible/Schmidt, GmbHG, Bd. 1, sys. Darst. 2 – Int. GesR, Rn. 198; *Kropholler*, IPR, S. 572; *Braun*, Wegzugsfreiheit, S. 229.

E. Die Leitentscheidungen des Europäischen Gerichtshofs zur Niederlassungsfreiheit mit Bezug zur Sitzverlegung von Gesellschaften

Bisher wurden die europarechtlichen Einflüsse auf das nationale Gesellschaftsrecht sowie das IPR weitgehend außen vor gelassen, die Themenbereiche größtenteils separat betrachtet. Bereits seit den späten 1980er Jahren ist die Problematik der grenzüberschreitenden Sitzverlegung von Gesellschaften Teil einer großen Reihe von Urteilen des EuGH. Die Thematik wurde deshalb in besonderem Maße durch seine Rechtsprechung geprägt.[390] Eine weitergehende Analyse lässt sich nur mit genauer Betrachtung der folgenden Urteile realisieren. Die Entscheidungen werden Rückschlüsse auf Argumentationsmuster des Gerichtshofs ermöglichen. Die Debatten, Kritiken und Analysen der Rechtsgelehrten im Anschluss an jedes Urteil werden die widerstreitenden Strömungen in der Literatur aufzeigen.

Dadurch treten gelöste und ungelöste Probleme zum Vorschein. Es wird deutlich werden, welche Konstellationen der Sitzverlegung bzw. Mobilität von Gesellschaften von der Niederlassungsfreiheit umfasst sind, ebenso welches Verhältnis zwischen nationalem Gesellschafts- bzw. Kollisionsrecht und der Niederlassungsfreiheit besteht. Auch werden Verbesserungsmöglichkeiten und Kritikpunkte aufgezeigt. Dabei ist zu beachten, dass die Ausführungen zu früheren Urteilen (Daily Mail, Centros und Überseering) weniger ausführlich gehalten sind, da in den Folgeurteilen immer wieder Bezug auf sie genommen wird und sie Teil der Diskussionen in der Literatur sind. Zum Schluss wird sich herausstellen, ob die Rechtsprechung konsistent ist.

I. The Queen / H.M. Treasury and Commissioners of Inland revenue, ex Parte Daily Mail and General Trust plc.[391] (Daily Mail)

1. Sachverhalt

In der ersten und bis heute gültigen Grundsatzentscheidung Daily Mail musste sich der Europäische Gerichtshof zum ersten Mal in einem Vorabentscheidungsverfahren

---

390 Dies ist auch notwendig, da sich der EU-Gesetzgeber bisher nicht zu einer Regelung der Sitzverlegung durchringen konnte, vgl. *Schön*, ZGR 2013, 333 (335 f.).

391 EuGH, Urt. v. 27.09.1988, Rs. 81/87, ECLI:EU:C:1988:456 – Daily Mail.

zur Frage der Mobilität von Gesellschaften innerhalb der Europäischen Union äußern. Im Rechtsstreit ging es um eine britische Tageszeitung, die als Klägerin gegen das britische Finanzministerium vorging. Streitpunkt war die fehlende Zustimmung des Ministeriums zur Verlegung des Geschäftsleitungssitzes von Daily Mail in die Niederlande.[392] Die Verlegung hätte nach britischem Steuerrecht zur Folge gehabt, dass der steuerliche Sitz (Sitz der Geschäftsleitung) fortan in den Niederlanden anzutreffen wäre. Ziel der Verlegung war eine Steuerersparnis im Zuge des Verkaufs von Betriebsvermögen bei gleichzeitigem Rückerwerb eigener Aktien aus dem Erlös. Das britische Recht sah für wirksam gegründete Gesellschaften mit satzungsmäßigem Sitz im Inland die Möglichkeit vor, den Geschäftsleitungssitz ins Ausland zu verlegen, ohne den Status als Gesellschaft britischen Rechts oder die Rechtspersönlichkeit zu verlieren.[393]

2. Entscheidung

Zunächst einmal stellt der EuGH heraus, die Niederlassungsfreiheit stelle eine der fundamentalen Vorschriften der EU-Grundlagenverträge dar. Sie beinhalte für Unionsbürger sowie für Gesellschaften das Recht auf Niederlassung in anderen EU-Staaten (heute Art. 49, 54 AEUV).[394] Die Niederlassungsfreiheit verbiete Diskriminierungen des Aufnahme- und des Herkunftsstaates: „Wie die Kommission zu Recht ausgeführt hat, wären die in Art. 52 ff. EWGV (heute Art. 49 ff. AEUV) gewährten Rechte sinnentleert, wenn der Herkunftsstaat Unternehmen verbieten könnte, auszuwandern, um sich in einem anderen Mitgliedstaat niederzulassen."[395]

Jedoch ist der EuGH der Auffassung, die britischen Steuerregeln beträfen die geschützten Niederlassungsvorgänge nicht. Die Erlaubnis des Finanzministeriums zur Verlegung des Geschäftsleitungssitzes ins Ausland sei nur notwendig, sofern die Gesellschaft ihre Eigenschaft als solche des britischen Rechts beibehalten wolle.[396] Der Gerichtshof stellt dann den bis heute gültigen Grundsatz auf, Gesellschaften würden, anders als natürliche Personen, nicht geboren, sondern nach dem Recht eines Mitgliedstaates gegründet werden und „jenseits der jeweiligen

392 EuGH, Urt. v. 27.09.1988, Rs. 81/87, ECLI:EU:C:1988:456, Rn. 1 f. – Daily Mail; *Sedemund/Montag*, NJW 1989, 1409 (1412); *Schlemmer-Schulte*, EWS 1992, 333.

393 EuGH, Urt. v. 27.09.1988, Rs. 81/87, ECLI:EU:C:1988:456, Rn. 3, 4, 7 – Daily Mail; *Habersack/Verse*, EU-GesR, § 3, Rn. 13; *Behrens*, IPRax 1989, 354 (356).

394 EuGH, Urt. v. 27.09.1988, Rs. 81/87, ECLI:EU:C:1988:456, Rn. 15 – Daily Mail; *Pechstein*, EuGH, Rn. 182; *Behrens*. IPRax 1989, 354 (357); zur allg. Bedeutung des Art. 54 AEUV s. *Tietje* in: Ehlers, EU-Grundrechte und -freiheiten, § 10, Rn. 65 ff.

395 EuGH, Urt. v. 27.09.1988, Rs. 81/87, ECLI:EU:C:1988:456, Rn. 16 – Daily Mail; *Sedemund/Montag*, NJW 1989, 1409 (1412); zur Anwendung auf den Herkunftsstaat s.a. *Tietje* in: Ehlers, EU-Grundrechte und -freiheiten, § 10, Rn. 39.

396 EuGH, Urt. v. 27.09.1988, Rs. 81/87, ECLI:EU:C:1988:456, Rn. 17 – Daily Mail; der Beschluss über die Verwaltungssitzverlegung als Auflösung, s. *Saenger*, GesR, Rn. 847.

nationalen Rechtsordnung, die ihre Gründung und ihre Existenz regelt,...keine Realität (haben)".[397] Dies wird mit den großen Unterschieden innerhalb der Gesellschaftsrechtsordnungen der Mitgliedstaaten begründet, was auch die europäischen Verträge (Ex-Art. 58 EWGV, heute Art. 54 AEUV) berücksichtigen, wenn sie als definitorischen Anknüpfungspunkt die Hauptniederlassung, den satzungsmäßigen Sitz sowie die Hauptverwaltung gleichermaßen anerkennen.[398]

Der Gerichtshof rekurriert auch auf den Ex-Art. 220 EWGV[399], der für Mitgliedstaaten die Möglichkeit vorsieht, Übereinkommen zu treffen, die eine Sitzverlegung von Gesellschaften unter Beibehaltung der Rechtspersönlichkeit ermöglichen.[400] Der EuGH erkennt zwar die Problematik der Sitzverlegung, positioniert diese jedoch außerhalb des Anwendungsbereichs der Niederlassungsfreiheit und fordert eine Lösung durch Rechtssetzung (nach dem heutigen Art. 50 Abs. 2 lit. g AEUV) oder im Zuge eines Vertragsschlusses.[401]

3. Verweis für Problemfelder und Diskussionsschwerpunkte

Eine große Aufarbeitung des Urteils aus der Perspektive der Verkündungszeit erübrigt sich an dieser Stelle.[402] Das Urteil Daily Mail wurde im Laufe der Jahre immer wieder kontrovers diskutiert. Deshalb setzte sich die rechtswissenschaftliche Literatur innerhalb der Bewertung anderer Leitentscheidungen immer wieder mit der Bedeutung des Daily-Mail-Urteils auseinander.[403] Die Wendung „beim derzeitigen Stand des Gemeinschaftsrechts"[404] lässt erkennen, dass auch der EuGH

---

397 EuGH, Urt. v. 27.09.1988, Rs. 81/87, ECLI:EU:C:1988:456, Rn. 19 – Daily Mail; *Habersack/Verse*, EU-GesR, § 3, Rn. 13; zur Geschöpftheorie s.a. *v. Hein* in: MüKo BGB, Bd. 11, Art. 3 EGBGB, Rn. 91; *Kindler* in: MüKo BGB, Bd. 12, Teil 10, Rn. 840.

398 EuGH, Urt. v. 27.09.1988, Rs. 81/87, ECLI:EU:C:1988:456, Rn. 20 f. – Daily Mail; *Behrens*, IPRax 1989, 354 (357); *Ebenroth/Auer*, GmbHR 1994, 16 (20); *Pechstein*, EuGH, Rn. 182; *Kindler* in: MüKo BGB, Bd. 12, Teil 10, Rn. 112.

399 Dieser Artikel ist erst als Art. 293 EGV übernommen worden, existiert seit dem Inkrafttreten des AEUV aber nicht mehr fort, s.a. *Habersack/Verse*, EU-GesR, § 3, Rn. 13.

400 EuGH, Urt. v. 27.09.1988, Rs. 81/87, ECLI:EU:C:1988:456, Rn. 20 – Daily Mail; *Behrens*, IPRax 1989, 354 (357); *Saenger*, GesR, Rn. 847.

401 EuGH, Urt. v. 27.09.1988, Rs. 81/87, ECLI:EU:C:1988:456, Rn. 22–24 – Daily Mail; *Lang/Orttmann* in: Ziemons/Jaeger BeckOK GmbHG, Int. GesR, Rn. 78.

402 Das Urteil Daily Mail erregte erst später deutlichere Aufmerksamkeit, was auch an den wenigen Kritiken im Gegensatz zu anderen Urteilen in der Literatur abzulesen ist: s. bspw. *Sandrock/Austmann*, RIW 1989, 249 ff.; *Sedemund/Montag*, NJW 1989, 1409 (1412); *Großfeld/Luttermann*, JZ 1989, 386 ff.; *Behrens*, IPRax 1989, 354 ff.; *Voß*, DStR 1991, 925 (931); *Schlemmer-Schulte*, EWS 1992, 333 ff.; *Brödermann*, MDR 1992, 89 (90 ff.); *Koch*, NJW 1992, 404 (412); *Ebenroth/Auer*, GmbHR 1994, 16 (19 ff.).

403 Dort werden auch die Problemfelder um Daily Mail besprochen, s.a. zugleich unter E., II., 3., a); E., III., 3., c); E., V., 3., d); E., VII., 3., b); E., VIII., 3., b).

404 EuGH, Urt. v. 27.09.1988, Rs. 81/87, ECLI:EU:C:1988:456, Rn. 25 – Daily Mail.

nicht von einer endgültigen Entscheidung bezüglich der Sitzverlegung von Gesellschaften ausging.

Kritisch hinterfragt wurde unter anderem, dass der EuGH seine Entscheidung nicht anhand der Auslegung des Schutzbereichs der Niederlassungsfreiheit traf, sondern sie aus dem mittlerweile abgeschafften Art. 220 des EWGV und aus dem heutigen Art. 50 II lit. g AEUV herleitet.[405] Das Urteil wurde auch damit begründet, dass der EuGH, unter Berufung auf die Grundfreiheiten, keine Harmonisierung des Steuerrechts vorwegnehmen dürfe.[406] Kritisiert wurde auch die Generalisierung eines steuerrechtlichen Sachverhalts für alle Arten von Wegzugsbeschränkungen.[407] Das Urteil war allerdings Anstoß für die Diskussion um die Primärrechtskonformität der Sitztheorie.[408] Dabei wurde der Vorrang des EU-Rechts auch vor dem Kollisionsrecht bereits früh angemahnt.[409] Insgesamt etablierte sich fortan große Kritik am Urteil Daily Mail.[410]

II. Centros Ltd. / Erhvervs- og Selskabsstyrelsen[411] (Centros)

1. Sachverhalt

Etwa elf Jahre nach der Daily-Mail-Entscheidung erregte ein weiteres Urteil des EuGH das Interesse der Fachöffentlichkeit.[412] In dieser zweiten wichtigen Entscheidung zur Mobilität von Gesellschaften musste der Gerichtshof in einem Vorabentscheidungsverfahren über die Auslegung der Ex-Art. 52, 56, 58 EGV (heute Art. 49, 52, 54 AEUV) entscheiden.[413] Die dänische Zentralverwaltung für Handel

---

405 *Behrens*, IPRax 1989, 354 (358); *Sedemund/Montag*, NJW 1989, 1409 (1412); a.A.: *Schlemmer-Schulte*, EWS 1992, 333 (334); zum endgültigen Scheitern eines geplanten EWG-Abkommens iRv Ex-Art. 220 EWGV s. *Kindler* in: MüKo BGB, Bd. 12, Teil 10, Rn. 98; gleiches zur Sitzverlegungs-Richtlinie s. *Verse*, EuZW 2013, 336 (344).

406 *Voß*, DStR 1991, 925 (931).

407 *Behrens*, IPRax 1989, 354 (356); *Forsthoff*, EuR 2000, 167 (180); später *Mörsdorf*, EuZW 2012, 296 (298) und *Schall/Barth*, NZG 2012, 414 (415).

408 *Behrens*, IPRax 1989, 354 (359); s.a. *Lutter*, ZGR 1992, 435 ff.; *Stieb*, GmbHR 1992, R 25; *Koch*, NJW 1992, 404 (412); *Ebenroth/Auer*, GmbHR 1994, 16 (16, 21); *Bungert*, AG 1995, 489 (496); *Sandrock*, BB 1999, 1337 (1337 f.).

409 *Brödermann*, MDR 1992, 89 (91); a.A.: *Ebenroth/Auer*, GmbHR 1994, 16 (19).

410 S. später bspw. *Mörsdorf*, EuZW 2012, 296 (298): „Dogmatischer Webfehler".

411 EuGH, Urt. v. 09.03.1999, Rs. C-212/97, ECLI:EU:C:1999:126 – Centros.

412 Nahezu jede juristische Fachzeitschrift für Wirtschaftsrecht widmete dem Urteil eine Anmerkung oder Besprechung und auch die Frankfurter Allgemeine Zeitung berichtete drei Mal über das Urteil, so *Forsthoff*, EuR 2000, 167.

413 EuGH, Urt. v. 09.03.1999, Rs. C-212/97, ECLI:EU:C:1999:126, Rn. 1 – Centros; *Pechstein*, EuGH, Rn. 199; *Spahlinger* in: Spahlinger/Wegen, Int. GesR, Rn. 149.

und Gesellschaften weigerte sich, die Zweigniederlassung der Klägerin, eine nach britischem Recht 1992 gegründete private limited company in Dänemark einzutragen.[414] Die von dem dänischen Ehepaar Bryde gegründete Centros Ltd. mit Sitz in Großbritannien an der Adresse eines Bekannten hatte seit der Errichtung keine Geschäftstätigkeit aufgenommen.[415] Die Gesellschaft sollte nach dänischem Recht als ausländische Gesellschaft mit beschränkter Haftung gelten und hätte über eine Zweigniederlassung in Dänemark tätig werden können.[416] Die Eintragung wurde mit der Begründung abgelehnt, dass die Centros aufgrund der fehlenden Geschäftstätigkeit nur zur Umgehung der Mindestkapitalvorschriften des dänischen Rechts gegründet wurde und gar keine Zweigniederlassung, sondern eine Primärniederlassung in Dänemark errichtet werden sollte.[417]

2. Entscheidung

Die Zentralverwaltung merkt zunächst an, jede AG/GmbH, die in einem anderen Mitgliedstaat wirksam gegründet worden ist, habe das Recht, eine Zweigniederlassung in Dänemark zu errichten und eintragen zu lassen. Hätte die Centros tatsächlich eine Geschäftstätigkeit in Großbritannien entfaltet, wäre die Eintragung auch erfolgt.[418] Außerdem sei kein grenzüberschreitender Bezug gegeben, da die Eheleute Bryde dänische Staatsangehörige sind und eine Niederlassung in ihrem Heimatland gründen wollten.[419]

Der EuGH stellte jedoch deutlich heraus, dass es sich nicht um einen rein inländischen Sachverhalt handele, wenn eine nach ausländischem Recht gegründete Gesellschaft eine Zweigniederlassung in einem anderen Mitgliedstaat errichten will und dieser Sachverhalt Gegenstand der Niederlassungsfreiheit sei.[420] Dies ändere auch nicht die von dem Ehepaar unbestrittene Tatsache, dass die Gründung

---

414 Die Zentralverwaltung untersteht dem Handelsministerium, EuGH, Urt. v. 09.03.1999, Rs. C-212/97, ECLI:EU:C:1999:126, Rn. 2, 7 – Centros; *Habersack/Verse*, EU-GesR, § 3, Rn. 15; *Tiedje* in: v.d. Groeben/Schwarze/Hatje, EuR, Art. 54 AEUV, Rn. 53.

415 EuGH, Urt. v. 09.03.1999, Rs. C-212/97, ECLI:EU:C:1999:126, Rn. 3 – Centros; *Forsthoff*, EuR 2000, 167 (168).

416 EuGH, Urt. v. 09.03.1999, Rs. C-212/97, ECLI:EU:C:1999:126, Rn. 4–5 – Centros. Die Gesellschaft erfüllte die Normen des dänischem GmbH-Gesetzes, s. S. I-1488, Rn. 10.

417 EuGH, Urt. v. 09.03.1999, Rs. C-212/97, ECLI:EU:C:1999:126, Rn. 7, 12 – Centros; *Hoor*, NZG 1999, 984; *Spahlinger* in: Spahlinger/Wegen, Int. GesR, Rn. 149.

418 EuGH, Urt. v. 09.03.1999, Rs. C-212/97, ECLI:EU:C:1999:126, Rn. 15 – Centros; *Göttsche*, DStR 1999, 1403 (1404–1405); *Müller-Graff* in: Streinz, EUV/AEUV, Art. 54 AEUV, Rn. 25.

419 EuGH, Urt. v. 09.03.1999, Rs. C-212/97, ECLI:EU:C:1999:126, Rn. 16 – Centros; *Pechstein*, EuGH, Rn. 199.

420 EuGH, Urt. v. 09.03.1999, Rs. C-212/97, ECLI:EU:C:1999:126, Rn. 16–17 – Centros; *Hoor*, NZG 1999, 984.

im Vereinigten Königreich dazu dienen sollte, die strengen Vorschriften über das Mindestkapital von Gesellschaften in Dänemark zu umgehen.[421] Der Schutzbereich der Niederlassungsfreiheit beinhalte das Recht, Agenturen und Zweigniederlassungen zu gründen sowie dadurch der selbstständigen Erwerbstätigkeit in anderen Staaten nachzugehen, und eine Verweigerung der Eintragung durch eine staatliche Behörde stelle eine Beschränkung dessen dar.[422]

Des Weiteren stelle die Umgehung der strengeren dänischen Vorschriften über das Mindestkapital keine missbräuchliche Inanspruchnahme der Grundfreiheiten dar. Zwar erkennt der Gerichtshof an, dass Mitgliedstaaten grundsätzlich Maßnahmen zur Verhinderung von Betrug oder Missbrauch ergreifen können, jedoch müssen diese nach objektiven Kriterien im Einzelfall bestimmt und im Lichte der europäischen Rechtsnorm selbst ausgelegt werden.[423] Eine mögliche Gründung einer Primärniederlassung und die weitergehende Tätigkeit über eine sekundäre Niederlassung in anderen Mitgliedstaaten, selbst wenn die Zweigniederlassung allein die Geschäftstätigkeit ausübt, sei gerade Freiheitsausübung iSd Niederlassungsfreiheit.[424] Somit stehe es jedem EU-Bürger frei, sich die nationale Rechtsordnung für die Gründung einer Gesellschaft auszusuchen, welche ihn wirtschaftlich am wenigsten behindert.[425] An dieser Bewertung ändere auch die fehlende Harmonisierung des Gesellschaftsrechts nichts, wobei der Rat jederzeit die Möglichkeit hat, diese nach Ex-Art. 54 Abs. 3 lit. g EGV weiter zu forcieren (heute Art. 50 Abs. 2 lit. g AEUV).[426]

Der EuGH verschließt sich in einem weiteren Schritt jedoch nicht der möglichen Rechtfertigung einer festgestellten Beschränkung iSd zwingenden Gründe des Allgemeininteresses.[427] Die dänische Behörde sieht in den Vorgaben zum

---

421 EuGH, Urt. v. 09.03.1999, Rs. C-212/97, ECLI:EU:C:1999:126, Rn. 17 f. – Centros; *Görk*, GmbHR 1999, 793 (794); *Göttsche*, DStR 1999, 1403 (1404).

422 EuGH, Urt. v. 09.03.1999, Rs. C-212/97, ECLI:EU:C:1999:126, Rn. 19–22 – Centros; *Bröhmer* in: Calliess/Ruffert, EUV/AEUV, 4. Auflage 2011, Art. 54 AEUV, Rn. 11.

423 EuGH, Urt. v. 09.03.1999, Rs. C-212/97, ECLI:EU:C:1999:126, Rn. 23–25 – Centros; *Kindler*, NJW 1999, 1993 (1996); *Lang/Orttmann* in: Ziemons/Jaeger BeckOK GmbHG, Int. GesR, Rn. 22.

424 EuGH, Urt. v. 09.03.1999, Rs. C-212/97, ECLI:EU:C:1999:126, Rn. 26 f. – Centros; so auch schon in EuGH, Urt. v. 10.07.1986, Rs. 79/85, ECLI:EU:C:1986:308 – Segers; *Müller-Graff* in: Streinz, EUV/AEUV, Art. 54 AEUV, Rn. 23.

425 EuGH, Urt. v. 09.03.1999, Rs. C-212/97, ECLI:EU:C:1999:126, Rn. 27 – Centros; *Ehlers* in: Ehlers, EU-Grundrechte und –freiheiten, § 7, Rn. 79; *Saenger*, GesR, Rn. 849.

426 EuGH, Urt. v. 09.03.1999, Rs. C-212/97, ECLI:EU:C:1999:126, Rn. 28 – Centros; als „sarkastischen anmutenden Hinweis“ bezeichnet dies *Kindler*, NJW 1999, 1993 (1996).

427 EuGH, Urt. v. 09.03.1999, Rs. C-212/97, ECLI:EU:C:1999:126, Rn. 31 f. – Centros; allg. zur möglichen Rechtfertigung von Beschränkungen iSd sekundären Niederlassungsfreiheit am Bsp. v. Centros, s. *Müller-Graff* in: Streinz, EUV/AEUV, Art. 54 AEUV, Rn. 24 f.

Mindestgesellschaftskapital schließlich die legitimen Zwecke der Stärkung der Finanzkraft der Gesellschaften sowie allgemein den Gläubigerschutz begründet.[428] Der Gerichtshof wendet dann für eine Rechtfertigung von Beschränkungen iSd Dassonville-Formel den aus den Urteilen Kraus[429] und Gebhard[430] bekannten Vier-Konditionen-Test an.[431] Dieser richtet sich nach dem Verhältnismäßigkeitsgrundsatz, muss einem legitimen Zweck dienen und zudem noch geeignet sein, diesen Zweck zu fördern, sowie erforderlich sein, also das relativ mildeste Mittel darstellen.[432]

Demnach sei die dänische Vorgehensweise schon nicht geeignet, da eine Eintragung bei Geschäftstätigkeit der Ltd. im Vereinigten Königreich ohne Weiteres vorgenommen worden wäre und ein potenzielles Gläubigerrisiko ebenso bestünde.[433] Ferner trete die Gesellschaft weiterhin als Ltd. auf, also als Gesellschaft britischen Rechts, weshalb für potenzielle Vertragspartner der Gesellschaft ersichtlich sei, dass diese nicht den dänischen Haftungsgrundsätzen unterlägen.[434] Außerdem sei durch bereits erlassenes europäisches Sekundärrecht[435] ein großes Maß an Gläubigerschutz garantiert und potenzielle Vertragspartner der Gesellschaft können sich zu ihrem eigenen Schutz auch anderweitige Sicherheiten einräumen lassen.[436]

---

428 EuGH, Urt. v. 09.03.1999, Rs. C-212/97, ECLI:EU:C:1999:126, Rn. 32 – Centros; zum Gläubigerschutz als zwingenden Grund des Allgemeininteresses s.a. *Kindler* in: MüKo BGB, Bd. 12, Teil 10, Rn. 118; *Frenz*, EuR, Rn. 313.

429 EuGH, Urt. v. 31.03.1993, Rs. C-19/92, ECLI:EU:C:1993:125, Rn. 32 – Kraus.

430 EuGH, Urt. v. 30.11.1995, Rs. C-55/94, ECLI:EU:C:1995:411, Rn. 37 – Gebhard.

431 EuGH, Urt. v. 09.03.1999, Rs. C-212/97, ECLI:EU:C:1999:126, Rn. 34 – Centros; *Kindler*, NJW 1999, 1993 (1996).

432 *Tietje* in: Ehlers, EU-Grundrechte und -freiheiten, § 10, Rn. 60 f.; *Hobe*, EuR, Rn. 852 f.; *Oppermann/Classen/Nettesheim*, EuR, § 28, Rn. 36 f.

433 EuGH, Urt. v. 09.03.1999, Rs. C-212/97, ECLI:EU:C:1999:126, Rn. 35 – Centros; *Göttsche*, DStR 1999, 1403 (1404–1405); *Görk*, GmbHR 1999, 793 (794); für *Kindler* in: MüKo BGB, Bd. 12, Teil 10, Rn. 118, fehlt es an „konsequenter Zielverfolgung".

434 EuGH, Urt. v. 09.03.1999, Rs. C-212/97, ECLI:EU:C:1999:126, Rn. 36 – Centros; *Müller-Graff* in: Streinz, EUV/AEUV, Art. 54 AEUV, Rn. 25.

435 Vierte Richtlinie 78/660/EWG des Rates über den Jahresabschluss von Gesellschaften bestimmter Rechtsformen v. 25.07.1978, ABl. 1978 Nr. L 222/11 und Elfte Richtlinie 89/666/EWG über die Offenlegung von Zweigniederlassungen, die in einem Mitgliedstaat von Gesellschaften bestimmter Rechtsformen errichtet wurden, die dem Recht eines anderen Staates unterliegen v. 21.12.1989; ABl. 1989 Nr. L 395/36.

436 EuGH, Urt. v. 09.03.1999, Rs. C-212/97, ECLI:EU:C:1999:126, 36 f. – Centros; *Kindler*, NJW 1999, 1993 (1996); *Frenz*, EuR, Rn. 313.

3. Problemfelder und Diskussionsschwerpunkte

Die Debatte in der deutschen Rechtswissenschaft zur Entscheidung des EuGH war äußerst kontrovers.[437] Während das zuvor aufgeführte Daily-Mail-Urteil eine Wegzugskonstellation beinhaltete, zeigte der Fall Centros knappe elf Jahre später eine Zuzugskonstellation auf.[438] Obwohl also die Entscheidung Daily Mail nur einen der beiden Mobilitätsaspekte betraf, wurde ihr teilweise eine grundsätzliche Zulässigkeit von Wegzugs- und auch Zuzugsbeschränkungen entnommen.[439] Dem konnte einer Ansicht nach durch das Urteil Centros im Grundsatz auch nicht widersprochen werden. Dies stützte sich vor allem auf die These, dass Daily Mail im Gegensatz zu Centros als Entscheidung zur primären und nicht zur sekundären Niederlassungsfreiheit erging und beide Entscheidungen nicht aufeinander Bezug nahmen, sondern faktisch nebeneinander standen.[440]

a) Zur Sitz- und Gründungstheorie – die Beziehung zu Daily Mail

Ausgangspunkt des Streits ist die unterschiedliche Anknüpfung im Wege des Gesellschaftsstatuts. Nach Lang/Orttmann haben sowohl Kindler als auch der BGH zunächst versucht, die Sitztheorie, also den tatsächlichen Verwaltungssitz als Anknüpfungspunkt des Kollisionsrechts in Deutschland, zu retten.[441] Andere Ansichten im Schrifttum sahen aber schon im Urteil Centros die Bestätigung der Europarechtswidrigkeit von Beschränkungen durch das nationale Sach- oder Internationale Privatrecht der Mitgliedstaaten in sog. Zuzugskonstellationen.[442]

So zeigt etwa Göttsche auch die Ansicht Kindlers auf, bezeichnet sie im Folgenden implizit aber als Mindermeinung, stellt den Grundsatz auf, dass aufnehmende EU-Mitgliedstaaten im Anwendungsbereich der sekundären Niederlassungsfreiheit eine Gründung nicht verhindern können, und weitet ihn sogar auf die Sitzverlegung im Rahmen der primären Niederlassungsfreiheit aus.[443] Hoor ist da leicht zurückhaltender: Einerseits ist es für ihn naheliegend, dass der EuGH durch

437 *Spahlinger* in: Spahlinger/Wegen, Int. GesR, Rn. 152; *Göttsche*, DStR 1999, 1403 (1405); *Kindler* in: MüKo BGB, Bd. 12, Teil 10, Rn. 119: ein „zwiespältiges Echo".

438 *Schön*, FS Lutter 2000, 685 (702).

439 *Saenger*, FS P+P Pöllath+Partners 2008, 295 (298); *Müller-Graff* in: Streinz, EUV/AEUV, Art. 54 AEUV, Rn. 15.

440 *Tiedje* in: v.d. Groeben/Schwarze/Hatje, EuR, Art. 54 AEUV, Rn. 55; *Kindler* in: MüKo BGB, Bd. 12, Teil 10, Rn. 119.

441 *Lang/Orttmann* in: Ziemons/Jaeger BeckOK GmbHG, Int. GesR, Rn. 43 bez. *Kindler*, NJW 1999, 1993 (1996) und BGH, Urt. v. 01.07.2002 – II ZR 380/00, BGHZ 151, 204.

442 Repräsentativ: *Freitag*, EuZW 1999, 267 ff.; *Leible*, NZG 1999, 298 ff.; *Sandrock*, BB 1999, 1337 ff.

443 *Göttsche*, DStR 1999, 1403 (1405 f.); letzteres wird später, im Zuge von EuGH, Urt. v. 05.11.2002, Rs. C-208/00, ECLI:EU:C:2002:632 – Überseering und EuGH, Urt. v. 30.09. 2003, Rs. C-167/01, ECLI:EU:C:2003:512 – Inspire Art, bestätigt.

das Centros-Urteil eine grundsätzliche Abkehr von der Daily-Mail-Entscheidung vornimmt. Andererseits wirkt die fehlende Bezugnahme auf Daily Mail auf ihn befremdlich, weshalb er nicht zwingend eine Abkehr von der Sitztheorie erkennt.[444]

b) Vorrang des Europarechts vor dem Kollisionsrecht der Mitgliedstaaten

Dagegen rechtfertigt Kindler sein Festhalten an der Sitztheorie mit der Annahme, dass das Internationale Gesellschaftsrecht der Mitgliedstaaten „niederlassungsfreiheitsresistent" sei, es also dem EU-Recht vorgehen würde, und untermauert diesen Standpunkt mit dem aus Daily Mail bekannten Ex-Art. 54 Abs. 3 lit. g EGV (heute Art. 50 Abs. 2 lit. g AEUV), dem Subsidiaritätsprinzip (Art. 5 Abs. 3 EUV) sowie dem mittlerweile abgeschafften Art. 220 EWGV.[445] Im Kontrast dazu erblickt Forsthoff im Urteil Centros zwar die Möglichkeit einer freien Ausgestaltung des Gesellschaftskollisionsrechts durch die Mitgliedstaaten, jedoch nur, sofern die Anwendung auch europarechtskonform ist, und sieht so „eindeutig einen Vorrang der Niederlassungsfreiheit vor dem Gesellschaftskollisionsrecht".[446]

Sieht man mit der Entscheidung Centros die folgenden Urteile Überseering und Inspire Art als Gesamtschau, wird man nur noch schwer von einer Europarechtskonformität der Sitztheorie und von einem Vorrang des Internationalen Privatrechts vor dem EU-Recht sprechen können.[447] Kindler ist jedoch zuzugestehen, dass diese Gesamtschau zum Zeitpunkt des Urteils nicht so eindeutig vorherzusehen war, wie einige Stimmen in der Literatur bereits vermuteten.[448] Zudem muss erwähnt werden, dass Dänemark der Gründungstheorie folgte und eine Entscheidung über die Sitztheorie so keinen Einfluss auf das Urteil Centros gehabt hätte.[449]

Auch Tiedje erkennt im Centros-Urteil keine ausdrückliche Entscheidung gegen die Sitztheorie, sieht jedoch eine Richtung vorgegeben, wenn bereits die Umgehung des nationalen Gläubigerschutzes keinen Missbrauch darstellt und die Anwendung der Sitztheorie im Kollisionsfall gerade dem Zweck des Gläubigerschutzes dient.[450] Hervorzuheben ist diesbezüglich auch noch Sandrock, der von

---

444 *Hoor*, NZG 1999, 984 (985–986); vgl. auch *Görk*, GmbHR 1999, 793 (796); ebenfalls zurückhaltender *Ebke*, FS Lutter, 2000, 17 (25) und *Hobe*, EuR, Rn. 843.

445 *Kindler*, NJW 1999, 1993 (1997); die Notwendigkeit eines Übereinkommens iSv Art. 220 EWGV lehnt *Schön*, FS Lutter 2000, 685 (691) mit drei Gründen ab.

446 *Forsthoff*, EuR 2000, 167 (170 bzw. 181), ebenso einen Vorrang des Europarechts sieht z.B. *Schön*, FS Lutter 2000, 685 (687).

447 *Servatius* in: Henssler/Strohn, GesR, Int. GesR, Rn. 18; Oppermann/Classen/*Nettesheim*, EuR, § 28, Rn. 22.

448 *Kindler* in: MüKo BGB, Bd. 12, Teil 10, Rn. 120; nicht von Bedeutung für die Sitztheorie ist Centros laut *Spahlinger* in: Spahlinger/Wegen, Int. GesR, Rn. 152 (als Argument wird insb. der Wortlaut „gegründet" des Art. 54 AEUV genannt).

449 *Habersack/Verse*, EU-GesR, § 3, Rn. 15; *Forsthoff*, EuR 2000, 167 (170).

450 *Tiedje* in: v.d. Groeben/Schwarze/Hatje, EuR, Art. 54 AEUV, Rn. 55; ebenso *Hoor*, NZG 1999, 984 (985).

bisher unerfüllten „kollisionsrechtlichen Hausaufgaben“ in Folge von Daily Mail spricht und die Vermutung äußert, dass der Gerichtshof diese Verfehlung und die Stagnation auf diesem Gebiet endgültig durch das „mutige“ Urteil Centros beseitigen wollte und eine „Entmachtung“ bzw. „Modifikation“ der nationalen Kollisionsrechte der Mitgliedstaaten in der Entscheidung erkennt.[451]

c) *Problematik: Briefkastengesellschaft*

Allerdings kritisiert Kindler die Entscheidung des EuGH bemerkenswerterweise zusätzlich in drei weiteren Punkten. Zunächst führt er das Urteil Factortame II[452] an, in dem der Gerichtshof den Begriff der Niederlassung definiert und mit ihm speziell eine „feste Einrichtung“ verbindet, welche wiederum die „tatsächliche“ Ausübung einer wirtschaftlichen Tätigkeit voraussetzt und mehr als eine Briefkastenanschrift darstellen muss. Dies sei im Urteil Centros im Gegensatz zum Urteil Segers gerade nicht gegeben.[453]

Dagegen sieht etwa Schön die Frage nach einer tatsächlichen Ausübung einer wirtschaftlichen Tätigkeit am Satzungssitz nicht als zwingende Voraussetzung für die Berechtigung einer Gesellschaft iSv Art. 54 AEUV, sondern eher als Frage der Reichweite von Art. 49 AEUV im Allgemeinen.[454] Die Problematik ist nicht von der Hand zu weisen. Die Frage nach der Restriktion der Zuzugsfreiheit von Briefkastenfirmen ist immer wieder in der Diskussion.[455] Zu beachten ist hier etwa auch Art. 7 S. 2 der SE-VO, der die Mitgliedstaaten ermächtigt, eine Anordnung zu treffen, wobei sich Satzungs- und Verwaltungssitz am selben Ort befinden müssen.[456]

d) *Wettbewerb der Gesellschaftsrechte / Grenzen der Niederlassungsfreiheit*

In die gleiche Kerbe schlägt Kindlers Aussage, dass die Entscheidung den Wettbewerb um ein möglichst liberales nationales Gesellschaftsrecht unter den Mitgliedstaaten eröffne und dieser den „ökonomischen Standortwettbewerb verzerre“, während die EU-Verträge gerade nur Regelungsgefälle zwischen den Mitgliedstaaten ausgleichen und nicht deren gezielte Exploitation fördern sollen.[457]

---

451 Vgl. *Sandrock*, BB 1999, 1337 (1339 ff.): überzeugend nach Savigny'scher Lehre.

452 EuGH, Urt. v. 25.07.1991, Rs. C-221/89, ECLI:EU:C:1991:320 – Factortame II.

453 *Kindler*, NJW 1999, 1993 (2000); vgl. EuGH, Urt. v. 10.07.1986, Rs. 79/85, ECLI:EU:C:1986:308 – Segers.

454 *Schön*, FS Lutter 2000, 685 (688 f.).

455 *Servatius* in: Henssler/Strohn, GesR, Int. GesR, Rn. 18; s. etwa *Geyrhalter/Gänßler*, DStR 2003, 2167; *König/Bormann*, NZG 2012, 1241; *Roth*, Vorgaben NLF, S. 13.

456 Verordnung (EG) Nr. 2157/2001 des Rates über das Statut der Europäischen Gesellschaft (SE) v. 08.10.2001; ABl. 2001 Nr. L 294/1; *Diekmann* in: Habersack/Drinhausen, SE-Recht, Art. 7, Rn. 28.

457 *Kindler*, NJW 1999, 1993 (2000).

Unbestreitbar leitete das Urteil Centros den Wettbewerb der Gesellschaftsrechte innerhalb der EU ein.[458] Jedoch ist dies durch die europäischen Verträge gewollt und neben eventuell auftretenden negativen Effekten, wie z.B. dem sog. „Race to the Bottom"[459], kann etwa positiv die Möglichkeit einer Eigenregulierung des Marktes ohne legislatorisches Eingreifen entstehen.[460] Zurecht bemerkt Görk jedoch, es handele sich nicht um einen Wettbewerb der Rechtsordnungen in Reinform, in dem Gründer oder Geschäftsführer einer Gesellschaft sich bspw. nicht für das britische Gesellschaftsrecht als gesamte Regelungsmaterie entschieden, sondern sich einzelne liberale Aspekte verschiedener nationaler Gesellschaftsrechte aussuchen würden – das fehlende Erfordernis eines Stammkapitals bei der englischen Limited kann dann zum Beispiel mangels Anwesenheit in Großbritannien nicht durch eine erhöhte Staatsaufsicht oder Durchgriffshaftungen (Piercing the corporate veil) kompensiert werden.[461]

Kindler sieht weiterhin eine bedenkliche „Tendenz", wenn der EuGH im Urteil Keck und Mithouard[462] den Umfang des Beschränkungsverbots (Dassonville-Formel) für die Warenverkehrsfreiheit wieder einschränkt, die Tragweite der Niederlassungsfreiheit jedoch ins „Uferlose übersteigert" wird, und hat damit seines Erachtens den dogmatischen Gesichtspunkt der Grundfreiheitenkonvergenz auf seiner Seite.[463]

e) Die Pflicht zur Anerkennung von Gesellschaften durch Mitgliedstaaten, Rechtfertigungsmöglichkeiten und Ausblick

Forsthoff sieht trotz der Unterschiede von Daily Mail zu Centros eine aufeinander aufbauende Judikatur: Die Unterscheidung zwischen Wegzugs- und Zuzugsfall ist

---

458 *Tiedje* in: v.d. Groeben/Schwarze/Hatje, EuR, Art. 54 AEUV, Rn. 56; *Freitag*, EuZW 1999, 267 (269); *Ebke*, FS Lutter 2000, 17 (25); laut den Schlussanträgen des GA *La Pergola* v. 16.07.1998, Rs. C-212/97, ECLI:EU:C:1998:380, Anm. 20 – Centros ist diese „competition among rules" derart von den Verträgen gewollt.

459 Erklärend *Eidenmüller* in: Eidenmüller, Ausländische KapGes, § 1, Rn. 17: „Es setzt sich die Rechtsordnung durch, die den schwächsten Schutz von Drittinteressen beinhaltet"; möglichen Schutz bietet aber Art 50 II g AEUV, so *Schön*, FS Lutter 2000, 685 (696).

460 Zur ersten Aussage s. *Müller-Graff* in: Streinz, EUV/AEUV, Art. 54 AEUV, Rn. 23; *Saenger*, GesR, Rn. 849; zu letzterem s. *Freitag*, EuZW 1999, 267 (269); *Goette* sieht auch negative Folgen der Wahl einer Ltd. statt der GmbH, DStR 2005, 197 (201); gegen ein Vertrauen auf die Eigenregulierung des Marktes ist *Ebke*. FS Lutter, 2000, 17 (29).

461 *Görk*, GmbHR 1999, 793 (795); als „Zusammenstellung à la carte" interpretiert durch *Schön*, FS Lutter 2000, 685 (705).

462 EuGH, Urt. v. 24.11.1993, Rs. C-267/91 und C-268/91, ECLI:EU:C:1993:905 – Keck.

463 *Kindler*, NJW 1999, 1993 (2000); allg. zur Konvergenz der Grundfreiheiten *Ehlers* in: Ehlers, EU-Grundrechte und -freiheiten, § 7, Rn. 20 ff.

bereits in Daily Mail angelegt, auch weil der EuGH gezielt nur für den Sachverhalt relevante rechtliche Fragestellungen beantwortet. Forsthoff spricht sich eindeutig für eine Anerkennungspflicht von Gesellschaften aus anderen Mitgliedstaaten aus, weil eine Nichtanerkennung einer Negierung ihrer Rechtspersönlichkeit, mehr noch ihrer gesamten Existenz gleichkäme, was gegen die Funktion des Binnenmarktes sprechen würde, und nimmt damit faktisch die Entscheidung Überseering vorweg.[464]

Lohnenswert ist auch ein Blick auf die Rechtfertigungsebene. Der Gerichtshof lässt die möglichen Risiken für Gläubiger einer Gesellschaft bei grenzüberschreitender Sitzverlegung mit der Offenlegung der Haftungsverhältnisse durch die im Namen weiterhin enthaltene Bezeichnung als „Limited" als ungeeignet iSd Verhältnismäßigkeit abprallen.[465] Ob dies als Schutz ausreichend ist, wird jedoch von vielen bezweifelt.[466] Zweifelsohne schaffte der EuGH durch dieses Urteil jedoch ein enormes Mobilitätspotenzial für Gesellschaften und ebnete bereits hier den Weg für ein gemeinsames europäisches Gesellschaftsrecht.[467]

III. Überseering BV / Nordic Construction Company Baumanagement GmbH (NCC)[468] (Überseering)

1. Sachverhalt

Nur kurze Zeit nach der Centros-Entscheidung war die Sitztheorie tatsächlich wieder Streitthema. Im Rechtsstreit standen sich die Überseering BV, eine in das Handelsregister von Amsterdam eingetragene Gesellschaft niederländischen Rechts, sowie die deutsche NCC gegenüber und stritten über die Beseitigung von Mängeln bei Malerarbeiten. Dabei sollte die NCC einige Gebäude auf einem Grundstück der Überseering sanieren.[469] Nach einem erfolglosen Nachbesserungsverlangen verklagte Überseering die NCC aus dem zwischen beiden Parteien geschlossenen Werkvertrag beim LG Düsseldorf auf Zahlung von Schadensersatz

464 *Forsthoff*, EuR 2000, 167 (182, 189 f., 196); ebenso für eine Anerkennungspflicht *Schön*, FS Lutter 2000, 685 (694); vgl. auch EuGH, Urt. v. 05.11.2002, Rs. C-208/00, ECLI:EU:C:2002:632 – Überseering.

465 EuGH, Urt. v. 09.03.1999, Rs. C-212/97, ECLI:EU:C:1999:126, Rn. 36 – Centros; *Müller-Graff* in: Streinz, EUV/AEUV, Art. 54 AEUV, Rn. 25.

466 So z.B. *Schön*, FS Lutter 2000, 685 (699); zu den Vor- und Nachteilen dieses sog. „Informationsmodells", s. *Grundmann*, FS Lutter 2000, 61 (66 ff.).

467 *Tiedje* in: v.d. Groeben/Schwarze/Hatje, EuR, Art. 54 AEUV, Rn. 56; *Saenger*, GesR, Rn. 849.

468 EuGH, Urt. v. 05.11.2002, Rs. C-208/00, ECLI:EU:C:2002:632 – Überseering.

469 EuGH, Urt. v. 05.11.2002, Rs. C-208/00, ECLI:EU:C:2002:632, Rn. 2, 6 – Überseering; *Sedemund/Schnitger*, IStR 2002, 809; *Holoch*, JuS 2003, 821.

zuzüglich Zinsen.[470] Zwischenzeitlich erwarben zwei in Düsseldorf ansässige deutsche Staatsangehörige alle Geschäftsanteile an der niederländischen Gesellschaft.[471] Das LG wies die Klage, ebenso wie das OLG die Berufung, als unzulässig zurück, da nach Ansicht der Gerichte mit dem oben beschriebenen Erwerb eine Verwaltungssitzverlegung nach Düsseldorf einherging und die Überseering daher als Gesellschaft niederländischen Rechts in Deutschland weder rechts- noch parteifähig war.[472]

Diese Tatsache lässt sich mit einem Blick auf die deutschen Rechtsgrundlagen erklären. Nach § 50 Abs. 1 ZPO ist die Partei eines Rechtsstreits parteifähig, wenn sie Rechtsfähigkeit aufweist. Dazu muss sie tauglicher Träger von Rechten und Pflichten sein können. Fehlt diese Voraussetzung, ist die Klage als unzulässig abzuweisen. Nach bis dato geltender ständiger BGH-Rechtsprechung beurteilte sich die Rechtsfähigkeit von Gesellschaften nach der sog. Sitztheorie, welche das Recht des Staates, in dem sich der tatsächliche Verwaltungssitz der Gesellschaft befindet, als maßgeblich erachtet. Bei einer Verwaltungssitzverlegung nach Deutschland musste sich die – zwar nach ausländischem Recht wirksam gegründete – Gesellschaft nach dem deutschen Recht neu gründen, um Rechtsfähigkeit zu erlangen.[473] Gegen das OLG-Urteil legte die Überseering Revision beim BGH ein, welcher das Verfahren aussetzte und um Vorabentscheidung beim EuGH bat.[474]

2. Entscheidung

a) Ausführungen des Bundesgerichtshofs

Der BGH begründet seine Vorlage beim EuGH. Zwar erscheine die geltende deutsche Rechtspraxis und die Anwendung Sitztheorie beim gegenwärtigen Stand des EU-Rechts weiterhin vorzugswürdig, sie stehe jedoch unter starker Kritik in der Literatur.[475] Der BGH lehnt aufgrund zu befürchtender Rechtsunsicherheit

---

470 EuGH, Urt. v. 05.11.2002, Rs. C-208/00, ECLI:EU:C:2002:632, Rn. 8 – Überseering; *Kindler*, NJW 2003, 1073; *Wertenbruch*, NZG 2003, 618.

471 EuGH, Urt. v. 05.11.2002, Rs. C-208/00, ECLI:EU:C:2002:632, Rn. 7 – Überseering; *Spahlinger* in: Spahlinger/Wegen, Int. GesR, Rn. 154.

472 EuGH, Urt. v. 05.11.2002, Rs. C-208/00, ECLI:EU:C:2002:632, Rn. 9 f. – Überseering; *Sedemund/Schnitger*, IStR 2002, 809; *Schanze/Jüttner*, AG 2003, 30 (31).

473 EuGH, Urt. v. 05.11.2002, Rs. C-208/00, ECLI:EU:C:2002:632, Rn. 3–5 – Überseering; allg. zur (mangelnden) Parteifähigkeit s. *Lindacher* in: MüKo ZPO, § 50, Rn. 44; *Hübsch* in: Vorwerk/Wolf, BeckOK ZPO, § 50, Rn. 30 f.; s.a. *Streinz*, EuR, Rn. 938; *Hobe*, EuR, Rn. 843; *Müller* in: Spindler/Stilz, AktG, Bd. 2, Int. GesR, Rn. 4.

474 EuGH, Urt. v. 05.11.2002, Rs. C-208/00, ECLI:EU:C:2002:632, Rn. 11, 21 – Überseering bezugnehmend auf BGH, Urt. v. 13.03.2003 – VII ZR 370/98, BGHZ 155, 184 = NJW 2003, 1461; s.a. *Geyrhalter/Gänßler*, NZG 2003, 409.

475 Wiedergegeben in: EuGH, Urt. v. 05.11.2002, Rs. C-208/00, ECLI:EU:C:2002:632, Rn. 13 – Überseering; *Spahlinger* in: Spahlinger/Wegen, Int. GesR, Rn. 155.

vehement alle Lösungskonzepte ab, welche die Rechtsstellung einer Gesellschaft unter Beachtung verschiedener Anknüpfungspunkte nach mehreren Rechtsordnungen beurteilt. Ferner lehnt er die Gründungstheorie mit den Argumenten ab, dass die freie Rechtswahl bei der Gründung zum Nachteil für Dritte und den Staat führen könnte, wenn der tatsächliche Verwaltungssitz sich in einem anderen Mitgliedstaat befände.[476]

Die Sitztheorie ist dagegen in der Lage, fundamentale Interessen, die durch Auslandsgründungen gefährdet wären (Schutz von Gläubigern, Minderheitsgesellschaftern, Arbeitnehmern), mit Hilfe der Anknüpfung an den tatsächlichen Verwaltungssitz und der Mechanismen nationaler Regeln des Gesellschaftsrechts zu wahren.[477] Jedoch ist sich selbst der BGH unsicher, ob die kollisionsrechtliche Anknüpfung im Wege der Sitztheorie mit der Niederlassungsfreiheit vereinbar sei, insbesondere dann, wenn eine Gesellschaft im Zuge dieser ihre Rechts- und Parteifähigkeit verlöre.[478] Dabei entnahm er seine Tendenz zur Europarechtskonformität der Sitztheorie den Urteilen Daily Mail und Centros.[479]

b) Ausführungen und Argumente der am Rechtsstreit beteiligten Parteien

Die Parteien, die in der deutschen Praxis keinen Verstoß erkannten, stützten dies vorwiegend auf Ex-Art. 293 Abs. 3 EG. Es sei ein Übereinkommen zur gegenseitigen Anerkennung von Gesellschaften zwischen den Mitgliedstaaten notwendig, weshalb eine Gesellschaft bei einer Sitzverlegung innerhalb der EU nicht zwangsläufig ihre Rechtspersönlichkeit beibehalte. Vielmehr bestehe auch die Möglichkeit einer Neugründung nach den nationalen Vorschriften des Zuzugsstaates, welche vom Schutzbereich der Niederlassungsfreiheit umfasst sei.[480]

Des Weiteren sei durch die fehlende Harmonisierung auf dem Gebiet der Sitzverlegung, im Einklang mit der Intention der Verfasser der europäischen Verträge hinsichtlich der Ex-Art. 43, 48 EGV (heute Art. 49, 54 AEUV), weiterhin das

---

476 EuGH, Urt. v. 05.11.2002, Rs. C-208/00, ECLI:EU:C:2002:632, Rn. 14–15 – Überseering; *Sedemund/Schnitger*, IStR 2002, 809; *Wernicke*, EuZW 2002, 754.

477 EuGH, Urt. v. 05.11.2002, Rs. C-208/00, ECLI:EU:C:2002:632, Rn. 16 – Überseering; allg. zur Funktion der Sitztheorie: *Leible* in: Michalski/Heidinger/Leible/Schmidt, GmbHG, Bd. 1, sys. Darst. 2 – Int. GesR, Rn. 5; *Spahlinger* in: Spahlinger/Wegen, Int. GesR, Rn. 35.

478 Wiedergegeben in: EuGH, Urt. v. 05.11.2002, Rs. C-208/00, ECLI:EU:C:2002:632, Rn. 17, 20 – Überseering; *Wernicke*, EuZW 2002, 754 (755); *Hohloch*, JuS 2003, 821.

479 Zu den Urteilen Daily Mail und Centros, s. jeweils die vorherigen Ausführungen; EuGH, Urt. v. 05.11.2002, Rs. C-208/00, ECLI:EU:C:2002:632, Rn. 18 f. – Überseering.

480 Alle Argumente pro Sitztheorie wurden vorgebracht v. den Regierungen Deutschlands, Frankreichs und Spaniens sowie der NCC; EuGH, Urt. v. 05.11.2002, Rs. C-208/00, ECLI:EU:C:2002:632, Rn. 25 – Überseering; zu Art. 293 EGV s. *Knapp*, DNotZ 2003, 85 (85 f.); *Kindler*, NJW 2003, 1073 (1074).

nationale Gesellschafts- und Kollisionsrecht maßgeblich.[481] Nach dem Urteil Daily Mail (Rn. 23/24) seien die unterschiedlichen Anknüpfungen und Anforderungen an eine rechtsform- und statutenwahrende Sitzverlegung ein ungeklärtes Problem, welches nicht durch die Niederlassungsfreiheit, sondern nur im Wege einer Sekundärrechtssetzung oder eines völkerrechtlichen Übereinkommens gelöst werden könne.[482] Das Urteil Daily Mail sei trotz der Wegzugskonstellation auch auf die Zuzugsperspektive übertragbar.[483]

Darüber hinaus stelle Ex-Art. 48 EGV (heute Art. 54 AEUV) zwei Voraussetzungen für die Gleichstellung natürlicher und juristischer Personen auf. Neben der Gründung nach den Rechtsvorschriften eines Mitgliedstaates sei dies auch die Ansässigkeit innerhalb der EU. Außerdem statuiere das Allgemeine Programm zur Aufhebung von Beschränkungen der Niederlassungsfreiheit[484] die zusätzliche ungeschriebene Voraussetzung der „tatsächlichen und dauerhaften Verbindung mit der Wirtschaft eines Mitgliedstaates" für die Niederlassungsfreiheit, welche nicht nur für Zweig-, sondern sinngemäß auch für die Hauptniederlassung gelten müsse.[485]

Die Kritiker der Sitztheorie sehen keine Notwendigkeit, die Sitzverlegungsproblematik durch ein Übereinkommen zwischen den Mitgliedstaaten zu lösen, und entnehmen dies dem Wortlaut des Ex-Art. 293 EGV („soweit erforderlich").[486] Des Weiteren bestehe in der Weigerung, wirksam in der EU gegründete Gesellschaften anzuerkennen, ein wesentlicher Unterschied zum Urteil Daily Mail, weil der Aufnahme- und nicht der Entsendemitgliedstaat Beschränkungen der Sitzverlegung vorsehe und die Entscheidung deshalb nicht auf diesen Sachverhalt übertragbar sei.[487] Deshalb sei vorzugswürdigerweise auf das Urteil Centros als Zuzugsfallgestaltung zu rekurrieren: In diesem hatte der EuGH festgestellt, dass das nationale Gesellschaftsrecht eines Aufnahmemitgliedstaates als Beschränkung angesehen

---

481 EuGH, Urt. v. 05.11.2002, Rs. C-208/00, ECLI:EU:C:2002:632, Rn. 26 – Überseering; *Kindler*, NJW 2003, 1073 (1074); *Sedemund/Schnitger*, IStR 2002, 809 (811).

482 EuGH, Urt. v. 05.11.2002, Rs. C-208/00, ECLI:EU:C:2002:632, Rn. 29 – Überseering; EuGH, Urt. v. 27.09.1988, Rs. 81/87, ECLI:EU:C:1988:456, Rn. 23–24 – Daily Mail.

483 EuGH, Urt. v. 05.11.2002, Rs. C-208/00, ECLI:EU:C:2002:632, Rn. 30 – Überseering; *Sedemund/Schnitger*, IStR 2002, 809 (811).

484 ABl. Nr. 2 der EG vom 15.01.1962, S. 36, Abs. I, Spiegelstrich 4.

485 EuGH, Urt. v. 05.11.2002, Rs. C-208/00, ECLI:EU:C:2002:632, Rn. 33–35 – Überseering; *Sedemund/Schnitger*IStR 2002, 809 (811–812); s.a. *Forsthoff* in: Grabitz/Hilf/Nettesheim, Recht der EU, Art. 54 AEUV, Rn. 8; *Bröhmer* in: Calliess/Ruffert, EUV/AEUV, 4. Auflage 2011, Art. 54 AEUV, Rn. 5.

486 Alle Argumente gegen die Sitztheorie wurden von den Regierungen Großbritanniens und der Niederlande, der Kommission vorgebracht sowie der EFTA-Überwachungsbehörde und Überseering; EuGH, Urt. v. 05.11.2002, Rs. C-208/00, ECLI:EU:C:2002:632, Rn. 37 – Überseering; *Knapp*, DNotZ 2003, 85 (86).

487 EuGH, Urt. v. 05.11.2002, Rs. C-208/00, ECLI:EU:C:2002:632, Rn. 38–40 – Überseering; *Sedemund/Schnitger*, IStR 2002, 809 (812).

werden kann, weshalb dies in einem vergleichbaren Sachverhalt auch für das nationale Kollisionsrecht eines solchen gelten müsse.[488] Auch sei nicht die Sitztheorie das eigentliche Problem, sondern die niederlassungsrechtlichen Folgen, die mit ihrer Anwendung im Zuge einer Sitzverlegung verknüpft sind, insbesondere der Verlust der Rechtspersönlichkeit.[489] Auch sei den Normen des EGV nicht zu entnehmen, dass sich der Satzungs- und der Verwaltungssitz in einem Mitgliedstaat befinden müssen, vielmehr seien die genannten Anknüpfungspunkte „satzungsmäßiger Sitz, tatsächlicher Verwaltungssitz und Hauptniederlassung" als gleichwertig zu betrachten.[490]

Des Weiteren solle das deutsche Gericht die falschen Schlüsse aus dem Sachverhalt gezogen haben: Die Überseering wollte ihren Verwaltungssitz gerade nicht nach Deutschland verlegen, sie wollte sich nicht in den Niederlanden auflösen. Dies sei einer Übertragung der Geschäftsanteile an in Deutschland wohnhafte deutsche Staatsbürger auch nicht zu entnehmen.[491] Insgesamt bestehe durch die unterschiedliche Anknüpfung im Wege der verschiedenen Internationalen Privatrechte der Mitgliedstaaten und dic nahezu unmögliche einheitliche Bestimmung des Verwaltungssitzes im Zuge der fortschreitenden Technisierung eine große Rechtsunsicherheit in der EU, weshalb die Gründungstheorie vorzugswürdig erscheine.[492]

c) *Ausführungen des Europäischen Gerichtshofs*

Zunächst nimmt der EuGH die mitgliedstaatlichen Regeln des Aufnahmestaates bei einer Sitzverlegung nicht pauschal aus dem Anwendungsbereich der Niederlassungsfreiheit heraus.[493] Ex-Art. 293 EGV enthalte keinen Rechtssetzungsvorbehalt zugunsten der Mitgliedstaaten. Hierbei handele es sich um einen Handlungsauftrag

488 EuGH, Urt. v. 05.11.2002, Rs. C-208/00, ECLI:EU:C:2002:632, Rn. 41–43 – Überseering; EuGH, Urt. v. 09.03.1999, Rs. C-212/97, ECLI:EU:C:1999:126 – Centros.

489 EuGH, Urt. v. 05.11.2002, Rs. C-208/00, ECLI:EU:C:2002:632, Rn. 44 – Überseering; die Rechtsfolgen zurzeit des Urteils und unmittelbar danach führten in Deutschland nicht mehr zum Verlust der Rechtspersönlichkeit, s. dazu *Eidenmüller* in: Eidenmüller, Ausländische KapGes, § 1, Rn. 5 und *Müller* in: Spindler/Stilz, AktG, Bd. 2, Int. GesR, Rn. 10.

490 EuGH, Urt. v. 05.11.2002, Rs. C-208/00, ECLI:EU:C:2002:632, Rn. 45 – Überseering; *Forsthoff* in: Grabitz/Hilf/Nettesheim, Recht der EU, Art. 54 AEUV, Rn. 22; *Tiedje* in: v.d. Groeben/Schwarze/Hatje, EuR, Art. 54 AEUV, Rn. 27.

491 EuGH, Urt. v. 05.11.2002, Rs. C-208/00, ECLI:EU:C:2002:632, Rn. 48–50 – Überseering; *Sedemund/Schnitger,* IStR 2002, 809 (813).

492 EuGH, Urt. v. 05.11.2002, Rs. C-208/00, ECLI:EU:C:2002:632, Rn. 51 – Überseering; allg. zu Nachteilen der Sitztheorie: *Spahlinger* in: Spahlinger/Wegen, Int. GesR, Rn. 58.

493 EuGH, Urt. v. 05.11.2002, Rs. C-208/00, ECLI:EU:C:2002:632, Rn. 52 – Überseering; *Wernicke*, EuZW 2002, 754 (755); *Habersack/Verse*, EU-GesR, § 3, Rn. 17.

an die Staaten, Problemlösungen für die grenzüberschreitende Sitzverlegung bereitzustellen. Jedoch stelle Ex-Art. 293 EGV, im Einklang mit dem Wortlaut „soweit erforderlich", ebenso wie Ex-Art. 44 EGV (heute Art. 50 Abs. 2 lit. g AEUV), keine Bereichsausnahme der Niederlassungsfreiheit dar.[494] Ferner sei Ex-Art. 43, 48 EGV (heute Art. 49, 54 AEUV) zu entnehmen, dass Gesellschaften die gleichen Unternehmerrechte wie natürliche Personen genießen und sie diese auch in anderen EU-Staaten ausüben dürfen, wobei die drei genannten Anknüpfungspunkte in Ex-Art. 48 EGV, ebenso wie die Staatsangehörigkeit natürlicher Personen, nur der Angliederung an die Regeln eines Mitgliedstaates dienen.[495] Die Pflicht zur Anerkennung einer nach nationalen Regeln wirksam gegründeten Gesellschaft folge zwingend aus der Niederlassungsfreiheit.[496]

Der EuGH ist der Auffassung, dass der Überseering den Verwaltungssitz tatsächlich nie nach Deutschland verlegen wollte, weil sie gerade nicht die Auflösungsmodalitäten in den Niederlanden durchlaufen habe.[497] Trotzdem legt er seinen Erläuterungen den hypothetischen Auflösungssachverhalt zugrunde: Das Urteil Daily Mail sei aber aufgrund abweichender Sachlage nicht heranzuziehen.[498] Zwar statuiere das Daily-Mail-Urteil, dass eine nach einer nationalen Rechtsordnung gegründete Gesellschaft jenseits dieser keine Realität habe. Auch werden innerhalb der Mitgliedstaaten unterschiedlich starke Verknüpfungen von Gesellschaften mit dem Territorium gefordert.[499] Der Gründungsstaat habe also die Möglichkeit, die Verlegung des Verwaltungssitzes unter Beibehaltung der Rechtspersönlichkeit einzuschränken, jedoch ist dem Urteil Daily Mail nicht zu entnehmen, dass dies auch für den aufnehmenden Mitgliedstaat gilt.[500]

Auch das Allgemeine Programm zur Aufhebung der Beschränkungen der Niederlassungsfreiheit könne nicht herangezogen werden, da es nur eine „tatsächliche und dauerhafte Verbindung zum Mitgliedstaat" voraussetze, wenn die Gesellschaft nur ihren Satzungs- und nicht, wie die Überseering, auch ihren Verwaltungssitz

---

494 EuGH, Urt. v. 05.11.2002, Rs. C-208/00, ECLI:EU:C:2002:632, Rn. 54 f. – Überseering; *Großerichter*, DStR 2003, 159 (163); *Eidenmüller*, ZIP 2002, 2233 (2239).

495 EuGH, Urt. v. 05.11.2002, Rs. C-208/00, ECLI:EU:C:2002:632, Rn. 56 f. – Überseering; *Geyrhalter/Gänßler*, NZG 2003, 409; *Pechstein*, EuGH, Rn. 183.

496 EuGH, Urt. v. 05.11.2002, Rs. C-208/00, ECLI:EU:C:2002:632, Rn. 59 – Überseering; *Kindler*, NJW 2003, 1073 (1075).

497 EuGH, Urt. v. 05.11.2002, Rs. C-208/00, ECLI:EU:C:2002:632, Rn. 63 – Überseering; *Sedemund/Schnitger*, IStR 2002, 809 (814); *Pechstein*, EuGH, Rn. 183.

498 EuGH, Urt. v. 05.11.2002, Rs. C-208/00, ECLI:EU:C:2002:632, Rn. 61 f., 64 – Überseering; *Wernicke*, EuZW 2002, 754 (756); *Eidenmüller*, ZIP 2002, 2233 (2238).

499 EuGH, Urt. v. 05.11.2002, Rs. C-208/00, ECLI:EU:C:2002:632, Rn. 67–69 – Überseering; zu Daily Mail s. die Ausführungen unter E., I.; *Knapp*, DNotZ 2003, 85 (86); dem EuGH zur Folge kann diese Problematik nur durch Sekundärrecht und nicht durch die Niederlassungsfreiheit gelöst werden.

500 EuGH, Urt. v. 05.11.2002, Rs. C-208/00, ECLI:EU:C:2002:632, Rn. 66, 70–73 – Überseering; *Deininger*, IStR 2003, 214; *Lutter*, BB 2003, 7 (8).

innerhalb der EU habe.[501] Seitens des Gerichts sei auch anzumerken, dass der Erwerb von Geschäftsanteilen prinzipiell in den Schutzbereich der Kapitalverkehrsfreiheit falle, jedoch eine Ausnahme bestehe, wenn der Erwerb, wie hier, mit einem bestimmten Einfluss auf die Entscheidungsfindung der Gesellschaft einhergehe und damit die Niederlassungsfreiheit Anwendung finde.[502]

Nachdem die Anwendbarkeit und die Eröffnung des Schutzbereichs für den vorliegenden Fall bestätigt wurden, überprüft das Gericht, ob die Aberkennung der Rechtsfähigkeit einer Gesellschaft durch die deutsche Gesetzeslage eine Beschränkung darstellt.[503] Bei einer Satzungssitzverlegung nach Deutschland war eine Neugründung der Gesellschaft unumgänglich.[504] Ein Kapitalerwerb durch zwei deutsche Staatsbürger führe indes, selbst wenn damit eine Verwaltungssitzverlegung einhergehe, nicht zum Verlust der Rechtspersönlichkeit.[505] Der EuGH erklärt die Annahme einer Beschränkung damit, dass das Bestehen der Gesellschaft in unmittelbarem Zusammenhang mit ihrem Wesensmerkmal als Gesellschaft niederländischen Rechts stehe und dass das Erfordernis einer Neugründung „der Negierung der Niederlassungsfreiheit gleichkomme".[506]

Jedoch verschließt sich das Gericht nicht vor der Möglichkeit einer Rechtfertigung dieser Beschränkung.[507] Die Argumente der deutschen Regierung und des BGH zur Rechtfertigung nimmt der EuGH auf: Die Sitztheorie werde in nicht diskriminierender Weise angewendet, da sie für Verwaltungssitzverlegungen nach und aus Deutschland heraus gleichermaßen gelte.[508] Ferner beinhalte das EU-Recht in anderen Bereichen den generellen Zuspruch zur Übereinstimmung des

---

501 EuGH, Urt. v. 05.11.2002, Rs. C-208/00, ECLI:EU:C:2002:632, Rn. 74 f. – Überseering; *Sedemund/Schnitger*, IStR 2002, 809 (815); allg. zum ungeschrieben Kriterium, s. *Bröhmer* in: Calliess/Ruffert, EUV/AEUV, 4. Auflage 2011, Art. 54 AEUV, Rn. 7.

502 EuGH, Urt. v. 05.11.2002, Rs. C-208/00, ECLI:EU:C:2002:632, Rn. 77 – Überseering; *Wernicke*, EuZW 2002, 754 (757); zur Abgrenzung von Kapital- und Zahlungsverkehrsfreiheit und Niederlassungsfreiheit, s. *Luttermann*, NZG 2000, 731 (732); *Tietje* in: Ehlers, EU-Grundrechte und –freiheiten, § 10, Rn. 33.

503 EuGH, Urt. v. 05.11.2002, Rs. C-208/00, ECLI:EU:C:2002:632, Rn. 78 – Überseering; *Großerichter*, DStR 2003, 159 (163); *Schnitger*, IStR 2002, 809 (815).

504 EuGH, Urt. v. 05.11.2002, Rs. C-208/00, ECLI:EU:C:2002:632, Rn. 79 – Überseering; *Bröhmer* in: Calliess/Ruffert, EUV/AEUV, 4. Auflage 2011, Art. 54 AEUV, Rn. 12.

505 EuGH, Urt. v. 05.11.2002, Rs. C-208/00, ECLI:EU:C:2002:632, Rn. 80 – Überseering; *Lang/Orttmann* in: Ziemons/Jaeger BeckOK GmbHG, Int. GesR, Rn. 25.

506 EuGH, Urt. v. 05.11.2002, Rs. C-208/00, ECLI:EU:C:2002:632, Rn. 81 – Überseering; *Lutter*, BB 2003, 7 (9); *Kindler*, NJW 2003, 1073 (1075).

507 EuGH, Urt. v. 05.11.2002, Rs. C-208/00, ECLI:EU:C:2002:632, Rn. 83 – Überseering; *Knapp*, DNotZ 2003, 85 (90); *Leible* in: Michalski/Heidinger/Leible/Schmidt, GmbHG, Bd. 1, sys. Darst. 2 – Int. GesR, Rn. 30.

508 EuGH, Urt. v. 05.11.2002, Rs. C-208/00, ECLI:EU:C:2002:632, Rn. 85 – Überseering; *Lang/Orttmann* in: Ziemons/Jaeger BeckOK GmbHG, Int. GesR, Rn. 27.

Satzungs- und Verwaltungssitzes.[509] Außerdem dienen die angewendeten Regeln der Rechtssicherheit, dem Schutz von Gläubigern (insbesondere die Vorschriften zum Mindestgesellschaftskapital), Fiskalinteressen (hierbei die Gefahr der simultanen Beanspruchung von Steuervorteilen in zwei Staaten), Minderheitsgesellschaftern und Arbeitnehmern (insbesondere die Mitbestimmungsvorschriften für den Aufsichtsrat) sowie vor Wettbewerbsverzerrungen aufgrund verschiedener Regeln für gleiche Gesellschaften in Deutschland.[510]

Allerdings reagiert der EuGH nur knapp auf die vorgebrachten Argumente. Er schließt eine Rechtfertigung aus den oben genannten Interessen nicht per se aus, nimmt sie hier jedoch im Speziellen durch die Rechtsfolge (Verlust der Rechtspersönlichkeit) und den damit verbundenen starken Eingriff, der „der Negierung der Niederlassungsfreiheit gleichkäme", nicht an.[511] Damit liegt ein Verstoß gegen die Niederlassungsfreiheit vor.[512]

3. Problemfelder und Diskussionsschwerpunkte

Nachdem das Centros-Urteil bereits eine breite Diskussion in der Fachwelt entfachte,[513] nahm die Überseering-Entscheidung die Grundlagen der Debatte wieder auf und wurde ebenfalls kontrovers diskutiert.[514] Ebenso wie bei der Centros-Entscheidung drehte sich der Meinungsaustausch vornehmlich um die Anknüpfung im Wege der Sitz- oder Gründungstheorie.[515]

---

509 EuGH, Urt. v. 05.11.2002, Rs. C-208/00, ECLI:EU:C:2002:632, Rn. 86 – Überseering; *Wernicke*, EuZW 2002, 754 (757 f.).

510 EuGH, Urt. v. 05.11.2002, Rs. C-208/00, ECLI:EU:C:2002:632, Rn. 87–90 – Überseering; *Lutter*, BB 2003, 7 (9); *Knapp*, DNotZ 2003, 85 (90).

511 EuGH, Urt. v. 05.11.2002, Rs. C-208/00, ECLI:EU:C:2002:632, Rn. 92 f. – Überseering; *Heidenhain*, NZG 2002, 1141 (1143); *Geyrhalter/Gänßler*, NZG 2003, 409 (410); *Spahlinger* in: Spahlinger/Wegen, Int. GesR, Rn. 159.

512 EuGH, Urt. v. 05.11.2002, Rs. C-208/00, ECLI:EU:C:2002:632, Rn. 94 – Überseering; *Kindler*, NJW 2003, 1073 (1075); *Großerichter*, DStR 2003, 159 (164).

513 S.o. unter E., II., 3.; außerdem *Tiedje* in: v.d. Groeben/Schwarze/Hatje, EuR, Art. 54 AEUV, Rn. 57; *Jaeger*, NZG 2000, 918.

514 *Leible/Hoffmann*, ZIP 2003, 925; ein „positives Echo in der Literatur" sieht *Schulz*, NJW 2003, 2705; überspitzt als „Stellungskrieg", aus einer ausländischen Sicht, bezeichnet es *Wouters*, EBOR 2001, 101 (110).

515 S.o. unter E., II., 3., a); von dem „Niedergang der Sitztheorie" sprach bspw. *Heidenhain*, NZG 2002, 1141; die „Sitztheorie ist Historie" für *Schnitger*, IStR 2002, 809 (816); als „Diskussion... in Lagern" sehen sie *Schanze/Jüttner*, AG 2003, 30 (31).

a) *Zur Sitz- und Gründungstheorie im Allgemeinen und zur deutschen Personengesellschaftslösung*

Der BGH und auch Kindler versuchten erneut, die in Deutschland praktizierte Anknüpfung an den tatsächlichen Verwaltungssitz „zu retten".[516] Vor dem Urteil Überseering erging in Deutschland eine Änderung der höchstrichterlichen Rechtsprechung. Im Zuge der Anerkennung der Gesellschaft bürgerlichen Rechts als rechtsfähiges Subjekt des Privatrechts folgte, bei der Sitzverlegung ausländischer Gesellschaften nach Deutschland, eine Umwandlung in eben solche BGB-Gesellschaften.[517]

Nach Kindler verstößt die Anwendung der Sitztheorie in Deutschland durch die Zuerkennung der Rechts- und Parteifähigkeit einer ausländischen Gesellschaft nicht gegen die Niederlassungsfreiheit, weil der EuGH nur die Rechtsfolge einer Entziehung der Rechts- und Parteifähigkeit untersuchte und nicht die potenziellen gesellschaftsrechtlichen Nachteile einer Umwandlung.[518] Zur Unterstützung dieser These bemühte man insbesondere den Wortlaut der Entscheidung: Bei der Sitzverlegung einer Gesellschaft sei nur ihre Rechts- und Parteifähigkeit zu „achten", was wiederum nur zwingend für eine Anknüpfung im Wege der Gründungstheorie spräche, wenn eine Gesellschaft sonst zu einem rechtlichen Nullum verkäme.[519] Während einige Autoren dies auf die Uneinigkeit unter den Richtern zurückführen wollten,[520] sahen andere Autoren eine alternative Auslegungsmöglichkeit: In der Betonung des Relativsatzes („..., die diese Gesellschaft nach dem Recht ihres Gründungsstaates besitzt") stecke eine klare mitgliedstaatliche Anerkennungspflicht der Gesellschaften.[521]

Auch Lutter erkennt, dass der EuGH sich unmittelbar nur zur Entziehung der Rechts- und Parteifähigkeit äußerte, jedoch mittelbar auch Aussagen zur Umwandlungs-Lösung tätigte.[522] Etwas humorig spricht er sodann von der „überraschenden und eigentümlichen Lösung des deutschen Rechts", zu der der Gerichtshof nicht Stellung zu nehmen bräuchte, „wenn sie ihm überhaupt bekannt war", und dieser

---

516 Zu Centros s.o. E., II., 3.; so *Wertenbruch*, NZG 2003, 618 und ebenso *Heidenhain*, NZG 2002, 1141 sowie *Schanze/Jüttner*, AG 2003, 30 (32), bezugnehmend auf BGH, Urt. v. 01.07.2002 – II ZR 380/00, BGHZ 151, 204 und *Kindler*, NJW 2003, 1073.

517 So *Knapp*, DNotZ 2003, 85 (89), bezugnehmend auf BGH, Urt. v. 29.01.2001 – II ZR 331/00, BGHZ 146, 341 = NJW 2001, 1056 und BGH, Urt. v. 01.07.2002 – II ZR 380/00, BGHZ 151, 204 = NJW 2002, 3539; für *Eidenmüller*, ZIP 2002, 2233 (2239) folgt das Urteil wegen der Umwandlungsmöglichkeit einer „falschen Prämisse".

518 *Kindler*, NJW 2003, 1073 (1076).

519 *Wernicke*, EuZW 2002, 754 (760); *Leible* in: GmbHG, sys. Darst. 2 – Int. GesR, Rn. 27.

520 So z.B. *Knapp*, DNotZ 2003, 85 (88).

521 Stellvertretend etwa: *Geyrhalter/Gänßler*, NZG 2003, 409 (410); *Binz/Mayer*, GmbHR 2003, 249 (255).

522 *Lutter*, BB 2003, 7 (9); so auch *Großerichter*, DStR 2003, 159 (166), wenn er von einer „Tendenz" oder „nahe legen, ohne diese ausdrücklich zu statuieren" spricht.

ohnehin „von den Merkwürdigkeiten des deutschen Rechts" irritiert gewesen sei. Deshalb sieht Lutter in den klaren Worten des EuGH („..., als Gesellschaft niederländischen Rechts in Deutschland von ihrer Niederlassungsfreiheit Gebrauch zu machen..." und „...dieser andere Mitgliedstaat nach den Art. 43 EG und 48 EG verpflichtet ist, die Rechtsfähigkeit und damit die Parteifähigkeit zu achten, die diese Gesellschaft nach dem Recht ihres Gründungsstaates besitzt.") eine Absage an die neue Methode des BGH und die Sitztheorie im Generellen.[523]

Die Umwandlung einer ausländischen Kapitalgesellschaft in eine Personengesellschaft deutschen Rechts wird dabei insbesondere abgelehnt, weil es zu einer Aberkennung des Status als juristische Person und zu einer Negierung des national gewählten Haftungsprivilegs kommt.[524] Im Zuge der konsequenten Fortentwicklung der Grundfreiheiten von Diskriminierungs- hin zu Beschränkungsverboten auch für die Niederlassungsfreiheit[525] lässt sich nur schwer gegen eine beschränkende Maßnahme in Form eines Statutenwechsels, der persönlichen Haftung der Gesellschafter oder der Regeln über die Organisationsverfassung der Gesellschaft argumentieren. Bei einem Statutenwechsel verliert die Firma einen wichtigen Baustein ihrer Identität, wenn sie z.B. anstatt einer niederländischen BV nunmehr eine deutsche OHG oder GbR ist.[526] Bei Kapitalgesellschaften herrscht grundsätzlich das Trennungsprinzip (§§ 1 Abs. 1 S. 2 AktG; 13 Abs. 2 GmbHG), sodass nur mit dem Gesellschaftsvermögen gehaftet wird und eine persönliche Haftung der Gesellschafter, mit Ausnahme einer Durchgriffshaftung, nicht vorgesehen ist.[527] Außerdem ist der Wechsel der Organisationsverfassung, also mögliche Anpassungen bei Geschäftsführungs- und Vertretungsverhältnissen, zwangsläufig mit Umstrukturierungskosten verbunden.[528]

Alle diese Maßnahmen machen die Ausübung der Niederlassungsfreiheit weniger attraktiv und stellen somit Beschränkungen dar,[529] auch wenn Kindler etwa den Ausgleichsanspruch der Gesellschafter gegen die Gesellschaft (§§ 110 Abs. 1 HGB; 713, 670 BGB) bei persönlicher Haftung als hinreichende Kompensation erachtet

---

523 *Lutter*, BB 2003, 7 (9) bez. EuGH, Urt. v. 05.11.2002, Rs. C-208/00, ECLI:EU:C: 2002:632, Rn. 80, 95 – Überseering; ebenso *Leible/Hoffmann* (bez. Rn. 80), RIW, 2002, 925 (928) und *Eidenmüller* (bez. Rn. 95), ZIP 2002, 2233 (2238).

524 Gegen die sog. „Personengesellschafts-Lösung" ist *Wertenbruch*, NZG 2003, 618 (618 f.); ebenso *Leible/Hoffmann*, ZIP 2003, 925 (927 f.).

525 EuGH, Urt. v. 11.07.1974, Rs. 8/74, ECLI:EU:C:1974:82 – Dassonville; EuGH, Urt. v. 31.03.1993, Rs. C-19/92, ECLI:EU:C:1993:125 – Kraus.

526 *Wertenbruch*, NZG 2003, 618 (619); *Eidenmüller*, ZIP 2002, 2233 (2240).

527 *Altmeppen* in: Roth/Altmeppen, GmbHG, § 13, Rn. 1, 66: *Koch* in: Hüffer/Koch, AktG, § 1, Rn. 1, 8 f.; *Hirte*, KapGesR, Rn. 5.161; *Saenger*, GesR, Rn. 15.

528 *Eidenmüller*, ZIP 2002, 2233 (2240).

529 *Schanze/Jüttner*, AG 2003, 30 (33 f.); a.A. zum Statutenwechsels etwa: *Großerichter*, DStR 2003, 159 (167).

und er die Verlagerung des Haftungsrisikos deshalb nicht von der Niederlassungsfreiheit erfasst sieht.[530]

b) Die Schlussanträge von Generalanwalt Colomer

Für Sedemund stellt das Überseering-Urteil ebenfalls eine Ablehnung der Sitztheorie dar, was ihn aufgrund der vorangegangenen Centros-Entscheidung und der Schlussanträge des Generalanwalts Colomer nicht weiter überraschte.[531] Die Schlussanträge des Generalanwalts Colomer[532] finden sich in vielen kritischen Auseinandersetzungen wieder und sind deshalb besonders zu beachten.[533]

Bei seiner Würdigung geht der Generalanwalt dreistufig vor. Zunächst entnimmt er aufgrund der Centros-Rechtsprechung und der einhergehenden Fortentwicklung der Grundfreiheiten zu einem allgemeinen Beschränkungsverbot Ex-Art. 293 EGV keine Bereichsausnahme mehr für das Gesellschaftskollisionsrecht der Mitgliedstaaten. Zwar wurde diesem Artikel im Urteil Daily Mail noch eine derartige Wirkung zugesprochen, jedoch beruhte diese Prämisse auf dem „damaligem Stand des Europarechts“.[534] Das Internationale Privatrecht der Mitgliedstaaten im Bereich des Gesellschaftsrechts besitze weiterhin grundlegende Autonomie, jedoch müsse auch dieses europarechtskonform sein.[535] So ist es für den Generalanwalt weiterhin weniger von Bedeutung, welchen Anknüpfungspunkt ein Internationales Privatrecht statuiert (tatsächlicher Verwaltungs- oder Satzungssitz). Die Rechtsfolge, die die Anknüpfung bestimmt, sei die eigentliche Problematik, die auf Beschränkungen untersucht werden muss.[536]

Zum Schluss überprüft der Generalanwalt eventuelle Beschränkungen auf ihre Rechtfertigungsmöglichkeit und ist im Fall Überseering aufgrund der pauschalen Begründungsversuche durch die Mitgliedstaaten von einem Verstoß gegen das Verhältnismäßigkeitsprinzip überzeugt.[537] Besondere Aufmerksamkeit verdienen auch die Antworten des Generalanwalts auf die Vorlagefragen. Während er die erste Vorlagefrage noch bejahen möchte, also den Verlust der Rechts- und

---

530 *Kindler*, NJW 2003, 1073 (1078); a.A.: *Wertenbruch*, NZG 2003, 618 (619), der die Wertlosigkeit des Anspruchs bei mangelnder Deckung durch Gesellschaftskapital sieht.

531 *Sedemund/Schnitger*, IStR 2002, 809 (816); die Rechtsfolgen der Sitztheorie für unhaltbar haltend: *Heidenhain*, NZG 2002, 1141 (1143) und *Wernicke*, EuZW 2002, 754 (759).

532 Schlussanträge des GA *Colomer* v. 04.12.2001, Rs. C-208/00, Anm. 1 ff. – Überseering.

533 Stellvertretend etwa: *Deininger*, IStR 2003, 214; *Knapp*, DNotZ 2003, 85 (88); *Schnitger*, IStR 2002, 809 (818); *Großerichter*, DStR 2003, 159 (162 f.).

534 *Knapp*, DNotZ 2003, 85 (85 f.); *Kindler*, NJW 2003, 1073 (1074 f.); *Wernicke*, EuZW 2002, 754 (759) spricht über ein Ablegen der „richterlichen Selbstbeschränkung“.

535 *Rehm* in: Eidenmüller, Ausländische KapGes, § 2, Rn. 71.

536 Schlussanträge des GA Colomer v. 04.12.2001, Rs. C-208/00, ECLI:EU:C:2001:655, Anm. 69 – Überseering; *Kindler*, NJW 2003, 1073 (1074 f.).

537 Schlussanträge des GA Colomer v. 04.12.2001, Rs. C-208/00, ECLI:EU:C:2001:655, Anm. 52 ff. – Überseering; *Heidenhain*, NZG 2002, 1141 (1142).

Parteifähigkeit bei Verlegung des Verwaltungssitz als Verstoß gegen die Niederlassungsfreiheit ansieht, will er die zweite Frage nach einer Pflicht zur Anknüpfung im Wege der Gründungstheorie dagegen gänzlich unbeantwortet lassen.[538]

c) Die Auseinandersetzung mit Daily Mail

Die vom Generalanwalt angesprochene Beziehung zwischen Daily Mail, Centros und Überseering wurde in der Literatur sehr unterschiedlich beurteilt. Während die Centros-Entscheidung das Urteil Daily Mail noch mit keinem Wort erwähnte, wurde in Überseering relativ viel Kraft für eine Auseinandersetzung mit dem ersten Urteil aufgewandt.[539] Um einen Bruch in der Rechtsprechungslinie zu vermeiden, differenzierte der EuGH fortan zwischen Zuzugs- und Wegzugskonstellationen und beurteilte beide unterschiedlich. Somit harmonierte Daily Mail trotz entgegenstehenden Ergebnisses als Wegzugsfall mit der Entscheidung Überseering.[540] Dadurch entstand auf europäischer Ebene ein erster Entscheidungs-Dreiklang zur grenzüberschreitenden Sitzverlegung von Gesellschaften.[541]

Diese Abgrenzung wurde von Anfang an kritisch beurteilt. Rehm sah diese Maßnahme bspw. eher als rechtspolitischen Kunstgriff, um ein ausdrückliches „Overruling" des Daily-Mail-Urteils zu verhindern.[542] Weitere Autoren gingen von einer Europarechtswidrigkeit der Sitztheorie in Wegzugsfällen oder sogar der Unterscheidung an sich aus.[543] Eidenmüller geht dagegen den Mittelweg, indem er sagt, auch der Gründungsstaat dürfe mit der „Gesellschaft nicht einfach machen, was er will", auch seine auferlegten Regeln seien Beschränkungen und somit rechtfertigungsbedürftig, jedoch sind die Hürden und der Rechtfertigungsdruck dabei geringer und am Ende sei ein Festhalten an der Sitztheorie im Wegzugsfall mit der Niederlassungsfreiheit zu vereinbaren.[544]

---

538 Schlussanträge des GA Colomer v. 04.12.2001, Rs. C-208/00, ECLI:EU:C:2001:655, Anm. 63, 66 – Überseering; *Leible* in: Michalski/Heidinger/Leible/Schmidt, GmbHG, Bd. 1, sys. Darst. 2 – Int. GesR, Rn. 26; *Großerichter*, DStR 2003, 159 (162).

539 EuGH, Urt. v. 05.11.2002, Rs. C-208/00, ECLI:EU:C:2002:632, Rn. 29–31, 38–41, 49 f., 61–73 – Überseering; *Knapp*, DNotZ 2003, 85 (90); *Lutter*, BB 2003, 7 (8).

540 *Hirte* in: Hirte/Bücker, Grenzüberschreitende Gesellschaften, § 1, Rn. 5; *v. Hein* in: MüKo BGB, Bd. 11, Art. 3 EGBGB, Rn. 96; *Deininger*, IStR 2003, 214.

541 *Sedemund/Schnitger*, IStR 2002, 809 (816); die bisherigen Urteile des EuGH „als stimmiges Bild der Niederlassungsfreiheit" sehen *Schanze/Jüttner*, AG 2003, 30 (33).

542 So insb. *Rehm* in: Eidenmüller, Ausländische KapGes, § 2, Rn. 58.

543 *Schnitger*, IStR 2002, 809 (818); *Wertenbruch*, NZG 2003, 618 (620); als „eigenwillig" und „künstlich" bezeichnet sie *Großerichter*, DStR 2003, 159 (164); a.A.: *Wernicke*, EuZW 2002, 754 (760) und *Leible/Hoffmann*, ZIP 2003, 925 (929).

544 Eidenmüller, ZIP 2002, 2233 (2243).

d) Verbindliche Vorgaben des Europäischen Gerichtshofes für die Gesellschaftskollisionsrechte der Mitgliedstaaten

Eng mit dieser Thematik verbunden ist die Frage, ob das Urteil einen Übergang zur Gründungstheorie verbindlich vorgibt.[545] Kindler kritisiert eine solche Deutungsweise des Urteils scharf. Es bleibt für ihn auch weiterhin den Mitgliedstaaten überlassen, wie Verstöße gegen die Niederlassungsfreiheit unterbunden werden.[546] Andere Autoren sehen im Überseering-Urteil eine Verankerung eines kollisionsrechtlichen Herkunftslandprinzips.[547] Während dies für Eidenmüller nur den endgültigen Übergang zur Gründungstheorie darstellen kann – die Sitztheorie kann das Prinzip mit ihren generellen Rechtsfolgen, etwa dem Entzug der Rechts- und Parteifähigkeit, sowie der Änderung der Organisationsverfassung nicht halten –, ist Knapp etwas zurückhaltender, wenn er von einer „Kompromisslösung" spricht und die These aufstellt, die Richter hätten sich vor ihrer klar formulierten These zur zwingenden Anerkennung selbst erschrocken.[548]

Trotz des von der Konvergenz getragenen Übergangs zum Herkunftslandprinzips ist eine Herleitung der Gründungstheorie aus der Niederlassungsfreiheit wegen der Gleichrangigkeit von Hauptniederlassung, Satzungs- und Verwaltungssitz für Wernicke allerdings unmöglich. Dabei lenkt er sein Augenmerk aber von der kollisionsrechtlichen Dogmatik auf die Ergebnisse der Anknüpfung, somit auf eine Wertung auf Ebene der Beeinträchtigung und Rechtfertigung und ist damit ganz im Einklang mit den Ausführungen von Generalanwalt Colomer.[549] Ebenso sieht es Großerichter, der eine Kassation der Sitztheorie in Europa mit dem Vorwurf der Kompetenzüberschreitung durch den EuGH verbindet. Gleichzeitig interpretiert er eine Tendenz des Gerichtshofs zum Übergang zur Gründungstheorie, wenn er die Wendung nutzt „er wollte gerne, aber konnte nicht…".[550]

545 *Leible/Hoffmann*, ZIP 2003, 925 (926) sehen im Einklang mit der ihrer Ansicht nach h.M. „einen gezielten Eingriff in das mitgliedstaatliche Kollisionsrecht" durch den EuGH.

546 *Kindler*, NJW 2003, 1073 (1076): „Es ist nicht Aufgabe des EuGH, innerstaatliches Recht auszulegen"; iE auch *Schnitger*, IStR 2002, 809 (818); *Müller* in: Spindler/Stilz, AktG, Bd. 2, Int. GesR, Rn. 15; *Schanze/Jüttner*, AG 2003, 30 (31).

547 *Eidenmüller*, ZIP 2002, 2233 (2241); *Wernicke*. EuZW 2002, 754 (759); *Knapp*, DNotZ 2003, 85 (88).

548 *Eidenmüller*, ZIP 2002, 2233 (2243); iSv Eidenmüller *Schulz*, NJW 2003, 2705 (2707); *Sedemund/Schnitger*, IStR 2002, 809 (817); *Knapp*, DNotZ 2003, 85 (88).

549 *Wernicke*, EuZW 2002, 754 (760); s.o. 2. Argument unter E., III., 3., b).

550 *Großerichter*, DStR 2003, 159 (166); für *Kersting*, NZG 2003, 9 (10) ist der Weg zur „vollständigen Übernahme der Gründungstheorie vorgezeichnet".

e) Wettbewerb der Gesellschaftsrechte

Erneut aufgegriffen wurde auch die Frage, ob ein Übergang zur Gründungstheorie einen Wettbewerb der Gesellschaftsrechte in Europa entfachen würde und ob dies positive oder negative Folgen haben würde. Anschaulich erklärt Heidenhain den Ursprung dieser Thematik mit der „unartikulierten dumpfen Angst" vor einem „Race to the bottom" und der „überheblichen Annahme, das deutsche Gesellschaftsrecht sei...überlegen".[551]

Für Eidenmüller rückt die ordnungspolitische Dimension der beiden widerstreitenden Theorien in den Blickpunkt: Natürlich fördere die Gründungstheorie einen Wettbewerb der Gesellschaftsrechte. Dieser habe aus ökonomischer Sicht jedoch grundsätzlich wohlfahrtssteigernde Effekte. Ein resultierender „Race to the bottom" sei eine unbegründete Annahme, denn auch die Sitztheorie vermöge es nicht, vor wesentlichen externen Effekten zu schützen.[552] Eidenmüller sieht jedoch die Rahmenbedingungen für einen positiven Wettbewerb noch nicht als gegeben. In einem Wettbewerb am Markt müsse sich der Verbraucher über bestimmte Produkte informieren können, um die richtige Wahl zu treffen und vom Wettbewerb profitieren zu können. Dies verursache Kosten („Der Preis des Wettbewerbs"), welche durch funktionsfähige und einfach zugängliche Informationskanäle reduziert werden müssen. Deshalb spricht sich Eidenmüller für die Gründungstheorie in Kombination mit den richtigen ökonomischen und tatsächlichen Voraussetzungen als „ordnungspolitisch goldenen Weg" aus.[553]

Schanze/Jüttner sehen trotz der vielen unterschiedlichen kulturellen und sprachlichen Einflüsse und Einschränkungen eine Chance im europäischen und transatlantischen Wettbewerb der Gesellschaftsrechte. Durch Reformen könne Deutschland ähnliche Erfolge wie mit der GmbH erzielen.[554] Lutter nimmt dieser Vorstellung jedoch den Wind aus den Segeln, indem er, im Einklang mit Daily Mail, „leider" weiterhin die Möglichkeit einer Auswanderungsrestriktion erkennt und er Deutschland folglich als „Weltmeister in der Verhinderung von Auswanderung" bezeichnet.[555] So würden die Gesellschaften an Deutschlands Grenze bildlich „totgeschlagen" oder sie verblieben in ihrem „Gefängnis", weshalb es in Deutschland und auch in anderen Mitgliedstaaten bei Beibehaltung der Sitztheorie im

551 *Heidenhain*, NZG 2002, 1141 (1142).

552 *Eidenmüller*, ZIP 2002, 2233 (2235 ff.).

553 *Ders.*, ZIP 2002, 2233 (2237); allg. zu einem sog. „Informationsmodell" für das Gesellschaftsrecht in Europa, s. *Grundmann*, FS Lutter 2000, 61; für *Kersting*, NZG 2003, 9 (10) sind die rechtlichen Rahmenbedingungen durch eine Richtlinie herbeizuführen, welche sich an einem amerikanischen Vorbild orientiert.

554 *Schanze/Jüttner*, AG 2003, 30 (36).

555 *Lutter*, BB 2003, 7 (10); s.o. zu Wegzugsbeschränkungen unter E., III., 3., c).

Wegzugsfall und grundsätzlicher Anwendung der Gründungstheorie in Europa, gerade zu einem Wettbewerbsnachteil käme.[556]

f) Rechtfertigungsmöglichkeiten und Sonderanknüpfungen

Generelle Einigkeit bei der Diskussion bestand schon immer hinsichtlich einer möglichen Rechtfertigung von Beschränkungen. Dass sowohl kollisions- als auch materiellrechtliche Regeln im Gesellschaftsrecht der Mitgliedstaaten grundlegend schutzwürdige Interessen vertreten können, war unbestritten.[557] Dabei wurde die Tür für „pauschalisierte" Schutzmechanismen aber zu Recht sehr zügig verschlossen. Auch die Sitztheorie schien mit ihrem „generalisierenden Ansatz" deshalb nicht mehr „zeitgemäß".[558] Um aber schützenswerte Interessen nicht durch eine unbekümmerte Anwendung der Gründungstheorie zu gefährden, sprachen sich viele Autoren im Einzelfall für Sonderanknüpfungen an das Recht des Satzungssitzes aus.[559] Auch hierbei rückt nicht die kollisionsrechtliche Anknüpfung, sondern die Einstufung als Diskriminierung oder Beschränkung und die mögliche Rechtfertigung nach dem Vier-Konditionen-Test in den Fokus.[560] Schwierigkeiten bereiten Sonderanknüpfungen jedoch vor allem, weil sie zwei Gesellschaftsrechte gleichzeitig anwenden und damit unnötig komplex sind.[561] Auch kann eine Bestimmung zwingender Allgemeinwohlbelange im Einzelfall schwierig sein.[562] All dies könne der bereits im europäischen Gesellschaftsrecht bestehenden Rechtsunsicherheit neuen Boden bereiten.[563]

g) Harmonisierung – Sitzverlegungs-Richtlinie – Ausblick

Die bereits angesprochene, zu der Zeit bestehende Rechtsunsicherheit ist auf drei verschiedene Aspekte zurückzuführen.[564] Zunächst scheint der EuGH bemüht,

556 *Lutter*, BB 2003, 7 (10); *Knapp*, DNotZ 2003, 85 (92); allg. zu Nachteilen der Sitztheorie im Wegzugsfall s. *Geyrhalter/Gänßler*, NZG 2003, 409 (411).

557 *Kersting*, NZG 2003, 9 (10); *Sedemund/Schnitger*, IStR 2002, 809 (817); s.a. die gleichlaufende Diskussion um die Personengesellschaftslösung unter E., III., 3., a).

558 *Schulz*, NJW 2003, 2705 (2707); *Eidenmüller*, ZIP 2002, 2233 (2242); *Schanze/Jüttner*, AG 2003, 30 (32) bez. der pauschalen Nichtanerkennung von Gesellschaften.

559 Exemplarisch: *Leible/Hoffmann*, ZIP 2003, 925 (930); *Großerichter*, DStR 2003, 159 (168 f.); *Kindler*, NJW 2003, 1073 (1078); *Schulz*, NJW 2003, 2705 (2707).

560 *Wernicke*. EuZW 2002, 754 (760); *Großerichter*, DStR 2003, 159 (162); *Schanze/Jüttner*, AG 2003, 30 (33 f.).

561 *Leible* in: Michalski/Heidinger/Leible/Schmidt, GmbHG, Bd. 1, sys. Darst. 2 – Int. GesR, Rn. 14; *Spahlinger* in: Spahlinger/Wegen, Int. GesR, Rn. 63.

562 *Leible*, ZGR 2004, 531 (537); ob sich der EuGH mit der Einzelfallbetrachtung einen Gefallen getan hat, weiß *Knapp*, DNotZ 2003, 85 (91) nicht.

563 So *Kersting*, NZG 2003, 9 (11).

564 Das Zusammenspiel zwischen der EuGH-Rechtsprechung und der Zurückhaltung des europäischen Gesetzgebers zeigt *Großerichter*, DStR 2003, 159 (162).

eine in sich stimmige Entscheidungschronologie aufzustellen, die jedoch bei genauer Betrachtung einige Reibungspunkte unbeantwortet lässt und neue hervorbringt.[565] Des Weiteren wurde in den bisherigen Entscheidungen fortlaufend erfolglos an die europäischen und nationalen Legislativorgane appelliert, eine grundsätzliche Lösung der Problematik um die Sitzverlegung zu etablieren – das Gesellschaftsrecht weist nur eine lückenhafte Harmonisierung auf.[566] Zuletzt ergebe sich aus einem perfektionistischen Streben und einer starken Praxisorientierung die Notwendigkeit einer einfachen, logischen und universellen Regel zur Sitzverlegung. Auch gehe die bisherige Anknüpfung durch die Sitztheorie in der Zeit fortschreitender Technologisierung und rasch wachsender Märkte mit einiger Unsicherheit bei der Ermittlung des tatsächlichen Verwaltungssitzes einher.[567]

Deshalb kam schnell der Ruf nach einer Sitzverlegungs-Richtlinie auf.[568] Es war aber noch nicht abzusehen, ob sie politisch durchsetzbar war und wie sie aussehen könnte. Bisher bestanden nur einige wenige Ideen in der Literatur.[569] Alles in Allem war das Überseering-Urteil eine sehr lebhaft diskutierte Entscheidung und ein Meilenstein der Mobilität von Gesellschaften, der nach Großerichter das EU-Gesellschaftsrecht „nachhaltig und tiefgreifend beeinflussen" und nach Sedemund „maßgeblich...zur Schaffung eines einheitlichen EU-Gesellschaftsrechts" beitragen würde.[570]

IV. Kamer von Koophandel en Fabrieken voor Amsterdam / Inspire Art Ltd.[571] (Inspire Art)

1. Sachverhalt

Im unmittelbaren Anschluss an die Entscheidung Überseering erging eine weitere Entscheidung zur grenzüberschreitenden Sitzverlegung in einer Wegzugskonstellation, welche direkt die in Überseering nahegelegte Methode der Sonderanknüpfungen zum Inhalt hatte.[572] Die Handels- und Industriekammer von Amsterdam

565 S. insb. die Beziehung von Überseering zu Daily Mail unter E., III., 3., c).

566 *Kersting*, NZG 2003, 9 (10); s.a. den Hinweis des EuGH in Centros unter E., II., 2., a); die Harmonisierung ist enorm wichtig für *Geyrhalter/Gänßler*, NZG 2003, 409 (414).

567 *Bayer*, BB 2003, 2357 (2358); *Leible/Hoffmann*, RIW 2002, 925 (935); *von Hoffmann/Thorn*, IPR, § 7, Rn. 24; *Spahlinger* in: Spahlinger/Wegen, Int. GesR, Rn. 58.

568 *Kersting*, NZG 2003, 9 ff.; *Lutter*, BB 2003, 7 (10).

569 So z.B. *Leible*, ZGR 2004, 531 (535 ff.).

570 *Großerichter*, DStR 2003, 159; *Sedemund/Schnitger*, IStR 2002, 809 (817).

571 EuGH, Urt. v. 30.09.2003, Rs. C-167/01, ECLI:EU:C:2003:512 – Inspire Art.

572 Den Zusammenhang betonen auch *Schanze/Jüttner*, AG 2003, 661 (662) und *v. Hein* in: MüKo BGB, Bd. 11, Art. 3 EGBGB, Rn. 91 sowie *Probst/Kleinert*, MDR 2003, 1265 (1266); zur Diskussion um Sonderanknüpfungen iRd Sitztheorie, s.o. unter E., III., 3., f).

trug der Gesellschaft Inspire Art Ltd. im Einklang mit dem gleichnamigen niederländischen Gesetz auf, ihre Eintragung einer Zweigniederlassung in Amsterdam mit dem Zusatz „formal ausländische Gesellschaft“[573] zu kennzeichnen.[574] Dabei wird eine solche Gesellschaft als eine nach dem Recht eines anderen Mitgliedstaates gegründete Kapitalgesellschaft mit eigener Rechtspersönlichkeit definiert, die (nahezu) vollständig in den Niederlanden tätig ist und sonst keinerlei Verbindung mehr zum Gründungsstaat aufweist (Art. 1 WFBV).[575]

Die Art. 2–5 WFBV legen diesen Gesellschaften weitergehende Pflichten auf: Die Eintragung in das Handelsregister nebst einer Hinterlegung des förmlichen Errichtungsaktes (Art. 2), die Angabe der Eigenschaft als „formal ausländische Gesellschaft“ mit Satzungssitz und Ort der Hauptniederlassung auf Schriftstücken inklusive einem Verbot von irreführenden Bezeichnungen, die nahelegen könnten, es handele sich um eine niederländische Gesellschaft (Art. 3), die Bereitstellung eines Mindestkapitals in Höhe von 18.000 Euro, versehen mit der bestätigenden Erklärung eines Wirtschaftsprüfers (das gezeichnete Kapital muss zumindest die gleiche Höhe betragen) mitsamt einer gesamtschuldnerischen Geschäftsführerhaftung vor Eintragung oder bei Absinken des Mindestkapitals (Art. 4) und bestimmte Verpflichtungen bezüglich der Fertigung und Offenlegung von Jahresabschlussberichten sowie die Androhung von Sanktionierungen bei Zuwiderhandlung (Art. 5).[576] Die letzten beiden Bestimmungen gelten allerdings nicht für Gesellschaften des EWR.[577]

Die Inspire Art Ltd., eine Gesellschaft mit beschränkter Haftung englischen Rechts mit Sitz in Folkestone, hat nur einen in den Niederlanden wohnhaften Geschäftsführer und betätigte sich im Verkauf von Kunstgegenständen.[578] Anders als die Handelskammer Amsterdam war die Inspire Art nicht der Meinung, dass sie eine „formal ausländische Gesellschaft“ darstelle, zumal die Voraussetzungen des WFBV gegen Ex-Art. 43, 48 EGV (heute Art. 49, 54 AEUV) verstießen.[579] Auch nach Auffassung des Kantongerichts Amsterdam handelte es sich bei der Inspire Art um

---

573 Gesetz in der Originalsprache: Wet op der formeel buitenlandse vennootschappen, fortan kurz: WFBV = Gesetz über formal ausländische Gesellschaften.

574 EuGH, Urt. v. 30.09.2003, Rs. C-167/01, ECLI:EU:C:2003:512, Rn. 2, 35 f. – Inspire Art; *Schanze/Jüttner*, AG 2003, 661 f.; *Habersack/Verse*, EU-GesR, § 3, Rn. 18.

575 EuGH, Urt. v. 30.09.2003, Rs. C-167/01, ECLI:EU:C:2003:512, Rn. 22 – Inspire Art; *Probst/Kleinert*, MDR 2003, 1265 (1266); *Geyrhalter/Gänßler*, DStR 2003, 2167.

576 EuGH, Urt. v. 30.09.2003, Rs. C-167/01, ECLI:EU:C:2003:512, Rn. 23–31 – Inspire Art; auszugsweise *Kieninger*, ZEuP 2004, 685 (690); *Binge/Thölke*, DNotZ 2004, 21 (22); *Hirte* in: Hirte/Bücker, Grenzüberschreitende Gesellschaften, § 1, Rn. 8 ff.

577 EuGH, Urt. v. 30.09.2003, Rs. C-167/01, ECLI:EU:C:2003:512, Rn. 29, 33 – Inspire Art; *Spahlinger* in: Spahlinger/Wegen, Int. GesR, Rn. 161.

578 EuGH, Urt. v. 30.09.2003, Rs. C-167/01, ECLI:EU:C:2003:512, Rn. 34 – Inspire Art; *Bayer*, BB 2003, 2357 (2362).

579 EuGH, Urt. v. 30.09.2003, Rs. C-167/01, ECLI:EU:C:2003:512, Rn. 37 – Inspire Art; *Meilicke*, GmbHR 2003, 1260 (1263).

eine „formal ausländische Gesellschaft", jedoch zweifelte es an der Vereinbarkeit des gesamten WFBV mit der Niederlassungsfreiheit, setzte das Verfahren aus und beantragte diesbezüglich ein Vorabentscheidungsverfahren.[580]

2. Entscheidung

a) (Keine) Ausnahmen von der Kontrolle anhand der Niederlassungsfreiheit

Gegen die Vorlagefrage regte sich vorab bereits einiger Widerstand, weil sie als zu weit gefasst angesehen wurde, obwohl der Ausgangssachverhalt nur die Eintragung in das Handelsregister zum Thema hatte. Deshalb wurde angeregt, andere Regeln des WFBV (insb. Art. 3, 6) einer Prüfung zu entziehen.[581] Dem tritt der EuGH entschieden entgegen. Nachdem er die Zusammenarbeit zwischen nationalen Gerichten und dem Gerichtshof beim Vorabentscheidungsverfahren und die grundsätzliche Entscheidungsverpflichtung gegenüber den nationalen Gerichten hervorhebt, nimmt er trotzdem die durch seine eigene Rechtsprechung gesicherte Prüfung der Gegebenheiten des Sachverhalts wahr, um seine eigene (Un-)Zuständigkeit zu bestätigen. Er sah jedoch im Grundsatz alle Artikel des WFBV unmittelbar mit der Eintragung in das Handelsregister als „formal ausländische Gesellschaft" verbunden und sich demgemäß gezwungen, auch das gesamte WFBV iSd Vorlagefrage auf Praktikabilität zu untersuchen.[582]

Die Pflicht, Jahresabschlüsse zu erstellen (Art. 5 Abs. 1, 2 WFBV), folgt bereits aus der Vierten Gesellschaftsrechtlichen Richtlinie (sog. Jahresabschluss-Richtlinie)[583] und ist deshalb ebenso wenig Prüfungsmaßstab wie weitere Normen des WFBV (hauptsächlich Art. 2 Abs. 1 und 5 Abs. 4), die die Offenlegung von Zweigniederlassungen regeln und deshalb nur Vorgaben der Elften Richtlinie (sog. Zweigniederlassungs-Richtlinie)[584] in niederländisches Recht

580 EuGH, Urt. v. 30.09.2003, Rs. C-167/01, ECLI:EU:C:2003:512, Rn. 38 ff. – Inspire Art; *Schanze/Jüttner*, AG 2003, 661 (662); *Bayer*, BB 2003, 2357 (2362).

581 EuGH, Urt. v. 30.09.2003, Rs. C-167/01, ECLI:EU:C:2003:512, Rn. 41 f. – Inspire Art; insb. durch die Handelskammer, die niederländische Regierung und die Kommission.

582 EuGH, Urt. v. 30.09.2003, Rs. C-167/01, ECLI:EU:C:2003:512, Rn. 43–51 – Inspire Art; *Meilicke*, GmbHR 2003, 1260 (1264).

583 Vierte Richtlinie 78/660/EWG des Rates über den Jahresabschluss von Gesellschaften bestimmter Rechtsformen v. 25.07.1978, ABl. 1978 Nr. L 222/11; für einen Überblick über verabschiedete Richtlinienen zur Angleichung des Gesellschaftsrechts, s. *Habersack/Verse*, EU-GesR, § 4, Rn. 1.

584 Elfte Richtlinie 89/666/EWG über die Offenlegung von Zweigniederlassungen, die in einem Mitgliedstaat von Gesellschaften bestimmter Rechtsformen errichtet wurden, die dem Recht eines anderen Staates unterliegen v. 21.12.1989, ABl. 1989 Nr. L

umsetzen.[585] Dabei sind die Sanktionen des WFBV bei mangelhafter Offenlegung jedoch zu überprüfen. Namentlich handelt es sich hierbei um die persönliche Haftung der Geschäftsführer bis zur vollständigen Offenlegung (Art. 4 Abs. 4). Die Mitgliedstaaten sind nach der Elften Richtlinie (Art. 12) gehalten, geeignete Strafmechanismen zu schaffen, um eine effektive Umsetzung des EU-Rechts zu gewährleisten, behalten dabei jedoch die Autonomie zur Wahl der Mittel, solange diese verhältnismäßig sind.[586] Deshalb ist das vorlegende nationale Gericht zuständig für die Bewertung, ob „formal ausländische Gesellschaften" gegenüber inländischen durch die Sanktionierungen des WFBV schlechter gestellt werden.[587]

Andere Offenlegungspflichten des WFBV, wie die Angabe als „formal ausländische Gesellschaft" im Handelsregister und auf offiziellen Schriftstücken (Art. 1 Abs. 1, 2 Abs. 1, 3), die Angabe der Ersteintragung und der Informationen über den Alleingesellschafter (Art. 2 Abs. 1) sowie die Hinterlegung einer Erklärung von Wirtschaftsprüfern über die Höhe des Mindest- und Eigenkapitals (Art. 4 Abs. 3) sind nicht in der Elften Richtlinie aufgeführt und bereits deshalb europarechtswidrig. Bei der Richtlinie handelt es sich um eine abschließende Harmonisierung, was sich aus der Ermächtigungsgrundlage des Art. 54 Abs. 3 lit. g EGV bzw. dann geänderten Art. 44 Abs. 2 lit. g EGV (heute Art. 50 Abs. 2 lit. g AEUV) ableiten lässt, welche die Koordination der Schutzbestimmungen für Gesellschafter in den einzelnen Mitgliedstaaten zur Aufgabe hat. Daneben sind Offenlegungspflichten für Zweigniederlassungen nach den Begründungserwägungen der Richtlinie wegen des störenden Charakters weitestgehend zu beseitigen.[588]

b) Ausführungen und Argumente der am Rechtsstreit beteiligten Parteien (Anwendbarkeit, Schutzbereich und Beeinträchtigung)

Nach einer Ansicht verstößt das WFBV nicht gegen die Niederlassungsfreiheit, weil es weder die Gründung noch die Eintragung regelt und somit die

---

395/36; zu den Standards der Elften Richtlinie S. *Schmidt* in: Lutter, Auslandsgesellschaften, S. 21 f.

585 EuGH, Urt. v. 30.09.2003, Rs. C-167/01, ECLI:EU:C:2003:512, Rn. 53–58 – Inspire Art; *Probst/Kleinert*, MDR 2003, 1265 (1266 f.); *Kindler*, NZG 2003, 1086 (1087); *Zimmer*, NJW 2003, 3585 (3585 f.); *Probst/Kleinert*, MDR 2003, 1265 (1267).

586 EuGH, Urt. v. 30.09.2003, Rs. C-167/01, ECLI:EU:C:2003:512, Rn. 59–61 – Inspire Art; *Meilicke*, GmbHR 2003, 1260 (1265); *Kindler*, NZG 2003, 1086 (1087).

587 EuGH, Urt. v. 30.09.2003, Rs. C-167/01, ECLI:EU:C:2003:512, Rn. 63 f. – Inspire Art; *Schanze/Jüttner*, AG 2003, 661 (662).

588 EuGH, Urt. v. 30.09.2003, Rs. C-167/01, ECLI:EU:C:2003:512, Rn. 65–72 – Inspire Art; *Zimmer*, NJW 2003, 3585 (3586); *Horn*, NJW 2004, 893 (895 f.); *Meilicke*, GmbHR 2003, 1260 (1265 f.); *Weller*, DStR 2003, 1800 (1802); *Geyrhalter/Gänßler*, DStR 2003, 2167 (2168); *Leible/Hoffmann*, EuZW 2003, 677 (678); wegen des Zusammenspiels von Niederlassungsfreiheit und Richtlinie abschließend nach *Schmidt* in: Lutter, Auslandsge-sellschaften, S. 24.

Anerkennung und Wirksamkeit der ausländischen Gesellschaft nicht tangiert.[589] Centros thematisierte aber genau diese Eintragungsmechanismen für Auslandsgesellschaften und ist folglich nicht maßgebend für den vorliegenden Fall, in dem es um die Aufstellung wirtschaftlicher Voraussetzungen für bestimmte Betätigungen geht.[590] Die Niederlande halten seit jeher unkomplizierte Regelungen zur Anerkennung ausländischer Gesellschaften bereit, selbst bei völlig fehlender Tätigkeit im Gründungsstaat, was aber zu einer systematischen Umgehung niederländischen Gesellschaftsrechts durch Auslandsgründungen führte und Ausnahmeregelungen (WFBV) nach niederländischer Auffassung zwingend erforderlich mache.[591]

Weiterhin sind die Befürworter des WFBV der Ansicht, dass dieses nicht in den Anwendungsbereich der Niederlassungsfreiheit falle, weil es zum Schutz potenzieller Vertragspartner von formal ausländischen Gesellschaften zusätzliche Voraussetzungen zur Angleichung an niederländische Gesellschaften statuiere und wegen der entsprechenden zwingenden niederländischen Gesetze für Gesellschaften mit beschränkter Haftung auch nicht diskriminierend angewendet werde. Deshalb sei es aus Gründen des Verbraucher- und Gläubigerschutzes ebenso gerechtfertigt.[592] Ferner wird auf das Urteil Daily Mail verwiesen, in dem den Mitgliedstaaten hinsichtlich ihrer Anknüpfung für das Internationale Gesellschaftsrecht grundsätzliche Autonomie verliehen wird, so dass die Niederlande neben der Anknüpfung an den Gründungsort in bestimmten Fällen auch weiterhin an das Recht des tatsächlichen Sitzes anknüpfen können.[593]

Auch sei das Ziel der Niederlassungsfreiheit im Hinblick auf die Gründung von Zweigniederlassungen gerade die Ausdehnung unternehmerischer Tätigkeit über die Grenzen des Gründungsstaates hinaus, ohne die Tätigkeit im Gründungstaat gänzlich einzustellen (Scheingesellschaften). Deshalb sei es fraglich, ob es sich bei formal ausländischen Gesellschaften überhaupt um Zweig- und nicht um Primärniederlassungen handele.[594] Schließlich gestatte das EU-Recht keine missbräuchliche oder betrügerische Berufung auf die Grundfreiheiten. Zwar sei die Umgehung nationaler Vorschriften bei Gesellschaftsgründungen im Einklang mit den Urteilen Segers und Centros nicht ausreichend, um einen Missbrauch zu begründen, jedoch

---

589 EuGH, Urt. v. 30.09.2003, Rs. C-167/01, ECLI:EU:C:2003:512, Rn. 74 f. – Inspire Art; *Bayer*, BB 2003, 2357 (2362); *Geyrhalter/Gänßler*, DStR 2003, 2167 (2168).

590 EuGH, Urt. v. 30.09.2003, Rs. C-167/01, ECLI:EU:C:2003:512, Rn. 76 – Inspire Art; *Weller*, DStR 2003, 1800 (1801); *Meilicke*, GmbHR 2003, 1260 (1265–1266).

591 EuGH, Urt. v. 30.09.2003, Rs. C-167/01, ECLI:EU:C:2003:512, Rn. 77–80 – Inspire Art; *Kieninger*, ZEuP 2004, 685 (690); als „Abwehrgesetzgebung" bezeichnet wird das Vorgehen der Niederlande von *v. Hein* in: MüKo BGB, Bd. 11, Art. 3 EGBGB, Rn. 97.

592 EuGH, Urt. v. 30.09.2003, Rs. C-167/01, ECLI:EU:C:2003:512, Rn. 81 f. – Inspire Art; *Meilicke*, GmbHR 2003, 1260 (1266); *Bayer*, BB 2003, 2357 (2362).

593 EuGH, Urt. v. 30.09.2003, Rs. C-167/01, ECLI:EU:C:2003:512, Rn. 83 – Inspire Art; zu Daily Mail s.o. unter E., I., 3., c) – z.B. Kollisionsrechte als „unangreifbare Barrieren".

594 EuGH, Urt. v. 30.09.2003, Rs. C-167/01, ECLI:EU:C:2003:512, Rn. 84 f. – Inspire Art; dies beschreibt *Kindler*, NZG 2003, 1086 (1088) bildhaft als „U-Turn-Constructions".

werde die Inspire Art anerkannt, eingetragen und nur durch wenige vorbeugende und kontrollierende Maßnahmen des WFBV eingeschränkt. Bei einer Umgehung aller Voraussetzungen des innerstaatlichen Gesellschaftsrechts seien die Normen des WFBV also zumindest gerechtfertigt.[595]

Die Befürworter eines Verstoßes nehmen dagegen grundsätzlich die Anwendbarkeit der Niederlassungsfreiheit an. Die Ausübung der Niederlassungsfreiheit werde durch die zusätzliche Anknüpfung des WFBV an den Ort der tatsächlichen Tätigkeit der Gesellschaft, welche nicht den Prämissen des Ex-Art. 48 EGV (heute Art. 54 AEUV) entspricht und in bestimmten Fällen zur allgemeinen Anknüpfung an den Gründungsort hinzukommt, weniger attraktiv gemacht. Das einzige Ziel des WFBV sei die Bekämpfung von Briefkastengründungen unter Berufung auf den Gläubigerschutz. Die Gründung von sekundären Niederlassungen sei jedoch von essentieller Bedeutung für den Binnenmarkt und eine derartige Einschränkung nach dem Vorbild der Centros-Entscheidung nicht zu rechtfertigen.[596]

c) Erwiderung des Europäischen Gerichtshofes

Mit Verweis auf die Urteile Segers und Centros leitet der EuGH seine rechtliche Würdigung mit einer Absage an einen Missbrauch der Grundfreiheiten ein. Auslandsgründungen zur Umgehung strengerer Vorschriften seien im Grundsatz nicht zu beanstanden.[597] Eine Gesellschaft habe das Recht, in einem anderen Mitgliedstaat durch eine sekundäre Niederlassung tätig zu werden, wobei die Merkmale des Ex-Art. 48 EGV (heute Art. 54 AEUV, analog Art. 49 AEUV und die Staatsangehörigkeit natürlicher Personen) nur der Zuordnung der Gesellschaft zum Recht eines Staates dienten.[598] Der Gerichtshof lässt als Argument nicht gelten, dass die Vorschriften des WFBV die Anerkennung und Eintragung der Gesellschaft unberührt lassen. Insbesondere die alternativlose Anwendung der Geschäftsführerhaftung

---

595 EuGH, Urt. v. 30.09.2003, Rs. C-167/01, ECLI:EU:C:2003:512, Rn. 86–89, 92–94 – Inspire Art; *Bayer*, BB 2003, 2357 (2362); *Meilicke*, GmbHR 2003, 1260 (1267); zu den genannten Urteilen s. EuGH, Urt. v. 09.03.1999, Rs. C-212/97, ECLI:EU:C:1999:126, Rn. 26–27 – Centros; EuGH, Urt. v. 10.07.1986, Rs. 79/85, ECLI:EU:C:1986:308 – Segers; die Befürworter eines Verstoßes entnehmen den Urteilen aber Argumente für ihre Seite.

596 EuGH, Urt. v. 30.09.2003, Rs. C-167/01, ECLI:EU:C:2003:512, Rn. 92–94 – Inspire Art; *Kieninger*, ZEuP 2004, 685 (690); *Binge/Thölke*, DNotZ 2004, 21 (22); *Meilicke*, GmbHR 2003, 1260 (1267); *Bayer*, BB 2003, 2357 (2362).

597 EuGH, Urt. v. 30.09.2003, Rs. C-167/01, ECLI:EU:C:2003:512, Rn. 95 f. – Inspire Art; *Maul/Schmidt*, BB 2003, 2297; *Probst/Kleinert*, MDR 2003, 1265 (1267); *Bröhmer* in: Calliess/Ruffert, EUV/AEUV, 4. Auflage 2011, Art. 54 AEUV, Rn. 13.

598 EuGH, Urt. v. 30.09.2003, Rs. C-167/01, ECLI:EU:C:2003:512, Rn. 97 – Inspire Art; *Spahlinger* in: Spahlinger/Wegen, Int. GesR, Rn. 164.

und die Regeln über das Stammkapital behinderten die Niederlassungsfreiheit.[599] Einen Rekurs auf das Daily-Mail-Urteil lehnt der Gerichtshof in dieser Sachverhaltskonstellation entschieden ab. Zwar fehle es richtigerweise weiterhin an einer Harmonisierung des Rechts zur Sitzverlegung. Auch verbleibe die Autonomie zur Bestimmung der international-privatrechtlichen Anknüpfung bei den Mitgliedstaaten, jedoch betreffe das Urteil Inspire Art nicht die Beziehung der Gesellschaft zu seinem Gründungstaat (so Daily Mail), sondern die zum aufnehmenden Staat.[600]

d) Ausführungen und Argumente der am Rechtsstreit beteiligten Parteien (Zum Vorliegen von Rechtfertigungsgründen und der Verhältnismäßigkeit)

Das WFBV diene vom Gericht anerkannten Rechtfertigungsgründen wie der Bekämpfung von Betrug, dem Gläubigerschutz, der Gewährleistung einer effektiven steuerlichen Kontrolle.[601] Die Vorschriften über das Mindestkapital (Art. 4 WFBV) dienten der Leistungsfähigkeit sowie dem Schutz vor missbräuchlicher Insolvenz der Gesellschaften in Folge anfänglich unzureichender Kapitalausstattung und damit dem Schutz der Gläubiger.[602] Die gesamtschuldnerische Haftung der Geschäftsführer, die für den reibungslosen Ablauf der Geschäfte zuständig sind, sei im Einklang mit der Zweiten Richtlinie (Art. 4 Abs. 1) als angemessene Sanktion für Verfehlungen anzusehen. Den Mitgliedstaaten komme aufgrund fehlender Harmonisierungsmaßnahmen ein weites Ermessen zu.[603] Solch eine Sanktionsform finde sich auch in der SE-Verordnung wieder.[604] Die Vorschriften des WFBV seien darüber hinaus im Hinblick auf das Gesamtziel, nämlich die Bekämpfung missbräuchlicher Inanspruchnahme der Niederlassungsfreiheit, geeignet, erforderlich und somit verhältnismäßig. Das Mindestkapital sei für die Aktiengesellschaft, aber nicht für Gesellschaften mit beschränkter Haftung, ebenfalls in der Zweiten Richtlinie festgelegt. Solche Vorschriften seien, auch aufgrund der größeren Sicherheit

---

599 EuGH, Urt. v. 30.09.2003, Rs. C-167/01, ECLI:EU:C:2003:512, Rn. 99–101 – Inspire Art; *Geyrhalter/Gänßler*, DStR 2003, 2167 (2168); *Zimmer*, NJW 2003, 3585 (3586); *Lang/Orttmann* in: Ziemons/Jaeger, BeckOK GmbHG, Int. GesR, Rn. 39.

600 EuGH, Urt. v. 30.09.2003, Rs. C-167/01, ECLI:EU:C:2003:512, Rn. 102 f. – Inspire Art; *Maul/Schmidt*, BB 2003, 2297; *Kindler*, NZG 2003, 1086 (1087 f.).

601 EuGH, Urt. v. 30.09.2003, Rs. C-167/01, ECLI:EU:C:2003:512, Rn. 108 f. – Inspire Art; *Meilicke*, GmbHR 2003, 1260 (1269).

602 EuGH, Urt. v. 30.09.2003, Rs. C-167/01, ECLI:EU:C:2003:512, Rn. 110 – Inspire Art; zur Geeignetheit Mindestkapitals vgl. *Eidenmüller/Rehm*, ZGR 2004, 159 (170 f.).

603 EuGH, Urt. v. 30.09.2003, Rs. C-167/01, ECLI:EU:C:2003:512, Rn. 111–113 – Inspire Art; *Meilicke*, GmbHR 2003, 1260 (1269).

604 EuGH, Urt. v. 30.09.2003, Rs. C-167/01, ECLI:EU:C:2003:512, Rn. 111 – Inspire Art; s. Art. 51 der Verordnung (EG) Nr. 2157/2001 des Rates über das Statut der Europäischen Gesellschaft (SE) v. 08.10.2001; ABl. 2001 Nr. L 294/1.

im Vergleich zur persönlichen Haftung, in den Mitgliedstaaten ebenfalls bekannt.[605] Die gesamtschuldnerische Haftung der Geschäftsführer sei darüber hinaus im Vergleich zu einer Aberkennung der Rechtsfähigkeit ein milderes Sanktionsmittel.[606]

Die gegenteilige Auffassung führt zunächst an, eine mangelnde Geschäftstätigkeit im Gründungsstaat stelle keinen Missbrauch dar. Die Ausnutzung gesellschaftsrechtlicher Regelungsgefälle zwischen den Mitgliedstaaten sei gerade von der Niederlassungsfreiheit gewollt und die pauschale Wirkung des WFBV laufe dem Gebot der Einzelfallprüfung zuwider. Zwar könne ein Mitgliedstaat, im Einklang mit dem Urteil Centros, die Ausübung gewerblicher Betätigung rechtfertigungskonform reglementieren, jedoch nicht die Anwendbarkeit bestimmter gesellschaftsrechtlicher Vorschriften im Zuzugsfall statuieren.[607] Ferner vermöge der Gläubigerschutz nicht als Rechtfertigungsgrund iSv Ex-Art. 46 EGV (heute Art. 52 AEUV) für Mindestkapital- oder Geschäftsführerhaftungsvorschriften herzuhalten, da diese ungeeignet seien, den Schutz sicher zu stellen: Durch die Führung der Bezeichnung „Ltd." im Geschäftsverkehr werde keine Täuschungssituation hervorgerufen. Potenzielle Gläubiger könnten sich durch die zusätzliche Einräumung anderweitiger Sicherheiten selbst schützen.[608] Weiterhin könne es keinen Unterschied machen, ob die Inspire Art in einem anderen Mitgliedstaat zumindest marginale Tätigkeiten entfalte, denn die Bedrohung für die Gläubiger sei dieselbe, aber das WFBV nicht anwendbar.[609] Außerdem seien Regeln zum Mindestkapital zur Erreichung des Gläubigerschutzes deshalb ungeeignet, weil das Kapital unmittelbar nach der Aufbringung auch als Darlehen ausgegeben werden könne.[610] Die Erweiterung des Haftungskreises durch die Einbeziehung der Geschäftsführer bei Absinken des Mindestkapitals sei nach Ansicht von Inspire Art sogar als Diskriminierung anzusehen, weil dies auch nicht für inländische Gesellschaften gelte.[611]

---

605 EuGH, Urt. v. 30.09.2003, Rs. C-167/01, ECLI:EU:C:2003:512, Rn. 115 f. – Inspire Art; ausnahme: Irland, Nordirland und Großbritannien; zur Kritik an Kapitalschutzregeln insb. aus dem anglo-amerikanischen Rechtskreis s. *Grundmann*, EU-GesR, § 10, Rn. 320.

606 EuGH, Urt. v. 30.09.2003, Rs. C-167/01, ECLI:EU:C:2003:512, Rn. 117 – Inspire Art; *Meilicke*, GmbHR 2003, 1260 (1269).

607 EuGH, Urt. v. 30.09.2003, Rs. C-167/01, ECLI:EU:C:2003:512, Rn. 120 f. – Inspire Art; EuGH, Urt. v. 09.03.1999, Rs. C-212/97, ECLI:EU:C:1999:126, Rn. 23 ff. – Centros.

608 EuGH, Urt. v. 30.09.2003, Rs. C-167/01, ECLI:EU:C:2003:512, Rn. 122–125 – Inspire Art; so auch schon die Schlussanträge von GA Alber v. 30.01.2003, Rs. C-167/01, ECLI: EU:C:2003:57, Anm. 150 – Inspire Art.

609 EuGH, Urt. v. 30.09.2003, Rs. C-167/01, ECLI:EU:C:2003:512, Rn. 126 – Inspire Art; *Meilicke*, GmbHR 2003, 1260 (1270).

610 EuGH, Urt. v. 30.09.2003, Rs. C-167/01, ECLI:EU:C:2003:512, Rn. 127 – Inspire Art; auch kann das Kapital verwirtschaftet sein, s. *Altmeppen*, NJW 2004, 97 (102).

611 EuGH, Urt. v. 30.09.2003, Rs. C-167/01, ECLI:EU:C:2003:512, Rn. 128 – Inspire Art; *Meilicke*, GmbHR 2003, 1260 (1270).

e) Erwiderung des Europäischen Gerichtshofes

Für den EuGH fallen zunächst alle durch die niederländische Regierung und die anderen Befürworter angeführten Rechtfertigungsgründe nicht unter den Ordre-Public-Vorbehalt (Ex-Art. 46 EGV, heute Art. 52 AEUV). Somit prüft der Gerichtshof zwingende Gründe des Allgemeinwohls.[612] Als Maßstab dient der sog. Vier-Konditionen-Test.[613] Das Argument des Gläubigerschutzes verwirft der EuGH unter der Prämisse, dass die hinzuziehende Gesellschaft ihren Rechtsformzusatz beibehalte und für den mündigen Gläubiger so Haftungsdifferenzen durch die Anwendung anderer Rechtsnormen erkennbar seien.[614] Außerdem sind die Gläubiger auch durch die Vierte und Elfte Gesellschaftsrechtliche Richtlinie geschützt.[615]

Der EuGH bestätigt, dass die Mitgliedstaaten zwar die Möglichkeit haben, die missbräuchliche Inanspruchnahme der Niederlassungsfreiheit durch geeignete Regeln zu verhindern. Jedoch sei die Umgehung strengeren nationalen Gesellschaftsrechts gerade kein Missbrauch und die Ausnutzung dieser Regelungsgefälle zwischen den Mitgliedstaaten sogar als Modalität der grundlegenden Freiheitsausübung im Binnenmarkt anzusehen.[616] Aufbauend auf seiner bisherigen Rechtsprechung,[617] stellt eine fehlende Tätigkeit der Gesellschaft am Gründungsort außerdem keinen Missbrauch dar, welcher zur Unanwendbarkeit der Niederlassungsfreiheit auf die betreffende Gesellschaft führen würde.[618] Abschließend stellt der EuGH fest, dass das WFBV auch nicht durch andere Gründe des Allgemeinwohls gerechtfertigt werden kann, da von Seiten der niederländischen Regierung nichts in Bezug auf ihre Wirksamkeit und Verhältnismäßigkeit dargebracht wurde.[619] Da die Mindestkapitalvorschriften des WFBV gegen die Nieder-

---

612 EuGH, Urt. v. 30.09.2003, Rs. C-167/01, ECLI:EU:C:2003:512, Rn. 131 f. – Inspire Art; *Kindler*, NZG 2003, 1086 (1088); *Ulmer*, NJW 2004, 1201 (1204).

613 EuGH, Urt. v. 30.09.2003, Rs. C-167/01, ECLI:EU:C:2003:512, Rn. 133 f. – Inspire Art; EuGH, Urt. v. 31.03.1993, Rs. C-19/92, ECLI:EU:C:1993:125, Rn. 32 – Kraus; EuGH, Urt. v. 30.11.1995, Rs. C-55/94, ECLI:EU:C:1995:411, Rn. 37 – Gebhard.

614 EuGH, Urt. v. 30.09.2003, Rs. C-167/01, ECLI:EU:C:2003:512, Rn. 135 – Inspire Art; *Bröhmer* in: Calliess/Ruffert, EUV/AEUV, 4. Auflage 2011, Art. 54 AEUV, Rn. 13; *Maul/Schmidt*, BB 2003, 2297; *Leible/Hoffmann*, EuZW 2003, 677 (682).

615 EuGH, Urt. v. 30.09.2003, Rs. C-167/01, ECLI:EU:C:2003:512, Rn. 135 – Inspire Art; s. bereits oben und vgl. *Habersack/Verse*, EU-GesR, § 4, Rn. 1.

616 EuGH, Urt. v. 30.09.2003, Rs. C-167/01, ECLI:EU:C:2003:512, Rn. 136–138 – Inspire Art; *Weller*, DStR 2003, 1800 (1803); *Binge/Thölke*, DNotZ 2004, 21 (23).

617 EuGH, Urt. v. 09.03.1999, Rs. C-212/97, ECLI:EU:C:1999:126, Rn. 29 – Centros; EuGH, Urt. v. 10.07.1986, Rs. 79/85, ECLI:EU:C:1986:308, Rn. 16 – Segers.

618 EuGH, Urt. v. 30.09.2003, Rs. C-167/01, ECLI:EU:C:2003:512, Rn. 139 – Inspire Art; *Müller-Graff* in: Streinz, EUV/AEUV, Art. 54 AEUV, Rn. 25.

619 EuGH, Urt. v. 30.09.2003, Rs. C-167/01, ECLI:EU:C:2003:512, Rn. 140 – Inspire Art: gemeint ist die Lauterkeit des Handelsverkehrs bzw. die Wirksamkeit der

lassungsfreiheit verstoßen, sind auch die anberaumten Sanktionen als Verstoß zu werten.[620]

3. Problemfelder und Diskussionsschwerpunkte

Das Urteil Inspire Art ist als konsequente Fortführung der bisherigen EuGH-Judikative zum Mobilitätspotenzial von Gesellschaften zu sehen, insbesondere in Anlehnung an den nahezu gleichgelagerten Fall Centros.[621] Auch der „vorläufige Schlusspunkt"[622] der Entscheidungstrilogie[623] zum Zuzug ausländischer Gesellschaften stieß in der Fachwelt auf ein „lebhaftes Echo"[624]. Während einige Autoren der Entscheidung „nichts Neues" entnehmen können,[625] sahen andere in ihr einen „Meilenstein" oder „Paradigmenwechsel"[626]. Ulmer gab das Urteil gar Anlass, es bereits drei Tage nach Veröffentlichung als „Hammer" zu bezeichnen.[627]

a) Zur Sitz- und Gründungstheorie und Vorgaben der Niederlassungsfreiheit für die nationalen Kollisionsrechte

Trotz der bereits breit geführten Diskussion um die Sitz- und Gründungstheorie im Urteil Überseering[628] drehte sich die Bewertung des Urteils Inspire Art häufig im Dunstkreis dieser Theorien, obwohl die deutsche Rechtsprechung im Einklang mit dem überwiegenden Schrifttum zur Gründungstheorie überging.[629] Während

---

Steuerkontrollen; *Probst/Kleinert*, MDR 2003, 1265 (1267); *Eidenmüller/Rehm*, ZGR 2004, 159 (170).

620 EuGH, Urt. v. 30.09.2003, Rs. C-167/01, ECLI:EU:C:2003:512, Rn. 141 – Inspire Art; *Geyrhalter/Gänßler*, DStR 2003, 2167 (2169).

621 *Zimmer*, NJW 2003, 3585; *Weller*, DStR 2003, 1800 (1801); *Probst/Kleinert*, MDR 2003, 1265; *Habersack/Verse*, EU-GesR, § 3, Rn. 18.

622 So *Schanze/Jüttner*, AG 2003, 661 und auch *Bayer*, BB 2003, 2357.

623 Gemeint sind die Urteile des EuGH: Centros, Überseering und Inspire Art.

624 Exemplarische Auflistung von Beiträgen durch *Binge/Thölke*, DNotZ 2004, 21 (22) s. Fn. 7; laut *Kanzleiter*, DNotZ 2003, 885 waren die Reaktionen in der juristischen Presse bisweilen „hektisch bis hysterisch"; *Goette* vernimmt eine „aufgeregte Diskussion", DStR 2005, 197; eine „chaotische Verwirrung" erkennt *Altmeppen*, NJW 2004, 97.

625 So insb. *Kindler*, NZG 2003, 1086; ähnlich, aber aufgrund anderer Prämisse *Leible/Hoffmann*, EuZW 2003, 677 (683); *Grundmann*, EU-GesR, § 22, Rn. 784.

626 Zu erster Titulierung *Meilicke*, GmbHR 2003, 1260 (1271); zur zweiten Bezeichnung *Horn*, NJW 2004, 893; für *Maul/Schmidt*, BB 2003, 2297 ist es ein „großer Schritt".

627 So *Weller*, DStR 2003, 1800 (1804) bezugnehmend auf einen Vortrag von *Ulmer* am 02.10.2003 zum Thema „Hergebrachte und neue Gesellschaftsformen im Wandel der Zeit".

628 Zur Diskussion um Sitz- und Gründungstheorie s. schon o. unter E., III., 3., a).

629 So zumindest für den EU-Raum und Zuzugsfälle; s. *Schanze/Jüttner*, AG 2003, 661 (664 f.); *Lang/Orttmann* in: Ziemons/Jaeger BeckOK GmbHG, Int. GesR, Rn. 44.

viele Autoren in diesem Urteil die endgültige Vorgabe der Gründungstheorie durch den EuGH annahmen,[630] gab es doch auch nach der Entscheidung noch viele Stimmen in der Literatur, die zumindest keine Absage an die Sitztheorie durch den Gerichtshof erkennen konnten.[631] Dabei ist jedoch insbesondere Schanze/Jüttner zuzustimmen, die in dieser „holzschnittartigen Diskussion" eine Vernebelung der eigentlichen Problematik vernehmen, weshalb die vordergründige Fragestellung um das nationale Kollisionsrecht und den Einfluss des Europarechts durch die nationale Terminologie von Sitz- und Gründungstheorie in den Hintergrund rückt und sogar zu Fehlinterpretationen führen kann.[632]

Eng mit der zuvor ausgeführten Thematik verbunden, losgelöst von der deutschen Terminologie um die Sitz- und Gründungstheorie, ist allerdings die Frage, ob die Niederlassungsfreiheit verbindliche Vorgaben für die nationalen Kollisionsrechte der Mitgliedstaaten trifft. Besonders deutlich wird dabei Leible, der in den Ex-Art. 43, 48 EGV (heute 49, 54 AEUV) eine „versteckte Kollisionsnorm" erblickt.[633] Auch Schanze/Jüttner sprechen im Zusammenhang mit den genannten Vorschriften von einer Schranke für das Kollisionsrecht.[634] Zumindest ist durch die Entscheidung Inspire Art hinreichend deutlich geworden, dass das Kollisionsrecht von der Niederlassungsfreiheit beeinflusst wird.[635] Eine Resistenz des Kollisionsrecht gegenüber den Grundfreiheiten ist kaum mehr vertretbar.[636]

b) Sonderanknüpfungen

Dreh- und Angelpunkt der Entscheidung ist aber die bereits nach Überseering angekündigte Frage nach einer Durchbrechung der grundsätzlichen Anknüpfung an das Recht des Gründungsstaates bei Zuzug einer Gesellschaft. Hierbei handelt es sich um sog. Sonderanknüpfungen, wobei insbesondere die Zulässigkeit und Reichweite zu untersuchen waren.[637]

---

630 *Forsthoff* in: Hirte/Bücker, Grenzüberschreitende Gesellschaften, § 2, Rn. 37; *Bayer*, BB 2003, 2357 (2363); im Grundsatz *Ulmer*, NJW 2004, 1201 (1209); *Weller*, DStR 2003, 1800; im Kern *Maul/Schmidt*, BB 2003, 2297 (2298).

631 *Altmeppen*, NJW 2004, 97 (99); *Kindler*, NZG 2003, 1086 (1089); *Leible*, ZGR 2004, 531 (534).

632 *Schanze/Jüttner*, AG 2003, 661 (665).

633 *Leible*, ZGR 2004, 531 (534) und auch *ders./Hoffmann*, EuZW 2003, 677 (681); zuvor schon *Eidenmüller*, ZIP 2002, 2233 (2241); bestätigend *Grundmann*, EU-GesR, § 22, Rn. 785 und *Weller*, ZGR 2010, 679 (697); a.A.: *Schäfer*, NZG 2004, 785 (788).

634 *Schanze/Jüttner*, AG 2003, 661 (665).

635 *Horn*, NJW 2004, 893 (896); *Weller*, DStR 2003, 1800.

636 So aber noch *Kindler* in: MüKo BGB, Bd. 12, Teil 10, Rn. 125.

637 Zu ersten Tendenzen s. bereits oben unter E., III., 3., f); treffend auch *Zimmer*, NJW 2003, 3585, welcher einleitend eine Klärung durch Inspire Art feststellt; *Spahlinger* in: Spahlinger/Wegen, Int. GesR, Rn. 218; für *Triebel/von Hase*, BB 2003, 2409 wurde die Blickrichtung der Diskussion durch Sonderanknüpfungen bestimmt.

aa) Zulässigkeit etwaiger Sonderanknüpfungen

Eine Möglichkeit, solche Sonderanknüpfungen mit der Niederlassungsfreiheit zu vereinbaren, scheint, neben der Anknüpfung an international zwingende Normen oder den Ordre-Public-Vorbehalt, die Kategorisierung der Anknüpfungspunkte im Kollisionsrecht der Mitgliedstaaten. Dabei sind einzelne sachrechtliche Materien eventuell nicht dem Gesellschaftsstatut zuzuordnen.[638] Solche Regeln sind dann nach Kindler und Ulmer nicht einmal mehr rechtfertigungsbedürftig, da sie keine Beschränkung der Niederlassungsfreiheit darstellen.[639]

Dabei sind jedoch alle gesellschaftsrechtlichen Regelungen eindeutig nach dem Recht des Gründungsstaates zu beurteilen.[640] Alle Regelungen des Insolvenzrechts verhalten sich hierzu diametral, wenn sie sich nach dem Recht des Eröffnungsstaates richten (Art. 4 Abs. 1 EuInsVO).[641] Nicht so reibungslos einzuordnen sind dagegen die Regeln des Vertrags-, Delikts- und allgemeinen Verkehrsrechts.[642]

Die Frage nach der „rechtstechnischen Möglichkeit“[643] zur Anwendung von Schutznormen nach dem Recht des Zuzugsstaates vernebelt allerdings die eigentliche Problematik: Ist nicht jede nationale Norm, welche die Anwendung der Niederlassungsfreiheit auch nur potenziell behindert, unabhängig von ihrer kollisionsrechtlichen Einordnung, eine Beschränkung der Niederlassungsfreiheit? Muss diese beschränkende Norm nicht den Anforderungen der Art. 49, 54 AEUV genügen?[644] Zunächst werden folgend jedoch trotzdem einzelne Sachmaterien für Sonderanknüpfungen beispielhaft herausgestellt und analysiert.

bb) Der Missbrauch der Niederlassungsfreiheit

Eine erste mögliche Sonderanknüpfung an das Gründungsrecht der Gesellschaft, fern der Einordnung unter ein Statut, stellt ein sanktionsfähiger Missbrauch der Niederlassungsfreiheit dar. Ob der Missbrauchseinwand jedoch als eine Art eigenständige Sonderanknüpfung mit einem einhergehenden, erhöhten

---

638 *Grundmann*, EU-GesR, § 22, Rn. 785 mit besonderem Augenmerk auf Fn. 58; *Weller*, DStR 2003, 1800 (1804).

639 *Kindler* in: MüKo BGB, Bd. 12, Teil 10, Rn. 434; *Ulmer*, NJW 2004, 1201 (1207).

640 *Weller* nimmt dies selbst für Teilfragen aus dem Gesellschaftsrecht an, DStR 2003, 1800 (1803); für eine engere Auslegung des Gesellschaftsstatuts plädiert *Horn*, NJW 2004, 893 (899); *Maul/Schmidt*, BB 2003, 2297 (2299); *Leible/Hoffmann*, EuZW 2003, 677 (681).

641 *Weller, DStR* 2003, 1800 (1803); *Goette*, DStR 2005, 197 (199); *Servatius* in: Henssler/Strohn, GesR, Int. GesR, Rn. 39.

642 *Ulmer*, NJW 2004, 1201 (1206); diese Schwierigkeit zeigt sich oft bei Mehrfachanknüpfungen, s. hierzu *Kindler*, NZG 2003, 1086 (1090).

643 *Eidenmüller* in: Eidenmüller, Ausländische KapGes, § 3, Rn. 121.

644 IdS *Behrens*, IPRax 2004, 20 (25); *Habersack/Verse*, EU-GesR, § 3, Rn. 30; *Leible/ Hoffmann*, EuZW 2003, 677 (681); aE wohl auch *Zimmer*, NJW 2003, 3585 (3592).

Rechtfertigungsspielraum der Mitgliedstaaten[645] oder als immanente Schranke der Niederlassungsfreiheit einzuordnen ist,[646] ist dogmatisch unklar. Letzterer Meinung ist etwa Ulmer, der speziell die fehlende Unterscheidung zwischen Missbrauch und einer möglichen Rechtfertigung durch zwingende Gründe des Allgemeinwohls in der Literatur kritisiert.[647]

Ungeachtet dieser Feinheiten kann grundsätzlich festgestellt werden, dass der Missbrauchseinwand vom EuGH und auch von der Literatur eindeutig anerkannt wurden.[648] Ebenso ist man sich in der Literatur, bis auf wenige Ausnahmen, eines nur geringen Anwendungsbereichs bewusst.[649] Vor allem ist die Umgehung strengeren nationalen Gesellschaftsrechts durch eine Auslandsgründung kein Missbrauch, sondern gerade Gebrauch der Niederlassungsfreiheit,[650] auch wenn etwa Geyrhalter/Gänßler eine klare Grenzziehung zwischen der „Ausnutzung laxeren Gründungsrechts und dem Gestaltungsmissbrauch" nicht erkennen können.[651] Einen weiten und handhabbaren Bereich für die Anwendung der Figur des Rechtsmissbrauchs sieht dagegen Kindler und begründet dies vor allem mit einem europarechtlich determinierten „Verbot der Gläubigerbenachteiligung".[652]

Weitere Autoren versuchen Fälle der Durchgriffshaftung mit deliktischem Charakter als Missbrauch der juristischen Person einzuordnen.[653] Für Kieninger ist das nicht möglich, da der EuGH unter dem Missbrauch der Grundfreiheiten klar das Ausnutzen von Regelungsgefällen zwischen den Mitgliedstaaten prüft und die Niederlassungsfreiheit nunmehr als Rechtswahlfreiheit versteht, was eine Anwendung des heimischen Kapitalschutzrechts über den Umweg des Missbrauchs der juristischen Person wieder negieren würde.[654] Gegen eine Qualifizierung der nationalen

645 So z.B. *Probst/Kleinert*, MDR 2003, 1265 (1268); *Horn*, NJW 2004, 893 (899); *Hirte* in: Hirte/Bücker, Grenzüberschreitende Gesellschaften, § 1, Rn. 30; *Kieninger*, ZEuP 2004, 685 (697 f.).

646 So z.B. *Kindler* in: MüKo BGB, Bd. 12, Teil 10, Rn. 431; *Leible/Hoffmann*, EuZW 2003, 677 (681); wohl auch *Binge/Thölke*, DNotZ 2004, 21 (26); allg. zur dogmatisch schwierigen Einordnung *Forsthoff* in: Hirte/Bücker, Grenzüberschreitende Gesellschaften, § 2, Rn. 46 ff.; *Ehlers* in: Ehlers, EU-Grundrechte und -freiheiten, § 7, Rn. 79.

647 *Ulmer*, NJW 2004, 1201 (1203).

648 EuGH, Urt. v. 09.03.1999, Rs. C-212/97, ECLI:EU:C:1999:126, Rn. 18 – Centros; EuGH, Urt. v. 30.09.2003, Rs. C-167/01, ECLI:EU:C:2003:512, Rn. 96 – Inspire Art; *Kieninger*, ZEuP 2004, 685 (690); *Eidenmüller/Rehm*, ZGR 2004, 159 (178); *Bayer*, BB 2003, 2357 (2363); *Binge/Thölke*, DNotZ 2004, 21 (23).

649 *Weller*, DStR 2003, 1800 (1803); kritisch hinterfragend *Leible/Hoffmann*, EuZW 2003, 677 (681); *Zimmer*, NJW 2003, 3585 (3591); *Ulmer*, NJW 2004, 1201 (1203).

650 *Meilicke*, GmbHR 2003, 1260 (1271); *Kanzleiter*, DNotZ 2003, 885.

651 *Geyrhalter/Gänßler*, DStR 2003, 2167 (2171); den fehlenden „dogmatisch operablen Inhalt" der Rechtsfigur kritisieren *Eidenmüller/Rehm*, ZGR 2004, 159 (178).

652 *Kindler*, NZG 2003, 1086 (1089).

653 *Horn*, NJW 2004, 893 (899); *Zimmer*, NJW 2003, 3585 (3589); *Spahlinger/Wegen* in: Spahlinger/Wegen, Int. GesR, Rn. 341; *Bayer*. BB 2003, 2357 (2364).

654 *Kieninger*, ZEuP 2004, 685 (698 f.).

Durchgriffshaftungstatbestände als Missbrauch lässt sich zuletzt auch noch der fehlende Rechtswidrigkeitszusammenhang zwischen fehlerhaftem Verhalten der Gesellschafter und dem Gebrauch der Niederlassungsfreiheit anführen.[655]

cc) Durchgriffshaftung

Die Durchgriffshaftung stellt eine weitere Variante möglicher Sonderanknüpfungen dar. Eine solche Haftung zeichnet sich durch eine Durchbrechung des für Kapitalgesellschaften obligatorischen Trennungsprinzips aus.[656] Dadurch haftet im Ausnahmefall nicht nur die Gesellschaft, sondern daneben auch der Gesellschafter mit seinem Privatvermögen.[657] Das Trennungsprinzip ist zwar kein genuin europarechtlicher Grundsatz,[658] jedoch ein in den nationalen Rechtsordnungen der Mitgliedstaaten geltender Leitgedanke.[659] Deshalb läuft eine inflationäre Normierung von Durchgriffshaftungstatbeständen aufgrund der Vermischung prägender Prinzipien des Kapital- und Personengesellschaftsrechts Gefahr, in ihrer Gesamtheit doch gegen die Niederlassungsfreiheit zu verstoßen, sofern durch solch einen Umweg die Ausnutzung großzügigeren Gründungsrechts in Form eines Missbrauchs sanktioniert werden soll.[660] Dies heißt jedoch nicht, dass Haftungsdurchbrechungen von vornherein ausgeschlossen sind, weil sie per se gegen die Niederlassungsfreiheit verstoßen.[661] Speziell in anderen Gesellschaftsrechtsordnungen, in denen andere Schutzmechanismen als das Stammkapital für Kapitalgesellschaften vorherrschen, ist eine stärkere Akzeptanz von Durchgriffshaftungen zu erkennen.[662] Die Durchgriffshaftung ist ein Oberbegriff für eine Reihe von Haftungstatbeständen, welche eine persönliche Einstandspflicht der Gesellschafter nach sich ziehen.[663]

(1) Unterkapitalisierung

Die Haftung wegen materieller Unterkapitalisierung tritt nach deutschem Recht ein, wenn die Gesellschafter einer Kapitalgesellschaft diese bewusst mit ungenügendem Stammkapital ausstatten und ein Misserfolg zu Lasten der Gläubiger

---

655 *Eidenmüller* in: Eidenmüller, Ausländische KapGes, § 4, Rn. 22.
656 In Deutschland z.B. §§ 1 I 2 AktG, 13 II GmbhG; *Drygala/Staake/Szalai*, KapGesR, § 10, Rn. 1 ff.; *Hirte*, KapGesR, Rn. 5.161 ff.; *Schaefer/Fackler*, NZG 2007, 377 (378); für die Ltd. nachzulesen bei *Rehm* in: Eidenmüller, Ausländische KapGes, § 10, Rn. 65.
657 *Forsthoff/Schulz* in: Hirte/Bücker, Grenzüberschreitende Gesellschaften, § 15, Rn. 49; *Saenger*, GesR, Rn. 15; *Bayer*, BB 2003, 2357 (2364).
658 So bspw. *Grundmann*, EU-GesR, § 9, Rn. 286; *Möslein*, NZG 2011, 174(175).
659 *Stöber*, ZVglRWiss 2014, 57 (62–64); so auch der EU-Gesetzgeber bez. der SE-VO.
660 *Bayer*, BB 2003, 2357 (2364); *Horn*, NJW 2004, 893(898).
661 *Stöber*, ZVglRWiss 2014, 57 (64, 81); s.a. folgend die einzelnen Haftungstatbstände.
662 *Zimmer*, NJW 2003, 3585 (3588); *Grundmann*, EU-GesR, § 9, Rn. 307 verweist z.B. auf Frankreich, Großbritannien und Italien.
663 *Saenger*, GesR, Rn. 805 ff.; *Forsthoff/Schulz* in: Hirte/Bücker, Grenzüberschreitende Gesellschaften, § 15, Rn. 62 ff.; *Röpke*, Gläubigerschutz, S. 111.

wahrscheinlich ist.[664] Sie ist aber selbst im deutschen Recht umstritten.[665] Forsthoff und Schulz sehen aufgrund der fehlenden richterlichen Etablierung dieser Haftungsvariante in Deutschland in ihr bereits einen diskriminierenden Charakter, wenn nun eine Anwendung auf ausländische Gesellschaften möglich wäre.[666]

Da es hierbei um die Frage der Kapitalausstattung geht, welche zu den Basiselementen der jeweiligen nationalen Gesellschaftsrechtsordnungen zu zählen ist, muss auch wegen der nationalen Unterschiede und Besonderheiten im Kapitalgesellschaftsrecht an das Gründungsrecht angeknüpft werden.[667] Eine Anknüpfung an das (Delikts-)Recht des Zuzugsstaates soll nur dann statthaft sein, wenn die Unterkapitalisierung zu einer vorsätzlich geplanten Vorgehensweise der Gläubigerbenachteiligung gehört und somit wieder den Missbrauchseinwand erfüllt.[668]

Ungeachtet einer Sonderanknüpfung an das Gründungsrecht sieht Fleischer in der Haftung wegen Unterkapitalisierung ein der Keck-Rechtsprechung entsprechendes mittelbares Marktzugangserschwernis, welches zwar nicht durch Lücken im Gläubigerschutzsystem der Mitgliedstaaten, aber möglicherweise wegen ihres verhaltensbezogenen Charakters nach der Gebhard-Formel gerechtfertigt wäre.[669] Hiergegen spricht aber die Tatsache, dass der EuGH den Gläubigerschutz durch das Informationsmodell auf mildere Art und Weise ebenso effizient verwirklicht sieht.[670]

(2) Vermögensvermischung

In Deutschland haften die Gesellschafter einer Kapitalgesellschaft entgegen dem Trennungsprinzip auch dann persönlich, wenn eine eindeutige Trennung von Privat- und Gesellschaftsvermögen aufgrund unrichtiger Buchführung oder anderer Vernebelung nicht möglich ist.[671] Bei fehlendem Einfluss der Gesellschafter auf

---

664 *Altmeppen* in: Roth/Altmeppen, GmbHG, §13, Rn. 142; *Schwandtner* in: MüKo GmbHG, Bd. 1, § 5, Rn. 36; *Drygala/Staake/Szalai*, KapGesR, § 10, Rn. 13 f.

665 *Saenger*, GesR, Rn. 805; *Zimmer*, NJW 2003, 3585 (3588); *Goette*, DStR 2005, 197 (198); *Hirte*, KapGesR, Rn. 5.168 f.; *Schaefer/Fackler*, NZG 2007, 377 (379).

666 *Forsthoff/Schulz* in: Hirte/Bücker, Grenzüberschreitende Gesellschaften, § 15, Rn. 64.

667 *Schanze/Jüttner*, AG 2003, 661 (669); *Spahlinger/Wegen* in: Spahlinger/Wegen, Int. GesR, Rn. 336.

668 *Goette*, DStR 2005, 197 (200); *Bayer*, BB 2003, 2357 (2364); eine solche Anknüpfung schließt *Eidenmüller* in: Eidenmüller, Ausländische KapGes, § 4, Rn. 27 aus.

669 *Fleischer* in: Lutter, Auslandsgesellschaften, S. 119 ff.

670 Eine Rechtfertigung würde ausscheiden; vgl. *Ulmer*, NJW 2004, 1201 (1208); *Kieninger*, ZEuP 2004, 685 (700); *Grundmann*, EU-GesR, § 6, Rn. 187, welcher vom Vorrang der Informationsnormen spricht; *Eidenmüller/Rehm*, ZGR 2004, 159 (181).

671 *Saenger*, GesR, Rn. 805; *Altmeppen* in: Roth/Altmeppen, GmbHG, §13, Rn. 136; *Koch* in: Hüffer/Koch, AktG, § 1, Rn. 20; *Drygala/Staake/Szalai*, KapGesR, § 10, Rn. 8 f.

eine etwaige Vermögensverschiebung im Einzelfall, scheidet eine Haftung aber bereits aus.[672]

Da es sich hier um eine Frage der Kontrolle von Kapitalerhaltungsvorschriften handelt, muss, ähnlich der Haftung wegen Unterkapitalisierung, zwingend eine Anknüpfung an das Recht des Gründungsstaates ergehen.[673] Für Spahlinger/Wegen folgt eine Gründungsanknüpfung aus dem Umstand, dass die Haftung unmittelbar an die Art und Weise der Gesellschaftsführung, die rechtliche Selbstständigkeit der Gesellschaft und damit untrennbar an ihre Rechtsfähigkeit anknüpft.[674] Ein anderes Ergebnis ist wiederum nur dann zu erzielen, wenn der Missbrauchs- oder Betrugseinwand greift und somit eine Verhaltenshaftung nach deliktischem Maßstab vorliegt.[675]

Fleischer sieht die Haftung wegen Vermögensvermischung dagegen zusätzlich durch eine Lücke im englischen Gründungsrecht gerechtfertigt.[676] Für Eidenmüller ist eine solche isoliert auftretende Lücke jedoch nicht ausreichend, vielmehr bedürfe es eines in der Gesamtheit unzureichenden Gläubigerschutzes und dieser sei in allen EU-Kapitalgesellschaftsrechten gerade nicht vorhanden.[677]

(3) Existenzvernichtung

Das „Paradebeispiel" für Durchgriffshaftungen im deutschen Kapitalgesellschaftsrecht stellte lange Zeit die Haftung wegen Existenzvernichtung dar.[678] Von dem früheren Konzept einer Durchgriffshaftung ist der BGH in der Entscheidung Trihotel allerdings abgerückt; nach der neuen Rechtsprechung des BGH stellt die Existenzvernichtungshaftung heute nur noch eine reine Innenhaftung als besonderer Fall der vorsätzlichen sittenwidrigen Schädigung nach § 826 BGB dar.[679] An ihr konnte man allerdings ursprünglich, durch die große Bandbreite an Erwähnungen in der Literatur, beispielhaft die Frage der Europarechtskonformität der Durchgriffshaftung im Allgemeinen ablesen.[680] Nach den Entscheidungen Bremer Vulkan[681] und KBV[682] hafteten die Gesellschafter einer GmbH nach altem Verständnis

672 *Zimmer*, NJW 2003, 3585 (3588); *Wilhelmi* in: Ziemons/Jaeger BeckOK GmbHG, § 13, Rn. 147; *Hirte*, KapGesR, Rn. 5.166; *ders.*, NJW 1996, 2827 (2846).

673 *Forsthoff/Schulz* in: Hirte/Bücker, Grenzüberschreitende Gesellschaften, § 15, Rn. 64; *Schanze/Jüttner*, AG 2003, 661 (669); *Röpke*, Gläubigerschutz, S. 111 f.

674 *Spahlinger/Wegen* in: Spahlinger/Wegen, Int. GesR, Rn. 338.

675 *Weller*, DStR 2003, 1800 (1804); *Ulmer*, NJW 2004, 1201 (1208); *Forsthoff/Schulz* in: Hirte/Bücker, Grenzüberschreitende Gesellschaften, § 15, Rn. 64.

676 *Fleischer* in: Lutter, Auslandsgesellschaften, S. 120 f.

677 *Eidenmüller* in: Eidenmüller, Ausländische KapGes, § 4, Rn. 11,27.

678 *Forsthoff/Schulz* in: Hirte/Bücker, Grenzüberschreitende Gesellschaften, § 15, Rn. 68.

679 BGH, Urt. v. 16.07.2007 – II ZR 3/04, BGHZ 143, 246 = NJW 2007, 2689; *Stöber*, ZIP 2013, 2295; *Wagner* in: MüKo BGB, Bd. 6, § 826, Rn. 170; *Schanze*, NZG 2007, 681.

680 Stellvertretend für viele: *Binge/Thölke*, DNotZ 2004, 21 (26); *Meilicke*, GmbHR 2003, 1260 (1272); *Goette*, DStR 2005, 197 (200).

681 BGH, Urt. v. 19.09.2001 – II ZR 178/99, BGHZ 149, 10 = NJW 2001, 3622.

682 BGH, Urt. v. 24.06.2002 – II ZR 300/00, BGHZ 151, 181 = NJW 2002, 3024.

der Existenzvernichtungshaftung persönlich, wenn sie entgegen einem „Mindeststandard ordnungsgemäßen unternehmerischen Verhaltens" übereinstimmend Gesellschaftsvermögen, abweichend von der Zweckbindung und zu Lasten unbefriedigter Gläubiger, abzogen.[683] Anders als etwa die Haftung wegen Unterkapitalisierung war diese Form der Haftung durch Rechtsprechung und Literatur weitestgehend anerkannt.[684] Auch bei der Haftung wegen existenzvernichtenden Eingriffs konnte aber zur Zeit des Urteils Inspire Art und kann auch nach der Trihotel-Entscheidung unabhängig von der Ausgestaltung der Haftung grundsätzlich nichts anderes gelten als eine Gründungsrechtsanknüpfung.[685]

Nach der Ansicht von Eidenmüller/Rehm konnte eine solche Haftung ursprünglich als Sonderanknüpfung nur durchgesetzt werden, wenn das Gründungsrecht keinen zuverlässigen Gläubigerschutz garantierte.[686] Fleischer macht so eine Lücke im britischen Gesellschaftsrecht aus, weil die Instrumentarien des Common-Law-Rechtskreises für einen Vermögensabzug bei der Gesellschaft nicht die gesamte Problemkonstellation zu lösen vermögen.[687] In Großbritannien ist der Gläubigerschutz vor allem durch eine rigide öffentlich-rechtliche Staatsaufsicht realisiert, welche die geringen Gründungsanforderungen kompensiert. Für Altmeppen stellte die fehlende Staatsaufsicht im deutschen Kapitalgesellschaftsrecht bei gleichzeitigem Wegfall der deutschen Gläubigerschutzvorschriften im Falle eines Zuzugs einer englischen Gesellschaft nach Deutschland eine Schutzlücke dar.[688] Dabei ist jedoch zu bedenken, dass das englische Recht nicht per se einen nur unzureichenden Gläubigerschutz gewährleistet, sondern diesen nur anders verwirklicht, weshalb auch kein Schutzvakuum besteht.[689]

Einen anderen Weg schlug Weller ein, welcher die Existenzvernichtungshaftung unter das Insolvenzrecht einordnete und das Recht des Eröffnungsstaates fruchtbar machte (Art. 4 Abs. 1 EuInsVO).[690] Hierfür spricht die Tatsache, dass

683 *Altmeppen* in: Roth/Altmeppen, GmbHG, §13, Rn. 73; *Stöber*, ZIP 2013, 2295; *Horn*, NJW 2004, 893 (899); *Spahlinger/Wegen* in: Spahlinger/Wegen, Int. GesR, Rn. 339.

684 *Liebscher* in: MüKo GmbHG, Bd. 1, Anh. § 13, Rn. 519; *Altmeppen*, NJW 2004, 97 (100); *Lieder* in: Michalski/Heidinger/Leible/Schmidt, GmbHG, § 13, Rn. 434 ff.

685 *Röpke*, Gläubigerschutz, S. 111; s.a. oben die anderen Durchgriffshaftungstatbestände; *Stöber*, GmbHR 2006, 1146 (1147); *ders.*, ZIP 2013, 2295 (2303).

686 *Eidenmüller/Rehm*, ZGR 2004, 159 (182); ebenso *Forsthoff/Schulz* in: Hirte/Bücker, Grenzüberschreitende Gesellschaften, § 15, Rn. 70; *Kieninger*, ZEuP 2004, 685 (699); so auch nach Trihotel *Weller*, ZIP 2007, 1681, (1688 f.): „das Defizit des gesellschaftsrechtlichen Gläubigerschutzes"; ähnlich *Vetter*, BB 2007, 1965 (1970).

687 *Fleischer* in: Lutter, Auslandsgesellschaften, S. 125 f.; a.A.: *Eidenmüller/Rehm*, ZGR 2004, 159(182).

688 *Altmeppen*, NJW 2004, 97(100).

689 *Eidenmüller* in: Eidenmüller, Ausländische KapGes, § 4, Rn. 11, 26; *Spahlinger/Wegen* in: Spahlinger/Wegen, Int. GesR, Rn. 344; *Horn*, NJW 2004, 893 (898); *Bayer*, BB 2003, 2357 (2364); *Stöber*, ZIP 2013, 2295 (2302) nennt z.B. das „piercing the corporate veil".

690 *Weller*, DStR 2003, 1800 (1804), welcher dies aber später revidiert, s.u.; zustimmend *Goette*, DStR 2005, 197 (200 f.); zurückhaltender *Zimmer*, NJW 2003, 3585 (3588 f.).

existenzvernichtende Eingriffe in der Regel in bereits annähernd insolvente Gesellschaften erfolgen.[691] Auch nach der Trihotel-Entscheidung plädieren einige Autoren deshalb für eine insolvenzrechtliche Einordnung.[692] Gegen diese Einordnung spricht aber, dass die Existenzvernichtungshaftung zwar richterrechtlich geprägt ist, ihren Ursprung aber in der Haftungsverfassung der Gesellschaften hat und somit eine Haftung erst begründet, während insolvenzrechtliche Regeln die Haftungsrealisierung unter Knappheitsbedingungen betreffen.[693] Spahlinger erkannte zwar die funktionale Nähe zum Insolvenzrecht, sieht diese aber nicht als ausreichend an, um auch eine solche Anknüpfung anzunehmen.[694]

Weitere Autoren wollten die Existenzvernichtungshaftung dem Deliktsstatut unterordnen, weil sie als formal-gesellschaftsrechtliche Haftung funktional eher deliktischen Charakter aufweist.[695] Da der BGH die Existenzvernichtungshaftung mit der Entscheidung Trihotel als besondere Fallgruppe der sittenwidrigen Schädigung nach § 826 BGB einstufte, erhielt diese Einordnung später neuen Aufwind.[696] Auch Weller qualifiziert die Existenzvernichtungshaftung nunmehr deliktsrechtlich.[697]

Eidenmüller differenzierte schon vor der Trihotel-Entscheidung streng zwischen der Einordnung der Existenzvernichtungshaftung in einen bestimmten juristischen Themenkomplex und der Qualifikation nach Internationalem Privatrecht. Aufgrund der BGH-Rechtsprechung ist der gesellschaftsrechtliche Charakter für ihn dabei unstreitig. Hieraus folge aber nicht gleichzeitig eine gesellschaftsrechtliche Qualifikation, auch wenn diese bei funktionaler Betrachtung trotzdem gegeben sei. Dafür spreche, dass die Haftung nicht jedermann trifft, wie etwa bei Normen des deutschen Deliktsrechts, sondern eine an den Status als Gesellschafter anknüpfende Haftung darstellt.[698] Schlussendlich war und ist einer Anknüpfung

691 *Fleischer* in: Lutter, Auslandsgesellschaften, S. 89.

692 *Lieder*, DZWiR 2008, 145 (148); *Kindler* in: MüKo BGB, Bd. 12, Teil 10, Rn. 622; *ders.*, IPRax 2009, 189 (193); *Kühnle/Otto*, IPRax 2009, 117 (120); zur unterschiedlichen Qualifikationen der Existenzvernichtungshaftung und zu deren jeweiligen Befürwortern vor und nach der Trihotel-Entscheidung s. exemplarisch *Ego* in: MüKo AktG, Bd. 7, B., Rn. 418 ff. mit besonderem Augenmerk auf die Fn. 212, 214, 218.

693 *Eidenmüller* in: Eidenmüller, Ausländische KapGes, § 4, Rn. 8, 21.

694 *Spahlinger/Wegen* in: Spahlinger/Wegen, Int. GesR, Rn. 343; ebenso *Fleischer* in: Lutter, Auslandsgesellschaften, S. 128 f.

695 So z.B. *Bayer*, BB 2003, 2357 (2365); ebenfalls *Schanze/Jüttner*, AG 2003, 661 (669 f.) und *Zimmer*, NJW 2003, 3585 (3588 f.).

696 *Kühnle/Otto*, IPRax 2009, 117 (120); *Ego* in: MüKo AktG, Bd. 7, B., Rn. 419.

697 *Weller*, ZIP 2007, 1681, (1688 f.); ebenso *Paefgen*, WM 2009, 529, (535); *Habersack*, ZGR 2008, 533 (546); *Teichmann*, ZGR 2011, 639 (673).

698 *Eidenmüller* in: Eidenmüller, Ausländische KapGes, § 4, Rn. 8, 21; *Spahlinger/Wegen* in: Spahlinger/Wegen, Int. GesR, Rn. 342; ähnlich *Ulmer*, NJW 2004, 1201 (1207); zutreffend auch nach der Trihotel-Entscheidung *Stöber*, ZIP 2013, 2295 (2302).

an das Gesellschaftsstatut zuzustimmen.[699] Jedoch müsste sich auch eine andere, etwa insolvenz- oder deliktsrechtliche Anknüpfung ebenso an der Niederlassungsfreiheit messen lassen, wenn sie die Anwendung der Grundfreiheit behindert oder weniger attraktiv erscheinen lässt.[700] Es ist stets auf die (abschreckende) Wirkung der Regel in Bezug auf die Inanspruchnahme der Niederlassungsfreiheit abzustellen.[701]

Auch wenn man mit dem BGH die Existenzvernichtungshaftung nunmehr als reine Innenhaftung nach § 826 BGB ansieht, war und ist letztlich eine Verhältnismäßigkeitsprüfung durchzuführen, wobei der Existenzvernichtungshaftung bei der Erforderlichkeit sicherlich ihr Ultima-Ratio-Charakter zugutekommt.[702] Für eine Erforderlichkeit spricht aber auch, dass die Existenzvernichtungshaftung nunmehr als verschuldensabhängige Haftung ausgestaltet ist, die eine Würdigung im Einzelfall ermöglicht und nicht etwa abstrakt-pauschal wirkt.[703] Dann ist die Regel auch dem allgemeinen Verkehrsrecht zuzuordnen.[704] Man könnte die Verhältnismäßigkeit auch auf die Verletzung einer elementaren Grundregel des Gläubigerschutzes stützen, wenn das Vermögen der Gesellschaft durch gezielte Eingriffe derart zugrunde gerichtet wird, dass eine Befriedigung der Gläubiger unmöglich wird.[705] Zweifelhaft ist die Erforderlichkeit aber aufgrund des vom EuGH postulierten Vorrangs des Informationsmodells sowie der Selbstschutzmöglichkeiten im Rahmen der Privatautonomie.[706] Ebenso ist zu beachten, dass die zusätzliche Anwendung der Existenzvernichtungshaftung neben den Haftungsregeln des

---

699 *Ulmer*, NJW 2004, 1201 (1209); *Altmeppen*, NJW 2004, 97 (101); *Meilicke*, GmbHR 2003, 1260 (1272); *Spahlinger/Wegen* in: Spahlinger/Wegen, Int. GesR, Rn. 341; *Eidenmüller* in: Eidenmüller, Ausländische KapGes, § 4, Rn. 21; *Fleischer* in: Lutter, Auslandsgesellschaften, S. 89 f.; a.A.: *Weller*, DStR 2003, 1800 (1804); *Bayer*, BB 2003, 2357 (2365); unklar *Goette*, DStR 2005, 197 (200 f.); *Roth* möchte einzelne Aspekte versuchsweise insolvenzrechtlich anknüpfen, NZG 2003, 1081 (1085); *Horn* plädiert für ein enger gefasstes Gesellschaftsstaut, NJW 2004, 893 (899).

700 *Kieninger*, ZEuP 2004, 685 (697); *Fleischer* in: Lutter, Auslandsgesellschaften, S. 98; *Eidenmüller* in: Eidenmüller, Ausländische KapGes, § 3, Rn. 8 f.; *Zimmer*, NJW 2003, 3585 (3591 f.); *Habersack/Verse*, EU-GesR, § 3, Rn. 28, 30; *Tietje* in: Ehlers, EU-Grundrechte und -freiheiten, § 10, Rn. 70.

701 *Stöber*, ZIP 2013, 2295 (2302); *ders.*, ZHR 2012, 326 (330 f.).

702 *Forsthoff/Schulz* in: Hirte/Bücker, Grenzüberschreitende Gesellschaften, § 15, Rn. 72; *Fleischer* in: Lutter, Auslandsgesellschaften, S. 126.

703 *Forsthoff/Schulz* in: Hirte/Bücker, Grenzüberschreitende Gesellschaften, § 15, Rn. 76; *Fleischer* in: Lutter, Auslandsgesellschaften, S. 127; vgl. auch § 826 BGB.

704 *Ulmer*, NJW 2004, 1201 (1210); ebenso *Schanze/Jüttner*, AG 2003, 661 (670), die aber deshalb bereits keine Beschränkung annehmen.

705 *Altmeppen*, NJW 2004, 97 (101 f.).

706 *Kieninger*, ZEuP 2004, 685 (700 ff.); *Eidenmüller/Rehm*, ZGR 2004, 159 (181); *ders.* in: Eidenmüller, Ausländische KapGes, § 4, Rn. 26; *Spahlinger/Wegen* in: Spahlinger/Wegen, Int. GesR, Rn. 344; *Geyrhalter/Gänßler*, DStR 2003, 2167 (2169); a.A.: *Goette*, DStR 2005, 197 (198); *Kindler* kritisiert dabei die Außerachtlassung der gesetzlichen

Gründungsstaates unabhängig von der Ausgestaltung als Außen- oder nunmehr richtigerweise als Innenhaftung zu einer unnötigen Haftungsverdoppelung führen kann, sofern vergleichbare Regelungen im Gründungsstaat bestehen.[707]

(4) Fazit: Durchgriffshaftung

Insgesamt sind alle vorliegend analysierten Fälle der Durchgriffshaftung sowie die Existenzvernichtungshaftung in alter und neuer Ausprägung, seien sie im Endergebnis gesellschafts-, delikts- oder sogar insolvenzrechtlich zu qualifizieren, als nicht zu rechtfertigende Beschränkungen der Niederlassungsfreiheit im Zuzugsfall anzusehen.[708] Die in ihrem Naturell angelegte Nähe zu den Vorschriften über das Mindestkapital einer deutschen Kapitalgesellschaft lässt sie an der Erforderlichkeitshürde scheitern.[709] Zu gewichtig sind die Aussagen des EuGH zum Informationsmodell und den Selbstschutzmöglichkeiten potenzieller Gläubiger.[710] Ausnahmen sind nur vereinzelt anzunehmen und nur sehr restriktiv auszulegen, wenn etwa ein Schädigungsvorsatz als subjektives Element für eine Haftung notwendig ist und dann im Einzelfall auch nachgewiesen werden kann.[711] Dabei ist jedoch die marktzugangsbeschränkende Wirkung auf die Niederlassungsfreiheit nicht zu vernachlässigen.[712]

ee) Insolvenz

Viele Autoren sehen das Internationale Insolvenzrecht als „sichersten Hafen“ für die Anwendung nationalen Rechts an.[713] Ulmer weist jedoch darauf hin, dass das Verhältnis der insolvenzrechtlich qualifizierten Normen iSv Art. 4 Abs. 2 EuInsVO zur Niederlassungsfreiheit noch nicht untersucht worden ist. Die integrationsfördernde

---

Gläubiger, NZG 2003, 1086 (1088) und ebenso *Leible* in: Michalski/ Heidinger/Leible/ Schmidt, GmbHG, Bd. 1, sys. Darst. 2 – Int. GesR, Rn. 32.

707 *Stöber*, ZIP 2013, 2295 (2302); *Vetter*, BB 2007, 1965 (1970); *Schall*, NJW 2011, 3745 (3748); *Weller*, ZIP 2007, 1681 (1688 f.).

708 *Probst/Kleinert*, MDR 2003, 1265 (1267 f.); *Eidenmüller* in: Eidenmüller, Ausländische KapGes, § 4, Rn. 26 f.; *Saenger*, GesR, Rn. 851, 854; *Forsthoff/Schulz* in: Hirte/Bücker, Grenzüberschreitende Gesellschaften, § 15, Rn. 63, 66, 76.

709 *Habersack/Verse*, EU-GesR, § 3, Rn. 29; *Kalss/Klampfl*, EU-GesR, Rn. 115.

710 *Ulmer*, NJW 2004, 1201 (1210); *Spahlinger/Wegen* in: Spahlinger/Wegen, Int. GesR, Rn. 344; *Grundmann*, EU-GesR, § 31, Rn. 1169; *Kalss/Klampfl*, EU-GesR, Rn. 206; *Forsthoff* in: Hirte/Bücker, Grenzüberschreitende Gesellschaften, § 2, Rn. 81 ff.

711 *Fleischer* in: Lutter, Auslandsgesellschaften, S. 127; *Ulmer*, NJW 2004, 1201 (1208); *Weller*, DStR 2003, 1800 (1804); *Goette*, DStR 2005, 197 (199); *Forsthoff/Schulz* in: Hirte/Bücker, Grenzüberschreitende Gesellschaften, § 15, Rn. 65, 67, 73, 76.

712 *Stöber*, ZIP 2013, 2295 (2302); s.a. unten zur Keck-Formel H., 3., 2.

713 So wörtlich *Ulmer*, NJW 2004, 1201 (1207); stellvertretend: *Meilicke*, GmbHR 2003, 1260 (1272); *Kindler*, NZG 2003, 1086 (1090) auch bei Mehrfachanknüpfungen; *Haas*, GmbHR 2006, 505 (509); *Weller*, DStR 2003, 1800 (1804).

Ausrichtung dieses europäischen Sekundärrechtsaktes lässt jedoch auf eine Konformität schließen.[714]

Nicht wenige Autoren erkennen aber auch in den insolvenzrechtlich zu qualifizierenden Vorschriften eine potenziell beschränkende Wirkung auf die Niederlassungsfreiheit und unterziehen diese einer 4-Stufen-Prüfung.[715] Goette möchte vorab prüfen, inwiefern die Wirkung der Niederlassungsfreiheit durch die Insolvenzvorschriften widerrechtlich verkürzt wird, stellt den dazu gehörenden Haftungstatbeständen aber zugleich einen Freischein aus, indem er diese für „regelmäßig... nicht erforderlich" hält.[716] Es ist jedoch zwischen den insolvenzrechtlichen Verfahrensregeln und der Auslösung des Insolvenzverfahrens zu unterscheiden: Während erstere den Marktaustritt regeln, dadurch entweder iSd Keck-Rechtsprechung keine Beschränkung der Niederlassungsfreiheit darstellen oder zumindest verhältnismäßig und gerechtfertigt erscheinen, ist letzteres vom Anwendungsbereich der Niederlassungsfreiheit umfasst und nicht so leicht zu rechtfertigen.[717]

Vorrangig in der Diskussion sind die Insolvenzantragspflichten sowie die Insolvenzverschleppungshaftung: Es ist bereits höchst streitig, ob die Vorschriften rein insolvenz- oder gar gesellschaftsrechtlich zu qualifizieren sind.[718] Die Antragspflichten sind als auslösender Faktor aber eng mit der folgenden Haftung verbunden, weshalb nur eine gleichartige Qualifikation in Frage kommt.[719] Die Verschiebung der Insolvenzantragspflichten aus § 64 Abs. 1 GmbHG in § 15a InsO durch das MoMiG[720] spricht heute für eine Anknüpfung an das Insolvenzstatut, insbesondere weil damit eine Anwendung auf Scheinauslandsgesellschaften

---

714 *Ulmer*, NJW 2004, 1201 (1207).

715 *Zimmer*, NJW 2003, 3585 (3591 f.); *Kieninger*, ZEuP 2004, 685 (697); *Müller* in: Spindler/Stilz, AktG, Bd. 2, Int. GesR, Rn. 16; *Fleischer* in: Lutter, Auslandsgesellschaften, S. 98; *Habersack/Verse*, EU-GesR, § 3, Rn. 30.

716 *Goette*, DStR 2005, 197 (199).

717 *Röpke*, Gläubigerschutz, S. 162 f.; *Eidenmüller* unterscheidet zumindest kollisionsrechtlich zwischen Haftungsbegründung und -verwirklichung in: Eidenmüller, Ausländische KapGes, § 9, Rn. 4, zum Kriterium des Markaustritts s. Rn. 29; *Fleischer* in: Lutter, Auslandsgesellschaften, S. 88, sieht in der Existenzvernichtungshaftung die Auslösung der Insolvenz als Tatbestandsvoraussetzung an; *Ulmer*, NJW 2004, 1201 (1207).

718 Insolvenzrechtlich: *Weller*, DStR 2003, 1800 (1804); *Eidenmüller* in: Eidenmüller, Ausländische KapGes, § 9, Rn. 26; *Goette*, DStR 2005, 197 (200); *Müller*, NZG 2003, 414 (417); Gesellschaftsrechtlich: *Ulmer*, NJW 2004, 1201 (1207, 1210); *Stöber*, ZHR 2012, 326 (362); Deliktsrechtlich: *Schanze/Jüttner*, AG 2003, 661 (670); Unsicher: *Zimmer*, NJW 2003, 3585 (3590).

719 *Müller*, NZG 2003, 414 (417); *Röpke*, Gläubigerschutz, S. 114; *Spahlinger/Wegen* in: Spahlinger/Wegen, Int. GesR, Rn. 346.

720 Das Gesetz zur Modernisierung des GmbH-Rechts und zur Bekämpfung von Missbräuchen vom 23. Oktober 2008.

garantiert werden sollte.[721] Außerdem sprechen die Zielsetzungen der Vorschriften, einerseits Altgläubiger vor weiterer Schmälerung der Haftungsmasse und andererseits Neugläubiger vor dem Eintritt in Geschäftsbeziehungen und dem Erwerb wertloser Ansprüche zu schützen, für eine insolvenzrechtliche Einordnung.[722]

Wenn man aber entgegen einer weitverbreiteten Meinung auch die insolvenzrechtliche Anknüpfung auf ihre beschränkende Wirkung der Niederlassungsfreiheit überprüft, kommt man trotzdem zum gleichen Ergebnis wie die Vertreter einer Ausnahme von der Anwendung der Niederlassungsfreiheit auf die Insolvenzvorschriften: Die bespielhaft aufgezeigten Tatbestände der Insolvenzantragspflicht und der Insolvenzverschleppungshaftung regeln gerade nur den Marktaustritt, nicht etwa den Marktzugang einer Gesellschaft. So können sie entweder im Wege einer sinngemäßen Anwendung der Keck-Formel schon nicht als Beschränkung angesehen werden[723] oder aber sind nach Maßgabe der Gebhard-Formel gerechtfertigt.[724] Die Regeln sind insbesondere verhältnismäßig, weil sie nicht diskriminierend angewendet werden und insolvente Kapitalgesellschaften zum Schutz der Allgemeinheit aus dem Wirtschaftsverkehr herauszuhalten sind.[725] Somit ist das Insolvenzrecht im Ergebnis zwar wohl nicht pauschal dem Anwendungsbereich der Niederlassungsfreiheit entzogen, aber gerade wegen der legitimen Zielsetzungen und der Regeln über den Markaustritt ein „sicherer Hafen" für die Anwendung nationaler Regeln.[726] Das neuere EuGH-Urteil Kornhaas bestätigt dies auf eindrucksvolle Weise.[727] Ebenso wie der BGH qualifizierte auch der EuGH die Haftung für masseverkürzende Zahlungen nach § 64 Abs. 2 S. 1 GmbHG a.F. insolvenzrechtlich.[728] Die Regelung knüpfe nicht an die Gründung einer Gesellschaft oder die spätere grenzüberschreitende Niederlassung an, sondern an die spätere Tätigkeit der Gesellschaft.[729] Aufgrund dieser Aussage des EuGH spricht vieles, u.A. der Wortlaut und die Prüfungsebene der Ausführungen, sogar für eine Übertragung

---

721 *Lang/Orttmann* in: Ziemons/Jaeger BeckOK GmbHG, Int. GesR, Rn. 126; *Roth* in: Roth/Altmeppen, GmbHG, 8. Auflage 2015, § 4a, Rn. 33; *Müller* in: Mankowski/Müller/Schmidt, EuInsVO, Art. 7, Rn. 92.

722 *Eidenmüller* in: Eidenmüller, Ausländische KapGes, § 9, Rn. 26; sehr genau *Röpke*, Gläubigerschutz, S. 154 ff.; *Altmeppen*, NJW 2004, 97 (100).

723 *Eidenmüller* in: Eidenmüller, Ausländische KapGes, § 9, Rn. 33; *Habersack/Verse*, EU-GesR, § 3, Rn. 31.

724 *Schanze/Jüttner*, AG 2003, 661 (670); *Zimmer*, NJW 2003, 3585 (3590).

725 *Müller*, NZG 2003, 414 (417); *Lang/Orttmann* in: Ziemons/Jaeger BeckOK GmbHG, Int. GesR, Rn. 127.3; *Röpke*, Gläubigerschutz, S. 170.

726 Vgl. eingangs zur Insolvenz.

727 EuGH, Urt. v. 10.12.2015, Rs. C-594/14, ECLI:EU:C:2015:806 – Kornhaas; s. zugleich unten die ausführliche Besprechung und Einordnung des Urteils unter H., III., 2., b).

728 EuGH, Urt. v. 10.12.2015, Rs. C-594/14, ECLI:EU:C:2015:806, Rn. 7–12; 17 – Kornhaas; *Weller/Hübner*, NJW 2016, 223; *Scholz*, ZEuP 2016, 959.

729 EuGH, Urt. v. 10.12.2015, Rs. C-594/14, ECLI:EU:C:2015:806, Rn. 28 – Kornhaas; *Weller/Hübner*, NJW 2016, 223 (225); *Kindler*, EuZW 2016, 136 (138).

der Keck-Formel auf die Niederlassungsfreiheit, was auf der Grundlage des Urteils jedoch nicht mit Sicherheit angenommen werden kann.[730] Eine Verletzung der Niederlassungsfreiheit ist aber in keinem Fall anzunehmen, da die Regel im Einklang mit dem zuvor beschriebenen Ergebnis verhältnismäßig ist.[731]

ff) Mitbestimmung

Bei der Anknüpfung zur Mitbestimmung muss einerseits zwischen der betrieblichen Mitbestimmung nach dem Betriebsverfassungsgesetz und andererseits der unternehmerischen Mitbestimmung iSv vier einschlägigen Gesetzen[732] unterschieden werden.[733] Die betriebliche Mitbestimmung knüpft an das Recht am Belegenheitsort des Betriebs an, gilt also für in- und ausländische Betriebe in Deutschland gleichermaßen, aber nicht für deutsche Betriebe im Ausland.[734] Anders als die unternehmerische Mitbestimmung berührt diese Form nicht die gesellschaftsrechtlichen Strukturen, sondern nur tatsächliche Organisationsstrukturen in Form von Betriebsräten und begründet deshalb kein Verstoß gegen die Niederlassungsfreiheit.[735] Hierfür spricht auch das Ergebnis einer Verhältnismäßigkeitsprüfung, bei der vor allem vorhandene Normen der EU-Verträge und europäisches Sekundärrecht zur Mitbestimmung zu berücksichtigen sind.[736]

Nicht so einfach ist dagegen die Beurteilung der unternehmerischen Mitbestimmung. Hierbei müssen die Aufsichtsräte ausgewählter Körperschaften unter bestimmten Voraussetzungen zu einem Drittel oder zur Hälfte aus Vertretern der Arbeitnehmer bestehen, welche teilweise mit gleichen Rechten ausgestattet sein sollen wie die Aktionäre, wobei Stimmengleichheit durch eine Zweitstimme des Aufsichtsratsvorsitzenden oder durch ein neutrales Mitglied aufzulösen ist.[737] Bei der Beurteilung unerheblich ist die internationalprivatrechtliche Qualifikation

---

730 So etwa *Kindler*, EuZW 2016, 136 (138 f.); *Altmeppen*, IWRZ 2017, 107 (110); *Luke*, IWRZ 2016, 120 (124); *Verse/Wiersch*, EuZW 2016, 330 (331); a.A.: *Bayer/Schmidt*, BB 2016, 1923 (1931); *Scholz*, ZEuP 2016, 959 (972); *Böcker*, DZWiR 2016, 174 (178).

731 EuGH, Urt. v. 10.12.2015, Rs. C-594/14, ECLI:EU:C:2015:806, Rn. 18 – Kornhaas.

732 Drittmittelbeteiligungsgesetz, Mitbestimmungsgesetz 1976, Montanmitbestimmungsgesetz und Montanmitbestimmungsergänzungsgesetz.

733 *Lang/Orttmann* in: Ziemons/Jaeger BeckOK GmbHG, Int. GesR, Rn. 105; *v.d. Linden*, Umstrukturierung, S. 67.

734 *Rehberg* in: Eidenmüller, Ausländische KapGes, § 6, Rn. 184; *Spahlinger/Wegen* in: Spahlinger/Wegen, Int. GesR, Rn. 299; *Veit/Wichert*, AG 2004, 14 (17).

735 *Müller-Bonanni* in: Hirte/Bücker, Grenzüberschreitende Gesellschaften, § 13, Rn. 45, 50; *Rehberg* in: Eidenmüller, Ausländische KapGes, § 6, Rn. 22.

736 *Ders.* in: Eidenmüller, Ausländische KapGes, § 6, Rn. 182, 187, 190.

737 *Müller-Bonanni* in: Hirte/Bücker, Grenzüberschreitende Gesellschaften, § 13, Rn. 2–11; *v.d. Linden*, Umstrukturierung, S. 103, S. 141, S. 161.

der unternehmerischen Mitbestimmung.[738] Eine unmittelbare Anwendung der aufgeführten Gesetze zur unternehmerischen Mitbestimmung scheidet aus, da der Anwendungsbereich wortlautgemäß auf einige deutsche Körperschaften beschränkt ist.[739] Eine Anwendung könnte über eine Analogie erfolgen, wobei jedoch bereits das Vorliegen einer planwidrigen Regelungslücke fraglich erscheint.[740] In jedem Fall müsste die analoge Anwendung den Vorschriften zur Niederlassungsfreiheit genügen.[741]

Durch unmittelbare Vorgaben zur Besetzung bestimmter Organe greifen die Vorschriften in die Organisationsstruktur der Auslandsgesellschaften ein und sind geeignet, die Niederlassungsfreiheit potenziell weniger attraktiv zu machen.[742] Dies zeigt sich schon dadurch, dass vom monistischen System geprägten Gesellschaften die Gründung eines ihnen unbekannten Aufsichtsrats vorgeschrieben wird.[743] Eine Rechtfertigung des Eingriffs ist nicht von vornherein ausgeschlossen, da der Arbeitnehmerschutz hinlänglich als legitimes Ziel anerkannt ist.[744] Ein Missbrauch ist die Umgehung der Mitbestimmung nicht, da auch diese gerade einen Gebrauch der Niederlassungsfreiheit darstellt und eine solche auch im deutschen Recht, durch Einschaltung etwa einer Kapitalgesellschaft und Co KG., möglich ist.[745]

Jedoch spricht die Tatsache, dass es sich bei der unternehmerischen Mitbestimmung aufgrund ihrer Beschränkung auf bestimmte Körperschaften oder Kapitalgesellschaften und auf Betriebe mit einer relativ hohen Anzahl von Arbeitnehmern nur um einen flankierenden, zusätzlichen Schutz handelt, gegen die Erforderlichkeit.[746] Außerdem ist der Arbeitnehmerschutz bereits durch die Betriebsräte und

---

738 *Rehberg* in: Eidenmüller, Ausländische KapGes, § 6, Rn. 23; die h.M. ordnet sie gesellschaftsrechtlich ein: *Schanze/Jüttner*, AG 2003, 661 (668); *Horn*, NJW 2004, 893 (900); *Bayer*, BB 2003, 2357 (2365); *Habersack/Verse*, EU-GesR, § 3, Rn. 29.

739 *Schwark*, AG 2004, 173 (177 f.); *Veit/Wichert*, AG 2004, 14 (16); *Kamp*, BB 2004, 1496 (1498); *v.d. Linden*, Umstrukturierung, S. 512.

740 *Zimmer*, NJW 2003, 3585 (3590); *Veit/Wichert*, AG 2004, 14 (16); *Spahlinger/Wegen* in: Spahlinger/Wegen, Int. GesR, Rn. 301.

741 *Maul/Schmidt*, BB 2003, 2297 (2300); *Zimmer*, NJW 2003, 3585 (3591); *Veit/Wichert*, AG 2004, 14 (16); *Kamp*, BB 2004, 1496 (1499).

742 *Müller-Bonanni* in: Hirte/Bücker, Grenzüberschreitende Gesellschaften, § 13, Rn. 20; *Rehberg* in: Eidenmüller, Ausländische KapGes, § 6, Rn. 22; *Schanze/Jüttner*, AG 2003, 661 (668); anschaulich zu praktischen Konsequenzen *Horn*, NJW 2004, 893 (899 f.).

743 *Zimmer*, NJW 2003, 3585 (3591); *Müller-Bonanni* in: Hirte/Bücker, Grenzüberschreitende Gesellschaften, § 13, Rn. 22; *Habersack/Verse*, EU-GesR, § 3, Rn. 29.

744 *Bayer*, BB 2003, 2357 (2365); *Zimmer*, NJW 2003, 3585 (3591); *Schwark*, AG 2004, 173 (178); *Eidenmüller/Rehm*, ZGR 2004, 159 (184).

745 *Sandrock*, AG 2004, 57 (65 f.); *Zimmer*, NJW 2003, 3585 (3590); *Lang/Orttmann* in: Ziemons/Jaeger BeckOK GmbHG, Int. GesR, Rn. 107.

746 *Veit/Wichert*, AG 2004, 14 (17); *Eidenmüller/Rehm*, ZGR 2004, 159 (184); *Müller-Bonanni* in: Hirte/Bücker, Grenzüberschreitende Gesellschaften, § 13, Rn. 22.

Gewerkschaften zuverlässig realisiert.[747] Ein gangbarer Weg würde eventuell eine Mitbestimmungslösung nach dem Vorbild der Societas Europaea darstellen.[748] Die unternehmerische Mitbestimmung verstößt trotzdem gegen die Niederlassungsfreiheit.[749]

gg) Fazit

Insgesamt zeichnet sich doch nur ein sehr geringer Anwendungsbereich für Sonderanknüpfungen ab.[750] Insbesondere ist der kollisionsrechtliche Ausklammerungsansatz zu verwerfen, weil nationale Regeln, auch internationalprivatrechtliche, ungeachtet ihrer Einordnung auf ihre potenziell beschränkende Wirkung in Bezug auf die Niederlassungsfreiheit zu untersuchen sind.[751] Eine Missbrauchsprüfung muss konkret im Einzelfall ergehen und ist nicht einschlägig, wenn Regelungsgefälle im Gesellschaftsrecht ausgenutzt werden.[752] Die Durchgriffshaftungstatbestände halten einer Rechtfertigungsprüfung nach dem Vier-Stufen-Test im Grundsatz nicht stand, da ihre gläubigerschützende Wirkung auf mildere Art und Weise erreicht werden kann.[753] Auch die unternehmerische Mitbestimmung lässt sich, anders als hingegen die betriebliche, wegen ihres fehlenden internationalen Geltungswillens nicht im Wege einer Sonderanknüpfung durchsetzen.[754] Verhältnismäßig sind dagegen Normen des Insolvenzrechts, weil sie auf effektive und milde Weise legitime Ziele verfolgen und nur den Marktaustritt von Gesellschaften regeln.[755] Dies führt zu einem weiteren Diskussionspunkt: Sind nur Regeln des Marktzutritts an der Niederlassungsfreiheit zu messen?

---

747 So *Eidenmüller/Rehm*, ZGR 2004, 159 (185); *Müller-Bonanni*, GmbHR 2003, 1235 (1238); a.A.: *Kamp*, BB 2004, 1496 (1500); *Rehberg* in: Eidenmüller, Ausländische KapGes, § 6, Rn. 72.

748 *v.d. Linden*, Umstrukturierung, S. 601 ff.; *Rehberg* in: Eidenmüller, Ausländische KapGes, § 6, Rn. 69; *Schanze/Jüttner*, AG 2003, 661 (668).

749 *Probst/Kleinert*, MDR 2003, 1265 (1267 f.); *Horn*, NJW 2004, 893 (900); *Veit/Wichert*, AG 2004, 14 (18); *Sandrock*, AG 2004, 57 (65 f.); a.A.: *Bayer*, BB 2003, 2357 (2365); überzeugend *Rehberg* in: Eidenmüller, Ausländische KapGes, § 6, Rn. 98.

750 *Spahlinger* in: Spahlinger/Wegen, Int. GesR, Rn. 219; *Leible* in: Michalski/Heidinger/Leible/Schmidt, GmbHG, Bd. 1, sys. Darst. 2 – Int. GesR, Rn. 32; *Probst/Kleinert*, MDR 2003, 1265 (1268); *Habersack/Verse*, EU-GesR, § 3, Rn. 29; *Geyrhalter/Gänßler*, NZG 2003, 409 (2170).

751 Für *Kieninger*, ZEuP 2004, 685 (697) ist die Abgrenzung von Materien außerhalb des Gesellschaftsstatus für eine Untersuchung der Niederlassungsfreiheit „irrelevant"; ebenso *Grundmann*, EU-GesR, § 22, Rn. 785; *Eidenmüller* in: Eidenmüller, Ausländische KapGes, § 3, Rn. 8; *Zimmer*, NJW 2003, 3585 (3591).

752 *Ulmer*, NJW 2004, 1201 (1203); *Weller*, DStR 2003, 1800 (1803).

753 *Kieninger*, ZEuP 2004, 685 (700); *Eidenmüller/Rehm*, ZGR 2004, 159 (181).

754 *Habersack/Verse*, EU-GesR, § 3, Rn. 29; *Schanze/Jüttner*, AG 2003, 661 (668); *Veit/Wichert*, AG 2004, 14 (17).

755 *Zimmer*, NJW 2003, 3585 (3590); *Fleischer* in: Lutter, Auslandsgesellschaften, S. 111 f.

c) Der Beschränkungsbegriff und die Anwendung der Keck-Formel

Eine andere, dogmatisch stringentere Möglichkeit eine Generalüberprüfung nationaler Normen anhand der Niederlassungsfreiheit abzuwenden, ist die Begrenzung des weiten Beschränkungsbegriffs durch die sinngemäße Anwendung der Keck-Formel.[756] Anders als bei Sonderanknüpfungen werden nationale Rechtsordnungen nicht generalisierend aus dem Anwendungsbereich der Niederlassungsfreiheit ausgeschlossen, sondern stellen nach bestimmten Kriterien keine Beschränkungen der Niederlassungsfreiheit dar.[757]

Die Keck-Formel besagt, dass mitgliedstaatliche Maßnahmen einerseits das „Ob" regeln, sich also auf das Produkt an sich beziehen, oder andererseits das „Wie" bestimmen, somit die Modalitäten festlegen und daher vertriebs- oder verkaufsbezogene Aspekte beinhalten. Letztere behindern nicht den Marktzugang und sind somit nicht geeignet, dem freien Warenverkehr zwischen den Mitgliedstaaten im Wege zu stehen.[758] Das Kriterium des Marktzugangs lässt sich als Grundgedanke der Keck-Formel extrahieren und auf alle Grundfreiheiten anwenden.[759] Damit wäre auch das Problem einer Unübertragbarkeit der Keck-Kriterien auf andere Grundfreiheiten gelöst, obwohl sie ursprünglich speziell für die Warenverkehrsfreiheit entwickelt wurden.[760] Es ist zu bedenken, dass auch die Dassonville-Formel zunächst nur für die Freiheit des Warenverkehrs konzipiert wurde.[761] Das Prinzip der Konvergenz lässt sich daher grundsätzlich, ebenso wie bei Dassonville, für die Keck-Formel fruchtbar machen.[762]

Für die Niederlassungsfreiheit könnte man eine Kategorisierung in beschränkende niederlassungsbezogene Maßnahmen und nicht-beschränkende, nur die Modalitäten oder Ausübung der Niederlassungsfreiheit regelnde Maßnahmen andenken.[763] Forsthoff möchte allgemein Normen, die zum Gesellschaftsstatut

756 *Eidenmüller/Rehm*, ZGR 2004, 159 (167); *Classen*, EuR 2009, 555 (556 f.); *Braun*, Wegzugsfreiheit, S. 38; *Fleischer* in: Lutter, Auslandsgesellschaften, S. 98 f.

757 Zumindest nach der Ansicht, welche andere Anknüpfungen als an das Gesellschaftsstatut kategorisch keiner Prüfung anhand der Niederlassungsfreiheit unterziehen will (s.o.).

758 *Ehlers* in: Ehlers, EU-Grundrechte und –freiheiten, § 7, Rn. 99 ff.; *Frenz*, HB EuR, Bd. 1: Grundfreiheiten, Rn. 908 ff.; Oppermann/*Classen*/Nettesheim, EuR, § 22, Rn. 32.

759 *Schanze/Jüttner*, AG 2003, 661 (667); *Eidenmüller/Rehm*, ZGR 2004, 159 (170 f.); *Radtke/Hoffmann*, EuZW 2009, 404 (406, 408); *Forsthoff* in: Hirte/Bücker, Grenzüberschreitende Gesellschaften, § 2, Rn. 39; a.A.: *Classen*, EuR 2004, 416 (429).

760 *Braun*, Wegzugsfreiheit, S. 38; dies kritisiert *Müller-Graff* in: Streinz, EUV/AEUV, Art. 49 AEUV, Rn. 62.

761 EuGH, Urt. v. 11.07.1974, Rs. 8/74, ECLI:EU:C:1974:82 – Dassonville.

762 *Forsthoff* in: Hirte/Bücker, Grenzüberschreitende Gesellschaften, § 2, Rn. 38; *Braun*, Wegzugsfreiheit, S. 39; *Leible* in: MüKo LauterkeitsR, Bd. 1, Teil III., A., Rn. 112; grds. zur Notwendigkeit einer Konvergenz der Grundfreiheiten, *Jarass*, EuR 2000, 705.

763 *Frenz*, HB EuR, Bd. 1: Grundfreiheiten, Rn. 2424; *Eidenmüller/Rehm*, ZGR 2004, 159 (168) unterscheiden zwischen „tätigkeitsbezogenen" Regeln und Regeln mit

gehören, am Beschränkungsverbot messen und dagegen Regeln des allgemeinen Verkehrsrechts nach dem Vorbild der Keck-Formel von einer Prüfung ausnehmen.[764] Einen handhabbaren Bereich könnten Insolvenzregeln darstellen, weil sie ein legitimes Ziel verfolgen und gerade den Marktaustritt einer Gesellschaft und nicht den Marktzugang regeln.[765] Eidenmüller sieht in der Formel die Anwendung eines „umgekehrten Verhältnismäßigkeitsgrundsatzes", der tendenziell gerade zugunsten mitgliedstaatlicher Regeln wirkt.[766] Hieraus wird aber deutlich, dass die Formel mit einem durchaus zweifelhaften Spürbarkeitserfordernis arbeitet.[767] Dies leitet, bildlich gesprochen, das Wasser auf die Mühlen der Kritiker, die schon die ursprüngliche Keck-Formel als zu vage ansehen.[768]

Auch ist die Befürchtung, es würden – ähnlich wie bei der Diskussion um die Sonderanknüpfungen – taktisch Kategorien für eine Umgehung der Niederlassungsfreiheit geschaffen, durchaus begründet.[769] Dabei ist aber wiederum zu beachten, dass die Niederlassungsfreiheit noch stärker als die Warenverkehrsfreiheit neben dem Mobilitätsfaktor auch eine positive Entscheidung zugunsten eines Standorts und einer Rechtsordnung umfasst und somit in diesen Bereichen deutlich mehr reglementiert ist.[770] Wenn die Keck-Formel nicht zu einer pauschalen Ausgrenzungsmethode wirtschaftlicher Regelungen verkommen soll, könnte sie restriktiv eingesetzt werden, aber zumindest ein Indiz iSd Verhältnismäßigkeitsprüfung darstellen.[771]

„korporativer Wirkung"; *Knop*, Gesellschaftsstatut, S. 129; *Clausnitzer*, NZG 2008, 321 (323 f.).

764 *Forsthoff* in: Hirte/Bücker, Grenzüberschreitende Gesellschaften, § 2, Rn. 45; ebenso *Braun*, Wegzugsfreiheit, S. 38.

765 *Eidenmüller* in: Eidenmüller, Ausländische KapGes, § 9, Rn. 29, 33; *Habersack/Verse*, EU-GesR, § 3, Rn. 30; *Radtke/Hoffmann*, EuZW 2009, 404 (408).

766 *Eidenmüller* in: Eidenmüller, Ausländische KapGes, § 3, Rn. 12.

767 *Classen*, EuR 2004, 416 (426); *Eidenmüller* spricht von nur „geringfügigen Beeinträchtigungen", NJW 2005, 1618; *Knop*, Gesellschaftsstatut, S. 138 betont, dass der EuGH nicht auf ein bestimmtes Ausmaß abstellt.

768 *Kieninger*, ZEuP 2004, 685 (690 f.); *Classen* fehlen „griffige Formeln", EuR 2004, 416 (427); *Müller-Graff* in: Streinz, EUV/AEUV, Art. 49 AEUV, Rn. 62.

769 *Knop*, Gesellschaftsstatut, S. 132; *Fleischer* in: Lutter, Auslandsgesellschaften, S. 97 f. spricht von „Normerschleichung"; beispielhaft *Horn*, NJW 2004, 893 (899), welcher das Gesellschaftsstaut zukünftig enger fassen will.

770 *Röpke*, Gläubigerschutz, S. 81 f.; *Eidenmüller*, NJW 2005, 1618; *Classen*, EuR 2009, 555 (556 f.).

771 *Braun*, Wegzugsfreiheit, S. 39; *Knop*, Gesellschaftsstatut, S. 142 plädiert für geringere Anforderungen an die Verhältnismäßigkeit bei Mischregeln; beispielhaft durchexerziert anhand des deutschen Firmenrechts von *Clausnitzer*, NZG 2008, 321 (323 f.).

d) Wegzug von Gesellschaften: Die Rechtssache De Lasteyrie du Saillant

Immer wieder in der Diskussion war auch die Frage, ob neben der Zuzugs- auch die Wegzugsfreiheit von der Niederlassungsfreiheit geschützt wird.[772] Während die Entscheidungen Centros, Überseering und Inspire Art allesamt Zuzugsfälle betrafen, war das Urteil Daily Mail lange das einzige Judikat zu einem Wegzugsfall.[773] Der Gerichtshof hat die Differenzierung der beiden Fälle in Inspire Art nochmals ausdrücklich betont.[774]

Trotzdem sahen viele Autoren diese im Zuge der niederlassungsrechtlichen Marktöffnung als unhaltbar an.[775] Beschränkungen des Wegzugs würden Gesellschaften noch stärker treffen als solche des Zuzugs.[776] In Daily Mail hat der EuGH selbst festgestellt, dass auch der Herkunftsstaat nicht völlig frei bei der Restriktion des Wegzugs von Gesellschaften ist.[777] Zwar sprechen der Wortlaut des Art. 49 AEUV und die Gesetzesbegründung für einen Ausschluss der Wegzugskonstellationen. Jedoch kann eine Parallele zur Warenverkehrsfreiheit gezogen werden, die in Art. 34 und 35 AEUV ebenfalls Ein- und Ausfuhrbeschränkungen sanktioniert.[778]

Dem wird entgegengehalten, der Gerichtshof könnte, etwa zur Optimierung des Gläubigerschutzes, den nationalen Gesetzgebern auf Rechtfertigungsebene vorschreiben, wie diese ihr Gesellschaftsrecht zu reformieren hätten, falls er auch Wegzugsbeschränkungen anhand der Niederlassungsfreiheit prüfen würde.[779] Indes erkennen viele entweder eine Tendenz des EuGH, sich in Inspire Art nicht selbst widersprechen zu wollen,[780] oder sehen die Beschränkung auf steuerrechtliche Aspekte in der Daily-Mail-Entscheidung als positives Zeichen für eine Wegzugsfreiheit in puncto gesellschaftsrechtlicher Regeln.[781] Immer wieder wurde auch das Argument bemüht, ein Wegzug natürlicher Personen sei möglich und auch geschützt, würde aber gerade nicht mit dem Entzug der Staatsbürgerschaft

---

772 Exemplarisch: *Horn*, NJW 2004, 893 (897); *Bayer*, BB 2003, 2357; *Geyrhalter/Gänßler*, DStR 2003, 2167 (2170); *Binge/Thölke*, DNotZ 2004, 21 (27).

773 *Kieninger*, ZEuP 2004, 685 (694); *Probst/Kleinert*, MDR 2003, 1265 (1266).

774 EuGH, Urt. v. 30.09.2003, Rs. C-167/01, ECLI:EU:C:2003:512, Rn. 103 – Inspire Art; *Zimmer*, NJW 2003, 3585 (3592); *Geyrhalter/Gänßler*, DStR 2003, 2167 (2170).

775 Insbesondere die Group of German Experts on Corporate Law im Rahmen ihrer Stellungnahme zum Report of the High Level Group of Company Law Experts, ZIP 2003, 863 (877); *Probst/Kleinert* sprechen dabei von einem „faden Beigeschmack", MDR 2003, 1265 (1266); *Kieninger*, ZEuP 2004, 685 (695).

776 *Zimmer*, NJW 2003, 3585 (3592).

777 EuGH, Urt. v. 27.09.1988, Rs. 81/87, ECLI:EU:C:1988:456, Rn. 16 – Daily Mail; *Roth* in: Lutter, Auslandsgesellschaften, S. 387; *Eidenmüller/Rehm*, ZGR 2004, 159 (176).

778 *Roth* in: Lutter, Auslandsgesellschaften, S. 384 f.; zum Wortlautargument ebenfalls *Eidenmüller/Rehm*, ZGR 2004, 159 (177).

779 *Binge/Thölke*, DNotZ 2004, 21 (27).

780 *Zimmer*, NJW 2003, 3585 (3592); *Eidenmüller/Rehm*, ZGR 2004, 159 (175).

781 *Kieninger*, ZEuP 2004, 685 (696); *Triebel/von Hase*, BB 2003, 2409 (2410); *Hirte* in: Hirte/Bücker, Grenzüberschreitende Gesellschaften, § 1, Rn. 18.

sanktioniert, was wegen der Gleichstellung von Gesellschaften in Art. 54 AEUV ebenso für diese gelten müsse.[782] Deshalb erhielten die Befürworter einer Erstreckung auf Wegzugsbeschränkungen durch die Entscheidungen Hughes de Lasteyrie du Saillant deutlichen Auftrieb.[783]

In dieser Entscheidung ging es um einen französischen Staatsbürger, welcher mitsamt seiner Familie Anteile an einer Gesellschaft hielt, die ihm eine Gewinnbeteiligung von mehr als 25% ermöglichten.[784] Der Mann verlegte seinen Wohnsitz nach Belgien.[785] Die französische Regelung des Code général des impôts (CGI) sah für diesen Sachverhalt in Art. 167bis vor, dass die stillen Reserven[786] anzugeben und zu versteuern waren, sofern die wegziehende Person mindestens sechs Jahre in Frankreich gewohnt hatte.[787] Dabei war bei Leistung einer Sicherheit jedoch eine Stundung des Betrags bis zu fünf Jahren möglich oder aber ein vollständiger Erlass, sofern sich die Anteile an der Gesellschaft nach fünf Jahren immer noch im Vermögen des Wegziehenden befanden.[788] Gegen diese Regelung setzte sich Herr Hughes de Lasteyrie du Saillant zur Wehr.

Besonders interessant ist die ausdrückliche Betonung innerhalb des EuGH-Urteils, dass die Niederlassungsfreiheit nicht nur Zuzugs-, sondern spiegelbildlich auch Wegzugsbeschränkungen umfasst.[789] Die französische Regel war insbesondere wegen der Ungleichbehandlung von Weg- und Nicht-Wegziehenden als Beschränkung aufzufassen – letztere müssten ihre stillen Reserven zwar auch versteuern, aber erst, wenn sie auch tatsächlich realisiert wurden.[790] Eine grundsätzliche Rechtfertigungsmöglichkeit hat der Gerichtshof auch hier anerkannt.[791] Jedoch waren Steuermindereinnahmen, die Kohärenz des Steuersystems und auch die Aufteilung der Besteuerungsrechte unter den Mitgliedstaaten als Rechtfertigungsgrund nicht erforderlich, da mildere Mittel zur Verfügung standen und das französische Gesetz vielmehr den Wegzug verhindern als die Besteuerung ermöglichen sollte.[792] Die mit der französischen Regel mitschwingende Unterstellung,

782 *Leible*, ZGR 2004, 531 (536); *Probst/Kleinert*, MDR 2003, 1265 (1268); *Michalski/Funke* in: Michalski, GmbHG, 2. Auflage 2010, Bd. 1, § 4a, Rn. 65.

783 EuGH, Urt. v. 11.03.2004, Rs. C-9/02, ECLI:EU:C:2004:138 – De Lasteyrie du Saillant.

784 *Franz*, EuZW 2004, 270; *Campos Nave*, NZG 2004, 897 (898).

785 *Schön*, IStR 2004, 289 (296); *Schindler*, IStR 2004, 300 (301).

786 Der EuGH meint hier „latente Wertsteigerungen" der Gesellschaftsanteile, s. EuGH, Urt. v. 11.03.2004, Rs. C-9/02, ECLI:EU:C:2004:138, Rn. 15 – De Lasteyrie du Saillant.

787 *Meilicke*, GmbHR 2004, 504; *Körner*, IStR 2004, 424; *Schindler*, IStR 2004, 300 (301); *Rehberg*, Zuzug und Wegzug, S. 128.

788 *Franz*, EuZW 2004, 270; *Schön*, IStR 2004, 289 (296).

789 *Probst/Kleinert*, NJW 2004, 2425 (2426); *Schnitger*, BB 2004, 804; *Meilicke*, GmbHR 2004, 504 (509); *Elicker*, IStR 2005, 89 (91); *Franz*, EuZW 2004, 270 (271).

790 *Lampert* in: Kellersmann/Treisch/Lampert/Heinemann, EU-Unternehmenssteuer, S. 146 f.; *Körner*, IStR 2004, 424; *Schnitger*, BB 2004, 804 (805).

791 *Franz*, EuZW 2004, 270 (272); *Weller*, DStR 2004, 1218 (1220).

792 *Schnitger*, BB 2004, 804 (806); *Probst/Kleinert*, NJW 2004, 2425 (2427).

dass jeder endgültig oder auch nur kurzzeitig Wegziehende Steuerflucht begehe, war ebenfalls nicht erforderlich iSd Verhältnismäßigkeit.[793]

Für Probst/Kleinert gehen die Auswirkungen des Urteils „weit über den entschiedenen Sachverhalt hinaus“: Neben den steuerlichen Wegzugsbeschränkungen sind auch sonstige Beschränkungen des Wegzugs nur in sehr engen Grenzen erlaubt.[794] Einige Autoren stimmten dem zu und verwiesen insbesondere auf die Gleichstellung natürlicher und juristischer Personen im Rahmen von Art. 49, 54 AEUV.[795] Andere wiederum hielten eine vollständige Angleichung für unmöglich und entnahmen dem EuGH-Urteil keine Relevanz für gesellschaftsrechtliche Sachverhalte.[796] In Art. 54 AEUV spiegelten sich gerade auch die Unterschiede zwischen natürlichen Personen und Gesellschaften als „Geschöpfen der Rechtsordnungen“ wider.[797] Ebenso könnte ein Rechtsprechungswechsel aufgrund der mangelnden Bezugnahme auf Daily Mail in De Lasteyrie du Saillant verneint werden.[798]

Auffällig ist auch, dass der Gerichtshof dem Rechtfertigungsgrund der Kohärenz der Steuersysteme keine strikte Absage erteilte, sondern die einschlägige Regel des CGI seines Erachtens nicht diesem Ziel diente.[799] Dies könnte aber wiederum auch auf richterliche Zurückhaltung zurückzuführen sein.[800] Trotzdem sind damit gerade auch Regelungen des Wegzugs einer Rechtfertigungslast ausgesetzt, weshalb auch sie eindeutig Beschränkungen der Niederlassungsfreiheit darstellen.[801] Es scheint wünschenswert, die Unterscheidung von Zu- und Wegzugskonstellationen aufzugeben,[802] auch wenn manche Autoren dann als Ausgleich einen geringeren Rechtfertigungsstandard für Wegzugsbeschränkungen anlegen wollen.[803]

---

793 *Lampert* in: Kellersmann/Treisch/Lampert/Heinemann, EU-Unternehmenssteuer, S. 146 f.; *Rehm* in: Eidenmüller, Ausländische KapGes, § 2, Rn. 59.

794 *Probst/Kleinert*, NJW 2004, 2425 (2427).

795 *Weller*, DStR 2004, 1218 (1219); *Campos Nave*, NZG 2004, 897 (898); *Schön*, IStR 2004, 289 (297); unschlüssig *v.d. Linden*, Umstrukturierung, S. 497.

796 *Rehberg*, Zuzug und Wegzug, S. 68; *Eidenmüller/Rehm*, ZGR 2004, 159 (178) – s. Rn. 78; *Wassermeyer* will das Urteil nicht „überbewerten“, GmbHR 2004, 613 (618).

797 *Triebel/von Hase*, BB 2003, 2409; *Knop*, Gesellschaftsstatut, S. 100.

798 *Rehberg*, Zuzug und Wegzug, S. 68.

799 *Rehm* in: Eidenmüller, Ausländische KapGes, § 2, Rn. 61; *Schön*, IStR 2004, 289 (296); *Franz*, EuZW 2004, 270 (272); *Schindler*, IStR 2004, 300 (304 f.).

800 *Meilicke*, GmbHR 2004, 504 (511).

801 *Schön*, IStR 2004, 289 (297); *Wachter*, GmbHR 2004, R161 (R162); für steuerliche Wegzugsbeschränkungen *Meilicke*, GmbHR 2004, 504 (511).

802 *Eidenmüller/Rehm*, ZGR 2004, 159 (177 f.); *Kieninger*, ZEuP 2004, 685 (695); *Horn*, NJW 2004, 893 (897); *Paefgen*, GmbHR 2004, 463 (467).

803 *Weller*, DStR 2004, 1218 (1220); *Rehm* in: Eidenmüller, Ausländische KapGes, § 2, Rn. 61.

e) *Primär- und Sekundärniederlassung*

Ein Kritikpunkt an der Entscheidungs-Trilogie[804] ist das Fehlen einer Unterscheidung von primärer und sekundärer Niederlassungsfreiheit.[805] Dabei bezieht sich die primäre Niederlassungsfreiheit auf die Aufnahme einer Tätigkeit in einem anderen Mitgliedstaat oder aber die grenzüberschreitende Verlegung der Hauptniederlassung. Die sekundäre Niederlassungsfreiheit umfasst die Aufnahme von Tätigkeiten in anderen Mitgliedstaaten von abhängigen Zweigstellen unter Beibehaltung der Hauptniederlassung.[806]

Im Zentrum der Kritik steht, dass der EuGH Fälle, die aus einem vollständigen Zuzug bestehen und solche, in denen die Gesellschaften das Bestehen einer Zweigniederlassung lediglich behaupten, nicht anhand der primären, sondern anhand der sekundären Niederlassungsfreiheit prüft.[807] Das niederländische WFBV, welches in der Entscheidung Inspire Art überprüft wurde, geht gerade davon aus, dass bei formal ausländischen Gesellschaften gar keine tatsächliche Niederlassung im Gründungsstaat besteht.[808] Wenn die nominell gegründete Zweigniederlassung de facto das Hauptaktionszentrum darstellt, ist die Zweigniederlassung wirtschaftlich nichts anderes als die Hauptniederlassung.[809]

Eidenmüller/Rehm nehmen bei der Beurteilung durch den Gerichtshof einen „Generaltatbestand" der Niederlassungsfreiheit an.[810] An der EuGH-Bewertung ändert sich aber nichts, wenn er Sachverhalte unter die primäre Niederlassungsfreiheit einordnet, weil sich die Tatbestände der Sitzverlegung und der Gründung einer Zweigniederlassung rechtlich nicht unterscheiden.[811] Schön hat bereits zum Centros-Urteil ausgeführt, dass Differenzierungen zwischen primärer und sekundärer Niederlassungsfreiheit „keine wesentliche materielle Bedeutung" haben und

---

804 EuGH, Urt. v. 09.03.1999, Rs. C-212/97, ECLI:EU:C:1999:126 – Centros; EuGH, Urt. v. 05.11.2002, Rs. C-208/00, ECLI:EU:C:2002:632 – Überseering; EuGH, Urt. v. 30.09.2003, Rs. C-167/01, ECLI:EU:C:2003:512 – Inspire Art.

805 *Leible/Hoffmann*, EuZW 2003, 677 (679 f.); *Eidenmüller/Rehm*, ZGR 2004, 159 (164); *Geyrhalter/Gänßler*, DStR 2003, 2167 (2168).

806 *Forsthoff* in: Grabitz/Hilf/Nettesheim, Recht der EU, Art. 49 AEUV, Rn. 52; *Tiedje* in: v.d. Groeben/Schwarze/Hatje, EuR, Art. 49 AEUV, Rn. 38 f.

807 *Leible/Hoffmann*, EuZW 2003, 677 (679 f.); von einer „Scheinmobilität" spricht *Kieninger*, ZEuP 2004, 685 (693); *Kindler* stellt fest, dass Inspire Art nur Aussagen zur sekundären Niederlassungsfreiheit trifft, NZG 2003, 1086 (1089).

808 Im WFBV (= Wet op der formeel buitenlandse vennootschappen) wurde der Begriff der „Zweigniederlassung" nicht erwähnt.

809 *Geyrhalter/Gänßler*, DStR 2003, 2167 (2168); so bereits zur Entscheidung Centros *Schön*, FS Lutter 2000, 685 (696).

810 *Eidenmüller/Rehm*, ZGR 2004, 159 (164); *Leible/Hoffmann* sehen eine „Auflösung der Grenze zwischen primärer und sekundärer Niederlassungsfreiheit", EuZW 2003, 677 (679).

811 *Leible/Hoffmann*, BB 2003, 542 (544); *Kalss/Klampfl*, EU-GesR, Rn. 51, sehen in der primären und sekundären Niederlassungsfreiheit den gleichen „Schutzgehalt".

diese nur „Ausschnitte der normativen Gesamtaussage der Art. 43, 48 EG“ widerspiegeln.[812]

f) Rechtspolitik und Ausblick

Die Debatte in der Literatur entbrannte zwischen Befürwortern einer Liberalisierung des Gesellschaftsrechts auf der einen und ihren Gegnern auf der anderen Seite.[813] Hier stellte sich insbesondere wieder die Frage nach einem EU- Wettbewerb der Rechtsordnungen, wobei Kieninger die Voraussetzungen für einen solchen überhaupt nicht gewährleistet sieht.[814] Dabei waren Zukunftsvorhersagen für das aktuelle deutsche Gesellschaftsrecht überwiegend düster.[815] Die englische Ltd. würde den deutschen Markt zukünftig dominieren.[816] Andere Rechtsgelehrte sahen die Liberalisierung dagegen als Chance zur Überarbeitung des deutschen Gesellschaftsrechts.[817] Sollte diese Chance genutzt werden, war ein Siegeszug der Ltd. in Zukunft nicht zu befürchten.[818] Überhaupt warfen viele Autoren einen Blick in den anglo-amerikanischen Rechtsraum und sahen entweder andere Schutzmechanismen[819] oder waren nur wenig von den Regelungen überzeugt.[820]

---

812 *Schön*, FS Lutter 2000, 685 (696 f.); zustimmend *Ziemons*, ZIP 2003, 1913 (1914).

813 Exemplarisch: Befürworter sind etwa *Eidenmüller/Rehm*, ZGR 2004, 159 (185); *Probst/Kleinert*, MDR 2003, 1265 (1268); Gegner sind etwa *Kamp*, BB 2004, 1496 (1500); für *Bayer* ist „ein ruinöser Wettbewerb der Rechtsordnungen... schädlich“, BB 2003, 2357 (2366); vermittelnd *Horn*, NJW 2004, 893 (900 f.).

814 *Kieninger*, Wettbewerb, S. 383; allgemein zum Wettbewerb der Gesellschaftsrechte *Eidenmüller*, FS Heldrich 2005, 581 (595), für welchen die Furcht vor einem „Race to the bottom“ unbegründet ist.

815 *Geyrhalter/Gänßler*, DStR 2003, 2167 (2170): „kann sich das deutsche Gesellschaftsrecht international behaupten?“; *Leible/Hoffmann*, EuZW 2003, 677 (682); *Hirte* in: Hirte/Bücker, Grenzüberschreitende Gesellschaften, § 1, Rn. 28; a.A.: *Altmeppen*, NJW 2004, 97 (104): Das deutsche Kapitalgesellschaftsrecht als Vorbild für das EU-Recht.

816 *Horn* rechnet mit einer großen Zahl von Gesellschaften mit fremden Gesellschaftsstatut, NJW 2004, 893; *Eidenmüller/Rehm*, ZGR 2004, 159 (186); *Hirte* in: Hirte/Bücker, Grenzüberschreitende Gesellschaften, § 1, Rn. 35.

817 *Probst/Kleinert*, MDR 2003, 1265 (1268); *Triebel/von Hase*, BB 2003, 2409; *Eidenmüller/Rehm*, ZGR 2004, 159 (186); *Leible/Hoffmann*, EuZW 2003, 677 (682).

818 *Altmeppen*, NJW 2004, 97 (103); *Kanzleiter* sieht dem Erfolg der Ltd. mit Gelassenheit entgegen, DNotZ 2003, 885 (887); für *Geyrhalter/Gänßler*, DStR 2003, 2167 (2172) wird das liberalste Gesellschaftsrechts nur kurzfristig obsiegen; mit ausführlichen Begründungen aus der Praxis *Binge/Thölke*, DNotZ 2004, 21 (31 f.).

819 *Bayer*, BB 2003, 2357 (2366); *Altmeppen*, NJW 2004, 97 (99); *Kieninger*, ZEuP 2004, 685 (701); *Schanze/Jüttner*, AG 2003, 661 (670) verweisen vor allem auf die gemeinsame Sprache und Rechtstradition der Vereinigten Staaten von Amerika.

820 *Goette*, DStR 2005, 197 (198); *Kanzleiter*, DNotZ 2003, 885 (887).

Auf EU-Ebene wurde die Forderung nach einer sekundärrechtlichen Lösung der Sitzverlegung immer lauter,[821] auch wenn z.B. Schanze/Jüttner die Konzentration auf „politische Formelkompromisse“ bei einer Harmonisierung kritisieren und stattdessen für „Pluralität im EU-Gesellschaftsrecht“ plädieren: „Harmonisierung soweit wie nötig, Anerkennung der institutionellen Pluralität soweit wie möglich.“[822] Dem tritt etwa Kindler entgegen, dem die Integrationsfortschritte durch die Anerkennung von Briefkastengesellschaften nicht bewusst sind.[823] Wieder andere sahen vor allem in neuen supranationalen Rechtsformen die zukünftige Lösung der Problematik.[824]

V. Sevic Systems AG[825] (Sevic)

1. Sachverhalt

Etwa zwei Jahre später erging ein weiteres wichtiges Urteil, welches jedoch eine grundlegend andere Konstellation im Zusammenhang mit einer Sitzverlegung darstellte. Die Sevic Systems AG (Sevic) mit Sitz in Neuwied beantragte bei der zuständigen AG die Eintragung einer Verschmelzung mit der Security Vision Concepts SA (Security Vision) aus Luxemburg. Ihr Antrag wurde abgelehnt, weil das einschlägige deutsche Umwandlungsgesetz eine Verschmelzung nur gestattet, wenn beide Gesellschaften ihren Sitz in Deutschland haben.[826] Im Jahr 2002 schlossen Sevic und Security Vision einen Verschmelzungsvertrag, der die Auflösung letzterer ohne Abwicklung vorsah, wobei ihr Vermögen vollständig auf die Sevic übertragen werden und diese ihre Firmierung beibehalten sollte.[827] Die Zulässigkeit der Weigerung durch das Amtsgericht hängt von der Auslegung der Niederlassungsfreiheit ab, weshalb es zu einem Vorabentscheidungsverfahren vor dem EuGH kam.[828]

---

821 Sehr Ausführlich *Leible*, ZGR 2004, 531 (535 ff.); *Kieninger*, ZEuP 2004, 685 (703 f.); *Bayer*, BB 2003, 2357 (2365 f.); *Horn*, NJW 2004, 893 (897).

822 *Schanze/Jüttner*, AG 2003, 661 (661, 670).

823 *Kindler*, NZG 2003, 1086 (1087); kritisch auch *Kamp*, BB 2004, 1496 (1500) und *Weller*, DStR 2003, 1800 (1801) zum „europaweiten societas shopping“.

824 *Eidenmüller*, FS Heldrich 2005, 581 (595); *ders./Rehm*, ZGR 2004, 159 (186); *Kieninger*, Wettbewerb, S. 384.

825 EuGH, Urt. v. 13.12.2005, Rs. C-411/03, ECLI:EU:C:2005:762 – Sevic.

826 EuGH, Urt. v. 13.12.2005, Rs. C-411/03, ECLI:EU:C:2005:762 Rn. 2, 7 – Sevic; *Schindler*, ECFR 2006, 109 (111); *Kappes*, NZG 2006, 101.

827 EuGH, Urt. v. 13.12.2005, Rs. C-411/03, ECLI:EU:C:2005:762, Rn. 6 – Sevic; *Teichmann*, ZIP 2006, 355; *Schindler*, ECFR 2006, 109 (111); *Geyrhalter/Weber*, DStR 2006, 146; *Meilicke/Rabback*, GmbHR 2006, 123 (123 f.).

828 EuGH, Urt. v. 13.12.2005, Rs. C-411/03, ECLI:EU:C:2005:762, Rn. 9 f. – Sevic; *Geyrhalter/Weber*, DStR 2006, 146; *Meilicke/Rabback*, GmbHR 2006, 123 (124).

2. Entscheidung

Aufgrund fehlender Regelungen zu grenzüberschreitenden Verschmelzungen im UmwG hat das AG Neuwied den formellen Antrag der Sevic trotz Abschlusses eines Verschmelzungsvertrages abgelehnt.[829] Folgt man dieser Ansicht, würden inner- und außerstaatliche Verschmelzungen in Deutschland unterschiedlich behandelt.[830] Zunächst stellt der EuGH heraus, dass die Ex-Art. 43 und 48 EGV auch Verschmelzungen schützen. Der ehemalige Art. 43 Abs. 2 EGV beinhalte „das Recht auf Gründung und Leitung dieser Gesellschaften nach den Bestimmungen des Aufnahmestaats, die für dessen eigene Angehörige gelten".[831] Hierbei seien alle mitgliedstaatlichen Maßnahmen, die den Zugang zu einem anderen Mitgliedstaat ermöglichen oder nur erleichtern und somit gleiche wirtschaftliche Voraussetzungen für In- und Ausländer schaffen, von der Niederlassungsfreiheit umfasst.[832] Als besondere Ausübungsform einer wirtschaftlichen Tätigkeit sei die grenzüberschreitende Verschmelzung notwendig, um eine geordnete Zusammenarbeit von Gesellschaften über die Grenze hinaus zu ermöglichen.[833]

In Deutschland seien grenzüberschreitende Verschmelzungen aufgrund fehlender einschlägiger Regeln nicht durchführbar.[834] Doch gerade die Verschmelzung ermögliche es, innerhalb eines einzigen Prozesses in neuer Form, ohne zeitliche Zäsur und den damit verbundenen Zeit- sowie Kostennachteilen, weiterhin auf dem Markt zu agieren.[835] Diesen Vorteil könnten andere Formen der Umwandlung, etwa die Auflösung mit anschließender Vermögensabwicklung und Neugründung, nicht bieten.[836] Diese unterschiedliche Behandlung in- und ausländischer Gesellschaften durch das UmwG sei potenziell in der Lage, Niederlassungsvorgänge

829 EuGH, Urt. v. 13.12.2005, Rs. C-411/03, ECLI:EU:C:2005:762, Rn. 11–13 – Sevic; *Oechsler*, NJW 2006, 812; *Knop*, Gesellschaftsstatut, S. 100.

830 EuGH, Urt. v. 13.12.2005, Rs. C-411/03, ECLI:EU:C:2005:762, Rn. 14 – Sevic; *Teichmann*, ZIP 2006, 355 (356); *Kuntz*, IStR 2006, 224 (225).

831 EuGH, Urt. v. 13.12.2005, Rs. C-411/03, ECLI:EU:C:2005:762, Rn. 16 f. – Sevic; *Teichmann*, ZIP 2006, 355 (356); *Kallmeyer/Kappes*, NZG 2006, 224 (225).

832 EuGH, Urt. v. 13.12.2005, Rs. C-411/03, ECLI:EU:C:2005:762, Rn. 18 – Sevic; *Meilicke/Rabback*, GmbHR 2006, 123 (125); *Roth*, Vorgaben NLF, S. 12.

833 EuGH, Urt. v. 13.12.2005, Rs. C-411/03, ECLI:EU:C:2005:762, Rn. 19 – Sevic; *Teichmann*, ZIP 2006, 355 (356); *Spahlinger/Wegen*, NZG 2006, 721 (724).

834 EuGH, Urt. v. 13.12.2005, Rs. C-411/03, ECLI:EU:C:2005:762, Rn. 20 – Sevic; *Kuntz*, IStR 2006, 224 (225); *Teichmann*, ZIP 2006, 355.

835 EuGH, Urt. v. 13.12.2005, Rs. C-411/03, ECLI:EU:C:2005:762, Rn. 21 – Sevic; *Geyrhalter/Weber*, DStR 2006, 146 (147); *Schmidt/Maul*, BB 2006, 11 (12).

836 EuGH, Urt. v. 13.12.2005, Rs. C-411/03, ECLI:EU:C:2005:762, Rn. 21 – Sevic; *Kallmeyer/Kappes*, NZG 2006, 224 (225); *Pechstein*, EuGH, Rn. 186.

weniger attraktiv zu machen, stelle also eine Beschränkung iSd Niederlassungsfreiheit dar.[837]

Die deutsche und die niederländische Regierung merken an, dass auch innerstaatliche Verschmelzungen nicht ohne Beachtung von Schutzvorschriften für Gläubiger, Minderheitsaktionäre und Arbeitnehmer möglich sind. Bestimmte Regeln sollten darüber hinaus die Wirksamkeit der Steueraufsicht sowie die Lauterkeit des Handelsverkehrs sicherstellen. Diese Interessen könnten aber bei einer grenzüberschreitenden Umwandlung wegen der Anwendung unterschiedlicher nationaler Vorschriften und fehlender europaweiter Harmonisierung nicht gewahrt werden.[838] Des Weiteren werde zur Unterstützung auf die Begründungserwägungen des offiziellen Entwurfs zur Verschmelzungs-Richtlinie hingewiesen: Diese sei notwendig, weil die Mitgliedstaaten rechtliche und administrative Schwierigkeiten bei grenzüberschreitenden Umwandlungen nicht ausreichend bewältigen können.[839]

Der EuGH weist jedoch darauf hin, dass die Betätigung der Niederlassungsfreiheit keinesfalls von sekundärrechtlichen Ausformungen abhängig ist, und verweist dafür auf das Urteil Bachmann.[840] Eine Anwendung der Dritten Richtlinie[841] zu innerstaatlichen Verschmelzungen von Aktiengesellschaften sei wegen der spezifischen Herausforderungen bei grenzüberschreitenden Vorgängen ausgeschlossen.[842] Eine Rechtfertigung aufgrund der eingangs vorgebrachten Gründe[843] sei nicht von vornherein unhaltbar, was bereits aus den Urteilen Überseering und Inspire Art bekannt sei. Die beschränkenden Maßnahmen müssten jedoch geeignet und erforderlich sein.[844] Eine generelle Verweigerung grenzüberschreitender Verschmelzungen halte dem in keiner Weise stand.[845]

---

837 EuGH, Urt. v. 13.12.2005, Rs. C-411/03, ECLI:EU:C:2005:762, Rn. 22 f. – Sevic; *Schindler*, ECFR 2006, 109 (114); *Krause/Kulpa*, ZHR 2007, 38 (41); *Habersack/Verse*, EU-GesR, § 3, Rn. 19.

838 EuGH, Urt. v. 13.12.2005, Rs. C-411/03, ECLI:EU:C:2005:762, Rn. 24 – Sevic; *Kallmeyer/Kappes*, NZG 2006, 224 (225); *Geyrhalter/Weber*, DStR 2006, 146 (147).

839 EuGH, Urt. v. 13.12.2005, Rs. C-411/03, ECLI:EU:C:2005:762, Rn. 25 – Sevic; *Meilicke/Rabback*, GmbHR 2006, 123 (125); *Schmidt/Maul*, BB 2006, 11 (12).

840 EuGH, Urt. v. 13.12.2005, Rs. C-411/03, ECLI:EU:C:2005:762, Rn. 26 – Sevic; bez. EuGH, Urt. v. 28.01.1992, Rs. C-204/90, ECLI:EU:C:1992:35, Rn. 11 – Bachmann.

841 Dritte Richtlinie 78/855/EWG des Rates betreffend die Verschmelzung von Aktiengesellschaften v. 9.10.1978, ABl. 1978 Nr. L 295/36.

842 EuGH, Urt. v. 13.12.2005, Rs. C-411/03, ECLI:EU:C:2005:762, Rn. 27 – Sevic; *Forsthoff* in: Grabitz/Hilf/Nettesheim, Recht der EU, Art. 54 AEUV, Rn. 54.

843 Die Regierungen sprachen vom Gläubiger-, Minderheiten- und Arbeitnehmerschutz.

844 EuGH, Urt. v. 13.12.2005, Rs. C-411/03, ECLI:EU:C:2005:762, Rn. 28 f. – Sevic; *Kappes*, NZG 2006, 101 f.; *Oechsler*, NJW 2006, 812; *Forsthoff*, DStR 2006, 613 (616); *ders.* in: Grabitz/Hilf/Nettesheim, Recht der EU, Art. 54 AEUV, Rn. 54.

845 EuGH, Urt. v. 13.12.2005, Rs. C-411/03, ECLI:EU:C:2005:762, Rn. 30 – Sevic; *Teichmann*, ZIP 2006, 355 (357); *Kappes*, NZG 2006, 101; *Oechsler*, NJW 2006, 812; *Schindler*, ECFR 2006, 109 (115); *Geyrhalter/Weber*, DStR 2006, 146 (147).

3. Problemfelder und Diskussionsschwerpunkte

Auch das Urteil Sevic brachte eine große Menge an Beiträgen in Fachzeitschriften hervor.[846] Ein Grund für die zahlreichen Ausführungen war sicherlich der unglückliche Zeitpunkt der Entscheidung unmittelbar vor Verabschiedung der Verschmelzungs-Richtlinie.[847] Zwar hatte die Entscheidung keine direkten Bezüge zur Thematik der Sitzverlegung einer Gesellschaft im eigentlichen Sinne, jedoch ließen sich zumindest mittelbar einige wichtige Aussagen, Thesen oder gar Forderungen ableiten.

a) Verhältnis der Verschmelzungs-Richtlinie[848] zum Urteil Sevic

Mit der Entscheidung Sevic zeigte der EuGH einmal mehr, dass er sich als „Motor der Integration"[849] versteht und sogar Rechtssetzungstätigkeiten der Europäischen Organe nicht abwarten muss.[850] Das Verhältnis der Entscheidung zur Richtlinie wurde sehr unterschiedlich analysiert. Während einige Autoren die Richtlinie in Anbetracht des Urteils fortan als bedeutungslos einstuften oder sie sogar als „Opfer der Sevic-Entscheidung" ansahen,[851] nahm Forsthoff eine extreme Gegenposition ein, indem für ihn die Niederlassungsfreiheit im Bereich der Verschmelzungen nach Erlass der Richtlinie keine Rolle mehr spielen würde.[852] Eine vermittelnde Ansicht nahm an, die Grundfreiheiten reichten alleine nicht aus, um das Ziel des EU-Binnenmarktes zu erreichen. Weiterhin brauche es gerade ein Zusammenspiel mit flankierenden Maßnahmen wie etwa der Verschmelzungs-Richtlinie.[853] So nahmen z.B. Kallmeyer/Kappes an, die Richtlinie und die Entscheidung stünden ganz auf einer Linie.[854]

---

846 Beispielhaft: *Doralt*, IPRax 2006, 572; *Kieninger*, EWS 2006, 49; *Krause/Janko*, BB 2007, 2194; *Kindler*, NJW 2007, 1785; *Wachter*, GmbHR 2007, R 161; *Nagel*, NZG 2006, 97; zu grenzüberschreitenden Umwandlungen s.a. *Stöber*, ZIP 2012, 1273.

847 Nach *Ringe* „ist es bemerkenswert, dass diese Entscheidung fast zeitgleich mit der Verabschiedung der Verschmelzungsrichtlinie...ergeht", DB 2005, 2804 (2806); hierin sieht auch *Becker* die „Ironie in der Sache", GmbHR 2005, R309; *Forsthoff* meint, dass der EuGH den EU-Gesetzgeber mit dem Urteil Sevic überholt hätte, DStR 2006, 613.

848 Richtlinie 2005/56/EG des Europäischen Parlaments und des Rates über die Verschmelzung von Kapitalgesellschaften aus verschiedenen Mitgliedstaaten v. 26.10.2005, ABl. 2005 Nr. L310/1.

849 So *Doralt*, IPRax 2006, 572; *Bayer/Schmidt*, ZIP 2006, 210; *Kuntz* spricht zudem von einem „Integrationstrieb" des GA Tizzano, EuZW 2005, 524.

850 Nach *Forsthoff* hat der EuGH den EU-Gesetzgeber „überholt", DStR 2006, 613.

851 Vgl. *Kuntz*, EuZW 2005, 524 (528); s.a. *Weiss/Wöhlert*, WM 2007, 580 (583).

852 *Forsthoff*, DStR 2006, 613 (617).

853 *Teichmann*, ZIP 2006, 355 (359 f.); *Krause/Kulpa*, ZHR 2007, 38 (42 f.).

854 *Kallmeyer/Kappes*, AG 2006, 224 (227).

In jedem Fall stellt die Existenz von Sekundärrecht keinesfalls eine Vorbedingung für den Schutz durch die Niederlassungsfreiheit dar.[855] Damit relativiert der Gerichtshof ein gewichtiges Missverständnis aus dem Daily-Mail-Urteil.[856] In diesem machte der EuGH die Anwendung der Niederlassungsfreiheit bei grenzüberschreitenden Sitzverlegungen noch von sekundärrechtlichen Regeln oder völkerrechtlichen Übereinkommen abhängig.[857]

Auch muss eindeutig festgestellt werden, dass das Sevic-Urteil deutlich weiter reicht als die Richtlinie.[858] Diese beschränkt sich auf grenzüberschreitende Verschmelzungen von Kapitalgesellschaften und damit auf nur einen transnationalen Mobilitätsaspekt sowie nur auf wenige Gesellschaftsformen.[859] Die Richtlinie ist vor dem Hintergrund der Niederlassungsfreiheit somit nicht abschließend.[860]

b) Die Verschmelzungsfähigkeit von Personengesellschaften

Ein Konfliktpunkt zwischen der Verschmelzungs-Richtlinie und der Reichweite der Niederlassungsfreiheit bei Verschmelzungsvorgängen betrifft die Frage, ob auch Personengesellschaften verschmelzungsfähig sind. Wie bereits aufgezeigt, bezieht sich die Zehnte Richtlinie nur auf Kapitalgesellschaften.[861] Die Niederlassungsfreiheit nach Art. 49, 54 AEUV schützt dagegen viele Gesellschaftsformen. Der Begriff der Gesellschaften ist dabei aufgrund der nationalen Unterschiede sehr weit zu verstehen und keinesfalls auf juristische Personen beschränkt.[862]

Personengesellschaften sind nach dem Sevic-Urteil bei Verschmelzungsvorgängen zweifelsfrei von der Niederlassungsfreiheit geschützt.[863] Die fehlende Umsetzung für Personengesellschaften im deutschen UmwG ist zwar bedauerlich,[864] aber für die Anwendung der Niederlassungsfreiheit nicht weiter hinderlich. Hierfür

855 *Kleinert/Schwarz*, GmbHR 2006, R365 (R365 f.); *Ringe*, DB 2005, 2804 (2806); *Bungert*, BB 2006, 53 (54); *Leible/Hoffmann*, RIW 2006, 161 (162).

856 *Bröhmer* in: Calliess/Ruffert, EUV/AEUV, 4. Auflage 2011, Art. 54 AEUV, Rn. 15; kritisch *Oechsler*, NJW 2006, 812.

857 S. EuGH, Urt. v. 27.09.1988, Rs. 81/87, ECLI:EU:C:1988:456, Rn. 21–23 – Daily Mail.

858 *Geyrhalter/Weber*, DStR 2006, 146 (151); *Wachter*, GmbHR 2007, R 161.

859 Art. 1 und 2 der Richtlinie 2005/56/EG des Europäischen Parlaments und des Rates über die Verschmelzung von Kapitalgesellschaften aus verschiedenen Mitgliedstaaten v. 26.10.2005, ABl. 2005 Nr. L 310/1.

860 *Spahlinger/Wegen*, NZG 2006, 721 (726); *Kallmeyer/Kappes*, AG 2006, 224 (226).

861 S.o. unter E., V., 3., a).

862 *Tietje* in: Ehlers, EU-Grundrechte und –freiheiten, § 10, Rn. 65; *Frenz*, HB EuR, Bd. 1: Grundfreiheiten, Rn. 2179 f.; *Müller-Graff* in: Streinz, EUV/AEUV, Art. 54 AEUV, Rn. 4; *Saenger*, FS P+P Pöllath+Partners 2008, 295 (297).

863 *Spahlinger/Wegen*, NZG 2006, 721 (726 f.); *Doralt*, IPRax 2006, 572 (576); *Sedemund*, BB 2006, 519 (520); *Kiem* in: Habersack/ Drinhausen, SE-Recht, Vorb. UmwG, Rn. 9; *Bayer/Schmidt*, ZIP 2006, 210 (212); *Gutkès* in: Sagasser/Bula/Brünger, Umwandlungen, § 12, Rn. 14.

864 *Kallmeyer/Kappes*, AG 2006, 224 (237); *Wachter*, GmbHR 2007, R 161.

spricht der allgemein gehaltene Wortlaut der Entscheidung, welcher sich nur auf „Gesellschaften" bezieht.[865]

Außerdem konnte eine deutsche Personengesellschaft bereits vor Erlass der Richtlinie und vor dem Urteil alle Gesellschaftsanteile auf eine ausländische Person übertragen, was zu einer Anwachsung, also dem Übergang des Vermögens sowie der Verbindlichkeiten auf die ausländische Person, und zu einem Erlöschen der deutschen Gesellschaft führte.[866] Saenger macht darauf aufmerksam, dass die bisherige Diskussion um die Niederlassungsfreiheit von Gesellschaften primär auf Kapitalgesellschaften bezogen wurde, weil diese im Gegensatz zu Personengesellschaften keinen satzungsmäßigen Sitz haben, was aber nicht hieße, dass letztere nicht dem Schutz der Niederlassungsfreiheit unterliegen.[867] Fehlende Verfahrensregeln in einigen Mitgliedstaaten können überbrückt werden, indem man die Verschmelzungs-Richtlinie trotzdem als Auslegungshilfe zu Rate zieht.[868]

c) Grenzüberschreitende Spaltungen und Formwechsel

Der Sachverhalt des Sevic-Urteils betraf lediglich eine grenzüberschreitende Verschmelzung.[869] Die Verschmelzung ist aber bloß eine Teilmenge von grenzüberschreitenden Umwandlungen. Zu den Modalitäten der Umwandlung gehören weiterhin auch die Spaltung (§§ 123 ff. UmwG) und der Formwechsel (§§ 190 ff. UmwG).[870] Der EuGH hebt die Verschmelzung als besonders wichtigen Mobilitätsaspekt hervor, welcher „für das reibungslose Funktionieren des Binnenmarktes" eminent wichtig sei, und bezieht gleichzeitig andere Arten der Gesellschaftsumwandlungen unter diesem Aspekt mit ein.[871] Speziell die grenzüberschreitende Spaltung ist gerade nach dem Actus-Contrarius-Gedanken nur das Umkehrstück zur transnationalen Verschmelzung.[872] Es bestehen dabei keine substantiellen Unterschiede.[873] Genau wie die Verschmelzung übernimmt die Spaltung eminent wichtige wirtschaftliche Funktionen, wenn sie den Zusammenarbeits- und Umgestaltungsanforderungen der Gesellschaften dient.[874]

---

865 *Geyrhalter/Weber*, DStR 2006, 146 (151); *Krause/Kulpa*, ZHR 2007, 38 (48).

866 *Spahlinger/Wegen*, NZG 2006, 721 (727); allgemein zum Anwachsungsmodell *Roth* in: Baumbach/Hopt, HGB, Einl. § 105, Rn. 22 und § 140, Rn. 25.

867 *Saenger*, FS P+P Pöllath+Partners 2008, 295 (300).

868 *Lutter/Drygala*, JZ 2006, 770 (776); *Kallmeyer/Kappes*, AG 2006, 224.

869 EuGH, Urt. v. 13.12.2005, Rs. C-411/03, ECLI:EU:C:2005:762, Rn. 2, 6 f. – Sevic.

870 *Saenger*, GesR, Rn. 884; *Drygala/Staake/Szalai*, KapGesR, § 34, Rn. 1.

871 EuGH, Urt. v. 13.12.2005, Rs. C-411/03, ECLI:EU:C:2005:762, Rn. 19 – Sevic; s.a. *Meilicke/Rabback*, GmbHR 2006, 123 (126); *Weiss/Wöhlert*, WM 2007, 580 (584).

872 *Doralt*, IPRax 2006, 572 (576) – insb. Fn. 55; *Krause/Kulpa*, ZHR 2007, 38 (47).

873 *Siems*, EuZW 2006, 135 (139); *Weiss/Wöhlert*, WM 2007, 580 (584).

874 *Sagasser* in: Sagasser/Bula/Brünger, Umwandlungen, § 18, Rn. 202.

Deshalb sind viele Autoren der Meinung, dass die grenzüberschreitende Spaltung ebenfalls von der Niederlassungsfreiheit geschützt ist.[875] Für Kallmeyer/Kappes ist im Falle einer Herausspaltung sogar das Kernelement der Niederlassungsfreiheit betroffen, weil es sich um die Errichtung einer Zweigniederlassung durch eine ausländische Gesellschaft handele.[876] Auch sind grenzüberschreitende Umwandlungen im Wege der Einzelrechtsnachfolge, etwa in Form eines Asset Deals, heute schon möglich.[877]

Einige Stimmen erheben sich gegen die Möglichkeit eines grenzüberschreitenden Formwechsels.[878] Dabei werden die tatsächlichen Unterschiede zur Verschmelzung bzw. Spaltung hervorgehoben: Bei einem grenzüberschreitenden Formwechsel sei nämlich nur ein einziges Rechtssubjekt betroffen.[879] Zugleich werden die strukturellen Parallelen zur grenzüberschreitenden Sitzverlegung betont.[880] Hierbei wird auf die einschlägige Rechtsprechung des Gerichtshofs in Sachen Daily Mail[881] hingewiesen.[882] Die Auseinandersetzung mit Daily Mail wird aber auch bei der Frage nach der Wegzugsfreiheit relevant und soll deshalb unter diesem Punkt diskutiert werden. Einige Autoren unterscheiden dann nämlich zwischen Verschmelzungen, Spaltungen und Formwechseln hinein oder auch heraus.[883]

Ungeachtet dieser Unterscheidung findet sich auch eine große Anzahl von Befürwortern, welche den grenzüberschreitenden Formwechsel ebenfalls als Teil des Schutzbereichs der Niederlassungsfreiheit ansehen.[884] Sie haben insbesondere die praktischen Argumente des EuGH auf ihrer Seite: Der Formwechsel enthalte, ebenso wie die Verschmelzung, die wirtschaftliche Komponente der Zeit- und Kostenersparnis und sei somit ein besonders einfacher Gründungsakt.[885] Geyrhalter/

---

875 U.A. *Geyrhalter/Weber*, DStR 2006, 146 (150); *Leible/Hoffmann*, RIW 2006, 161 (165); *Klein*, RNotZ 2007, 565 (570); *Kiem* in: Habersack/Drinhausen, SE-Recht, Vorb. UmwG, Rn. 9; a.A.: *Schmidt/Maul*, BB 2006, 11 (14).

876 *Kallmeyer/Kappes*, AG 2006, 224 (234).

877 *Bungert*, BB 2006, 53 (56); *Habersack/Verse*, EU-GesR, § 8, Rn. 54, 4. Auflage 2011 mit Bezug zu anderen grenzüberschreitenden Unternehmenszusammenschlüssen vor Sevic.

878 *Kuntz*, IStR 2006, 224 (226); *Schmidt/Maul*, BB 2006, 11 (14).

879 *Krause/Kulpa*, ZHR 2007, 38 (47); *Spahlinger/Wegen*, NZG 2006, 721 (722).

880 *Spahlinger/Wegen*, NZG 2006, 721 (725); *Siems*, EuZW 2006, 135 (140).

881 EuGH, Urt. v. 27.09.1988, Rs. 81/87, ECLI:EU:C:1988:456 – Daily Mail.

882 *Leible/Hoffmann*, RIW 2006, 161 (166); *Knop*, Gesellschaftsstatut, S. 102.

883 So *Spahlinger/Wegen*, NZG 2006, 721 (725, 727); *Forsthoff* in: Grabitz/Hilf/Nettesheim, Recht der EU, Art. 54 AEUV, Rn. 32; a.A.: *Kieninger*, EWS 2006, 49 (51); *Habersack/Verse*, EU-GesR, § 3, Rn. 19, 4. Auflage 2011; *Braun*, Wegzugsfreiheit, S. 227.

884 *Meilicke/Rabback*, GmbHR 2006, 123: Diskriminierungsfreiheit von Umwandlungen im Allgemeinen; *Doralt*, IPRax 2006, 572 (576); *Müller-Graff* in: Streinz, EUV/AEUV, Art. 54 AEUV, Rn. 19; *Herrler*, EuZW 2007, 295 (299); *Kalss/Klampfl*, EU-GesR, Rn. 115.

885 *Krause/Kulpa*, ZHR 2007, 38 (47); *Grundmann*, EU-GesR, § 22, Rn. 787.

Weber bezeichnen den Formwechsel als „erleichterte Gesellschaftsgründung“.[886] Forsthoff sieht durch die Ermöglichung der grenzüberschreitenden Verschmelzung in der Praxis sowieso schon die Möglichkeit eines „Quasi-Formwechsels“.[887]

d) Wegzugssachverhalte bzw. Hinausumwandlungen

Die umfassendste Kontroverse wurde um die Frage geführt, ob aus der Entscheidung Sevic Anhaltspunkte für Wegzugssachverhalte zu entnehmen sind.[888] Dabei war zwischen der Hinausverschmelzung bzw. Hinausspaltung oder dem Hinausformwechsel sowie zwischen der Sitzverlegung von Gesellschaften zu unterscheiden.[889]

Die Schlussanträge von Generalanwalt Tizzano zum Urteil Sevic waren der gedankliche Ausgangspunkt. Besonders die von ihm vorgenommene Gleichsetzung von Wegzugs- und Zuzugsbeschränkungen ist hervorzuheben.[890] Diese werteten einige Autoren als „Steilvorlage“ zur Korrektur der Daily-Mail-Doktrin.[891] Misst man nur dem Wortlaut der darauf folgenden EuGH-Entscheidung Bedeutung zu, so haben sich die Richter als „formschwache Stürmer“ erwiesen und diese „Steilvorlage“ nicht verwertet.[892] In ihren, wie immer knapp gehaltenen,[893] Erläuterungen gehen sie nicht explizit auf Wegzugsbeschränkungen ein.[894] Haftet man bei der Analyse des Urteils nicht zu stark am Wortlaut, kann man implizit jedoch einige Wertungen erkennen.[895] So unterstreicht Siems drei verschiedene Akzentuierungen innerhalb des Urteils: In den Randnummern 18, 20 und 22 stellen die Richter auf Zuzugskonstellationen ab, während in den Randnummern 19 und 21 allgemein von Verschmelzungen die Rede ist. Zuletzt legen die Randnummern 23

886 *Geyrhalter/Weber*, DStR 2006, 146 (150).

887 *Forsthoff*, DStR 2006, 613 (614).

888 Dafür: *Meilicke/Rabback*, GmbHR 2006, 123 (125 f.); *Weiss/Wöhlert*, WM 2007, 580 (584 f.); *Bungert*, BB 2006, 53 (56); *Schindler*, ECFR 2006, 109 (114); dagegen: *Schmidt/Maul*, BB 2006, 11 (14); *Kindler* in: MüKo BGB, Bd. 12, Teil 10, Rn. 127.

889 *Spahlinger/Wegen*, NZG 2006, 721 (724 f.); *Krause/Kulpa*, ZHR 2007, 38 (47).

890 Schlussanträge des GA Tizzano v. 07.07.2005, Rs. C-411/03, ECLI:EU:C:2005:437, Anm. 45 – Sevic.

891 *Geyrhalter/Weber*, NZG 2005, 837 (838); als Ansatz zur restriktiven Interpretation sieht es *Drygala*, ZIP 2005, 1995 (1998); *Krause/Kulpa*, ZHR 2007, 38 (43–48).

892 *Ringe*, DB 2005, 2804 (2806); *Oechsler*, NJW 2006, 812 (813).

893 *Leible/Hoffmann*, RIW 2006, 161 (162); *Bungert*, BB 2006, 53; *Bayer/Schmidt*, ZIP 2006, 210; für *Schmidt/Maul*, BB 2006, 11 (13) ist das Urteil „kurz, aber prägnant“.

894 *Kappes*, NZG 2006, 101; nach *Teichmann*, ZIP 2006, 355 (358) nimmt der EuGH den Blickwinkel des Wegzugssachverhalts, entgegen GA Tizzano, nicht auf.

895 *Kuntz*, IStR 2006, 224 (225); *Bayer/Schmidt*, ZIP 2006, 210 (211); *Schindler*, ECFR 2006, 109 (114) unter V. „What the ECJ did not (explicitly) say“.

und 30 inklusive Rekurs auf die Entscheidung De Lasteyrie du Saillant[896] nahe, dass der EuGH auch Wegzugskonstellationen im Sinn hatte.[897]

Bei einem generalisierenden Verständnis der gesamten Problematik um den Wegzug könnte man der Sevic-Entscheidung also durchaus ein Beschränkungsverbot für den abgebenden Staat im Hinblick auf die Sitzverlegung entnehmen.[898] Zur grenzüberschreitenden Sitzverlegung haben sich die Richter aber nicht geäußert.[899] Eine explizite Distanzierung von den Daily-Mail-Grundsätzen, wonach eine Gesellschaft nur nach der jeweiligen Gründungsrechtsordnung existiert und somit auch bei einer Sitzverlegung ein Zwang zur Auflösung bestehen kann, ist nicht zu erkennen.[900] In den Urteilen Centros, Überseering und Inspire Art[901] hat sich der Gerichtshof der sog. Methode des „Distinguishing" bedient: Nach dieser handelte es sich bei den Urteilen um grundverschiedene Sachverhalte (Zuzug), weshalb zu einer Aussage bezüglich der „Geschöpftheorie" aus Daily Mail oder gar einer Korrektur keine Notwendigkeit bestand.[902] Einige Autoren gehen deshalb auch in Sevic davon aus, dass es sich um einen reinen Sachverhalt zur Hineinverschmelzung handelt.[903] Damit musste sich der EuGH auch gar nicht von der Daily-Mail-Doktrin distanzieren.[904] Daily Mail muss mit richterlicher Zurückhaltung also weiterhin als „good law" bezeichnet werden.[905]

Dies heißt jedoch nicht, dass Wegzugsbeschränkungen grundsätzlich für alle zwischenstaatlichen Gesellschaftsbewegungen erlaubt sind. Verschmelzungen sind nicht gleichzusetzen mit einer Sitzverlegung.[906] Bei einer Sitzverlegung ändert sich weder der Gesellschaftstyp noch die nationale Identität der Gesellschaft.[907] Bei

---

896 EuGH, Urt. v. 11.03.2004, Rs. C-9/02, ECLI:EU:C:2004:138 – De Lasteyrie du Saillant; s.a. die Ausführungen unter E., IV., 3., d).

897 *Siems*, EuZW 2006, 135 (140); so auch *Kieninger* zu Rn. 30, EWS 2006, 49 (51 f.).

898 *Meilicke/Rabback*, GmbHR 2006, 123 (126); *Doralt*, IPRax 2006, 572 (575).

899 *Siems*, EuZW 2006, 135 (139 f.); *Geyrhalter/Weber* wünschten sich diesbezüglich ein Obiter Dictum, NZG 2005, 837 (838).

900 *Oechsler*, NJW 2006, 812 (813); *Kappes*, NZG 2006, 101 (102); *Siems*, EuZW 2006, 135; *Leible/Hoffmann*, RIW 2006, 161 (166).

901 EuGH, Urt. v. 09.03.1999, Rs. C-212/97, ECLI:EU:C:1999:126 – Centros (s. E., II.); EuGH, Urt. v. 05.11.2002, Rs. C-208/00, ECLI:EU:C:2002:632 – Überseering (s. E, III.); EuGH, Urt. v. 30.09.2003, Rs. C-167/01, ECLI:EU:C:2003:512 – Inspire Art (s. E, IV.).

902 *Kieninger* zu Rn. 30, EWS 2006, 49 (51); *Doralt*, IPRax 2006, 572 (574 f.).

903 *Grohmann/Gruschinske*, GmbHR 2008, 27 (30); *Schmidt/Maul*, BB 2006, 11 (14); *Leible/Hoffmann*, RIW 2006, 161 (166).

904 *Kuntz*, IStR 2006, 224 (225).

905 *Ringe*, DB 2005, 2804 (2806); *Kindler* in: MüKo BGB, Bd. 12, Teil 10, Rn. 849.

906 *Spahlinger/Wegen*, NZG 2006, 721 (724); *Drygala*, ZIP 2005, 1995 (1998); a.A.: *Leible/Hoffmann*, RIW 2006, 161 (166); *Doralt*, IPRax 2006, 572 (576).

907 Vgl. *Schindler*, ECFR 2006, 109 (117).

einer Verschmelzung ist dagegen immer eine weitere ausländische Gesellschaft einbezogen.[908]

Ändert man die Perspektive, sieht man, dass ein Verbot der Hinausverschmelzung in diskriminierender Weise das Recht der ausländischen Gesellschaft auf Gründung einer Zweigniederlassung verkürzt.[909] Andere Autoren sind der Meinung, die Auslandsgesellschaft habe gar keine Rechte mehr, weil diese durch die Verschmelzung nicht mehr existiere.[910] Dieses Argument des „corporate suicide"[911] hat Generalanwalt Tizzano aber bereits eindrucksvoll wiederlegt: Hier liege ein Denkfehler vor, wenn der Untergang der aufgenommenen Gesellschaft als Folge der Verschmelzung zugleich die Ursache des Verschmelzungsverbots darstelle, wobei die Aktivitäten beider Gesellschaften vor und im Zuge der Verschmelzung bereits durch die Niederlassungsfreiheit geschützt sind.[912] Deshalb sind die aufnehmende und die übergebende Gesellschaft geschützt.[913] Hinausverschmelzungen unterstehen dem Schutz der Niederlassungsfreiheit.[914]

Auch für die Hinausspaltung kann dann zweifelsohne kein absolutes Wegzugsverbot gelten.[915] Etwas anderes könnte sich jedoch beim Hinausformwechsel ergeben. Wie bereits beschrieben ist der Formwechsel eine Gesellschaftsbewegung, welche eine systematische Nähe zur Sitzverlegung aufweist.[916] Die Schutzbedürftigkeit zweier Rechtsträger kann also, ebenso wie bei der Sitzverlegung, nicht als Argument gelten.[917] Ebenso wie die Sitzverlegung heraus muss also der Formwechsel heraus sich an Daily Mail orientieren und ist vorerst nicht von der Niederlassungsfreiheit umfasst.[918]

---

908 *Oechsler*, NJW 2006, 812 (813); *Geyrhalter/Weber*, DStR 2006, 146 (150); *Eidenmüller* in: Eidenmüller, Ausländische KapGes, § 4, Rn. 87.

909 *Spahlinger/Wegen*, NZG 2006, 721 (724); *Drygala*, ZIP 2005, 1995 (1998); *Krause/Kulpa*, ZHR 2007, 38 (45); *Siems*, EuZW 2006, 135 (138).

910 *Kindler* in: MüKo BGB, Bd. 12, Teil 10, Rn. 127, 787, 851; *Teichmann* erkennt in den Aussagen des EuGH zumindest keinen expliziten Hinweis darauf, ob bei dem Vorgang eine oder sogar beide Gesellschaften geschützt sind, ZIP 2006, 355 (356, 358).

911 So bspw. *Kindler* in: MüKo BGB, Bd. 12, Teil 10, Rn. 787; *Gottschalk*, EuzW 2006, 81 (84); *Eidenmüller* in: Eidenmüller, Ausländische KapGes, § 4, Rn. 82.

912 Schlussanträge des GA Tizzano v. 07.07.2005, Rs. C-411/03, ECLI:EU:C:2005:437, Anm. 24–26 – Sevic; zustimmend: *Kieninger*, EWS 2006, 49 (50); *Ringe*, DB 2005, 2804 (2806); *Kraft/Bron*, IStR 2006, 26 (27).

913 *Schindler*, ECFR 2006, 109 (113); zustimmend *Behrens*, EuZW 2006, 65.

914 *Kallmeyer/Kappes*, AG 2006, 224 (227); *Doralt*, IPRax 2006, 572 (576); *Lutter/Drygala*, JZ 2006, 770 (771); vorsichtiger *Bungert*, BB 2006, 53 (56).

915 *Weiss/Wöhlert*, WM 2007, 580 (584); *Doralt*, IPRax 2006, 572 (576); *Hörtnagl* in: Schmitt/Hörtnagl/Stratz, UmwG, UmwStG, A., § 1, Rn. 54.

916 S.o. unter E., V., 3., c).

917 *Krause/Kulpa*, ZHR 2007, 38 (47); *Kuntz*, IStR 2006, 224 (226); a.A.: *Geyrhalter/Weber*, DStR 2006, 146 (150).

918 *Spahlinger/Wegen*, NZG 2006, 721 (725); *Eidenmüller* in: Eidenmüller, Ausländische KapGes, § 4, Rn. 127: Daily Mail aber als erhöhter Rechtfertigungsspielraum.

e) *Schützenswerte Interessen der Mitgliedstaaten – zwingende Gründe des Allgemeinwohls*

Wie schon zu Inspire Art ausführlich besprochen,[919] stellt sich auch nach Sevic die Frage, welche schützenswerten Interessen als Rechtfertigungsgrund für Beschränkungen ins Feld geführt werden dürfen. Die gerade aufgezeigte Diskussion um die jeweilige Art der Gesellschaftsmobilität kann den Maßstab der Rechtfertigungsprüfung beeinflussen.[920] Zunächst ist zu erkennen, dass der EuGH wieder einmal nicht erklärt, etwa in Form einer klar strukturierten Formel oder Definition, wann es sich um zwingende Gründe des Allgemeinwohls nach der Cassis-de-Dijon-Formel handelt.[921] Für Oechsler stehen die zwingenden Gründe „nur auf dem Papier...; denn wiederum hat das Gericht nicht Farbe bekannt". Er erwartet gar keine „Auseinandersetzung mit wissenschaftlichen Äußerungen (...) mehr."[922] Dabei war eine Klärung durch den Gerichtshof auch nicht zu erwarten, da etwaige schützenswerte Gesichtspunkte bei einer Hineinverschmelzung zu vernachlässigen sind, weil der aufnehmende Rechtsträger in seinem Rechtsgewand unverändert fortbesteht.[923]

Nach dem Entscheidungsdreiklang zu Centros, Überseering und Inspire Art[924] war jedoch eindeutig, dass ein Spielraum für Beschränkungen nur im Einzelfall und nicht pauschal bestünde,[925] auch wenn man durchaus einen weiteren Anwendungsbereich ausmachen konnte, weil es sich im Fall Sevic nicht um eine vollumfängliche Neugründung einer Gesellschaft handelte und somit Bestandsschutzinteressen berührt sein konnten[926] oder weil auf die spezifischen Probleme beim Zusammenspiel zweier Rechtsordnungen hingewiesen wurde.[927] Anhaltspunkte für schützenswerte Interessen könnten jedoch der Zehnten Richtlinie[928]

---

919 S.o. Unter E., IV., 3,. c) im Bereich der möglichen Sonderanknüpfungen.

920 *Lutter/Drygala*, JZ 2006, 770 (772); *Kieninger*, EWS 2006, 49 (52); *Geyrhalter/Weber*, DStR 2006, 146 (150) und *Bungert*, BB 2006, 53 (56) weisen auf potenzielle höhere Gefahren bei Herausverschmelzungen hin.

921 Bedauernd *Geyrhalter/Weber*, DStR 2006, 146 (149); *Bayer/Schmidt*, ZIP 2006, 210 (212); *Doralt*, IPRax 2006, 572 (576).

922 *Oechsler*, NJW 2006, 812.

923 *Geyrhalter/Weber*, DStR 2006, 146 (149); *Drygala*, ZIP 2005, 1995 (1996).

924 EuGH, Urt. v. 09.03.1999, Rs. C-212/97, ECLI:EU:C:1999:126 – Centros (s. E., II.); EuGH, Urt. v. 05.11.2002, Rs. C-208/00, ECLI:EU:C:2002:632 – Überseering (s. E., III.); EuGH, Urt. v. 30.09.2003, Rs. C-167/01, ECLI:EU:C:2003:512 – Inspire Art (s. E., IV.).

925 *Forsthoff*, DStR 2006, 613 (616 f.); *Ringe*, DB 2005, 2804 (2806); *Teichmann*, ZIP 2006, 355 (359); *Leible* in: Michalski/Heidinger/Leible/Schmidt, GmbHG, Bd. 1, sys. Darst. 2 – Int. GesR, Rn. 34; *Herrler*, EuZW 2007, 295 (299).

926 *Siems*, EuZW 2006, 135 (138).

927 *Engert* in: Langenbucher, EU-PrivatR, § 5, Rn. 13; *Teichmann*, ZIP 2006, 355 (359); *Forsthoff* in: Grabitz/Hilf/Nettesheim, Recht der EU, Art. 54 AEUV, Rn. 54.

928 Richtlinie 2005/56/EG des Europäischen Parlaments und des Rates über die Verschmelzung von Kapitalgesellschaften aus verschiedenen Mitgliedstaaten v. 26.10.2005, ABl. 2005 Nr. L 310/1.

sowie der SE-VO[929] und der SCE-VO[930] entnommen werden.[931] Dabei kann man die Regeln der Verschmelzungs-Richtlinie teilweise selbst als zu streng oder gar als Verstoß gegen die Niederlassungsfreiheit werten, weil es Schutzvorschriften gibt, welche verhindern sollen, dass das Mitbestimmungsrecht umgangen wird.[932]

Zur Arbeitnehmermitbestimmung kann im Wesentlichen auf die Ausführungen zu Inspire Art verwiesen werden.[933] Auch bei einer Hinausverschmelzung kann die Anwendung strengen Mitbestimmungsrechts einen Verstoß gegen die Niederlassungsfreiheit darstellen.[934] Der Verweis auf die Mitbestimmungsregeln der SE-VO geht hier fehl, da die Niederlassungsfreiheit auch das Recht beinhaltet, die Gesellschaftsform frei zu wählen, und eine Anwendung dieser Regeln damit teilweise die Form der SE vorschriebe.[935] Indessen sind die Mitbestimmungsregeln bei Hinausverschmelzungen eher in der Lage, eine einhergehende Beschränkung zu rechtfertigen.[936] Problemlos sollte dies bei gänzlich fehlenden Regeln zur Mitbestimmung im Zielland möglich sein.[937] Der Arbeitnehmerschutz ist als zwingender Grund des Allgemeinwohls hinlänglich anerkannt.[938] Fraglich bleibt jedoch der Umfang, in welchem die strengen Mitbestimmungsregeln als Rechtfertigungsgrund greifen können.[939]

Auch zum Gläubiger- und Minderheitenschutz ist zunächst auf die Bemerkungen zu Inspire Art zu verweisen.[940] Jedoch ergibt sich auch hier möglicherweise

---

929 Verordnung (EG) Nr. 2157/2001 des Rates über das Statut der Europäischen Gesellschaft (SE) v. 08.10.2001; ABl. 2001 Nr. L 294/1.

930 Verordnung (EG) Nr. 1435/2003 des Rates über das Statut der Europäischen Genossenschaft (SCE) v. 22.07.2003; ABl. 2003 Nr. L 207/1.

931 *Bayer/Schmidt*, ZIP 2006, 210 (213); *Oechsler*, NJW 2006, 812 (813).

932 So *Meilicke/Rabback*, GmbHR 2006, 123 (126) zu Art. 16 VI und VII der Richtlinie; a.A.: *Schindler*, ECFR 2006, 109 (118).

933 S.o. unter E., IV., 3., b), ff).

934 *Kieninger*, EWS 2006, 49 (53); *Kuntz*, EuZW 2005, 524 (528); zum generellen Beschränkungscharakter der Mitbestimmung *Weller*, FS Hommelhoff 2012, 1275 (1291 f.).

935 *Kuntz*, EuZW 2005, 524 (528).

936 *Engert* in: Langenbucher, EU-PrivatR, § 5, Rn. 104; *Siems* macht, EuZW 2006, 135 (139) bei der Hinausverschmelzung eine Schutzlücke aus; *Bungert* fordert eine „intensive Abwägung", BB 2006, 53 (56).

937 So *Drygala*, ZIP 2005, 1995 (1998), der die deutschen Mitbestimmungsregeln mit der deutschen Handwerksordnung vergleicht und Bezug nimmt auf EuGH, Urt. v. 03.10.2000, Rs. C-58/98, ECLI:EU:C:2000:527 – Corsten; ähnlich *Forsthoff*, DStR 2006, 613 (618).

938 *Schindler*, ECFR 2006, 109 (117); *Knop*, Gesellschaftsstatut, S. 158.

939 *Bayer/Schmidt*, ZIP 2006, 210 (213); *Krause/Janko*, BB 2007, 2194 (2197) kritisieren Unklarheiten und Rechtsunsicherheit auch nach Erlass der Verschmelzungs-Richtlinie.

940 S. die Ausführungen zum Gläubigerschutz (Durchgriffshaftung) unter E., IV., 3., b), cc).

eine andere Stoßrichtung, wenn es sich um Unternehmensbewegungen aus dem Mitgliedstaat hinaus handelt.[941] Grundsätzlich können Gläubiger durch Sicherheitsleistungen im Zuge der Verschmelzungen nach dem Vorbild von § 22 UmwG geschützt werden.[942] Die Erschwernis, dass ein Gläubiger eventuell Rechtsschutz im EU-Ausland suchen muss, begründet dann ebenfalls keine Unverhältnismäßigkeit der Regel.[943]

Zum Schutz der Minderheitsgesellschafter kann der Rechtsgedanke des § 29 Abs. 1 S. 1 UmwG (vgl. auch § 7 SEAG), der die Möglichkeit eines Abfindungsanspruchs der Anteilseigner des übernommen durch den übernehmenden Rechtsträger vorsieht, fruchtbar gemacht werden.[944] Für Teichmann sind solche Schutzrechte einfach realisierbar, da eine Kompensation durch Austrittsrechte die Niederlassungsfreiheit der Gesellschaft nicht beschränke, sondern gerade erleichtere. Er begründet dies mit einem allgemeinen Rechtsgedanken zum EU-Binnenmarkt: Die Freiheit des einen ende dort, wo die Freiheit des anderen anfange.[945] Auch beim Gläubigerschutz lautet die Frage am Ende, wo die Niederlassungsfreiheit die Grenze zieht.[946]

Festzuhalten bleibt, dass die Schutzinteressen bei Gesellschaftsbewegungen hinaus aus dem Herkunftsstaat deutlich stärker ausgeprägt sind und im Rahmen einer Verhältnismäßigkeitsprüfung Beschränkungen einfacher zu rechtfertigen vermögen.[947] Dies gilt zuallererst für Hinausverschmelzungen, folgerichtig auch für Hinausspaltungen und erst Recht für die generell kritischer zu sehenden Hinausformwechsel und Hinaussitzverlegungen.

f) Diskriminierung oder Beschränkung

Zum Abschluss der Diskussion besteht noch die Möglichkeit, eine eventuelle Ungereimtheit im Urteil Sevic aufzuklären. Generalanwalt Tizzano sah in § 1 UmwG eine Diskriminierung ausländischer Gesellschaften.[948] Dagegen handelt es sich

---

941 *Siems* sieht die „Interessen von Gläubigern und Aktionären besonders gefährdet“, EuZW 2006, 135 (139); *Bungert*, BB 2006, 53 (56).

942 *Kieninger*, EWS 2006, 49 (52); *Lutter/Drygala*, JZ 2006, 770 (774); *Eidenmüller* in: Eidenmüller, Ausländische KapGes, § 4, Rn. 117.

943 *Kieninger*, EWS 2006, 49 (52).

944 *Oechsler*, NJW 2006, 812 (813); *Siems*, EuZW 2006, 135 (138).

945 *Teichmann*, ZIP 2006, 355 (359).

946 *Doralt*, IPRax 2006, 572 (574); *Engert* in: Langenbucher, EU-PrivatR, § 5, Rn. 105; *Leible/Hoffmann* sehen durchaus einen weiten Spielraum, RIW 2006, 161 (164).

947 *Lutter/Drygala*, JZ 2006, 770 (772); nach *Meilicke/Rabback*, GmbHR 2006, 123 (126) muss der Schutz der Interessen des Wegzusstaates möglich sein; *Geyrhalter/Weber*, DStR 2006, 146 (150); *Braun*, Wegzugsfreiheit, 2009, S. 215.

948 Schlussanträge des GA Tizzano v. 07.07.2005, Rs. C-411/03, ECLI:EU:C:2005:437, Anm. 56 – Sevic.

nach dem EuGH bei der Regel nur um eine Beschränkung.[949] Während man einerseits diesen Umstand nur als terminologische Feinheit ansehen kann,[950] kommt dieser Unterscheidung andererseits doch eine entscheidende Bedeutung zu.[951]

Die meisten Autoren stimmen bei einer Einordnung der deutschen Regel dem Generalanwalt zu und nehmen eine diskriminierende Wirkung an.[952] Dies wird vor allem mit einem rechtspolitischen Argument gestützt: Der EuGH habe im Fall Sevic nur eine Beschränkung angenommen, um einen weiteren Rechtfertigungsspielraum bei ähnlich gelagerten Fällen der grenzüberschreitenden Verschmelzung zu ermöglichen.[953] Auch liege in einer Beschränkung der Hinausverschmelzung durch den übertragenden Rechtsträger zugleich immer eine Diskriminierung der Hineinverschmelzung durch den aufnehmenden Rechtsträger.[954] Kuntz erkennt ebenfalls eine Diskriminierung, jedoch nicht aus den gleichen Gründen wie Generalanwalt Tizzano. Seine Ausführungen weist er aufgrund fehlender Vergleichsgruppen durch die Anwendung verschiedener Rechtsordnungen zurück, sieht aber eine Schlechterstellung der aufnehmenden inländischen Gesellschaft im Vergleich zu einer inländischen Gesellschaft, welche eine Zweigniederlassung im Ausland im Wege eines Asset Deals gründet.[955]

Einige Autoren meinen aber, dass auch der Gerichtshof eine Beeinträchtigung der Niederlassungsfreiheit in Form einer Ungleichbehandlung prüfe.[956] Dann hätte der EuGH aber bei Annahme einer Diskriminierung, hier notwendigerweise einer offenen, keine Möglichkeit, die zwingenden Gründe des Allgemeinwohls nach Cassis-de-Dijon zu prüfen, sondern hätte nur die Rechtfertigungsgründe des Art. 56 AEUV bemühen können, was er aber explizit nicht tat.[957]

Anders beurteilen Leible/Hoffmann die Frage nach der Rechtfertigung. Sie meinen, der Gerichtshof unterscheide auf Rechtfertigungsebene nicht mehr zwischen Diskriminierungen und Beschränkungen, weshalb die Cassis-de-Dijon-Formel

---

949 EuGH, Urt. v. 13.12.2005, Rs. C-411/03, ECLI:EU:C:2005:762, Rn. 23 – Sevic; den Unterschied zwischen EuGH und GA herausstellend *Schindler*, ECFR 2006, 109 (114).

950 *Sedemund* prangert die uneinheitliche Eingriffsterminologie des EuGH an und glaubt, dieser gehe trotz eindeutigen Wortlauts von einer Diskriminierung aus, BB 2006, 519 f. bez. EuGH, Urt. v. 13.12.2005, Rs. C-411/03, ECLI:EU:C:2005:762, Rn. 22 – Sevic.

951 *Teichmann*, ZIP 2006, 355 (356); *Leible/Hoffmann*, RIW 2006, 161 (163).

952 Bspw. *Bayer/Schmidt*, ZIP 2006, 210 (211); *Becker*, GmbHR 2005, R 309; sogar eine offene Diskriminierung nach *Drygala*, ZIP 2005, 1995 (2000); *Herrler*, EuZW 2007, 295 (299).

953 *Teichmann*, ZIP 2006, 355 (357).

954 *Meilicke/Rabback*, GmbHR 2006, 123 (126); *Krause/Kulpa*, ZHR 2007, 38 (45).

955 *Kuntz*, EuZW 2005, 524 (526 f.); später sieht *ders.* eine Diskriminierung in dem Normenmangel, IStR 2006, 224 (225, 227).

956 So bspw. *Oechsler*, NJW 2006, 812; *Forsthoff*, DStR 2006, 613 (616).

957 *Frenz*, EuR, Rn. 308; *Tietje* in: Ehlers, EU-Grundrechte und –freiheiten, § 10, Rn. 58; vgl. auch EuGH, Urt. v. 13.12.2005, Rs. C-411/03, ECLI:EU:C:2005:762, Rn. 28 – Sevic.

immer angewendet werden kann. Begründen lasse sich das mit einer Subsumtion der zwingenden Gründe des Allgemeinwohls unter die öffentliche Ordnung iSd Art. 56 AEUV. Gleichwohl soll die Unterscheidung der verschiedenen Beeinträchtigungen, ähnlich dem Stufenmodell bei der Berufsfreiheit nach Art. 12 GG,[958] auf Rechtfertigungsebene berücksichtigt werden, um die Eingriffsintensität zu messen und die Hürden für die Verhältnismäßigkeitsprüfung aufzustellen.[959]

Ein Stufenmodell scheint eine gangbare Lösung darzustellen. Versteckte Diskriminierungen sind teilweise nur sehr schwer von Beschränkungen iSv Dassonville zu unterscheiden und wurden vom EuGH bereits nach Cassis de Dijon gerechtfertigt.[960] Die Grenze liegt jedoch bei offenen Diskriminierungen. Diese stellen die größtmögliche Gefährdung des Binnenmarktes dar und sind deshalb nur aufgrund des Schutzes absolut hochrangiger Rechtsgüter (iSd Art. 56 AUEV) zu rechtfertigen.[961]

g) Rechtspolitik und Ausblick

Einige Autoren kritisieren die Entscheidung im Hinblick auf die fehlende richterliche Selbstbeschränkung.[962] Der Zeitpunkt der Entscheidung kurz vor Verabschiedung der Verschmelzungs-Richtlinie war sicherlich unglücklich.[963] Fraglich scheint, ob die Zuständigkeit des EuGH möglicherweise durch die Einschätzungsprärogative der am Erlass der Richtlinie beteiligten Organe zurückgedrängt wurde.[964] Doch weder die Richtlinie noch das Sevic-Urteil oder die SE-VO sind im Nachhinein obsolet.[965]

Viele Autoren erkannten in der Möglichkeit der transnationalen Verschmelzung praktische, schwer zu überwindende Schwierigkeiten.[966] Diese liegen speziell in der Kumulation verschiedener nationaler Umwandlungsvorschriften im Wege der Vereinigungstheorie.[967] Dieses Modell berücksichtigt das Recht aller

---

958 Allgemein zur Drei-Stufen-Lehre s. *Ruffert* in: Epping/Hillgruber, BeckOK GG, Art. 12, Rn. 93 ff.; *Schmidt* in: ErfK ArbR, 10. Grundgesetz, Art. 12, Rn. 27.

959 *Leible/Hoffmann*, RIW 2006, 161 (163).

960 Oppermann/Classen/*Nettesheim*, EuR, § 28, Rn. 36 f.; *Herdegen*, EuR, § 14, Rn. 5.

961 *Frenz*, HB EuR, Bd. 1: Grundfreiheiten, Rn. 542; *Ehlers* in: Ehlers, EU-Grundrechte und -freiheiten, § 7, Rn. 119.

962 *Kindler* in: MüKo BGB, Bd. 12, Teil 10, Rn. 126; *Oechsler*, NJW 2006, 812.

963 S.o. unter E., V., 3., die Einleitung zur kritischen Auseinandersetzung mit Sevic.

964 *Oechsler*, NJW 2006, 812; *Kindler* in: MüKo BGB, Bd. 12, Teil 10, Rn. 126.

965 *Teichmann*, ZIP 2006, 355 (361); *Krause/Kulpa*, ZHR 2007, 38 (43) betonen die Bedeutung der Richtlinie in Ergänzung zur Sevic-Entscheidung; a.A. zur Richtlinie und zur SE: *Kuntz*, EuZW 2005, 524 (528) und *Weiss/Wöhlert*, WM 2007, 580 (582 f.).

966 *Kappes*, NZG 2006, 101 (102 f.); *Bayer/Schmidt*, ZIP 2006, 210 (213); *Bungert*, BB 2006, 53 (55); *Meilicke/Rabback*, GmbHR 2006, 123 (125).

967 *Geyrhalter/Weber*, NZG 2005, 837; *Lutter/Drygala*, JZ 2006, 770 (772); *Spahlinger/Wegen* halten diese aber für überwindbar, auch wenn sie sich eine klare Rechtsgrundlage wünschen, NZG 2006, 721 (728).

beim Umwandlungsvorgang involvierten Gesellschaften.[968] Bei Konflikten der einzelnen nationalen Regeln setzt sich im Grundsatz die striktere Rechtsordnung durch.[969] Eine generalisierende Anwendung dieser Grundregel würde zu den eingangs erwähnten praktischen Hindernissen führen, da in jedem Einzelfall mehrere Rechtsordnungen überprüft und bewertet werden müssten. Dabei ist jedoch zu bedenken, dass die herrschende Meinung die Voraussetzungen, das Verfahren und die Wirkungen der grenzüberschreitenden Umwandlung jeweils gesondert anknüpft und so bereits einige Schwierigkeiten vermieden werden können.[970]

Die Verschmelzungsfähigkeit sowie der Ablauf der Verschmelzung und die Beschlussfassung bezüglich des Verschmelzungsvertrags richten sich iSd modifizierten Vereinigungstheorie nach dem jeweiligen Personalstatut, während beim Abschluss des Verschmelzungsvertrags und der Prüfung des Verschmelzungsberichts beide Rechtsordnungen anzuwenden sind. Die Wirkungen der Verschmelzung sind zu unterteilen in den Vermögensübergang im Wege der Gesamtrechtsnachfolge, welcher nach dem Statut der übertragenden Gesellschaft durchzuführen ist, und dem Erlöschen der Gesellschaft, wobei die aufnehmende Rechtsordnung zu berücksichtigen ist.[971] Zu beachten ist, dass auch die Ergebnisse der Vereinigungstheorie Beschränkungen der Niederlassungsfreiheit darstellen können.[972]

Weiterhin stellt sich die Frage, wie in Zukunft mit Wegzugshindernissen verfahren wird. Die Abschaffung dieser Marktbeschränkungen wird von vielen Seiten als rechtspolitisch sinnvoll erachtet.[973] Drygala vergleicht die deutsche Haltung, Gesellschaften den Wegzug aus Deutschland zu verbieten, gar mit dem Politikum des Mauerbaus.[974] Eine Entscheidung in einem Obiter Dictum wäre in jedem Fall wünschenswert gewesen.[975] Eine Tendenz zu Gunsten der Abschaffung war zu erkennen, eine endgültige Entscheidung zeichnete sich in der Vorlage eines ungarischen Gerichts zur Vorabentscheidung an den Gerichtshof ab.[976]

---

968 *Eidenmüller* in: Eidenmüller, Ausländische KapGes, § 4, Rn. 68; *Lutter/Drygala*, JZ 2006, 770 (773); *Kindler* in: MüKo BGB, Bd. 12, Teil 10, Rn. 799.

969 *Kropholler*, IPR, S. 144; *Decker* in: Henssler/Strohn, GesR, UmwG, § 1, Rn. 19; *Siems*, EuZW 2006, 135 (137); *Geyrhalter/Weber*, DStR 2006, 146 (147).

970 *Kindler* in: MüKo BGB, Bd. 12, Teil 10, Rn. 800 f.; noch differenzierter *Eidenmüller* in: Eidenmüller, Ausländische KapGes, § 4, Rn. 101, welcher auch Fragen des Arbeitnehmer-, Gläubiger- und Gesellschafterschutz einzeln bewertet; ebenfalls *Bungert*, BB 2006, 53 (55).

971 *Kallmeyer/Kappes*, AG 2006, 224 (230); *Krause/Kulpa*, ZHR 2007, 38 (50); *Siems*, EuZW 2006, 135 (137); *Geyrhalter/Weber*, DStR 2006, 146 (147).

972 *Lutter/Drygala*, JZ 2006, 770 (775 f.); *Doralt*, IPRax 2006, 572 (577).

973 *Kieninger*, EWS 2006, 49 (51); *Ringe*, EBLR 2005, 621 (631 ff.); *Sedemund* hält den „Todschlag an der Grenze" praktisch für unsinnig, BB 2006, 519 (521).

974 *Drygala*, ZIP 2005, 1995.

975 *Krause/Kulpa*, ZHR 2007, 38 (77); *Geyrhalter/Weber*, NZG 2005, 837 (838).

976 EuGH, Urt. v. 16.12.2008, Rs. C-210/06, ECLI:EU:C:2008:723 – Cartesio.

VI. Cadbury Schweppes plc. und Cadbury Schweppes Overseas Ltd./ Commissioners of Inland Revenue[977] (Cadbury Schweppes)

1. Sachverhalt

Zuvor erging jedoch eine eher steuerrechtlich geprägte Entscheidung des EuGH, die ebenfalls Rückschlüsse auf die Sitzverlegung von Gesellschaften ermöglichte. Streitgegenstand war die Gewinnbesteuerung der Cadbury Schweppes Treasury International (CSTI) aus dem Jahr 1996, welche eine Niederlassung in Dublin betrieb und zum Cadbury-Schweppes-Konzern (CSKonz) gehörte.[978] Die in Großbritannien und Nordirland ansässigen Gesellschaften versteuern vor Ort ihre Welteinkünfte (corporate tax), zu denen auch die Gewinne von außerhalb der Länder agierenden Zweigniederlassungen zählen.[979] Nach britischem Recht werden Gewinne und ausgeschüttete Dividenden von Tochtergesellschaften des ansässigen Unternehmens grundsätzlich nicht besteuert. Etwas anderes gilt für ausgeschüttete Dividenden durch Tochtergesellschaften mit Sitz im Ausland. Zur Vermeidung einer Doppelbesteuerung wird der ansässigen Gesellschaft jedoch eine Steuergutschrift in Höhe der entrichteten Gewinnsteuer des Tochterunternehmens zuerkannt.[980]

Nach den Rechtsvorschriften über beherrschte ausländische Gesellschaften (kurz: RbaGes)[981], deren Kapital per definitionem mindestens zu 51% von einer in Großbritannien ansässigen Gesellschaft gehalten wird, gibt es eine Ausnahme von dieser Grundmethode. Sie findet Anwendung, wenn im Ansässigkeitsstaat der Tochtergesellschaft ein niedrigeres Besteuerungsniveau herrscht.[982] Dann werden die Gewinne der beherrschten der ansässigen Gesellschaft zugeschrieben, die entrichtete Steuer im Ausland aber angerechnet. Sollten diese Gewinne im Anschluss in Form von Dividenden an die ansässige Gesellschaft ausgeschüttet werden, so

977 EuGH, Urt. v. 12.09.2006, Rs. C-196/04, ECLI:EU:C:2006:544 – Cadbury Schweppes.
978 EuGH, Urt. v. 12.09.2006, Rs. C-196/04, ECLI:EU:C:2006:544, Rn. 2 – Cadbrry Schweppes; *Braun*, Wegzugsfreiheit, S. 149.
979 EuGH, Urt. v. 12.09.2006, Rs. C-196/04, ECLI:EU:C:2006:544, Rn. 3 – Cadbury Schweppes; *Jungbluth*, EWiR 2006, 679.
980 EuGH, Urt. v. 12.09.2006, Rs. C-196/04, ECLI:EU:C:2006:544, Rn. 4 – Cadbury Schweppes; *Kraft/Bron*, IStR 2006, 614 (614 f.).
981 Diese Regeln befinden sich in den Sections 747 bis 756 und den Anhängen 24 bis 26 des Income and Corporation Taxes Act von 1988 (Einkommens- und Körperschaftssteuer).
982 Maximal drei Viertel der britischen Gewinnsteuer in gleichgelagerten Fällen.

gilt die auf die Gewinne entrichtete Steuer als obendrein entrichtete ausländische Steuer und führt zu einer Steuergutschrift.[983]

Von dieser Ausnahme gibt es Rückausnahmen, wenn die beherrschte ausländische Gesellschaft börsennotiert ist oder ihre Gewinne regelmäßig ausschüttet, welche dann im Inland besteuert werden, bzw. die Gewinne zu gering sind (bis 50.000 GBP) oder es sich um steuerfreie Aktivitäten handelt.[984] Dazu kommt die Ausnahme nach dem sog. Motivtest: Falls es zu einer Steuerminderung durch Anrechnung der Gewinnbesteuerung im Ausland kam, muss die ansässige Gesellschaft zunächst beweisen, dass diese Minderung nicht der Hauptgrund der erzielten Umsätze im Ausland waren und ferner, dass die beherrschte Auslandsgesellschaft nicht nur zum Zweck der Steuerumgehung durch Gewinnabfluss besteht.[985]

Die Cadbury Schweppes plc. (CS) mit Sitz im Vereinigten Königreich ist die Muttergesellschaft des CSKonz, zu welchem Gesellschaften in Großbritannien, anderen EU- und Nicht-EU-Staaten gehören. Darunter befinden sich zwei irische Tochtergesellschaften, die Cadbury Schweppes Treasury Services (CSTS) und die CSTI. Das Kapital an diesen beiden Gesellschaften hält die CS mittelbar über die Cadbury Schweppes Overseas Ltd. (CSO).[986] Für die CSTS und CSTI galt in Irland ein Steuersatz von 10%.[987] Beide Gesellschaften sind dafür zuständig, finanzielle Mittel für die Tochtergesellschaften des CSKonz zu akquirieren.[988]

Das vorlegende Gericht führt aus, die CSTS und die CSTI seien nur in Irland gegründet worden, um bestimmte Steuervorschriften über Devisen in Großbritannien zu umgehen und unter die irischen Gewinnbesteuerungsvorschriften zu fallen.[989] Damit herrschte für die Gesellschaften ein niedrigeres Besteuerungsniveau iSd RbaGes. Eine der oben aufgeführten Ausnahmen kam nicht in Betracht.[990] Daraus resultierte ein Steuerbescheid der britischen Commissioners of Inland

983 EuGH, Urt. v. 12.09.2006, Rs. C-196/04, ECLI:EU:C:2006:544, Rn. 5–7 – Cadbury Schweppes; *Lampert* in: Kellersmann/Treisch/Lampert/Heinemann, EU-Unternehmenssteuer, S. 132; *Jungbluth*, EWiR 2006,679.

984 EuGH, Urt. v. 12.09.2006, Rs. C-196/04, ECLI:EU:C:2006:544, Rn. 8 – Cadbury Schweppes; *Kraft/Bron*, IStR 2006, 614 (615); *Köhler/Eicker*, DStR 2006,1871.

985 EuGH, Urt. v. 12.09.2006, Rs. C-196/04, ECLI:EU:C:2006:544, Rn. 9–11 – Cadbury Schweppes; *Sedemund*, BB 2006, 2118; *Kraft/Bron*, IStR 2006, 614(615).

986 EuGH, Urt. v. 12.09.2006, Rs. C-196/04, ECLI:EU:C:2006:544, Rn. 13 – Cadbury Schweppes; *Wassermeyer/Schönfeld*, GmbHR 2006, 1065 (1069).

987 EuGH, Urt. v. 12.09.2006, Rs. C-196/04, ECLI:EU:C:2006:544, Rn. 14 – Cadbury Schweppes; *Axer*, IStR 2007, 162 (163); *Köhler/Eicker*, DStR 2006,1871.

988 EuGH, Urt. v. 12.09.2006, Rs. C-196/04, ECLI:EU:C:2006:544, Rn. 15 – Cadbury Schweppes; *Lampert* in: Kellersmann/Treisch/Lampert/Heinemann, EU-Unternehmenssteuer, S. 132.

989 EuGH, Urt. v. 12.09.2006, Rs. C-196/04, ECLI:EU:C:2006:544, Rn. 17 f. – Cadbury Schweppes; *Roth*, EuZW 2010, 607 (608); *Sedemund*, BB 2006,2118.

990 EuGH, Urt. v. 12.09.2006, Rs. C-196/04, ECLI:EU:C:2006:544, Rn. 19 – Cadbury Schweppes; *Kraft/Bron*, IStR 2006, 614 (614 f.); *Köhler/Eicker*, DStR 2006,1871.

Revenue an die CSO für die Gewinne der CSTI in Höhe von 8 638 633,54 GBP (die CSI erzielte keine Gewinne), woraufhin die CS und CSO Klage erhoben mit der Begründung, es liege ein Verstoß gegen Art. 49, 56, 63 AEUV vor.[991]

2. Entscheidung

Der EuGH prüft die britischen Regeln anhand der Niederlassungsfreiheit. Diese sei im Gegensatz zur Kapital- und Zahlungsverkehrsfreiheit einschlägig, weil es sich um Beteiligungen handelt, die eine vollständige Kontrolle über die Gesellschaft ermöglichen.[992] Eine rechtsmissbräuchliche Berufung auf EU-Recht werde grundsätzlich nicht gebilligt. Die Ausnutzung günstigerer nationaler Rechtsvorschriften stelle jedoch im Einklang mit den Rechtssachen Centros und Inspire Art auch bei der Gründung der CSTS/CTSI unter günstigeren Steuergesetzen in Irland keinen Missbrauch oder Betrug dar.[993] Die Mitgliedstaaten haben die Zuständigkeit für direkte Steuern inne, müssen bei der Ausgestaltung nationaler Steuergesetze aber das EU-Recht beachten.[994]

Die unternehmerische Niederlassungsfreiheit nach Ex-Art. 43, 48 EGV (heute Art. 49, 54 AEUV) beinhalte die Gründung von Zweigniederlassungen, Tochtergesellschaften und Agenturen in anderen Mitgliedstaaten zur grenzüberschreitenden Aufgabenwahrnehmung.[995] Zwar solle die Niederlassungsfreiheit primär Ungleichbehandlungen von Ausländern durch den Aufnahmestaat verhindern, jedoch gleichfalls Beeinträchtigungen durch den Herkunftsstaat unterbinden.[996] Die Ungleichbehandlung durch die RbaGes bestehe in der unterschiedlichen Besteuerung der in Großbritannien niedergelassenen Mutter- in Bezug auf die Gewinne ihrer Tochtergesellschaften im Ausland mit oder ohne ähnliches Besteuerungsniveau. Nur bei einer deutlich geringeren Besteuerung im Ausland würden die Gewinne der Tochter- auf die der Muttergesellschaft angerechnet. An dieser Ungleichbehandlung ändere es auch nichts, dass Muttergesellschaften keine

---

991 EuGH, Urt. v. 12.09.2006, Rs. C-196/04, ECLI:EU:C:2006:544, Rn. 20 f. – Cadbury Schweppes; *Axer*, IStR 2007, 162 (163); *Sedemund*, BB 2006, 2118.

992 EuGH, Urt. v. 12.09.2006, Rs. C-196/04, ECLI:EU:C:2006:544, Rn. 30–33 – Cadbury Schweppes; *Grundmann*, EU-GesR, § 18, Rn. 643.

993 Die Kapital- und Zahlungsverkehrs- sowie die Dienstleistungsfreiheit sind nicht einschlägig, da Verstöße nur Folgeerscheinungen eines Verstoßes gegen die Niederlassungs-freiheit darstellen, EuGH, Urt. v. 12.09.2006, Rs. C-196/04, ECLI:EU:C: 2006:544, Rn. 34–38 – Cadbury Schweppes; *Köhler/Eicker*, DStR 2006, 1871 (1872).

994 EuGH, Urt. v. 12.09.2006, Rs. C-196/04, ECLI:EU:C:2006:544, Rn. 40 – Cadbury Schweppes; *Kraft/Bron*, RIW 2006, 209 (210).

995 EuGH, Urt. v. 12.09.2006, Rs. C-196/04, ECLI:EU:C:2006:544, Rn. 41 – Cadbury Schweppes; *Kraft/Bron*, IStR 2006, 614 (615).

996 EuGH, Urt. v. 12.09.2006, Rs. C-196/04, ECLI:EU:C:2006:544, Rn. 42 – Cadbury Schweppes; *Braun*, Wegzugsfreiheit, S. 150; *Teichmann*, ZGR 2011, 639 (672).

höheren Steuern zahlen, wenn die Tochtergesellschaften in Großbritannien niedergelassen wären. Die Gesellschaften mit Tochtergesellschaften im In- oder Ausland mit ähnlich hohen Steuern werden nicht für die Gewinne anderer Gesellschaften herangezogen. Somit liegt eine Beschränkung vor, welche nur durch zwingende Gründe des Allgemeininteresses gerechtfertigt werden kann, sofern sie verhältnismäßig ist.[997]

Nach den Befürwortern der britischen Maßnahme liegt ein legitimer Zweck in der Bekämpfung von Steuerhinterziehung. Diese sei durch die Gründung von Tochtergesellschaften in Ländern mit geringerem Steuersatz und der Verschiebung von Gewinnen der Muttergesellschaft auf die im Ausland gegründeten Gesellschaften begründet.[998] Nach ständiger EuGH-Rechtsprechung dürfe diese Steuerflucht nicht durch eine Inanspruchnahme der Muttergesellschaft im Herkunftsstaat ausgeglichen werden – die Verhinderung von Steuerausfällen sei kein (un-)geschriebener Rechtfertigungsgrund iSd Niederlassungsfreiheit.[999] So beinhalte die Gründung einer Sekundärniederlassung im Ausland keinen Generalverdacht auf Steuerhinterziehung.[1000]

Dagegen könne ein Rechtfertigungsgrund in der Vermeidung rein künstlicher, lediglich der Umgehung nationaler Rechtsvorschriften dienender Gestaltungen liegen.[1001] Dabei sei das Ziel der Niederlassungsfreiheit zu berücksichtigen, welches insbesondere in der Gründung von sekundären Niederlassungen in anderen EU-Staaten liegt und dadurch dauerhaft die Teilnahme am und die Integration in das Wirtschaftsleben des Staates ermögliche.[1002] Deshalb setzte die Niederlassungsfreiheit zur Eingliederung in die nationale Volkswirtschaft des Aufnahmestaates sinngemäß die tatsächliche Ausübung einer wirtschaftlichen Tätigkeit mittels einer festen Einrichtung auf unbestimmte Zeit voraus, was nur durch eine tatsächliche Ansiedlung der Gesellschaft erreicht werden könne.[1003] Die Bekämpfung missbräuchlicher Methoden könne demzufolge nur einen tauglichen Rechtfertigungsgrund darstellen, wenn nationale Regeln speziell die Errichtung rein künstlicher,

997 EuGH, Urt. v. 12.09.2006, Rs. C-196/04, ECLI:EU:C:2006:544, Rn. 43–47 – Cadbury Schweppes; *Lampert* in: Kellersmann/Treisch/Lampert/Heinemann, EU-Unternehmenssteuer, S. 133; *Kraft/Bron*, IStR 2006, 614 (616); *Axer*, IStR 2007, 162 (164).

998 Vgl. EuGH, Urt. v. 12.09.2006, Rs. C-196/04, ECLI:EU:C:2006:544, Rn. 48 – Cadbury Schweppes; *Hahn/Heß*, JurisPR-SteuerR 49/2006, Anm. 2.

999 EuGH, Urt. v. 12.09.2006, Rs. C-196/04, ECLI:EU:C:2006:544, Rn. 49 – Cadbury Schweppes; *Wassermeyer/Schönfeld*, GmbHR 2006, 1065 (1067).

1000 EuGH, Urt. v. 12.09.2006, Rs. C-196/04, ECLI:EU:C:2006:544, Rn. 50 – Cadbury Schweppes; *Sedemund*, BB 2006, 2118 (2120).

1001 EuGH, Urt. v. 12.09.2006, Rs. C-196/04, ECLI:EU:C:2006:544, Rn. 51 – Cadbury Schweppes; *Roth*, Vorgaben NLF, S. 12; *Axer*, IStR 2007, 162 (163).

1002 EuGH, Urt. v. 12.09.2006, Rs. C-196/04, ECLI:EU:C:2006:544, Rn. 52 f. – Cadbury Schweppes; *Kindler*, IPRax 2010, 272 (273).

1003 EuGH, Urt. v. 12.09.2006, Rs. C-196/04, ECLI:EU:C:2006:544, Rn. 54 – Cadbury Schweppes; *Roth*, Vorgaben NLF, S. 13; *Verse*, ZEuP 2013, 458 (471).

jeder wirtschaftlichen Realität widersprechender Ausprägungen der Niederlassungsfreiheit verhindern, welche nur dem Zweck der Steuerflucht dienten. Die aufgezeigten Umgehungsmöglichkeiten durch rein künstliche Ausgestaltungen sind in der Lage, das Besteuerungsniveau zwischen den Mitgliedstaaten aus dem Gleichgewicht zu bringen.[1004]

Die RbaGes fördern einen legitimen Zweck, indem sie die im Ausland generierten Gewinne von beherrschten Gesellschaften, welche in den Genuss eines niedrigeren Besteuerungsniveaus kommen, in die Berechnung des inländischen Steuerbetrags der Muttergesellschaft einbinden, und sind damit geeignet iSd Verhältnismäßigkeit. Die Ausnahmeregelungen der RbaGes ermöglichten eine Exkulpation vom Vorwurf der Steuerumgehung, z.B. durch die Ausschüttung nahezu aller Gewinne der beherrschten ausländischen Gesellschaft auf eine im Inland oder aber durch Nachweis tatsächlicher Handelsaktivität, sodass die Regel erforderlich sei. Weiterhin indiziere die Ausnahme durch den Motivtest[1005] die Erforderlichkeit der Maßnahme.[1006]

Das Vorliegen der Tatbestandsvoraussetzungen bei gleichzeitigem Fehlen einer Ausnahme nach den RbaGes und der damit verbundenen Unterstellung eines subjektiven Merkmals sei alleine nicht ausreichend, um zu beweisen, dass das beherrschende Motiv einer Gesellschaft die Erzielung eines Steuervorteils wäre. Daneben müsse es objektiv greifbare Anzeichen für das Vorliegen einer rein künstlich bestehenden Gesellschaft geben.[1007] Deshalb dürften die RbaGes keine Anwendung finden, soweit neben steuerlichen Beweggründen auch einer tatsächlichen, wirtschaftlich realen Tätigkeit im Ansässigkeitsstaat nachgegangen werde.[1008] Solche objektiv überprüfbaren Kriterien könnten u.A. Geschäftsräume, Personal und Ausstattung der Gesellschaft sein.[1009] Sollten diese Voraussetzungen neben denen der RbaGes vorliegen, sei in europarechtskonformer Auslegung von einer rein künstlichen Gestaltung, etwa einer Briekastenfirma, auszugehen.[1010]

1004 EuGH, Urt. v. 12.09.2006, Rs. C-196/04, ECLI:EU:C:2006:544, Rn. 55 f. – Cadbury Schweppes; *Lampert* in: Kellersmann/Treisch/Lampert/Heinemann, EU-Unternehmenssteuer, S. 133; *Axer*, IStR 2007, 162 (163).

1005 S.o. unter E., VI., 1.

1006 EuGH, Urt. v. 12.09.2006, Rs. C-196/04, ECLI:EU:C:2006:544., Rn. 58–62 – Cadbury Schweppes; *Sedemund*, BB 2006, 2118 (2118, 2120); *Kraft/Bron*, IStR 2006, 614 (617); *Goebel/Palm*, IStR 2007, 720 (721, 723).

1007 EuGH, Urt. v. 12.09.2006, Rs. C-196/04, ECLI:EU:C:2006:544, Rn. 63 f. – Cadbury Schweppes; *Gröpl* in: Dauses/Ludwigs, HB EU-Wirtschaftsrecht, J. 1., Rn. 129.

1008 EuGH, Urt. v. 12.09.2006, Rs. C-196/04, ECLI:EU:C:2006:544, Rn. 65 f. – Cadbury Schweppes; *Wassermeyer/Schönfeld*, GmbHR 2006, 1065 (1066).

1009 EuGH, Urt. v. 12.09.2006, Rs. C-196/04, ECLI:EU:C:2006:544, Rn. 67 – Cadbury Schweppes; *Kindler* in: MüKo BGB, Bd. 12, Teil 10, Rn. 128.

1010 EuGH, Urt. v. 12.09.2006, Rs. C-196/04, ECLI:EU:C:2006:544, Rn. 68 – Cadbury Schweppes; *Verse*, ZEuP 2013, 458 (471); *Kindler*, IPRax 2010, 272 (273).

Die Annahme, dass die Aktivitäten einer beherrschten ausländischen gleichermaßen von einer inländischen Gesellschaft durchgeführt werden könnten, reiche hingegen nicht aus, um mit Sicherheit eine Pseudo-Niederlassung anzunehmen. Hier müsse der Gesellschaft die Führung eines Entlastungsbeweises ermöglicht werden.[1011] Nur sofern die RbaGes so ausgelegt werden könnten, dass tatsächlich nur rein künstliche Gesellschaftsgründungen zu einer Anrechnung der Gewinne auf inländische Muttergesellschaften führten, seien sie mit der Niederlassungsfreiheit vereinbar.[1012]

3. Problemfelder und Diskussionsschwerpunkte

Mit der auf den ersten Blick rein steuerrechtlichen Entscheidung, welche demgemäß auch nur in der einschlägigen steuerrechtlichen Fachliteratur erhöhte Beachtung fand,[1013] deuteten sich Ansätze einer Kehrtwende in der bisherigen freiheitsfördernden Rechtsprechung des Gerichtshofs an.[1014]

a) Die Entscheidung Cadbury Schweppes als Wendepunkt

Während die bisherigen EuGH-Urteile eine liberale Auffassung zur Niederlassungsfreiheit von Gesellschaften und der Sitzverlegung aufwiesen, sahen einige Autoren in der Entscheidung Cadbury Schweppes das Schlüsselurteil für eine Kurskorrektur. So erklang nach Kindler „...Musik in den Ohren derer, die an Centros usw. als Akten einer EG-rechtlichen und kollisionsrechtlichen Anmaßung erster Ordnung verzweifelt sind".[1015]

In der Tat sprechen einige Urteilspassagen für eine konträre Rechtsprechungslinie des EuGH: Nach Randnummer 66 entfaltet die Niederlassungsfreiheit nur ihre Schutzwirkung, sofern die Gesellschaftsgründung „mit einer tatsächlichen Ansiedlung zusammenhängt, deren Zweck darin besteht, wirklichen wirtschaftlichen Tätigkeiten im Aufnahmemitgliedstaat nachzugehen".[1016] Nach Randnummer

1011 EuGH, Urt. v. 12.09.2006, Rs. C-196/04, ECLI:EU:C:2006:544, Rn. 69–71 – Cadbury Schweppes; *Lampert* in: Kellersmann/Treisch/Lampert/Heinemann, EU-Unternehmenssteuer, S. 134.

1012 EuGH, Urt. v. 12.09.2006, Rs. C-196/04, ECLI:EU:C:2006:544, Rn. 75 – Cadbury Schweppes; *Vogt* in: Blümich, EStG/KStG/GewStG, AstG, Vorb. zu §§ 7–14, Rn. 111.

1013 Beispielhaft: *Schwenke*, IStR 2006, 748; *Köhler/Eicker*, DStR 2006, 1871; *Goebel/ Palm*, IStR 2007, 720; *Hahn/Heß*, JurisPR-SteuerR 49/2006, Anm. 2.

1014 So etwa: *Koberski/Heuschmid*, RdA 2010, 207 (211); *Kindler* in: MüKo BGB, Bd. 12, Teil 10, Rn. 129.

1015 *Kindler*, IPRax 2010, 272 (273) mit Bezug zu *Kegel*, EWS 1999, Heft 8, S. I, welcher eine „Begünstigung von Schlitzohren, die dem Recht den Vogel zeigen" verhindern wollte.

1016 EuGH, Urt. v. 12.09.2006, Rs. C-196/04, ECLI:EU:C:2006:544, Rn. 66 – Cadbury Schweppes; *Sedemund*, BB 2006, 2118 (2120); *Wassermeyer/Schönfeld*, GmbHR 2006, 1065 (1068).

68 bleibt dieser Schutz Umgehungsgestaltungen wie Briefkasten- oder Strohfirmen somit verwehrt.[1017] Speziell die Argumentation mit dem Ziel der Niederlassungsfreiheit, welches darin besteht, EU-Bürgern die Möglichkeit zu eröffnen, eine Zweigniederlassung in anderen Mitgliedstaaten zu errichten und „in stabiler und kontinuierlicher Weise am Wirtschaftsleben eines anderen Mitgliedstaates... teilzunehmen und daraus Nutzen zu ziehen“, spricht für diese Auffassung.[1018] Forsthoff attestiert dem Urteil zumindest eine gewisse Ambivalenz, welche er auf die Eindrücke der bisherigen Rechtsprechung zum Internationalen Gesellschaftsrecht, namentlich Centros bis Inspire Art, zurückführen will.[1019]

Ob es sich dabei tatsächlich um eine Zäsur in der bisherigen Rechtsprechung handelt, darf zumindest bezweifelt werden.[1020] Zunächst ist festzuhalten, dass sich das Urteil Centros grundlegend von der Entscheidung Cadbury Schweppes unterscheidet. Während die erste Sachverhaltskonstellation die Anerkennung einer Zweigniederlassung durch den Aufnahmestaat zum Inhalt hatte, stütze sich die ursprüngliche Gesellschaft im zweiten Fall auf ihre Niederlassungsfreiheit im Ansässigkeitsstaat.[1021] Somit handelte es sich beim Cadbury-Schweppes-Urteil um einen sog. Wegzugsfall.[1022]

Anders als in Centros geht es also nicht um die Frage, ob Gründer einer Briefkastengesellschaft die Niederlassungsfreiheit beanspruchen können, sondern um die Frage, ob die bereits gegründete Briefkastengesellschaft als solche selbst in den Genuss der Niederlassungsfreiheit kommt. Sobald eine Strohfirma nach nationalem Recht wirksam gegründet wurde, sie also quasi die Erlaubnis des Mitgliedstaates erhielt, muss der Aufnahmestaat diese auch anerkennen, denn die Rechtsfähigkeit der Gesellschaft liegt allein in den Händen des Gründungsstaates und ist eine Vorfrage nach nationalem Recht.[1023] Trotz der Unterschiede will Kindler die Kriterien der Einschränkung durch Cadbury Schweppes neben dem Herkunftsstaat auch dem Aufnahmestaat zubilligen.[1024]

Eine Art Wendepunkt könnte jedoch in Bezug auf die Missbrauchsbekämpfung vorliegen. Die Mitgliedstaaten haben durch das Urteil Cadbury die offizielle Erlaubnis, wenn auch nur in eng abgesteckten Einzelfällen, mit ihrem Recht gegen

---

1017 EuGH, Urt. v. 12.09.2006, Rs. C-196/04, ECLI:EU:C:2006:544, Rn. 68 – Cadbury Schweppes; *Koberski/Heuschmid*, RdA 2010, 207 (211).

1018 EuGH, Urt. v. 12.09.2006, Rs. C-196/04, ECLI:EU:C:2006:544, Rn. 53 – Cadbury Schweppes; so insb. *Roth*, EuZW 2010, 607 (608), bez. der Rn. 53, 54, 66, 67, 68.

1019 *Forsthoff* in: Grabitz/Hilf/Nettesheim, Recht der EU, Art. 49 AEUV, Rn. 25.

1020 So *Teichmann*, ZGR 2011, 639 (643).

1021 *Frenz*, HB EuR, Bd. 1: Grundfreiheiten, Rn. 2538; *Roth*, Vorgaben NLF, S. 12.

1022 *Teichmann*, ZGR 2011, 639 (671); *Lieber*, JurisPR-SteuerR 3/2007, Anm. 5.

1023 *Verse*, ZEuP 2013, 458 (473); für *Roth*, EuZW 2010, 607 (609) ist die Frage, ob es sich um das Recht der Gründer oder das der Gesellschaft handelt, noch ungeklärt.

1024 Für *Kindler* wäre es sonst „widersinnig“ in: MüKo BGB, Int. HandelsR/GesR, Rn. 129.

missbräuchliche Umgehungskonstruktionen vorzugehen.[1025] Inwieweit dies möglich ist und inwiefern dies einen Bruch mit der vorherigen Rechtsprechung darstellt, soll im Verlauf der Abhandlung weiter erörtert werden.[1026] Ein Widerspruch oder eine „Trendwende" kann in dem Urteil aber auch dann nicht gesehen werden.[1027]

b) Missbrauch: Cadbury-Schweppes-Kriterien und Briefkastengesellschaften

Die Rechtsfigur des Missbrauchs findet sich in vielen Fällen des europäischen Gesellschaftsrechts wieder. Bisher bestand weitestgehend Einigkeit, dass das Ausnutzen vorteilhafter Rechtsordnungen innerhalb der Union zur Gründung von Gesellschaften schlichtweg einen Gebrauch und keinen Missbrauch der Niederlassungsfreiheit darstellt.[1028] Dies gilt im Grundsatz auch für die Ausreizung von Steuergefällen.[1029] Die Missbrauchsprüfung sollte kein Einfallstor für eine Abwehrgesetzgebung der Mitgliedstaaten sein, welche den Regelungsinteressen der Verwaltungssitzstaaten Rechnung trägt.[1030] Wassermeyer/Schönfeld plädieren deshalb für enge Grenzen bei der Missbrauchsprüfung: „Wir haben den einheitlichen Binnenmarkt in der EG (heute EU) gewollt und deshalb Souveränität an die EG abgegeben. Zu den insoweit vertraglich übernommenen Pflichten gehört, dass wir alles unterlassen, was im Kern Protektionismus und Abschottung darstellt."[1031]

Bisher hatte der EuGH deshalb typisierende Missbrauchsvorschriften stets als Verstoß gegen die Grundfreiheiten bewertet.[1032] Hier könnte zumindest scheinbar eine Änderung stattgefunden haben: Nach dem Vorbild des britischen Motivtests ist eine typisierende Missbrauchsvorschrift für die Richter europarechtskonform,

---

1025 *Knop*, Gesellschaftsstatut, S. 110; *Seiler* in: Grabitz/Hilf/Nettesheim, Recht der EU, Art. 113 AEUV, Rn. 66.

1026 *Braun*, Wegzugsfreiheit, S. 150 f., zeigt auf, dass der Schutzbereich weiter eröffnet ist.

1027 *Verse*, ZEuP 2013, 458 (473); *Teichmann*, ZGR 2011, 639 (671).

1028 So bspw. schon *Meilicke*, GmbHR 2003, 1260 (1271); *Kanzleiter*, DNotZ 2003, 885; *Sandrock*, AG 2004, 57 (65).

1029 *Köhler/Eicker*, DStR 2006, 1871 (1872); *Sedemund*, BB 2006, 2118 (2119); *Kraft/Bron*, RIW 2006, 209 (212); *von Brocke/Müller* in: Kessler/Kröner/Köhler, KonzernsteuerR, § 1, Rn. 235 f.

1030 So aber *Kindler* in: MüKo BGB, Bd. 12, Teil 10, Rn. 129.

1031 *Wassermeyer/Schönfeld*, GmbHR 2006, 1065; zu den engen Grenzen einer Abwehrgesetzgebung *Goebel/Palm*, IStR 2007, 720.

1032 EuGH, Urt. v. 21.11.2002, Rs. C-436/00, ECLI:EU:C:2002:704, Rn. 61 f. – X und Y; EuGH, Urt. v. 30.09.2003, Rs. C-167/01, ECLI:EU:C:2003:512, Rn. 105, 143 – Inspire Art; EuGH, Urt. v. 11.03.2004, Rs. C-9/02, ECLI:EU:C:2004:138, Rn. 51 f. – De Lasteyrie du Saillant; *Axer*, IStR 2007, 162 (163); *Behrens*, AG 2008, 117 (118).

wenn sie im Einzelfall Gegenbeweismöglichkeiten zulässt.[1033] In Cadbury wurden dafür einzelne Kriterien erarbeitet.

Der EuGH umschreibt diese zunächst mit den unbestimmten Rechtsbegriffen „tatsächliche Ansiedlung“ und „wirkliche wirtschaftliche Tätigkeit“.[1034] Zusammengefasst bedeutet dies sog. „wirtschaftliche Realität“.[1035] An ihr soll es fehlen, wenn anhand objektiver Kriterien, wie der mangelnden Existenz von „Geschäftsräumen, Personal und Ausrüstungsgegenständen“, ein Defizit feststellbar ist.[1036]

Die Kriterien des Gerichtshofs sind allerdings unscharf, vage und konturenlos.[1037] Auf den ersten Blick wirken sie zwar handhabbar, jedoch sind sie in dem Urteil nicht weiter definiert.[1038] Wie groß muss etwa der Umfang des Personals sein oder wie qualifiziert muss es sein?[1039] Generalanwalt Léger hatte die Kriterien der Qualifikation und der Wertschöpfung durch Einschaltung der Tochtergesellschaft, in seine Schlussanträge aufgenommen, um die wirtschaftliche Realität einer Gesellschaft näher zu beschreiben.[1040] Umstritten ist, ob die näheren Erläuterungen des Generalanwalts zu einer Auslegung des Begriffs herangezogen werden können, ob sich der EuGH also bewusst oder unbewusst für oder gegen eine Aufnahme der Kriterien entschieden hat.[1041]

Viele Autoren sehen in der Prüfung auf „wirtschaftliche Realität“ eine Art betrieblichen Substanztest.[1042] Einige erwarten dafür eine nachhaltige Nutzung von Infrastrukturen am Standort[1043] oder vergleichen den Investitionsumfang mit der wirtschaftlichen Aktivität[1044]. Die Gründung einer reinen Briefkastengesellschaft

---

1033 *Plewka/Renger*, GmbHR 2007, 1027 (1029); *Wassermeyer/Schönfeld*, GmbHR 2006, 1065; *von Brocke/Müller* in: Kessler/Kröner/Köhler, KonzernsteuerR, § 1, Rn. 235 f.

1034 EuGH, Urt. v. 12.09.2006, Rs. C-196/04, ECLI:EU:C:2006:544, Rn. 54 – Cadbury Schweppes; *Roth*, Vorgaben NLF, S. 13; *Vogt* in: Blümich, EStG/KStG/GewStG, AstG, Vorb. zu §§ 7–14, Rn. 111.

1035 *Goebel/Palm*, IStR 2007, 720 (721); *Möller*, IStR 2010, 166.

1036 EuGH, Urt. v. 12.09.2006, Rs. C-196/04, ECLI:EU:C:2006:544, Rn. 67 – Cadbury Schweppes; *Kindler*, IPRax 2010, 272 (273); *Korte* in: Calliess/Ruffert, EUV/AEUV, Art. 49 AEUV, Rn. 32.

1037 Für *Köhler/Eicker*, DStR 2006, 1871 (1873) konkretisiert der EuGH lediglich die Tatbestandsmerkmale der Niederlassungsfreiheit; s.a. *Axer*, IStR 2007, 162 (164 f.).

1038 *Rödder* in: Müller/Rödder, HB AG, § 13 Rn. 332; *Kraft/Bron*, IStR 2006, 614 (618).

1039 *Vogt* in: Blümich, EStG/KStG/GewStG, AStG, Vorb. zu §§ 7–14, Rn. 113; für *Waldens/Sedemund*, IStR 2007, 450 (454) etwa ist die „gezielte Implementierung von Finanzierungsgesellschaften, die mit dem für die Erfüllung des Gesellschaftszwecks minimalen Personal ausgestatt sind, kein Missbrauch.“

1040 Schlussanträge des GA Léger v. 02.05.2006, ECLI:EU:C:2006:278, Anm. 113 f. – Cadbury Schweppes; *Goebel/Palm*, IStR 2007, 720 (723).

1041 Dafür etwa: *Kraft/Bron*, IStR 2006, 614 (618); dagegen bspw. *Fischer*, JurisPR-SteuerR 3/2008 – Anm. 5.

1042 *Sedemund*, BB 2006, 2118 (2120); *Lieber*, JurisPR-SteuerR 3/2007, Anm. 5.

1043 *Köhler/Eicker*, DStR 2006, 1871(1873).

1044 *Korte* in: Calliess/Ruffert, EUV/AEUV, Art. 49 AEUV, Rn. 32.

fällt dann in der Tat aus dem Anwendungsbereich der Niederlassungsfreiheit heraus.[1045] Ob darüber hinaus ein Anwendungsbereich bestehen bleibt oder die Messlatte für das Kriterium zu niedrig angesetzt ist und es sich so nur um „einen zahnlosen Papiertiger" handelt, bleibt abzuwarten.[1046] So nähert man sich einer stichhaltigen Definition, kann aber allenfalls eine Richtschnur erkennen,[1047] auch wenn Fischer bereits eine „Lehre von der unternehmerischen Substanz" ausmachen will.[1048] Der Missbrauchstatbestand ist und bleibt abstrakt nicht definierbar, sondern bedarf der Abwägung im Einzelfall.[1049] Ob es sich dabei noch um typisierende Vorschriften handelt, darf durchaus bezweifelt werden.[1050]

Diese Tatsache weiß der EuGH aber zu nutzen, indem er die durch die unscharfe Terminologie geschaffene Rechtsunsicherheit billigend in Kauf nimmt, dadurch aber eine gewisse Flexibilität erhält, um seine Rechtsprechung in Zukunft anpassen zu können.[1051] Aufgrund der auslegungsbedürftigen Voraussetzungen überträgt der Gerichtshof die Verantwortung auf die nationalen Gerichte, welche einen gewissen Deutungsspielraum erhalten.[1052] Problematisch ist allerdings, dass es sich bei der Fragestellung nach dem Missbrauchstatbestand um europarechtlich geprägte Begriffe, also um genuin europäische Problematiken handelt.[1053] Hahn zufolge versagen dann das Merkmal der Künstlichkeit und die europäische Umgehungslehre an einigen Stellen. Jedoch sei das bei richterlicher Rechtsfortbildung hinzunehmen, welche teils anderer Logik folge und von Zufällen abhänge.[1054]

Am Ende bleibt noch festzuhalten, dass das Kriterium der Künstlichkeit, wirtschaftlichen Tätigkeit oder festen Ansiedlung kein neues ist. Der EuGH hatte diese Terminologie bereits im Urteil Factortame eingeführt.[1055] Auch Cadbury Schweppes liegt auf der bisherigen Rechtsprechungslinie.

1045 *Teichmann*, ZGR 2011, 639 (672); *Roth*, Vorgaben NLF, S. 13; *Kindler*, IPRax 2010, 272 (273).

1046 Als „zahnlosen Papiertiger" bezeichnet *Axer* eine restriktive Konkretisierung des Merk-mals, IStR 2007, 162 (165); *Waldens/Sedemund*, IStR 2007, 450 (453 f.).

1047 *Rödder* in: Müller/Rödder, HG AG, § 13 Rn. 332.

1048 *Fischer*, JurisPR-SteuerR 3/2008 – Anm. 5.

1049 *Forsthoff* in: Grabitz/Hilf/Nettesheim, Recht der EU, Art. 49 AEUV, Rn. 24; *Wassermeyer/Schönfeld*, GmbHR 2006, 1065 (1071); kritisch *Roth*, EuZW 2010, 607 (610).

1050 So etwa *Gröpl* in: Dauses/Ludwigs, HB EU-Wirtschaftsrecht, J. 1., Rn. 129; a.A. bspw. zur Hinzurechnungsbesteuerung: *Axer*, IStR 2007, 162 (168).

1051 *Hahn*, JurisPR-SteuerR 17/2010, Anm. 5.

1052 *Wassermeyer/Schönfeld*, GmbHR 2006, 1065 (1071); *Köhler/Eicker*, DStR 2006, 1871 (1873) warten gespannt auf die Interpretation der Kriterien in der Praxis.

1053 *Wassermeyer/Schönfeld*, GmbHR 2006, 1065 (1071).

1054 *Hahn*, JurisPR-SteuerR 17/2010, Anm. 5.

1055 EuGH, Urt. v. 25.07.1991, Rs. C-221/89, ECLI:EU:C:1991:320, Rn. 20 – Factortame II; *Teichmann*, ZGR 2011, 639 (672); *Verse*, ZEuP 2013, 458 (473).

c) *Missbrauchsprüfung erst auf Rechtfertigungsebene*

Das wirklich Innovative am Missbrauchstatbestand innerhalb dieses Urteils ist die dogmatische Verortung der Prüfung. Bisher war ein Missbrauch der Grundfreiheiten immer als immanente Schutzbereichsbegrenzung angesehen worden.[1056] Hier findet die Prüfung augenscheinlich erst auf Rechtfertigungsebene statt.[1057] Dabei erstaunt, dass der EuGH mit dem Ziel der Niederlassungsfreiheit argumentiert und damit inhaltlich eigentlich eine Schutzbereichsbegrenzung vornimmt.[1058] Dieses dogmatische „Potpourri" erscheint einigen Autoren in Folge auch widersprüchlich oder als logischer Bruch.[1059] Es spiegelt ebenso die unscharfe Terminologie des Gerichtshofs wider, wobei am Ende nur der Inhalt der Grundfreiheit bestimmt wird.[1060]

Andererseits kann man die Verortung auch als Abschwächung der (typisierten) Missbrauchsprüfung verstehen.[1061] Denn in erster Linie ist es Angelegenheit der Mitgliedstaaten, EU-Bürger daran zu hindern, die durch EU-Recht eingeführten Erleichterungen missbräuchlich auszunutzen – betroffen ist nicht der Schutzbereich, sondern die Rechtfertigungsebene.[1062] Die Verlagerung der Diskussion um den Missbrauch auf die Rechtfertigungsebene ist für Roth nur eine „geringfügige Akzentverschiebung", die aber das rechtspolitische Problem der Gründung einer Briefkastengesellschaft wirksam löse.[1063] Der Missbrauch werde deshalb aber auch nicht revidiert.[1064] Der Missbrauchstest kann dann allerdings argumentativ Einzelfallaspekte in der Verhältnismäßigkeitsprüfung berücksichtigen und entspricht damit den Vorgaben und Vorstellungen des Gerichtshofs.

d) *Andere Rechtfertigungsgründe als der Missbrauch*

Einige Autoren subsumieren die Missbrauchsprüfung jedoch nicht unter den Sachverhalt aus dem Fall Cadbury Schweppes. Angemessener erscheint ihnen vielmehr der Rechtfertigungsgrund der Kohärenz der Steuersysteme.[1065] Der

1056 *Kindler* in: MüKo BGB, Bd. 12, Teil 10, Rn. 431; *Leible/Hoffmann*, EuZW 2003, 677 (681); a.A.: *Eidenmüller* in: Eidenmüller, Ausländische KapGes, § 3, Rn. 74.

1057 *Kraft/Bron*, IStR 2006, 614 (617); *Plewka/Renger*, GmbHR 2007, 1027 (1029); *Jungbluth*, EWiR 2006, 679 f.; *Sedemund*, BB 2006, 2118 (2120).

1058 *Lampert* in: Kellersmann/Treisch/Lampert/Heinemann, EU-Unternehmenssteuer, S. 134; *Axer*, IStR 2007, 162 (164).

1059 *Kindler*, IPRax 2010, 272 (274); *Hahn*, IStR 2006, 667 (669); *Axer*, IStR 2007, 162 (164); *Forsthoff* in: Grabitz/Hilf/Nettesheim, Recht der EU, Art. 49 AEUV, Rn. 25.

1060 *Hahn*, JurisPR-SteuerR 17/2010, Anm. 5; *Ehlers* in: Ehlers, EU-Grundrechte und -freiheiten, § 7, Rn. 79.

1061 *Roth*, Vorgaben NLF, S. 22; unentschlossen noch *Kindler*, IPRax 2010, 272 (274).

1062 *Ehlers* in: Ehlers, EU-Grundrechte und -freiheiten, § 7, Rn. 79; *Frenz*, HB EuR, Bd. 1: Grundfreiheiten, Rn. 2608 f.; vorausschauend *Körner*, IStR 2004, 697 (700).

1063 *Roth*, Vorgaben NLF, S. 23.

1064 *Braun*, Wegzugsfreiheit, S. 150 f.

1065 *Axer*, IStR 2007, 162; auf den ersten Blick auch *Rosenthal*, IStR 2007, 610 (614).

Rechtfertigungsgrund der steuerlichen Kohärenz wurde mit dem Urteil Bachmann[1066] entwickelt und ist seither anerkannt.[1067] Kohärenz meint dabei die Wechselwirkung zwischen zwei steuerlich korrespondierenden Sachverhalten, welche einer aufeinander aufbauenden Regelung bedarf.[1068] Dabei können Steuernachteile durch zusätzliche Vorteile ausgeglichen werden, wenn sie in engem unmittelbarem Zusammenhang stehen.[1069] Auch wenn der Gerichtshof in der Folgezeit die Voraussetzungen für eine Rechtfertigung aus diesem Grund bewusst hoch angesiedelt hat, werden neuerdings in weiteren Urteilen neue Ansätze erwogen.[1070]

Dabei ist jedoch zu beachten, dass eine Rechtfertigung aus Gründen der Kohärenz nur möglich ist, wenn Personenidentität zwischen den natürlichen oder juristischen Personen herrscht,[1071] welche im Fall Cadbury nicht vorlag, weil die Muttergesellschaft wegen ihrer Tochtergesellschaft nachteilig besteuert werden sollte.[1072] Auch kann die gerechte Aufteilung des Steueraufkommens im Wege des Vertragsschlusses zwischen den Mitgliedstaaten durch sog. Doppelbesteuerungsabkommen (DBA) sichergestellt werden.[1073] Diese Abkommen müssen aber, ebenso wie der Rechtfertigungsgrund der steuerlichen Kohärenz, europarechtskonform ausgelegt werden, erlauben also keine Einführung diskriminierender Regeln.[1074] Zwar kann im Spannungsverhältnis zwischen Steuerwettbewerb und Steuerstaatlichkeit die Beteiligungsgleichheit an öffentlichen Leistungen und Lasten gefährdet werden und so eine Notwendigkeit der Hinzurechnungsbesteuerung bestehen.[1075] Ferner ist die Kohärenz der Steuersysteme ein bedeutendes Instrument zur Korrektur und Kontrolle des nationalen Steuerrechts iSd Grundfreiheiten.[1076] Jedoch mag

---

1066 EuGH, Urt. v. 28.01.1992, Rs. C-204/90, ECLI:EU:C:1992:35, Rn. 28 – Bachmann.

1067 *Elicker*, IStR 2005, 89; *Stewen*, EuR 2008, 445 (456 f.); *Sedemund*, IStR 2001, 190 (191 f.); *Bahns/Brinkmann/Gläser/Sedlaczek* in: v.d. Groeben/Schwarze/Hatje, EuR, Vorb. zu Art. 110–113 AEUV, Rn. 73.

1068 *Gröpl* in: Dauses/Ludwigs, HB EU-Wirtschaftsrecht, J. 1., Rn. 132; *Elicker*, IStR 2005, 89; *Rödder*, DStR 2004, 1629 (1630).

1069 *Frenz*, HB EuR, Bd. 1: Grundfreiheiten, Rn. 2655; *Rödder*, DStR 2004, 1629 (1630); *Körner*, IStR 2004, 424 (425 f.).

1070 Vgl. *Kokott/Ost*, EuZW 2011, 496 (501); *Gröpl* in: Dauses/Ludwigs, HB EU-Wirtschaftsrecht, J. 1., Rn. 133–135.

1071 *Bahns/Brinkmann/Gläser/Sedlaczek* in: v.d. Groeben/Schwarze/Hatje, EuR, Vorb. zu Art. 110–113 AEUV, Rn. 76; *Rödder*, DStR 2004, 1629 (1630).

1072 *Körner*, IStR 2004, 697 (702).

1073 *Kraft/Bron*, RIW 2006, 209 (213); *Körner*, IStR 2004, 424 (425); *ders.*, IStR 2004, 697 (705); *Bahns/Brinkmann/Gläser/Sedlaczek* in: v.d. Groeben/Schwarze/Hatje, EuR, Vorb. zu Art. 110–113 AEUV, Rn. 75.

1074 *Rosenthal*, IStR 2007, 610 (614).

1075 *Axer*, IStR 2007, 162 (165).

1076 Schlussanträge des GA Maduro v. 07.04.2005, Rs. C-446/03, ECLI:EU:C:2005:201, Anm. 66 – Marks & Spencer.

das Kohärenzargument eine einhergehende Beschränkung zumindest hier nicht zu rechtfertigen.[1077]

In enger Verwandtschaft zum Begriff der Kohärenz steht die Rechtfertigungsmöglichkeit aufgrund der solidarischen Aufteilung der Besteuerungsbefugnis zwischen den Mitgliedstaaten. Axer ist der Meinung, der EuGH erachte diese als legitimes Ziel: Die Hinzurechnungsbesteuerung oder CFC-Regeln stellten eigentlich keine Missbrauchsbekämpfungsvorschriften dar, sondern sollten nur die gerechte Steuererhebung zwischen den Staaten sicherstellen.[1078] Die Basis dieser Aufteilung ist das sog. Territorialprinzip.[1079] Ein Mitgliedstaat kann nur Steuern auf seinem Hoheitsgebiet erheben bzw. wenn ein hinreichend enger Bezug zu diesem besteht.[1080]

Fischer macht „einen europarechtlichen Korridor für die nationalstaatliche Dogmatik einer territorialen Anknüpfung“ aus, welcher durch Cadbury Schweppes und weitere EuGH-Urteile[1081] eingeführt wurde.[1082] Tatsächlich sind eine Vielzahl der vom Gerichtshof entwickelten Rechtfertigungsgründe zum Steuerrecht alle vom gemeinsamen Grundgedanken der solidarischen Aufteilung des Steueraufkommens unter den Mitgliedstaaten getragen.[1083] Allein das Territorialprinzip kann im vorliegenden Fall eine Beschränkung nicht rechtfertigen, da es, ebenso wie das Kohärenzprinzip, Personenidentität voraussetzt.[1084] Die Aufteilung der Besteuerungsbefugnis hingegen ist nur tauglicher Rechtfertigungsgrund, sofern diese durch missbräuchliche Steuerumgehungen in Gefahr gerät.[1085] Auch wenn der EuGH den Rechtfertigungsgrund in letzter Zeit zunehmend isoliert anprüfte,[1086] ist zumindest die Verhältnismäßigkeit vorliegend nicht gewahrt.[1087]

1077 *Kraft/Bron*, RIW 2006, 209 (213); *Körner*, IStR 2004, 697 (702).

1078 *Axer*, IStR 2007, 162 (166).

1079 *Weber-Grellet*, DStR 2009, 1229 (1230); *Gröpl* in: Dauses/Ludwigs, HB EU-Wirtschaftsrecht, J. 1., Rn. 136.

1080 *Bahns/Brinkmann/Gläser/Sedlaczek* in: v.d. Groeben/Schwarze/Hatje, EuR, Vorb. zu Art. 110–113 AEUV, Rn. 67; *Frenz*, HB EuR, Bd. 1: Grundfreiheiten, Rn. 2643.

1081 EuGH, Urt. v. 13.12.2005, Rs. C-446/03, ECLI:EU:C:2005:763 – Marks & Spencer; EuGH, Urt. V. 29.03.2007, Rs. C-347/04, ECLI:EU:C:2007:194 – Rewe-Zentral-Finanz.

1082 *Fischer*, JurisPR-SteuerR 3/2008 – Anm. 5.

1083 *Axer*, IStR 2007, 162 (166 f.); für eine Zusammenfassung der Rechtfertigungsgründe plädiert etwa *Stewen*, EuR 2008, 445 (461).

1084 *Kraft/Bron*, RIW 2006, 209 (213); *Körner*, IStR 2004, 697 (702).

1085 *Gröpl* in: Dauses/Ludwigs, HB EU-Wirtschaftsrecht, J. 1., Rn. 129; so auch *Hahn/Heß*, JurisPR-SteuerR 49/2006, Anm. 2, welche weitere Kategorien von Rechtfertigungsgründen neben dem Missbrauch ablehnen.

1086 *Bahns/Brinkmann/Gläser/Sedlaczek* in: v.d. Groeben/Schwarze/Hatje, EuR, Vorb. zu Art. 110–113 AEUV, Rn. 72.

1087 *Körner*, IStR 2004, 697 (702); *ders.*, IStR 2004, 424 (427) zu De Lasteyrie du Saillant.

e) *Keine Begrenzung auf Steuerrecht und Kompetenz der Mitgliedstaaten*

Keinesfalls können die Ausführungen zu Cadbury Schweppes auf steuerrechtliche Sachverhalte begrenzt werden. Dafür sind die Aussagen des Gerichtshofs zu allgemein gehalten.[1088] Auch die Rechtssachen Segers[1089] und Daily Mail[1090] waren Fälle zum Steuerrecht, gehören jedoch unumstritten zum Kanon der wesentlichen Rechtsprechung im Internationalen Gesellschaftsrecht.[1091] Weiterhin ist zu beachten, dass das Recht zur direkten Steuererhebung zu den ursprünglichsten Befugnissen der Mitgliedstaaten zu zählen ist – die Mitgliedstaaten haben die Kompetenz auf diesem Gebiet inne und können somit nationales Recht erlassen.[1092] Aber auch dieses Recht muss europarechts- und damit grundfreiheitskonform ausgestaltet sein.[1093] Es ergibt sich keine Ausnahme von der Anwendung der Niederlassungsfreiheit. Ein etwaiger schrankenloser Steuerwettbewerb unter den Mitgliedstaaten ist allenfalls ein politisches und kein rechtliches Problem.[1094]

f) *Beziehung zur Kapital- und Zahlungsverkehrsfreiheit*

Streitig bleibt nach wie vor das Verhältnis zwischen der Niederlassungsfreiheit und der Kapital- und Zahlungsverkehrsfreiheit (heute Art. 49 ff. AEUV bzw. Art. 63 ff. AEUV).[1095] Als zumindest „überraschend“ bezeichnen Hahn/Heß die eindeutige Aussage des EuGH, dass im Fall Cadbury Schweppes allein die Niederlassungs- und nicht die Kapital- und Zahlungsverkehrsfreiheit einschlägig sei, obwohl gerade bei steuerrechtlichen Sachverhalten neben letzterer auch noch die anderen Grundfreiheiten bereits oftmals geprüft wurden und das Gericht tendenziell eher gewillt war, Aussagen zum Konkurrenzverhältnis der Grundfreiheiten zu vermeiden.[1096]

Dies könnte den einfachen Grund haben, die Reichweite der Entscheidung zu verkürzen, da die Kapital- und Zahlungsverkehrsfreiheit als einzige Grundfreiheit auch unmittelbar gegenüber Drittstaaten wirkt.[1097] Dagegen kann man die

1088 *Roth*, EuZW 2010, 607 (608, 610); *Ege/Klett*, DStR 2012, 2442 (2447).
1089 EuGH, Urt. v. 10.07.1986, Rs. 79/85, ECLI:EU:C:1986:308 – Segers.
1090 EuGH, Urt. v. 27.09.1988, Rs. 81/87, ECLI:EU:C:1988:456 – Daily Mail.
1091 *Kindler* in: MüKo BGB, Bd. 12, Teil 10, Rn. 111–137 (insb. 111 f.); *Tiedje* in: v.d. Groeben/Schwarze/Hatje, EuR, Art. 54 AEUV, Rn. 50–73 (insb. 50–53).
1092 *Voß*, DStR 1991, 925 (926); Oppermann/Classen/*Nettesheim*, EuR, § 35, Rn. 1; *Roth*, EuZW 2010, 607 (610); *Müller-Graff* in: Streinz, EUV/AEUV, Art. 49 AEUV, Rn. 71.
1093 *Sedemund*, BB 2006, 2118 (2119); *Kraft/Bron*, RIW 2006, 209 (210); *dies.*, IStR 2006, 614 (615); *Körner*, IStR 2004, 697 (700).
1094 *Kraft/Bron*, IStR 2006, 614 (616).
1095 *Waldens/Sedemund*, IStR 2007, 450 (454); *Köhler/Eicker*, DStR 2006, 1871; *Tietje* in: Ehlers, EU-Grundrechte und -freiheiten, § 10, Rn. 33.
1096 *Hahn/Heß*, JurisPR-SteuerR 49/2006, Anm. 2; so ging *Körner* noch vor dem Urteil von einer Paralleität der beiden Grundfreiheiten aus, IStR 2004, 697 (703, 706).
1097 *Hahn/Heß*, JurisPR-SteuerR 49/2006, Anm. 2; *Schwenke*, IStR 2006, 748 (753); *Waldens/Sedemund*, IStR 2007, 450 (454); *Köhler/Eicker*, DStR 2006, 1871.

Exklusivität der beiden einschlägigen Freiheiten auch damit begründen, dass eine Beschränkung der Niederlassungsfreiheit auch zwangsläufig eine Beschränkung der Kapital- und Zahlungsverkehrsfreiheit mit sich bringt, obwohl im Schwerpunkt erstere betroffen ist.[1098] Letztere hat eine ergänzende Eigenschaft inne, welche bei der Realisierung anderer Grundfreiheiten unabkömmlich ist.[1099] So bleibt am Ende nur eine Einzelfallbetrachtung nationaler Vorschriften, um den Schutzbereich der beiden Grundfreiheiten gegeneinander abzuwägen.[1100] Anhaltspunkt ist die wiederkehrende Formel des EuGH: Die Niederlassungsfreiheit ist anzuwenden, sofern eine Beteiligung gehalten wird, die „einen sicheren Einfluss auf die Entscheidungen der Gesellschaft ... und deren Tätigkeiten" zulässt.[1101]

g) Sonstige Kritikpunkte und Ausblick

Dem Urteil Cadbury Schweppes ist die Aussage zu entnehmen, dass die Hinzurechnungsbesteuerung grundsätzlich verboten ist, wenn sie nicht auf Missbrauchsfälle beschränkt wird.[1102] Potenzielle steuerrechtliche Sanktionsmaßnahmen wurden somit drastisch eingeschränkt.[1103] Teichmann erinnert jedoch daran, dass der Marktzugang weiterhin das primäre Schutzbedürfnis darstellt und Schutzmaßnahmen nach erfolgtem Marktbeitritt möglich bleiben.[1104]

Die bereits geäußerten Bedenken zur Widersprüchlichkeit der Entscheidung im Zusammenhang mit der bisher aufgezeigten Rechtsprechung des Gerichtshofs sind evident.[1105] Roth sieht in dem Versuch, einen „roten Faden" aus der Europäischen Rechtsprechung herauszulesen, ein zumindest „riskantes Unterfangen". Auf die unterschiedliche Zusammensetzung der Richter möchte er dies allerdings nicht zurückführen, auch wenn die Entscheidungen Centros und Inspire Art von

---

1098 EuGH, Urt. v. 12.09.2006, Rs. C-196/04, ECLI:EU:C:2006:544, Rn. 33 – Cadbury Schweppes; *Schwenke*, IStR 2006, 748 (753); *Forsthoff* in: Grabitz/Hilf/Nettesheim, Recht der EU, Art. 49 AEUV, Rn. 128.

1099 *Frenz*, HB EuR, Bd. 1: Grundfreiheiten, Rn. 2148.

1100 *Müller-Graff* in: Streinz, EUV/AEUV, Art. 49 AEUV, Rn. 117; *Forsthoff* in: Grabitz/Hilf/Nettesheim, Recht der EU, Art. 49 AEUV, Rn. 129.

1101 EuGH, Urt. v. 13.04.2000, Rs. C-251/98, ECLI:EU:C:2000:205, Rn. 22 – Baars; EuGH, Urt. v. 05.11.2002, Rs. C-208/00, ECLI:EU:C:2002:632, Rn. 77 – Überseering; EuGH, Urt. v. 21.11.2002, Rs. C-436/00, ECLI:EU:C:2002:704, Rn. 37 – X und Y.

1102 *Jungbluth*, EWiR 2006, 679 (680); *Sedemund*, BB 2006, 2118 (2120); *Wassermeyer/Schönfeld*, GmbHR 2006, 1065 (1067); *Fey* in: Lexikon Steuer- und BilanzR, Hinzurechnungsbesteuerung, Rn. 11.

1103 *Waldens/Sedemund*, IStR 2007, 450 (457).

1104 *Teichmann*, ZGR 2011, 639 (672 f.).

1105 Auszugsweise: *Axer*, IstR 2007, 162 (163); *Kindler*, IPRax 2010, 272 (274); *Schwenke*, IStR 2006, 748 (750 f.) kritisiert auch einen Widerspruch zu anderen Urteilen im Steuerrecht; *Forsthoff* in: Grabitz/Hilf/Nettesheim, Recht der EU, Art. 49 AEUV, Rn. 25.

15 Richtern in einer Plenarentscheidung getragen wurden, von denen nur noch ein Richter bei Cadbury Schweppes vertreten war – diese Entscheidung wurde gar nur von neun Richtern getragen.[1106]

Durch die Entscheidung werden die Rufe nach einer sekundärrechtlichen Regelung nicht leiser.[1107] So sollten die Schnittstellen zwischen Internationalem Gesellschaftsrecht und Niederlassungsfreiheit geschlossen und grenzüberschreitende Strukturmaßnahmen gefördert werden.[1108]

VII. Cartesio Oktató és Szolgáltató bt (Cartesio)[1109]

1. Sachverhalt

Das ungarische Gesetz über Handelsgesellschaften[1110] reglementiert die Gründung, die Verfassung und den Betrieb der beheimateten Handelsgesellschaften mitsamt der Rechte und Pflichten (inklusive der Haftung) der einzelnen Gründer und Gesellschafter sowie Formwechsel, Auflösung und Spaltung der Gesellschaft (Art. 1 Abs. 1).[1111] Nach Art. 1 Abs. 1 des Gesetzes über die handelsregisterrechtliche Publizität[1112] ist eine Gesellschaft eine gewerbliche Handelsorganisation mit Gewinnerzielungsabsicht. Die Eintragung der in Art. 1 aufgeführten Rechtsträger, welche nach Art. 2 Abs. 1 zulässig ist, erfolgt durch die Bezirksgerichte und das Gericht in Budapest (Art. 11).[1113] Der Registereintrag muss zwingend den Sitz der Gesellschaft beinhalten (Art. 12 Abs. 1 d, 16 Abs. 1), welcher am Ort der Hauptverwaltung lokalisiert ist.[1114] Änderungen unternehmensbezogener Eintragungen müssen spätestens 30 Tage nach Eintritt an das Registergericht angetragen werden (Art. 29 Abs. 1).[1115] Bei einer Sitzverlegung der Gesellschaft, durch welche ein anderes Registergericht zuständig wird, ist eine Sitzänderung am ursprünglich

1106 *Roth*, Vorgaben NLF, S. 15; zur Richterbesetzung *ders.*, EuZW 2010, 607 (610).

1107 *Goebel/Palm*, IStR 2007, 720 (726); *Kindler*, IPRax 2010, 272 (278).

1108 *Teichmann*, ZGR 2011, 639 (687).

1109 EuGH, Urt. v. 16.12.2008, Rs. C-210/06, ECLI:EU:C:2008:723 – Cartesio.

1110 A gazdasági társaságokról szóló 1997. évi CXLIV. törvény.

1111 EuGH, Urt. v. 16.12.2008, Rs. C-210/06, ECLI:EU:C:2008:723, Rn. 11 – Cartesio (ausgeklammert sind Angaben zum ungarischen Prozessrecht Rn. 3–10); *Korom/Metzinger*, ECFR 2009, 125 (142); *Otte*, EWS 2009, 31 (32).

1112 A cégnyilvánosságról és a bírósági cégeljárásról szóló 1997. évi CXLV. törvény.

1113 EuGH, Urt. v. 16.12.2008, Rs. C-210/06, ECLI:EU:C:2008:723, Rn. 13–15 – Cartesio; *Knop*, DZWiR 2009, 147 (148); *Korom/Metzinger*, ECFR 2009, 125 (142).

1114 EuGH, Urt. v. 16.12.2008, Rs. C-210/06, ECLI:EU:C:2008:723, Rn. 16 f. – Cartesio; *Richter*, IStR 2008, 719; *Sethe/Winzer*, WM 2009, 536 (537).

1115 EuGH, Urt. v. 16.12.2008, Rs. C-210/06, ECLI:EU:C:2008:723, Rn. 18 – Cartesio; *Otte*, EWS 2009, 31 (33); *Korom/Metzinger*, ECFR 2009, 125 (142).

zuständigen Gericht einzutragen. Das Gericht prüft und bestätigt dann die Sitzverlegung.[1116]

Nach Art. 18 des ungarischen Internationalen Privatrechts[1117] regelt das Personalstatut der Gesellschaften (das Recht des Eintragungsstaates) die Rechtsfähigkeit juristischer Personen, ihre Rechte bzw. Rechtsbeziehungen und ihre handelsrechtliche Stellung. Das Recht des Sitz- löst das des Gründungsstaates ab, sofern eine Eintragung in diesem nicht notwendig ist. Bei mehreren eingetragenen Sitzen richtet sich das Statut nach dem Recht des Staates, in dem sich der Hauptverwaltungssitz der Gesellschaft befindet.[1118]

Die Cartesio Oktató és Szolgáltató bt, eine Gesellschaft mit Sitz in Ungarn (zu vergleichen mit der deutschen Kommanditgesellschaft[1119]), wurde am 20. Mai 2004 gegründet und am 11. Juni in das Handelsregister eingetragen.[1120] Sie hat zwei ungarische Gesellschafter (Komplementär und Kommanditist) und ist im Personalwesen (Sekretariat, Übersetzung und Bildung) tätig.[1121] Ein am 11. November 2005 durch die Cartesio gestellter Antrag auf Sitzverlegung nach Gallarte in Italien und entsprechende Registeränderung wurde am 24. Januar 2006 mit dem Hinweis abgelehnt, dass eine in Ungarn gegründete Gesellschaft nach ungarischem Recht ihren Sitz nicht ohne Verlust der Rechtspersönlichkeit in Ausland verlegen könne.[1122] Gegen die Entscheidung des Bezirksgerichts legte Cartesio beim letztinstanzlichen Regionalgericht Berufung ein, da das ungarische Handelsrecht Gesellschaften mit Sitz im In- und Ausland unterschiedlich behandele und so gegen die Niederlassungsfreiheit verstoße, und bat um Vorabentscheidung durch den Gerichtshof.[1123]

2. Entscheidung

Das vorlegende Gericht führt unter Bezugnahme auf das Urteil Daily Mail[1124] aus, dass ein Gründungsmitgliedstaat die Möglichkeit habe, die Sitzverlegung und die Mitnahme der Rechtspersönlichkeit aus dem Gründungsstaat heraus zu verbieten,

---

1116 EuGH, Urt. v. 16.12.2008, Rs. C-210/06, ECLI:EU:C:2008:723, Rn. 19 – Cartesio; *Drygala/Staake/Szalai*, KapGesR, § 2, Rn. 37.

1117 A nemzetközi magánjogról szóló 1979. évi 13. törvényerejű rendelet.

1118 EuGH, Urt. v. 16.12.2008, Rs. C-210/06, ECLI:EU:C:2008:723, Rn. 20 – Cartesio; *Müller-Graff*, FS Hellwig 2010, 251 (261); *Teichmann*, ZIP 2009, 393.

1119 *Servatius* in: Henssler/Strohn, GesR, Int. GesR, Rn. 13.

1120 EuGH, Urt. v. 16.12.2008, Rs. C-210/06, ECLI:EU:C:2008:723, Rn. 21 – Cartesio; *Weng*, EWS 2008, 264 (265); *Schmidt-Kessel*, GPR 2009, 26 (27).

1121 EuGH, Urt. v. 16.12.2008, Rs. C-210/06, ECLI:EU:C:2008:723, Rn. 22 – Cartesio; *Brakalova/Barth*, DB 2009, 213; *Knof/Mock*, ZIP 2009, 24 (25).

1122 EuGH, Urt. v. 16.12.2008, Rs. C-210/06, ECLI:EU:C:2008:723, Rn. 2, 23 f. – Cartesio; *Drygala/Staake/Szalai*, KapGesR, § 2, Rn. 37; *Campos Nave*, BB 2009, 870 (871).

1123 EuGH, Urt. v. 16.12.2008, Rs. C-210/06, ECLI:EU:C:2008:723, Rn. 25–27 – Cartesio; *Barthel*, EWS 2010, 316 (317); *Richter*, IStR 2008, 719.

1124 EuGH, Urt. v. 27.09.1988, Rs. 81/87, ECLI:EU:C:1988:456 – Daily Mail.

ohne gegen die Niederlassungsfreiheit zu verstoßen.[1125] Dabei könnte dieser Grundsatz in den Urteilen CaixaBank France[1126] und Sevic Systems[1127] überholt worden sein: Beschränkungen der Niederlassungsfreiheit seien alle Maßnahmen, die die Ausübung der Freiheit verböten, behinderten oder weniger attraktiv machten, und eine generelle Verweigerungshaltung der Mitgliedstaaten hinsichtlich einer transnationalen Verschmelzung seien eben solche. Im Grundsatz dürfe nationales Recht in- und ausländische Gesellschaften nicht unterschiedlich behandeln. Allerdings seien durch die EWIV- und SE-VO bereits Möglichkeiten geschaffen, welche eine Sitzverlegung von Gesellschaften ohne Auflösung vorsehen.[1128] Durch diese Unwägbarkeiten sehe sich das vorlegende Gericht gezwungen, den EuGH in einem Vorabentscheidungsverfahren anzurufen.[1129]

Cartesio ist eine nach ungarischem Recht gegründete Gesellschaft, welche ihren Sitz von Ungarn nach Italien verlegt hat und dabei weiterhin als Gesellschaft ungarischen Rechts gelten möchte. Der Antrag auf Eintragung der Sitzverlegung wurde abgelehnt, weil die Verlegung aus Ungarn heraus unter Mitnahme des Personalstatuts nach nationalem Recht unmöglich ist.[1130] Eine solche Sitzverlegung ist also nur denkbar, wenn die Gesellschaft aufgelöst und am neuen Niederlassungsort erneut gegründet wird.[1131]

In Daily Mail führte der EuGH aus, dass eine Gesellschaft jenseits ihrer nationalen Gründungsrechtsordnung keine Realität habe. Des Weiteren gebe es weitreichende Unterschiede zwischen den nationalen Gesellschaftsrechten der Mitgliedstaaten: Einige Mitgliedstaaten behinderten das Recht auf Sitzverlegung ins Ausland und forderten eine Einheit von Satzungs- und Verwaltungssitz, während andere eine Mitnahme des Personalstatuts erlaubten. Diesen Unterschieden werde durch die Gleichberechtigung von Hauptverwaltung und -niederlassung sowie satzungsmäßigem Sitz in Ex-Art. 48 EGV (heute Art. 54 AEUV) Rechnung getragen.[1132]

1125 EuGH, Urt. v. 16.12.2008, Rs. C-210/06, ECLI:EU:C:2008:723, Rn. 34 – Cartesio; *Otte*, EWS 2009, 31 (33).

1126 EuGH, Urt. v. 05.10.2004, Rs. C-442/02, ECLI:EU:C:2004:586 – CaixaBank France.

1127 EuGH, Urt. v. 13.12.2005, Rs. C-411/03, ECLI:EU:C:2005:762 – Sevic.

1128 EuGH, Urt. v. 16.12.2008, Rs. C-210/06, ECLI:EU:C:2008:723, Rn. 35–39 – Cartesio; *Pießkalla*, EuZW 2009, 75 (76); *Otte*, EWS 2009, 31 (34).

1129 EuGH, Urt. v. 16.12.2008, Rs. C-210/06, ECLI:EU:C:2008:723, Rn. 40 – Cartesio; *Knop*, DZWiR 2009, 147; *Wilhelmi*, JZ 2009, 409; *Knof/Mock*, ZIP 2009, 24 (25).

1130 EuGH, Urt. v. 16.12.2008, Rs. C-210/06, ECLI:EU:C:2008:723, Rn. 100 ff. – Cartesio; *Wilhelmi*, JZ 2009, 409; *Habersack/Verse*, EU-GesR, § 3, Rn. 21 f.

1131 EuGH, Urt. v. 16.12.2008, Rs. C-210/06, ECLI:EU:C:2008:723, Rn. 103 – Cartesio; *Teichmann*, ZIP 2009, 393 (401); *Pießkalla*, EuZW 2009, 75 (81).

1132 EuGH, Urt. v. 16.12.2008, Rs. C-210/06, ECLI:EU:C:2008:723, Rn. 104 ff. – Cartesio, m. Verw. auf EuGH, Urt. v. 27.09.1988, Rs. 81/87, ECLI:EU:C:1988:456, Rn. 19 f. – Daily Mail; *Müller-Graff*, FS Hellwig 2010, 251 (261); *Teichmann*, ZIP 2009, 393; *Kindler* in: MüKo BGB, Bd. 12, Teil 10, Rn. 131; *Mörsdorf*, EuZW 2009, 97 (98).

Übereinstimmend urteilte der Gerichtshof in Überseering, dass Mitgliedstaaten die Möglichkeit haben, die Verwaltungssitzverlegung unter Beibehaltung der Rechtspersönlichkeit hinaus aus dem Staatsterritorium von bestimmten Auflagen und Beschränkungen abhängig zu machen.[1133] Die unterschiedlichen Anknüpfungspunkte und Vorschriften zur Sitzverlegung erachtete man dabei als ungelöstes Problem, welches nicht durch die Niederlassungsfreiheit sondern im Wege der Rechtssetzung bzw. des Vertragsschlusses einer Lösung zugeführt werden müsse, zu welcher es allerdings bis dahin nicht gekommen sei.[1134]

Aufgrund einer fehlenden einheitlichen Gesellschaftsdefinition im heutigen Art. 54 AEUV und deshalb uneinheitlichen Anknüpfung, nach der sich das anwendbare Recht bestimmt, handele es sich bei der Frage, ob sich eine Gesellschaft auf die Niederlassungsfreiheit berufen kann, um eine Vorfrage, die nach derzeitigem Stand des EU-Rechts nur nach nationalem Recht zu beantworten sei, ebenso wie die Frage, ob eine natürliche Person Staatsangehöriger eines Mitgliedstaates sei.[1135] Das nationale Recht entscheide über die notwendige Anknüpfung einer Gesellschaft im Stadium der Gründung und über die erforderliche Anknüpfung, um ihre Eigenschaft als Gesellschaft des Gründungsstaates zu behalten. Damit könne der Mitgliedstaat bei Auflösung dieser Anknüpfung, z.B. durch Verwaltungssitzverlegung ins Ausland, den Verlust der Rechtspersönlichkeit anordnen.[1136] Allerdings sei der Fall der Sitzverlegung unter Beibehaltung des Personalstatuts jedoch von dem Fall der Sitzverlegung unter Wechsel des anwendbaren nationalen Rechts (Umwandlung) zu unterscheiden.[1137] Die Forderung nach einer Auflösung der Gesellschaft, obwohl der Zielmitgliedstaat eine Umwandlung erlaube, sei eine nicht hinnehmbare Beschränkung.[1138]

Die bisherigen Rechtsetzungstätigkeiten im Bereich der Sitzverlegung konnten die gravierenden Unterschiede innerhalb der nationalen Gesellschaftsrechtsordnungen noch nicht ausgleichen.[1139] Die Kommission ist hingegen der Meinung, die

---

1133 EuGH, Urt. v. 16.12.2008, Rs. C-210/06, ECLI:EU:C:2008:723, Rn. 107 – Cartesio, m. Verw. auf EuGH, Urt. v. 05.11.2002, Rs. C-208/00, ECLI:EU:C:2002:632, Rn. 70 – Überseering; *Kindler* in: MüKo BGB, Bd. 12, Teil 10, Rn. 131.

1134 EuGH, Urt. v. 16.12.2008, Rs. C-210/06, ECLI:EU:C:2008:723, Rn. 108 – Cartesio; *Barthel*, EWS 2010, 316 (317); *Müller-Graff*, FS Hellwig 2010, 251 (261).

1135 EuGH, Urt. v. 16.12.2008, Rs. C-210/06, ECLI:EU:C:2008:723, Rn. 109 – Cartesio; *Habersack/Verse*, EU-GesR, § 3, Rn. 21 f.; *Leible/Hoffmann*, BB 2009, 58 (59).

1136 EuGH, Urt. v. 16.12.2008, Rs. C-210/06, ECLI:EU:C:2008:723, Rn. 110 – Cartesio; *Saenger*, GesR, Rn. 853; *Herrler*, DNotZ 2009, 484 (485 f.).

1137 EuGH, Urt. v. 16.12.2008, Rs. C-210/06, ECLI:EU:C:2008:723, Rn. 111 – Cartesio; *Habersack/Verse*, EU-GesR, § 3, Rn. 21, 4. Auflage 2011.

1138 EuGH, Urt. v. 16.12.2008, Rs. C-210/06, ECLI:EU:C:2008:723, Rn. 112 f. – Cartesio; *Drygala/Staake/Szalai*, KapGesR, § 2, Rn. 37; *Herrler*, DNotZ 2009, 484 (485); *Campos Nave*, BB 2009, 870 (871 f.).

1139 EuGH, Urt. v. 16.12.2008, Rs. C-210/06, ECLI:EU:C:2008:723, Rn. 114 – Cartesio; *Müller-Graff* in: Streinz, EUV/AEUV, Art. 54 AEUV, Rn. 14.

in den Verordnungen zur EWIV, zur SE und zur SCE[1140] enthaltenen Vorschriften zur Sitzverlegung seien sinngemäß anzuwenden und könnten die Lücke füllen.[1141] Unabhängig von der Frage, ob die Regeln überhaupt sinngemäß anwendbar seien, führen die Vorschriften zu einem Wechsel des anwendbaren nationalen Rechts, auch wenn das Rechtskleid der Gesellschaft beibehalten werde, weshalb dies im Fall Cartesio nicht zum gewünschten Ergebnis führe, denn die ungarische Gesellschaft mochte weiter nach ungarischem Recht handeln und behandelt werden.[1142]

Zum Schluss führt der EuGH noch aus, die Entscheidung Sevic präzisiere oder modifiziere den Grundsatz fehlender Realität jenseits der Gründungsrechtsordnung aus Daily Mail nicht und sei vielmehr mit den Urteilen Centros, Überseering und Inspire Art zu vergleichen.[1143] In Sevic sei es nicht um die Frage gegangen, ob eine Gesellschaft eine nach dem Recht des Mitgliedstaates gegründete Gesellschaft sei, dies sei unstreitig gewesen, sondern vielmehr ob die Gesellschaft in ihrem Recht auf Niederlassung in einem anderen Mitgliedstaat beschränkt worden sei.[1144] Somit entschied der Gerichtshof, dass ein nationales Verbot der Sitzverlegung aus dem Mitgliedstaat heraus unter Beibehaltung der Eigenschaft als Gesellschaft nationalen Rechts, bei derzeitigem Stand, mit Europarecht vereinbar ist.[1145]

3. Problemfelder und Diskussionsschwerpunkte

Keine bisherige Entscheidung zur Niederlassungsfreiheit, welche die Mobilität von Gesellschaften betraf, wurde mit derartiger Spannung erwartet wie Cartesio.[1146]

1140 Vgl. Verordnung (EWG) Nr. 2137/85 des Rates vom 25. Juli 1985 über die Schaffung einer Europäischen wirtschaftlichen Interessenvereinigung (EWIV), ABl. 1985 Nr. L 199/1; Verordnung (EG) Nr. 2157/2001 des Rates über das Statut der Europäischen Gesellschaft (SE) v. 08.10.2001, ABl. 2001 Nr. L 294/1; Verordnung (EG) Nr. 1435/2003 des Rates vom 22. Juli 2003 über das Statut der Europäischen Genossenschaft (SCE), ABl. 2003 Nr. L 207/1.

1141 EuGH, Urt. v. 16.12.2008, Rs. C-210/06, ECLI:EU:C:2008:723, Rn. 115 f. – Cartesio; *Frenzel*, EWS 2009, 158 (161); *Knof/Mock*, ZIP 2009, 24 (31); *Kindler*, NZG 2009, 130 (131); *Korom/Metzinger*, ECFR 2009, 125 (153).

1142 EuGH, Urt. v. 16.12.2008, Rs. C-210/06, ECLI:EU:C:2008:723, Rn. 117–120 – Cartesio; *Knop*, DZWiR 2009, 147 (149); *Mörsdorf*, EuZW 2009, 97 (98).

1143 EuGH, Urt. v. 16.12.2008, Rs. C-210/06, ECLI:EU:C:2008:723, Rn. 121 f. – Cartesio; *Barthel*, EWS 2010, 316 (318); *Frenzel*, EWS 2009, 158 (159).

1144 EuGH, Urt. v. 16.12.2008, Rs. C-210/06, ECLI:EU:C:2008:723, Rn. 123 – Cartesio; *Brakalova/Barth*, DB 2009, 213 (214); *Barthel*, EWS 2010, 316 (317).

1145 EuGH, Urt. v. 16.12.2008, Rs. C-210/06, ECLI:EU:C:2008:723, Rn. 124 – Cartesio; *Leible*, FS Roth 2011, 447 (451); *Knop*, DZWiR 2009, 147 (148).

1146 *Pießkalla*, EuZW 2009, 75 (81); *Kobelt*, GmbHR 2009, 808 (809); *Ratka/Rauter*, WBL 2009, 62; *Grundmann*, EU-GesR, § 22, Rn. 788.

Dies belegt die wahrhaftige Flut an Beiträgen in der Fachliteratur.[1147] Durch die Schlussanträge des Generalanwalts Maduro schienen die Weichen für das Urteil gestellt.[1148] Auch die bisherige liberale Dynamik der EuGH-Rechtsprechung schien in diese Richtung zu weisen.[1149] Umso überraschender war der Ausgang des Urteils für den Großteil der Literatur.[1150] Nicht wenige empfanden Cartesio als große „Enttäuschung“[1151].

a) Der Gerichtshof folgt dem Generalanwalt nicht

Während sich der EuGH bei den ersten drei Vorlagefragen noch den Schlussanträgen anschloss, entschied er bei der vierten, wichtigen gesellschaftsrechtlichen Vorlagefrage entgegen Generalanwalt Maduros Stellungnahme.[1152] Viele Autoren sahen in den Schlussanträgen einen „Hoffnungsschimmer“ für die Gleichstellung von Zuzugs- und Wegzugssachverhalten.[1153] Immerhin schließt sich der Gerichtshof dem Endvotum des Generalanwalts in der Regel an.[1154]

Den Generalanwalt überzeugte die Unterscheidung zwischen Zuzugs- und Wegzugssachverhalten noch nie. Diese diene nur der Aufrechterhaltung des Daily-Mail-Urteils.[1155] Aus ökonomischer Perspektive sei die Verwaltungssitzverlegung ohne Auflösungs- oder Liquidationsaufforderung durch den abgebenden Staat eine zeitsparende und kostengünstige Alternative, im Speziellen für kleinere Unternehmen.[1156] Somit rückt er einen zentralen Bestandteil der Definition

---

1147 Auszugsweise: *Bayer/Schmidt*, ZHR 2009, 735; *Bollacher*, RIW 2009, 150; *Eckert*, GesRZ 2009, 139; *Wöhlert*, GWR 2009, 161; *Behme*, BB 2010, 1679; *Grohmann*, DZWiR 2009, 322; *Werner*, GmbHR 2009, 191; *Cains*, ERPL 2010, 569 (579).

1148 *Däubler/Heuschmid*, NZG 2009, 493; *Grohmann/Gruschinske*, EuZW 2008, 463; vorsichtiger bereits *Knop*, Gesellschaftsstatut, S. 110.

1149 *Behme/Nohlen*, BB 2009, 11 (13); *Frenzel*, EWS 2009, 158; *Barthel* sieht eine „wellenförmige Entwicklung der Rechtsprechung des EuGH“, EWS 2010, 316 (317).

1150 U.A. *Schmidt-Kessel*, GPR 2009, 26; *Brakalova/Barth*, DB 2009, 213 (215); *Knof/ Mock*, ZIP 2009, 24 (31); *Werner*, GmbHR 2009, 191 (193); *Peres* in: Schüppen/Schaub, MAH Aktienrecht, § 15, Rn. 73 f.

1151 *Mörsdorf*, EuZW 2009, 97 (102); *Leible/Hoffmann*, BB 2009, 58; *Otte*, EWS 2009, 31 (39) bezeichnet das Urteil als „Rückschlag“.

1152 U.A. *Schall*, FS Meilicke 2010, 651 (660); *Leible*, FS Roth 2011, 447 (451); a.A.: *Campos Nave*, BB 2009, 870 (872): „Die ... Bewertung des GA ... greift der EuGH weder auf, noch bewertet er diese oder lehnt sie ab“.

1153 *Weng*, EWS 2008, 264 (265); *Pießkalla*, EuZW 2009, 75 (81); *Leible/Hoffmann*, BB 2009, 58.

1154 *Wilhelmi*, JZ 2009, 409 (411); *Richter*, IStR 2008, 719 (723) sowie *Brakalova/Barth*, DB 2009, 213 (215) nehmen eine Wahrscheinlichkeit von 75–80% an.

1155 Schlussanträge des GA Maduro v. 22.05.2008, Rs. C-210/06, ECLI:EU:C:2008:294, Anm. 28 – Cartesio; *Cains*, ERPL 2010, 569 (579); *Ringe*, ZIP 2008, 1067 (1073).

1156 Schlussanträge des GA Maduro v. 22.05.2008, Rs. C-210/06, ECLI:EU:C:2008:294, Anm. 31; *Campos Nave*, BB 2008, 1410 (1412); *Pießkalla*, EuZW 2009, 75 (82).

von Gesellschaften aus dem Cadbury-Schweppes-Urteil[1157] in das Zentrum seiner Begründung: Die Gesellschaft möchte hier eine für die Niederlassungsfreiheit relevante, echte wirtschaftliche Tätigkeit im Zuzugsstaat betreiben.[1158] Somit müsse dieser Vorgang vom Schutzbereich der Niederlassungsfreiheit umfasst sein, mithin sei eine Bereichsausnahme abzulehnen, weil nationales Recht ohnehin an den Grundfreiheiten zu messen sei und die Mitgliedstaaten nicht frei „über Leben und Tod der Gesellschaften" bestimmen könnten.[1159] Zustimmend bezeichnet Weng eine solche Freiheit als „Niederlassungsfreiheit von mitgliedstaatlichen Gnaden".[1160]

Schützenswerte Interessen des Wegzugsstaats könnten dagegen auf Rechtfertigungsebene hinreichend berücksichtigt werden.[1161] Nach Ansicht Maduros unterstützte ihn bei seiner Annahme die Veränderung der höchstrichterlichen Rechtsprechung von Daily Mail bis Sevic.[1162] Wohlwollend legt Ringe dabei dessen Zurückhaltung in puncto Daily Mail – der Generalanwalt sieht die Interpretation des Urteils als Missverständnis an – als ehrenhaften Ausweg für den EuGH aus.[1163] Es bleibt ein Schwachpunkt der Cartesio-Entscheidung, dass die Ausführungen des Generalanwalts nicht hinreichend gewürdigt und mit einem einfachen Verweis auf Daily Mail „vom Tisch gewischt" wurden.[1164] Allerdings hat auch der Generalanwalt es verpasst, die widersprüchlichen Aussagen aus Daily Mail zu entkräften.[1165]

b) Die Unterscheidung von Zuzugs- und Wegzugsfällen und die Auseinandersetzung mit der bisherigen Rechtsprechung

Während der Generalanwalt bereits für eine Aufgabe der Unterscheidung plädierte, stimmten viele Autoren vor und auch nach der Entscheidung Cartesio mit

1157 EuGH, Urt. v. 12.09.2006, Rs. C-196/04, ECLI:EU:C:2006:544, Rn. 54 – Cadbury Schweppes.

1158 Schlussanträge des GA Maduro v. 22.05.2008, Rs. C-210/06, ECLI:EU:C:2008:294, Anm. 25; *Grohmann/Gruschinske*, EuZW 2008, 463 (464).

1159 Schlussanträge des GA Maduro v. 22.05.2008, Rs. C-210/06, ECLI:EU:C:2008:294, Anm. 30 f.; *Lang/Orttmann* in: Ziemons/Jaeger, BeckOK GmbHG, Int. GesR, Rn. 80; *Bayer/Schmidt*, BB 2010, 387 (391); *Frenzel*, EWS 2009, 158 (160).

1160 *Weng*, EWS 2008, 264 (272); ebenso *Paefgen*, WM 2009, 529: „minderer Güte".

1161 Schlussanträge des GA Maduro v. 22.05.2008, Rs. C-210/06, ECLI:EU:C:2008:294, Anm. 32 f.; *Teichmann*, ZIP 2009, 393 (403); *Richter*, IStR 2008, 719 (722); *Ratka/Rauter*, WBL 2009, 62 (63).

1162 Schlussanträge des GA Maduro v. 22.05.2008, Rs. C-210/06, ECLI:EU:C:2008:294, Anm. 27; *Campos Nave*, BB 2008, 1410 (1412).

1163 *Ringe*, ZIP 2008, 1067 (1073); der GA setzt aber voraus, dass der EuGH schon in Daily Mail davon ausging, eine Verwaltungssitzverlegung unter Berufung auf die Niederlassungsfreiheit gegenüber dem Wegzugsstaat sei möglich, so *Weng*, EWS 2008, 264 (272).

1164 *Herrler*, DNotZ 2009, 484 (487 f.); *Ratka/Rauter*, WBL 2009, 62 (63).

1165 *Weng*, EWS 2008, 264 (272).

ein.[1166] Oft findet sich das sinnbildliche Argument, welches Zuzugs- und Wegzugsfälle als zwei Seiten einer Medaille darstellt.[1167] Tatsächlich kommt es in der Praxis ohne eine Wegzugserlaubnis überhaupt gar nicht erst zur möglichen Zuzugskonstellation: Einfach gesagt ist jeder Zuzug auch ein Wegzug.[1168] Von welchem Mitgliedstaat im Rahmen grenzüberschreitender Gesellschaftsbewegung dabei eine Beschränkung ausgeht, ist unerheblich, weil sie die transnationale Mobilität faktisch behindert.[1169]

Auch sind Wegzugsbeschränkungen in ihrer Wirkung auf die betroffene Gesellschaft oft noch stärker als Zuzugsbeschränkungen.[1170] Deshalb kommt es auch stets nur auf die Auswirkungen einer Regel oder Maßnahme des Mitgliedstaates in Bezug auf den Träger der Grundfreiheit an.[1171] Dies kann selbst der Verweis auf unterschiedliche Betrachtungsperspektiven, die des Wegzugsstaates oder des Zuzugsstaats, nicht entkräften.[1172]

Hinzu kommt, dass eine solche Unterscheidung den anderen Grundfreiheiten fremd ist und Beschränkungen des Herkunfts- sowie des Aufnahmestaates gerechtfertigt werden müssen.[1173] Bspw. darf eine Ware, welche in einem Mitgliedstaat rechtmäßig in den Verkehr gebracht wurde, auch in allen anderen Mitgliedstaaten vertrieben werden. Dies muss auch für Gesellschaften gelten, wenn sie einmal wirksam gegründet worden sind und folglich „Rechtsprodukte“ der Mitgliedstaaten darstellen.[1174] Allerdings ist die Einzigartigkeit des Art. 54 AEUV dabei hervorzuheben, welcher das spezielle und komplexe Zusammenspiel von nationaler Rechtsordnung mit supranationalem Recht im Gesellschaftsrecht symbolisiert.[1175]

Wiederum andere zweifeln wegen des Effet-Utile-Grundsatzes an der Unterscheidung zwischen Zuzugs- und Wegzugsfragen.[1176] Diese Auslegungsmaxime

---

1166 So *Zimmer/Naendrup*, NJW 2009, 545 (546); *Frobenius*, DStR 2009, 487 (488); *Mörsdorf*, EuZW 2009, 97 (98 f.); *Grohmann/Gruschinske*, EuZW 2008, 463 (464); *Behme/Nohlen*, NZG 2008, 496 (497); idS auch *Werner*, GmbHR 2009, 191 (193).

1167 Bspw. *Haar*, GPR 2010, 187; *Otte*, EWS 2009, 31 (39).

1168 *Richter*, IStR 2008, 719 (721); *Kobelt*, GmbHR 2009, 808 (809); *Sethe/Winzer*, WM 2009, 536 (538); *Saenger*, FS P+P Pöllath+Partners 2008, 295 (305).

1169 *Behme/Nohlen*, BB 2009, 11 (13).

1170 *Richter*, IStR 2008, 719 (721); so bereits früher *Zimmer*, NJW 2003, 3585 (3592); zumindest gleichstark für *Ratka/Rauter*, WBL 2009, 62 (63).

1171 *Ringe*, ZIP 2008, 1067 (1073); *Barthel*, EWS 2010, 316 (319).

1172 *Kobelt*, GmbHR 2009, 808 (809); *Teichmann*, ZIP 2009, 393 (396).

1173 *Ringe*, ZIP 2008, 1067 (1073); *Mörsdorf*, EuZW 2009, 97 (99).

1174 *Braun*, Wegzugsfreiheit, S. 114; *Herrler*, DNotZ 2009, 484 (486 f.); *Mörsdorf*, EuZW 2009, 97 (99); auf die Probleme hinweisend *Teichmann*, ZIP 2009, 393 (398).

1175 *Frenz*, HB EuR, Bd. 1: Grundfreiheiten, Rn. 2532; kritisch *Forsthoff* in: Grabitz/Hilf/Nettesheim, Recht der EU, Art. 54 AEUV, Rn. 2.

1176 *Behme/Nohlen*, NZG 2008, 496 (497); *dies.*, BB 2009, 11 (13); *Knop*, DZWiR 2009, 147 (150); *Brakalova*/Barth, DB 2009, 213 (215); *Wall* in: Hausmann/Odersky, Int. PrivR, § 18, Rn. 168 plädiert daher für eine EU-Kollisionsnorm iRv Art. 49, 54 AEUV.

des EuGH besagt, dass jede EU-Norm praktisch wirksam und ihren Sinn voll entfaltend angewendet werden soll, damit sie ihren maximalen Nutzen im Hinblick auf die europäische Integration erreicht.[1177] Bei der Auslegung muss jedoch das Vertragsziel beachtet werden. Der heutige Art. 54 AEUV sollte den Mitgliedstaaten schon immer einen großen Freiraum bei der Anknüpfung einräumen, weshalb die Frage nach der Existenz einer Gesellschaft als Vorfrage kategorisiert werden darf und somit eine Unterscheidung zwischen Zuzugs- und Wegzugskonstellationen mit dem Effet-Utile-Prinzip harmoniert.[1178] Zusätzlich wendet Barthel ein, dass sofern der Anwendungsbereich der Grundfreiheiten gar nicht eröffnet ist, eine Regel auch nicht gegen die Maxime des Effet-Utile verstoßen kann.[1179] Außerdem kann eine solche Auslegung durch das Prinzip der begrenzten Einzelermächtigung nach Art. 5 Abs. 1, 2 EUV begrenzt sein.[1180] So muss ein möglichst schonender Ausgleich zwischen voller Wirksamkeit einer europäischen Norm und den Kompetenzen der Mitgliedstaaten geschaffen werden.[1181]

Zwar verweisen einige Autoren auf die zuvor ergangene liberale Rechtsprechung zur Mobilität von Gesellschaften.[1182] Eine Änderung der Rechtsprechungslinie ist allerdings nicht zu verzeichnen.[1183] Dafür hätte der Gerichtshof sich in den Urteilen expressis verbis von Daily Mail distanzieren müssen.[1184] Jedoch bestätigte er Daily Mail explizit.[1185]

Der oft als Leitlinie für Cartesio aufgeführte Fall Sevic unterschied nicht zwischen der Hinein- und Hinausverschmelzung, sodass der Großteil der Literatur daraus ein Recht auf Herausverschmelzung ablas.[1186] Er betraf aber de facto nur eine Zuzugskonstellation,[1187] zumal der EuGH in dem Urteil ebenso wenig die Entscheidung Daily Mail anführte und eine Sitzverlegung unter Beibehaltung des Personalstatuts sich von einer Verschmelzung unter Änderung des gleichen

---

1177 *Bergmann*, HL EU, Effet Utile; *Potacs*, EuR 2009, 465 (467 ff.); *Streinz*, EuR, Rn. 461; *Hakenberg*, EuR, Rn. 232; *Herdegen*, EuR, § 10, Rn. 35.

1178 *Michalski/Funke* in: Michalski, GmbHG, 2. Auflage 2010, Bd. 1, § 4a, Rn. 80; a.A.: *Knop*, DZWiR 2009, 147 (150).

1179 *Barthel*, EWS 2010, 316 (324).

1180 *Bergmann*, HL EU, Effet Utile; *Potacs*, EuR 2009, 465 (478).

1181 *Wieland*, NJW 2009, 1841 (1845); *Barthel*, EWS 2010, 316 (324).

1182 *Frenzel*, EWS 2009, 158 (162); *Otte*, EWS 2009, 31 (39); *Campos Nave*, BB 2009, 870 (872); *Weng*, EWS 2008, 264 (272).

1183 *Barthel*, EWS 2010, 316 (319); durchaus eine Korrektur vernimmt allerdings *Kindler* in: MüKo BGB, Bd. 12, Teil 10, Rn. 130; *ders.*, NZG 2009, 130.

1184 *Kobelt*, GmbHR 2009, 808 (809); gehofft hatte *Ringe*, ZIP 2008, 1067 (1073).

1185 *Saenger*, GesR, Rn. 853; *Wöhlert*, GWR 2009, 161; *Roth*, Vorgaben NLF, S. 24; *Paefgen*, WM 2009, 529; *Werner*, GmbHR 2009, 191 (194).

1186 *Braun*, Wegzugsfreiheit, S. 112; *Weng*, EWS 2008, 264 (269); *Frenzel*, EWS 2009, 158 (163); *Lang/Orttmann* in: Ziemons/Jaeger BeckOK GmbHG, Int. GesR, Rn. 82 f.

1187 *Kindler*, NZG 2009, 130 (132); *Schmidt-Kessel*, GPR 2009, 26 (28); *Ratka/Rauter*, WBL 2009, 62 (64); *Korom/Metzinger*, ECFR 2009, 125 (153).

unterscheidet.[1188] Die Frage nach einer Hineinverschmelzungsmöglichkeit divergiert von der Fragestellung, ob eine Gesellschaft nach nationalem Recht als existent erachtet wird.[1189]

Dagegen war De Lasteyrie du Saillant ein Wegzugssachverhalt, betraf aber wiederum nur eine natürliche Person und keine Gesellschaft.[1190] Dies ist allerdings nur ein schwaches Argument, wenn man sich die Gleichstellung von natürlichen und juristischen Personen aus Art. 54 AEUV vor Augen hält.[1191] Bei einem konvergenten Verständnis der Grundfreiheiten muss auch die Parallelwertung der Niederlassungsfreiheit natürlicher Person aus Art. 49 AEUV einbezogen werden.[1192] Auch erging zwischenzeitlich die EuGH-Entscheidung Viking, welche Wegzugsbeschränkungen von Gesellschaften thematisierte. Der Gerichtshof prüfte beschränkende Maßnahmen anhand der Verhältnismäßigkeit.[1193] Dies zeigt, dass Wegzugsbeschränkungen vom Schutzbereich der Niederlassungsfreiheit umfasst sind.[1194]

Wenn das Cadbury-Schweppes-Urteil hingegen rein künstliche Gesellschaftsgründungen von der Niederlassungsfreiheit ausnimmt, zeugt es durchaus von einer konservativeren Linie des EuGH.[1195] Diese wurde dann in Cartesio bestätigt.[1196] Alles in Allem scheinen die Unterscheidung und ihre Begründung durchaus angreifbar und aus rechtspolitischer Sicht wenig überzeugend, jedoch zumindest (mit Ausnahme des Viking-Urteils) in sich schlüssig und dann ebenso konsequent.[1197]

c) Das Recht auf formwechselnden Wegzug

„Bemerkenswert“ ist die Entscheidung Cartesio im Hinblick auf das Obiter Dictum.[1198] „Ungefragt“ äußert sich der Gerichtshof zu einem Recht auf grenzüberschreitenden Formwechsel.[1199] Die Hinausumwandlung ist vom Schutzbereich der

---

1188 *Weng*, EWS 2008, 264 (269); *Barthel*, EWS 2010, 316 (325).

1189 *Brakalova/Barth*, DB 2009, 213 (214); *Kohler/Knapp*, ZEuP 2010, 620 (630); a.A.: *Knop*, DZWiR 2009, 147 (150 f.).

1190 *Barthel*, EWS 2010, 316 (319); *Grohmann/Gruschinske*, GmbHR 2008, 27 (30); näheres zu De Lasteyrie du Saillant s. unten unter VII., 3., d).

1191 *Wilhelmi*, JZ 2009, 409 (411); *Otte*, EWS 2009, 31 (39).

1192 *Braun*, Wegzugsfreiheit, S. 114.

1193 EuGH, Urt. v. 11.12.2007, Rs. C438/05, ECLI:EU:C:2007:772, Rn. 69, 75 ff. – Viking.

1194 *Ringe*, ZIP 2008, 1067 (1073).

1195 *Kindler* in: MüKo BGB, Bd. 12, Teil 10, Rn. 128; *ders.*, IPRax 2009, 189 (190 f.).

1196 *Korom/Metzinger*, ECFR 2009, 125 (125, 152); *Cains*, ERPL 2010, 569 (577).

1197 *Bayer/Schmidt*, BB 2010, 387 (391); *Sethe/Winzer*, WM 2009, 536 (538).

1198 *Grundmann*, EU-GesR, § 22, Rn. 788; *Kobelt*, GmbHR 2009, 808 (812).

1199 So *Kindler*, NZG 2009, 130 (131) in Bezug auf die Passagen aus EuGH, Urt. v. 16.12.2008, Rs. C-210/06, ECLI:EU:C:2008:723, Rn. 111 ff. – Cartesio.

Niederlassungsfreiheit umfasst, sofern der Zielstaat diese akzeptiert.[1200] Dies überrascht vor dem Hintergrund, dass man bisher die Verwaltungssitzverlegung als Minus zum Rechtsformwechsel verstanden hat.[1201] Die Möglichkeit eines grenzüberschreitenden Formwechsels ist das „eigentlich Neue“ oder „Wichtige“ an der Entscheidung,[1202] auch wenn Obiter Dicta grundsätzlich unverbindlich sind.[1203]

Unbenommen bleibt dabei aber eine Rechtfertigung etwaiger Beschränkungen der Mitgliedstaaten nach zwingenden Gründen des Allgemeinwohls unter Wahrung der Verhältnismäßigkeit.[1204] Die Ultima Ratio einer Auflösung und Liquidation der Gesellschaft als Sanktion für einen Formwechsel ist jedoch in jedem Fall unverhältnismäßig.[1205] Wann und unter welchen Voraussetzungen der Formwechsel hinaus durch den Wegzugsstaat beschränkbar ist erklärt der Gerichtshof allerdings nicht.[1206]

Die Unterscheidung zwischen der Sitzverlegung und dem Formwechsel wird häufig kritisiert.[1207] Bspw. könne nicht anhand der rechtlichen Rahmenbedingungen einer grenzüberschreitenden Gesellschaftsbewegung unterschieden werden, ob der Schutz der Niederlassungsfreiheit gewährt wird.[1208] Eine argumentative Auseinandersetzung mit dem formwechselnden Wegzug vermisst deshalb auch insbesondere Frenzel.[1209] Einige erklären sich die das Urteil nicht tragenden Aussagen des Gerichtshofs vor dem Hintergrund der eingestellten Sitzverlegungs-Richtlinie.[1210] Wiederum andere meinen, der EuGH habe nur nach einem Ausweg für die grenzüberschreitende Sitzverlegung im Wegzugsfall gesucht.[1211]

1200 *Wicke*, GPR 2010, 238 (240); *Sethe/Winzer*, WM 2009, 536 (539); *Frenzel*, EWS 2009, 158 (164); *Drygala/Staake/Szalai*, KapGesR, § 2, Rn. 37.

1201 *Zimmer/Naendrup*, NJW 2009, 545 (547); *Frobenius*, DStR 2009, 487 (488).

1202 *Habersack/Verse*, EU-GesR, § 3, Rn. 21, 4. Auflage 2011; *Grundmann*, EU-GesR, § 22, Rn. 788; *Leible* in: Michalski/Heidinger/Leible/Schmidt, GmbHG, Bd. 1, sys. Darst. 2 – Int. GesR, Rn. 36.

1203 *Kindler*, IPRax 2009, 189 (192); *Detterbeck*, Streitgegenstand, S. 598; s. zur dt. Rechtsauffassung *Kanzler*, DStR 2013, 1505; *Rübenstahl/Zinser*, NJW 2011, 2481 (2484).

1204 *Herrler*, DNotZ 2009, 484 (488); *Bayer/Schmidt*, BB 2010, 387 (391).

1205 *Grohmann*, DZWiR 2009, 322 (328); *Paefgen*, WM 2009, 529 (532); *Haar*, GPR 2010, 187 (188); *Teichmann*, ZIP 2009, 393 (402); *ders.*, ZGR 2011, 639 (687).

1206 *Leible/Hoffmann*, BB 2009, 58 (60); *Herrler*, DNotZ 2009, 484 (488); *Bayer/Schmidt*, BB 2010, 387 (391).

1207 Etwa *Braun*, Wegzugsfreiheit, S. 112: Die Unterscheidung zwischen Formwechsel und Verwaltungssitzverlegung ist „inkonsequent“/„willkürlich“/„nicht dogmatisch gedacht“.

1208 *Behme/Nohlen*, BB 2009, 11 (13).

1209 *Frenzel*, EWS 2009, 158 (163); ebenso *Frobenius*, DStR 2009, 487 (489).

1210 *Kobelt*, GmbHR 2009, 808 (812); *Kindler*, IPRax 2009, 189 (191); *ders.*, NZG 2009, 130 (131); *Leible/Hoffmann*, BB 2009, 58 (60).

1211 *Frenzel*, EWS 2009, 158 (163); *Teichmann*, ZIP 2009, 393 (401); der EuGH sucht einen Weg „ein definitives Einmauern zu vermeiden“, so *Däubler/Heuschmid*, NZG 2009, 493 (494); *Haar*, GPR 2010, 187.

Die Gegenströmung attestiert der Unterscheidung hingegen, zu einem schlüssigen Gesamtsystem beizutragen.[1212] Sofern eine Gesellschaft ihr altes Rechtskleid vollends abstreife, der Aufnahmestaat sie aber als Gesellschaft ihrer Rechtsordnung akzeptiere, seien alle Verbindungen zum ursprünglichen Gründungsstaat gekappt und der Zweitstaat bestimme über die Existenz der juristischen Person.[1213] Somit hat die Gesellschaft dank des Zuzugsstaates[1214] eine Realität jenseits der Gründungsrechtsordnung.[1215] Als Folge dessen entscheidet der Wegzugsstaat also über die Möglichkeit eines formwahrenden Wegzugs der Gesellschaft und der Zuzugsstaat über die Option eines formwechselnden Wegzugs eben dieser.[1216] Bei der grenzüberschreitenden Umwandlung wird die grundsätzlich mitgliedstaatlich autonome Vorfrage nach der Existenz der Gesellschaft also den Mitgliedstaaten doch wieder entzogen.[1217] Nach Barthel ist dies darauf zurückzuführen, dass die Regelungsautonomie der Mitgliedstaaten gegenüber ihren eigenen Gesellschaften („Kreationsbefugnis") bedeutsamer ist als die Regelungsautonomie der Aufnahmestaaten gegenüber fremden Gesellschaften.[1218]

Gleichwohl bleibt fraglich, wie die Urteilspassage „soweit dies (eine Umwandlung) nach diesem Recht möglich ist", zu verstehen ist.[1219] Auch wenn der grenzüberschreitende Formwechsel von der Erlaubnis des Zuzugsstaats abhängig ist, muss dieser wohl bestimmte Voraussetzungen für eine transnationale Umwandlung schaffen.[1220] In Anlehnung an die Sevic-Entscheidung muss ein grenzüberschreitender Formwechsel vermutlich erlaubt werden, wenn ein innerstaatlicher möglich ist.[1221] Aus Sicht der Mobilität von Gesellschaften ist die Entscheidung Cartesio in dieser Hinsicht sehr zu begrüßen, weil die Gesellschaft folglich trotz Grenzübertritts ihre Identität wahren und somit Zeit und Kosten sparen kann.[1222]

1212 *Grundmann*, EU-GesR, § 22, Rn. 789; *Wilhelmi*, JZ 2009, 409 (412): „konsequent".

1213 *Roth*, Vorgaben NLF, S. 15; *Zimmer/Naendrup*, NJW 2009, 545 (547).

1214 In Anlehnung an das Urteil Daily Mail.

1215 *Kobelt*, GmbHR 2009, 808 (812); nach *Wilhelmi*, JZ 2009, 409 (412) liegt eine Gesellschaft nach dem Zuzugstaatsrecht vor; ähnlich *Herrler*, DNotZ 2009, 484 (488).

1216 *Barthel*, EWS 2010, 316 (318); *Grundmann*, EU-GesR, § 22, Rn. 790.

1217 *Knof/Mock*, ZIP 2009, 24 (32); *Grohmann*, DZWiR 2009, 322 (328); *Mörsdorf*, EuZW 2009, 97 (100); *Herrler*, DNotZ 2009, 484 (488).

1218 *Barthel*, EWS 2010, 316 (320).

1219 EuGH, Urt. v. 16.12.2008, Rs. C-210/06, ECLI:EU:C:2008:723, Rn. 112 – Cartesio.

1220 *Schmidt-Kessel*, GPR 2009, 26 (29); die Regeln müssten zumindest dem Gebhard-Test standhalten, so *Korom/Metzinger*, ECFR 2009, 125 (155).

1221 *Teichmann*, ZIP 2009, 393 (402); *Mörsdorf*, EuZW 2009, 97 (100); *Grundmann*, EU-GesR, § 22, Rn. 790; *Wicke*, GPR 2010, 238 (240); *Frobenius*, DStR 2009, 487 (490 f.); *Zimmer/Naendrup*, NJW 2009, 545 (548); *Habersack/Verse*, EU-GesR, § 3, Rn. 21, 4. Auflage 2011.

1222 *Mörsdorf*, EuZW 2009, 97 (100).

Sie stellt in diesem Fall eine Weiterentwicklung zu Daily Mail dar.[1223] Geschützt ist zwar nicht die rechtsformwahrende, aber die identitätswahrende Sitzverlegung.[1224]

d) Die Gleichstellung von natürlichen und juristischen Personen

An der Wortwahl in der Literatur erkennt man bereits eine sprachliche Annäherung von Gesellschaften und Individuen, wenn von „umziehenden", „an der Grenze erschlagenen", oder mit der „Todesstrafe" belegten Unternehmen die Rede ist.[1225] Der EuGH bemüht in seiner Urteilsbegründung selbst einen Vergleich zwischen natürlichen und juristischen Personen: Die Frage, ob eine Gesellschaft sich auf die Niederlassungsfreiheit berufen kann sei genauso eine Vorfrage des nationalen Rechts, wie die Frage nach der Staatsangehörigkeit eines Menschen.[1226] In der Literatur werden diese Ausführungen als „unglücklich", „irreführend" oder gar „rätselhaft" angesehen.[1227] Durch den EuGH-Vergleich entspricht, im Wegzugsfall, der Entzug der Rechtspersönlichkeit einer Gesellschaft dem Verlust der Staatsangehörigkeit einer natürlichen Person.[1228] Ein EU-Bürger verliert die Staatsangehörigkeit seines Heimatlandes allerdings nicht, sofern er einen neuen Wohnsitz in einem anderen Mitgliedstaat begründet – also wegzieht.[1229]

Für Paefgen hinkt der Vergleich zur Staatsbürgerschaft, weil für natürliche Personen im Wegzugsfall ein Pass aus irgendeinem einem beliebigen Mitgliedstaat ausreichend ist.[1230] Deshalb hätte seines Erachtens auch die Entscheidung De Lasteyrie du Saillant[1231], welche die Wegzugsfreiheit von natürlichen Personen statuiert, auf Gesellschaften übertragen werden müssen.[1232] Andere erachten dieses Urteil nicht als maßgeblich, entweder weil es einen steuerrechtlichen Sachverhalt[1233] oder aber nur natürliche Personen betrifft.[1234] Der Gerichtshof schenkte der Entscheidung im Urteil Cartesio keinerlei Beachtung.[1235]

1223 *Haar*, GPR 2010, 187 (188); *Bayer/Schmidt*, BB 2010, 387 (391): „keineswegs Rückschlag"; *Leible/Hoffmann*, BB 2009, 58 (63): „beachtlicher Fortschritt".

1224 *Schmidt-Kessel*, GPR 2009, 26 (29); *Kobelt*, GmbHR 2009, 808 (812).

1225 So *Teichmann*, FS Hommelhoff 2012, 1213 (1214); so nutzen etwa *Pießkalla*, EuZW 2009, 75 (82) und *Zimmer/Naendrup*, NJW 2009, 545 (547) letzteren Ausdruck.

1226 EuGH, Urt. v. 16.12.2008, Rs. C-210/06, ECLI:EU:C:2008:723, Rn. 109 – Cartesio.

1227 In dieser Reihenfolge: *Sethe/Winzer*, WM 2009, 536 (538); *Barthel*, EWS 2010, 316 (323); *Teichmann*, ZIP 2009, 393 (396).

1228 *Leible/Hoffmann*, BB 2009, 58 (59); *Zimmer/Naendrup*, NJW 2009, 545 (546).

1229 *Richter*, IStR 2008, 719 (723); *Otte*, EWS 2009, 31 (39).

1230 *Paefgen*, WM 2009, 529 (533).

1231 EuGH, Urt. v. 11.03.2004, Rs. C-9/02, ECLI:EU:C:2004:138 – De Lasteyrie du Saillant.

1232 *Paefgen*, WM 2009, 529 (534); ihm beipflichtend *Leible/Hoffmann*, BB 2009, 58 (60); *Behme/Nohlen*, NZG 2008, 496 (497); *Campos Nave*, BB 2009, 870 (871).

1233 *Müller-Graff*, FS Hellwig 2010, 251 (265); *Zimmer/Naendrup*, NJW 2009, 545 (547).

1234 *Barthel*, EWS 2010, 316 (319); *Grohmann/Gruschinske*, GmbHR 2008, 27 (30).

1235 *Leible/Hoffmann*, BB 2009, 58 (60); *Grohmann*, DZWiR 2009, 322 (328); *Braun*, Wegzugsfreiheit, S. 112.

Den Kritikern ist zuzugestehen, dass es einen erheblichen Unterschied zwischen natürlichen und juristischen Personen gibt.[1236] Eine natürliche Person existiert mit dem tatsächlichen Ereignis der Geburt, wohingegen eine Gesellschaft neben dem tatsächlichen Ereignis der Gründung das rechtliche Element der Gründungsvoraussetzungen nach nationalen Vorschriften (iSd Gründungstheorie) erfüllen muss.[1237] Deshalb vergleichen einige Autoren nicht die Staatsangehörigkeit, sondern die Existenz von natürlichen und juristischen Personen miteinander.[1238] Die Staatsangehörigkeit zeugt jedoch vom Bestehen einer rechtlichen Bindung des Staates zu seinen Bürgern, weshalb dieser die Personalhoheit über die Menschen ausüben darf und diese im Gegenzug Rechte erhalten.[1239] Die Erteilung der Staatsangehörigkeit kann an verschiedene Merkmale geknüpft werden, ebenso wie die wirksame Entstehung einer Gesellschaft, weshalb beide Vorfragen nach nationalem Recht darstellen und somit wieder vergleichbar sind.[1240]

Dies zeigt auch der kongruente Prüfungsaufbau, welcher im ersten Schritt die Frage nach der rechtlichen Zugehörigkeit zu einem Mitgliedstaat betrifft (bei natürlichen Personen nach der Staatsangehörigkeit und bei juristischen Personen nach der Gründungsrechtsordnung) und im zweiten Schritt die Prüfung der tatsächlichen Niederlassung in einem Mitgliedstaat (bei natürlichen Personen nach dem Wohnsitz und bei juristischen Personen nach dem Sitz der Gesellschaft).[1241] Dann ist die Konsequenz aber wiederum ein strikter Gleichlauf von Art. 49 und 54 AEUV.[1242] Dieser ist zwar an Bedingungen geknüpft, jedoch ist die Vorfrage nach nationalem Recht einer Überprüfung durch die Niederlassungsfreiheit nicht entzogen.[1243] Bspw. würde eine nationale Gründungsvoraussetzung einen Verstoß gegen die Niederlassungsfreiheit begründen, wenn zwingend einer der Gründer Staatsbürger des Gründungsstaates sein müsste.[1244]

Unterstützt wird diese These durch die ähnlich lautenden Formulierungen in Daily Mail und De Lasteyrie du Saillant: Es wird nicht nur die Inländerbehandlung im Aufnahmestaat sichergestellt, sondern es werden auch Beschränkungen durch

---

1236 *Weng*, EWS 2008, 264 (270); *Cains*, ERPL 2010, 569 (571).

1237 *Barthel*, EWS 2010, 316 (323); *Sethe/Winzer*, WM 2009, 536 (538); *Frenzel*, EWS 2009, 158 (161); *Leible/Hoffmann*, BB 2009, 58 (59).

1238 *Zimmer/Naendrup*, NJW 2009, 545 (546 f.); *Sethe/Winzer*, WM 2009, 536 (538); *Barthel*, EWS 2010, 316 (323).

1239 *Frenzel*, EWS 2009, 158 (161); allgemein dazu *Niesten-Dietrich*, ZAR 2012, 85 (87).

1240 *Frenzel*, EWS 2009, 158 (161).

1241 *Teichmann*, FS Hommelhoff 2012, 1213 (1217).

1242 *Wilhelmi*, JZ 2009, 409 (411); *Otte*, EWS 2009, 31 (39); *Müller-Graff* in: Streinz, EUV/AEUV, Art. 54 AEUV, Rn. 17.

1243 *Weng*, EWS 2008, 264 (270); *Müller-Graff*, FS Hellwig 2010, 251 (259); *Forsthoff* in: Grabitz/Hilf/Nettesheim, Recht der EU, Art. 54 AEUV, Rn. 19.

1244 *Teichmann*, ZGR 2011, 639 (661 f.); *ders.*, ZIP 2009, 393 (399).

den Aufnahmestaat verboten, „...denn die Freiheit wäre sonst sinnentleert".[1245] Die Literatur hat die systematische Verbindung von Art. 49 und 54 AEUV zu wenig beachtet – dabei ist sie kein rechtsdogmatischer „Betriebsunfall", sondern eine rationale Analogie, welche für das Verständnis der Niederlassungsfreiheit ergiebig sein kann.[1246]

e) Bereichsausnahme und mitgliedstaatliche Autonomie

Es wurde bereits erläutert, dass es sich bei der Frage nach der Gründung einer Gesellschaft iSv Art. 54 AEUV um eine Vorfrage nach dem nationalen Recht handelt.[1247] Die Mitgliedstaaten sind autonom bei der Aufstellung ihrer dazugehörigen Anforderungen.[1248] Viele Autoren sind jedoch der Meinung, dass dieser Umstand keine Bereichsausnahme rechtfertigt.[1249] Insbesondere die pauschale Entziehung jeglicher Gründungsvoraussetzungen aus dem Anwendungsbereich der Niederlassungsfreiheit wird kritisiert.[1250] Die stärkere Beeinträchtigung der Gläubiger und Arbeitnehmer im Falle eines Wegzugs erzwingen nicht unbedingt eine Bereichsausnahme.[1251]

Andererseits wird nahezu einhellig angenommen, dass es Besonderheiten gibt, welche bei Gesellschaften zu beachten sind.[1252] Diese Unterschiede können aber auf Rechtfertigungsebene berücksichtigt werden und bedürfen keiner Bereichsausnahme.[1253] Barthel ist jedoch der Meinung, dass allein schon die Wahrung der mitgliedstaatlichen Regelungsautonomie für sich gesehen gegen diese Annahme spricht: Eine Rechtsposition wird durch das nationale Recht zugesprochen; „was (jedoch) durch die anwendbare Rechtsordnung nicht gewährt wird, kann auch nicht beschränkt werden".[1254] Die Annahme einer Bereichsausnahme entzieht der Niederlassungsfreiheit einen Sachverhalt in Gänze, während der Gerichtshof

---

1245 EuGH, Urt. v. 27.09.1988, Rs. 81/87, ECLI:EU:C:1988:456, Rn. 16 – Daily Mail; EuGH, Urt. v. 11.03.2004, Rs. C-9/02, ECLI:EU:C:2004:138, Rn. 42 – De Lasteyrie du Saillant; der letzte Passus findet sich aber nur in Daily Mail wieder.

1246 *Teichmann*, FS Hommelhoff 2012, 1213 (1214).

1247 *Tietje* in: Ehlers, EU-Grundrechte und –freiheiten, § 10, Rn. 70; *Knop*, DZWiR 2009, 147 (149 f.); *Leible/Hoffmann*, BB 2009, 58 (59).

1248 *Kindler* in: MüKo BGB, Bd. 12, Teil 10, Rn. 131.

1249 *Forsthoff* in: Grabitz/Hilf/Nettesheim, Recht der EU, Art. 54 AEUV, Rn. 46; *Ringe*, ZIP 2008, 1067 (1074); *Müller-Graff*, FS Hellwig 2010, 251 (265).

1250 *Müller-Graff*, FS Hellwig 2010, 251 (265); *Däubler/Heuschmid*, NZG 2009, 493 (495); *Campos Nave*, BB 2008, 1410 (1412 f.).

1251 *Barthel*, EWS 2010, 316 (320); *Leible/Hoffmann*, BB 2009, 58 (59).

1252 *Zimmer/Naendrup*, NJW 2009, 545 (546 f.); *Weng*, EWS 2008, 264 (270).

1253 *Teichmann*, ZIP 2009, 393 (400); *Müller-Graff* in: Streinz, EUV/AEUV, Art. 54 AEUV, Rn. 17; *Schall*, FS Meilicke 2010, 651 (660).

1254 *Barthel*, EWS 2010, 316 (321).

bestimmte Regeln des Wegzugs wiederum doch an der Niederlassungsfreiheit messen möchte.[1255]

In diesem Fall wohnt der Cartesio-Entscheidung deshalb ein Logik- Widerspruch inne. So soll laut Cartesio die Herausumwandlung als Teilbereich der sog. Wegzugsfreiheit dem Schutzbereich der Niederlassungsfreiheit unterliegen, was gewissermaßen gegen eine grundsätzliche Bereichsausnahme im Wegzugsfall spricht.[1256] Der EuGH spricht dabei explizit keine Freistellung von nationalem gegenüber EU-Recht aus.[1257] Laut Frenzel bewirkt das Urteil Cartesio aber genau diese nicht gewollte Immunität.[1258] Dieser Widerspruch wird vertieft, wenn man sich eine Passage aus Daily Mail vor Augen führt, welche besagt, dass auch der Herkunftsstaat die Auswanderung nicht verbieten kann.[1259] Diese Gegensätzlichkeit wird aufgelöst, wenn man zwar die mitgliedstaatliche Autonomie beim Kollisionsrecht akzeptiert, eine absolute Beschränkungsmöglichkeit des Wegzugs aber nicht erlaubt: Wenn nunmehr die statuswahrende Sitzverlegung nicht, hingegen der formwechselnde Wegzug einen Teil des Schutzbereichs darstellt, dann führt Cartesio diese Wertungen aus Daily Mail systematisch zusammen.[1260]

Ein anderer Ansatz wäre, nicht alle Regeln des Wegzugs unter die Bereichsausnahme zu fassen, wobei sich dann wiederum die Frage nach der Reichweite stellen würde.[1261] Inwiefern dann ein Formwechsel einfacher zu rechtfertigen wäre als eine Verwaltungssitzverlegung heraus, erscheint strittig, weil bei einer Umwandlung Ansprüche verloren gehen oder schwieriger zu realisieren sein könnten, Schutzinteressen der Gläubiger also schwerwiegender betroffen wären.[1262] Andererseits könnte man den Widerspruch zu De Lasteyrie und in Cartesio selbst umgehen, wenn alle anderen Regeln außer der Entziehung der Staatsangehörigkeit, d.h. Auflösung der Gesellschaft bei Wegzug, an der Niederlassungsfreiheit zu messen wären.[1263]

1255 *Ders.*, EWS 2010, 316 (327) betont hier eine gewisse „Widersprüchlichkeit" im Prüfungsaufbau des EuGH; *Mörsdorf*, EuZW 2009, 97 (99).

1256 *Schall*, FS Meilicke 2010, 651 (660); *Knof/Mock*, ZIP 2009, 24 (32); *Ratka/Rauter*, WBL 2009, 62 (64); *Korom/Metzinger*, ECFR 2009, 125 (154).

1257 EuGH, Urt. v. 16.12.2008, Rs. C-210/06, ECLI:EU:C:2008:723, Rn. 112 – Cartesio.

1258 *Frenzel*, EWS 2009, 158 (160).

1259 EuGH, Urt. v. 27.09.1988, Rs. 81/87, ECLI:EU:C:1988:456, Rn. 16 – Daily Mail.

1260 *Paefgen*, WM 2009, 529 (532); *Weng*, EWS 2008, 264 (268).

1261 Fraglich bei *Barthel*, EWS 2010, 316 (327); *Wilhelmi* würde Regeln des Steuerrechts ausnehmen, JZ 2009, 409 (413); für *Tiedje* ist die Grenze bei der Negierung der Niederlassungsfreiheit durch den Wegzugsstaat erreicht in: v.d. Groeben/Schwarze/Hatje, EuR, Art. 54 AEUV, Rn. 46; für Verschmelzungen *Leible/Hoffmann*, RIW 2006, 161 (164).

1262 *Mörsdorf*, EuZW 2009, 97 (99 f.).

1263 *Grundmann*, EU-GesR, § 22, Rn. 799.

Zu relativieren sind die Aussagen Kindlers, welcher das nationale Kollisionsrecht der Mitgliedstaaten erneut als „niederlassungsfreiheitsresistent" einstuft.[1264] Diese Notwendigkeit sieht auch Barthel, welcher indessen die Regelungsautonomie der Mitgliedstaaten als zentrales Argument für eine Bereichsausnahme anführt.[1265] Zwar ist die Frage der Gründung einer Gesellschaft eindeutig nach nationalem Recht zu bestimmen, jedoch ist aus den Golden-Shares-Fällen bekannt, dass auch die nach Art. 345 AEUV von den EU-Verträgen grundsätzlich unberührte nationale Eigentumsordnung der Mitgliedstaaten nicht gegen die Grundfreiheiten verstoßen darf.[1266] Das Spannungsverhältnis zwischen Internationalem Gesellschafts- und Europarecht darf nicht dazu führen, dass das EU-Recht unberücksichtigt bleibt.[1267] Eine Überformung des mitgliedstaatlichen Rechts durch die Grundfreiheiten kann heute nicht mehr geleugnet werden.[1268] Dafür spricht auch die grundsätzlich weite Interpretation des Schutzbereichs der Niederlassungsfreiheit.[1269] Jedenfalls endet die Autonomie der Mitgliedstaaten im Falle eines Wegzugs dort, wo die Gesellschaft – bildlich gesprochen – bereit ist ihr altes Rechtskleid abzustreifen und ein neues in den Farben des Zuzugsstaats anzuziehen.[1270] Ferner können die Mitgliedstaaten mit ihren Gesellschaften auch im Falle des Wegzugs „keinesfalls tun und lassen, was sie wollen".[1271]

f) Auslegung am Wortlaut des Art. 54 AEUV und Relativierung

Der Wortlautauslegung wird bei der Analyse von Europarecht ein geringeres Gewicht beigemessen als im nationalen Recht, da die Rechtsquellen in verschiedenen Sprachen aufgeführt sind.[1272] Trotzdem kann der Wortlaut, unter

---

1264 *Kindler*, IPRax 2009, 189 (191); *ders.*, NZG 2009, 130 (132); *ders.* in: MüKo BGB, Int. HandelsR/GesR, Rn. 131, zuvor bereits *ders.*, NJW 1999, 1993 (1997).

1265 *Barthel*, EWS 2010, 316 (328, 330).

1266 *Pießkalla*, EuZW 2009, 75 (82); zu den „Golden Shares" s. insb. *Stöber*, NZG 2010, 977 ff.; *Wernicke* in: Grabitz/ Hilf/Nettesheim, Recht der EU, Art. 345 AEUV, Rn. 20.

1267 *Tietje* in: Ehlers, EU-Grundrechte und -freiheiten, § 10, Rn. 70; *Teichmann*, ZIP 2009, 393 (397).

1268 *Grohmann*, DZWiR 2009, 322 (326); *ders./Gruschinske*, GmbHR 2008, 27 (19); *Thym*, EuR 2015, 671 (682); am Bsp. v. Art. 19 III GG *Huber*, EuR 2013, 637 (642).

1269 *Schall*, FS Meilicke 2010, 651 (660); *Ehlers* in: Ehlers, EU-Grundrechte und -freiheiten, § 7, Rn. 74.

1270 *Herrler*, DNotZ 2009, 484 (492).

1271 *Teichmann*, FS Hommelhoff 2012, 1213 (1222) in Anlehnung an EuGH, Urt. v. 02.03.2010, Rs. C-135/08, ECLI:EU:C:2010:104, Rn. 55, 59 – Rottmann; in diesem Fall konnte einer natürlichen Person die Staatsangehörigkeit, trotz Begehung eines Betrugs bei der Einbürgerung, nur unter Wahrung der Verhältnismäßigkeit entzogen werden, d.h. mit Beachtung der Auswirkungen auf die jeweilige Person.

1272 *Barthel*, EWS 2010, 316 (321), m. Verw. auf Fn. 81; zur kargen Relevanz der Wortlautauslegung im EU-Recht *Düsing/Hase* in: Dombert/Witt, MAH Agrarrecht, § 26, Rn. 73; *Weiler*, ZEuP 2010, 861 (869 f.); *Langenbucher* in: Langenbucher, EU-PrivatR, § 1, Rn. 6.

Berücksichtigung der verschiedenen Sprachfassungen, Hinweise für eine richtige Auslegung bieten.[1273] In dreifacher Hinsicht interessant ist der Wortlaut des Art. 54 AEUV. Zunächst stellt er die „Gesellschaften, ...den natürlichen Personen gleich". Somit müssten nach dem Wortlaut alle Rechte des Art. 49 AEUV auch für Gesellschaften gelten.[1274] Für natürliche Personen gilt anerkanntermaßen eine Wegzugs- und Zuzugsfreiheit,[1275] auch wenn der Wortlaut des Art. 49 AEUV eher an Zuzugsbeschränkungen angelehnt ist.[1276]

Weiterhin müssen die Gesellschaften iSv Art. 54 AEUV „ihren satzungsmäßigen Sitz, ihre Hauptverwaltung oder ihre Hauptniederlassung innerhalb der Union haben". Der EuGH entnimmt dieser Wendung, dass es Unterschiede in den nationalen Gesellschaftsrechten der Mitgliedstaaten gibt und diese durch die aufgeführten Verknüpfungsmöglichkeiten von den Verträgen geachtet werden.[1277] Deshalb bestehe ein autonomer Bereich für die Mitgliedstaaten im Falle eines Wegzugs.[1278] Die verschiedenen Sitzarten sollen dagegen nur eine territoriale Verbindung zur EU sicherstellen, damit sie in den Genuss der Niederlassungsfreiheit kommen und Gesellschaften aus Drittstaaten von der Anwendung ausschließen.[1279] Natürliche Personen müssen auch Staatsbürger eines Mitgliedstaates und somit Unionsbürger sein, um sich auf die Grundfreiheiten berufen zu können.[1280] Ein Blick auf die Entstehungsgeschichte des Art. 54 AEUV zeigt, dass viele Mitgliedstaaten entweder den Satzungs- oder den Verwaltungssitz oder beides als Anknüpfungspunkte gewählt hatten und die Aufzählung in Art. 54 AEUV nur einen möglichst weiten Anwendungsbereich sicherstellen sollte.[1281]

Für die Entscheidung Cartesio am ergiebigsten scheint die Formulierung, dass die Gesellschaften „nach den Rechtsvorschriften eines Mitgliedstaates gegründet" sein müssen. Der Wortlaut spricht also nur von der Entstehung einer Gesellschaft und nicht vom Fortbestehen.[1282] Das nationale Recht bestimmt demnach zwar

---

1273 *Kreße*, ZRP 2014, 11.

1274 *Campos Nave*, BB 2008, 1410 (1412); *Müller-Graff* in: Streinz, EUV/AEUV, Art. 54 AEUV, Rn. 13.

1275 *Forsthoff* in: Grabitz/Hilf/Nettesheim, Recht der EU, Art. 49 AEUV, Rn. 116; *Frenz*, HB EuR, Bd. 1: Grundfreiheiten, Rn. 2132; *Frobenius*, DStR 2009, 487.

1276 *Herrler*, DNotZ 2009, 484 (486); *Forsthoff* in: Grabitz/Hilf/Nettesheim, Recht der EU, Art. 49 AEUV, Rn. 116; a.A.: *Pießkalla*, EuZW 2009, 75 (82).

1277 EuGH, Urt. v. 16.12.2008, Rs. C-210/06, ECLI:EU:C:2008:723, Rn. 105 ff. – Cartesio.

1278 *Paefgen*, WM 2009, 529 (530); *Wilhelmi*, JZ 2009, 409 (413).

1279 *Knop*, DZWiR 2009, 147 (148); *Mörsdorf*, EuZW 2009, 97 (99); *Barthel*, EWS 2010, 316 (322); *Korom/Metzinger*, ECFR 2009, 125 (149).

1280 *Korte* in: Calliess/Ruffert, EUV/AEUV, Art. 49 AEUV, Rn. 6; *Tietje* in: Ehlers, EU-Grundrechte und -freiheiten, § 10, Rn. 15.

1281 *Teichmann*, ZIP 2009, 393 (400).

1282 *Knop*, DZWiR 2009, 147 (150); so bereits *Forsthoff*, EuR 2000, 167 (174).

autonom das Niederlassungssubjekt.[1283] Für Fragen der Fortexistenz ist jedoch allein der Vertrag über die Arbeitsweise der Europäischen Union maßgeblich.[1284]

Fraglich ist, ob der Art. 54 AEUV einen eigenen autonom-europäischen Begriff der Gesellschaft eröffnet.[1285] Die Verweisung auf das Gründungsrecht soll jedenfalls nicht weiter reichen als erforderlich, wofür bereits die einheitliche Anwendung des Europarechts spricht.[1286] Dagegen nimmt Barthel an, die Gründungsvorschriften des Mitgliedstaates seien für die Anwendbarkeit der Niederlassungsfreiheit konstitutiv. Die Gründung einer Gesellschaft nach dem Recht eines Mitgliedstaates stehe von Anfang an unter der auflösenden Bedingung, dass die juristische Person nicht ins Ausland verzieht.[1287] Goette ist hingegen der Auffassung, die Autonomie der Mitgliedstaaten müsse zwingend auch für die Fortexistenz gelten, da sonst ein Recht auf Bestehen der Gesellschaft im Gewand des Gründungsstaates im Ausland entgegen dem Willen des Mitgliedstaates bestünde.[1288]

g) Anwendungsbereich des Art. 54 AEUV: Personengesellschaften

Die bisherige Rechtsprechung zur Sitzverlegung von Gesellschaften erging nahezu ausschließlich zu Kapitalgesellschaften.[1289] Mit dem Urteil Cartesio rückten auch Personengesellschaften in den Fokus des Diskurses.[1290] Die Einbeziehung von Personengesellschaften in den persönlichen Schutzbereich der Niederlassungsfreiheit ist unter drei Gesichtspunkten problematisch: Zunächst ist eine Eintragung von Personen- im Gegensatz zu Kapitalgesellschaften, mit Ausnahme etwa der haftungsbeschränkenden Kommanditistenstellung bei einer KG, nicht konstitutiv.[1291] Weiterhin hat die Personengesellschaft nur einen tatsächlichen Verwaltungs- und keinen eingetragen Satzungssitz.[1292] Zuletzt existieren zahlreiche verschiedene

---

1283 *Teichmann*, ZIP 2009, 393 (400); *Sethe/Winzer*, WM 2009, 536 (537 f.); *Forsthoff* in: Grabitz/Hilf/Nettesheim, Recht der EU, Art. 54 AEUV, Rn. 16.

1284 *Herrler*, DNotZ 2009, 484 (487); *Knof/Mock*, ZIP 2009, 24 (32) setzen den Auflösungsvorgang nach nationalem Recht eine juristische Sekunde nach dem Gebrauch der Niederlassungsfreiheit an.

1285 So *Teichmann*, ZIP 2009, 393 (399), a.A.: *Barthel*, EWS 2010, 316 (322).

1286 *Forsthoff* in: Grabitz/Hilf/Nettesheim, Recht der EU, Art. 54 AEUV, Rn. 17.

1287 *Barthel*, EWS 2010, 316 (322).

1288 *Goette*, DStR 2009, 121 (128); ebenso *Pießkalla*, EuZW 2009, 75 (82).

1289 *Frenz*, HB EuR, Bd. 1: Grundfreiheiten, Rn. 2934; *Leible/Hoffmann*, BB 2009, 58; *Saenger*, FS P+P Pöllath+Partners 2008, 295 (299).

1290 *Richter*, IStR 2008, 719 (723); *Zimmer/Naendrup*, NJW 2009, 545 (548).

1291 *Leible/Hoffmann*, BB 2009, 58 (59); *Saenger*, FS P+P Pöllath+Partners 2008, 295 (302); *Teichmann*, ZIP 2009, 393 (402).

1292 *Herrler*, DNotZ 2009, 484 (490) attestiert deshalb auch einem Auflösungsbeschluss für Personengesellschaften im Falle des Wegzugs Europarechtskonformität; ebenso *Frobenius*, DStR 2009, 487 (492); *Zimmer/Naendrup*, NJW 2009, 545 (548), wenn auch für die Autoren rechtspolitisch verfehlt; a.A.: *Saenger*, GesR, Rn. 854.

nationale Formen von Personengesellschaften, welche in der Regel nicht durch Sekundärrecht harmonisiert sind.[1293]

Allerdings hebt der EuGH die Stellung der Cartesio Kommanditgesellschaft als Personengesellschaft ungarischen Rechts nicht besonders hervor.[1294] Dies kann man damit begründen, dass eine KG eingetragen werden muss, um in den Genuss der Haftungsbeschränkung zu kommen. Leible/Hoffmann sehen die Kommanditgesellschaft als eine Art „Mischform" an und wollen sie sodann nach den Grundsätzen des Internationalen Privatrechts als Körperschaft qualifizieren.[1295] Jedoch sollte rechtsfähigen Personengesellschaften, ungeachtet einer Eintragung ins Handelsregister, der volle Schutz der Niederlassungsfreiheit zu Gute kommen. Unterschiede im Detail einzelner Personengesellschaften rechtfertigen keine anderweitige Behandlung oder Schutzlosigkeit.[1296]

Zwar spricht der Wortlaut des Art. 54 AEUV von „Gesellschaften des bürgerlichen Rechts und des Handelsrechts... und sonstigen juristischen Personen". Jedoch kann für die Definition von juristischen Personen kein nationaler Maßstab gelten. Die deutsche Formulierung ist missverständlich, weil unter europäischen Gesichtspunkten auch Personengesellschaften, welche nach deutschem Recht keine juristischen Personen sind, als Gesellschaften iSd Art. 54 AEUV einzustufen sind – mithin gilt ein weiter Gesellschaftsbegriff.[1297] Deshalb macht der Gerichtshof auch keinen Unterschied zwischen Personen- und Kapitalgesellschaften.[1298] Seit Cartesio gilt die Rechtsprechung deshalb gesichertermaßen für Personengesellschaften.[1299]

1293 *Schmidt-Kessel*, GPR 2009, 26 (29).

1294 *Teichmann*, ZIP 2009, 393 (398 f.) entnimmt dies der engl. Sprachfassung, in welcher die Cartesio KG als „company" bezeichnet wird, was aber Kapitalgesellschaft heißt.

1295 Mit Bezug zur englischen Sprachefassung *Leible/Hoffmann*, BB 2009, 58 (59); *Müller-Graff*, FS Hellwig 2010, 251 (263) entnimmt dem Urteil dagegen keine Ansatzpunkte für eine Unterscheidung, auch wenn es sich gerade um eine KG handelte.

1296 *Paefgen*, WM 2009, 529 (531); *Weng*, EWS 2008, 264 (265).

1297 *Saenger*, FS P+P Pöllath+Partners 2008, 295 (297); *Teichmann*, ZIP 2009, 393 (398 f.); *Müller-Graff* in: Streinz, EUV/AEUV, Art. 54 AEUV, Rn. 14; *Paefgen*, WM 2009, 529 (531) bezieht sich auf Personengesellschaften, welche im romanischen Rechtskreis durchaus als juristische Personen angesehen werden.

1298 *Frenz*, HB EuR, Bd. 1: Grundfreiheiten, Rn. 2934; so laut *Weng*, EWS 2008, 264 (265) auch das vorlegende ungarische Gericht, welches die Vorlagefrage offen formulierte.

1299 *Frenz*, HB EuR, Bd. 1: Grundfreiheiten, Rn. 2934; a.A: *Leible/Hoffmann*, BB 2009, 58 (59) welche die Übertragung der Rechtsprechung trotz eindeutigem Wortlaut hinterfragen.

h) Keine Harmonisierung erforderlich und dennoch gewünscht

Es scheint so, als ob das Argument eines Harmonisierungserfordernisses für den Schutz der Niederlassungsfreiheit im Wegzugsfall „nicht tot zu kriegen ist". Dies ist zurückzuführen auf das Urteil Daily Mail und den Art. 293 EGV a.F., welcher Verhandlungen über ein Abkommen der Mitgliedstaaten zur Sitzverlegung unter Beibehaltung der Rechtspersönlichkeit vorsieht.[1300] Diese Begründungserwägung wurde zwischenzeitlich ausdrücklich aufgegeben.[1301] Auch inhaltlich hatte Ex-Art. 293 EGV den Mitgliedstaaten keine exklusive Befugnis zur Regelung der Mobilität von Gesellschaften im Binnenmarkt erteilt. Mit der Streichung des Artikels im Zuge der Vertragsreform von Lissabon kann dies ohnehin nicht mehr gelten.[1302]

Aber auch ein sich nicht auf Art. 293 EGV a.F. stützender Rechtsetzungsvorbehalt ist spätestens seit der Sevic-Entscheidung abzulehnen – die Harmonisierung stellt keine Vorbedingung für die Schutzbereichseröffnung der Niederlassungsfreiheit dar.[1303] Die Mitgliedstaaten könnten ansonsten den Anwendungsbereich der Grundfreiheiten eigenmächtig bestimmen, je nachdem wie sie sekundärrechtliche Vorgaben umsetzen.[1304] Außerdem ist dem Wortlaut der Vorschrift zur Niederlassungsfreiheit eine Vorbedingung der Rechtsvereinheitlichung nicht zu entnehmen.[1305] Die Grundfreiheiten entfalten darüber hinaus nach allgemeinem Verständnis unmittelbare Wirkung in den Mitgliedstaaten.[1306]

Überraschend wiederholt der EuGH seine Aussagen aus Daily Mail in Cartesio, wonach die Unterschiede in den einzelnen nationalen Rechtsordnungen, speziell zu den Modalitäten der Sitzverlegung, Probleme darstellen, die durch die Niederlassungsfreiheit nicht gelöst sind, sondern eine Lösung durch Rechtssetzung oder Vertragsschluss benötigen.[1307] „Tot Geglaubte leben länger", und so nimmt Frenzel an, dass die „überholte Rechtssetzungsvorbehaltsthese vom EuGH wiederbelebt wird".[1308] Barthel ist der Ansicht, der Verweis auf Art. 50 AEUV sei nur ein Hilfsargument, um die Regelungsautonomie der Mitgliedstaaten bezüglich ihrer Gesellschaftsgründungen zu unterstreichen.[1309] Dagegen sind für Pießkalla die

---

1300 EuGH, Urt. v. 27.09.1988, Rs. 81/87, ECLI:EU:C:1988:456, Rn. 21 – Daily Mail.

1301 *Wilhelmi*, JZ 2009, 409 (412); *Frenzel*, EWS 2009, 158 (162); *Braun*, Wegzugsfreiheit, S. 119.

1302 *Müller-Graff*, FS Hellwig 2010, 251 (256 f.); *Wendt* in: Spahlinger/Wegen, Int. GesR, Rn. 812; zur Streichung v. Art. 293 EGV s. *Dürrschmidt*, NJW 2010, 2086 (2089).

1303 *Paefgen*, WM 2009, 529 (533); *Frenzel*, EWS 2009, 158 (162); *Weng*, EWS 2008, 264 (270); *Barthel*, EWS 2010, 316 (323); *Frobenius*, DStR 2009, 487 (489).

1304 *Herrler*, DNotZ 2009, 484 (487).

1305 *Knop*, DZWiR 2009, 147 (149).

1306 *Ders*, DZWiR 2009, 147 (149); *Ehlers* in: Ehlers, EU-Grundrechte und -freiheiten, § 7, Rn. 79; *Frenz*, HB EuR, Bd. 1: Grundfreiheiten, Rn. 92.

1307 EuGH, Urt. v. 16.12.2008, Rs. C-210/06, ECLI:EU:C:2008:723, Rn. 108 – Cartesio.

1308 *Frenzel*, EWS 2009, 158 (162).

1309 *Barthel*, EWS 2010, 316 (323).

Unterschiede in den nationalen Rechtsordnungen kein Argument, weil Staaten dadurch gezwungen würden, im Wettbewerb der Gesellschaftsrechte Vorteile ausländischer Rechtsvorschriften ebenfalls anzubieten.[1310] Welche schwerwiegenden Probleme das Gericht vor Augen hatte, wenn es den, unter Schutzaspekten harmloseren, rechtsformwahrenden Wegzug missbilligt, aber den rechtsformwechselnden erlaubt, können nur die Richter selbst beantworten.[1311]

Von diesen Ausführungen lassen sich jedoch keine Rückschlüsse auf ein praktisches Bedürfnis nach einer sekundärrechtlichen Regelung zur Sitzverlegung ziehen. Die Arbeiten an der 14. Gesellschaftsrechtlichen Richtlinie zur Sitzverlegung waren nach Kommissar McGreevy vor dem Hintergrund eingestellt worden, dass in Folge der Schlussanträge des Generalanwalts die Entscheidung Cartesio die erhofften Neuerungen hervorbringen würde.[1312] Nach der Entscheidung drängte das Europäische Parlament aber wieder vehement auf eine neue Vorlage durch die Kommission.[1313]

Im Schrifttum wurde die Einstellung überwiegend als „bedauerlich" empfunden.[1314] Eine Wiederaufnahme sei unbedingt notwendig und wünschenswert.[1315] Die Richtlinie sei keinesfalls „obsolet".[1316] Es schien sehr surreal, dass der Beweggrund für die Verwerfung der Richtlinie ein Urteil war, welches entgegen vielen Literaturstimmen ausfiel und eine Lösung des Problems gar nicht herbeiführte.[1317] Durch das erteilte Recht auf grenzüberschreitenden Formwechsel besteht hinsichtlich des Verfahrens nunmehr große Rechtsunsicherheit.[1318] Auch könnte ein gemeinsamer Schutzstandard eine Flucht ins laxere Gesellschaftsrecht vorbeugen.[1319] Die EuGH-Rechtsprechung führte zu einem „kollisionsrechtlichen Flickenteppich" voller

---

1310 *Pießkalla*, EuZW 2009, 75 (82), m. Verw. auf die GmbH-Reform in Deutschland.

1311 *Knop*, DZWiR 2009, 147 (149); bereits zuvor allgemein zur Unterscheidung von Zuzug und Wegzug unter diesem Gesichtspunkt *ders.*, Gesellschaftsstatut, S. 104 f.

1312 *Leible*, FS Roth 2011, 447 (449); *ders./Hoffmann*, BB 2009, 58 (63); *Braun*, Wegzugsfreiheit, S. 118; *Grohmann/Gruschinske*, EuZW 2008, 463 (464); *Korom/Metzinger*, ECFR 2009, 125 (127); nach *Ratka/Rauter*, WBL 2009, 62 (64) schoben der Rat und die Kommission die Sitzverlegungs-Richtlinie bereits zuvor „unnötig auf die lange Bank".

1313 *Habersack/Verse*, EU-GesR, § 3, Rn. 30, 4. Auflage 2011; *Bayer/Schmidt*, BB 2010, 387 (390); *Leible*, FS Roth 2011, 447 (449 f.); *Wicke*, GPR 2010, 238 (240 f.).

1314 *Otte*, EWS 2009, 31 (39); *Ringe*, ZIP 2008, 1067 (1074).

1315 *Haar*, GPR 2010, 187 (188); *Habersack/Verse*, EU-GesR, § 3, Rn. 30, 4. Auflage 2011; *Frenzel*, EWS 2009, 158 (160); *Korom/Metzinger*, ECFR 2009, 125 (127); *Teichmann*, ZIP 2009, 393 (404); *Mörsdorf*, EuZW 2009, 97 (102).

1316 *Kobelt*, GmbHR 2009, 808 (813).

1317 *Cains*, ERPL 2010, 569 (578); *Teichmann*, ZIP 2009, 393 (403 f.).

1318 *Zimmer/Naendrup*, NJW 2009, 545 (549 f.); *Habersack/Verse*, EU-GesR, § 3, Rn. 30, 4. Auflage 2011; *Grundmann*, EU-GesR, § 22, Rn. 800; *Bayer/Schmidt*, BB 2010, 387 (392); *Paefgen*, WM 2009, 529 (532 f.).

1319 So *Kindler*, IPRax 2009, 189 (190); ebenso *Paefgen*, WM 2009, 529 (535 f.).

Rechtsunsicherheit für die Unternehmenspraxis, welchem nur durch die Sitzverlegungs-Richtlinie ein ansprechendes Bild verliehen werden kann.[1320]

Das Bedürfnis nach einer Sitzverlegungs-Richtlinie hat der Arbeitskreis Europäisches Unternehmensrecht in drei Thesen zusammengefasst: Der grenzüberschreitende Formwechsel sei ein wirtschaftlich erforderlicher Vorgang innerhalb der EU, der durch die Verschmelzungs-Richtlinie nicht ausreichend geregelt ist.[1321] Die Grundlagen der Entscheidung Cartesio seien für die Durchführung eines Formwechsels unzureichend, weil es an Verfahrensregeln mangele und der Aufnahmestaat über die Integration einer Gesellschaft frei entscheide. Darüber hinaus tangiere ein transnationaler Formwechsel Schutzinteressen Dritter – im Binnenmarkt müssten einheitliche Wettbewerbsbedingungen herrschen, d.h. die schützenswerten Belange einheitlich festgelegt werden.[1322]

Flankiert werden könnte die Sitzverlegungs-Richtlinie von einer Angleichung des Gesellschaftskollisionsrechts der Mitgliedstaaten.[1323] Der Europäische Rat hat Ende des Jahres 2009 im sog. „Stockholmer Programm“ vermerkt, dass eine Angleichung der Kollisionsnormen auch das internationale Gesellschaftsrecht der Mitgliedstaaten umfassen soll.[1324] Die Kommission hat dieses Programm ihrerseits in einem Aktionsplan umgesetzt.[1325] Der Europäische Rat kritisierte den Aktionsplan, weil er einerseits nicht weit genug reiche und andererseits über das Programm hinausgehe.[1326] Das Europäische Parlament stand dem Aktionsplan grundsätzlich positiv gegenüber, forderte die Kommission jedoch, mit Verweis auf das Cartesio-Urteil, auf Lücken im Internationalen Gesellschaftsrecht zu schließen.[1327]

i) Das Ideal eines beschränkungsfreien Binnenraumes

Eine der bedeutendsten EU-Zielsetzungen ist die Schaffung eines gemeinsamen Binnenmarktes nach Art. 3 Abs. 3 EUV.[1328] Aus ökonomischer Perspektive soll der freie Binnenmarkt die optimale Allokation von Wirtschaftsgütern ermöglichen.[1329]

1320 *Wicke*, GPR 2010, 238 (242 f.).

1321 Bei einer Verschmelzung erlischt immer ein Rechtsträger.

1322 Arbeitskreis Europäisches Unternehmensrecht, abgebildet in NZG 2011, 98.

1323 *Habersack/Verse*, EU-GesR, § 3, Rn. 30, 4. Auflage 2011; *Bayer/Schmidt*, BB 2010, 387 (394 f.).

1324 Stockholmer Programm ABl. 2010/C 115/01; 3.1.2.

1325 *Breitenmoser/Weyeneth* in: v.d. Groeben/Schwarze/Hatje, EuR, Vorb. Art. 67–76 AEUV, Rn. 38.

1326 *Suhr* in: Calliess/Ruffert, EUV/AEUV, Art. 67 AEUV, Rn. 37; *Dutta*, EuZW 2010, 530 (532): Die Kommission stellte auch ein Grünbuch zum int. Gesellschaftsrecht in Aussicht.

1327 *Clausnitzer*, GmbHR 2011, R12 (R13).

1328 *Streinz*, EuR, Rn. 782; *Hobe*, EuR, Rn. 656; *Kilian/Wendt*, EU-WirtschaftsR, Rn. 203.

1329 *Schröder* in: Streinz, EUV/AEUV, Art. 26 AEUV, Rn. 23; *Streinz*, EuR, Rn. 783; *Leible* in: MüKo LauterkeitsR, Bd. 1, Teil III., A., Rn. 69.

Ein Unternehmer sollte die Wahl seines Firmenstandorts nur von Wirtschaftsfaktoren abhängig machen können, frei von jeglichen Beschränkungen.[1330] Deshalb ist die Niederlassungsfreiheit der Schlüssel zu einem Markt, in dem sich natürliche und juristische Personen frei bewegen können.[1331]

Häufig wird die Differenzierung zwischen Zu- und Wegzugskonstellationen als Widerspruch zum Binnenmarktideal aufgefasst.[1332] Ungeachtet vertraglich festgehaltener Ziele besteht der europäische Binnenmarkt allerdings noch aus vielen nationalen Rechtsordnungen. Dabei ist der „unvollkommene Binnenmarkt" kein nur unerwünschtes Zwischenstadium.[1333] Der Binnenmarkt wurde zwar erfolgreich errichtet.[1334] Eine Vollendung ist jedoch nicht anzunehmen, es handelt sich vielmehr um eine Daueraufgabe oder einen dynamischen Prozess.[1335] Im Zuge dessen ist es das Ziel Rechtsinstrumente zu schaffen, die einen sinnvollen Umgang innerhalb des Marktes ermöglichen und nicht die Beseitigung jeglicher Beschränkungen.[1336]

Dieses Spannungsverhältnis zwischen nationaler Regelungshoheit und Binnenmarktintegration ist iSe praktischen Konkordanz aufzulösen.[1337] Bspw. könnte etwa eine pauschale Rechtfertigung mitgliedstaatlicher Beschränkungen der Niederlassungsfreiheit in Form des Verlustes der Rechtspersönlichkeit der Gesellschaft allein aufgrund seiner Regelungsautonomie im Rahmen der binnenmarktrechtlichen Zielsetzung als unverhältnismäßig angesehen werden.[1338] Das Ziel der Marktfreiheit verlangt indes keine Aufhebung nationaler Hoheits- und Rechtsordnungsgrenzen, auch wenn die Freiheit im Binnenmarkt so einfacher umzusetzen wäre.[1339]

j) Die Niederlassungsfreiheit gibt die Gründungstheorie nicht vor

Obwohl einige Autoren nach den Entscheidungen Centros, Überseering und Inspire Art in Deutschland bereits einen generellen Übergang zur Gründungstheorie

---

1330 *Sethe/Winzer*, WM 2009, 536 (539).

1331 *Cains*, ERPL 2010, 569 (571); *Mörsdorf*, EuZW 2009, 97; Oppermann/Classen/*Nettesheim*, EuR, § 28, Rn. 1.

1332 *Bayer/Schmidt*, BB 2010, 387 (391); *Schmidt-Kessel*, GPR 2009, 26 (29); *Haar*, GPR 2010, 187 macht zuerst „eine Gefährdung" aus; *Behme/Nohlen*, BB 2009, 11 (13).

1333 *Teichmann*, ZIP 2009, 393 (396 f.).

1334 *Jardet* in: v.d. Groeben/Schwarze/Hatje, EuR, Art. 309 AEUV, Rn. 1, m. Verw. auf die Lissaboner Vertragsreform; Oppermann/Classen/*Nettesheim*, EuR, § 28, Rn. 3.

1335 *Schröder* in: Streinz, EUV/AEUV, Art. 26 AEUV, Rn. 39; *Korte* in: Calliess/Ruffert, EUV/AEUV, Art. 26 AEUV, Rn. 28.

1336 *Barthel*, EWS 2010, 316 (324); *Frenz*, HB EuR, Bd. 1: Grundfreiheiten, Rn. 29, 32.

1337 *Teichmann*, ZIP 2009, 393 (397); *Barthel*, EWS 2010, 316 (324).

1338 *Müller-Graff* in: Streinz, EUV/AEUV, Art. 54 AEUV, Rn. 19.

1339 *Frenz*, HB EuR, Bd. 1: Grundfreiheiten, Rn. 30.

ausgemacht haben wollten[1340], gibt die Niederlassungsfreiheit die Anwendung der Gründungstheorie als allseitige Kollisionsnorm im Internationalen Gesellschaftsrecht nicht vor.[1341] Richtigerweise ist im Zuge der Trabrennbahnentscheidung auch in Deutschland keine ausnahmslose Anwendung der Gründungstheorie anzunehmen.[1342] Daran ändern auch die Modifikationen des deutschen Kapitalgesellschaftsrechts im Zuge des MoMiG nichts.[1343]

Roth erkennt in dem Obiter Dictum des Gerichtshofs allerdings eine Aufgabe der kollisionsrechtlichen Neutralität und eine Vorgabe iSd Gründungstheorie.[1344] Dagegen wird Kindler nicht müde, gerade die Kollisionsrechtsneutralität der Art. 49, 54 AEUV zu betonen.[1345] Wie immer liegt die Wahrheit irgendwo dazwischen.[1346] Der Großteil der Literatur ist sich einig, dass weder die Niederlassungsfreiheit an sich noch die EuGH-Rechtsprechung die Gründungstheorie als Anknüpfungsmethode im Internationalen Gesellschaftsrecht vorgeben.[1347] Die Sitztheorie ist EU-rechtskonform.[1348]

Damit ist allerdings nicht gesagt, dass eine allumfassende Gründungsanknüpfung nicht von Vorteil wäre.[1349] Zu denken ist etwa an die unterschiedlichen Ergebnisse in Abhängigkeit davon, ob es sich um eine EU-Gesellschaft oder eine aus einem Drittstaat handelt.[1350] Eine einheitliche Anwendung würde die Komplexität des Gesellschaftskollisionsrechts verringern.[1351] Innerhalb der Union kann dieser Gedanke, speziell vor dem Hintergrund weitestgehender Harmonisierung des Schutzniveaus, für von transnationalen Gesellschaftsbewegungen betroffenen Personengruppen, zu denken ist etwa an Gläubiger und Minderheitsgesellschafter, fruchtbar gemacht werden.[1352] Allerdings soll weiterhin eine Flucht der

---

1340 *Campos Nave*, BB 2008, 1410; nach *Richter*, IStR 2008, 719 (723) orientiert sich Deutschland zumindest an den Rechtsfolgen der Gründungstheorie; zuvor bereits für Zuzugsfälle: *Bayer*, BB 2003, 2357 (2363); *Ulmer*, NJW 2004, 1201 (1209).

1341 *Wilhelmi*, JZ 2009, 409(413).

1342 BGH, Urt. v. 27.10.2008 – II ZR 158/06, NJW 2009, 289.

1343 *Hellgardt/Illmer*, NZG 2009, 94 (95 f.); *Paefgen*, WM 2009, 529 (531); *Haar*, GPR 2010, 187 (188); auf das MoMiG wird zugleich noch eingegangen.

1344 *Roth*, Vorgaben NLF, S. 26.

1345 *Kindler*, IPRax 2009, 189 (191); *ders.*, NZG 2009, 130(132).

1346 *Grohmann*, DZWiR 2009, 322 (326) stellt die Geltung der Sitztheorie nicht in Frage, nimmt bei derNiederlassungsfreiheit aber eine kollisionsrechtliche Bedeutung an; nach *Campos Nave*, BB 2008, 1410 (1413) kann „keine Theorie bis in die letzte Konsequenz angewandt werden".

1347 *Leible/Hoffmann*, BB 2009, 58 (62); *Sethe/Winzer*, WM 2009, 536 (537); Tiedje in: v.d. Groeben/Schwarze/Hatje, EuR, Art. 54 AEUV, Rn. 48; *Ego* in: MüKo AktG, Bd. 7, B., Rn. 210; *Campos Nave*, BB 2008, 1410 (1413); *Teichmann*, ZGR 2011, 639(680).

1348 *Kindler*, IPRax 2009, 189 (191); *Knop*, DZWiR 2009, 147(151).

1349 *Paefgen*, WM 2009, 529 (536); *Drygala/Staake/Szalai*, KapGesR, § 2, Rn. 39.

1350 *Haar*, GPR 2010, 187 (188); a.A.: *Kindler*, IPRax 2009, 189(190).

1351 *Leible/Hoffmann*, BB 2009, 58(59).

1352 *Sethe/Winzer*, WM 2009, 536 (537); *Werner*, GmbHR 2009, 191(193).

Gesellschaften in einen Drittstaat mit den geringsten gesellschaftsrechtlichen Anforderungen verhindert werden.[1353] Die Gründungstheorie führt möglicherweise zu einem „Gesellschaftsformen-Shopping", ist aber die Theorie, welche in besonderem Einklang mit dem freien Markt und der wahren Niederlassungsfreiheit steht. Dagegen kann die Sitztheorie als einzige wirksam alle Schutzinteressen von Gläubigern und Minderheitsgesellschaftern wahren.[1354] Es ist indessen zu bedenken, dass dem Anwendungsbereich der Sitztheorie bereits jetzt enge europarechtliche Grenzen auferlegt sind.[1355]

k) Auswirkungen auf deutsches Recht (MoMiG, Kollisionsrecht)

Das Urteil Cartesio bestätigt die Europarechtskonformität deutscher Regeln, welche bei Verlegung des Verwaltungs- oder Satzungssitzes ins Ausland eine Auflösung der Gesellschaft anordnen.[1356] Im Grundsatz bleibt der Status quo im deutschen Internationalen Gesellschaftsrecht bestehen.[1357] Das Urteil hat insbesondere keine Auswirkungen auf deutsche Kapitalgesellschaften.[1358] Die § 4a Abs. 2 GmbHG und § 5 Abs. 2 AktG wurden im Jahr 2008 durch das MoMiG gestrichen, weshalb die früher geforderte Simultanität von Verwaltungs- und Satzungssitz für Gesellschaften mit beschränkter Haftung und Aktiengesellschaften entfällt.[1359] Somit erlaubt das deutsche Gesellschaftsrecht diesen beiden Gesellschaftsformen den Wegzug in einen anderen Staat unter Wahrung der deutschen Rechtspersönlichkeit.[1360] Unerheblich ist dann, dass das Urteil Cartesio eine Beschränkungsmöglichkeit des Wegzugs vorsieht.[1361]

Nach den Schlussanträgen des Generalanwalts konnte man meinen, das zwischenzeitlich erlassene MoMiG greife der Entscheidung Cartesio bereits vor.[1362] Einige empfanden die Änderungen durch das MoMiG als „vorauseilenden Gehorsam" und befürchteten nach dem unerwarteten Ausgang Cartesios einen erneuten Sinneswandel des deutschen Gesetzgebers und eine Rückkehr zur

---

1353 *Ders.*, GmbHR 2009, 191 (193); *Kindler*, IPRax 2009, 189 (190).

1354 *Cains*, ERPL 2010, 569 (572).

1355 *Drygala/Staake/Szalai*, KapGesR, § 2, Rn. 39; *Sethe/Winzer*, WM 2009, 536 (537); *Pießkalla*, EuZW 2009, 75 (82); *Wicke*, GPR 2010, 238 (239).

1356 *Barthel*, EWS 2010, 316 (318); mit Ausnahme einer Gestattung des Formwechsels durch den Aufnahmestaat, s. *Leible*, FS Roth 2011, 447 (452).

1357 *Knof/Mock*, ZIP 2009, 24 (32); *Leible/Hoffmann*, BB 2009, 58 (62).

1358 *Frenzel*, EWS 2009, 158 (164); *Teichmann*, ZIP 2009, 393 (401).

1359 *Brakalova/Barth*, DB 2009, 213 (216); *Knof/Mock*, ZIP 2009, 24 (32); *Zimmer/Naendrup*, NJW 2009, 545 (548); *Däubler/Heuschmid*, NZG 2009, 493 (494).

1360 *Frobenius*, DStR 2009, 487 (491); *Herrler*, DNotZ 2009, 484 (489); *Saenger*, GesR, Rn. 854; *Drygala/Staake/Szalai*, KapGesR, § 3, Rn. 6.

1361 *Zimmer/Naendrup*, NJW 2009, 545 (548); *Brakalova/Barth*, DB 2009, 213 (216); *Knof/Mock*, ZIP 2009, 24 (32); *Campos Nave*, BB 2009, 870 (871).

1362 *Richter*, IStR 2008, 719 (722); *Roth*, Vorgaben NLF, S. 46.

Ausgangssituation.[1363] Die Änderungen im GmbHG und AktG gelten allerdings bis heute.[1364] Die Intention des deutschen Gesetzgebers war es, deutsche Kapitalgesellschaften im Wettbewerb der Rechtsformen gegenüber ihren ausländischen Konkurrenten zu stärken.[1365] Die Mobilität deutscher Körperschaften wurde durch die Option einer Verwaltungssitzverlegung ins Ausland erhöht.[1366] Dies schaffte gleiche Ausgangsbedingungen, ein sog. „level playing field“, im Wettstreit der europäischen Gesellschaftsformen.[1367] Das Gesellschaftsrecht wurde flexibler und so der Spielraum für deutsche Gesellschaften im Ausland erhöht.[1368]

Ausgehend von dieser Intention entbrannte ein Streit um die kollisionsrechtliche Bedeutung dieser Gesetzesreform.[1369] Sie hat eine besondere Relevanz: Die § 4a GmbHG und § 5 AktG wären als deutsche Sachnormen nur anwendbar, wenn das Recht des Zuzugsstaates, der Gründungstheorie folgen und somit auf das deutsche Recht zurückverweisen würde.[1370] Sofern der Wegzug nach deutschem Sachrecht allerdings möglich ist, muss ein EU-Zuzugsstaat die zugezogene Gesellschaft nach dem Recht des Wegzugsstaats behandeln.[1371] Die brisanten Auswirkungen des Streits beziehen sich also vor allem auf einen Wegzug ins Nicht-EU-Ausland.[1372]

Gegen einen kollisionsrechtlichen Gehalt spricht bereits die Verortung der Regeln im nationalen Gesellschaftsrecht.[1373] Auch ist dem Wortlaut ein umfassender kollisionsrechtlicher Gehalt nicht zu entnehmen.[1374] Der imperative Charakter der Normen ergibt sich erst aus dem Zusammenspiel mit anderen Normen.[1375] Außerdem entstammten die Normen dem ADHGB und wurden schon damals als einfache Sachnormen kategorisiert.[1376]

1363 *Knof/Mock*, ZIP 2009, 24 (33) bzw. *Korom/Metzinger*, ECFR 2009, 125 (159).

1364 *Heider* in: MüKo AktG, Bd. 1, § 5, Rn. 4; *Koch* in: Hüffer/Koch, AktG, § 5, Rn. 12; *Roth* in: Roth/Altmeppen, GmbHG, 8. Auflage 2015, § 4a, Rn. 21; *Solveen* in: Hölters, AktG, § 5, Rn. 1.

1365 *Drygala/Staake/Szalai*, KapGesR, § 3, Rn. 4 ff.; *Habersack/Verse*, EU-GesR, § 3, Rn. 26; *Kindler*, AG 2007, 721 (721 f.); *Hirte*, NZG 2008, 761 (766).

1366 *Müller-Graff*, FS Hellwig 2010, 251 (263 f.); *Paefgen*, WM 2009, 529 (530).

1367 *Wicke*, GPR 2010, 238; *Haar*, GPR 2010, 187 (188); *Werner*, GmbHR 2009, 191 (194); *Kobelt*, GmbHR 2009, 808 (809); *Solveen* in: Hölters, AktG, § 5, Rn. 7.

1368 *Korom/Metzinger*, ECFR 2009, 125 (159); *Lang/Orttmann* in: Ziemons/Jaeger BeckOK GmbHG, Int. GesR, Rn. 87; *Zimmer/Naendrup*, NJW 2009, 545 (548).

1369 *Heckschen*, DStR 2009, 166 (168 f.); *Weller* in: MüKo GmbHG, Bd. 1, Eltg., Rn. 375, 379 ff.; *Lips/Randel/Werwigk*, DStR 2008, 2220 (2223).

1370 *Behme*, BB 2010, 1679 (1680); *Leitzen*, NZG 2009, 728; *Teichmann*, ZIP 2009, 393 (401); *Hirte*, NZG 2008, 761 (766); wie im Übrigen in den meisten EU-Staaten.

1371 EuGH, Urt. v. 05.11.2002, Rs. C-208/00, ECLI:EU:C:2002:632, Rn. 95 – Überseering.

1372 *Wicke*, GPR 2010, 238 (239); im Umkehrschluss *Behme*, BB 2010, 1679 (1680).

1373 *Paefgen*, WM 2009, 529 (530).

1374 *Werner*, GmbHR 2009, 191 (194); *Kindler*, IPRax 2009, 189 (198); *Behme*, BB 2010, 1679 (1680); *Leitzen*, NZG 2009, 728; *Flesner*, NZG 2006, 641 (642).

1375 *Kindler*, IPRax 2009, 189 (198).

1376 *Ders.*, IPRax 2009, 189 (198); *Heider* in: MüKo AktG, Bd. 1, § 5, Rn. 1.

Dagegen ist der Gesetzesbegründung eindeutig eine kollisionsrechtliche Bedeutung zu entnehmen.[1377] Oft werden die Normen als versteckte Kollisionsnormen bezeichnet.[1378] Es ist zu berücksichtigen, dass kein grundsätzlicher Übergang zur Gründungstheorie notwendig ist, um den Änderungen durch das MoMiG kollisionsrechtliche Wirkungen zu bescheinigen – das materielle Sachrecht und das Kollisionsrecht stehen nicht völlig zusammenhangslos nebeneinander.[1379] Der Referenten-Entwurf (Art. 10 EGBGB) von 2007 ging ebenfalls von einer generellen Gründungsanknüpfung aus.[1380]

Allerdings sah sich das Gesetzgebungsvorhaben einiger Kritik ausgesetzt und es war bereits zum Zeitpunkt des Urteils Cartesio nicht abzusehen, ob es umgesetzt würde.[1381] Gleichfalls sind einige Autoren der Meinung, dass eine solche gravierende Entscheidung nach dem Grundsatz des Gesetzesvorbehalts dem Gesetzgeber überlassen werden muss.[1382] Zwar ist darauf hinzuweisen, dass versteckte Kollisionsnormen eine Ausnahme bilden.[1383] Am Ende ist den Normen jedoch wohl zumindest ein einseitiges kollisionsrechtliches Zugeständnis an die Gründungstheorie zu entnehmen.[1384]

l) Die isolierte Satzungssitzverlegung

Auch nach dem Urteil Cartesio ist die singuläre Satzungssitzverlegung einer Gesellschaft ins europäische Ausland nicht von der Niederlassungsfreiheit umfasst.[1385] Bereits Generalanwalt Maduro hatte diesen Vorgang in seinen Schlussanträgen außerhalb des Schutzbereichs angesiedelt.[1386] Das Urteil Cadbury Schweppes steht

1377 *Wicke*, GPR 2010, 238 (239); *Kobelt*, GmbHR 2009, 808 (810); *Paefgen*, WM 2009, 529 (531); *Behme*, BB 2010, 1679 (1680); *Leitzen*, NZG 2009, 728.

1378 *Wicke*, GPR 2010, 238 (239); *ders.*, GmbHG, § 4a, Rn. 13; *Paefgen*, WM 2009, 529 (531); idS auch *Leible* in: Michalski/Heidinger/Leible/Schmidt, GmbHG, Bd. 1, sys. Darst. 2 – Int. GesR, Rn. 8.

1379 *Kobelt*, GmbHR 2009, 808 (811); a.A.: *Kindler*, AG 2007, 721 (731).

1380 *Frobenius*, DStR 2009, 487 (491); *Kindler*, AG 2007, 721 (724); *Wicke*, GPR 2010, 238 (239); *Leuering*, ZRP 2008, 73 (75); nach *Werner*, GmbHR 2009, 191 (195) haben § 4a GmbHG und 5 AktG deshalb gerade keine kollisionsrechtliche Wirkung; a.A.: *Roth*, Vorgaben NLF, S. 51: „...IPR-Entwurf wäre völlig unmotiviert.".

1381 *Kobelt*, GmbHR 2009, 808 (810); *Leible/Hoffmann*, BB 2009, 58 (62); *Hellgardt/Illmer*, NZG 2009, 94; *Sethe/Winzer*, WM 2009, 536 (540).

1382 *Werner*, GmbHR 2009, 191 (195 f.); *Kobelt*, GmbHR 2009, 808 (811).

1383 *Kindler*, IPRax 2009, 189 (198); *Lorenz* in: Bamberger/Roth, BeckOK BGB, Eltg. IPR, Rn. 46; *Hausmann* in: Hausmann/Odersky, Int. PrivR, § 2, Rn. 22 f.

1384 *Roth*, Vorgaben NLF, S. 51; *Leible* in: Michalski/Heidinger/Leible/Schmidt, GmbHG, Bd. 1, sys. Darst. 2 – Int. GesR, Rn. 8; *Wicke*, GPR 2010, 238 (239 f.).

1385 *Ders.*, GPR 2010, 238 (240); *Roth*, Vorgaben NLF, S. 15; *Leible*, FS Roth 2011, 447 (455); *ders./Hoffmann*, BB 2009, 58 (62); *Ringe*, ZIP 2008, 1067 (1074); *Koch* in: Hüffer/Koch, AktG, § 5, Rn. 14; *Däubler/Heuschmid*, NZG 2009, 493 (494).

1386 Schlussanträge des GA Maduro v. 22.05.2008, Rs. C-210/06, ECLI:EU:C:2008:294, Anm. 29 – Cartesio: Für ihn ist dies eine „Pro-forma-Niderlassung".

einer solchen Interpretation im Wege: Es verlangt eine echte, wirtschaftliche Tätigkeit der Gesellschaft im Aufnahmestaat. Bei einer ausschließlichen Satzungssitzverlegung ins Ausland bleibt der Tätigkeitsschwerpunkt mithin im Inland.[1387] Außerdem war die Frage nach einer isolierten, grenzüberschreitenden Satzungssitzverlegung nicht Gegenstand des Vorlageverfahrens.[1388] Schutzwürdige Interessen können für diese Art der Gesellschaftsmobilität ohnehin kaum ins Feld geführt werden.[1389] Eine solche Interpretation ist allerdings nicht zwingend.[1390]

Das deutsche Recht erlaubt eine Satzungssitzverlegung ins Ausland ebenfalls nicht.[1391] Trotz der Änderungen der §§ 4a GmbHG und 5 AktG im Zuge des MoMiG muss der satzungsmäßige Sitz weiterhin zwingend im Inland liegen.[1392] Als Alternative bietet sich dann eine andere Gestaltung an: Die Gründung einer Zweckgesellschaft mit der Hauptverwaltung in einem anderen Mitgliedstaat und die daraufhin folgende Verschmelzung auf die eigens dafür gegründete Gesellschaft.[1393]

m) Wettbewerb der Rechtsordnungen

Ein Wettbewerb der Gesellschaftsrechtsordnungen innerhalb der EU ist bereits heute Realität.[1394] Er ist nicht davon abhängig, dass der EUGH den Wegzug als für die Niederlassungsfreiheit relevanten Vorgang versteht.[1395] Die nationalen Gesellschaftsrechte werden vereinfacht und effizienter gestaltet.[1396] Als Beispiel kann das deutsche MoMiG mit der Einführung der Unternehmergesellschaft und dem Wegfall der Simultanität von Satzungs- und Verwaltungssitz dienen.[1397] Durch die Entscheidung Cartesio wird der Wettbewerb ebenfalls gefördert.[1398] Allerdings ist die Teilnahme an diesem Wettstreit um das liberalste Gesellschaftsrecht zumindest im Wegzugsfall freiwillig.[1399] Die Freiheit der Mitgliedstaaten im Falle einer

1387 *Ringe*, ZIP 2008, 1067 (1074); *Däubler/Heuschmid*, NZG 2009, 493(494).

1388 *Grohmann/Gruschinske*, EuZW 2008, 463 (464); *Kindler*, IPRax 2009, 189(194);

1389 *Roth* in: Roth/Altmeppen, GmbHG, 8. Auflage 2015, § 4a, Rn. 21.

1390 S. zugleich unten unter E., IX., 3., e) sowie F., II.; F.,VII.; F., VIII.

1391 *Kindler*, IPRax 2009, 189 (192); *Wöhlert*, GWR 2009, 161 (162); *Kobelt*, GmbHR 2009, 808 (812); *Weller* in: MüKo GmbHG, Bd. 1, Eltg., Rn. 382.

1392 *Mörsdorf*, EuZW 2009, 97 (102); *Campos Nave*, BB 2008, 1410 (1411); *Wicke*, GPR 2010, 238 (240); *Kindler*, AG 2007, 721(724).

1393 *Ringe*, ZIP 2008, 1067 (1074); *Otte*, EWS 2009, 31 (39); *Kindler*, NZG 2009, 130 (132); *ders.*, IPRax 2009, 189 (192); *Sethe/Winzer*, WM 2009, 536(540).

1394 *Paefgen*, WM 2009, 529 (535); *Herrler*, DNotZ 2009, 484 (489); *Peters/Wüllrich*, NZG 2008, 807 (810 f.); *Roth*, EuZW 2010, 607; *Kämmerer*, EuR 2008, 45(51).

1395 *Schall*, FS Meilicke 2010, 651(667).

1396 *Ders.*, FS Meilicke 2010, 651 (667); *Witt*, ZGR 2009, 872; *Pießkalla*, EuZW 2009, 75 (82); *Braun*, Wegzugsfreiheit, S. 261: „Als Chance zur aktiven Mitgestaltung".

1397 *Heckschen*, DStR 2007, 1442 (1445, 1447); *Hirte*, NZG 2008, 761 (672 f.,766).

1398 *Barthel*, EWS 2010, 316 (319); a.A.: *Pießkalla*, EuZW 2009, 75(83).

1399 *Knop*, DZWiR 2009, 147 (151); *Barthel*, EWS 2010, 316(319).

Auswanderung der Gesellschaft führt nach Otte zu heterogenen Migrationsbedingungen und damit zu einer Wettbewerbsverzerrung.[1400] Eine Ausweitung auf Wegzugsfälle wäre wünschenswert, jedoch ist der EuGH nicht wirtschaftlichen Aspekten, sondern nur dem geltenden Recht verpflichtet.[1401] Einem „race to the bottom" kann auf europäischer Ebene, anders als z.B. in Delaware, deutlich effizienter entgegengewirkt werden, indem einheitliche Schutzstandards eingeführt werden.[1402]

Es ergibt sich nach der Cartesio-Entscheidung folgende Momentaufnahme: Der Entscheidungsdreiklang um Centros führte die „Gründungsfreiheit" von Gesellschaften mit der dazugehörigen Pflicht zur Anerkennung ausländischer Gesellschaften durch die Mitgliedstaaten ein. Daneben tritt durch Cartesio eine „Reinkorporationsfreiheit", welche es Gesellschaften ermöglicht, durch grenzüberschreitenden Formwechsel nachträglich eine Änderung ihrer rechtlichen Einkleidung zu bewirken. Neben den Gründungswettbewerb im nationalen Gesellschaftsrecht der Mitgliedstaaten tritt nun ein Reinkorporationswettbewerb der Gesetzgeber.[1403]

n) Kritik am EuGH, Rechtspolitik und Ausblick

Viele Autoren sind der Entscheidung Cartesio sehr kritisch gegenüber getreten. Man erhoffte sich langerwartete Aufklärung und die Beendigung der Ungewissheit.[1404] Durch Cartesio hat sich die Rechtslage allerdings verkompliziert.[1405] Die Entscheidung sei entweder „nicht überzeugend" oder „logisch inkonsistent".[1406] Es verwundert daher nicht, dass einige bereits einen nostalgischen Schritt zurück in die Vergangenheit vernehmen.[1407] Barthel nimmt ebenfalls eine „wellenförmige Rechtsprechung" wahr, die nun allerdings wieder von Zurückhaltung geprägt sein soll.[1408] Dies mag zutreffen. Nichtsdestoweniger hat der Gerichtshof eine der umstrittensten Fragen der Niederlassungsfreiheit entschieden, wenn auch

---

1400 *Otte*, EWS 2009, 31 (39); ebenso Arbeitskreis Europäisches Unternehmensrecht – These 3, abgebildet, NZG 2011, 98; idS auch *Kämmerer*, EuR 2008, 45 (54 f.).

1401 *Sethe/Winzer*, WM 2009, 536 (539); a.A.: *Cains*, ERPL 2010, 569 (575 ff.).

1402 *Paefgen*, WM 2009, 529 (535 f.); *Braun*, Wegzugsfreiheit, S. 261.

1403 Eingehend *Grundmann*, EU-GesR, § 22, Rn. 791; *Weller*, ZEuP 2016, 53 (61 f.); zur (Re-)Inkorporationsfreiheit mit Vergleich zu den USA, s. *Kieninger*, Wettbewerb, S. 167 f.

1404 *Weng*, EWS 2008, 264 (268); *Korom/Metzinger*, ECFR 2009, 125 (128).

1405 *Wicke*, GPR 2010, 238; *Schmidt-Kessel*, GPR 2009, 26 (28).

1406 *Pießkalla*, EuZW 2009, 75 (83); *Knop*, DZWiR 2009, 147 (151); *Leible/Hoffmann*, BB 2009, 58 (62); *Otte*, EWS 2009, 31 (39); a.A.: *Grundmann*, EU-GesR, § 22, Rn. 789; *Barthel*, EWS 2010, 316 (330); zu letzerem *Schall*, FS Meilicke 2010, 651 (666).

1407 *Ratka/Rauter*, WBL 2009, 62; *Mörsdorf*, EuZW 2009, 97 (98).

1408 *Barthel*, EWS 2010, 316 (317).

zugunsten der Mitgliedstaaten.[1409] Allerdings verbleiben die Unsicherheiten beim Wegzug von Gesellschaften.[1410]

Ein großer Kritikpunkt besteht, auch nach dem Cartesio-Urteil, in der fehlenden Auseinandersetzung mit der Rechtfertigungsebene seitens des EuGH.[1411] Nicht gänzlich geklärt ist ebenfalls die Frage, ob der Gerichtshof durch Cartesio nur kollisionsrechtliche Beschränkungen von der Niederlassungsfreiheit ausnehmen, also erlauben wollte und damit materiellrechtliche Beschränkungen der Wegzugsfreiheit auf dem Prüfstand stehen.[1412]

Korom/Metzinger richten ihr Augenmerk auf die Terminologie und die verschiedenen Sprachfassungen.[1413] Während Generalanwalt Maduro den „székhely“ (company seat), also allgemeingehalten den „Firmensitz“ (Verwaltungs- und Satzungssitz gemeinsam) noch als „operational headquarters“ (Verwaltungssitz) bezeichnet, übersetzt das Gericht ihn mit „registered office“ (Satzungssitz).[1414] Die terminologische Ungenauigkeit wird durch den Umstand unterstrichen, dass sowohl die irische als auch die britische Regierung gegen eine Möglichkeit der Sitzverlegung argumentierten, obwohl beide Mitgliedstaaten nach ihrem Recht eine solche im Grundsatz zulassen.[1415] Die irische Regierung beantragte deshalb nach den Schlussanträgen des Generalanwalts ein Wiederaufgreifen des mündlichen Verfahrens. Der Antrag wurde jedoch abgelehnt.[1416]

Roth bemängelt des Weiteren eine unzulässige Rechtsfortbildung und „schleichende Vertragserweiterung“ seitens des EuGH, welche er in der „kollisionsrechtlichen Parteinahme“ durch Erlaubnis des identitätswahrenden Rechtsformwechsels über die Grenze zu erkennen vermag.[1417] Es ist nicht selten, dass das Gericht Rechtsfortbildung betreibt, um Lücken zu schließen. Dabei muss es allerdings das Prinzip der begrenzten Einzelermächtigung achten, obschon sich der Gerichtshof teilweise großzügig darüber hinweg gesetzt hat.[1418] Allerdings hätte der EuGH gerade in Cartesio Lücken in der Harmonisierung des Gesellschaftsrechts schließen können

---

1409 *Frenzel*, EWS 2009, 158(164).

1410 *Lang/Orttmann* in: Ziemons/Jaeger, BeckOK GmbHG, Int. GesR, Rn. 73; *Grundmann*, EU-GesR, § 22, Rn. 800; *Campos Nave*, BB 2009,870.

1411 *Teichmann*, ZIP 2009, 393 (397); *Herrler*, DNotZ 2009, 484(488).

1412 *Leible/Hoffmann*, BB 2009, 58 (61); idS auch *Wilhelmi*, JZ 2009, 409(412).

1413 *Korom/Metzinger*, ECFR 2009, 125 (134 ff.); zu den terminolgischen Ungenauigkeiten in der Literatur s.a. *Saenger*, FS P+P Pöllath+Partners 2008, 295(299).

1414 Schlussanträge des GA Maduro v. 22.05.2008, Rs. C-210/06, ECLI:EU:C:2008:294, Anm. 1, 3, 22 f., 25, 31, 33–35 – Cartesio; EuGH, Urt. v. 16.12.2008, Rs. C-210/06, ECLI:EU:C:2008:723, Rn. 21, 105–108, 117 – Cartesio.

1415 *Korom/Metzinger*, ECFR 2009, 125 (134 f.).

1416 EuGH, Urt. v. 16.12.2008, Rs. C-210/06, ECLI:EU:C:2008:723, Rn. 41 ff. – Cartesio.

1417 *Roth*, Vorgaben NLF, S. 29.

1418 *Wieland*, NJW 2009, 1841 (1843 f.).

und verfehlte sein Ziel.[1419] Deshalb ist auch nicht zu erwarten, dass Cartesio bereits das letzte „judikative Wort“ in Sachen Wegzugsbeschränkungen war.[1420]

VIII. National Grid Indus BV / Inspecteur van de Belastingsdienst Rijnmond / kantoor Rotterdam (National Grid Indus)[1421]

1. Sachverhalt

Die Niederlande und Großbritannien trafen ein Abkommen zur Verhinderung der Doppelbesteuerung und Steuerhinterziehung[1422]: Eine „in einem der Staaten ansässige Person“ ist eine wegen der Merkmale Wohn- oder Aufenthaltsort bzw. Lage des Verwaltungssitzes in dem Staat steuerpflichtige Person (Art. 4 DBA). Eine juristische Person ist in dem Staat ansässig, in dem sie ihren tatsächlichen Verwaltungssitz innehat. Firmengewinne sind nach Art. 7 DBA im Ansässigkeitsstaat zu versteuern, wobei eine Ausnahme gilt, soweit Gewinne eindeutig einer Betriebsstätte im anderen Staat zugerechnet werden können.[1423] Gewinne aus Immobilientransaktionen oder dem (teilweisen) Verkauf einer Betriebsstätte können im Belegenheitsstaat versteuert werden (Art. 13 Abs. 1, 2 DBA). Alle anderen Gewinne werden grundsätzlich im Ansässigkeitsstaat versteuert.[1424]

Das niederländische Einkommensteuergesetz[1425] bestimmt in Art. 16, dass noch nicht angerechnete Unternehmensgewinne in dem Kalenderjahr besteuert werden, in dem das Unternehmen seine Arbeit in den Niederlanden beendet und keinen Gewinn mehr erzielt.[1426] Gemäß Art. 8 des Körperschaftssteuergesetzes[1427] wird Art. 16 Wet IB analog auf die Körperschaftsteuer angewendet. Dabei hat eine nach

1419 *Cains*, ERPL 2010, 569 (572).
1420 *Müller-Graff*, FS Hellwig 2010, 251 (267).
1421 EuGH, Urt. v. 29.11.2011, Rs. C-371/10, ECLI:EU:C:2011:785 – National Grid Indus.
1422 Die Regeln betreffen die Einkommen- und Vermögensteuer.
1423 EuGH, Urt. v. 29.11.2011, Rs. C-371/10, ECLI:EU:C:2011:785, Rn. 3–5 – National Grid Indus; *Rohler*, GmbH-StB 2012, 54 (55); *Hahn*, BB 2012, 681; Prinz, GmbHR 2012, 195 (197).
1424 EuGH, Urt. v. 29.11.2011, Rs. C-371/10, ECLI:EU:C:2011:785, Rn. 6 – National Grid Indus; zum DBA s. https://www.gov.uk/government/uploads/system/uploads/attachment_ data/file/500333/2008-netherlands-uk-dtc_-_in_force.pdf (zuletzt abgerufen am 12.04.2019).
1425 Wet op de inkomstenbelasting (Wet IB).
1426 EuGH, Urt. v. 29.11.2011, Rs. C-371/10, ECLI:EU:C:2011:785, Rn. 7 – National Grid Indus; *Hahn*, BB 2012, 681; *Mitschke*, IStR 2012, 6.
1427 Wet op de vennotschapsbelasting (Wet VPB).

niederländischem Recht gegründete Gesellschaft immer den Status einer in den Niederlanden ansässigen Gesellschaft inne (Art. 2 Abs. 4 Wet VPB).[1428]

NGI ist eine niederländische Gesellschaft mit beschränkter Haftung (BV), welche ihren Hauptverwaltungssitz bis zum 15. Dezember 2000 in den Niederlanden hatte.[1429] Seit dem 10. Juni 1996 hält die BV eine Forderung in Höhe von 33 113 000 GBP gegen die National Grid Company plc. aus Großbritannien. Nach einer Kurssteigerung des Pfund Sterling gegenüber dem niederländischen Gulden entstand am 15. Dezember 2000 ein nicht realisierter Kursgewinn von 22 128 160 NLG.[1430] An diesem Tag verlegte die BV ihren Verwaltungssitz nach Großbritannien und es entstand ein Konflikt zwischen dem Vet VPB, welches NGI als in den Niederlanden ansässig ansah und somit eine dortige Besteuerung der Gewinne bestimmte (Art. 2 Abs. 4), sowie dem DBA (Art. 4 Abs. 3, 7 Abs. 1, 13 Abs. 4), welches die Besteuerung am Ort der Betriebstätte (Großbritannien) vorsah.[1431] Im Anschluss an die Sitzverlegung und die Anwendung des DBA erzielte die BV keine Gewinne mehr in den Niederlanden, weshalb der Inspecteur entschied, den Kursgewinn aus der Forderung zu besteuern.[1432]

Die Maßnahme des Inspecteurs wurde von einem Gericht in Haarlem bestätigt, weshalb die BV Rechtsmittel vor dem Gerichtshof Amsterdams einlegte.[1433] Das vorlegende Gericht sieht die Niederlassungsfreiheit von NGI tangiert und weiterhin Diskrepanzen zu den Urteilen Daily Mail und Cartesio.[1434] Die dem Fall zugrunde liegende Steuer stellt eine Beschränkung dieser Freiheit dar, kann aber durch das Ziel einer ausgewogenen Aufteilung der Besteuerungsbefugnis zwischen den Mitgliedstaaten iSd Territorialprinzips gerechtfertigt werden. Art. 16 Wet IB besagt, dass die in den Niederlanden erzielten Gewinne niederländischer Firmen in den Niederlanden zu versteuern sind. Wenn diese Steuerpflicht endet, müssen folgerichtig auch die noch nicht realisierten Gewinne versteuert werden.[1435] Das

---

1428 EuGH, Urt. v. 29.11.2011, Rs. C-371/10, ECLI:EU:C:2011:785, Rn. 8 f. – National Grid Indus; *Hruschka*, DStR 2011, 2334 (2335).

1429 EuGH, Urt. v. 29.11.2011, Rs. C-371/10, ECLI:EU:C:2011:785, Rn. 10 – National Grid Indus; *Mitschke*, IStR 2012, 6; *Brinkmann/Reiter*, DB 2012, 16.

1430 EuGH, Urt. v. 29.11.2011, Rs. C-371/10, ECLI:EU:C:2011:785, Rn. 11 f. – National Grid Indus; *Kessler/Philipp*, DStR 2012, 267 (268); *Bron*, EWS 2012, 32 (33); *Lampert* in: Kellersmann/Treisch/Lampert/Heinemann, EU-Unternehmenssteuer, S. 151.

1431 EuGH, Urt. v. 29.11.2011, Rs. C-371/10, ECLI:EU:C:2011:785, Rn. 13 – National Grid Indus; *von Brocke*, SteuK 2012, 38; *Momen*, RIW 2012, 302.

1432 EuGH, Urt. v. 29.11.2011, Rs. C-371/10, ECLI:EU:C:2011:785, Rn. 14– National Grid Indus; *Lampert* in: Kellersmann/Treisch/Lampert/Heinemann, EU-Unternehmenssteuer, S. 151; *Böing*, GmbH-StB 2012, 36; *Momen*, RIW 2012, 302.

1433 EuGH, Urt. v. 29.11.2011, Rs. C-371/10, ECLI:EU:C:2011:785, Rn. 15 f. – National Grid Indus; *Böing*, GmbH-StB 2012, 36.

1434 EuGH, Urt. v. 29.11.2011, Rs. C-371/10, ECLI:EU:C:2011:785, Rn. 17 – National Grid Indus; *Mörsdorf*, EuZW 2012, 296 (297); *Momen*, RIW 2012, 302.

1435 EuGH, Urt. v. 29.11.2011, Rs. C-371/10, ECLI:EU:C:2011:785, Rn. 18 – National Grid Indus; *Hahn*, BB 2012, 681 f.; *Schall/Barth*, NZG 2012, 414.

Gericht ist jedoch auch vor dem Hintergrund der Urteile De Lasteyrie du Saillant und N[1436] der Meinung, dass eine sofortige Fälligkeit der Gewinnbesteuerung mangels tatsächlicher Realisierung unverhältnismäßig sein kann, ein Aufschub aber zu großen praktischen Umsetzungsschwierigkeiten führen kann. Problematisch erscheint auch, dass im Zuge der Verwaltungssitzverlegung keine Wertminderung eintreten kann, da das Währungsrisiko entfallen sei. Nach dem Umzug entspricht die in Pfund Sterling lautende Forderung nun der gleichen Währung wie die Gewinnbesteuerung.[1437]

2. Entscheidung

a) Besteuerung aufgrund der Sitzverlegung: Anwendung des Art. 49 AEUV

Die beteiligten Regierungen[1438] sind der Meinung, die Besteuerungszuständigkeit eines Mitgliedstaates im Falle der Sitzverlegung ins Ausland werde nicht von Art. 49 AEUV beeinflusst. Dabei verweisen sie auf die Urteile Daily Mail und Cartesio, welche ihrer Ansicht nach nicht nur die Gründungsvoraussetzungen, sondern auch steuerrechtliche Regelungen von der Anwendung des Art. 49 AEUV ausnähmen.[1439] Durch die Verlegung des Verwaltungssitzes verlören die Niederlande die Steuerhoheit über die Gesellschaft, was wiederum eng mit den Gründungsregeln in den Niederlanden verknüpft sei.[1440]

Art. 54 AEUV stelle Gesellschaften den natürlichen Personen gleich. Ob eine Gesellschaft hingegen existiere, sei eine Vorfrage nach nationalem Recht. Erst wenn diese Vorfrage positiv beantwortet sei, könne eine Regel eine Beschränkung der Niederlassungsfreiheit iSv Art. 49 AEUV für Gesellschaften darstellen. Die Anknüpfung für den Status als Gesellschaft inländischen Rechts sei dabei frei wählbar, weshalb ein Mitgliedstaat den Wegzug einer Gesellschaft in einen anderen effektiv verhindern könne.[1441] Die Sitzverlegung der NGI tangiere durch die

---

1436 EuGH, Urt. v. 11.03.2004, Rs. C-9/02, ECLI:EU:C:2004:138 – De Lasteyrie du Saillant; EuGH, Urt. v. 07.09.2006, Rs. C-470/04, ECLI:EU:C:2006:525 – N.

1437 EuGH, Urt. v. 29.11.2011, Rs. C-371/10, ECLI:EU:C:2011:785, Rn. 19 f. – National Grid Indus; *Hahn*, JurisPR-SteuerR 6/2012, Anm. 2; *ders.*, BB 2012, 681.

1438 Dies waren die niederländische, die deutsche, die italienische, die portugiesische, die finnische, die schwedische Regierung sowie die des Vereinigten Königreichs.

1439 EuGH, Urt. v. 29.11.2011, Rs. C-371/10, ECLI:EU:C:2011:785, Rn. 23 – National Grid Indus; *Bron*, EWS 2012, 32 (33); *Beutel/Rehberg*, IStR 2012, 94, s. insb. Fn 5.

1440 EuGH, Urt. v. 29.11.2011, Rs. C-371/10, ECLI:EU:C:2011:785, Rn. 24 – National Grid Indus; *Hruschka*, DStR 2011, 2334 (2336).

1441 EuGH, Urt. v. 29.11.2011, Rs. C-371/10, ECLI:EU:C:2011:785, Rn. 25–27 – National Grid Indus, m. Verw. auf EuGH, Urt. v. 27.09.1988, Rs. 81/87, ECLI:EU:C:1988:456, Rn. 19–23 – Daily Mail; EuGH, Urt. v. 16.12.2008, Rs. C-210/06, ECLI:EU:C:2008:723, Rn. 109 f. – Cartesio.

Anwendbarkeit der Gründungstheorie im vorliegenden Fall jedoch nicht die Existenz der BV als Gesellschaft niederländischen Rechts – vielmehr regelt das nationale Recht nur eine steuerliche Folge.[1442]

Zwar vertreten die Regierungen die Ansicht, dass die Auferlegung steuerlicher Lasten im Wegzugsfall als milderes Mittel zu einer Zwangsauflösung a fortiori erlaubt sein muss.[1443] Allerdings seien auch die nationalen gesellschaftsrechtlichen Regeln über die Gründung und Auflösung einer Gesellschaft nicht von der Niederlassungsfreiheit ausgenommen.[1444] Somit könne sich eine Gesellschaft auf Art. 49, 54 AEUV berufen, um die Rechtswidrigkeit einer steuerlichen Belastung im Zuge einer Sitzverlegung ins Ausland überprüfen zu lassen.[1445]

b) Besteuerung nicht realisierter Wertzuwächse

Anerkanntermaßen beinhalte auch die Niederlassungsfreiheit ein Beschränkungsverbot iSd Dassonville-Formel.[1446] Eine niederländische Gesellschaft werde bei einer Auslandssitzverlegung schlechter behandelt als bei einer rein inländischen. Nur im ersten Fall bestehe ein Liquidationsnachteil in Form einer sofortigen Besteuerung nicht realisierter Wertzuwächse, im anderen Fall würden Wertzuwächse nur besteuert, sofern sie sich tatsächlich realisiert hätten. Dies könne niederländische Gesellschaften von einer Sitzverlegung ins Ausland abhalten.[1447] Es sei auch kein objektiver Unterschied in der Besteuerung in- und ausländischer Sitzverlegungen erkennbar, welcher die festgestellte Ungleichbehandlung rechtfertigen könnte.[1448]

Einige Regierungen verweisen auf den realisierten Wertzuwachs in Folge der Sitzverlegung, da der Kursgewinn aus der in Pfund Sterling lautenden Forderung

---

1442 EuGH, Urt. v. 29.11.2011, Rs. C-371/10, ECLI:EU:C:2011:785, Rn. 28, 31 f. – National Grid Indus; *Mörsdorf*, EuZW 2012, 296 (297); *Bayer/Schmidt*, BB 2012, 3 (12); die Sitzverlegung erging aus den Niederlanden nach Großbritannien.

1443 EuGH, Urt. v. 29.11.2011, Rs. C-371/10, ECLI:EU:C:2011:785, Rn. 29 – National Grid Indus; *Beutel/Rehberg*, IStR 2012, 94; *Bayer/Schmidt*, BB 2012, 3 (12).

1444 EuGH, Urt. v. 29.11.2011, Rs. C-371/10, ECLI:EU:C:2011:785, Rn. 30 – National Grid Indus, m. Verw. auf EuGH, Urt. v. 16.12.2008, Rs. C-210/06, ECLI:EU:C:2008:723, Rn. 112 – Cartesio.

1445 EuGH, Urt. v. 29.11.2011, Rs. C-371/10, ECLI:EU:C:2011:785, Rn. 32 f. – National Grid Indus; *Kessler/Philipp*, DStR 2012, 267 (269); *Brinkmann/Reiter*, DB 2012, 16.

1446 EuGH, Urt. v. 29.11.2011, Rs. C-371/10, ECLI:EU:C:2011:785, Rn. 35 f. – National Grid Indus, m. Verw. auf EuGH, Urt. v. 05.10.2004, Rs. C-442/02, ECLI:EU:C:2004:586, Rn. 11 – CaixaBank France; EuGH, Urt. v. 06.12.2007, Rs. C-298/05, ECLI:EU:C:2007: 754, Rn. 33 f. – Columbus Container Services.

1447 EuGH, Urt. v. 29.11.2011, Rs. C-371/10, ECLI:EU:C:2011:785, Rn. 37 – National Grid Indus; *Körner*, IStR 2012, 1 (3); *Mitschke*, IStR 2012, 6; *Lampert* in: Kellersmann/Treisch/Lampert/Heinemann, EU-Unternehmenssteuer, S. 151.

1448 EuGH, Urt. v. 29.11.2011, Rs. C-371/10, ECLI:EU:C:2011:785, Rn. 38 – National Grid Indus; *Hahn*, BB 2012, 681 (683); *Schönhaus/Müller*, IStR 2013, 174 (178), s. Fn. 37.

nunmehr entfällt – damit entstünde NGI nach dieser Ansicht kein Nachteil.[1449] Dem tritt der EuGH entschieden entgegen. Die niederländische Steuerregelung besage, dass gerade nicht realisierte Wertzuwächse im Falle einer Sitzverlegung ins Ausland versteuert würden. Der besteuerte Kursgewinn der NGI führe nicht zu Einkünften der BV. Auch wäre er nicht besteuert worden, sofern die Gesellschaft im Inland geblieben wäre. Dies stelle eine Beschränkung der Niederlassungsfreiheit dar.[1450]

Eine Rechtfertigung komme nur in Betracht, sofern sie von zwingenden Gründen des Allgemeinwohls getragen und die Maßnahme des Weiteren geeignet, erforderlich und angemessen sei.[1451] Das vorlegende Gericht sieht die ausgewogene Aufteilung der Besteuerungsbefugnis unter den Mitgliedstaaten iSd Territorialprinzips als einen solchen Grund an – der Staat übe seine Besteuerungsbefugnis in seinem Herrschaftsbereich aus. Dagegen wendet NGI ein, dass der Zweck nur unzureichend ist, weil es sich nicht um reale Gewinne handelte.[1452]

Der Gerichtshof erkennt die Aufteilung der Besteuerungsbefugnis als legitimes Ziel an, wobei die Mitgliedstaaten, mangels EU-Harmonisierung Doppelbesteuerungen in eigenem Ermessen vorbeugen können.[1453] In verschiedenen Urteilen hat der EuGH ausgeführt, dass eine transnationale Sitzverlegung aus einem Mitgliedstaat heraus nicht dazu führen soll, dass der Herkunftsstaat Steuereinnahmen verliert. Nicht realisierte Wertzuwächse könnten im Zeitpunkt des Wegzugs versteuert werden.[1454]

1449 EuGH, Urt. v. 29.11.2011, Rs. C-371/10, ECLI:EU:C:2011:785, Rn. 39 – National Grid Indus; a.A.: Schlussanträge der GA Kokott v. 08.09.2011, Rs. C-371/10, ECLI:EU:C:2011: 563, Anm. 83 – National Grid Indus.

1450 EuGH, Urt. v. 29.11.2011, Rs. C-371/10, ECLI:EU:C:2011:785, Rn. 40 f. – National Grid Indus; *Lampert* in: Kellersmann/Treisch/Lampert/Heinemann, EU-Unternehmenssteuer, S. 151; *Rohler*, GmbH-StB 2012, 54 (55); *Stöber*, ZIP 2012, 1273 (1279).

1451 EuGH, Urt. v. 29.11.2011, Rs. C-371/10, ECLI:EU:C:2011:785, Rn. 42 – National Grid Indus, m. Verw. auf EuGH, Urt. v. 13.12.2005, Rs. C-446/03, ECLI:EU:C:2005:763, Rn. 35 – Marks & Spencer; EuGH, Urt. v. 12.09.2006, Rs. C-196/04, ECLI:EU:C:2006: 544, Rn. 46 – Cadbury Schweppes.

1452 EuGH, Urt. v. 29.11.2011, Rs. C-371/10, ECLI:EU:C:2011:785, Rn. 43 f. – National Grid Indus; *Kessler/Philipp*, DStR 2012, 267 (269); *Pechstein*, EuGH, Rn. 185.

1453 EuGH, Urt. v. 29.11.2011, Rs. C-371/10, ECLI:EU:C:2011:785, Rn. 45 – National Grid Indus, m. Verw. auf EuGH, Urt. v. 13.12.2005, Rs. C-446/03, ECLI:EU:C:2005:763, Rn. 45 – Marks & Spencer; EuGH, Urt. v. 07.09.2006, Rs. C-470/04, ECLI:EU:C:2006:525, Rn. 42 – N.

1454 EuGH, Urt. v. 29.11.2011, Rs. C-371/10, ECLI:EU:C:2011:785, Rn. 46 – National Grid Indus; EuGH, Urt. v. 12.2.2006, Rs. C-374/04, ECLI:EU:C:2006:773, Rn. 59 – Test Claimants; für weitere Urteile und Nachweise s. obige Fn.; *Lampert* in: Kellersmann/ Treisch/ Lampert/Heinemann, EU-Unternehmenssteuer, S. 151; *Böing*, GmbH-StB 2012, 36; *Mörsdorf*, EuZW 2012, 296 (299).

Die Regeln des DBA sowie des Wet IB[1455] führten dazu, dass NGI nach der Sitzverlegung als im Vereinigten Königreich ansässig gelte und Gewinne fortan dort versteuert würden – die bisherigen Wertzuwächse würden allerdings sofort in den Niederlanden versteuert. Die Regeln seien somit geeignet, eine gerechte Aufteilung des Steueraufkommens unter den Mitgliedstaaten zu gewährleisten.[1456] Der Vorwurf von NGI (Rn. 44) sei zurückzuweisen, denn auch nicht realisierte Gewinne könnten besteuert werden.[1457] Fraglich erscheint, ob die Regeln allerdings auch erforderlich sind. Insbesondere die unmittelbare Festsetzung und Einziehung der Steuerschuld bei Verlegung des Sitzes sind zu untersuchen.[1458]

aa) Festsetzung der Steuerschuld im Wegzugszeitpunkt

Nach Ansicht der Generalanwältin ist die sofortige Festsetzung im Hinblick auf die Wahrung der Steuerhoheit der Mitgliedstaaten notwendig und damit verhältnismäßig.[1459] Die Kommission wendet unter Berufung auf das Urteil N ein, die Wertminderungen zwischen Sitzverlegung und Realisierung des Gewinns seien zu berücksichtigen, sofern dies nicht schon durch den Aufnahmestaat sichergestellt sei.[1460] Der EuGH unterscheidet jedoch deutlich zwischen natürlichen und juristischen Personen: Vermögenswerte von Gesellschaften seien auf Gewinn ausgerichteten Wirtschaftsaktivitäten zugeordnet und der steuerpflichtige Gewinn unterläge der Bewertung der Aktiva, da die Abschreibungen die Besteuerungsgrundlage verringerten.[1461]

Zwar müsse der Aufnahmemitgliedstaat Wertschwankungen ab dem Zuzug der Gesellschaft wegen der Möglichkeit, Verluste in Abzug zu bringen, in seinen Steuerregeln berücksichtigen. Jedoch müsse der Herkunftsmitgliedstaat dies nicht tun, weil sonst die gerechte Aufteilung der Besteuerungsbefugnis beeinträchtigt

---

1455 Art. 7 Abs. 1 und 13 Abs. 4 DBA und Art. 16 Wet IB.

1456 EuGH, Urt. v. 29.11.2011, Rs. C-371/10, ECLI:EU:C:2011:785, Rn. 47 f. – National Grid Indus; *Lampert* in: Kellersmann/Treisch/Lampert/Heinemann, EU-Unternehmenssteuer, S. 152; *Brinkmann/Reiter*, DB 2012, 16; *Rohler*, GmbH-StB 2012, 54 (55).

1457 EuGH, Urt. v. 29.11.2011, Rs. C-371/10, ECLI:EU:C:2011:785, Rn. 49 – National Grid Indus; *Körner*, IStR 2012, 1 (3); *Bron*, EWS 2012, 32 (34).

1458 EuGH, Urt. v. 29.11.2011, Rs. C-371/10, ECLI:EU:C:2011:785, Rn. 50 f. – National Grid Indus; *Kessler/Philipp*, DStR 2012, 267 (271); *Brinkmann/Reiter*, DB 2012, 16.

1459 EuGH, Urt. v. 29.11.2011, Rs. C-371/10, ECLI:EU:C:2011:785, Rn. 52 – National Grid Indus, bezugnehmend auf die Schlussanträge der GA Kokott v. 08.09.2011, Rs. C-371/10, ECLI:EU:C:2011:563, Anm. 55 f. – National Grid Indus.

1460 EuGH, Urt. v. 29.11.2011, Rs. C-371/10, ECLI:EU:C:2011:785, Rn. 53 f. – National Grid Indus, m. Verw. auf EuGH, Urt. v. 07.09.2006, Rs. C-470/04, ECLI:EU:C:2006:525, Rn. 54 – N; das Urteil betraf die Wohnsitzverlegung einer natürlichen Person.

1461 EuGH, Urt. v. 29.11.2011, Rs. C-371/10, ECLI:EU:C:2011:785, Rn. 56 f. – National Grid Indus; *Mörsdorf*, EuZW 2012, 296 (299); *Bron*, EWS 2012, 32 (35).

wäre und es zu Doppelbesteuerungen kommen könnte.[1462] Der Wegfall des Kursrisikos im vorliegenden Fall, eine auf Pfund Sterling lautende Forderung wird in Großbritannien realisiert, sei unerheblich, da der Wertzuwachs zum Zeitpunkt der Sitzverlegung besteuert werde, was sich wiederum aus dem Territorialprinzip und der zeitlichen Ansässigkeitskomponente während der Gewinngenerierung ergebe. Sollte der Aufnahmemitgliedstaat eventuelle Kursschwankungen unberücksichtigt lassen, verpflichte dies den Herkunftsmitgliedstaat nicht zu einer Neubewertung der angefallenen Steuerschuld bei Wegzug der Gesellschaft.[1463]

Dies sei darauf zurückzuführen, dass die Niederlassungsfreiheit keine steuerneutrale Sitzverlegung gewährleistet. Ein Mitgliedstaat müsse vor dem Hintergrund diverser Diskrepanzen in den nationalen Steuerrechten, welche eine solche Sitzverlegung aus steuerrechtlicher Sicht (un-)vorteilhaft erscheinen lassen, keine Abstimmung mit Steuergesetzen aus anderen Mitgliedstaaten vornehmen, um eventuelle Nachteile auszugleichen.[1464] Somit sei die sofortige Festsetzung der Steuerschuld ohne Berücksichtigung eventueller Wertminderungen im Falle des Wegzugs auch verhältnismäßig.[1465]

bb) Unverzügliche Einziehung der Steuerschuld im Zeitpunkt des Wegzugs

Nach Ansicht von NGI und der Kommission ist die sofortige Fälligkeit der Steuerschuld unverhältnismäßig, weil eine Einziehung im Zeitpunkt der tatsächlichen Gewinnrealisierung ein milderes Mittel darstellt, welches die Aufteilung der Steuerbefugnis nicht behindert. Dem erhöhten Verwaltungsaufwand kann laut Kommission durch eine jährlich abzugebende Erklärung über die Inhaberschaft der Forderung leicht Abhilfe geleistet werden. Dagegen sind die beteiligten Regierungen der Meinung, eine spätere Fälligkeit aufgrund des Nachverfolgungsaufwandes im Aufnahmemitgliedstaat weniger effizient sei.[1466]

Eine Einziehung der Steuerschuld zum späteren Zeitpunkt der Realisierung würde helfen, potenzielle Liquiditätsprobleme der Gesellschaften bei sofortigem

---

1462 EuGH, Urt. v. 29.11.2011, Rs. C-371/10, ECLI:EU:C:2011:785, Rn. 58 f. – National Grid Indus; *Brinkmann/Reiter*, DB 2012, 16 f.; *Rohler*, GmbH-StB 2012, 54 (56).

1463 EuGH, Urt. v. 29.11.2011, Rs. C-371/10, ECLI:EU:C:2011:785, Rn. 60 f. – National Grid Indus; *Hruschka*, DStR 2011, 2334 (2343); *Mitschke*, IStR 2012, 6 (7).

1464 EuGH, Urt. v. 29.11.2011, Rs. C-371/10, ECLI:EU:C:2011:785, Rn. 62 – National Grid Indus, m. Verw. auf EuGH, Urt. v. 15.07.2004, Rs. C-365/02, ECLI:EU:C:2004:449, Rn. 34 – Lindfors; EuGH, Urt. v. 12.07.2005, Rs. C-403/03, ECLI:EU:C:2005:446, Rn. 45 – Schempp.

1465 EuGH, Urt. v. 29.11.2011, Rs. C-371/10, ECLI:EU:C:2011:785, Rn. 64 – National Grid Indus; *Körner*, IStR 2012, 1 (3); *Kessler/Philipp*, DStR 2012, 267 (271).

1466 EuGH, Urt. v. 29.11.2011, Rs. C-371/10, ECLI:EU:C:2011:785, Rn. 65–67 – National Grid Indus; *Bron*, EWS 2012, 32 (35); *Sydow*, IStR 2013, 663 (664); *Körner*, IStR 2012, 1 (3); *Rohler*, GmbH-StB 2012, 54 (56).

Einzug zu vermeiden.[1467] Allerdings könne ein Aufschub bei der Steuererhebung zu einem erhöhten Maß an Verwaltungsaufwand führen: Dieser entstehe dadurch, dass eine Sitzverlegung, anders als im Ausgangsverfahren, des Öfteren mit einer Verlegung vieler Vermögensgegenstände einhergeht und die Aufzeichnung der Vermögenswerte eine diffizile Aufgabe für Unternehmen darstelle. Deshalb sei die von der Kommission vorgeschlagene jährliche Erklärung über die Forderung (s. Rn. 66) möglicherweise sogar eine schwerwiegendere Belastung als die sofortige Fälligkeit der Steuerschuld.[1468] So sehen es zumindest die beteiligten Regierungen. Zwar sei eine Steuerregel denkbar, die der Gesellschaft die freie Wahl zwischen sofortiger Zahlung und der Auflistung und Kontrolle der Vermögensgegenstände überlasse, jedoch erhöhe sich das Risiko einer Nichteinziehung mit zunehmender Zeit. Auch seien die Steuerbehörden einem nicht zu rechtfertigenden Mehraufwand ausgesetzt.[1469]

Der EuGH ist hingegen anderer Meinung. Sofern sich eine Gesellschaft für den Aufschub der Steuerschuld entscheide, sei sie der Ansicht, sie könne Verwaltungsaufwand bewältigen und er stelle somit keine größere Beschränkung als ein möglicher Liquiditätsengpass in Folge der unmittelbaren Zahlung der Steuerschuld dar. Deshalb könne der Verwaltungsaufwand für die nationalen Behörden auch nicht als unangemessen eingestuft werden. Des Weiteren betreffe die Nachverfolgung nicht die Festsetzung, sondern nur den Einzug der Steuern.[1470] Die Behörden des Herkunftsstaates könnten sich dabei nach der Richtlinie 2008/55/EG[1471] auf Unterstützung der Behörden des Aufnahmestaates berufen, was eine tatsächliche Einziehung ermögliche und den Verwaltungsaufwand verringere.[1472] Zwar könne die in Rede stehende niederländische Regelung auch der Kohärenz des Steuersystems zu Gute kommen, jedoch sei nur die Festsetzung und nicht die umgehende Besteuerung von der Verhältnismäßigkeit gedeckt.[1473] Bei einer Sitzverlegung dürfe auch nicht pauschal von einer Steuerhinterziehungsabsicht ausgegangen werden.[1474] Die

---

1467 EuGH, Urt. v. 29.11.2011, Rs. C-371/10, ECLI:EU:C:2011:785, Rn. 68 – National Grid Indus; *Brinkmann/Reiter*, DB 2012, 16 (17); *Mörsdorf*, EuZW 2012, 296 (300).

1468 EuGH, Urt. v. 29.11.2011, Rs. C-371/10, ECLI:EU:C:2011:785, Rn. 69–71 – National Grid Indus; *Hahn*, BB 2012, 681 (685); *Kessler/Philipp*, DStR 2012, 267 (271).

1469 EuGH, Urt. v. 29.11.2011, Rs. C-371/10, ECLI:EU:C:2011:785, Rn. 73–75 – National Grid Indus; *Mitschke*, IStR 2012, 6 (7); *Bron*, EWS 2012, 32 (36).

1470 EuGH, Urt. v. 29.11.2011, Rs. C-371/10, ECLI:EU:C:2011:785, Rn. 76 f. – National Grid Indus; *Mitschke*, IStR 2012, 6 (7); *Brinkmann/Reiter*, DB 2012, 16 (17).

1471 S. Art. 4 Abs. 1, 5–9 der Richtlinie 2008/55/EG des Rates über die gegenseitige Unterstützung bei der Beitreibung von Forderungen in bezug auf bestimmte Abgaben, Zölle, Steuern und sonstige Maßnahmen v. 26.05.2008; ABl. 2008 Nr. L 150/28.

1472 EuGH, Urt. v. 29.11.2011, Rs. C-371/10, ECLI:EU:C:2011:785, Rn. 78 – National Grid Indus; *Körner*, IStR 2012, 1 (3); *Kessler/Philipp*, DStR 2012, 267 (271).

1473 EuGH, Urt. v. 29.11.2011, Rs. C-371/10, ECLI:EU:C:2011:785, Rn. 79–82 – National Grid Indus; *Bron*, EWS 2012, 32 (35).

1474 EuGH, Urt. v. 29.11.2011, Rs. C-371/10, ECLI:EU:C:2011:785, Rn. 83 f. – National Grid Indus, m. Verw. auf EuGH, Urt. v. 12.09.2006, Rs. C-196/04, ECLI:EU:C:2006:544,

unmittelbare Einziehung der Steuer sei also, anders als die sofortige Festsetzung, unverhältnismäßig.[1475]

3. Problemfelder und Diskussionsschwerpunkte

Das Urteil National Grid Indus scheint in der Literatur, bildlich gesprochen, etwas unter dem Radar geflogen zu sein.[1476] Trotzdem trugen die steuerlichen Aspekte zu einer breiten Diskussion um deutsche und europäische Entstrickungstatbestände bei.[1477] Mitschke erwartete gar „erdrutschartige Konsequenzen".[1478] Andererseits darf der international-gesellschaftsrechtliche Teil des Urteils keinesfalls außer Acht gelassen werden.[1479] So erstaunt es nicht, dass das Urteil mit großer Spannung erwartet wurde.[1480]

a) Anwendbarkeit der Niederlassungsfreiheit – Der Unterschied zwischen steuer- und gesellschaftsrechtlichen Beschränkungen

Der Aspekt, der in der hitzig geführten Diskussion um die Verhältnismäßigkeit bestimmter nationaler Entstrickungstatbestände fast unterging, war der Teil des Urteils, welcher sich mit der ersten Vorlagefrage und der Anwendbarkeit der Niederlassungsfreiheit, also der Vorfrage nach internationalem Privatrecht beschäftigte. Anschaulich erklärt Mörsdorf: „Die Antwort (des Gerichtshofs)...hat es in sich. [...] Was hier wie eine Selbstverständlichkeit daherkommt, könnte sich...als kleine Sensation entpuppen" und unterstreicht damit die Bedeutung der Passagen.[1481] Andere Autoren widmen diesem Aspekt weniger Aufmerksamkeit, wenn sie die Anwendbarkeit der Niederlassungsfreiheit eindeutig bestätigen.[1482]

Im vorliegenden Fall kann sich die Gesellschaft auf die Niederlassungsfreiheit berufen, weil die in Rede stehende niederländische Regelung eine steuerrechtliche Folge an den Wegzug knüpft und nicht die Bedingungen aufstellt, nach welcher das Unternehmen gegründet wird oder etwa fortexistieren kann, mit anderen

---

Rn. 50 – Cadbury Schweppes; EuGH, Urt. v. 21.11.2002, Rs. C-436/00, ECLI:EU:C:2002: 704, Rn. 62 – X und Y.

1475 EuGH, Urt. v. 29.11.2011, Rs. C-371/10, ECLI:EU:C:2011:785, Rn. 85 f. – National Grid Indus; *Körner*, IStR 2012, 1; *Mitschke*, IStR 2012, 6 (7).

1476 *Mörsdorf*, EuZW 2012, 296; „wurde Daily Mail verdeckt aufgehoben?", so *Schall*, NZG 2011, 414 (418).

1477 *Thömmes/Linn*, IStR 2012, 282, m. Verw. auf weitere Stellungnahmen in Fn. 6; *Möller-Gosoge/Kaiser*, BB 2012, 803 (808).

1478 *Körner*, IStR 2012, 1; a.A.: *Mitschke*, DStR 2012, 629.

1479 *Bron*, EWS 2012, 32 (33); *Hahn*, BB 2012, 681 (683).

1480 *Lenz*, DB 2011, Heft 51/52, M1; *Mörsdorf*, EuZW 2012, 296 (297).

1481 *Mörsdorf*, EuZW 2012, 296 (297).

1482 *von Brocke*, SteuK 2012, 38; *Brinkmann/Reiter*, DB 2012, 16; *Momen*, RIW 2012, 302 (303).

Worten den Status quo der Gesellschaft unberührt lässt.[1483] Der EuGH differenziert hier also ausdrücklich zwischen steuer- und gesellschaftsrechtlichen Beschränkungen.[1484] Der Mitgliedstaat besitzt folglich, im Einklang mit dem Urteil Cartesio, weiterhin die Möglichkeit, den Wegzug von Gesellschaften durch gesellschaftsrechtliche Schranken zu verhindern.[1485] Er kann die Anknüpfungspunkte für die Gründung einer Gesellschaft und den Erhalt des Statuts autonom bestimmen.[1486]

Im Umkehrschluss bedeutet dies allerdings auch, dass alle anderen Wegzugshindernisse anhand der Niederlassungsfreiheit zu messen sind.[1487] Wenn ein Mitgliedstaat den Wegzug erlaubt, ist die Niederlassungsfreiheit also ebenfalls anwendbar.[1488] Mag diese Unterscheidung auf den ersten Blick auch widersprüchlich erscheinen, so ist sie unter logischen Gesichtspunkten nicht zu beanstanden: „Wenn schon, denn schon".[1489] Diese Argumentation erinnert des Weiteren an Ausführungen aus den vom gleichen Tag stammenden „Goldene-Aktien"-Urteilen I, II, III[1490]: Die Eigentumsgarantie iSd Art. 345 AEUV erlaubt es, staatliche Unternehmen keiner Privatisierung unterziehen zu müssen, aber nicht als Minus eine Teilprivatisierung vorzunehmen, sondern eine vollständige Überführung – „ganz oder gar nicht" – in die Privatwirtschaft durchzuführen; keinesfalls ist die nationale Eigentumsordnung jedoch der Kontrolle durch EU-Recht entzogen.[1491]

Korte fasst dies in Kategorien zusammen, die aus der Keck-Formel bekannt sind: Wenn der Wegzugsstaat Anforderungen an das „Wie" stellt, also nur die Modalitäten des Wegzugs regelt, und nicht zugleich das „Ob" des Wegzugs in Frage stellt, so ist die Niederlassungsfreiheit anwendbar.[1492] Dahingestellt bleibt, ob dies eine partielle Wegzugsfreiheit ausdrückt.[1493]

1483 *Kessler/Philipp*, DStR 2012, 267 (269); *Forsthoff*, EuZW 2015, 248 (249); *Verse*, ZEuP 2013, 458 (461–463); *Wall* in: Hausmann/Odersky, Int. PrivR, § 18, Rn. 69.

1484 *Körner*, IStR 2012, 1 (2); *Hahn*, BB 2012, 681 (683).

1485 *Kindler* in: MüKo BGB, Bd. 12, Teil 10, Rn. 132; *Weller*, ZEuP 2012, 681 (685); *ders.* in: MüKo GmbHG, Bd. 1, Eltg., Rn. 364b; *Verse*, ZEuP 2013, 458 (463 f.).

1486 *Ruiner*, IStR 2012, 49; *Wall* in: Hausmann/Odersky, Int. PrivR, § 18, Rn. 67.

1487 *Kindler* in: MüKo BGB, Bd. 12, Teil 10, Rn. 132; *Roth*, FS Hoffmann-Becking 2013, 965 (974); *Schall/Barth*, NZG 2012, 414 (415); *Weller*, ZEuP 2012, 681 (685).

1488 *Hruschka*, DStR 2011, 2334 (2343); *Lieder* in: Oetker, HGB, § 105, Rn. 144.

1489 *Verse*, ZEuP 2013, 458 (460–464).

1490 EuGH, Urt. v. 04.06.2002, Rs. C-367/98, ECLI:EU:C:2002:326, Rn. 48 – Kom./Portugal; EuGH, Urt. v. 04.06.2002, Rs. C-483/99, ECLI:EU:C:2002:327, Rn. 44 – Kom./Frankreich; EuGH, Urt. 04.06.2002, Rs. C-503/99, ECLI:EU:C:2002:328, Rn. 44 – Kom./Belgien.

1491 *Bayer/Schmidt*, BB 2012, 3 (12).

1492 *Korte* in: Calliess/Ruffert, EUV/AEUV, Art. 54 AEUV, Rn. 29.

1493 S. *Roth*, FS Hoffmann-Becking 2013, 965 (970 f.); a.A.: *Körner*, IStR 2012, 1 (2).

b) Das Verhältnis von National Grid Indus zu Daily Mail[1494]

Thematisch eng an die Frage der Anwendbarkeit von Art. 49 AEUV anschließend, besteht ein problematisches Verhältnis zwischen den Urteilen Daily Mail und National Grid Indus.[1495] Die Spannweite dieser Beurteilung reicht von einer „Abkehr“[1496] über eine „Nuancierung“[1497] bis hin zur „Bestätigung“[1498] des Urteils Daily Mail.

Roth ist der Ansicht, dass das Urteil Daily Mail eindeutig „overruled“ wurde, weil der EuGH die Niederlassungsfreiheit bei der rechtsformwahrenden Sitzverlegung der Gesellschaft unmittelbar anwendet und eine Wegzugsbesteuerung als Beschränkung qualifiziert.[1499] Kritisch anzumerken ist dabei, dass das Gericht in diesem Punkt nicht explizit auf Daily Mail verweist.[1500] Auch in dem Fall von 1988 hätte, nach der Logik von National Grid Indus, eine Überprüfung der steuerrechtlichen Wegzugsbeschränkung anhand der Niederlassungsfreiheit erfolgen können.[1501]

Anderen Vertretern in der Literatur zu Folge war eine solche Kontrolle der britischen Regeln keinesfalls zwingend.[1502] Nach der Ansicht von Wall liegt der Unterschied innerhalb der Fälle in dem Zustimmungserfordernis zur Sitzverlegung seitens der britischen Finanzbehörde im Falle Daily Mail – hätten die niederländischen Regeln ein ähnliches Erfordernis vorgesehen, wäre eine Überprüfung der Regeln ebenfalls ausgeblieben.[1503] Es wäre also nicht nur zwischen den international-gesellschaftsrechtlichen sowie steuerrechtlichen Folgen zu unterscheiden,[1504] sondern auch zwischen Steuerregeln, die die Sitzverlegung untersagen und solchen Steuergesetzen, die nur belastende, weil finanzielle Nachteile an eine Sitzverlegung knüpfen.[1505] Jedoch erscheint eine solche Unterscheidung künstlich und trotz alledem hätte die steuerrechtliche Behinderung des Wegzugs in Daily Mail

1494 EuGH, Urt. v. 27.09.1988, Rs. 81/87, ECLI:EU:C:1988:456 – Daily Mail.

1495 *v. Hein* in: MüKo BGB, Bd. 11, Art. 3 EGBGB, Rn. 104.

1496 *Mörsdorf*, EuZW 2012, 296 (301).

1497 *Forsthoff*, EuZW 2015, 248 (249).

1498 *Kindler* in: MüKo BGB, Bd. 12, Teil 10, Rn. 131; *Hahn*, BB 2012, 681 (682).

1499 *Roth*, FS Hoffmann-Becking 2013, 965 (971); *Mörsdorf*, EuZW 2012, 296 (298).

1500 Den fehlenden Hinweis bemängelt etwa *Verse*, ZEuP 2013, 458 (464); ähnlich *Schall/Barth*, NZG 2012, 414 – „nur scheinbar bestätigt er (der EuGH) seine Grundlinie von Daily Mail“; *Roth*, FS Hoffmann-Becking 2013, 965 (971).

1501 *Verse*, ZEuP 2013, 458 (464); *Schall/Barth*, NZG 2012, 414 (418).

1502 U.A. *Tiedje* in: v.d. Groeben/Schwarze/Hatje, EuR, Art. 54 AEUV, Rn. 70; *Mitschke*, IStR 2012, 6 (7); a.A.: *Körner*, IStR 2012, 1 (2).

1503 *Wall* in: Hausmann/Odersky, Int. PrivR, § 18, Rn. 67; idS auch *Stöber*, ZIP 2012, 1273 (1279); a.A.: *Schall/Barth*, NZG 2012, 414 (418), weil es auch nach britischen Regeln nicht zu einer Liquidation der Gesellschaft gekommen wäre.

1504 S. die zuvor besprochene Unterscheidung.

1505 *Mörsdorf*, EuZW 2012, 296 (297).

an der Niederlassungsfreiheit gemessen werden müssen, weil sie dasselbe Ziel[1506] wie die in Rede stehende niederländische Regel verfolgt und eine Sitzverlegung im Grundsatz nicht verboten wurde.[1507]

Ein Widerspruch ergäbe sich schlussendlich auch, wenn ein Mitgliedstaat den Wegzug steuerrechtlich verbieten könnte, aber eine weniger intensive Rechtsfolge steuerlicher Art gerechtfertigt werden müsste.[1508] Allerdings haben die Mitgliedstaaten ein solches Argumentum a Maiore ad Minus auch an anderer Stelle vorgebracht. Die Regierungen waren der Ansicht, sei eine gesellschaftsrechtliche Auflösungssanktion im Falle des Wegzugs erlaubt, könnten auch weniger einschneidende Maßnahmen wie steuerrechtliche Folgen ohne Weiteres den Maßgaben der Niederlassungsfreiheit gerecht werden.[1509] Diesem „einleuchtenden Argument widersetzte sich der EuGH mit dogmatischer Finesse".[1510] Sofern die (Fort-)Existenz und der Statuts der Gesellschaft im Herkunftsmitgliedstaat unbestritten sind, besteht ein Recht auf Sitzverlegung.[1511] Folgt der Herkunftsstaat mithin der Gründungstheorie, sind steuerrechtliche Sanktionen justiziabel.[1512]

Somit kann zwischen den beiden konkurrierenden Ansichten vermittelnd beim Urteil National Grid Indus auch von einer „Modifikation" gesprochen werden.[1513] Die Vertreter der widerstreitenden Auffassungen nähern sich teilweise auch an. So hätte laut Hahn die grenzüberschreitende Verschmelzung im Urteil Sevic[1514] mit guten Argumenten ebenso aus dem Anwendungsbereich der Niederlassungsfreiheit ausgenommen werden können, weil ein solcher Vorgang die Beendigung mindestens einer Gesellschaft vorsieht. Dies zeuge von einer nur noch „eingeschränkten Bedeutung" Daily Mails. Dadurch, dass der Gerichtshof im Fall National Grid Indus das Steuerrecht im Wegzugsfall einer Überprüfung unterziehe, erkenne er ebenso ein „teilweises overruling" an.[1515] Auf der anderen Seite attestieren bspw. Schall/Barth der Daily-Mail-Doktrin in Folge der Cartesio-Entscheidung einen dogmatisch nachvollziehbaren Ansatz.[1516]

1506 Die Besteuerung nicht realisierter, stiller Reserven im Wegzugsstaat.

1507 *Mörsdorf*, EuZW 2012, 296 (297 f.); *Schall/Barth*, NZG 2012, 414 (418); *Verse*, ZEuP 2013, 458 (464).

1508 *Mörsdorf*, EuZW 2012, 296 (298).

1509 EuGH, Urt. v. 29.11.2011, Rs. C-371/10, ECLI:EU:C:2011:785, Rn. 29–31 – National Grid Indus.

1510 So wörtlich *Schall/Barth*, NZG 2012, 414 (415); idS *Beutel/Rehberg*, IStR 2012, 94; *Bron*, EWS 2012, 32 (34); *v. Hein* in: MüKo BGB, Bd. 11, Art. 3 EGBGB, Rn. 103.

1511 *Forsthoff*, EuZW 2015, 248 (249); *Kessler/Philipp*, DStR 2012, 267 (269); *Bayer/Schmidt*, BB 2012, 3 (12); *Verse*, ZEuP 2013, 458 (464).

1512 *Körner*, IStR 2012, 1 (2); *Mitschke*, IStR 2012, 6 (7).

1513 *Montag/von Bonin*, NJW 2012, 3553 (3556).

1514 EuGH, Urt. v. 13.12.2005, Rs. C-411/03, ECLI:EU:C:2005:762 – Sevic.

1515 *Hahn*, BB 2012, 681 (682); *ders.*, JurisPR-SteuerR 6/2012, Anm. 2.

1516 *Schall/Barth*, NZG 2012, 414 (418).

Insgesamt ist die Entscheidung Daily Mail nur schwerlich mit dem hier besprochenen Urteil in Einklang zu bringen.[1517] Speziell vor dem Hintergrund, dass sowohl Großbritannien als auch die Niederlande der Gründungstheorie folgen und einen Wegzug nach ihrem Internationalen Gesellschaftsrecht erlauben, zeugt das unterschiedliche Endergebnis beider Judikate von einer Lossagung gegenüber den Daily-Mail-Grundsätzen.[1518] Dabei wird deutlich, dass der EuGH im Urteil Daily Mail Aspekte des Steuer- und des Gesellschaftsrechts vermischte.[1519] Mörsdorf spricht dann von der „Korrektur eines dogmatischen Webfehlers", während Hahn den „dogmatischen Gehalt" von Daily Mail aufrechterhalten will.[1520] Deutlicher werden hingegen Schall/Barth, für welche der „Grundfehler" der Daily-Mail-Entscheidung durch die Urteile National Grid Indus und Cartesio evident wurde. Der EuGH verkannte die adäquate und dogmatische Konstruktion, weil eine Gesellschaft bei Sitzverlegung ihre Rechtspersönlichkeit nur ex nunc und nicht ex tunc verliert: „Geschenkt ist geschenkt, wiederholen ist gestohlen!".[1521]

c) Beschränkungsebene – speziell: unberücksichtigte Wertminderungen

Der EuGH hält die Prüfung auf der Beschränkungsebene kurz und prägnant.[1522] Die niederländische Schlussbesteuerung im Falle des Wegzugs kann vielen Autoren nach zu urteilen „eindeutig" als Beschränkung aufgefasst werden.[1523] Diese liegt im Liquiditätsnachteil bei der Zahlung von Gewinnsteuern, sofern sich diese noch nicht vorteilhaft ausgewirkt haben.[1524]

Für Hahn ist die Begründung jedoch ambivalent und terminologisch ungenau, weil die Ausführungen des Gerichts sich sowohl auf Beschränkungen („weniger attraktiv") als auch Diskriminierungen („unterschiedliche Behandlung") beziehen,

1517 *Wilhelmi*, FS Hailbronner 2013, 531 (539); *Verse*, ZEuP 2013, 458 (464); *Roth*, FS Hoffmann-Becking 2013, 965 (971); a.A.: *Tiedje* in: v.d. Groeben/Schwarze/Hatje, EuR, Art. 54 AEUV, Rn. 70; *Wall* in: Hausmann/Odersky, Int. PrivR, § 18, Rn. 71.

1518 *Beutel/Rehberg*, IStR 2012, 94, s. Hinweis zu Fn. 5; Schlussanträge der GA Kokott v. 08.09.2011, Rs. C-371/10, ECLI:EU:C:2011:563, Anm. 27–30, 33 – National Grid Indus.

1519 *Hahn*, BB 2012, 681 (682 f.); Schlussanträge der GA Kokott v. 08.09.2011, Rs. C-371/10, ECLI:EU:C:2011:563, Anm. 28 – National Grid Indus.

1520 *Mörsdorf*, EuZW 2012, 296 (298); *Hahn*, JurisPR-SteuerR 6/2012, Anm. 2.

1521 *Schall/Barth*, NZG 2012, 414 (418); a.A.: *v. Hein* in: MüKo BGB, Bd. 11, Art. 3 EGBGB, Rn. 104, in Anlehnung an GA Maduro: „Die Befugnis zur Verhängung der Todesstrafe bei einer Verwaltungssitzverlegung impliziert nicht die Kompetenz zur Verhängung einer steuerrechtlichen Geldstrafe, wenn...die Gesellschaft...am Leben gelassen wird."

1522 *Bron*, EWS 2012, 32 (35).

1523 Etwa *Kessler/Philipp*, DStR 2012, 267 (269 f.); *Hahn*, JurisPR-SteuerR 6/2012, Anm. 2.; *Schall/Barth*, NZG 2012, 414 (415); *Hruschka*, DStR 2011, 2334 (2343).

1524 *Rohler*, GmbH-StB 2012, 54 (55); *Kessler/Philipp*, DStR 2012, 267 (268 f.); *Böing*, GmbH-StB 2012, 36; *Brinkmann/Reiter*, DB 2012, 16.

wobei seiner Ansicht nach bessere Gründe für die Annahme einer Diskriminierung bestehen.[1525] Eine zusätzliche Beschränkung könnte auch in der unsicheren Bemessungsgrundlage für die Entstrickungsbesteuerung liegen.[1526] Dem Argument, dass im Umkehrschluss aus Art. 12 der Fusions-Richtlinie[1527] eine Sofortbesteuerung verhältnismäßig ist,[1528] sind die Richter nicht gefolgt.[1529]

Bei dem Urteil N zur Besteuerung natürlicher Personen ging der Gerichtshof noch davon aus, dass der Herkunftsstaat spätere Wertminderungen bei der Gewinnbesteuerung zu berücksichtigen hat.[1530] Im vorliegenden Urteil entschied er für Gesellschaften jedoch eindeutig gegenteilig.[1531] Dies liegt an der Symmetrie zwischen der Gewinnbesteuerung im Aufnahmestaat und der Möglichkeit, Verluste in Abzug zu bringen. Eine eventuelle Nichtberücksichtigung durch den Zuzugs- verpflichtet den Wegzugsstaat nicht zu einer Anrechnung.[1532] Allerdings erkennt etwa Momen in den Aussagen des EUGH indirekt eine Abstimmungsnotwendigkeit der Steuerregeln unter den Mitgliedstaaten – Der EuGH übe aber keinen Druck durch eine Verpflichtung aus.[1533] In die gleiche Richtung tendiert die Anmerkung Lamperts, welcher die Bemühungen des Rates um eine Koordinierung der Wegzugsbesteuerung unter den Mitgliedstaaten erkennt.[1534]

Ändert man hingegen, wie in Fällen der Sitzverlegung üblich, die Perspektive, erscheint es fraglich, ob der Gerichtshof davon ausgeht, dass der Zuzugsstaat spätere Wertminderungen bei der Realisierung des Gewinns steuerlich zu

---

1525 *Hahn*, BB 2012, 681 (684); iSe Diskriminierung wohl auch *Rohler*, GmbH-StB 2012, 54 (55); auch *Stöber* betont den Unterschied zwischen in- und ausländischen Sachverhalten, ZIP 2012, 1273 (1279).

1526 *Orthmann*, Exit Tax, S. 389; *Bron*, EWS 2012, 32 (35).

1527 Richtlinie 2009/133/EG des Rates über das gemeinsame Steuersystem für Fusionen Spaltungen, Abspaltungen, die Einbringung von Unternehmensteilen und den Austausch von Anteilen, die Gesellschaften verschiedener Mitgliedstaaten betreffen, sowie für die Verlegung des Sitzes einer Europäischen Gesellschaft oder einer Europäischen Genossenschaft von einem Mitgliedstaat in einen anderen Mitgliedstaat v. 19.10.2009. ABl. 2009 Nr. L 310/34.

1528 *Mitschke*, IStR 2011, 294 (296).

1529 Auf das Prinzip der Primärrechtskonformität von Sekundärrecht verweisen: *Beutel/Rehberg*, IStR 2012, 94 (95); *Momen*, RIW 2012, 302 (308); *Brinkmann/Reiter*, DB 2012, 16 (17); *Verse*, ZEuP 2013, 458 (483).

1530 EuGH, Urt. v. 07.09.2006, Rs. C-470/04, ECLI:EU:C:2006:525, Rn. 54 – N.

1531 EuGH, Urt. v. 29.11.2011, Rs. C-371/10, ECLI:EU:C:2011:785, Rn. 56 – National Grid Indus; *Lenz*, DB 2011, Heft 51/52, M1; *Thömmes/Linn*, IStR 2012, 282 (288).

1532 *Lampert* in: Kellersmann/Treisch/Lampert/Heinemann, EU-Unternehmenssteuer, S. 152; *ders.* in: Gosch, KStG, § 12, Rn. 73; zu letzterem auch *Mössner*, IStR 2015, 768.

1533 *Momen*, RIW 2012, 302 (307).

1534 *Lampert* in: Gosch, KStG, § 12, Rn. 73 bez. einer Entschließung des Rates v. 2.12.2008 (ABl. EU C 323 v. 18.12.2008), welche den Aufnahmestaat bat, den vom Herkunftsstaat steuerlich festgesetzten Wert bei der späteren Besteuerung eines Erlöses zu beachten.

berücksichtigen hat.[1535] Einige Autoren sehen in der Nicht-Berücksichtigung eventueller Wertminderungen eine Beschränkung des Zuzugsstaates.[1536] Für Bron ergibt die oben angesprochene Begründung des EuGH im Wegzugsfall nur dann Sinn, wenn der Zuzugsstaat einen Step-up gewährt, weil es ansonsten zu einer Doppelbesteuerung käme und diese mit dem Rechtfertigungsgrund der ausgewogenen Aufteilung der Besteuerungsbefugnis nicht mehr zu vereinbaren wäre, als Kehrseite also eine Zuzugsbeschränkung vorläge.[1537]

Allerdings sind die Aussagen des Gerichtshofs zumindest unklar. Einerseits gibt er den Hinweis, dass der Aufnahmemitgliedstaat in seinem Steuersystem Wertschwankungen zu berücksichtigen hat. Andererseits bestreitet er ein aus der Niederlassungsfreiheit folgendes Recht auf steuerneutrale Sitzverlegung.[1538] In der Praxis ist zunächst festzustellen, dass Wertschwankungen vom Zuzugsstaat keinesfalls immer berücksichtigt werden.[1539] Kessler/Philipp betonen, dass eine Berücksichtigung durch den Zuzugsstaat nicht nur wünschenswert, sondern gar steuersystematisch zwingend ist, die Verstrickungsfragen aber nicht vom Urteil umfasst wären und die EuGH-Anmerkungen auch eher keine Pflicht zum Step-up des Zuzugsstaats beinhalteten.[1540] In diesem Punkt kritisiert Mörsdorf den Gerichtshof, weil die gerade angesprochenen Passagen des Urteils widersprüchlich sind und er ihnen keine tatsächlichen Verpflichtungen des Zuzugsstaates entnehmen kann, obwohl das Gericht mit Obiter Dicta keinesfalls sparsam umgeht und Aussagen hierzu s.E. geboten wären.[1541] Dagegen sieht Mitschke in der fehlenden Verstrickung zum Verkehrswert seitens des Zuzugsstaates keine weitere Beschränkung, sondern allein einen Rechtsreflex als Folge der Methode des Gerichtshofs – allerdings betont auch er die Koordinierungsbemühungen des Rates (s.o.).[1542]

d) Die steuerrechtliche Diskrepanz zwischen natürlichen und juristischen Personen – das Verhältnis zu den Urteilen De Lasteyrie und N

Das Vorabentscheidungsverfahren zu National Grid Indus wurde mit Spannung erwartet, weil bisher weitestgehend nur Urteile zur Besteuerung natürlicher

1535 *Mössner*, IStR 2015, 768; *Lenz*, DB 2011, Heft 51/52, M1.

1536 So etwa *Schall/Barth*, NZG 2012, 414 (416); *Hahn*, BB 2012, 681 (684); *Rohler*, GmbH-StB 2012, 54 (56); in Erwägung ziehend *Brinkmann/Reiter*, DB 2012, 16 (17).

1537 *Bron*, EWS 2012, 32 (35); ähnlich *Kessler/Philipp*, DStR 2012, 267 (271).

1538 EuGH, Urt. v. 29.11.2011, Rs. C-371/10, ECLI:EU:C:2011:785, Rn. 58, 62 – National Grid Indus; *Schall/Barth*, NZG 2012, 414 (416).

1539 *Mörsdorf*, EuZW 2012, 296 (299); *Möller-Gosoge/Kaiser*, BB 2012, 803 (808).

1540 *Kessler/Philipp*, DStR 2012, 267 (271); ähnlich *Momen*, RIW 2012, 302 (307).

1541 *Mörsdorf*, EuZW 2012, 296 (300); für *Schall/Barth*, NZG 2012, 414 (416) sind die Aussagen dagegen konsequent, da der EuGH die Frage der Wertverknüpfung nicht aus der Sicht des Wegzugsstaates lösen muss.

1542 *Mitschke*, DStR 2012, 629 (634); die Betonung erfolgt zugleich bei *Lampert* in: Gosch, KStG, § 12, Rn. 73 und *Mörsdorf*, EuZW 2012, 296 (299).

Personen ergingen.[1543] Bereits vor dem Urteil prophezeite Mitschke, dass sich die zu natürlichen Personen ergangen Urteile De Lasteyrie du Saillant und N nicht auf betriebliche Bereiche übertragen lassen und die Gegner einer Sofortbesteuerung mit ihren Hinweisen „nicht ungeschoren (davon-)kommen würden".[1544] Ein Grund für die unterschiedliche Behandlung natürlicher und juristischer Personen könnte sein, dass die Funktion unternehmerischer Vermögenswerte immer in der Gewinnerzielung liegt und die Höhe der Gewinne durch Aktiva in der Bilanz beeinflusst sein können, während von einer generellen Steuerverstrickung eingebrachter Wirtschaftsgüter bei Individuen nicht auszugehen ist.[1545] Auf Betriebsebene sind stille Reserven das folgerichtige Ergebnis der Abschreibungsmöglichkeiten in der Buchführung nach dem Bilanzsteuerrecht. Die Reserven entstehen, sofern der Marktwert der Vermögensgegenstände nicht gemäß den jährlichen Abschreibungen zurückgeht. Eine natürliche Person hat bei einer Beteiligung aber grundsätzlich keine Abschreibungsmöglichkeit.[1546]

Dass der Gerichtshof an den Wegzug von Unternehmen strengere Maßstäbe anlegt als an einen Wohnsitzwechsel, ist ein Umstand, der nicht „wegdiskutiert werden" kann.[1547] Nach Kessler/Philipp ist dies eine bewusste Entscheidung des Gerichtshofs.[1548] Allerdings setzt sich das Gericht insbesondere mit dem Urteil N mehrfach auseinander, zieht dabei Vergleiche, übernimmt Überlegungen oder distanziert sich, was davon zeugt, dass eine teilweise Übertragung der Rechtsprechung zu natürlichen Personen auch auf Gesellschaften möglich ist.[1549] Zwar geschieht dies nicht „eins zu eins", wie es Linn aus Generalanwältin Kokotts Schlussanträgen noch herauslas.[1550] Die Grundsätze der europäischen Steuerjudikatur sind jedoch auf den betrieblichen Bereich anwendbar, auch wenn sich aufgrund von gesellschaftsrechtlichen Besonderheiten Unterschiede im Detail ergeben.[1551] Ob diese Differenzierung vor dem Hintergrund der Gleichstellung nach Art. 54 AEUV überzeugt, mag dahinstehen.[1552] Eine Rechtsprechungsänderung ist

---

1543 *Lenz*, DB 2011, Heft 51/52, M1; *Mörsdorf*, EuZW 2012, 296 (297).

1544 *Mitschke*, IStR 2012, 6 (6, 10) mit Bezug zu *ders.*, IStR 2010, 95 (96) und *ders.*, IStR 2010, 211 (212); *ders.*, DStR 2012, 629 (634).

1545 *Schall/Barth*, NZG 2012, 414 (417), so wohl auch *Bron*, EWS 2012, 32 (38).

1546 *Mitschke*, DStR 2012, 629 (634 f.).

1547 *Momen*, RIW 2012, 302; *Lenz*, DB 2011, Heft 51/52, M1 findet dies „bemerkenswert"; idS wohl auch *Thömmes/Linn*, IStR 2012, 282 (283).

1548 *Kessler/Philipp*, DStR 2012, 267 (271); s.a. *Thömmes/Linn*, IStR 2012, 282 (288).

1549 EuGH, Urt. v. 29.11.2011, Rs. C-371/10, ECLI:EU:C:2011:785, Rn. 19, 37, 45 f., 53 f. – National Grid Indus.

1550 *Linn*, IStR 2011, 817 (819) m. Verw. auf die Schlussanträge der GA Kokott v. 08.09.2011, Rs. C-371/10, ECLI:EU:C:2011:563, Anm. 72 ff. (insb. 75) – National Grid Indus.

1551 *Bron*, EWS 2012, 32 (38); *Mössner*, IStR 2015, 768; für *Prinz*, GmbHR 2012, 195 (197) liegt das Urteil auf einer Linie mit der Rechtsprechung zu natürlichen Personen.

1552 *Bron*, EWS 2012, 32 (38); *Hahn*, JurisPR-SteuerR 6/2012, Anm. 2; für eine Differenzierung ist *Stöber*, ZIP 2012, 1273 (1275 f.).

allerdings nicht zu verzeichnen, da in den Urteilen De Lasteyrie und N Besonderheiten gegen eine Rechtfertigung sprachen.[1553] Dagegen könnte es durchaus zu einem Bruch in der Rechtsprechung zu natürlichen Personen gekommen sein, wenn man bedenkt, dass eine Steuerstundung unter der Bedingung einer Sicherheitsleistung stehen darf (s.u.).[1554]

e) Milderes Mittel – Wahlrecht: Verwaltungsaufwand / Sofortbesteuerung

In der Literatur entnimmt man dem Urteil National Grid Indus einhellig ein Verbot der Sofortbesteuerung stiller Reserven.[1555] Der gleichen Meinung war auch die Kommission, die als Ausgleichsregelung sowohl in den Schlussanträgen als auch im Urteil selbst vorschlug, eine Stundung der Steuerschuld von bestimmten Meldeauflagen des Unternehmens abhängig zu machen, um die Nachverfolgung für die Verwaltungen zu vereinfachen.[1556] Die Regierungen hatten nämlich speziell den Verwaltungsaufwand als Argument für eine Sofortbesteuerung vorgebracht.[1557]

Die Mehrarbeit durch die jährliche Auflistung etwaiger Vermögensgegenstände der Firma kann auch für eine Gesellschaft eine Beschränkung darstellen. Dies ist allerdings alleine aus Sicht des Unternehmens zu prüfen, denn sofern dieses sich für eine solche jährliche Erklärung entscheidet, kann der Verwaltungsaufwand auf Seiten der Finanzbehörden ebenfalls nicht zu hoch sein.[1558] Mössner ist der Meinung, der Nachverfolgungsaufwand wäre für das Unternehmen in der Praxis selten zu hoch, weil bei inländischen Sachverhalten ähnliche Informationspflichten bestünden.[1559] Der EuGH gibt im Konjunktiv eine hypothetische nationale Steuerregel an, welche das mildere Mittel eines Wahlrechts zwischen der Sofortbesteuerung und der Stundung inklusive Zins- oder Sicherheitenleistung und

---

1553 *Mössner*, IStR 2015, 768; die Frage einer Distanzierung von der Rs. N aufwerfend *Mörsdorf*, EuZW 2012, 296 (300); a.A.: *Hahn*, JurisPR-SteuerR 6/2012, Anm. 2.

1554 *Schall/Barth*, NZG 2012, 414 (417); *Thömmes/Linn*, IStR 2012, 282 (288).

1555 Auszugsweise: *Ruiner*, IStR 2012, 49; *Schönhaus/Müller*, IStR 2013, 174 (179); *von Brocke*, SteuK 2012, 38; *Wöhlert/Degen*, GWR 2012, 432; *Ege/Klett*, DStR 2012, 2442 (2449); *Böing*, GmbH-StB 2012, 36 (37); *Stöber*, ZIP 2012, 1273 (1279).

1556 Dies ist eine jährlich abzugebende Erklärung – s. Schlussanträge der GA Kokott v. 08.09.2011, Rs. C-371/10, ECLI:EU:C:2011:563, Anm. 58 – National Grid Indus; EuGH, Urt. v. 29.11.2011, Rs. C-371/10, ECLI:EU:C:2011:785, Rn. 66 – National Grid Indus.

1557 *Hruschka*, DStR 2011, 2334 (2344); *Bron*, EWS 2012, 32 (36).

1558 EuGH, Urt. v. 29.11.2011, Rs. C-371/10, ECLI:EU:C:2011:785, Rn. 71, 77 – National Grid Indus; *Mitschke*, IStR 2012, 6 (7); *Kessler/Philipp*, DStR 2012, 267 (271); a.A.: *Mörsdorf*, EuZW 2012, 296 (301).

1559 *Mössner*, IStR 2015, 768 (769).

etwaigen Informationspflichten vorsieht, und klassifiziert diese als verhältnismäßige Lösung.[1560]

Körner und Schall/Barth entnehmen dieser Aussage des Gerichtshofs, dass den Steuerpflichtigen ein Wahlrecht eingeräumt werden muss.[1561] Treffender erscheint, dass das Gericht hier nur einen Vorschlag für ein milderes Mittel unterbreitet und dass ein Wahlrecht zwischen sofortiger Fälligkeit der Steuerschuld und einer Stundung gegen Auflagen nur eine von vielen verhältnismäßigen Lösungen darstellt.[1562] Allerdings ist jeglicher Interpretation zuzugestehen, dass dieser Abschnitt des Urteils rund um die Abwägungen hinsichtlich eines Wahlrechts sehr undurchsichtig ist und einen weiten Spielraum eröffnet.[1563]

Wie man diesen Textabschnitt versteht, hat jedoch große Auswirkungen auf die Beurteilung nationaler Regeln, die zwar keine Sofortbesteuerung, aber auch keine unbefristete, auflagenunabhängige Stundung vorsehen.[1564] Dass die Diskussion um ein Wahlrecht häufig im Mittelpunkt der Urteilsanmerkungen zu National Grid Indus steht, kann man an einer Aussage von Momen erkennen. Für sie sind die deutschen Entstrickungsregeln unverhältnismäßig, weil ein Wahlrecht nicht in sie hineininterpretiert werden kann.[1565] Dieser Ansatz widerspricht dem EuGH-Ansatz – es handelt sich beim Wahlrecht um „ein" milderes und nicht „das" mildere Mittel (s.o.).[1566]

Fraglich wäre ferner ebenso, wie ein solches Wahlrecht ausgestaltet sein sollte.[1567] Reicht etwa ein generelles Wahlrecht aus oder sollte ein solches für jedes Wirtschaftsgut einzeln bestehen?[1568] Es ist zu beachten, dass nicht jedes umzugswillige Unternehmen eine so klare Vermögenslage aufweist wie NGI.[1569] Mitschke sieht in den deutschen Regeln bereits eine Art Wahlrecht.[1570] Die vom Gericht vorgeschlagene Lösung ist jedoch umständlich – Mörsdorf erkennt in der befristeten Streckung nach deutschem Vorbild die elegantere Lösung.[1571] Wie die deutschen

---

1560 EuGH, Urt. v. 29.11.2011, Rs. C-371/10, ECLI:EU:C:2011:785, Rn. 73 – National Grid Indus; lt. *Hahn*, JurisPR-SteuerR 6/2012, Anm. 2 ist dies nur ein „denkbarer" Ansatz.

1561 *Körner*, IStR 2012, 1 (4); *Schall/Barth*, NZG 2012, 414 (416); *Rohler*, GmbH-StB 2012, 54 (56); idS wohl auch *Lampert* in: Gosch, KStG, § 12, Rn. 75.

1562 *Mitschke*, DStR 2012, 629 (629, 631); so auch *Brinkmann/Reiter*, DB 2012, 16 (19); *Sydow*, IStR 2013, 663 (667); *Beutel/Rehberg*, IStR 2012, 94(96).

1563 *Prinz*, GmbHR 2012, 195 (198); *Brinkmann/Reiter*, DB 2012, 16(19).

1564 Wie etwa die gestreckte Stundung nach dt. Recht über fünf Jahre iSv § 36 Abs. 5 EStG.

1565 *Momen*, RIW 2012, 302 (308); ähnlich *Beutel/Rehberg*, IStR 2012, 94(97).

1566 IdS *Brinkmann/Reiter*, DB 2012, 16 (19); *Kessler/Philipp*, DStR 2012, 267(271).

1567 *Prinz*, GmbHR 2012, 195(198).

1568 Für ein selektives Wahlrecht: *Brinkmann/Reiter*, DB 2012, 16 (19); *Linn*, IStR 2011, 817 (820); *Bron*, EWS 2012, 32 (37) – der EuGH äußert sich dazu nicht explizit.

1569 *Schall/Barth*, NZG 2012, 414 (415) bemerken, dass die Firma nur einen einzigen Vermögensgegenstand aufwies; ebenso *Hahn*, BB 2012, 681(685).

1570 *Mitschke*, DStR 2012, 629 (631); *ders.*, IStR 2012, 6(8).

1571 *Mörsdorf*, EuZW 2012, 296(301).

Entstrickungsvorschriften endgültig zu bewerten sind, wird nachfolgend noch zu klären sein.

f) Steuerstundung gegen Sicherheitsleistung und Verzinsung

Für einige Autoren sind die Ausführungen des EuGH zur Stundung der Steuerschuld „erstaunlich".[1572] Das Gericht spricht von einer „Aufschiebung der Zahlung dieses Steuerbetrags, gegebenenfalls zuzüglich Zinsen" und „Maßnahmen wie die Stellung einer Bankgarantie".[1573] Mitschke entnimmt diesen Aussagen positive Signale für die Mitgliedstaaten, weil ein Aufschub für die Zahlung der Steuerschuld nun flankiert wird von einem flächendeckenden System von Meldeauflagen, Zinsen und Sicherheiten.[1574] Das jetzige Urteil entfalte sogar bessere Wirkung für die deutschen Fiskalinteressen als die aktuellen deutschen Regelungen.[1575]

Der Großteil der Autoren wagt jedoch einen differenzierten Blick auf die genannten Urteilspassagen: Nach Kessler/Philipp sind die EuGH-Ausführungen wenig einleuchtend und wirken gar wie Fremdkörper.[1576] Hierfür spricht auch, dass die Verzinsung sowie die Sicherheitsleistung nur beiläufig in Nebensätzen erwähnt werden.[1577] Für Prinz sind die Aussagen sehr abstrakt gehalten und im Kontext beleuchtet (Rn. 66–75), welcher aus einer Zusammenstellung verschiedener Ansichten der Mitgliedstaaten, der Kommission und des Gerichtshofs selbst besteht, eher zweideutig.[1578] Aus dem Kontext ist auch zu schließen, dass eine Zinserhebung im Falle der Stundung nicht generell verhältnismäßig ist, sondern dass eine notwendige Stundungsmöglichkeit selbst dann ein milderes Mittel zur Sofortbesteuerung darstellt, wenn diese nur gegen Zinsen gewährt würde.[1579]

Damit eine nationale Steuerregel, welche die Stundung unter die Auflage einer Sicherheitsleistung stellt, verhältnismäßig sein kann, darf sie, wie aus der Rechtsprechung zum Missbrauch bekannt,[1580] nicht pauschal die Stellung einer Sicherheit

---

1572 *Kessler/Philipp*, DStR 2012, 267 (271); *Thömmes/Linn*, IStR 2012, 282 (283); *Stöber*, ZIP 2012, 1273 (1280) erstaunt die Verschärfung der dt. Regeln durch eine Verzinsung und Sicherheitsleistungen im Zwölf-Punkte-Plan der Regierung v. 14.2.2012; siehe dazu auch: *Geberth*, GmbHR 2012, R77 und *Momen*, RIW 2012, 302 (309).

1573 EuGH, Urt. v. 29.11.2011, Rs. C-371/10, ECLI:EU:C:2011:785, Rn. 73 f. – National Grid Indus.

1574 *Mitschke*, IStR 2012, 6 (8, 11); *ders.*, DStR 2012, 629 (635 f.).

1575 *Ders.*, IStR 2012, 6 (10); *Hahn*, JurisPR-SteuerR 6/2012, Anm. 2; *von Brocke*, SteuK 2012, 38 bezeichnet das Urteil deshalb gar als „Pyrrhussieg".

1576 *Kessler/Philipp*, DStR 2012, 267 (271).

1577 *Beutel/Rehberg*, IStR 2012, 94 (96); *Thömmes/Linn*, IStR 2012, 282 (287); *Stöber*, ZIP 2012, 1273 (1280); für *Momen*, RIW 2012, 302 (309) sind dies nur Vorschläge.

1578 *Prinz*, GmbHR 2012, 195 (198).

1579 So *Bron*, EWS 2012, 32 (36).

1580 S. die Besprechungen oben zu EuGH, Urt. v. 09.03.1999, Rs. C-212/97, ECLI:EU:C:1999:126 Rn. 24 f. – Centros; EuGH, Urt. v. 30.09.2003, Rs. C-167/01, ECLI:EU:C:2003:512, Rn. 96, 139 – Inspire Art; *Orthmann*, Exit Tax, S. 400.

fordern.[1581] So gesehen darf eine Sicherheit nur im Ausnahme- und nicht im Regelfall verlangt werden.[1582] Dies hat der EuGH im Urteil N deutlich gemacht.[1583] Ausnahmsweise dürfen Garantien verlangt werden, weil sich das Risiko der Nichteinziehung mit fortlaufender Stundungsdauer erhöht und diese Gefahr so minimiert werden kann.[1584] Diese Exzeption ist jedoch nur dann zulässig, wenn in einer Abwägung das Zahlungsausfallrisiko gegenüber einer fristgerechten Erbringung der Steuerschuld überwiegt.[1585] Das Risiko der Nichteinziehung muss hinreichend hoch und durch konkrete Verdachtsmomente im Einzelfall belegt sein.[1586] Außerdem muss die Höhe der Sicherheitsleistung, sofern erforderlich, in Relation zum Zahlungsausfallrisiko stehen.[1587] Dann kann auch eine Bankgarantie, die teuerste aller Sicherheitsleistungen, verhältnismäßig sein.[1588]

Die Sonderstellung der Sicherheitsleistung wird unterstrichen durch die Möglichkeit der Amtshilfe bei der Beitreibung von Forderungen über die gleichnamige Richtlinie[1589] für die Mitgliedstaaten.[1590] Hahn sieht in der Richtlinie hingegen nur ein ineffizientes Instrument, weil andere EU-Staaten Ansprüche fremder Staaten aufgrund des geringen Mehrwerts für die eigene Staatskasse weniger stark verfolgten.[1591] Sofern man deshalb jedoch den Ausnahmecharakter der Sicherheitsleistung nicht anerkennt, würde das eigentliche Kernanliegen des Urteils ad absurdum geführt.[1592] Der EuGH lehnt eine Sofortbesteuerung stiller Reserven aufgrund des entstehenden Liquiditätsnachteils für Unternehmen im Falle einer Sitzverlegung ab.[1593] Die notwendige Einräumung einer Sicherheit führt jedoch gerade wieder zu

1581 *Beutel/Rehberg*, IStR 2012, 94 (96); *Orthmann*, Exit Tax, S. 400; *Thömmes/Linn*, IStR 2012, 282 (288); a.A.: *Hahn*, BB 2012, 681 (686); *Mitschke*, IStR 2012, 6 (11).

1582 *Körner*, IStR 2012, 1 (4); *Beutel/Rehberg*, IStR 2012, 94 (97); *Prinz*, GmbHR 2012, 195 (199); *Thömmes/Linn*, IStR 2012, 282 (288).

1583 EuGH, Urt. v. 07.09.2006, Rs. C-470/04, ECLI:EU:C:2006:525, Rn. 36, 51 – N.

1584 *Rohler*, GmbH-StB 2012, 54 (56); *Körner*, IStR 2012, 1 (4); *Lampert* in: Kellersmann/Treisch/Lampert/Heinemann, EU-Unternehmenssteuer, S. 153.

1585 *Lampert* in: Gosch, KStG, § 12, Rn. 75; *Mössner*, IStR 2015, 768 (769).

1586 *Bron*, EWS 2012, 32 (36); *Thömmes/Linn*, IStR 2012, 282 (288).

1587 *Lampert* in: Gosch, KStG, § 12, Rn. 76, welcher sich allerdings auf das spätere Urteil EuGH, Urt. v. 23.01.2014, Rs. C-164/12, ECLI:EU:C:2014:20, Rn. 67 f. – DMC, bezieht.

1588 *Hahn*, JurisPR-SteuerR 6/2012, Anm. 2; *ders.*, BB 2012, 681 (685); *Körner*, IStR 2012, 1 (4); *von Brocke*, SteuK 2012, 38; *Ege/Klett*, DStR 2012, 2442 (2449).

1589 Richtlinie 2010/24/EU des Rates über die Amtshilfe bei der Beitreibung von Forderungen in Bezug auf...Steuern, Abgaben....v. 16.10.2010, ABl. 2010 Nr. 84/1.

1590 *Bron*, EWS 2012, 32 (36); *Beutel/Rehberg*, IStR 2012, 94 (96).

1591 *Hahn*, BB 2012, 681 (687).

1592 *Prinz*, GmbHR 2012, 195 (198); *Momen*, RIW 2012, 302 (309).

1593 EuGH, Urt. v. 29.11.2011, Rs. C-371/10, ECLI:EU:C:2011:785, Rn. 37, 68, 73 – National Grid Indus; der Aspekt der Liquiditätsschonung ist für das Urteil prägend, so *Thömmes/Linn*, IStR 2012, 282 (287); affin *Kessler/Philipp*, DStR 2012, 267 (272).

einem solchen Finanznachteil, vor allem, wenn hierfür ein Darlehen aufgenommen oder eine Bankgarantie bestellt werden muss.[1594]

Ebenso verhält es sich mit der Verzinsung des Steueranspruchs.[1595] Es ist widersprüchlich, wenn (noch) nicht realisierte Gewinne bereits versteuert werden müssen und bei fehlender Soforterstattung auch noch Zinsen auf diesen Anspruch fällig werden. Die Verzinsung soll eigentlich den Liquiditätsvorteil ausgleichen, sofern ein Steuerpflichtiger seine Schulden verspätet begleicht.[1596] Allerdings entsteht solch ein „Benefit" erst gar nicht, sofern sich Gewinne noch nicht realisiert haben.[1597] Auch geht eine Verzinsung weit über das erforderliche Maß hinaus, welches notwendig wäre, um den Rechtfertigungsgrund der Aufteilung der Besteuerungsbefugnis unter den Mitgliedstaaten zu wahren, weil dies ebenso gut ohne Verzinsung möglich ist.[1598] Ferner darf der Steueranspruch bei Stundung nur verzinst werden (oder dürfen auch Sicherheiten verlangt werden), soweit dies diskriminierungsfrei, also auch bei entsprechenden Inlands-Sachverhalten, der Fall wäre.[1599]

Die Stundungsmodalitäten verdienen zukünftig besondere Aufmerksamkeit.[1600] Der Umfang und die einzelne Ausgestaltung sind Fragen, die noch offen geblieben sind.[1601] Entgegen einigen Aussagen zum Urteil National Grid Indus kann weiter an zinsfreien und sicherheitenlosen Stundungen festgehalten werden, weil das proklamierte Wahlrecht (s.o.) des Steuerpflichtigen sonst nur ein „Scheinwahlrecht" darstellen würde.[1602] Die nationalen Gesetzgeber sollten zukünftige Regeln mit dem notwendigen Augenmaß aufstellen.[1603] Hinzuweisen bleibt auch auf die unzureichende Ermächtigungsgrundlage im deutschen Recht für die Leistung von Sicherheiten oder die Verzinsung im Falle der Steuerstundung bei Gesellschaften.[1604]

1594 *Bron*, EWS 2012, 32 (36); *Kessler/Philipp*, DStR 2012, 267 (272); *Thömmes/Linn*, IStR 2012, 282 (287); dies erkennt selbst *Mitschke*, IStR 2012, 6 (10) an.

1595 Speziell die Verzinsung als Liquiditätsnachteil: *Prinz*, GmbHR 2012, 195 (198); *Momen*, RIW 2012, 302 (309); *Kessler/Philipp*, DStR 2012, 267 (272).

1596 *Thömmes/Linn*, IStR 2012, 282 (285 f.).

1597 *Wiehe/Thies*, BB 2012, 1891 (1896); *Orthmann*, Exit Tax, S. 402.

1598 *Bron*, EWS 2012, 32 (36); *Thömmes/Linn*, IStR 2012, 282 (286); zu natürlichen Personen EuGH, Urt. v. 07.09.2006, Rs. C-470/04, ECLI:EU:C:2006:525, Rn. 51 – N.

1599 *Körner*, IStR 2012, 1 (4); *Wiehe/Thies*, BB 2012, 1891 (1896); *Beutel/Rehberg*, IStR 2012, 94 (96); a.A.: *Mitschke*, IStR 2012, 6 (11).

1600 *Kessler/Philipp*, DStR 2012, 267 (272); die „Rahmenbedingungen sind ... im Fluss" nach *Schönhaus/Müller*, IStR 2013, 174 (179); *Hruschka*, DStR 2011, 2334 (2344).

1601 *Sydow*, IStR 2013, 663 (666 f.); *Mössner*, IStR 2015, 768 (769); *Prinz*, GmbHR 2012, 195 (198); *Tiedje* in: v.d. Groeben/Schwarze/Hatje, EuR, Art. 54 AEUV, Rn. 70.

1602 *Momen*, RIW 2012, 302 (309); *Thömmes/Linn*, IStR 2012, 282 (288); ähnlich *Hahn*, BB 2012, 681 (687).

1603 *Momen*, RIW 2012, 302 (309); nach *Prinz*, GmbHR 2012, 195 (198) sollte „die Finanzverwaltung...dies nicht als Kulisse für drohende Rechtsverschärfungen verstehen."

1604 *Thömmes/Linn*, IStR 2012, 282 (288 f.); *Momen*, RIW 2012, 302 (309); *Hahn*, JurisPR-SteuerR 6/2012, Anm. 2; für *Körner*, IStR 2012, 1 (4 f.) wäre selbst eine neue

g) Auswirkungen auf das nationale (deutsche) Recht

Zwar entfalten Vorabentscheidungsurteile des Gerichtshofs ihre unmittelbare Wirkung nur im zu beurteilenden Sachverhalt.[1605] Die Entscheidung National Grid Indus hatte niederländisches Steuerrecht zum Inhalt.[1606] Um die unionsweit einheitliche Auslegung von EU-Recht zu gewährleisten, ist jedoch einhellig anerkannt, dass Urteile im Übrigen eine faktische Bindungswirkung für die Gerichte und Verwaltungen der Mitgliedstaaten aufweisen, sofern ähnliche Sachverhaltskonstellationen zu beurteilen sind.[1607] Damit hat das Urteil auch Ausstrahlungswirkung auf das deutsche Recht.[1608]

Die zentrale deutsche Entstrickungsvorschrift (§ 4 Abs. 1 S. 3 EStG) sieht eine Zwangsgewinnrealisierung bei Exklusion des nationalen Besteuerungsanspruchs vor.[1609] Für grenzüberschreitende Unternehmensbewegungen in der EU kann die Steuerschuld auf Antrag ratierlich über fünf Jahre beglichen werden (§ 4g EStG).[1610] Allerdings ist dafür ein Ausgleichsposten zu bilden und der erste von fünf Teilen sofort fällig.[1611] Der Verlust des Besteuerungsrechts steht nach § 16 Abs. 3a EStG einer Aufgabe des Gewerbebetriebs und damit einer Veräußerung gleich, weshalb eine Gewinnbesteuerung erfolgt.[1612] Für innereuropäische Sachverhalte sieht § 36 Abs. 5 EStG eine, dem § 4g EStG ähnliche, zinsfreie Streckung der Zahlung auf fünf Jahre vor, ohne Bildung eines Ausgleichspostens.[1613] Nach § 12 KStG wird für Körperschaften auf diese Vorschriften verwiesen – auch hier kann also auf Antrag eine fünfjährige Ratenzahlung gewährt werden.[1614]

Besonders im Fokus steht die Frage, ob die „Abmilderung" der Sofortbesteuerung durch die Stundungsmöglichkeiten (§§ 4g, 36 Abs. 5 EStG) im Gegensatz zur in der Entscheidung beurteilten strikten Sofortbesteuerung nach niederländischem

---

Ermächtigungsgrundlage unverhältnismäßig; dagegen a.A.: *Mitschke*, IStR 2012, 6 (11).

1605 *Wegener* in: Calliess/Ruffert, EUV/AEUV, Art. 267 AEUV, Rn. 49; *Herdegen*, EuR, § 9, Rn. 35; *Gaitanides* in: v.d. Groeben/Schwarze/Hatje, EuR, Art. 267 AEUV, Rn. 89.

1606 *Rohler*, GmbH-StB 2012, 54 (55); *Wöhlert/Degen*, GWR 2012, 432 (434).

1607 *Ehricke* in: Streinz, EUV/AEUV, Art. 267 AEUV, Rn. 70 ff.; *Herdegen*, EuR, § 9, Rn. 35; *Karpenstein* in: Grabitz/Hilf/Nettesheim, Recht der EU, Art. 267 AEUV, Rn. 104.

1608 *Kessler/Philipp*, DStR 2012, 267 (269); *Momen*, RIW 2012, 302 (304); a.A.: *Mitschke*, DStR 2012, 629 (631); *ders.*, IStR 2012, 6 (8).

1609 *Prinz*, GmbHR 2012, 195 (196); *Wied* in: Blümich, EStG/KStG/GewStG, EStG, § 4, Rn. 486 f.; *Möller-Gosoge/Kaiser*, BB 2012, 803 (807).

1610 *Weber-Grellet*, EU-SteuerR, S. 205; *Wiehe/Thies*, BB 2012, 1891 (1897).

1611 *Lampert* in: Kellersmann/Treisch/Lampert/Heinemann, EU-Unternehmenssteuer, S. 154; *Möller-Gosoge/Kaiser*, BB 2012, 803 (807); *Stöber*, ZIP 2012, 1273 (1279).

1612 *Schallmoser* in: Blümich, EStG/KStG/GewStG, EStG, § 16, Rn. 494.

1613 *Prinz*, GmbHR 2012, 195 (196); *Mörsdorf*, EuZW 2012, 296 (301).

1614 *Lampert* in: Kellersmann/Treisch/Lampert/Heinemann, EU-Unternehmenssteuer, S. 154; *Verse*, ZEuP 2013, 458 (468); *Wiehe/Thies*, BB 2012, 1891 (1896).

Recht, verhältnismäßig und damit europarechtskonform ist.[1615] Dabei ist problematisch, dass trotz der vorgesehenen, auf fünf Jahre befristeten Stundung der erste von fünf Teilen sofort fällig wird.[1616] Dies steht im Widerspruch zum Grundtenor des Urteils, welcher besagt, dass die Einziehung der Steuerschuld erst bei Realisierung der Gewinne erfolgen soll.[1617] Darüber hinaus können auch die folgenden Raten fällig werden, wenn eine Realisierung ausbleibt.[1618] Hinzu kommt, dass der zu bildende Ausgleichsposten auch bereits vor Ablauf der Fünfjahresfrist, etwa im Veräußerungsfall, aufzulösen ist, was nach Hahn zu einem nur unzureichenden Stundungseffekt führt.[1619]

Mitschke möchte beachtenswerter Weise eine „wertende Gesamtbetrachtung aller Einzelaspekte" der deutschen Regeln vornehmen, welche gerade keine Vorschriften zu Sicherheitenleistungen und Verzinsung vorsehen, obwohl dies europarechtlich zulässig wäre, was für die Verhältnismäßigkeit deutscher Entstrickungsregeln spreche.[1620] Allerdings ist eine solche Gesamtbetrachtung nicht anzubringen, da ein Verstoß gegen die Grundfreiheiten nicht durch anderweitig gewährte Vorteile gerechtfertigt werden kann und eine derartige Rechtsfigur dem Europarecht unbekannt ist.[1621]

In jedem Fall gilt, dass die deutschen Stundungsregeln nicht erneut zu Liquiditätsnachteilen für Unternehmen führen dürfen.[1622] Zwar ist die Fünfjahresstreckung unbestritten ein milderes Mittel zur Sofortbesteuerung.[1623] Jedoch bestehen im Rahmen der Verhältnismäßigkeit wegen oben angeführter Bedenken enorme Zweifel an der Europarechtskonformität.[1624] Ein gutes Vorbild für eine Reform der Regeln könnte § 6 Abs. 5 AStG sein, der bei natürlichen Personen eine unbefristete Stundungsmöglichkeit vorsieht.[1625] Einige Autoren sehen den deutschen

---

1615 *Mitschke*, IStR 2012, 6 (8); *Beutel/Rehberg*, IStR 2012, 94 (95); *Hruschka*, DStR 2011, 2334 (2344); *Kessler/Philipp*, DStR 2012, 267 (270).

1616 *Thömmes/Linn*, IStR 2012, 282 (283 f.).

1617 *von Brocke*, SteuK 2012, 38; *Schall/Barth*, NZG 2012, 414 (417); *Weller* in: MüKo GmbHG, Bd. 1, Eltg., Rn. 364b; *Wöhlert/Degen*, GWR 2012, 432 (434).

1618 *Wiehe/Thies*, BB 2012, 1891 (1897); *Beutel/Rehberg*, IStR 2012, 94 (96).

1619 *Hahn*, JurisPR-SteuerR 6/2012, Anm. 2; s. auch *Bron*, EWS 2012, 32 (37).

1620 *Mitschke*, IStR 2012, 6 (8); ähnlich *Sydow*, IStR 2013, 663 (667).

1621 *Thömmes/Linn*, IStR 2012, 282 (284), mit Bezug zu EuGH, Urt. v. 20.10.2011, Rs. C-284/09, ECLI:EU:C:2011:670, Rn. 71 – Kom./Deutschland; ebenso bezweifelnd *Beutel/Rehberg*, IStR 2012, 94 (96); *Rohler*, GmbH-StB 2012, 54 (57).

1622 *Kessler/Philipp*, DStR 2012, 267 (272); *Thömmes/Linn*, IStR 2012, 282 (288 f.); *Mörsdorf*, EuZW 2012, 296 (301) sieht den Liquiditätsnachteil zumindest minimiert.

1623 *Momen*, RIW 2012, 302 (308); *Brinkmann/Reiter*, DB 2012, 16 (19); *Bron*, EWS 2012, 32 (37); *Hruschka*, DStR 2011, 2334 (2344).

1624 *Verse*, ZEuP 2013, 458 (468 f.); *Prinz*, GmbHR 2012, 195 (198); *Mörsdorf*, EuZW 2012, 296 (301); *von Brocke*, SteuK 2012, 38; *Hahn*, BB 2012, 681 (686).

1625 *Momen*, RIW 2012, 302 (308); *Wiehe/Thies*, BB 2012, 1891 (1897); eine unbefristete Streckung reicht in jedem Fall auch für *Mitschke*, IStR 2012, 6 (9) aus.

Gesetzgeber gar unter „Zugzwang".[1626] Eine Reform könnte dann auch gewisse tatbestandliche Unzulänglichkeiten ausmerzen.[1627]

Es ist allerdings anzumerken, dass der EuGH im späteren Urteil DMC eine Staffelung der Steuerschuld über fünf Jahre[1628] als verhältnismäßig erachtete.[1629] Hieraus lassen sich durchaus richtungsweisende Merkmale für die Zulässigkeit von Stundungsfristen und -raten entnehmen.[1630] Vielleicht blieben deshalb auch die von Körner vorausgesehenen „erdrutschartigen Konsequenzen" für die deutschen Entstrickungsregeln aus.[1631] Gleichwohl ist dieser Schluss nicht zwingend, wenn man bedenkt, dass das Urteil DMC einige Ungereimtheiten aufweist und ohne Schlussanträge erging.[1632] Ferner wurde nur die Kapitalverkehrsfreiheit geprüft.[1633]

h) Kritik am EuGH, Rechtspolitik und Ausblick

Das Urteil National Grid Indus zeichnet sich durch ein große praktische Tragweite aus.[1634] Dabei hat der Gerichtshof nicht alle offenen Fragestellungen des zwischenstaatlichen Steuerrechts und der Steuerentstrickung klären können.[1635] Allerdings kann das Gericht Sachverhalte nicht wie ein Gesetzgeber regeln.[1636] Deshalb kritisiert Hahn auch eine Aussage Körners und weist darauf hin, dass der EuGH gerade keine Vorgaben macht, sondern nur Grenzen absteckt und innerhalb dieses errichteten Korridors Konkretisierungen vornimmt.[1637] Mörsdorf warnt deshalb auch vor einer Absolutierung der National-Grid-Indus-Grundsätze – durch eine sture Anwendung könnten in Deutschland bereits ausgewogene Regeln ersetzt werden.[1638]

Das heißt jedoch nicht, dass man dem Urteil keine Signalwirkung für das deutsche Recht entnehmen könnte.[1639] Der Gesetzgeber sollte seine eigenen Regeln immer anhand neuer EuGH-Urteile prüfen.[1640] Seine Aufgabe ist es dann, die Leitlinien der Entscheidung in klare und praktikable Regelungen umzusetzen, sofern

---

1626 *Lenz*, DB 2011, Heft 51/52, M1; *Bron*, EWS 2012, 32 (38).
1627 *Sydow*, IStR 2013, 663 (667); *Kessler/Philipp*, DStR 2012, 267.
1628 Es ging um die Regelung der §§ 20 Abs. 6 iVm 21 Abs. 2 S. 3, 6 UmwStG von 1995.
1629 EuGH, Urt. v. 23.01.2014, Rs. C-164/12, ECLI:EU:C:2014:20, Rn. 62 f. – DMC.
1630 *Lampert* in: Gosch, KStG, § 12, Rn. 76; *Burwitz*, NZG 2015, 949 (950).
1631 So *Mitschke*, DStR 2012, 629 in Bezug auf *Körner*, IStR 2012, 1.
1632 *Linn*, IStR 2014, 136 (138); a.A.: *Mitschke*, IStR 2014, 216.
1633 EuGH, Urt. v. 23.01.2014, Rs. C-164/12, ECLI:EU:C:2014:20, Rn. 38 – DMC.
1634 *Prinz*, GmbHR 2012, 195 (199); *Wöhlert/Degen*, GWR 2012, 432 (435).
1635 *Tiedje* in: v.d. Groeben/Schwarze/Hatje, EuR, Art. 54 AEUV, Rn. 70; für *Sydow*, IStR 2013, 663 (667) auch nach einem weiteren Urteil; *Prinz*, GmbHR 2012, 195 (199).
1636 *Mössner*, IStR 2015, 768; ähnlich *Wöhlert/Degen*, GWR 2012, 432 (435).
1637 *Hahn*, JurisPR-SteuerR 6/2012, Anm. 2 in Bezug auf *Körner*, IStR 2012, 1 (2 f.).
1638 *Mörsdorf*, EuZW 2012, 296 (301).
1639 *Möller-Gosoge/Kaiser*, BB 2012, 803 (803); *Kessler/Philipp*, DStR 2012, 267 (272).
1640 Demgemäß bereits appellierend *Rohler*, GmbH-StB 2012, 54 (59).

solche nicht bereits vorhanden sind.[1641] Zwar waren Reaktionen des deutschen Gesetzgebers durchaus zu erwarten.[1642] Jedoch hat dieser von Neuregelungen vorerst Abstand genommen.[1643]

Zum Schluss ist zu bemerken, dass Bayer/Schmidt weiterhin das Fehlen einer 14. Richtlinie zur Sitzverlegung von Gesellschaften anprangern. Jahrelange Forderungen von Politik, Literatur und Praxis führten bislang nicht zu einem Vorschlag seitens der Kommission. Auch in den Arbeitsprogrammen der Jahre 2011/2012 finden sich hierzu keine Angaben. Allerdings hat das EU-Parlament einen neuen Initiativbericht vorbereitet, weshalb die Chancen hierzu wieder besser stehen.[1644] Auch Weller zu Folge sollte die Sitzverlegungs-Richtlinie endgültig aus der „Schublade“ genommen werden. Flankiert werden könnte sie von einer Rom-0-Verordnung als allgemeiner Teil des Unternehmenskollisionsrechts.[1645]

Das Urteil zeichnet sich dadurch aus, dass die Ausführungen zum Schutzbereich und auch zur Beeinträchtigung kurz, knapp und stringent ausfallen.[1646] Die Entscheidung ist auf Rechtfertigungsebene deutlich ausführlicher.[1647] Auch die Literatur behandelt schwerpunktmäßig einzelne Nuancen bei der Angemessenheit von Steuerregeln.[1648] Hierfür kann National Grid Indus in steuer- aber auch gesellschaftsrechtlicher Hinsicht wegweisend sein.[1649] Weitere themenverwandte Urteile sind zu erwarten und werden sich an diesem orientieren.[1650]

IX. VALE Építési kft (Vale)[1651]

1. Sachverhalt

Den vorläufigen Abschluss der EuGH-Entscheidungssammlung zur Sitzverlegung unter der Niederlassungsfreiheit bildet das Urteil Vale. Eine Gesellschaft mit

1641 *Wöhlert/Degen*, GWR 2012, 432 (435).

1642 *Rohler*, GmbH-StB 2012, 54 (59); *Prinz*, GmbHR 2012, 195; *Beutel/Rehberg*, IStR 2012, 94 (97); *Bron*, EWS 2012, 32 (38); *Momen*, RIW 2012, 302 (309).

1643 *Schönhaus/Müller*, IStR 2013, 174 (179); ob der Gesetzgeber reagiert ist nach *Verse*, EuZW 2013, 336 (337) „nicht abzusehen“.

1644 *Bayer/Schmidt*, BB 2012, 3 (7); ebenso *Wöhlert/Degen*, GWR 2012, 432 (434).

1645 *Weller*, ZEuP 2012, 681 (685 f.); allgemein zur Angeichung des Gesellschaftskollisionsrechts: *Habersack/Verse*, EU-GesR, § 3, Rn. 30, 4. Auflage 2011.

1646 *von Brocke*, SteuK 2012, 38; *Beutel/Rehberg*, IStR 2012, 94.

1647 *Hahn*, BB 2012, 681 (684); *Schall/Barth*, NZG 2012, 414 (415).

1648 Hierzu wird auf die entsprechende Literatur zu den Themen e)/f) (s.o.) verwiesen.

1649 *Lenz*, DB 2011, Heft 51/52, M1; a.A.: *Kessler/Philipp*, DStR 2012, 267 (272).

1650 Hierzu bspw. *Sydow*, JurisPR-SteuerR 16/2014, Anm. 2 in Bezug auf EuGH, Urt. v. 06.09.2012, Rs. C-38/10, ECLI:EU:C:2012:521 – Kom./Portugal; EuGH, Urt. v. 23.01. 2014, Rs. C-164/12, ECLI:EU:C:2014:20 – DMC.

1651 EuGH, Urt. v. 12.07.2012, Rs. C-378/10, ECLI:EU:C:2012:440 – Vale.

beschränkter Haftung italienischen Rechts beantragte die grenzüberschreitende Umwandlung in eine solche ungarischen Rechts.[1652] Nach ungarischem Recht[1653] zeigt der Handelsregistereintrag einer Firma den Namen und die Handelsregisternummer des Rechtsvorgängers und -nachfolgers und evtl. den Umwandlungszeitpunkt. Das Registergericht am Sitz des ehemaligen Unternehmens bestimmt über einen Wechsel der Gesellschaftsform, löscht den Rechtsvorgänger, trägt zeitgleich den Rechtsnachfolger ein und sendet ggf. Firmendokumente an das Registergericht am Ort des Rechtsnachfolgers (§ 57 Abs. 4).[1654] Nach dem Gesetz über die Handelsgesellschaften[1655] sind für die Umwandlung sinngemäß die Gründungsvorschriften und ergänzend die Umwandlungsvorschriften anzuwenden.[1656] Über eine Umwandlung beschließt das oberste Organ der Handelsgesellschaft nach Absprache mit dem Aufsichtsrat, sofern vorhanden, indem eine neue Gesellschaftsform gewählt und den Gesellschaftern die Möglichkeit eröffnet wird, Gesellschafter der neuen Gesellschaft zu werden oder aus der Stellung auszutreten (§ 71 Abs. 1, 2). Bei einer positiven Entscheidung zugunsten einer Umwandlung werden die notwendigen Dokumente (z.B. Vermögensbilanz) für die alte und die neue Gesellschaft sowie der neue Gesellschaftsvertrag erstellt (§ 71 Abs. 3,4).[1657]

Die am 27.09.2000 gegründete und später ins Handelsregister eingetragene VALE Costruzioni Srl (Vale C.), eine Gesellschaft mit beschränkter Haftung italienischen Rechts, beantragte beim zuständigen Registergericht erfolgreich ihre Löschung unter Verweis die zukünftige Fortführung der Geschäfte in Ungarn. Das Unternehmen wollte seinen Sitz nach Ungarn verlegen und als Gesellschaft ungarischen Rechts tätig werden, weshalb man unter Einbeziehung eines neuen Gesellschafters einen Gesellschaftsvertrag für die VALE Építési kft (Vale), eine ungarische Gesellschaft mit beschränkter Haftung, aufsetzte und das erforderliche Mindestkapital einzahlte. Am 19.01.2007 beantragte Vale als Rechtnachfolgerin der Vale C. die Eintragung durch das zuständige Registergericht Ungarns.[1658]

1652 EuGH, Urt. v. 12.07.2012, Rs. C-378/10, ECLI:EU:C:2012:440, Rn. 1 – Vale; *v. Hein* in: MüKo BGB, Bd. 11, Art. 3 EGBGB, Rn. 105; *Wicke*, DStR 2012, 1756.

1653 S. § 25 Abs. 1g des Gesetzes Nr. V von 2006 über die Firmenpublizität, das handelsgerichtliche Verfahren und die Liquidation (A cégnyilvánosságról, a bírósági cégeljárásról és a végelszámolásról szóló 2006. évi V. törvény).

1654 EuGH, Urt. v. 12.07.2012, Rs. C-378/10, ECLI:EU:C:2012:440, Rn. 2 f. – Vale; *Bollacher*, RIW 2012, 712 (713); *Kindler*, EuZW 2012, 888 (889).

1655 S. § 69 Abs. 1 des Gesetzes Nr. IV von 2006 über die Handelsgesellschaften (A gazdasági társaságokról szóló 2006. évi IV. törvény).

1656 EuGH, Urt. v. 12.07.2012, Rs. C-378/10, ECLI:EU:C:2012:440, Rn. 4 – Vale; *Kindler*, EuZW 2012, 888 (889).

1657 EuGH, Urt. v. 12.07.2012, Rs. C-378/10, ECLI:EU:C:2012:440, Rn. 5 – Vale; *Bollacher*, RIW 2012, 712 (713); *Nagy*, IPrax 2013, 582 (583).

1658 EuGH, Urt. v. 12.07.2012, Rs. C-378/10, ECLI:EU:C:2012:440, Rn. 9–11 – Vale; *Wall* in: Hausmann/Odersky, Int. PrivR, § 18, Rn. 195, 196; *Teichmann*, DB 2012, 2085; *Wicke*, DStR 2012, 1756; *Kindler*, EuZW 2012, 888.

Der Eintragungsantrag wurde erst- sowie zweitinstanzlich mit Berufung auf die Nichteintragungsfähigkeit einer ausländischen Gesellschaft als Rechtsnachfolgerin in Ungarn (§§ 24 bis 29 des Gesetzes Nr. V von 2006) zurückgewiesen.[1659] Hiergegen legte Vale eine Beschwerde beim obersten ungarischen Gerichtshof ein, da die Ablehnung sie in ihrer Niederlassungsfreiheit verletze.[1660] Die unterinstanzlichen Gerichte verkennen der Gesellschaft zu Folge den Unterschied zwischen einer grenzüberschreitenden Sitzverlegung ohne Änderung des anwendbaren Rechts und einer grenzüberschreitenden Umwandlung.[1661] Das Vorlagegericht bestätigt im Grundsatz die Ansicht der anderen ungarischen Gerichte, ruft den EuGH trotzdem wegen erheblicher Zweifel an der Europarechtskonformität der nur im nationalen Rahmen anzuwendenden Umwandlungsvorschriften an.[1662]

2. Entscheidung

Das Vereinigte Königreichs zweifelte an der Zulässigkeit des Verfahrens. Es handele sich im Sachverhalt gar nicht um eine grenzüberschreitende Umwandlung. Dabei sei zu beachten, dass eine Vermutungswirkung zu Gunsten der Entscheidungserheblichkeit einer Auslegung von EU-Recht durch den Gerichtshof bestehe, sofern ein Gericht eine Vorlage anstrenge. Die Auslegung des Falls als Umwandlung sei aufgrund der Eintragung im italienischen Register („Löschung und Sitzverlegung“) annehmbar, weise deshalb nicht nur hypothetischen Charakter auf und sei somit zulässig.[1663]

Mit Hinweis auf das Urteil Sevic eröffnet der EuGH eindeutig den Anwendungsbereich der Niederlassungsfreiheit für Umwandlungen.[1664] Der gegenteiligen Auffassung einiger Regierungen, die Sevic auf grenzüberschreitende Verschmelzungen reduzieren und Umwandlungen, aufgrund der Neugründung einer Gesellschaft im Aufnahmestaat, davon unterscheiden möchten, folgt das Gericht nicht.[1665] Zwar wird auf die „Geschöpftheorie“ verwiesen, wonach eine Gesellschaft nur kraft Gründungsrechtsordnung existiere und mangels einheitlicher europäischer

---

1659 EuGH, Urt. v. 12.07.2012, Rs. C-378/10, ECLI:EU:C:2012:440, Rn. 12 – Vale; *Weller* in: MüKo GmbHG, Bd. 1, Eltg., Rn. 360b; *Braun*, DZWiR 2012, 411 (412).

1660 EuGH, Urt. v. 12.07.2012, Rs. C-378/10, ECLI:EU:C:2012:440, Rn. 13 – Vale; *Wicke*, DStR 2012, 1756; *Jaensch*, EWS 2012, 183 (184); *Ruiner*, IStR 2012, 257 (258).

1661 EuGH, Urt. v. 12.07.2012, Rs. C-378/10, ECLI:EU:C:2012:440, Rn. 14 – Vale; *Bollacher*, RIW 2012, 712 (714).

1662 EuGH, Urt. v. 12.07.2012, Rs. C-378/10, ECLI:EU:C:2012:440, Rn. 15 f. – Vale; *Roth*, FS Hoffmann-Becking 2013, 965 (966); *Böttcher/Kraft*, NJW 2012, 2701.

1663 EuGH, Urt. v. 12.07.2012, Rs. C-378/10, ECLI:EU:C:2012:440, Rn. 17–22 – Vale; *Braun*, DZWiR 2012, 411 (412); *Teichmann*, DB 2012, 2085 (2087).

1664 EuGH, Urt. v. 12.07.2012, Rs. C-378/10, ECLI:EU:C:2012:440, Rn. 23 – Vale; EuGH, Urt. v. 13.12.2005, Rs. C-411/03, ECLI:EU:C:2005:762, Rn. 19 – Sevic.

1665 EuGH, Urt. v. 12.07.2012, Rs. C-378/10, ECLI:EU:C:2012:440, Rn. 25 f. – Vale; *v. Hein* in: MüKo BGB, Bd. 11, Art. 3 EGBGB, Rn. 105; *Behrens*, EuZW 2012, 621 (622).

Regeln die Frage, ob eine Gesellschaft sich auf die Niederlassungsfreiheit berufen könne, eine Vorfrage nach nationalem Recht sei, weshalb die Mitgliedstaaten die Anknüpfung für die Gründung einer Gesellschaft und den Erhalt dieses Status selbst bestimmen könnten.[1666] Jedoch greife die notwendige Zulassung grenzüberschreitender Umwandlungen nicht in die Befugnis der Mitgliedstaaten ein, Gründungsvoraussetzungen für Gesellschaften aufzustellen, die juristischen Personen seien gerade auch auf die Rechtsvorschriften des Aufnahmestaats angewiesen, weshalb Umwandlungsvorschriften nicht von vornherein dem Anwendungsbereich der Niederlassungsfreiheit entzogen seien.[1667] Zwar impliziere der Niederlassungsbegriff die tatsächliche Ausübung einer wirtschaftlichen Tätigkeit mittels einer festen Einrichtung im Aufnahmestaat, also eine tatsächliche Ansiedlung der Gesellschaft. Jedoch bestünden keine Anzeichen dafür, dass im vorliegenden Sachverhalt Vale zukünftig ausschließlich Geschäfte in Italien tätigen wolle. Diese Prüfung fällt außerdem nicht dem EuGH, sondern dem nationalen Gericht zu.[1668]

Die ungarischen Vorschriften ließen nur inner- und keine außerstaatlichen Umwandlungen zu, was zu einer Beschränkung der Niederlassungsfreiheit führe.[1669] Der EuGH stellt fest, transnationale Umwandlungen wiesen, ebenso wie Verschmelzungen, aufgrund sukzessiver Anwendung zweier nationaler Rechtsordnungen spezifische Probleme auf. Das Fehlen sekundärrechtlicher Grundlagen könne diesbezüglich nicht als Rechtfertigung gelten.[1670] Zwingende Gründe des Allgemeinwohls könnten Beschränkungen auf diesem Gebiet grundsätzlich rechtfertigen, sofern sie geeignet und erforderlich seien. Ein genereller Ausschluss grenzüberschreitender Umwandlungen erfülle diese Voraussetzungen aber nicht, weshalb die ungarischen Regeln einen Verstoß gegen die Niederlassungsfreiheit darstellten.[1671]

1666 EuGH, Urt. v. 12.07.2012, Rs. C-378/10, ECLI:EU:C:2012:440, Rn. 27–29 – Vale; EuGH, Urt. v. 27.09.1988, Rs. 81/87, ECLI:EU:C:1988:456, Rn. 19 – Daily Mail; EuGH, Urt. v. 16.12.2008, Rs. C-210/06, ECLI:EU:C:2008:723, Rn. 104, 110 – Cartesio, EuGH, Urt. v. 29.11.2011, Rs. C-371/10, ECLI:EU:C:2011:785, Rn. 26 – National Grid Indus.

1667 EuGH, Urt. v. 12.07.2012, Rs. C-378/10, ECLI:EU:C:2012:440, Rn. 30–33 – Vale; *Braun*, DZWiR 2012, 411 (413); *Hahn*, JurisPR-SteuerR 39/2012, Anm. 6.

1668 EuGH, Urt. v. 12.07.2012, Rs. C-378/10, ECLI:EU:C:2012:440, Rn. 34 f. – Vale; *v. Hein* in: MüKo BGB, Bd. 11, Art. 3 EGBGB, Rn. 106; *Verse*, EuZW 2013, 336; *Braun*, DZWiR 2012, 411 (414); *Teichmann*, DB 2012, 2085 (2088).

1669 EuGH, Urt. v. 12.07.2012, Rs. C-378/10, ECLI:EU:C:2012:440, Rn. 36 – Vale; *Wall* in: Hausmann/Odersky, Int. PrivR, § 18, Rn. 199; *Schulte*, IWRZ 2016, 3.

1670 EuGH, Urt. v. 12.07.2012, Rs. C-378/10, ECLI:EU:C:2012:440, Rn. 37 f. – Vale; Braun, DZWiR 2012, 411 (414); *Teichmann*, DB 2012, 2085 (2089); *Wöhlert/Degen*, GWR 2012, 432 (433); *Böttcher/Kraft*, NJW 2012, 2701 (2702).

1671 EuGH, Urt. v. 12.07.2012, Rs. C-378/10, ECLI:EU:C:2012:440, Rn. 39–41 – Vale; *Wicke*, DStR 2012, 1756 (1757); *Bayer/Schmidt*, BB 2013, 3 (10); *Tiedje* in: v.d. Groeben/Schwarze/Hatje, EuR, Art. 54 AEUV, Rn. 72.

Die rechtlichen Grundlagen grenzüberschreitender Umwandlungen seien derzeit noch nicht unionsrechtlich verankert, weshalb die nationalen Vorschriften des Herkunfts- und Aufnahmestaates anzuwenden seien.[1672] Zwar folgten aus den Art. 49, 54 AEUV keine genauen Umwandlungsregeln, jedoch lasse sich den Bestimmungen eine Pflicht zur Ermöglichung der grenzüberschreitenden Umwandlung entnehmen, sofern eine solche innerstaatlich möglich ist.[1673] Bei der Anwendung nationaler Regeln ist auf die Gleichbehandlung mit innerstaatlichen Sachverhalten (Äquivalenzprinzip) und darauf zu achten, dass es nicht zu einem Ausschluss unionsrechtlich garantierter Rechte kommt (Effektivitätsprinzip).[1674]

Im vorliegenden Sachverhalt habe Vale ein von den Verträgen verliehenes Umwandlungsrecht, welches mangels EU-Regeln auf Grundlage nationaler Vorschriften durchgeführt werden müsse.[1675] Dabei stelle es keinen Mangel dar, wenn Ungarn als Aufnahmemitgliedstaat auf seine Rechtsordnung verweise, weil eine Gesellschaft ungarischen Rechts entstehen solle.[1676] Sofern jedoch der kontinuierliche Lebenszyklus einer Gesellschaft im Rahmen einer Umwandlung durch die ungarischen Vorschriften gewährleistet sei, besage der Äquivalenzgrundsatz, dass diese wirtschaftliche Kontinuität gleichermaßen für grenzüberschreitende Umwandlungen gelten müsse und die Weigerung der ungarischen Behörden, eine ausländische Gesellschaft als Rechtsvorgängerin einzutragen, einen Verstoß darstelle.[1677]

Auch das Eintragungsverfahren einer grenzüberschreitend umstrukturierten Gesellschaft, richte sich nach dem Recht des Aufnahmestaates, wobei dieses auch entscheiden könne, welche registerrechtlichen Dokumente aus dem Herkunftsstaat verlangt werden dürften.[1678] Die bereits eingereichten Auflösungsdokumente aus dem Herkunftsstaat seien allerdings iSd Effektivitätsgrundsatzes gebührend zu berücksichtigen und Hürden durch weitere erforderliche Nachweise auf das notwendige Maß zu beschränken, um eine grenzüberschreitende Umwandlung nicht unmöglich zu machen.[1679]

1672 EuGH, Urt. v. 12.07.2012, Rs. C-378/10, ECLI:EU:C:2012:440, Rn. 43 f. – Vale; *Braun*, DZWiR 2012, 411 (4124); *Forsthoff*, EuZW 2015, 248 (250).

1673 EuGH, Urt. v. 12.07.2012, Rs. C-378/10, ECLI:EU:C:2012:440, Rn. 45–47 – Vale; *Bayer/Schmidt*, BB 2013, 3 (9); *Roth*, FS Hoffmann-Becking 2013, 965 (967).

1674 EuGH, Urt. v. 12.07.2012, Rs. C-378/10, ECLI:EU:C:2012:440, Rn. 48 – Vale; *v. Hein* in: MüKo BGB, Bd. 11, Art. 3 EGBGB, Rn. 105; *Teichmann*, DB 2012, 2085 (2090).

1675 EuGH, Urt. v. 12.07.2012, Rs. C-378/10, ECLI:EU:C:2012:440, Rn. 49 – Vale; *Wicke*, DStR 2012, 1756 (1757); *Forsthoff*, EuZW 2015, 248 (251).

1676 EuGH, Urt. v. 12.07.2012, Rs. C-378/10, ECLI:EU:C:2012:440, Rn. 50–52 – Vale; *Forsthoff*, EuZW 2015, 248 (251); *Wöhlert/Degen*, GWR 2012, 432 (433).

1677 EuGH, Urt. v. 12.07.2012, Rs. C-378/10, ECLI:EU:C:2012:440, Rn. 53–57 – Vale; *Kindler* in: MüKo BGB, Bd. 12, Teil 10, Rn. 135; *Verse*, EuZW 2013, 336 (337).

1678 EuGH, Urt. v. 12.07.2012, Rs. C-378/10, ECLI:EU:C:2012:440, Rn. 58 f. – Vale; *Hahn*, JurisPR-SteuerR 39/2012, Anm. 6; *Böttcher/Kraft*, NJW 2012, 2701 (2702).

1679 EuGH, Urt. v. 12.07.2012, Rs. C-378/10, ECLI:EU:C:2012:440, Rn. 60 f. – Vale; *Kindler* in: MüKo BGB, Bd. 12, Teil 10, Rn. 135; *Braun*, DZWiR 2012, 411 (414).

3. Problemfelder und Diskussionsschwerpunkte

Das Urteil Vale bildet den „vorläufigen Schluss- oder Höhepunkt" hochrangiger Entscheidungen zur EU-Mobilität von Gesellschaften.[1680] Erstmals thematisierte der EuGH den grenzüberschreitenden Formwechsel ausdrücklich.[1681] Dadurch hat er die Bewegungsfreiheit von Gesellschaften im Binnenmarkt erneut erheblich ausgeweitet.[1682] Die Entscheidung wurde deshalb auch nicht selten als „Meilenstein" eingeordnet.[1683] Trotzdem fielen die Reaktionen auf dieses Urteil gespalten aus.[1684]

a) Hypothetischer Charakter der Vorlagefragen

In der Literatur herrscht Uneinigkeit darüber, ob der Gerichtshof im Fall Vale überhaupt entscheiden durfte.[1685] Die Regierung Großbritanniens sprach sich für die Unzulässigkeit des Vorabentscheidungsverfahrens aus, weil die Vorlagefragen auf eine grenzüberschreitende Umwandlung abzielten und dem Sachverhalt eine solche Konstellation gar nicht zu entnehmen sei, sie demgemäß rein hypothetisch seien.[1686] Zentraler Punkt dieser Überlegung ist, dass mit der Löschung von Vale in Italien, ohne zeitgleiche Neueintragung in Ungarn, rechtlich gar keine Gesellschaft bestand, welche einen Formwechsel hätte durchführen können.[1687]

Da die italienische Gesellschaft nicht mehr und die ungarische Gesellschaft noch nicht bestand, fehlt es nach Auffassung einiger Autoren dann auch an einem tauglichen Rechtsträger der Niederlassungsfreiheit; zudem könne der Einwand der britischen Regierung einer rein fiktionalen Gegebenheit nicht klaglos bei Seite geschoben werden.[1688] Laut Sachverhalt fehlt es an dem für den grenzüberschreitenden Formwechsel gerade charakteristischen Element der rechtlichen

---

1680 *Kindler*, EuZW 2012, 888; *Bayer/Schmidt*, ZIP 2012, 1481; *Schön*, ZGR 2013, 333 (334) bezeichnet es als „Schlussstein im Gebäude".

1681 Für *Schulte*, IWRZ 2016, 3 hat Vale „die Tür" für den Formwechsel „aufgestoßen"; zuvor hatte der EuGH nur in einem Obiter Dictum Stellung bezogen EuGH, Urt. v. 16.12. 2008, Rs. C-210/06, ECLI:EU:C:2008:723, Rn. 111 ff. – Cartesio.

1682 *Wöhlert/Degen*, GWR 2012, 432; *Weller* in: MüKo GmbHG, Bd. 1, Eltg., Rn. 360a.

1683 *Jaensch*, EWS 2012, 183 (185); *ders.*, EWS 2012, 353 (356); *Bayer/Schmidt*, BB 2013, 3 (9); *dies.*, ZIP 2012, 1481 (1490).

1684 So *Schaper*, ZIP 2014, 810 und *Tiedje* in: v.d. Groeben/Schwarze/Hatje, EuR, Art. 54 AEUV, Rn. 71 bspw. bezugnehmend auf *Böttcher/Kraft*, NJW 2012, 2701; *Kindler*, EuZW 2012, 888; *Behrens*, EuZW 2012, 621.

1685 U.A. dafür: *Messenzehl/Schwarzfischer*, BB 2012, 2069 (2072); *Forsthoff*, EuZW 2015, 248 (250); *Braun*, DZWiR 2012, 411 (412) – dagegen: *Wicke*, DStR 2012, 1756 (1757); *Behme*, NZG 2012, 936 (938); *Behrens*, EuZW 2012, 621 (625).

1686 EuGH, Urt. v. 12.07.2012, Rs. C-378/10, ECLI:EU:C:2012:440, Rn. 17 – Vale.

1687 *Thiermann*, EuZW 2012, 209 (210); *Mörsdorf/Jopen*, ZIP 2012, 1394 (1398).

1688 So *Behrens*, EuZW 2012, 121 (122); *ders.*, EuZW 2012, 621 (625); *Schön*, ZGR 2013, 333 (337); *Mitterecker*, Sitzverlegungen, S. 222.

Kontinuität.[1689] Für Schön ist dieses Wesensmerkmal allerdings von zentraler Bedeutung, da es die Bewertung eines grenzüberschreitenden Mobilitätssachverhalts grundlegend ändere. Mit Verweis auf das Urteil Daily Mail zeigt er auf, dass es ohne Weiteres möglich sei, eine Gesellschaft jederzeit aufzulösen und in einem anderen Mitgliedstaat neu zu gründen, was jedoch wirtschaftlich nachteilig sein kann. Allerdings habe auch der Gerichtshof die Kontinuität in Vale hervorgehoben, als er einen Anspruch auf Sitzverlegung ohne Auflösung herausstellte.[1690]

So verwundert es nicht, dass Kindler die Fiktion der Kontinuität durch den EuGH methodisch hinterfragt.[1691] Dies ist vor allem aufgrund des langen Zeitraums von elf Monaten zwischen Löschung und Eintragung zu kritisieren.[1692] Allerdings muss die Fortdauer der Gesellschaft laut Bayer/Schmidt in solch einem Fall iSd Effet-Utile-Prinzips fingiert werden, sofern die Niederlassungsfreiheit „nicht völlig illusorisch werden“ soll, weil nur ein Fehler des grundsätzlich einem Formwechsel offen stehenden Herkunftsregisterstaats die fehlende Rechtsträgereigenschaft nach sich zöge.[1693]

Es gibt aber auch Anhaltspunkte für eine positive Feststellung der Entscheidungserheblichkeit. Einerseits ist laut Generalanwalt Jääskinen den Umständen des Sachverhalts hinreichend deutlich zu entnehmen, dass die Vale einen Umwandlungsvorgang anstrebt.[1694] Darüber hinaus besteht ein Vermerk im italienischen Register, welcher eine Sitzverlegung der Gesellschaft nach Ungarn kennzeichnet.[1695] Auch besteht die Möglichkeit, die Löschung im italienischen Register rückwirkend zu beseitigen.[1696]

Zuletzt ist noch darauf hinzuweisen, dass eine Löschung der Gesellschaft nicht unbedingt den Wegfall des tauglichen Rechtsträgers der Niederlassungsfreiheit zur Folge haben muss. Messenzehl/Schwarzfischer rekurrieren auf die Lehre von der Rechtsgesellschaft, welche besagt, dass eine Gesellschaft nach ihrer Löschung und

---

1689 *Wicke*, DStR 2012, 1756 (1757); *Kindler*, EuZW 2012, 888 (890).

1690 *Schön*, ZGR 2013, 333 (339), m. Verw. auf EuGH, Urt. v. 27.09.1988, Rs. 81/87, ECLI:EU:C:1988:456, Rn. 18, 20 – Daily Mail und EuGH, Urt. v. 12.07.2012, Rs. C-378/ 10, ECLI:EU:C:2012:440, Rn. 30, 46 f., 50 – Vale.

1691 *Kindler*, EuZW 2012, 888 (890); weniger kritisch *Wall* in: Hausmann/Odersky, Int. PrivR, § 18, Rn. 198.

1692 *Mitterecker*, Sitzverlegungen, S. 223; *Bollacher*, RIW 2012, 712 (717).

1693 Der Fehler liegt in der zu frühen Löschung; *Bayer/Schmidt*, ZIP 2012, 1481 (1484 f.); *Schulte*, IWRZ 2016, 3 (6); ähnlich *Jaensch*, EWS 2012, 353 (356), welcher die Rechtswidrigkeit und somit die Aufhebbarkeit der Löschung in Italien bemerkt.

1694 Schlussanträge des GA Jääskinen v. 15.11.2011, Rs. C-378/10, ECLI:EU:C:2011:841, Anm. 48 ff. – Vale; ähnlich *Bayer/Schmidt*, ZIP 2012, 1481 (1484) im „Gesamtkontext“.

1695 *Wasmeier*, Umstrukturierung, S. 123; *Teichmann*, DB 2012, 2085 (2087).

1696 *Jaensch*, EWS 2012, 353 (356); *Schön*, ZGR 2013, 333 (338); *Mitterecker*, Sitzverlegungen, S. 223.

Auflösung weiterhin existiert, sofern sie noch Vermögen besitzt, was niemandem sonst zugeordnet werden kann.[1697]

Auf der verfahrensrechtlichen Ebene hatte der Gerichtshof allerdings auch keine andere Wahl, als das Vorabentscheidungsverfahren zuzulassen.[1698] Eine Verweigerung kann nur ergehen, wenn die Vorlagefragen ganz offensichtlich rein hypothetischer Natur sind, was vorliegend nicht der Fall war.[1699] Außerdem sind die nationalen Gerichte in ihrer Sachverhaltsbewertung autonom – sie allein entscheiden, ob eine Gesellschaft existiert oder nicht und die Vorlagefrage damit entscheidungserheblich ist. Der EuGH ist verpflichtet, diese Aufgabentrennung zu respektieren.[1700]

Man kann dem Gerichtshof vorwerfen, er hätte das Urteil Vale aus rechtspolitischer Sicht unbedingt entscheiden wollen, insbesondere auch vor dem Hintergrund der gescheiterten Sitzverlegungs-Richtlinie.[1701] Eine notwendige Kontinuität der Gesellschaft kann jedoch nur aus dem nationalen Recht und dessen Bewertung folgen, der Niederlassungsfreiheit ist eine solche nicht zu entnehmen, weshalb Forsthoff den Vorwurf des „judicial activism“, welcher teilweise an den EuGH gerichtet wird, relativiert sehen will.[1702] Trotz der unterschiedlichen Meinungen ist dem Großteil der Literatur zu Folge die Entscheidung dennoch zu begrüßen.[1703]

b) Terminologie: Neugründung, Sitzverlegung, Umwandlung, Formwechsel

Die Frage nach dem hypothetischen Charakter der Entscheidung hat auch entscheidenden Einfluss auf die Debatte um die terminologische Einordnung der Unternehmensbewegung. Die dem Vale-Urteil zugrundeliegende Sachverhaltskonstellation sorgte bereits vorab für Verwirrung.[1704] Die Löschung der Gesellschaft im Herkunftsstaat ohne gleichzeitige Eintragung im Zuzugsstaat erkennt auch der Generalanwalt. Er kategorisiert die Situation als grenzüberschreitende

1697 *Messenzehl/Schwarzfischer*, BB 2012, 2069 (2072).

1698 Nach *Schön*, ZGR 2013, 333 (338 f.) weicht der EuGH der Thematik hingegen aus.

1699 *Braun*, DZWiR 2012, 411 (412); *Teichmann*, DB 2012, 2085 (2087).

1700 *Bayer/Schmidt*, ZIP 2012, 1481 (1484); *Jaensch*, EWS 2012, 353 (356); *Braun*, DZWiR 2012, 411 (412); *Wasmeier*, Umstrukturierung, S. 122 f.

1701 So *Mörsdorf/Jopen*, ZIP 2012, 1394 (1399); affin *Behme*, NZG 2012, 936 (938).

1702 *Forsthoff*, EuZW 2015, 248 (250).

1703 So auch *Mitterecker*, Sitzverlegungen, S. 228; *Teichmann*, DB 2012, 2085 (2087); *Braun*, DZWiR 2012, 411 (412); *Wasmeier*, Umstrukturierung, S. 123; a.A.: *Behrens*, EuZW 2012, 621 (625), weil das Urteil dadurch zu stark abstrahiert/zu allg. ist; *Kindler*, EuZW 2012, 888 (890) kritisch: es gibt keine abstrakte, trägerlose Niederlassungsfreiheit.

1704 *Mörsdorf/Jopen*, ZIP 2012, 1394 (1399); *Bayer/Schmidt*, ZIP 2012, 1481 (1485).

Neugründung und will somit terminologisch Klarheit schaffen.[1705] Allerdings ist der Begriff unglücklich gewählt.[1706]

Eine grenzüberschreitende Neugründung scheidet aus, weil kein vermögensübertragender Rechtsträger mehr existiert, denn weder die gelöschte, noch die im Entstehen befindliche Gesellschaft, ist im Zeitpunkt der Übertragung wirksam nach den Rechtsvorschriften eines Mitgliedstaates gegründet.[1707] Der Generalanwalt wählte diesen Terminus auch, weil es in Ungarn keine Möglichkeit eines grenzüberschreitenden Formwechsels und es innerstaatlich keine Notwendigkeit für einen Formwechsel in eine äquivalente Rechtsform gibt, da dies nur transnational möglich ist. Es gilt hingegen zu beachten, dass gleichartige Gesellschaften im europäischen Vergleich (etwa Ltd. und GmbH) trotzdem Unterschiede aufweisen und das Umwandlungsrecht diesen Rechnung trägt, indem es die Interessen des Rechtsverkehrs und der Gesellschafter schützt.[1708]

Der Generalanwalt differenziert bei seinen Ausführungen nicht zwischen grundverschiedenen gesellschaftsrechtlichen Vorgängen, sondern verallgemeinert unpräzise.[1709] Dabei legt er seinen Fokus auf die wirtschaftlichen, nicht hingegen die juristischen Aspekte.[1710] So ignoriert er die fehlende Kontinuität einer Neugründung.[1711] Seine Aussagen beziehen sich eigentlich auf eine Identitätsaufgabe durch die Gesellschaft. Allerdings fügen einige Literaturstimmen an, dass auch der Generalanwalt schlussendlich inhaltlich eine/n Umwandlung/Formwechsel prüft.[1712] Die undeutliche Terminologie kann auf teilweise unpräzise und sogar falsche Übersetzungen aus der englischen bzw. französischen Fassung zurückzuführen sein.[1713]

Der Gerichtshof wählt in der deutschen Übersetzung, anders als der Generalanwalt, den Begriff der grenzüberschreitenden Umwandlung.[1714] Kindler kritisiert die Mehrdeutigkeit des Umwandlungsbegriffs im Vergleich der

---

1705 Schlussanträge des GA Jääskinen v. 15.11.2011, Rs. C-378/10, ECLI:EU:C:2011:841, Anm. 34 – Vale; so legt es *Schön*, ZGR 2013, 333 (341) aus bez. Anm. 28.

1706 *Jaensch*, EWS 2012, 183 (185); *Schön*, ZGR 2013, 333 (341).

1707 *Thiermann*, EuZW 2012, 209 (212); a.A.: *Messenzehl/Schwarzfischer*, BB 2012, 2069 (2072).

1708 Schlussanträge des GA Jääskinen v. 15.11.2011, Rs. C-378/10, ECLI:EU:C:2011:841, Anm. 32 f. – Vale; *Jaensch*, EWS 2012, 183 (185); *ders.*, EWS 2012, 353 (356).

1709 *Behrens*, EuZW 2012, 121 (122); *Mitterecker*, Sitzverlegungen, S. 225; *Wasmeier*, Umstrukturierung, S. 120.

1710 Schlussanträge des GA Jääskinen v. 15.11.2011, Rs. C-378/10, ECLI:EU:C:2011:841, Anm. 46 – Vale; *Wasmeier*, Umstrukturierung, S. 120.

1711 *Schön*, ZGR 2013, 333 (341); *Thiermann*, EuZW 2012, 209 (211).

1712 *Jaensch*, EWS 2012, 183 (185); *ders.*, EWS 2012, 353 (356); *Bayer/Schmidt*, ZIP 2012, 1481 (1485); *Mitterecker*, Sitzverlegungen, S. 225.

1713 *Bayer/Schmidt*, ZIP 2012, 1481 (1485).

1714 Durchgängige Verwendung bspw. zu sehen an EuGH, Urt. v. 12.07.2012, Rs. C-378/10, ECLI:EU:C:2012:440, Rn. 1, 19, 30, 40, 50, 56, 60, 62 – Vale.

nationalen Rechtsordnungen: So kennt allein das deutsche Recht vier Unterformen der Umwandlung (Verschmelzung, Spaltung, Formwechsel, Vermögensübertragung), dagegen ist die Umwandlung im italienischen Recht kein Oberbegriff, sondern gleichzusetzen mit einem Formwechsel und somit streng von der Spaltung und der Verschmelzung zu unterscheiden. Außerdem erfolgt ein Formwechsel in Italien und Ungarn nicht identitätswahrend, sondern durch Vermögensübertragung.[1715] Folglich ist der Begriff der Umwandlung zwar eine bessere Alternative im Vergleich zum vom Generalanwalt verwendeten Terminus der Neugründung, jedoch ebenfalls zu unpräzise.[1716] Der deutsche Begriff des Formwechsels scheint für die vorliegende Konstellation am ergiebigsten.[1717] Inhaltlich prüft der EuGH einen solchen.[1718] Außerdem bestätigt ein Blick auf die englische („cross-border conversion") sowie die französische („transformation transfrontalière") Sprachfassung des Urteils die Annahme eines Formwechsels.[1719]

c) *Bestätigung: Grenzüberschreitender Formwechsel hinein und hinaus – die Auseinandersetzung mit Sevic und Cartesio*

Das Vale-Urteil war nicht das erste, welches inhaltliche Ausführungen zum grenzüberschreitenden Formwechsel aufwies. Bereits in der Entscheidung Cartesio führte der EuGH aus, dass die Autonomie der Mitgliedstaaten bezüglich ihrer gesellschaftsrechtlichen Gründungsvorschriften nicht dazu führe, dass diese Regeln dem Anwendungsbereich der Niederlassungsfreiheit entzogen seien. Insbesondere dürfe der Gründungsstaat keine Auflösung und Liquidation seiner Gesellschaften verlangen, sofern diese ihren Sitz unter Annahme einer Rechtsform des Zielstaates verlegten. Solch ein grenzüberschreitender Formwechsel sollte allerdings nur von der Niederlassungsfreiheit gewährleistet sein, „soweit dies nach diesem (dem Recht des Aufnahmestaates) möglich ist".[1720] Diese letzte Aussage des Gerichtshofs war der „Funke", der eine hitzige Debatte zur Möglichkeit eines Hineinformwechsels entfachte.[1721] Das Obiter Dictum aus Cartesio hatte viele Fragen offen gelassen.[1722] Mit einem grenzüberschreitenden Formwechsel geht faktisch eine Neugründung im Zielstaat einher, was wiederum den Bestand des

---

1715 *Kindler*, EuZW 2012, 888(889).

1716 *Bayer/Schmidt*, ZIP 2012, 1481 (1485); *Schön*, ZGR 2013, 333 (341); *Wasmeier*, Umstrukturierung, S. 131.

1717 *Thiermann*, EuZW 2012, 209 (211); *Jaensch*, EWS 2012, 353 (356); *Kindler*, EuZW 2012, 888 (889); *Schön*, ZGR 2013, 333 (341); *Klett*, GWR 2012,319.

1718 EuGH, Urt. v. 12.07.2012, Rs. C-378/10, ECLI:EU:C:2012:440, Rn. 46 – Vale.

1719 *Braun*, DZWiR 2012, 411 (412. S. Fn. 27); *Bayer/Schmidt*, ZIP 2012, 1481 (1485); ungenau insoweit auch die englische Sprachfassung nach *Kindler*, EuZW 2012, 888 (889); *Wasmeier*, Umstrukturierung, S. 131 f.

1720 EuGH, Urt. v. 16.12.2008, Rs. C-210/06, ECLI:EU:C:2008:723, Rn. 112 – Cartesio.

1721 S.o. unter E., VII., 3., c); vgl. auch *Thiermann*, EuZW 2012, 209, insb. Fn. 9.

1722 *Bayer/Schmidt*, BB 2012, 3 (12); *dies.*, ZIP 2012, 1481 (1483).

autonom-nationalen Gesellschaftsrechts in den Mitgliedstaaten tangiert.[1723] Wie ist also die Aussage des Gerichtshofs in Cartesio zu verstehen? Es bot sich eine Gelegenheit zur Präzisierung.[1724]

Einige Autoren vertraten die Ansicht, dass die Zulassung eines solchen Formwechsels frei im Ermessen des Zuzugsstaats liegt.[1725] Die herrschende Meinung sah jedoch schon nach Cartesio den Zuzugsstaat in der Pflicht, den grenzüberschreitenden Formwechsel unter bestimmten Voraussetzungen zuzulassen.[1726] Entscheidender Anhaltspunkt war dabei die Sevic-Entscheidung, welche ein generelles Verbot der Verschmelzung in einer Zuzugskonstellation versagte.[1727] Ein ausschlaggebendes Argument gegen eine Pflicht des Zuzugsstaates zur Zulassung des Hereinformwechsels war die fehlende Bezugnahme des EuGH auf die Sevic-Entscheidung innerhalb des Cartesio-Urteils.[1728] Allerdings wies das Gericht in Vale nunmehr mehrfach auf Sevic hin.[1729] Da Verschmelzungen wirtschaftlich und juristisch mit Formwechseln vergleichbar sind, stellte sich die Entscheidung Sevic als Parallelfall zu Vale heraus und beseitigte die Unklarheiten, die auf die fehlende Entscheidungserheblichkeit Sevics in Cartesio zurückzuführen waren.[1730] Vale ist als konsequente Fortführung von Sevic zu verstehen.[1731]

Mit der aktuellen Entscheidung ist eindeutig festgelegt, dass der Formwechsel hinein vom Schutzbereich der Niederlassungsfreiheit umfasst ist.[1732] Der Gerichtshof führt in Anlehnung an das Sevic-Urteil aus, dass ein Hereinformwechsel vom Zuzugsstaat erlaubt werden muss, sofern ein Formwechsel innerstaatlich möglich ist.[1733] Auch das Urteil im Fall Sevic erging zu einem Zuzugsfall, was der Grund

---

1723 *Hahn*, JurisPR-SteuerR 39/2012, Anm. 6; *Behme*, NZG 2012, 936 (938).

1724 *Ruiner*, IStR 2012, 257; *Bayer/Schmidt*, BB 2012, 3 (12); *dies.*, ZIP 2012, 1481; *Braun*, DZWiR 2012, 411 (413); *Verse*, ZEuP 2013, 458 (476).

1725 *Frenzel*, EWS 2009, 158 (160); *Korom/Metzinger*, ECFR 2009, 125 (128); *Richter*, IStR 2009, 59 (66); *Gebert/Fingerhuth*, IStR 2009, 445 (446).

1726 *Teichmann*, ZIP 2009, 393 (402); *Mörsdorf*, EuZW 2009, 97 (100); *Frobenius*, DStR 2009, 487 (490 f.); *Grundmann*, EU-GesR, § 22, Rn. 790; *Wicke*, GPR 2010, 238 (240); *Habersack/Verse*, EU-GesR, § 3, Rn. 21, 4. Auflage 2011; *Schmidt-Kessel*, GPR 2009, 26 (29).

1727 *Schön*, ZGR 2013, 333 (346); *Mitterecker*, Sitzverlegungen, S. 228 f.

1728 EuGH, Urt. v. 16.12.2008, Rs. C-210/06, ECLI:EU:C:2008:723, Rn. 121 f. – Cartesio; *Decker* in: Henssler/Strohn, GesR, UmwG, § 1, Rn. 13; *Kindler*, NZG 2009, 130 (132).

1729 EuGH, Urt. v. 12.07.2012, Rs. C-378/10, ECLI:EU:C:2012:440, Rn. 24 f., 36 ff. – Vale.

1730 *Verse*, EuZW 2013, 336; *Teichmann*, DB 2012, 2085 (2086); Bayer/Schmidt, ZIP 2012, 1481 (1489); *Ruiner*, IStR 2012, 257 (258); *Behme*, NZG 2012, 936 (938).

1731 *Behrens*, EuZW 2012, 621 (625); *Verse*, EuZW 2013, 336; *Wöhlert/Degen*, GWR 2012, 432 (435); *Weller* in: MüKo GmbHG, Bd. 1, Eltg., Rn. 360a.

1732 *Schaper*, ZIP 2014, 810 (811); *Bayer/Schmidt*, BB 2013, 3 (9).

1733 EuGH, Urt. v. 12.07.2012, Rs. C-378/10, ECLI:EU:C:2012:440, Rn. 36 ff. – Vale.

war, weshalb die Entscheidung in Cartesio (Wegzugsfall) keinen besonderen Stellenwert einnahm.[1734]

Außerdem stellt der EuGH explizit fest, dass die in Cartesio getroffene Aussage, „soweit dies nach diesem Recht möglich ist" (s.o.), keinerlei Immunität der nationalen Umwandlungsvorschriften des Aufnahmestaates gegenüber der Niederlassungsfreiheit zum Ausdruck bringen sollte.[1735] Die Wendung sollte hingegen klarstellen, dass eine Gesellschaft, wie aus dem Urteil Daily Mail bekannt, nur kraft der Gründungsrechtsordnung existieren kann und sich damit auch nur in eine konvergente, nach nationalem Recht zur Verfügung stehende Rechtsform des Zuzugsstaates umwandeln kann.[1736] Der Zuzugsstaat ist nicht völlig frei, kann aber folglich die Bedingungen eines Formwechsels bestimmen.[1737]

Zwar betrifft die Vale-Entscheidung ausschließlich eine Zuzugskonstellation (Hineinformwechsel). Jedoch stellt sie sich als Spiegelbild zum Obiter Dictum in Cartesio (Herausformwechsel) dar.[1738] Aus dem Zusammenspiel dieser beiden Urteile ist auf die grundsätzliche Zulässigkeit des grenzüberschreitenden Formwechsels zu schließen.[1739] Die formwechselnde Gesellschaft kann sich sowohl gegenüber dem Herkunfts- als auch dem Aufnahmestaat auf die Niederlassungsfreiheit berufen.[1740] Eine generelle Verweigerung des Formwechsels verstößt gegen die Niederlassungsfreiheit.[1741] Betrachtet man die Dreiecksbeziehung der aufgeführten Judikate, so ist diese Konsequenz „wenig überraschend".[1742] Allerdings ist Vale als explizite Klarstellung und Präzisierung der diskussionswürdigen Passage in Cartesio (s.o.) eindeutig zu begrüßen.[1743]

1734 *Kindler*, NZG 2009, 130 (132); *Korom/Metzinger*, ECFR 2009, 125 (153); *Schmidt-Kessel*, GPR 2009, 26 (28); *Ratka/Rauter*, WBL 2009, 62 (64).

1735 EuGH, Urt. v. 12.07.2012, Rs. C-378/10, ECLI:EU:C:2012:440, Rn. 32 – Vale; bez. EuGH, Urt. v. 16.12.2008, Rs. C-210/06, ECLI:EU:C:2008:723, Rn. 112 – Cartesio.

1736 *Verse*, ZEuP 2013, 458 (487); *Bayer/Schmidt*, ZIP 2012, 1481 (1488 f.); *Roth*, FS Hoffmann-Becking 2013, 965 (981); keine Institutsgarantie nach *Thiermann*, EuZW 2012, 209 (210); *v. Hein* in: MüKo BGB, Bd. 11, Art. 3 EGBGB, Rn. 105.

1737 *Behme*, NZG 2012, 936 (938); *Ego* in: MüKo AktG, Bd. 7, B., Rn. 72.

1738 *Ego* in: MüKo AktG, Bd. 7, B., Rn. 72; *Verse*, ZEuP 2013, 458 (478).

1739 *Decker* in: Henssler/Strohn, GesR, UmwG, § 1, Rn. 13; *Wall* in: Hausmann/Odersky, Int. PrivR, § 18, Rn. 205; *Wöhlert/Degen*, GWR 2012, 432 (433).

1740 *Kraft/Poley*, FR 2013, 1113 (1114); *Kindler*, EuZW 2012, 888 (890); *Wicke*, DStR 2012, 1756 (1758); *Ruiner*, IStR 2012, 257 (259); *Braun*, DZWiR 2012, 411 (413); *Bayer/Schmidt*, ZIP 2012, 1481 (1489).

1741 *Jaensch*, EWS 2012, 353 (356); *Teichmann*, DB 2012, 2085 (2086).

1742 *Verse*, EuZW 2013, 336; *Böttcher/Kraft*, NJW 2012, 2701; *Mitterecker*, Sitzverlegungen, S. 229; *Bollacher*, RIW 2012, 712 (717); *Braun*, DZWiR 2012, 411 (413).

1743 *Mitterecker*, Sitzverlegungen, S. 228 f.; *Bayer/Schmidt*, BB 2013, 3 (9); *dies.*, ZIP 2012, 1481 (1487); *Wöhlert/Degen*, GWR 2012, 432 (433).

d) *Das Kriterium der Realwirtschaftlichkeit – Centros etc. „overruled"?*

Mit Verweis auf die Cadbury-Schweppes-Rechtsprechung erklärt der EuGH, dass der Niederlassungsbegriff des AEUV „die tatsächliche Ausübung einer wirtschaftlichen Tätigkeit mittels einer festen Einrichtung im Aufnahmemitgliedstaat auf unbestimmte Zeit" beinhaltet, welche die „tatsächliche Ansiedlung (...) und die Ausübung einer wirklichen wirtschaftlichen Tätigkeit" erfordert (Kriterium der Realwirtschaftlichkeit).[1744] In diesen Ausführungen sehen einige Autoren die Grundaussage des Urteils.[1745] Dagegen warnt etwa Drygala davor, dass eine Fehlinterpretation des Passus die vorangegangene, positive Entwicklung des Binnenmarktes zur Mobilität von Gesellschaften „um Jahre zurückwerfen kann".[1746] Es kam zu einer umstrittenen Debatte um das Verständnis der Aussage.[1747] Fraglich war, ob sich eine Trendwende abzeichnet und das trinäre Entscheidungsmuster um Centros, Überseering und Inspire Art womöglich als „overruled" gilt.[1748]

Einige Autoren vertreten dies unter dem Gesichtspunkt, dass der zu Cadbury Schweppes aufgestellte Grundsatz der Realwirtschaftlichkeit im Steuerrecht nunmehr eins zu eins auf das Gesellschaftsrecht übertragen wurde.[1749] Kindler attestiert der literarischen Aufarbeitung des Urteils Cadbury Schweppes, seine Bedeutung verkannt zu haben.[1750] Generalanwalt Maduro etwa hatte in der Rechtssache Cartesio das Urteil Cadbury Schweppes als „erhebliche Einschränkung" von Centros und Inspire Art bezeichnet.[1751]

Es kommt hinzu, dass Vale ebenso wie der besagte Entscheidungsdreiklang um Centros einen Zuzugsfall darstellt.[1752] Die Aussagekraft zum Kriterium der Realwirtschaftlichkeit ist durch den allgemein gehaltenen Wortlaut der Urteilspassage und ihre Platzierung am Anfang der Beschränkungsprüfung nicht auf grenzüberschreitende Umwandlungen begrenzt.[1753] Somit besteht dieser Ansicht nach kein

---

1744 EuGH, Urt. v. 12.07.2012, Rs. C-378/10, ECLI:EU:C:2012:440, Rn. 34 – Vale; EuGH, Urt. v. 12.09.2006, Rs. C-196/04, ECLI:EU:C:2006:544, Rn. 54 – Cadbury Schweppes.

1745 *Kindler*, EuZW 2012, 888; ähnlch *König/Bormann*, NZG 2012, 1241 (1242); *Böttcher/Kraft*, NJW 2012, 2701 (2703) beschreiben dies als „bahnbrechend".

1746 *Drygala*, EuZW 2013, 569; „gravierend" nach *Verse*, ZEuP 2013, 458 (472).

1747 *Mitterecker*, Sitzverlegungen, S. 230; *Wasmeier*, Umstrukturierung, S. 134.

1748 *Verse*, ZEuP 2013, 458 (471); *Decker* in: Henssler/Strohn, GesR, UmwG, § 1, Rn. 14; *Drygala*, EuZW 2013, 569; *Wicke*, DStR 2012, 1756 (1758).

1749 *Böttcher/Kraft*, NJW 2012, 2701 (2703); *Kindler*, EuZW 2012, 888 (892); *Bayer/Schmidt*, ZIP 2012, 1481 (1486); *Ege/Klett*, DStR 2012, 2442 (2447).

1750 *Kindler*, EuZW 2012, 888 (892); auch *König/Bormann*, NZG 2012, 1241 (1242); ähnlich *Roth*, ZIP 2012, 1744.

1751 Schlussanträge des GA Maduro v. 22.05.2008, Rs. C-210/06, ECLI:EU:C:2008:294, Anm. 29.

1752 *Böttcher/Kraft*, NJW 2012, 2701 (2703); *Kindler*, EuZW 2012, 888 (892); *Verse*, EuZW 2013, 336; kritisch dazu *Behme*, NZG 2012, 936 (939).

1753 *Böttcher/Kraft*, NJW 2012, 2701 (2703); *Kindler*, EuZW 2012, 888 (892).

durch die Niederlassungsfreiheit gewährtes Recht auf Sitztrennung, folglich kein Schutz von Briefkastengründungen.[1754] Geschützt ist hiernach nur die physische, nicht zugleich die rechtliche Bewegungsfreiheit der Gesellschaften, es besteht faktisch keine Freiheit der Rechtswahl.[1755] In eine ähnliche Richtung stößt die Erwartung des Europäischen Parlaments, welche die Bekämpfung von Missbrauch durch Briefkastengesellschaften zur Umgehung rechtlicher, steuerlicher und sozialer Gesichtspunkte, speziell zum Schutz der Gläubiger, Minderheitsaktionäre und Arbeitnehmer vorsieht.[1756] Kindler geht sogar so weit, dass einer wirksam gegründeten Gesellschaft, trotz grundsätzlich europarechtlicher Anerkennungspflicht im Zuzugsstaat, der Zuzug verwehrt werden kann, sofern keine Realwirtschaftlichkeit im Gründungsstaat (mehr) besteht.[1757]

Die Gegenströmung ist der Ansicht, dass die Grundaussagen der Entscheidungstrilogie um das Urteil Centros weiterhin Bestand haben.[1758] Nicht überzeugend ist eine Beschränkung des Realwirtschaftskriteriums auf steuerrechtliche Sachverhalte.[1759] Es ist zu beachten, dass der EuGH den Begriff der Niederlassungsfreiheit schon immer an das Kriterium der Realwirtschaftlichkeit gekoppelt hat und auch in Centros nicht von dieser Definition abgerückt ist.[1760] Deshalb kann auch nicht von einer Rückkehr zum traditionellen Bild der Niederlassungsfreiheit aus Factortame II[1761] gesprochen werden.[1762] Cadbury und Vale sind vielmehr eine Klarstellung.[1763]

1754 *Heinze* in: MüKo GmbHG, § 4a, Rn. 24; *König/Bormann*, NZG 2012, 1241 (1243); *Kindler*, EuZW 2012, 888 (892); *Wicke*, DStR 2012, 1756 (1758).

1755 *Bollacher*, RIW 2012, 712 (718); Mörsdorf/Jopen, ZIP 2012, 1394 (1399); iE *Roth*, FS Hoffmann-Becking 2013, 965 (992); *Teichmann*, DB 2012, 2085 (2087).

1756 Europäisches Parlament, Plenarsitzungsdokument A7-0008/2012 v. 9. 1. 2012: Bericht mit Empfehlungen an die Kommission zu einer 14. gesellschaftsrechtlichen Richtlinie zur grenzüberschreitenden Verlegung von Unternehmenssitzen, abrufbar unter http://www.euro parl.europa.eu/sides/getDoc.do?type=REPORT&reference=A7-2012-0008&language=DE (zuletzt abgerufen am 12.04.2019).

1757 *Kindler*, EuZW 2012, 888 (892); *ders.* in: MüKo BGB, Int. HandelsR/GesR, Rn. 136; ebenso *König/Bormann*, NZG 2012, 1241 (1243); *Roth*, ZIP 2012, 1744 (1745).

1758 *Schönhaus/Müller*, IStR 2013, 174 (176); *Schaper*, ZIP 2014, 810 (814); *Mitterecker*, Sitzverlegungen, S. 440; *Ege/Klett*, DStR 2012, 2442 (2447 f.); *Schön*, ZGR 2013, 333 (352); *Wasmeier*, Umstrukturierung, S. 138.

1759 *Bayer/Schmidt*, ZIP 2012, 1481 (1486); so allerdings ansatzweise noch *Behme*, NZG 2012, 936 (939); s. bereits oben unter E., VI., 3., e).

1760 *Forsthoff*, EuZW 2015, 248 (250 f.); *Tiedje* in: v.d. Groeben/Schwarze/Hatje, EuR, Art. 54 AEUV, Rn. 73; *Verse*, ZEuP 2013, 458 (473).

1761 EuGH, Urt. v. 25.07.1991, Rs. C-221/89, ECLI:EU:C:1991:320, Rn. 20 – Factortame II.

1762 So allerdings *Kindler*, EuZW 2012, 888 (891), welcher aber auch anmerkt, dass der EuGH diese Definition nie aufgegeben hat.

1763 *Mörsdorf/Jopen*, ZIP 2012, 1394 (1399); *Schön*, ZGR 2013, 333 (350).

Hinzukommt, dass Vale zwar, ebenso wie Centros, einen Zuzugsfall darstellt, jedoch die Aussagen in Cadbury Schweppes zu einem Wegzugsfall ergangen waren, weshalb die Ausführungen des Gerichtshof nicht auf die Konstellation in Centros übertragbar sind.[1764] Dies lässt sich auch dogmatisch untermauern: Sofern der Gründungsstaat, der insofern in seiner Autonomie auch frei ist, die Gründungsvorschriften für Gesellschaften großzügiger auszugestalten und demgemäß keine „Realwirtschaftlichkeit" zu fordern, einer an sich substanzlosen Gesellschaft die Existenz zuspricht, besteht eine nach Art. 54 AEUV wirksam gegründete Gesellschaft, welche im Zuzugsstaat anzuerkennen ist.[1765] Die Sitzverlegung einer solchen Gesellschaft ist von der Niederlassungsfreiheit geschützt, was genauer Inhalt der Centros-Entscheidung war und bis heute Gültigkeit beansprucht.[1766] Somit sind auch Briefkastengesellschaften iSd Centros-Entscheidung weiterhin vom Schutzbereich der Niederlassungsfreiheit umfasst.[1767] Wasmeier stellt dabei ebenfalls heraus, dass das deutsche Verständnis der Briefkastenfirma, scilicet das Auseinanderfallen von Verwaltungs- und Satzungssitz, nicht dem gebrauchten Terminus in der Cadbury-Schweppes-Entscheidung entsprechen muss, wofür der eher steuerlich gebrauchte Begriff der „Strohfirma" spricht.[1768] Bei der Gründung einer Zweigniederlassung im Aufnahmestaat kann selbstverständlich wiederum eine „tatsächliche wirtschaftliche Tätigkeit" vorausgesetzt werden.[1769] Auch in Centros wäre dieses Merkmal zweifelsfrei erfüllt gewesen, da die Gesellschaft nur im Herkunftsstaat eine reine Briefkastengesellschaft war.[1770] Eine Trendwende oder ein „Overruling" von Centros bis Inspire Art ist aber im Urteil Vale nicht zu sehen.[1771]

e) Die isolierte Satzungssitzverlegung

Ob eine isolierte Satzungssitzverlegung von der Niederlassungsfreiheit geschützt wird, ist umstritten.[1772] Viele Autoren verstehen allerdings unterschiedliche

---

1764 *Habersack/Verse*, EU-GesR, § 3, Rn. 18; *Bayer/Schmidt*, ZIP 2012, 1481 (1486); *Schaper*, ZIP 2014, 810 (814 f.); *Mitterecker*, Sitzverlegungen, S. 441.

1765 *Schön*, ZGR 2013, 333 (351 ff.); *Schaper*, ZIP 2014, 810 (814); *Drygala*, EuZW 2013, 569 (573); *Roth*, FS Hoffmann-Becking 2013, 965 (994).

1766 *Verse*, ZEuP 2013, 458 (473); *Wasmeier*, Umstrukturierung, S. 138 f.; *Forsthoff*, EuZW 2015, 248 (250 f.).

1767 *Verse*, ZEuP 2013, 458 (473); *Schaper*, ZIP 2014, 810 (814); *Schön*, ZGR 2013, 333 (352 f.); *Mitterecker*, Sitzverlegungen, S. 440.

1768 *Wasmeier*, Umstrukturierung, S. 138 in Bezug auf EuGH, Urt. v. 12.09.2006, Rs. C-196/04, ECLI:EU:C:2006:544, Rn. 68 – Cadbury Schweppes.

1769 *Behme*, NZG 2012, 936 (939); *Schön*, ZGR 2013, 333 (353); *Schaper*, ZIP 2014, 810 (814); *Verse*, ZEuP 2013, 458 (472 f.).

1770 *Wasmeier*, Umstrukturierung, S. 138 f.; *Verse*, ZEuP 2013, 458 (473).

1771 *Tiedje* in: v.d. Groeben/Schwarze/Hatje, EuR, Art. 54 AEUV, Rn. 73; *Decker* in: Henssler/Strohn, GesR, UmwG, § 1, Rn. 14; *Mitterecker*, Sitzverlegungen, S. 442.

1772 Dafür etwa: *Bayer/Schmidt*, ZIP 2012, 1481 (1486); *Behme*, NZG 2012, 936 (939); Dagegen: *Böttcher/Kraft*, NJW 2012, 2701; *Jaensch*, EWS 2012, 353 (357).

Konstellationen unter der alleinigen Verlegung des Satzungssitzes.[1773] Es gibt inhaltliche Überschneidungen zum vorherigen Thema, jedoch auch eine etwas andere Pointierung.

Die Aufnahmemitgliedstaaten haben nach dem Urteil Vale die Möglichkeit, einen grenzüberschreitenden Formwechsel zu verhindern, sofern keine „wirkliche wirtschaftliche Tätigkeit" im Zielstaat ausgeübt wird.[1774] Mit dem gerade festgestellten Ergebnis[1775] kann der Aufnahmestaat allerdings keine Tätigkeit im Herkunftsstaat verlangen.[1776] Am deutlichsten wird dies, wenn ein Mitgliedstaat wie Deutschland den Wegzug des Verwaltungssitzes unter Beibehaltung des Satzungssitzes ohne wirtschaftliche Tätigkeit im Inland erlaubt und einer Briefkastengesellschaft mit Tätigkeit im Zuzugsstaat aber ohne eine solche im Wegzugsstaat den Zuzug verweigern will.[1777] Ohnehin wurde das Realwirtschaftlichkeitskriterium bisher nur in Wegzugsfällen diskutiert.[1778] Das vorgebrachte Argument, der Niederlassungsbegriff könne nur einheitlich ausgelegt werden und der Zuzugsstaat somit eine wirtschaftliche Tätigkeit im Gründungsstaat fordern,[1779] widerspricht dem Grundsatz der Geschöpftheorie, welche die Anknüpfungsautonomie des Gründungsstaates beinhaltet.[1780]

Der Wegzugsstaat kann einer Ansicht nach den Herausformwechsel verhindern, sofern nur eine „leere Hülle der Gesellschaft" im Zuzugsstaat entstehen soll.[1781] Schon nach dem Wortlaut des Art. 49 AEUV ist eine (echte) Niederlassung Anwendungsvoraussetzung der Niederlassungsfreiheit.[1782] Jaensch zieht deshalb den Schluss, dass der Niederlassungsbegriff inhaltlich eine Verwaltungssitzverlegung voraussetze, weshalb eine singuläre Verlegung des Satzungssitzes nicht möglich ist.[1783]

Dagegen beteuert Verse, dass eine isolierte Satzungssitzverlegung nur nicht geschützt ist, sofern dies impliziert, dass am Satzungssitz gar keine Tätigkeit

---

1773 Wie folgend noch aufgezeigt wird, verstehen einige die isolierte Satzungssitzverlegung als eine solche ohne simultane Verwaltungssitzverlegung, während andere dies nicht voraussetzen, sondern nur eine fehlende Tätigkeit am Zielort hierunter verstehen.

1774 EuGH, Urt. v. 12.07.2012, Rs. C-378/10, ECLI:EU:C:2012:440, Rn. 34 – Vale; EuGH.

1775 S.o. unter E., IX., 3., d).

1776 A.A.: *Kindler*, EuZW 2012, 888 (892); *Roth*, ZIP 2012, 1744 (1745).

1777 *Drygala*, EuZW 2013, 569 (571); *Teichmann*, DB 2012, 2085 (2088); a.A.: *Heinze* in: MüKo GmbHG, § 4a, Rn. 24; *König/Bormann*, NZG 2012, 1241 (1243).

1778 *Braun*, DZWiR 2012, 411 (415); *Behme*, NZG 2012, 936 (939).

1779 *Roth*, ZIP 2012, 1744 (1745); *König/Bormann*, NZG 2012, 1241 (1242).

1780 *Drygala*, EuZW 2013, 569 (573).

1781 *Teichmann*, DB 2012, 2085 (2088); *Mörsdorf/Jopen*, ZIP 2012, 1394 (1399).

1782 *Verse*, ZEuP 2013, 458 (479); *Roth*, FS Hoffmann-Becking 2013, 965 (989); a.A.: *Braun*, DZWiR 2012, 411 (414 f.), den die Aussagen zur Realwirtschaftlichkeit irritieren.

1783 *Jaensch*, EWS 2012, 353 (357); ebenso *Heinze* in: MüKo GmbHG, § 4a, Rn. 24; *Schönhaus/Müller*, IStR 2013, 174 (176).

aufgenommen wird und nicht notwendig auch der Verwaltungssitz mit transferiert werden muss, vor allem dann nicht, wenn der Aufnahmestaat keinen inländischen Verwaltungssitz fordert.[1784] Zwar sieht die deutsche Sprachfassung des Urteils vor, dass sich die Gesellschaft „ansiedelt", was für eine obligatorische Verlegung des Verwaltungssitzes spricht, jedoch ist den englischen (establish) und französischen (s'implanter) Sprachfassungen eine solche Wertung nicht mit Sicherheit zu entnehmen.[1785] Schön meint, dass der isolierte Formwechsel hinaus nicht verhindert werden kann, wenn der Aufnahmestaat einen solchen erlaubt, weil die Niederlassungsfreiheit die bestmögliche Wahl der unternehmerischen Organisation im In- und EU-Ausland beinhaltet.[1786] Derselben Meinung ist auch Behme, welcher einen Vergleich zu Auslandsgründungen und zu grenzüberschreitenden Verschmelzungen auf Gesellschaften ohne wirtschaftliche Tätigkeit bemüht.[1787]

f) Realwirtschaftlichkeit: Tatbestand oder Rechtfertigungsebene

Bei der Prüfung, ob eine „echte wirtschaftliche Tätigkeit" vorliegt, nimmt der EuGH Bezug auf die Entscheidung Cadbury Schweppes,[1788] wo das Kriterium der Realwirtschaftlichkeit auf Ebene der Rechtfertigung geprüft wurde.[1789] Wenn eine reale Wirtschaftstätigkeit am Zielort der Gesellschaft allerdings einen konstitutiven Bestandteil des Niederlassungsbegriffs darstellt, ist eine Prüfung im Tatbestand bzw. Schutzbereich notwendig.[1790]

Einige Autoren sind der Ansicht, der Gerichtshof prüfe die Thematik in Vale auf Ebene der Beschränkung und nicht auf Ebene des Schutzbereichs – anders lasse sich weder die Bezugnahme auf das Urteil Cadbury Schweppes, wo eindeutig die Rechtfertigungsebene angesprochen war, noch die Überschrift des Teilbereichs („Zum Vorliegen einer Beschränkung der Niederlassungsfreiheit und zu ihrer etwaigen Rechtfertigung") erklären.[1791] Ebenso spricht die prinzipielle gesellschaftsrechtliche Anerkennungspflicht des Zuzugsstaates, welche wegen der funktionellen Vergleichbarkeit sowohl in Gründungs- als auch in Umwandlungsfällen greift, für eine Prüfung außerhalb des Schutzbereichs.[1792]

1784 *Verse*, ZEuP 2013, 458 (479); so auch *Wicke*, DStR 2012, 1756 (1757 f.); ähnlich *Roth*, FS Hoffmann-Becking 2013, 965 (990); wohl auch *Teichmann*, DB 2012, 2085 (2088) hinsichtlich des Gleichbehandlungsgebots; *Krebs*, GWR 2014, 144 (146).

1785 *Mörsdorf/Jopen*, ZIP 2012, 1394 (1399) bezugnehmend auf EuGH, Urt. v. 12.07. 2012, Rs. C-378/10, ECLI:EU:C:2012:440, Rn. 35 – Vale.

1786 *Schön*, ZGR 2013, 333 (359 f.); ebenso: *Bayer/Schmidt*, ZIP 2012, 1481 (1486).

1787 *Behme*, NZG 2012, 936 (939).

1788 EuGH, Urt. v. 12.07.2012, Rs. C-378/10, ECLI:EU:C:2012:440, Rn. 34 – Vale; EuGH, Urt. v. 12.09.2006, Rs. C-196/04, ECLI:EU:C:2006:544, Rn. 54 – Cadbury Schweppes.

1789 S.o. unter C., VI., 3., c).

1790 *Kindler*, EuZW 2012, 888 (891); *Böttcher/Kraft*, NJW 2012, 2701 (2703).

1791 *Bayer/Schmidt*, ZIP 2012, 1481 (1486); *Drygala*, EuZW 2013, 569 (570); zur Irritation um die Überschrift auch *Wasmeier*, Umstrukturierung, S. 140.

1792 *Schaper*, ZIP 2014, 810 (816).

Allerdings spricht der EuGH eindeutig vom „Niederlassungsbegriff", was zusammen mit der erst später einleitenden Wendung „Was eine etwaige Rechtfertigung...anbelangt"[1793] für eine Prüfung im Tatbestand spricht.[1794] Schön verankert die Prüfung im objektiven Tatbestand der Niederlassungsfreiheit.[1795] Mitterecker erkennt allenfalls eine restriktivere Tendenz bei der Handhabung des Niederlassungsbegriffs, jedoch sind die Ausführungen des Gerichtshofs in Vale, speziell vor dem Hintergrund des Cadbury-Urteils, für eine endgültige Entscheidung zu vage.[1796]

g) Die Intensität der wirtschaftlichen Betätigung

Sofern man bei einem grenzüberschreitenden Formwechsel nicht die Notwendigkeit einer Verwaltungssitzverlegung verlangt (s.o.), sondern wirtschaftliche Tätigkeit im Zielstaat ausreichen lässt, stellt sich zwangsläufig die Frage, was unter einer „tatsächlichen Ausübung einer wirtschaftlichen Tätigkeit" zu verstehen ist.[1797]

Einer Ansicht nach darf man an die wirtschaftliche Tätigkeit nicht zu hohe Ansprüche stellen, da jede echte wirtschaftliche Tätigkeit, sei sie noch so geringfügig, ausreichen müsse.[1798] Mörsdorf/Jopen sprechen sich für die Verlegung zumindest eines Teils der ursprünglichen Tätigkeit auf die neue Gesellschaft aus.[1799] Allerdings muss auch eine bereits vor Zuzug bestehende Wirtschaftsaktivität genügen.[1800] Wieder andere sind der Meinung, dass eine „echte Ansiedlung" oder „manifeste Verwurzelung" im Zuzugsstaat notwendig sei.[1801] Laut Mörsdorf ist darauf hinzuweisen, dass nur die deutsche Sprachfassung des Urteils von „ansiedeln" spricht und die englische (establish) bzw. französische Sprachfassung (s'implanter) sehr viel neutraler gehalten sind.[1802] Allerdings ist eine Tendenz des Gerichtshofs zu erkennen, wonach nunmehr strengere Voraussetzungen an eine „tatsächliche Niederlassung" geknüpft werden sollen.[1803]

1793 EuGH, Urt. v. 12.07.2012, Rs. C-378/10, ECLI:EU:C:2012:440, Rn. 34, 37– Vale.

1794 *Wasmeier*, Umstrukturierung, S. 140 f.; ähnlich *v. Hein* in: MüKo BGB, Bd. 11, Art. 3 EGBGB, Rn. 107; *König/Bormann*, NZG 2012, 1241 (1242).

1795 *Schön*, ZGR 2013, 333 (353).

1796 *Mitterecker*, Sitzverlegungen, S. 441 f.

1797 *Mörsdorf/Jopen*, ZIP 2012, 1394 (1399); *Schaper*, ZIP 2014, 810 (813); *Wicke*, DStR 2012, 1756 (1758); *Ege/Klett*, DStR 2012, 2442 (2448).

1798 *Krebs*, GWR 2014, 144 (146); *Bayer/Schmidt*, ZIP 2012, 1481 (1487); *Heinze* in: MüKo GmbHG, § 4a, Rn. 24, verweist insofern auf die niedrigen Anforderungen des Deutsch-Amerikanischen Freundschaftsvertrags.

1799 *Mörsdorf/Jopen*, ZIP 2012, 1394 (1399); auch *Schön*, ZGR 2013, 333 (353) erkennt in Vale keinen generellen Substanzvorbehalt.

1800 *Verse*, ZEuP 2013, 458 (480); *Krebs*, GWR 2014, 144 (146).

1801 *Wöhlert/Degen*, GWR 2012, 432 (433); *Roth*, ZIP 2012, 1744 (1745).

1802 *Mörsdorf/Jopen*, ZIP 2012, 1394 (1399).

1803 *Böttcher/Kraft*, NJW 2012, 2701 (2703); *Mitterecker*, Sitzverlegungen, S. 442.

Wicke ist der Meinung, in beiden Staaten dürfe eine zumindest geringfügige wirtschaftliche Tätigkeit verlangt werden.[1804] Dagegen bestreitet Drygala, dass nur echte binationale Gesellschaften mit Realwirtschaftlichkeit in beiden Mitgliedstaaten von der Niederlassungsfreiheit geschützt sind: Er kritisiert die Unbestimmtheit des Begriffs der „tatsächlichen Ansiedlung“ und bemerkt, dass es in Zeiten des elektronischen Geschäftsverkehrs nicht auf Kriterien wie etwa vorhandene Infrastruktur oder Angestellte ankommen muss, insbesondere bei Internet-Anbietern. Ferner bemängelt er den Verwaltungsaufwand, den Registerbehörden zusätzlich bewältigen müssten, weil die Niederlassungsfreiheit auch die primäre Gründung eines Unternehmens schützt und somit die Behauptung einer „wirtschaftlichen Tätigkeit“ im ersten Moment ausreichen würde – die Überwachung der Tätigkeit obliege dann den Verwaltungsbehörden. Auch bemerkt er die vorhandenen Umgehungsmöglichkeiten, z.B. durch Franchisenehmer.[1805]

Fraglich ist auch, welche Nachweise für eine „wirtschaftliche Tätigkeit“ verlangt werden dürfen – anders als Drygala können sich Wöhlert/Degen auch eine Glaubhaftmachung der „wirtschaftlichen Tätigkeit“ vorstellen und somit ein „Mehr“ im Vergleich zu einer reinen Behauptung.[1806] Bayer/Schmidt sprechen sich für „objektive“ und von Dritten „nachprüfbare Anhaltspunkte“ aus.[1807]

h) Lag eine Diskriminierung oder Beschränkung vor?

Die fehlende Möglichkeit einer grenzüberschreitenden Umwandlung im ungarischen Recht wird vom Gerichtshof als Beschränkung der Niederlassungsfreiheit qualifiziert. Inhaltich prüft das Gericht jedoch eine unterschiedliche Behandlung von in- und ausländischen Gesellschaften, also eine Diskriminierung.[1808] Braun vermisst hierbei die dogmatische Klarheit.[1809] Diese terminologische Ungenauigkeit findet sich auch in den Ausführungen von Bayer/Schmidt wieder, welche die Ausführungen des Gerichtshofs dann auch konsequent als „begrüßenswert unmissverständlich“ qualifizieren.[1810] Auch der Generalanwalt Jääskinen prüft terminologisch eine Beschränkung, stellt jedoch auch auf den Grundsatz der Nichtdiskriminierung ab und verneint dogmatisch korrekt eine Rechtfertigung aus zwingenden Gründen des Allgemeinwohls bei diskriminierenden Umwandlungsvorschriften.[1811]

1804 *Wicke*, DStR 2012, 1756 (1758); ähnlich *Kindler*, EuZW 2012, 888 (892).
1805 *Drygala*, EuZW 2013, 569 (569 f.); zur Unbestimmtheit des Begriffs ebenso *Behme*, NZG 2012, 936 (939); zur Umgehung *Roth*, FS Hoffmann-Becking 2013, 965 (992).
1806 *Wöhlert/Degen*, GWR 2012, 432 (434).
1807 *Bayer/Schmidt*, ZIP 2012, 1481 (1487).
1808 EuGH, Urt. v. 12.07.2012, Rs. C-378/10, ECLI:EU:C:2012:440, Rn. 34–41 – Vale.
1809 *Braun*, DZWiR 2012, 411 (414).
1810 *Bayer/Schmidt*, ZIP 2012, 1481 (1487); analog *Wasmeier*, Umstrukturierung, S. 126, 129; *Wall* in: Hausmann/Odersky, Int. PrivR, § 18, Rn. 199.
1811 Schlussanträge des GA Jääskinen v. 15.11.2011, Rs. C-378/10, ECLI:EU:C:2011:841, Anm. 70 ff., insb. 72 und 76 – Vale.

Diese Ungenauigkeit ist in keinem Fall zu vernachlässigen, da die Einordnung des Eingriffstatbestands in Vale schwierig ist, was insbesondere Schön hervorhebt, welcher dann auch annimmt, der EuGH prüfe entgegen der verwendeten Terminologie der Beschränkung eine Diskriminierung.[1812]

Es gibt allerdings mehrere Erklärungsversuche, warum der Gerichtshof im Ergebnis auf eine Beschränkung abstellt. Die ungarischen Umwandlungsvorschriften verhindern zwar einen Formwechsel von ausländischen Gesellschaften in eine inländische, während der Formwechsel innerstaatlich möglich ist. Jedoch können auch inländische Gesellschaften keinen Formwechsel ins Ausland vornehmen – somit liegt einer Ansicht nach doch keine Ungleichbehandlung vor, denn die Regel gelte universell für alle Gesellschaften.[1813] Allerdings gilt dies nicht in Deutschland, wenn eine tatsächliche wirtschaftliche Tätigkeit im Inland gefordert wird. Eine Trennung von Satzungs- und Verwaltungssitz ist nach §§ 4a GmbHG, 5 AktG erlaubt, weshalb bei einem Formwechsel hinaus aus Deutschland der Satzungssitz als „leere Hülle der Gesellschaft“ im Inland verbleiben darf und diese faktisch keine wirtschaftliche Tätigkeit mehr ausüben muss. Somit träfe das Erfordernis der Realwirtschaftlichkeit nur ausländische Gesellschaften.[1814]

Des Weiteren wird die Ansicht geäußert, das Gericht habe nur den Terminus der Diskriminierung vermeiden wollen, um eine einfachere Rechtfertigung für die Mitgliedstaaten iSd Cassis-Formel zu eröffnen, während eine solche bei Annahme einer (offenen) Diskriminierung nur aus den geschrieben Gründen des Art. 52 Abs. 1 AEUV (öffentliche Ordnung, Sicherheit und Gesundheit) möglich gewesen wäre.[1815] Dieses rechtspolitische Argument wurde von einigen Autoren ebenfalls in der Rechtssache Sevic vorgebracht.[1816] Auch in diesem Fall zur Mobilitätskomponente der Verschmelzung stellte der EuGH eine Beschränkung der Niederlassungsfreiheit fest, obwohl er gegenständlich eine „unterschiedliche Behandlung“ von ausländischen Gesellschaften erkannte.[1817] Dies relativiert die Debatte um die Terminologie ein wenig, ebenso wie die Tatsache, dass sich in beiden Fällen eine Unterscheidung zwischen Diskriminierungen und Beschränkungen nicht auf das Ergebnis auswirkte, weil ein genereller Ausschluss eines grenzüberschreitenden Formwechsels, gleichermaßen einer Verschmelzung, nicht dem Verhältnismäßigkeitsgrundsatz entspricht.[1818]

1812 *Schön*, ZGR 2013, 333 (344 f.); ebenso *Weller* in: MüKo GmbHG, Bd. 1, Eltg., Rn. 360c; a.A: *Saenger*, GesR, Rn. 853; *Hahn*, JurisPR-SteuerR 39/2012, Anm. 6; *Wicke*, DStR 2012, 1756 (1757); *Wöhlert/Degen*, GWR 2012, 432 (433).

1813 *Schaper*, ZIP 2014, 810 (813); *Teichmann*, DB 2012, 2085 (2089); *Verse*, ZEuP 2013, 458 (481); *Schön*, ZGR 2013, 333 (345); a.A.: *Roth*, FS Hoffmann-Becking 2013, 965 (983), welcher der Sache nach eindeutig einen Diskriminierungsfall annimmt.

1814 *Schaper*, ZIP 2014, 810 (813 f.); *Drygala*, EuZW 2013, 569 (571).

1815 *Teichmann*, DB 2012, 2085 (2089); ähnlich *Verse*, ZEuP 2013, 458 (481).

1816 S.o. unter C., V., 3., f).

1817 EuGH, Urt. v. 13.12.2005, Rs. C-411/03, ECLI:EU:C:2005:762, Rn. 22 f. – Sevic.

1818 *Braun*, DZWiR 2012, 411 (414); *Bayer/Schmidt*, ZIP 2012, 1481 (1487).

Allerdings darf dies nicht über die Relevanz der Thematik hinwegtäuschen. Roth erkennt eine Entwicklung des Gerichtshofs von Sevic zu Vale: Sollte der Mitgliedstaat nach Sevic nur eine grenzüberschreitende Verschmelzung ermöglichen, wenn diese nach innerstaatlichem Recht möglich ist (Diskriminierungsverbot), so muss der Mitgliedstaat nach Vale einen grenzüberschreiten Formwechsel auch dann ermöglichen, sofern ein solcher im innerstaatlichen Recht überhaupt nicht vorgesehen ist (Beschränkungsverbot).[1819] Die Dimension des Beschränkungsverbots belegt Schön mit einer Testhypothese: Der EuGH sehe nicht lediglich fehlende Regeln zu grenzüberschreitenden Sitzverlegungen und Formwechseln als Verstoß gegen die Niederlassungsfreiheit an, sondern ebenso gänzlich fehlende Normen für diese Mobilitätskomponenten, also die mangelnde Möglichkeit, diese Bewegungsformen, sowohl inner- als auch außerstaatlich, umsetzen zu können.[1820] Dagegen will Behme sowohl in Sevic als auch in Vale nur eine Diskriminierungslogik erkennen und dem angewandten Äquivalenzgrundsatz keinen weitergehenden Gehalt (Beschränkungsverbot) zugestehen.[1821]

i) Praxis: Ablauf eines grenzüberschreitenden Formwechsels im deutschen Recht – Prinzipien der Äquivalenz und Effektivität

Zwar gehört der grenzüberschreitende Formwechsel nunmehr zu den von der Niederlassungsfreiheit geschützten, wirtschaftlichen Tätigkeiten einer Gesellschaft.[1822] Der EuGH hat jedoch nicht geklärt, wie ein grenzüberschreitender Formwechsel konkret ablaufen soll.[1823] Überdies lassen sich die Voraussetzungen für einen Formwechsel nicht aus der Niederlassungsfreiheit ableiten.[1824] Auf dem Gebiet des Formwechsels gibt es darüber hinaus auch nach dem Vale-Urteil, anders als bei der Verschmelzung, kein europäisches Sekundärrecht.[1825] All dies führt dazu, dass kein gesicherter Rechtsrahmen für grenzüberschreitende Formwechsel besteht.[1826]

1819 *Roth*, FS Hoffmann-Becking 2013, 965 (982 f.); idS auch *Teichmann*, DB 2012, 2085 (2089); a.A. wohl: *Kraft/Poley*, FR 2013, 1113 (1114), welche nur von einem diskriminierungsfreien Anspruch auf grenzüberschreitenden Formwechsel sprechen.

1820 *Schön*, ZGR 2013, 333 (345): Im grenzüberschreitenden Bereich fehle es dann an einer Analogiegrundlage.

1821 *Behme*, NZG 2012, 936 (938); *ders.*, Sitzverlegung, S. 150.

1822 EuGH, Urt. v. 12.07.2012, Rs. C-378/10, ECLI:EU:C:2012:440, Rn. 24 – Vale.

1823 *Messenzehl/Schwarzfischer*, BB 2012, 2069 (2073); *Schulte*, IWRZ 2016, 3.

1824 *Forsthoff*, EuZW 2015, 248 (250); *Behrens*, EuZW 2012, 621 (625).

1825 *Nagy*, IPrax 2013, 582 (583); *Wall* in: Hausmann/Odersky, Int. PrivR, § 18, Rn. 205; *Hahn*, JurisPR-SteuerR 39/2012, Anm. 6; *Verse*, ZEuP 2013, 458 (477).

1826 *Jaensch*, EWS 2012, 183 (185); *Krebs*, GWR 2014, 144 (147); *Verse*, EuZW 2013, 336 (337); *Böttcher/Kraft*, NJW 2012, 2701 (2704).

aa) Kollisionsrechtliche Grundlagen

Aufgrund fehlender europarechtlicher Grundlagen muss ein Formwechsel nach nationalem Recht durchgeführt werden.[1827] Außerdem ist der grenzüberschreitende Formwechsel funktional mit der Neugründung einer Gesellschaft zu vergleichen, weshalb die Mitgliedstaaten autonom über diesen Bereich des Gesellschaftsrechts – gemeint ist die Gründung und Funktionsweise einer Gesellschaft – entscheiden und ihr eigenes Recht anwenden dürfen.[1828] Dieses nationale Recht muss jedoch europarechtskonform iSd Niederlassungsfreiheit ausgelegt werden.[1829]

Ein grenzüberschreitender Formwechsel bereitet besondere Schwierigkeiten, weil es zu einer Kumulation von Regeln des Herkunfts- und des Aufnahmestaates kommt.[1830] Kollisionsrechtlich bewerkstelligt das die Vereinigungstheorie.[1831] Sie kommt ursprünglich aus dem Bereich der grenzüberschreitenden Verschmelzung.[1832] Obgleich beim grenzüberschreitenden Formwechsel, im Gegensatz zur Verschmelzung, nur ein Rechtsträger involviert ist, der auch kontinuierlich fortbesteht und nur seine rechtliche Hülle wechselt, ist die Vereinigungstheorie ebenfalls anzuwenden. Sofern es zu Konflikten zwischen den beiden zur Anwendung berufenen Rechtsordnungen kommt, sind diese unter Einbeziehung der normzugehörigen Schutzfunktion im Wege der Angleichung zu lösen.[1833] Dabei setzt sich die strengere der konkurrierenden Normen durch.[1834]

Für den Formwechsel bedeutet die Anwendung der Theorie, dass für die Voraussetzungen, das Verfahren und die Wirkung separat anzuknüpfen ist.[1835] Alle Voraussetzungen und Verfahren aus einem Mitgliedstaat heraus unterliegen dem Recht des Wegzugsstaates.[1836] Dagegen sind die Voraussetzungen und Verfahrensschritte in einen Mitgliedstaat hinein dem Recht des Zuzugsstaates zugehörig.[1837] Nach Nagy ist, vereinfacht gesagt, der Entsendestaat für alles zuständig,

---

1827 *Forsthoff*, EuZW 2015, 248 (250); *Mörsdorf/Jopen*, ZIP 2012, 1394 (1400); *Bayer/Schmidt*, BB 2013, 3 (10).

1828 *Teichmann*, DB 2012, 2085 (2090); *Wicke*, DStR 2012, 1756 (1757); *Mitterecker*, Sitzverlegungen, S. 230; *Decker* in: Henssler/Strohn, GesR, UmwG, § 1, Rn. 14.

1829 *Nagy*, IPrax 2013, 582 (583 f.); *Weller* in: MüKo GmbHG, Bd. 1, Eltg., Rn. 360d.

1830 *Bollacher*, RIW 2012, 712 (718); *Teichmann*, DB 2012, 2085 (2089 f.); *Wall* in: Hausmann/Odersky, Int. PrivR, § 18, Rn. 205; *Jaensch*, EWS 2012, 353 (357).

1831 *Bayer/Schmidt*, ZIP 2012, 1481 (1490); *dies.*, BB 2013, 3 (10); *Wöhlert/Degen*, GWR 2012, 432 (434); vorsichtiger *Hahn*, JurisPR-SteuerR 39/2012, Anm. 6.

1832 S.o. unter E., V., 3., g); *Schönhaus/Müller*, IStR 2013, 174 (178).

1833 *Jaensch*, EWS 2012, 353 (357 f.); *ders.*, EWS 2012, 183 (186); nach *Knaier*, DNotZ 2017, 381 (390) hat der EuGH in Vale die Vereinigungstheorie für den Formwechsel sogar vorgegeben; ähnlich *Heinze* in: MüKo GmbHG, § 4a, Rn. 89.

1834 *Kropholler*, IPR, S. 144; *Rauscher*, IPR, Rn. 322; *Stöber*, ZIP 2012, 1273 (1277).

1835 *Hushahn*, RNotZ 2014, 137 (141); für die Verschmelzung: *Kindler* in: MüKo BGB, Bd. 12, Teil 10, Rn. 801; *Wall* in: Hausmann/Odersky, Int. PrivR, § 18, Rn. 180 ff.

1836 *Winter/Marx/De Decker*, DStR 2016, 1997 (1999); *Verse*, ZEuP 2013, 458 (483).

1837 *Hushahn*, RNotZ 2014, 137 (141); *Verse*, ZEuP 2013, 458 (491).

was mit der Löschung im Handelsregister zu tun hat und der Aufnahmestaat hat die Zuständigkeit im Bereich der Neueintragung.[1838] In Deutschland wäre das Umwandlungsrecht dazu berufen, einen grenzüberschreitenden Formwechsel zu ermöglichen. Bei Bedarf kann lückenfüllend die SE-VO, welche bei Sitzverlegungskonstellationen oft als Vorbild dient, angewendet werden.[1839] Wegen des unklaren Rechtsrahmens kann für die praktische Umsetzung auf die Checkliste des AG Charlottenburg als Orientierung verwiesen werden.[1840]

bb) Das deutsche Umwandlungsrecht

Bei der Hineinverlegung des Sitzes kommt es zu einer Anwendung der §§ 190 ff. UmwG (ggf. Art. 8 SE-VO).[1841] Als Zielrechtsträger kommen nur die Rechtsformen des § 191 Abs. 2 UmwG in Betracht.[1842] Die sich umwandelnde Gesellschaft muss mit einer der in § 191 Abs. 1 UmwG genannten funktionell vergleichbar sein.[1843] Eine Umwandlung in eine UG scheidet allerdings wegen des Sacheinlageverbots nach § 5a Abs. 2 S. GmbHG aus (s. sogleich).[1844] Die Gründungsvoraussetzungen der Zielrechtsform müssen in vollem Umfang beachtet werden (§ 197 UmwG).[1845] Der Umwandlungsbeschluss bedarf nach § 193 Abs. 2 UmwG der notariellen Beurkundung.[1846] Auch ursprüngliche Gründungsdokumente müssten erneut notariell beurkundet werden, sofern diese nicht in einem ausländischen Staat urkundlich festgehalten wurden, welcher als gleichwertig anerkannte notarielle Voraussetzungen und Praktiken pflegt.[1847] Der Gesellschaftsvertrag für die neu entstehende Gesellschaft muss im Regelfall ebenfalls notariell beurkundet werden. Darüber hinaus müssen die notwendigen Organe bestellt werden.[1848] Da das UmwG den Formwechsel als Sachgründung qualifiziert, bedarf es eines

---

1838 *Nagy*, IPrax 2013, 582 (583).

1839 *Messenzehl/Schwarzfischer*, BB 2012, 2069 (2073); *Bayer/Schmidt*, ZIP 2012, 1481 (1488); *Jaensch*, EWS 2012, 353 (358); *Schön*, ZGR 2013, 333 (361 f.).

1840 Die Checkliste der Richterinnen und Richter des AG Charlottenburg – Handelsregister – betreffend die anzuwendenden Rechtsnormen bei grenzüberschreitenden Sitzverlegungen, abgebildet in *Melchior*, GmbHR 2014, R311, welche folgend auch als Grundlage für die Ausführungen zur deutschen Rechtslage diente (s. bb).

1841 *Ego* in: MüKo AktG, Bd. 7, B., Rn. 339; *Wall* in: Hausmann/Odersky, Int. PrivR, § 18, Rn. 209 f.; *Hahn*, JurisPR-SteuerR 39/2012, Anm. 6.

1842 *Koch* in: Hüffer/Koch, AktG, § 5, Rn. 15; *Krebs*, GWR 2014, 144 (145); *Schulte*, IWRZ 2016, 3 (5); *Jaensch*, EWS 2012, 353 (358).

1843 *Wall* in: Hausmann/Odersky, Int. PrivR, § 18, Rn. 208; *Krebs*, GWR 2014, 144 (145); *Schulte*, IWRZ 2016, 3 (5); *Ege/Klett*, DStR 2012, 2442 (2444).

1844 *Meister*, NZG 2008, 767 (768); *Verse*, ZEuP 2013, 458 (492); *Schön*, ZGR 2013, 333 (361); *Berninger*, GmbHR 2010, 63 (67); *Wicke*, DStR 2012, 1756 (1758).

1845 *Schön*, ZGR 2013, 333 (360); *Verse*, ZEuP 2013, 458 (492).

1846 *Krebs*, GWR 2014, 144 (145); *Hushahn*, RNotZ 2014, 137 (154).

1847 *Mäsch* in: Bamberger/Roth, 42. Ed. 2017, BeckOK BGB, EGBGB, Art. 11, Rn. 66a.

1848 *Schulte*, IWRZ 2016, 3 (5).

Sachgründungsberichts (§ 220 Abs. 2) inklusive Werthaltigkeitsnachweises.[1849] Die Anmeldung erfolgt iSv § 198 UmwG und ist mit bestimmten Anlagen und Nachweisen zu versehen, wobei eine Löschung der Gesellschaft im Ursprungsland auch zeitlich vorher ergehen kann.[1850] Der Formwechsel ist wirksam, sobald er in das deutsche Handelsregister eingetragen ist (§ 202 UmwG).[1851]

Bei der Hinausverlegung sind neben den §§ 190 ff. UmwG und Art. 8 SE-VO partiell die §§ 122a ff. UmwG anzuwenden.[1852] Dabei können die in § 191 Abs. 1 UmwG genannten Rechtsträger aus dem deutschen Hoheitsgebiet heraus ihre Form wechseln.[1853] Speziell im Hinblick auf den Gläubiger- und Arbeitnehmerschutz bedarf es eines zwei Monate vor Beschlussfassung einzureichenden und bekanntzumachenden Umwandlungsplans (Art. 8 Abs. 2 SE-VO iVm § 194 UmwG), welcher Angaben zum neuen Sitz, zur Zielrechtsform, zum neuen Gesellschaftsvertrag, zum Zeitplan, zu Folgen für Arbeitnehmer sowie Gläubiger- und Inhaberrechten beinhalten muss.[1854] Beispielhaft kann auf die Gläubigerschutzvorschriften des allgemeinen Teils (§ 204 UmwG) sowie eine etwaige Nachhaftungspflicht (§ 224 UmwG) verwiesen werden.[1855] Ferner bedarf es eines Umwandlungsberichts (Art. 8 Abs. 3 SE -VO iVm § 192 UmwG). Der Umwandlungsbeschluss ist notariell zu beurkunden und inhaltlich mit Art. 8 Abs. 6 SE-VO sowie §§ 193 f., 217 f., 233, 240, 243 UmwG abzustimmen. Die Anmeldung zum Handelsregister erfolgt gem. § 198 UmwG und muss bestimmte Anlagen und Versicherungen beinhalten.[1856]

cc) Die Äquivalenz- und Effektivitätsgrundsätze

Bei der Durchführung des Umwandlungsverfahrens nach nationalem Recht sind allerdings die Grundsätze der Äquivalenz und Effektivität zu beachten.[1857] Wöhlert/ Degen bezeichnen sie als Schranken für das nationale Umwandlungsrecht.[1858] Die Leitgedanken der Äquivalenz und Effektivität entstammen dem Urteil Rewe-Zentral-Finanz eG und Rewe-Zentral AG und verweisen, mangels europäischer Regeln, auf die Mitwirkungspflicht der Mitgliedstaaten bei der effektiven Durchsetzung der durch das Europarecht gewährten Rechte. Die nationalen Verfahrens- und Verwaltungsvorschriften dürfen dabei ausländische Sachverhalte nicht ungünstiger

---

1849 *Krebs*, GWR 2014, 144 (145); *Schulte*, IWRZ 2016, 3 (6); *Hushahn*, RNotZ 2014, 137 (141); *Ege/Klett*, DStR 2012, 2442 (2444 f.).

1850 S.o. unter C., IX., 3., a); *Schaper*, ZIP 2014, 810 (812); *Ego*, MüKo AktG, Bd. 7, B., Rn. 339.

1851 *Verse*, ZEuP 2013, 458 (492); *Ege/Klett*, DStR 2012, 2442 (2445).

1852 *Jaensch*, EWS 2012, 353 (358); *Verse*, ZEuP 2013, 458(484).

1853 *Schulte*, IWRZ 2016, 3 (6); *Bayer/Schmidt*, ZIP 2012, 1481 (1491).

1854 *Hushahn*, RNotZ 2014, 137 (142 f.); *Schulte*, IWRZ 2016,3(6).

1855 *Ege/Klett*, DStR 2012, 2442 (2445).

1856 *Schulte*, IWRZ 2016, 3 (7); *Hushahn*, RNotZ 2014, 137 (144 ff.).

1857 EuGH, Urt. v. 12.07.2012, Rs. C-378/10, ECLI:EU:C:2012:440, Rn. 48, 53 – Vale.

1858 *Wöhlert/Degen*, GWR 2012, 432(433).

stellen (Äquivalenzgrundsatz) und die Verfolgung der Rechte nicht praktisch unmöglich machen oder exorbitant erschweren (Effektivitätsgrundsatz).[1859] Allerdings wendet der EuGH diese Grundsätze in Vale erstmalig auf nationale Verfahrensvorschriften zur Mobilität von Gesellschaften an und konkretisiert damit die Rechte und Pflichten aus der Niederlassungsfreiheit.[1860]

Viele Autoren sehen in der Anwendung des Äquivalenzgrundsatzes eine reine Wiederholung des Diskriminierungsverbots.[1861] Dabei geht der Äquivalenzgrundsatz über das Diskriminierungsverbot hinaus, weil er nicht nur die Schlechterstellung von Ausländern verbietet, sondern generell die Schlechterstellung aller Sachverhalte mit Auslandsberührung: Für nationale Umwandlungsvoraussetzungen bedeutet dies, dass innerstaatliche Strukturmaßnahmen jeweils gleichwertige grenzüberschreitende Partner brauchen, aber kein Anspruch auf Schaffung neuer Strukturmaßnahmen besteht.[1862] Die Äquivalenz- und Effektivitätsgrundsätze betonen den Statuts Positivus der Grundfreiheiten: Die Niederlassungsfreiheit gewährt eine Rechtsposition, welche effektiv und im gleichen Maße für In- und Ausländer durchgesetzt werden muss. Die Niederlassungsfreiheit ist hier nicht nur ein Abwehrrecht gegen den Staat, sondern ein Leistungs- und Verfahrensrecht.[1863]

Forsthoff entnimmt dem Äquivalenz- sowie Effektivitätsgebot eine qualitativ gestufte Prüfung der nationalen Umwandlungsvorschriften.[1864] Die Regeln über die Gründung und Funktionsweise der Gesellschaft seien einer Prüfung anhand der Grundsätze entzogen.[1865] Die Durchführungsvorschriften des Umwandlungsrechts sind hingegen in jedem Fall Teil der Prüfung.[1866] Andere Autoren wollen die Grundprinzipien der Äquivalenz und Effektivität jedoch auch auf die Gründungsvorschriften anwenden.[1867] Unterstützung erfährt diese Annahme durch die Klarstellung einer Aussage des Urteils Cartesio („soweit dies nach diesem Recht

1859 EuGH, Urt. v. 16.12.1976, Rs. 33/76, ECLI:EU:C:1976:188, Rn. 5 – Rewe-Zentral-Finanz eG/Rewe-Zentral AG; s.a. erklärend *Hahn*, JurisPR-SteuerR 39/2012, Anm. 6.

1860 *Forsthoff*, EuZW 2015, 248 (251); *Wasmeier*, Umstrukturierung, S. 132; *Verse*, EuZW 2013, 336; *Braun*, DZWiR 2012, 411 (415).

1861 *Roth*, FS Hoffmann-Becking 2013, 965 (988); *Behme*, NZG 2012, 936 (938); *Nagy*, IPrax 2013, 582 (583); *Kraft/Poley*, FR 2013, 1113 (1114).

1862 *Wasmeier*, Umstrukturierung, S. 132 f.; kein Recht auf originäre Teilhabe nach *Ehlers* in: Ehlers, EU-Grundrechte und –freiheiten, § 7, Rn. 40.

1863 *Hahn*, JurisPR-SteuerR 39/2012, Anm. 6; allgemein zu den Funktionen der Grundfreiheiten *Ehlers* in: Ehlers, EU-Grundrechte und –freiheiten, § 7, Rn. 24–42.

1864 *Forsthoff*, EuZW 2015, 248 (251); ähnlich *Schön*, ZGR 2013, 333 (348 f.).

1865 *Forsthoff*, EuZW 2015, 248 (251); *Kindler*, EuZW 2012, 888 (891); *Mörsdorf/Jopen*, ZIP 2012, 1394 (1400); *Schön*, ZGR 2013, 333 (348).

1866 *Braun*, DZWiR 2012, 411 (414); *Bollacher*, RIW 2012, 712 (717).

1867 *Teichmann*, DB 2012, 2085 (2090); *Böttcher/Kraft*, NJW 2012, 2701 (2702); *Verse*, EuZW 2013, 336; *ders.*, ZEuP 2013, 458 (489 f.) allerdings nur für den Hineinformwechsel, ebenso *Mitterecker*, Sitzverlegungen, S. 230.

möglich ist“) in Vale, wonach der Aufnahmemitgliedstaat für sein Umwandlungsrecht keinerlei europarechtliche Immunität genießt.[1868]

Forsthoff ist des Weiteren der Ansicht, der Kontrollmaßstab solle nicht der strengen Verhältnismäßigkeitsprüfung gleichen, was den Mitgliedstaaten wegen des geringeren Rechtfertigungsdrucks einen gewissen Spielraum für die nationalen Umwandlungsvorschriften verschaffe.[1869] Dieser Spielraum besteht jedoch auch bei einer Prüfung nach der Gebhard-Formel: So sehen Bayer/Schmidt im Grundsatz etwa die Pflicht, spezifische Sonderregeln für grenzüberschreitende Formwechsel sowohl des Aufnahme- als auch des Herkunftsstaates einer solchen Verhältnismäßigkeitsprüfung zu unterziehen. Allerdings hat der EuGH explizit Regeln zur Erstellung von Bilanzen und Vermögensverzeichnissen, zum Einreichungsverfahren sowie den einzureichenden Dokumenten oder aber das Erfordernis einer strikten rechtlichen und wirtschaftlichen Kontinuität als verhältnismäßige nationale Formwechselgründungs- und -funktionsvorschriften des Zuzugsstaates anerkannt.[1870] Wasmeier betont zwei Bereiche, in denen Sondervorschriften für grenzüberschreitende Umwandlungsvorgänge gerechtfertigt sein könnten: Verfahrensregeln, die eine Koordinierung der beteiligten Rechtsordnungen ermöglichen, sowie Vorschriften zum Schutz von Drittinteressen.[1871] So verwundert es nicht, dass weitere Autoren ebenfalls eine Verhältnismäßigkeitsprüfung beim grenzüberschreitenden Formwechsel verlangen.[1872]

Der Äquivalenzgrundsatz begründet die Pflicht für die Mitgliedstaaten, einen grenzüberschreitenden Formwechsel effizient zu ermöglichen.[1873] Sie müssen einen positiven Rechtsrahmen für diese Vorgänge bereitstellen, sofern diese innerstaatlich möglich sind.[1874] Dagegen verspricht der Effektivitätsgrundsatz den formwechselwilligen Gesellschaften, dass ihre bereits im Herkunftsstaat ausgestellten Dokumente im Aufnahmestaat gebührende Berücksichtigung finden.[1875] Die vom EuGH genutzte Formulierung beinhaltet einen großen Deutungsspielraum.[1876] Wall führt den aus dem Rechtsstaatlichkeitsprinzip (Art. 2 S. 1 EUV) stammenden Grundsatz der Gesetzmäßigkeit der Verwaltung an, welcher eine Rechtmäßigkeitsvermutung zugunsten aller mitgliedstaatlichen Registrierungen und Dokumente

---

1868 EuGH, Urt. v. 12.07.2012, Rs. C-378/10, ECLI:EU:C:2012:440, Rn. 32 – Vale; bez. EuGH, Urt. v. 16.12.2008, Rs. C-210/06, ECLI:EU:C:2008:723, Rn. 112 – Cartesio.

1869 *Forsthoff*, EuZW 2015, 248 (251).

1870 *Bayer/Schmidt*, BB 2013, 3 (10); *dies.*, ZIP 2012, 1481 (1488).

1871 *Wasmeier*, Umstrukturierung, S. 142; zu letzterem *Wicke*, DStR 2012, 1756 (1758).

1872 *Thiermann*, EuZW 2012, 209 (213); *Teichmann*, DB 2012, 2085 (2090).

1873 *Verse*, ZEuP 2013, 458 (494); *Bollacher*, RIW 2012, 712 (717).

1874 *Teichmann*, DB 2012, 2085 (2091); *Bayer/Schmidt*, ZIP 2012, 1481 (1488); *Roth*, FS Hoffmann-Becking 2013, 965 (979); *Verse*, ZEuP 2013, 458 (494).

1875 *Tiedje* in: v.d. Groeben/Schwarze/Hatje, EuR, Art. 54 AEUV, Rn. 72; *Mörsdorf/Jopen*, ZIP 2012, 1394 (1401); *Wicke*, DStR 2012, 1756 (1757).

1876 *Wöhlert/Degen* in: GWR 2012, 432 (434); *Bayer/Schmidt*, ZIP 2012, 1481 (1489); *Schön*, ZGR 2013, 333 (347 f.), beschreibt ihn als „Mittelweg“.

(auch bei Registergerichten im Falle eines Formwechsels) beinhaltet, weshalb der Aufnahmestaat Urkunden zwar nicht ungeprüft übernehmen muss, aber sie auch nur unberücksichtigt lassen darf, sofern es konkret einzelfallbezogene Anhaltspunkte für ihre Unrichtigkeit gibt.[1877] Eine von Grund auf erneute inhaltliche Prüfung der Dokumente scheidet aber wegen der Parallele zu grenzüberschreitenden SE-Sitzverlegungs- und Verschmelzungsbescheinigungen aus (s. Art. 8 SE-VO, § 122k UmwG).[1878]

Hahn ist der Ansicht, die Ausführungen des Gerichtshofs zum Effektivitätsprinzip seien nicht von allgemeinem Interesse.[1879] Dies verwundert, da die nationalen Registergerichte, besonders in der Praxis grenzüberschreitender Umwandlungen, sehr hohe bürokratische Hürden aufstellen, welche transnationale Mobilitätsmaßnahmen unnötig erschweren und so weniger attraktiv machen.[1880] Braun kritisiert die Übertragung der Äquivalenz- und Effektivitätsgrundsätze auf die Niederlassungsfreiheit, zwar nicht deshalb, weil der EuGH diese Grundprinzipien in Sevic noch unerwähnt ließ, sondern vor allem, weil er inhaltlich keine Erweiterung zur Prüfung eines Diskriminierungs- und Beschränkungsverbots sieht. Außerdem kritisiert er die inhaltliche Unbestimmtheit des Übertragungsausmaßes.[1881] Die bisherigen Ausführungen (s.o.) lassen jedoch auf einen weitergehenden Prüfungsmaßstab schließen. Hinsichtlich der Frage, inwieweit die Übertragung geht und welche Grenzen es gibt, ist ihm indessen zuzustimmen.[1882] Allerdings stößt der EuGH hier als „Ersatzgesetzgeber" an seine Grenzen, weil eine gänzliche Rechtsangleichung nicht auf primärrechtlicher Ebene bewerkstelligt werden kann.[1883] Trotzdem ist die Anwendung eine „zweckmäßige" und „angemessene Lösung".[1884] Diese Entwicklung kann für die Niederlassungsfreiheit in der Tat zukunftsweisend sein.[1885]

1877 *Wall* in: Hausmann/Odersky, Int. PrivR, § 18, Rn. 212; ohne dogmatische Vertiefung *Wasmeier*, Umstrukturierung, S. 143.

1878 *Bayer/Schmidt*, ZIP 2012, 1481 (1490); *Krebs*, GWR 2014, 144 (146).

1879 *Hahn*, JurisPR-SteuerR 39/2012, Anm. 6; a.A.: *Mörsdorf/Jopen*, ZIP 2012, 1394 (1401); *Schön*, ZGR 2013, 333 (347 f.).

1880 *Bayer/Schmidt*, ZIP 2012, 1481 (1489); *Koch* in: Hüffer/Koch, AktG, § 5, Rn. 15, schon nationale Umwandlungsmaßnahmen sind hohen bürokratischen Hürden unterworfen, s. *Wagner*, DStR 2010, 1629 zum Reg.-Entwurf – 3. Gesetz zur Änderung des UmwG.

1881 *Braun*, DZWiR 2012, 411 (415).

1882 *Bayer/Schmidt*, ZIP 2012, 1481 (1489); *Wöhlert/Degen*, GWR 2012, 432 (434).

1883 *Mörsdorf/Jopen*, ZIP 2012, 1394 (1401); *Krebs*, GWR 2014, 144 (147).

1884 *Bayer/Schmidt*, ZIP 2012, 1481 (1488).

1885 *Forsthoff*, EuZW 2015, 248 (251).

j) Rechtfertigung: Erlaubnis drittschützender Vorschriften

Thematisch eng an die Grundsätze der Äquivalenz und Effektivität anschließend stellt sich die Frage, ob ein Mitgliedstaat bestimmte Schutzvorschriften für den grenzüberschreitenden Formwechsel aufstellen darf.[1886] Hierbei handelt es sich um speziell den Umwandlungsvorgang betreffende Schutzmechanismen, die nicht bereits Grundvoraussetzung für die erstmalige Rechtsformgestaltung (z.B. Kapitalaufbringung) im Gründungsvorgang waren.[1887] Es ist fraglich, inwiefern Aspekte des Drittschutzes durchgängig zum „Herzstück" des Gesellschaftsrechts gezählt werden können.[1888]

Die Fragestellung um die Schutzvorschriften ist verbunden mit komplexen Praxisfragen zum Gläubiger- und Arbeitnehmerschutz sowie zum Insolvenzrecht.[1889] Bereits in der Entscheidung Inspire Art wurde in der Literatur schwerpunktmäßig über mögliche Schutzvorschriften (Sonderanknüpfungen) diskutiert.[1890] Eine Unterscheidung nach materiell-rechtlichem Charakter der Normen war für das Ergebnis ohne Belang.[1891] Klar ist zunächst, dass weder der Herkunfts- noch der Aufnahmestaat den Formwechsel pauschal verbieten dürfen.[1892] Allerdings fällt es in den Kompetenzbereich des Wegzugsstaats, bestimmte Drittschutzinteressen durchzusetzen. Hierzu zählt etwa der Schutz der Anteilseigner, der Arbeitnehmer, der Gläubiger und Minderheitsgesellschafter.[1893] Dabei ist sich Verse noch nicht sicher, ob die auch bei Schutzvorschriften zu beachtenden Grundsätze der Äquivalenz und Effektivität auch vom Herkunftsstaat zu berücksichtigen sind.[1894] Allerdings sind auch spezielle umwandlungsrechtliche Wegzugsbeschränkungen an der Niederlassungsfreiheit zu messen und müssen dementsprechend verhältnismäßig sein.[1895] Für oder gegen eine Rechtfertigung kann sprechen, ob Regelungen beim Formwechsel generelle Anwendung finden oder ob sie insbesondere den grenzüberschreitenden Formwechsel steuern sollen.[1896]

Der Gläubigerschutz (speziell die Wahrung von Altgläubigerinteressen) lässt sich durch ein Recht auf Sicherheitsleistungen gewährleisten. Als Beispiel könnte man auf die Sechsmonatsfrist der §§ 204 iVm 22 UmwG rekurrieren.[1897] Für den

---

1886 *Teichmann*, DB 2012, 2085 (2086); *Mörsdorf/Jopen*, ZIP 2012, 1394 (1400).

1887 S. zu dieser Unterscheidung *Schön*, ZGR 2013, 333 (348 f.).

1888 *Teichmann*, DB 2012, 2085 (2086).

1889 *Nagy*, IPrax 2013, 582(583).

1890 S.o. unter C., IV., 3., c).

1891 *Habersack/Verse*, EU-GesR, § 3, Rn. 30; *Teichmann*, DB 2012, 2085 (2086).

1892 *Hahn*, JurisPR-SteuerR 39/2012, Anm. 6; *Jaensch*, EWS 2012, 353(357).

1893 *Roth*, FS Hoffmann-Becking 2013, 965 (977, 985); *Krebs*, GWR 2014, 144 (146); *Mörsdorf/Jopen*, ZIP 2012, 1394 (1400); s.a. *Schön*, ZGR 2013, 333 (363 f.).

1894 *Verse*, ZEuP 2013, 458 (481); s.a. *Weller* in: MüKo GmbHG, Bd. 1, Eltg., Rn. 360d.

1895 *Bayer/Schmidt*, ZIP 2012, 1481 (1491); *Mörsdorf/Jopen*, ZIP 2012, 1394 (1400).

1896 *Schön*, ZGR 2013, 333 (349, 363).

1897 *Schön*, ZGR 2013, 333 (363); ähnlich *Mitterecker*, Sitzverlegungen, S. 365; *Verse*, ZEuP 2013, 458 (482); a.A.: *Wasmeier*, Umstrukturierung, S. 143 f.

Gesellschafterschutz (Informations-, Beteiligungsrechte, Rechte von Minderheitsgesellschaftern) besteht die Möglichkeit, nach dem Vorbild der SE-VO ein Austrittsrecht gegen Abfindung zu verlangen.[1898] Die größten Schwierigkeiten bereitet das Schutzinstitut der Arbeitnehmermitbestimmung.[1899] Es soll nicht ausreichen, bestimmte Informationspflichten zu etablieren, denn das angewandte Modell muss im Zielstaat möglichst erhalten bleiben.[1900] Allerdings fehlt im Zuzugsstaat, anders als bei der Verschmelzung, ein Partner für eine Verhandlungslösung.[1901]

Eine andere Fragestellung ist dagegen, ob der Zuzugsstaat bestimmte Schutzvorschriften aufstellen darf. Viele Autoren verneinen eine Rechtfertigung aus zwingenden Gründen des Allgemeinwohls, weil es vordergründig im Interesse des Wegzugsstaats liege, Schutzmaßnahmen zu treffen, und die schützenswerten Personengruppen sich zunächst freiwillig dem Rechtsregime des Herkunftsstaates unterworfen hätten.[1902]

Insgesamt ist eine hinreichende Klärung, wann und welche Schutzvorschriften der Wegzugs- bzw. ob und welche der Zuzugsstaat im Falle eines Formwechsels aufstellen darf, noch nicht erreicht. Allerdings scheint eine Tendenz des EuGH erkennbar, wonach nationale Schutzbelange, wie der Gläubigerschutz, wieder höhere Beachtung und strengere Durchsetzung erfahren werden.[1903] Dabei darf jedoch nicht verkannt werden, dass man aus deutscher Perspektive in alte Muster und Denkweisen der Sitztheorie zurückfallen könnte und somit das eigene Recht sowie die eigenen Schutzvorschriften beschützen will. Dieser Protektionismus darf allerdings nicht die positive Entwicklung zurückdrängen, welche die bisherige Rechtsprechung mit sich brachte, die zu einer kritischen Auseinandersetzung mit dem eigenen Gesellschaftsrecht und zu einer Verbesserung des eigenen Gesellschaftsrechts führte.[1904]

k) Ausblick: Rechtspolitik und Folgen für die Sitzverlegungs-Richtlinie

Die bisherige Diskussion um die Sitzverlegung war immer wieder gekennzeichnet von der Forderung nach einer Harmonisierung des Rechts zur Sitzverlegung.[1905] Auch nach Vale werden wieder vermehrt Stimmen laut, die auf das Erfordernis einer Sitzverlegungs-Richtlinie hinweisen.[1906] Nach Mörsdorf/Jopen hat der EuGH

1898 *Verse*, ZEuP 2013, 458 (482); *Krebs*, GWR 2014, 144 (147).

1899 *Krebs*, GWR 2014, 144 (147); *Mitterecker*, Sitzverlegungen, S. 379 ff.

1900 *Schön*, ZGR 2013, 333 (363); *Hushahn*, DNotZ 2014, 150 (157).

1901 *Schön*, ZGR 2013, 333 (363); *ähnlich* Roth, FS Hoffmann-Becking 2013, 965 (985); dies bedenkt *Verse*, ZEuP 2013, 458 (483) wohl nicht.

1902 *Mörsdorf/Jopen*, ZIP 2012, 1394 (1400 f.); *Verse*, ZEuP 2013, 458 (491); *Roth*, FS Hoffmann-Becking 2013, 965 (984 f.); a.A.: *Thiermann*, EuZW 2012, 209 (213).

1903 *König/Bormann*, NZG 2012, 1241 (1244).

1904 *Drygala*, EuZW 2013, 569 (573 f.).

1905 S.o. unter E., III., 3., g); unter E., VII., 3., h); unter E., VIII., 3., h).

1906 *Jaensch*, EWS 2012, 353 (359); *Braun*, DZWiR 2012, 411 (415); *Behme*, NZG 2012, 936 (939); *Schaper*, ZIP 2014, 810 (816); *Schulte*, IWRZ 2016, 3 (7).

gar erst in der Rechtssache Vale entschieden, weil er nicht mehr auf die sekundärrechtliche Gestaltung des Sitztransfers warten wollte.[1907] Es scheint wieder Bewegung in dieses „rechtspolitische Desiderat" zu kommen.[1908] Das Europäische Parlament hat unmittelbar nach dem Urteil erneut eine Umsetzung gefordert.[1909] Anfang 2013 führte die Kommission dann eine Konsultation durch, wobei nur 28 Unternehmen mit 86 Beiträgen teilnahmen.[1910] Die geringe Resonanz kann man durchaus als Rückschlag werten.[1911] So will die Kommission vor weiteren Maßnahmen zunächst „robuste Wirtschaftsdaten und eine sorgfältige Bewertung eines praktischen und echten Nutzens" evaluieren.[1912] Im gleichen Jahr hat das Europäische Parlament jedoch ein Dokument zur Bewertung des europäischen Mehrwerts einer Sitzverlegungs-Richtlinie veröffentlicht, aus welchem die Notwendigkeit und Dringlichkeit einer Richtlinienumsetzung hervorgeht.[1913]

Das Urteil Vale könnte aber zu einigen wichtigen Änderungen geführt haben. Ob die isolierte Satzungssitzverlegung Teil der Niederlassungsfreiheit ist, wurde eingangs bereits besprochen.[1914] So sind die Gegner der isolierten Transferierung auch konsequent der Ansicht, dass eine entsprechende Sitzverlegungs-Richtlinie ein solches Recht nicht beinhalten darf.[1915] Durch die Notwendigkeit einer echten Mobilitätskomponente kann der europäische Gesetzgeber sich bei einem isolierten Sitztransfer nicht mehr auf Art. 50 Abs. 2 lit. g AEUV stützen.[1916] Allerdings ist zu beachten, dass diese Angleichungskompetenz für die Niederlassungsfreiheit noch weiter geht und auch die Möglichkeit beinhaltet, Maßnahmen zu treffen, welche Wettbewerbsverzerrungen verhindern sollen.[1917]

1907 *Mörsdorf/Jopen*, ZIP 2012, 1394 (1399).

1908 So *Bayer/Schmidt*, ZIP 2012, 1481 (1491); *Krebs*, GWR 2014, 144 (147).

1909 Europäisches Parlament – Entschließung v. 2. 2. 2012 – 2011/2046 (INI) = P7_TA-PROV(2012)02-02; s.a. *Wicke*, DStR 2012, 1756 (1759); *Bollacher*, RIW 2012, 712 (718); *Kindler*, EuZW 2012, 888 (892); *Verse*, EuZW 2013, 336 (337).

1910 Europäische Kommission – Feedback Statement, Summary of repsonses to the public consultation on cross-border transfers of registered offices of companies, Sep. 2013, Abrufbar unter: http://ec.europa.eu/internal_market/consultations/2013/seat-transfer/ docs/summary-of-responses_en.pdf (zuletzt abgerufen am 27.02.2018).

1911 *Stiegler*, DB 2014, 525 (529).

1912 *Behrens*, EuZW 2013, 121 (122); s.a. *Verse/Wiersch*, EuZW 2014, 375 (381).

1913 Europäisches Parlament – Bewertung des europäischen Mehrwerts (EAVA3/2012) zur Richtlinie zur grenzüberschreitenden Sitzverlegung von eingetragenen Gesellschaftssitzen, abrufbar unter: http://www.europarl.europa.eu/RegData/etudes/etudes/join/2013/494460/IPOL-JOIN_ET(2013)494460_DE.pdf (zuletzt abegrufen am 12.04.2019).

1914 S.o. unter E., IX., 3., e).

1915 *Kindler*, EuZW 2012, 888 (892); *Böttcher/Kraft*, NJW 2012, 2701 (2703).

1916 *Wasmeier*, Umstrukturierung, S. 145.

1917 EuGH, Urt. v. 04.12.1997, Rs. C-97/96, ECLI:EU:C:1997:581, Rn. 17–21 – Daihatsu; s.a. *Hirte*, NJW 1999, 36 (37); *Luttermann*, EuZW 1998, 264 (265).

Dies merken teilweise auch die Kritiker an, welche jedoch der Ansicht sind, die fehlende Harmonisierung der nationalen Gesellschaftsrechte führe nicht zu solchen Verzerrungen.[1918] Der Schluss, dass der EU-Gesetzgeber sich nicht mehr auf Art. 50 Abs. 2 lit. g AEUV berufen kann, ist nach König/Bormann aber nicht zwingend. Sie entnehmen dem Art. 50 AEUV einen weitreichenden Gesetzgebungsspielraum und die Möglichkeit (aber keine Pflicht), eine Simultanität von Satzungs- und Verwaltungssitz anzunehmen.[1919] Die Befürworter einer isolierten Satzungssitzverlegung thematisieren die Problematik folgerichtig nicht.[1920] Allerdings warnt Schön davor, eine Gleichschaltung von Verwaltungs- und Satzungssitz in die Richtlinie zu implementieren, weil der Wettbewerb der Rechtsordnungen, der Rechtsprechungskompromiss aus Cartesio und Vale sowie die Niederlassungsfreiheit in ihrer reinsten Ausprägung zunichte gemacht würden.[1921]

Neben der Einführung einer Sitzverlegungs-Richtlinie gibt es auch den Gedanken, die Problematik der Sitzverlegung durch eine Anpassung der Verschmelzungs-Richtlinie, etwa zu einer allgemeinen Mobilitäts-Richtlinie (inklusive Verschmelzung, Spaltung und Formwechsel), zu lösen. Dies hätte den Vorteil, dass eine Änderung bereits bestehenden Sekundärrechts wahrscheinlich eine höhere Akzeptanz durch die Mitgliedstaaten erfahren und die Konzentration aller Mobilitätsvorgänge in einem Rechtsakt zu einer Vereinheitlichung führen würde.[1922] Dies greift zudem die Erwägung eines einheitlichen Gesellschaftskollisionsrechts auf.[1923] Es besteht aber weiterhin Einigkeit, dass eine sekundärrechtliche Regelung unumgänglich ist.[1924]

Auch hieran lässt sich wiederum ablesen, wie wichtig die Arbeit des Gerichtshofs als Motor der Integration ist.[1925] Wieder brachte er den Stein ins Rollen.[1926] Der EuGH ist „besser als sein Ruf" gelegentlich vermuten lässt, wenn er wie vorliegend etappenweise ein kohärentes System der Niederlassungsfreiheit etabliert und mit Vale einen weiteren wichtigen Baustein für das Fundament einer grenzüberschreitenden Mobilität anlegt.[1927] Der Gerichtshof hat den „Geist der

---

1918 *Mörsdorf/Jopen*, ZIP 2012, 1394 (1399); *Böttcher/Kraft*, NJW 2012, 2701 (2703).

1919 *König/Bormann*, NZG 2012, 1241 (1243).

1920 S.o. unter E., IX., 3., e).

1921 *Schön*, ZGR 2013, 333 (365).

1922 *Stiegler*, DB 2014, 525 (529); ähnlich: *Schmidt*, GmbHR 2013, R33 (R34); *dies.*, GmbHR 2011, R 177; *Bayer/dies.*, ZIP 2012, 1481 (1492).

1923 *Schulte*, IWRZ 2016, 3 (7); *Behrens*, EuZW 2013, 121 (122); zur Kodifizierung eines acquis communautaire *Verse*, EuZW 2013, 336 (343); für 2014 war ein Grünbuch zum Gesellschaftskollisionsrecht angekündigt, s. *Bayer/Schmidt*, ZIP 2012, 1481 (1492), welches allerdings bis heute nicht umgesetzt wurde.

1924 *Forsthoff*, EuZW 2015, 248 (252); *Roth*, FS Hoffmann-Becking 2013, 965 (995); *Teichmann*, DB 2012, 2085 (2092); *Verse*, ZEuP 2013, 458 (495).

1925 *Schönhaus/Müller*, IStR 2013, 174 (175).

1926 *Behrens*, EuZW 2013, 121 (122); *Böttcher/Kraft*, NJW 2012, 2701 (2704).

1927 So *Teichmann*, DB 2012, 2085; ähnlich *Schön*, ZGR 2013, 333 (334 f.).

Niederlassungsfreiheit maßvoll", aber auch „kraftvoll" verbreitet, und Vale ist ein „weiterer wichtiger Schritt zur Ausgestaltung" dieser Freiheit, ein „missing link" inmitten von im Grundsatz verbotenen Zuzugs- und faktisch erlaubten Wegzugsschranken.[1928] Allerdings besteht das „europäische Straßennetz" für Gesellschaften auch nach Vale noch großflächig aus „Kopfsteinpflastern und Baustellen".[1929]

1928 In dieser Reihenfolge: *Schön*, ZGR 2013, 333 (365); *Roth*, FS Hoffmann-Becking 2013, 965 (976); *Mitterecker*, Sitzverlegungen, S. 229.

1929 So *Bayer/Schmidt*, ZIP 2012, 1481 (1492).

F. Ergebnis: Welche Form der Sitzverlegung ist unter welchen Voraussetzungen von der Niederlassungsfreiheit umfasst?

Die Diskussionen im Nachklang der vorgestellten Entscheidungen des Gerichtshofs wurden teils hitzig geführt. Die Entwicklung der Rechtsprechung wurde gleichermaßen gelobt wie kritisiert. Betrachtet man die Urteile schrittweise, so ist durchaus eine „wellenförmige Entwicklung"[1930] zu erkennen. Die Bewertung der Entscheidungen wurde allerdings auch durch den Streit um die Sitz- und Gründungstheorie vernebelt.[1931] Man darf keinesfalls die Augen davor verschließen, dass die Diskussionen auch rechtspolitisch motiviert sind.[1932] Schaut man sich indes nach Vale das Gesamtbild der EuGH-Rechtsprechung an, so kann man doch ein stimmiges und kohärentes Prinzip der Sitzverlegung erkennen.[1933]

I. Die grenzüberschreitende Verwaltungssitzverlegung

1. Die Zuzugsperspektive (hinein)

Eine Gesellschaft kann ihren Verwaltungssitz vom Herkunftsstaat in den Zuzugsstaat verlegen. Sofern der Herkunftsstaat eine solche Verwaltungssitzverlegung in kollisions- und sachrechtlicher Hinsicht ermöglicht, ist der Aufnahmestaat dazu verpflichtet, die Gesellschaft nach ihrem Herkunftsrecht anzuerkennen.[1934] Dies entspricht im Grundsatz einer verpflichtenden Anwendung der Gründungstheorie

1930 *Barthel*, EWS 2010, 316 (317).

1931 *Schanze/Jüttner*, AG 2003, 661 (665); EuGH und Niederlassungsfreiheit sind hier neutral, so *Mitterecker*, Sitzverlegungen, S. 67; *Wilhelmi*, JZ 2009, 409 (413).

1932 Bspw. *Sethe/Winzer*, WM 2009, 536 (539); *Ego* in: MüKo AktG, Bd. 7, B., Rn. 279 ff.; *Spahlinger/Wegen* in: Spahlinger/Wegen, Int. GesR, Rn. 467; auch Interpretationen der rechtspolitischen Beweggründe des EuGH – *Rehm* in: Eidenmüller, Ausländische KapGes, § 2, Rn. 58; *Mörsdorf/Jopen*, ZIP 2012, 1394 (1399); *Behme*, NZG 2012, 936 (938).

1933 *Grundmann*, EU-GesR, § 22, Rn. 789; *Teichmann*, DB 2012, 2085; *Schön*, ZGR 2013, 333 (334 f.); *Schmidt-Kessel*, GPR 2009, 26 (29); *Sethe/Winzer*, WM 2009, 536 (538); *Tiedje* in: v.d. Groeben/Schwarze/Hatje, EuR, Art. 54 AEUV, Rn. 49; so schon *Schanze/ Jüttner*, AG 2003, 30 (33) nach Überseering; a.A.: *Roth*, Vorgaben NLF, S. 15, dem die Bestimmung eines „roten Fadens" sehr riskant erscheint.

1934 *Schön*, ZGR 2013, 333 (355); *Wicke*, DStR 2012, 1756; *Wöhlert/Degen*, GWR 2012, 432; *Müller-Graff*, FS Hellwig 2010, 251 (260).

im Zuzugsfall.[1935] Sofern also bspw. Großbritannien den Wegzug erlaubt, müsste Deutschland die Verwaltungssitzverlegung einer Ltd. akzeptieren und sie als Ltd. nach britischem Recht akzeptieren. Dieser Vorgang wurde nach der Entscheidungstrilogie um Centros, Überseering und Inspire Art massenhaft praktiziert.[1936] Bei einer Wegzugserlaubnis ist die singuläre Verwaltungssitzverlegung also von der Niederlassungsfreiheit umfasst.[1937]

Dies gilt dem Grunde nach auch für Briefkastengesellschaften.[1938] Daran ändert auch das aus dem Urteil Factortame II bekannte und in Cadbury Schweppes und Vale[1939] „wiederentdeckte" Kriterium der Realwirtschaftlichkeit nichts.[1940] Sofern eine Gesellschaft nach nationalem Recht wirksam gegründet wurde, besteht ein tauglicher Rechtsträger der Niederlassungsfreiheit, auch wenn es sich um eine reine Briefkastengesellschaft handelt.[1941] So ist es bspw., wenn das britische Recht die Gründung einer Ltd. als reine Scheinauslandsgesellschaft ohne wirtschaftliche Realität erlaubt. Verlegt eine solche Gesellschaft den Verwaltungssitz, verbleibt die von Anfang an „leere Hülle" am Satzungssitz, aber es wird wie in den Fällen Centros bis Inspire Art am Zielort eine wirkliche wirtschaftliche Tätigkeit ausgeübt.[1942] Der Begriff der Niederlassung steht dem Vorgang nicht im Wege, er ist und bleibt von der Niederlassungsfreiheit geschützt.

Allerdings gilt etwas anderes, wenn die Verlegung des Verwaltungssitzes dazu führen soll, dass eine rein „leere Hülle" im Zuzugsstaat entstehen soll.[1943] Dies war aber nicht Gegenstand der EuGH-Rechtsprechung bis Inspire Art.[1944] Einer solchen

1935 *Franz*, EuZW 2016, 930 (932); *Bayer/Schmidt*, ZHR 2009, 735 (739); *Krause* in: Müller-Graff/Teichmann, EU-GesR, 103 (105); *Mitterecker*, Sitzverlegungen, S. 138.

1936 So waren einer Studie zufolge am 1.11.2006 ca. 46.000 Ltd. in Deutschland registriert, s. *Westhoff*, GmbHR 2007, 474.

1937 *Roth*, FS Hoffmann-Becking 2013, 965 (975); *Kalss/Klampfl* in: Dauses/Ludwigs, HB EU-Wirtschaftsrecht, E. III., Rn. 100; *Lutter*, BB 2003, 7 (10).

1938 *Franz*, EuZW 2016, 930 (931); *Schaper*, ZIP 2014, 810 (814); a.A.: *Kindler*, EuZW 2012, 888 (892); *ders.* in: MüKo BGB, Int. HandelsR/GesR, Rn. 136; *Roth*, ZIP 2012, 1744 (1745); *König/Bormann*, NZG 2012, 1241 (1243).

1939 EuGH, Urt. v. 25.07.1991, Rs. C-221/89, ECLI:EU:C:1991:320, Rn. 20 – Factortame II; EuGH, Urt. v. 12.09.2006, Rs. C-196/04, ECLI:EU:C:2006:544, Rn. 54 – Cadbury Schweppes; EuGH, Urt. v. 12.07.2012, Rs. C-378/10, ECLI:EU:C:2012:440, Rn. 34 – Vale.

1940 *Wall* in: Hausmann/Odersky, Int. PrivR, § 1, Rn. 84; *Tiedje* in: v.d. Groeben/Schwarze/ Hatje, EuR, Art. 54 AEUV, Rn. 73; *v. Hein* in: MüKo BGB, Bd. 11, Art. 3 EGBGB, Rn. 109.

1941 *Kalss/Klampfl* in: Dauses/Ludwigs, HB EU-Wirtschaftsrecht, E. III., Rn. 111; *Schön*, ZGR 2013, 333 (353); *Drygala*, EuZW 2013, 569 (573).

1942 Die Frage der Realwirtschaftlichkeit stellt sich somit nur in Wegzugsfällen, s. *Behme*, NZG 2012, 936 (939); *Verse*, ZEuP 2013, 458 (473).

1943 *Franz*, EuZW 2016, 930 (931); *Wall* in: Hausmann/Odersky, Int. PrivR, § 19, Rn. 91; idS auch *Behme*, NZG 2012, 936 (939); *Schaper*, ZIP 2014, 810 (814).

1944 *Verse*, ZEuP 2013, 458 (473); *Wasmeier*, Umstrukturierung, S. 138 f.

Mobilität kann sich der Aufnahmestaat widersetzen. Er kann also Realwirtschaftlichkeit in seinem eigenen Herrschaftsgebiet, aber nicht im Territorium des Herkunftsstaats verlangen.[1945] Dies zeugt von der vielbeschworenen Autonomie der Mitgliedstaaten bei der Aufstellung von Gründungsvoraussetzungen für Gesellschaften ihres eigenen Rechts.[1946]

Bisher unentschieden ist, inwiefern der Zuzugsstaat bei einem solchen Mobilitätsvorgang neben der Anwendung des Gründungsrechts auch eigenes Recht zum Schutz von Drittinteressen heranziehen darf.[1947] Der EuGH hat nur entschieden, dass bestimmte Angleichungen in Bezug auf die Haftungsregeln (Mindestkapital, Haftungsdurchgriffe) gegen die Niederlassungsfreiheit der Auslandsgesellschaften verstoßen.[1948] Es ist aber auch anerkannt, dass es im Grundsatz drittschützende Interessen gibt, die eine zusätzliche Anwendung nationalen Rechts im Einklang mit der Niederlassungsfreiheit ermöglichen.[1949] Es wird im Rahmen der Rechtfertigungsprüfung dann auf eine Verhältnismäßigkeitsprüfung im Einzelfall hinauslaufen.[1950] Hierbei sind pauschale Schutzvorschriften im Grundsatz unverhältnismäßig.[1951] Insgesamt besteht nur ein sehr enger Anwendungsbereich für etwaige Sonderanknüpfungen.[1952] Allerdings ist in letzter Zeit eine Tendenz zu erkennen, die auf eine höhere Beachtung von Schutzinteressen seitens des Gerichtshofs schließen lässt.[1953]

2. Die Wegzugsperspektive (hinaus)

Nicht von der Niederlassungsfreiheit erfasst ist dagegen eine Verwaltungssitzverlegung, sofern der Mitgliedstaat den Wegzug kollisions- oder sachrechtlich verhindert.[1954] Die Urteile Cartesio und auch National Grid Indus sowie Vale bestätigten

---

1945 *Habersack/Verse*, EU-GesR, § 3, Rn. 18; *Franz*, EuZW 2016, 930 (931); *Schaper*, ZIP 2014, 810 (814 f.).

1946 *Wall* in: Hausmann/Odersky, Int. PrivR, § 18, Rn. 93; *v. Hein* in: MüKo BGB, Bd. 11, Art. 3 EGBGB, Rn. 109; *Drygala*, EuZW 2013, 569 (573).

1947 *Franz*, EuZW 2016, 930 (932); *Bayer/Schmidt*, ZHR 2009, 735 (739); *Wasmeier*, Umstrukturierung, S. 95; *Eidenmüller* in: Eidenmüller, Ausländische KapGes, § 3, Rn. 2.

1948 EuGH, Urt. v. 30.09.2003, Rs. C-167/01, ECLI:EU:C:2003:512, Rn. 135 – Inspire Art.

1949 *Forsthoff* in: Grabitz/Hilf/Nettesheim, Recht der EU, Art. 54 AEUV, Rn. 70 ff.; *Teichmann*, DB 2012, 2085 (2086); *Kersting*, NZG 2003, 9 (10).

1950 *Mitterecker*, Sitzverlegungen, S. 139; s. beispielhaft zum Effektivitätsgrundsatz EuGH, Urt. v. 12.07.2012, Rs. C-378/10, ECLI:EU:C:2012:440, Rn. 58 ff. – Vale.

1951 *Leible/Hoffmann*, EuZW 2003, 677 (682); *Zimmer*, NJW 2003, 3585 (3592); *Schulz*, NJW 2003, 2705 (2708); *Teichmann*, ZIP 2006, 355 (359), s.a. *Beutel/ Rehberg*, IStR 2012, 94 (96) zur Leistung von Sicherheiten und der Verzinsung.

1952 *Mitterecker*, Sitzverlegungen, S. 139; *Kalss/Klampfl* in: Dauses/Ludwigs, HB EU-Wirtschaftsrecht, E. III., Rn. 115; *Geyrhalter/Gänßler*, DStR 2003, 2167 (2170 f.).

1953 *Forsthoff*, EuZW 2015, 248 (251); *König/Bormann*, NZG 2012, 1241 (1244).

1954 *Franz*, EuZW 2016, 930 (931); *Wöhlert/Degen*, GWR 2012, 432; *Wicke*, DStR 2012, 1756; *Kilian* in: Henssler/Strohn, GesR, § 726 BGB, Rn. 5.

die „Geschöpftheorie“ aus Daily Mail: Der Mitgliedstaat darf autonom die Anknüpfungsvoraussetzungen bestimmen, welche notwendig sein sollen, damit eine Gesellschaft als nach seinem Recht gegründet und insbesondere auch weiterhin existent anzusehen ist.[1955] Damit darf der Herkunftsstaat eine Verwaltungssitzverlegung aus seinem Hoheitsgebiet heraus mit der Auflösung der Gesellschaft sanktionieren.[1956] Er darf also – bildlich gesprochen – weiterhin eine „Guillotine an der Landesgrenze positionieren, welche das Todesurteil bei flüchtenden Gesellschaften direkt vollstreckt“.[1957] Die Niederlassungsfreiheit steht dem nicht im Wege, da es insoweit an einem tauglichen Rechtsträger fehlt.[1958]

Dies heißt allerdings nicht, dass die Verwaltungssitzverlegung auch anderweitig unterbunden werden darf.[1959] Nach dem Urteil National Grid Indus darf ein Mitgliedstaat, sofern er die Verwaltungssitzverlegung nicht mit dem Entzug der Rechtsfähigkeit der Gesellschaft sanktioniert, er sie also iSd eigenen Rechtordnung faktisch als weiterhin existent erachtet, nicht ohne Weiteres anderweitige negative Folgen an die Verlegung knüpfen.[1960] Sofern ein Mitgliedstaat einer nach seinem Recht gegründeten Gesellschaft eine Verwaltungssitzverlegung erlaubt, ist auch der Herkunftsstaat an die Niederlassungsfreiheit gebunden.[1961] Die mitgliedstaatliche Autonomie gilt also nur im Bereich der (Fort-)Existenz der Gesellschaft.

Parallel zur Zuzugsperspektive (s.o.) ist allerdings noch nicht entschieden, welche schützenswerten Interessen eine Beschränkung zu rechtfertigen vermögen.[1962] Einige Anhaltspunkt lassen sich nur dem Urteil National Grid Indus entnehmen, da in den Fällen Daily Mail und Cartesio die wegziehenden Gesellschaften jeweils an der Grenze „erschlagen“ wurden. Auch hier wird es entscheidend auf die Verhältnismäßigkeit etwaiger Beschränkungen der Verwaltungssitzverlegung ankommen. Eine Soforteinziehung der Steuer ohne Stundungsmöglichkeit ist bspw. – ähnlich

---

1955 EuGH, Urt. v. 16.12.2008, Rs. C-210/06, ECLI:EU:C:2008:723, Rn. 110 – Cartesio; EuGH, Urt. v. 29.11.2011, Rs. C-371/10, ECLI:EU:C:2011:785, Rn. 27 – National Grid Indus; EuGH, Urt. v. 12.07.2012, Rs. C-378/10, ECLI:EU:C:2012:440, Rn. 29 – Vale.

1956 *Schön*, ZGR 2013, 333 (355); *Wall* in: Hausmann/Odersky, Int. PrivR, § 18, Rn. 72.

1957 Dies hat GA Maduro in seinen Schlussanträgen v. 22.05.2008 noch als „Freibrief für die Todesstrafe“ bemängelt – Rs. C-210/06, ECLI:EU:C:2008:294, Anm. 31 – Cartesio; ähnlich *Pießkalla*, EuZW 2009, 75 (82); *Zimmer/Naendrup*, NJW 2009, 545 (547).

1958 *Franz*, EuZW 2016, 930 (933); *Teichmann*, ZIP 2009, 393 f.

1959 *Schön*, ZGR 2013, 333 (355); *Roth*, FS Hoffmann-Becking 2013, 965 (980); *Mörsdorf*, EuZW 2012, 296 (297); *Verse*, ZEuP 2013, 458 (463).

1960 EuGH, Urt. v. 29.11.2011, Rs. C-371/10, ECLI:EU:C:2011:785, Rn. 32 – National Grid Indus; *Weller* in: MüKo GmbHG, Bd. 1, Eltg., Rn. 364a f.; ob damit nur Regeln des Steuerrechts bzw. anderweitige außerhalb des Gesellschaftsrechts gemeint sind, oder aber auch Vorschriften des Gesellschaftsrechts, die keine Auflösung statuieren, ist unersichtlich.

1961 *Verse*, ZEuP 2013, 458 (460 f.); *Forsthoff*, EuZW 2015, 248 (251); *Schaper*, ZIP 2014, 810 (814); *Wall* in: Hausmann/Odersky, Int. PrivR, § 18, Rn. 69.

1962 *v. Hein* in: MüKo BGB, Bd. 11, Art. 3 EGBGB, Rn. 103.

pauschalen Missbrauchsvermutungen – in jedem Fall unverhältnismäßig.[1963] Die Hürde für eine Rechtfertigung wird dabei auf Seiten des Herkunftsstaates geringer ausfallen als beim Zielstaat, da schützenswerte Belange im Bereich des Arbeitnehmer-, Gläubiger- und Gesellschafterschutzes regelmäßig schwerer betroffen sein werden.[1964]

II. Die grenzüberschreitende Satzungssitzverlegung (ohne Formwechsel)

1. Die Zuzugsperspektive (hinein)

Der EuGH hat sich zu einer reinen rechtsformwahrenden Satzungssitzverlegung (und etwaigen Rechtfertigungsmöglichkeiten) noch nicht geäußert.[1965] Allerdings ist auch die isolierte Satzungssitzverlegung (hinein) vom Schutzbereich der Niederlassungsfreiheit umfasst, sofern der Herkunftsstaat eine solche Verlegung kollisions- und sachrechtlich toleriert.[1966] Auch hier ist die Autonomie der Mitgliedstaaten bezüglich ihrer Gründungsvoraussetzungen ein entscheidender Faktor. Parallel zur Verwaltungssitzverlegung gilt etwas anderes wiederum nur, wenn eine Gesellschaft ohne wirkliche wirtschaftliche Tätigkeit im Zuzugsstaat entstehen soll.[1967] Es ist allerdings anzumerken, dass offenbar keine nationale Rechtsordnung die Verlegung des Satzungssitzes unter Beibehaltung der Rechtsform ermöglicht.[1968] Insofern handelt es sich hierbei um rein hypothetische Ausführungen. Die Niederlassungsfreiheit setzt allerdings nicht voraus, dass bei Verlegung des Satzungssitzes gleichzeitig die Hauptverwaltung verlegt werden muss. Es reicht eine reale wirtschaftliche Tätigkeit im Zuzugsstaat aus.[1969] Der Umfang der Tätigkeit ist allerdings noch ein streitbarer Faktor.[1970]

1963 EuGH, Urt. v. 29.11.2011, Rs. C-371/10, ECLI:EU:C:2011:785, Rn. 85 – National Grid Indus; *Stöber*, ZIP 2012, 1273 (1279); *Böing*, GmbH-StB 2012, 36 (37).

1964 *Lutter/Drygala*, JZ 2006, 770 (772); *Braun*, Wegzugsfreiheit, 2009, S. 215; *Roth*, FS Hoffmann-Becking 2013, 965 (985); *Krebs*, GWR 2014, 144 (146) – dies gilt nicht nur für die verschiedenen Umwandlungsformen, sondern auch für die Sitzverlegung.

1965 *Forsthoff* in: Grabitz/Hilf/Nettesheim, Recht der EU, Art. 54 AEUV, Rn. 68; s. aber die neusten Entwicklungen in der Rs. Polbud zugleich unten unter F., VIII.

1966 *Franz*, EuZW 2016, 930 (935); *Behme*, Sitzverlegung, S. 125; *Leible* in: Michalski/ Heidinger/Leible/Schmidt, GmbHG, Bd. 1, sys. Darst. 2 – Int. GesR, Rn. 205; a.A.: *Frank*, Formwechsel, S. 128, *Heinze* in: MüKo GmbHG, § 4a, Rn. 29.

1967 S.o. unter F., I., 1; äquivalent sollten auch schützenswerte Belange durchsetzbar sein.

1968 *Behrens*, IPRax 1999, 323 (325); *Braun*, Wegzugsfreiheit, S. 222.

1969 *Heinze* in: MüKo GmbHG, § 4a, Rn. 29; allerdings nur zum Formwechsel *Verse*, ZEuP 2013, 458 (479); *Roth*, FS Hoffmann-Becking 2013, 965 (990); *Teichmann*, DB 2012, 2085 (2088); *Mörsdorf/Jopen*, ZIP 2012, 1394 (1399).

1970 S. etwa *Wicke*, DStR 2012, 1756 (1758); *Ege/Klett*, DStR 2012, 2442 (2448); *Drygala*, EuZW 2013, 569 (569 f.); *Kindler*, EuZW 2012, 888 (892).

2. Die Wegzugsperspektive (hinaus)

Es ist schwierig, ohne einschlägige höchstrichterliche Rechtsprechung Aussagen zu einer möglichen Satzungssitzverlegung zu treffen. Die Wertungen aus der Verwaltungssitzverlegung (hinaus) sind allerdings zu übernehmen: Kraft seiner Anknüpfungsautonomie darf ein Mitgliedstaat die isolierte Verlegung des Satzungssitzes (ohne Verwaltungssitzverlegung) verhindern, ohne gegen die Niederlassungsfreiheit zu verstoßen.[1971] Fraglich ist weiterhin, inwiefern anderweitige Beschränkungen des Wegzugs an der Niederlassungsfreiheit zu messen wären, sofern er eine Satzungssitzverlegung zulässt und die Gesellschaft nicht zur Auflösung zwingt.[1972] Eine Übertragung der National-Grid-Indus-Entscheidung auf die Satzungssitzverlegung wäre in jedem Fall konsequent.

III. Die simultane Verlegung von Satzungs- und Verwaltungssitz

1. Die Zuzugsperspektive (hinein)

Die bisherige Rechtsprechung des EuGH hatte im Zuzugsfall nur reine Verwaltungssitzverlegungen unter Beibehaltung des statutarischen Sitzes zum Inhalt (Centros, Überseering, Inspire Art). Allerdings kann der Schutz der Niederlassungsfreiheit nicht davon abhängen, ob nur der Verwaltungs- oder gleichzeitig auch der Satzungssitz verlegt wird.[1973] Sofern der Herkunftsstaat die simultane Verlegung unter Wahrung der Rechtsform[1974] zulässt, muss der Aufnahmestaat dies akzeptieren. Der Vorgang fällt unter die Niederlassungsfreiheit.[1975] Die meisten Autoren setzen eine simultane Verlegung der Sitze automatisch mit einem Formwechsel gleich.[1976] Ihnen ist aus praktischer Sicht zuzugestehen, dass alle mitgliedstaatlichen Rechtsordnungen einen inländischen Satzungssitz für ihre eigenen gesellschaftsrechtlichen Rechtsformen vorsehen.[1977] Die simultane Sitzverlegung führt demgemäß zu einem Statutenwechsel.[1978]

1971 S.o. unter F., I., 2; ebenso: *Franz*, EuZW 2016, 930 (935); *Behme*, Sitzverlegung, S. 109; *Kindler* in: MüKo BGB, Bd. 12, Teil 10, Rn. 831; *Triebel/von Hase*, BB 2003, 2409 (2415).

1972 *Teichmann*, ZIP 2009, 393 (400).

1973 *Franz*, EuZW 2016, 930 (934).

1974 Zum Formwechsel s. sogleich unter F., VI.

1975 *Mörsdorf*, EuZW 2009, 97 (101); *Leible* in: Michalski/ Heidinger/Leible/Schmidt, GmbHG, Bd. 1, sys. Darst. 2 – Int. GesR, Rn. 209; *Behme*, Sitzverlegung, S. 127 f.

1976 Vgl. *Kindler* in: MüKo BGB, Bd. 12, Teil 10, Rn. 842; *Campos Nave*, BB 2009, 870 (871); *Knof/Mock*, ZIP 2009, 24 (32 f.); *Kobelt*, GmbHR 2009, 808 (812 f.).

1977 *Roth*, ZHR 2016, 691; *Braun*, Wegzugsfreiheit, S. 222; *Behme*, Sitzverlegung, S. 9.

1978 *Leible* in: Michalski/ Heidinger/Leible/Schmidt, GmbHG, Bd. 1, sys. Darst. 2 – Int. GesR, Rn. 208; *Prinz/Hütig* in: Prinz/Winkeljohann, HB GmbH, § 19, Rn. 180.

Sollte ein Mitgliedstaat diese Form der Unternehmensmobilität hingegen autorisieren, spricht vieles für die Übernahme der Ergebnisse aus dem Rechtsprechungsdreiklang um Centros, Überseering und Inspire Art.[1979] Für die Rechtfertigungsebene könnte allerdings ein noch strengerer Maßstab gelten, weil die Lösung jeglicher Anknüpfungspunkte zum Gründungsrecht unter Beibehaltung der Rechtsform eine Kontrolle der Gerichte und Behörden des Herkunftsstaates erschwert oder unmöglich macht.[1980] Die Problematik um das Kriterium der Realwirtschaftlichkeit spielt in dieser Konstellation dagegen keine Rolle, da bei gleichzeitiger Sitzverlegung auch immer eine wirtschaftliche Aktivität im Zuzugsstaat betrieben werden soll. Eine simultane Sitzverlegung ist heute schon bei der SE möglich (Art. 7, 8 SE-VO).[1981] Man könnte argumentieren, dass eine SE auch in jedem Mitgliedstaat gegründet werden kann und ihr „Rechtskleid" somit in jedem Mitgliedstaat heimisch ist. Die SE-VO verweist aber ergänzend auf die nationalen Gesellschaftsrechte, welche sich bei einer Sitzverlegung auch ändern.[1982]

2. Die Wegzugsperspektive (hinaus)

Die simultane sowie statutenwahrende Verlegung des Satzungs- und Verwaltungssitzes hinaus aus dem Mitgliedstaat orientiert sich, trotz fehlender expliziter EuGH-Entscheidung, an den Urteilen Daily Mail und Cartesio.[1983] Somit besteht dem Grunde nach kein Unterschied zur isolierten Verlegung des Satzungs- oder Verwaltungssitzes hinaus.[1984] Es ist daher niederlassungsfreiheitskonform, sofern der Entsendemitgliedstaat seinen Gesellschaften diese Art der Sitzverlegung aufgrund seiner Anknüpfungsautonomie in Bezug auf seine gesellschaftsrechtlichen Gründungsvoraussetzungen nicht zur Verfügung stellt.[1985] Auch hier ist fraglich, ob anderweitige Beschränkungen des Wegzugs an der Niederlassungsfreiheit

1979 S.o. unter F., I., 1. – s.a. zur Rechtfertigung; *Franz*, EuZW 2016, 930 (934).

1980 S.a. *Mörsdorf*, EuZW 2009, 97 (101); *Rehm* in: Eidenmüller, Ausländische KapGes, § 2, Rn. 76; *Triebel/von Hase*, BB 2003, 2409 (2414): „Die Gesellschaft hängt in der Luft."

1981 *Prinz/Hütig* in: Prinz/Winkeljohann, HB GmbH, § 19, Rn. 180; *Krause* in: Müller-Graff/Teichmann, EU-GesR, 103 (111); *Habersack/Verse*, EU-GesR, § 13, Rn. 14 f.

1982 *Janisch*, Sitzverlegung, S. 96; *Krause* in: Müller-Graff/Teichmann, EU-GesR, 103 (111); man kann dies als Statutenwechsel verstehen, s. *Grundmann*, EU-GesR, § 29, Rn. 1061; als Formwechsel, s. *Oechsler/Mihaylova* in: MüKo AktG, Bd. 7, A., Art. 8, Rn. 3.

1983 *Weller* in: MüKo GmbHG, Bd. 1, Eltg., Rn. 362, insb. Fn. 1475, m. Verw. auf EuGH, Urt. v. 16.12.2008, Rs. C-210/06, ECLI:EU:C:2008:723, Rn. 119 – Cartesio: Das Gericht prüfte nur eine Verwaltungssitzverlegung; a.A.: *Behme*, Sitzverlegung, S. 110.

1984 S.o. unter F., I., 2./F., II., 2.; *Franz*, EuZW 2016, 930 (935); *Leible* in: Michalski/ Heidinger/Leible/Schmidt, GmbHG, Bd. 1, sys. Darst. 2 – Int. GesR, Rn. 199.

1985 *Franz*, EuZW 2016, 930 (935); *Behme*, Sitzverlegung, S. 110 f.; mit anderer Begründung *Triebel/von Hase*, BB 2003, 2409 (2414 f.).

zu messen wären, wenn der Mitgliedstaat eine gleichzeitige Verlegung der Sitze gestattet.[1986]

IV. Die grenzüberschreitende Verschmelzung

1. Die Zuzugsperspektive (hinein)

Seit der Entscheidung Sevic steht eindeutig fest, dass die Niederlassungsfreiheit die grenzüberschreitende Hineinverschmelzung schützt.[1987] Das Erlöschen des übertragenden Rechtsträgers im Nachgang des Niederlassungsvorgangs stellt kein Hindernis dar.[1988] Explizit hat der EuGH nur zur Konstellation der Verschmelzung zur Aufnahme, nicht aber auch zur Verschmelzung durch Neugründung entschieden.[1989] Aus der Definition der Niederlassungsfreiheit[1990] – der Verschmelzungsvorgang an sich ist bereits eine wirtschaftliche Aktivität – und der aus dem Urteil Sevic abzuleitenden überragend wichtigen Stellung von Verschmelzungen im Gefüge des Binnenmarktes ist ersichtlich, dass alle Verschmelzungsformen dem Schutzbereich der Niederlassungsfreiheit zuzuordnen sind.[1991]

Dies sagt jedoch noch nichts darüber aus, ob bestimmte Konstellationen im Einzelfall nicht gerechtfertigterweise von Seiten der Mitgliedstaaten beschränkt werden dürfen.[1992] Der EuGH hat sich in Sevic nicht explizit zu etwaigen Rechtfertigungsgründen geäußert. Dies musste er auch nicht, da eine grenzüberschreitende Hineinverschmelzung vollumfänglich unmöglich war.[1993] Im Grundsatz müssten auch hier die Wertungen aus Centros, Überseering und Inspire Art übertragen werden.[1994] Allerdings ist ein strengerer Verhältnismäßigkeitsmaßstab in Betracht zu ziehen, da der aufnehmende Rechtsträger sich zumeist bereits im Mitgliedstaat

---

1986 S.o. unter F., II., 2.

1987 *Forsthoff* in: Grabitz/Hilf/Nettesheim, Recht der EU, Art. 54 AEUV, Rn. 52; *Wall* in: Hausmann/Odersky, Int. PrivR, § 18, Rn. 184; *Doralt*, IPRax 2006, 572.

1988 Schlussanträge des GA Tizzano v. 07.07.2005, Rs. C-411/03, ECLI:EU:C:2005:437, Anm. 24–26 – Sevic; ebenso *Thiermann*, Verschmelzungen, S. 131 f.

1989 EuGH, Urt. v. 13.12.2005, Rs. C-411/03, ECLI:EU:C:2005:762, Rn. 6 – Sevic.

1990 S.o. unter B., II., 1., c).

1991 *Thiermann*, Verschmelzungen, S. 130–133 (zurückhaltender aus Sicht des übernehmenden Rechtsträgers bei der Verschmelzung zur Neugründung S. 139), bez. EuGH, Urt. v. 13.12.2005, Rs. C-411/03, ECLI:EU:C:2005:762, Rn. 19 – Sevic; ähnlich *Kraft/Bron*, IStR 2006, 26 (27); *Siems*, EuZW 2006, 135 (136), s. Fn. 16.

1992 *Leible* in: Michalski/Heidinger/Leible/Schmidt, GmbHG, Bd. 1, sys. Darst. 2 – Int. GesR, Rn. 34; *Forsthoff*, DStR 2006, 613 (616 f.); *Oechsler*, NJW 2006, 812.

1993 EuGH, Urt. v. 13.12.2005, Rs. C-411/03, ECLI:EU:C:2005:762, Rn. 30 – Sevic.

1994 S.o. unter F., I., 1.

befindet und unverändert fortbesteht.[1995] Etwas anderes könnte wiederum gelten, wenn es sich um eine Verschmelzung zur Neugründung handelt.[1996]

Andererseits könnte der Verhältnismäßigkeitsgrundsatz in bestimmten Fällen auch weniger streng angewendet werden, weil sich bei der Verschmelzung gerade spezifische Probleme durch die Anwendung mehrerer verschiedener Rechtsordnungen ergeben können.[1997] Es wird, wie so oft, auf eine Abwägung im Einzelfall ankommen.[1998] Auch sind die Aussagen des EuGH im Urteil Vale zum Effektivitäts- und Äquivalenzgrundsatz zu beachten. Eine Übertragung auf die Verschmelzung sollte möglich sein.[1999]

Diese Prinzipien aus Sevic finden allerdings nur Anwendung, sofern die Verschmelzungs-Richtlinie[2000] einen Sachverhalt nicht abschließend regelt.[2001] Für die grenzüberschreitende Verschmelzung bestehen also insoweit weitestgehend ein harmonisiertes Verfahren und hinreichende Schutzstandards.[2002] Die Entscheidung Sevic ist in ihrer Wirkung allerdings weitreichender, wenn sie bspw., wegen der Definition von Gesellschaften nach Art. 54 AEUV, auch für Personengesellschaften gilt.[2003]

Viele Autoren verweisen bei Verschmelzungen darauf, dass nur ein Anspruch auf Diskriminierungsfreiheit besteht.[2004] Dies ist auf die undurchsichtige Terminologie im Bereich der Beeinträchtigungen zurückzuführen, welche sich auch in Sevic manifestiert.[2005] Es wäre der Klarheit förderlich, den Begriff der Beeinträchtigung als Oberbegriff (Dritte Prüfungsebene der Grundfreiheiten) für die

---

1995 *Lutter/Drygala*, JZ 2006, 770 (772); *ders.*, ZIP 2005, 1995 (1996); *Kieninger*, EWS 2006, 49 (52); *Geyrhalter/Weber*, DStR 2006, 146 (149).

1996 Aus Sicht des übernehmenden Rechtsträgers schon gar nicht im Schutzbereich der Niederlassungsfreiheit, lt. *Thiermann*, Verschmelzungen, S. 139.

1997 *Engert* in: Langenbucher, EU-PrivatR, § 5, Rn. 13; *Teichmann*, ZIP 2006, 355 (359); *Roth*, FS Hoffmann-Becking 2013, 965 (985).

1998 *Forsthoff* in: Grabitz/Hilf/Nettesheim, Recht der EU, Art. 54 AEUV, Rn. 54.

1999 S. hierzu unten unter F., VI., 1.; so wohl auch *Braun*, DZWiR 2012, 411 (415).

2000 Richtlinie 2005/56/EG des Europäischen Parlaments und des Rates über die Verschmelzung von Kapitalgesellschaften aus verschiedenen Mitgliedstaaten v. 26.10.2005, ABl. 2005 Nr. L 310/1.

2001 *Drygala/von Bressensdorf*, NZG 2016, 1161; *Spahlinger/Wegen*, NZG 2006, 721 (725 f.); oder die Richtlinie gegen die Niederlassungsfreiheit verstößt, so *Forsthoff*, DStR 2006, 613 (617).

2002 *Brocker*, BB 2010, 971 (972); *Bayer/Schmidt*, ZIP 2006, 210 (213); *Kalss/Klampfl* in: Dauses/Ludwigs, HB EU-Wirtschaftsrecht, E. III., Rn. 183.

2003 *Drygala*, EuZW 2013, 569 (570); *ders./von Bressensdorf*, NZG 2016, 1161 (1164 f.); *Lutz*, BWNotZ 2010, 23 (24); *Krause/Kulpa*, ZHR 2007, 38 (43, 48).

2004 *Forsthoff* in: Grabitz/Hilf/Nettesheim, Recht der EU, Art. 54 AEUV, Rn. 53; *Leible* in: Michalski/Heidinger/Leible/Schmidt, GmbHG, Bd. 1, sys. Darst. 2 – Int. GesR, Rn. 34.

2005 EuGH, Urt. v. 13.12.2005, Rs. C-411/03, ECLI:EU:C:2005:762, Rn. 23 – Sevic, nimmt eine Beschränkung an; Schlussanträge des GA Tizzano v. 07.07.2005, Rs. C-411/03, ECLI: EU:C:2005:437, Anm. 56 – Sevic, sieht eine Diskriminierung; s. *Oechsler*,

Maßnahme eines Verpflichteten und das Vorliegen einer offenen bzw. versteckten Diskriminierung oder diskriminierungsfreien Beschränkung zu verwenden.[2006] Oft wird der Begriff der Beeinträchtigung vermischt oder gleichgesetzt mit dem Begriff der Beschränkung, was zu einem diffusen Diskussionsgang beiträgt.[2007]

Richtig ist, dass die Niederlassungsfreiheit keinen Anspruch auf originäre Teilhabe in einem anderen Mitgliedstaat bereithält.[2008] Somit muss kein Mitgliedstaat eine grenzüberschreitende Verschmelzung ermöglichen, wenn eine innerstaatliche Verschmelzung nicht möglich bzw. nicht geregelt ist.[2009] Allerdings sieht jeder Mitgliedstaat eine Verschmelzungsmöglichkeit zumindest für Aktiengesellschaften vor. Wenn die Mitgliedstaaten eine solche Möglichkeit noch nicht vorsahen, waren sie spätestens mit Ablauf der Umsetzungsfrist der Dritten Richtlinie[2010] gemäß Art. 32 im Oktober 1981 dazu verpflichtet, eine solche zu schaffen. Ansonsten hätte die Richtlinie unter bestimmten Umständen auch unmittelbar gegolten.[2011]

Aus der Sevic-Entscheidung allerdings nur ein Diskriminierungsverbot für Verschmelzungsvorgänge abzuleiten, widerspricht der grundlegenden Dogmatik der Grundfreiheiten und der Erweiterung des Beschränkungsverbots auf die Niederlassungsfreiheit.[2012] Die Beschränkung auf ein Diskriminierungsverbot ist auch nicht durch die Spezifität von Gesellschaften im Vergleich zu natürlichen Personen oder aber durch die Komplikation bei der Anwendung mehrerer nationaler Rechtsordnungen gerechtfertigt.[2013] Wenn eine Verschmelzung innerstaatlich möglich ist, muss sie auch grenzüberschreitend gewährleistet werden und dann müssen

---

NJW 2006, 812; *Forsthoff*, DStR 2006, 613 (616): Der EuGH prüft inhaltlich eine Diskriminierung.

2006 Abzulesen in *Ehlers* in: Ehlers, EU-Grundrechte und -freiheiten, § 7, Rn. 136; ebenso *Frenz*, HB EuR, Bd. 1: Grundfreiheiten, Rn. 516; s. zugleich unter H., III., 1. und 2., c).

2007 So etwa: Schlussanträge des GA Jääskinen v. 15.11.2011, Rs. C-378/10, ECLI:EU:C: 2011:841, Anm. 70 ff., insb. 72 und 76 – Vale; *Bayer/Schmidt*, ZIP 2012, 1481 (1487); *Wall* in: Hausmann/Odersky, Int. PrivR, § 18, Rn. 199; hierzu ebenfalls kritisch *Braun*, DZWiR 2012, 411 (414) und bereits zurvor *Sedemund*, BB 2006, 519 (519 f.).

2008 Dieses Recht wohnt keiner Grundfreiheit inne, s. *Ehlers* in: Ehlers, EU-Grundrechte und -freiheiten, § 7, Rn. 40; *Frenz*, HB EuR, Bd. 1: Grundfreiheiten, Rn. 213 f.

2009 *Krause/Kulpa*, ZHR 2007, 38 (42 f.); *Forsthoff* in: Grabitz/Hilf/Nettesheim, Recht der EU, Art. 54 AEUV, Rn. 53; *Thiermann*, Verschmelzungen, S. 143 ff.

2010 Dritte Richtlinie 78/855/EWG des Rates betreffend die Verschmelzung von Aktiengesellschaften v. 9.10.1978, ABl. 1978 Nr. L 295/36; Deutschland hat die Richtlinie auch für andere Rechtsformen umgesetzt, s. *Habersack/Verse*, EU-GesR, § 8, Rn. 3; es ist davon auszugehen, dass dies auch weitere Mitgliedstaaten getan haben.

2011 Zur unm. Geltung von RL, s. *Herdegen*, EuR, § 8, Rn. 55 ff.; *Streinz*, EuR, Rn. 490 ff.

2012 *Thiermann*, Verschmelzungen, S. 151; s.a. EuGH, Urt. v. 12.07.1984, Rs. 107/83, ECLI:EU:C:1984:270, Rn. 18 – Klopp; EuGH, Urt. v. 07.05.1991, Rs. C-340/89, ECLI: EU:C:1991: 193, Rn. 15 – Vlassopoulou.

2013 S. zugleich unter G., II., 5., a) bzw. eingangs.

etwaige Beschränkungen auch gerechtfertigt sein. Zu denken ist etwa an steuerrechtliche Beschränkungen der grenzüberschreitenden Verschmelzung.[2014]

Parallel zu den Fällen der Verwaltungssitzverlegung im Zuzugsfall kann der Zielstaat iSd Vale-Entscheidung eine wirkliche wirtschaftliche Tätigkeit am Zielort verlangen.[2015] Der Zuzugsstaat kann somit Verschmelzungen auf reine (neu zu gründende) Briefkastengesellschaften verhindern. Es besteht dahingehend aber keine Verpflichtung.[2016]

2. Die Wegzugsperspektive (hinaus)

Der Fall Sevic erging unmittelbar nur zur Hereinverschmelzung. Die Ausführungen des EuGH sind in der Entscheidung allerdings häufiger allgemein gehalten, ohne also zwischen Hinein- und Herausverschmelzungen zu differenzieren.[2017] Die wohl herrschende Ansicht geht deshalb auch davon aus, dass die Hinausverschmelzung Teil der Niederlassungsfreiheit ist.[2018] Das Erlöschen des übertragenden Rechtsträgers ist aus der Wegzugsperspektive zwar noch gewichtiger, stellt aber ebenfalls keine Hürde für die Niederlassungsfreiheit dar.[2019] Sofern eine Hinausverschmelzung verhindert würde, läge demgemäß auch immer eine Beschränkung der Niederlassungsfreiheit des aufnehmenden Rechtsträgers vor.[2020]

Hinzukommt, dass die Urteile Cartesio und Vale in einer Gesamtschau auch den Formwechsel hinaus ermöglichen.[2021] Die mitgliedstaatliche

---

2014 *Bron* in: Tietje/Kraft/Sethe, Transnationales WirtschaftsR, Heft 41, S. 39.

2015 S.o. unter F., I., 1.; a.A. noch: *Drygala*, EuZW 2013, 569 (572), der iRe Verschmelzung immer von einem Vermögenserwerb ausgeht, so dass die Verschmelzung also ohnehin nie rein fiktiv sei.

2016 *Drygala/von Bressendorf*, NZG 2016, 1161 (1165); ähnlich der EU-Gesetzgeber bei der Verschmelzungs-Richtlinie, s. *Drygala*, EuZW 2013, 569 (571); idS, aber nicht explizit zu Verschmelzungen: *Schön*, ZGR 2013, 333 (353); *Schaper*, ZIP 2014, 810 (814).

2017 EuGH, Urt. v. 13.12.2005, Rs. C-411/03, ECLI:EU:C:2005:762, vgl. Rn. 19, 21 mit 18, 20, 22 – Sevic; *Siems*, EuZW 2006, 135 (140); s.a. explizit die Schlussanträge des GA Tizzano v. 07.07.2005, Rs. C-411/03, ECLI:EU:C:2005:437, Anm. 45 – Sevic.

2018 *Müller-Graff* in: Streinz, EUV/AEUV, Art. 54 AEUV, Rn. 21; *Lutz*, BWNotZ 2010, 23 (24); *Janisch*, Sitzverlegung, S. 75; *Brocker*, BB 2010, 971; *Klein*, RNotZ 2007, 565 (570); *Drygala*, ZIP 2005, 1995; *Kraft/Michel*, IStR 2012, 882 (884); *Thiermann*, Verschmelzungen, S. 140, welcher nicht zwischen Hinein-/Hinausverschmelzungen unterscheidet, aber zwischen übernehmendem/übertragendem Rechtsträger; a.A.: *Kindler* in: MüKo BGB, Bd. 12, Teil 10, Rn. 847 ff., m. Verw. darauf, dass Vale ein Zuzugsfall war; unentschieden: *Forsthoff* in: Grabitz/Hilf/Nettesheim, Recht der EU, Art. 54 AEUV, Rn. 55.

2019 *Kieninger*, EWS 2006, 49 (50 ff.); *Ringe*, DB 2005, 2804 (2806); *Kraft/Bron*, IStR 2006, 26 (27); a.A.: *Kindler* in: MüKo BGB, Bd. 12, Teil 10, Rn. 127, 787, 851.

2020 *Drygala/von Bressendorf*, NZG 2016, 1161 (1165); *Lutz*, BWNotZ 2010, 23 (24); *Kraft/Michel*, IStR 2012, 882 (884) betonen „einen einheitlichen Lebenssachverhalt“.

2021 S. zugleich unter F., VI., 2; *Braun*, DZWiR 2012, 411 (413).

Anknüpfungsautonomie reicht nur soweit, wie es sich noch um Gesellschaften des eigenen Rechts handelt. Wenn eine Gesellschaft ihre ursprüngliche Rechtsform in eine des Zielstaats umwandelt und der Aufnahmestaat dies erlaubt, so fällt die Anknüpfungsautonomie fortan in seinen Zuständigkeitsbereich.[2022] Der Formwechsel hinaus fällt dann in den Schutzbereich der Niederlassungsfreiheit.[2023] Dieser Gedanke lässt sich auch auf die Hinausverschmelzung übertragen.[2024] Verschmelzungen sind wirtschaftlich und rechtlich mit Formwechseln vergleichbar.[2025] Auch nimmt der EuGH im Vale-Urteil sehr häufig Bezug auf die Entscheidung Sevic und überträgt parallele Wertungen.[2026] Dies ist meines Erachtens auch im umgekehrten Fall möglich: Sofern der Aufnahmemitgliedstaat eine Verschmelzung ermöglicht und zulässt, darf der Herkunftsstaat diese nicht pauschal verbieten. Auch die Verschmelzungs-Richtlinie ermöglicht eine Hinausverschmelzung.[2027]

Selbstverständlich gilt das zur Hereinverschmelzung beschriebene analog: Personengesellschaften sind geschützt, die Verschmelzungs-Richtlinie findet grundsätzlich Anwendung und der Rechtfertigungsmaßstab ist abhängig von der Verschmelzungsform.[2028] Anders als bei der Hineinverschmelzung sind bei der Hinausverschmelzung allerdings schützenswerte Drittinteressen, namentlich von Gläubigern, Gesellschaftern und Arbeitnehmern, durch den Rechtsformwechsel und die Auflösung der Ursprungsgesellschaft in stärkerem Maße betroffen.[2029] Dagegen kann der Wegzugsstaat im Falle der Verschmelzung keine wirkliche wirtschaftliche Tätigkeit im Zuzugsstaat fordern.[2030] Dies kann, wie bereits beschrieben, der Zuzugsstaat auf seinem eigenen Territorium für seine eigenen Gesellschaften verlangen.[2031] Im Falle der Hinausverschmelzung geht die Anknüpfungsautonomie vom Herkunfts- auf den Aufnahmestaat über.[2032]

2022 *Barthel*, EWS 2010, 316 (320); *Zimmer/Naendrup*, NJW 2009, 545 (547).

2023 *Verse*, ZEuP 2013, 458 (478); *Mitterecker*, Sitzverlegungen, S. 228.

2024 *Tiedje* in: v.d. Groeben/Schwarze/Hatje, EuR, Art. 54 AEUV, Rn. 65; *Ego* in: MüKo AktG, Bd. 7, B., Rn. 72; *Engert* in: Langenbucher, EU-PrivatR, § 5, Rn. 13.

2025 *Teichmann*, DB 2012, 2085 (2086); *Behme*, NZG 2012, 936 (938); *Grundmann*, EU-GesR, § 22, Rn. 787; *Krause/Kulpa*, ZHR 2007, 38 (47), welcher aber bemerkt, dass nur ein Rechtsträger betroffen ist; affirmativ: *Spahlinger/Wegen*, NZG 2006, 721 (722).

2026 EuGH, Urt. v. 12.07.2012, Rs. C-378/10, ECLI:EU:C:2012:440, Rn. 24 f., 36–40 – Vale.

2027 *Heinze* in: MüKo GmbHG, § 4a, Rn. 90; *Roth* in: Roth/Altmeppen, GmbHG, 8. Auflage 2015, § 4a, Rn. 51; *Lutz*, BWNotZ 2010, 23 (25); *Heckschen*, DNotZ 2007, 444 (453).

2028 S.o. unter F., IV., 1.

2029 *Geyrhalter/Weber*, DStR 2006, 146 (150); *Bungert*, BB 2006, 53 (56); *Lutter/Drygala*, JZ 2006, 770 (772); *Kieninger*, EWS 2006, 49 (52).

2030 *Drygala/von Bressensdorf*, NZG 2016, 1161 (1165); *Drygala*, EuZW 2013, 569 (572); a.A.: *Wicke*, DStR 2012, 1756 (1758).

2031 S.o. unter F., IV., 1.; so schon *Behme*, NZG 2012, 936 (939).

2032 *Drygala/von Bressensdorf*, NZG 2016, 1161 (1165).

V. Die grenzüberschreitende Spaltung

1. Die Zuzugsperspektive (hinein)

Auch keines der bisherigen EuGH-Judikate hatte explizit eine grenzüberschreitende Spaltung zum Inhalt. Doch schon zu Zeiten des Sevic-Urteils war man sich sicher, dass die grenzüberschreitende Spaltung, ebenso wie die Verschmelzung, „den Zusammenarbeits- und Umgestaltungsbedürfnissen" von grenzüberschreitend aktiven Gesellschaften entsprechen und demgemäß „für das reibungslose Funktionieren des Binnenmarktes"[2033] unerlässlich sind und deshalb dem Schutzbereich der Niederlassungsfreiheit unterfallen.[2034] Vor dem Hintergrund der Sevic-Entscheidung (grenzüberschreitende Verschmelzung) und des Vale-Urteils (grenzüberschreitender Formwechsel) wird man die grenzüberschreitende Spaltung nicht von der Niederlassungsfreiheit ausnehmen können, insbesondere weil sich die Spaltung wirtschaftlich und rechtlich als Gegenstück zur Verschmelzung darstellt.[2035] Wie bei der Verschmelzung gilt dann allerdings auch kein Recht auf Schaffung eines Spaltungsrechts.[2036] Sofern eine Spaltung aber innerstaatlich möglich ist, ist sie auch grenzüberschreitend zu gewährleisten.[2037]

Anders als die Verschmelzung ist die transnationale Spaltung nicht von der Verschmelzungs-Richtlinie vorgesehen.[2038] Der Vorgang spielt sich rein nach primärrechtlichen Vorgaben ab. Analog der Hineinverschmelzung wird der Rechtfertigungsmaßstab bei der Hineinspaltung weniger streng sein als bei der Verwaltungssitzverlegung, weil bereits eine Gesellschaft nach dem Recht

2033 So wörtlich EuGH, Urt. v. 13.12.2005, Rs. C-411/03, ECLI:EU:C:2005:762, Rn. 19 – Sevic, welcher von Verschmelzungen und anderen Umwandlungsmaßnahmen spricht.

2034 *Bungert*, BB 2006, 53 (55); *Klein*, RNotZ 2007, 565 (570); *Leible/Hoffmann*, RIW 2006, 161 (165); *Geyrhalter/Weber*, DStR 2006, 146 (150); *Kallmeyer/Kappes*, AG 2006, 224 (234); a.A.: *Schmidt/Maul*, BB 2006, 11 (14).

2035 *Kleba*, RNotZ 2016, 273 (275 f.); *Drygala/von Bressensdorf*, NZG 2016, 1161 (1165); *Ege/Klett*, DStR 2012, 2442 (2446); unentschlossen noch *Forsthoff* in: Grabitz/Hilf/Nettesheim, Recht der EU, Art. 54 AEUV, Rn. 33.

2036 S.o. unter F., IV., 1.; für die Spaltung lässt sich dies auch an Art. 1 Abs. 1 der Spaltungs-Richtlinie ablesen – 82/891/EWG des Rates betreffend die Spaltung von Aktiengesellschaften v. 17.12.1982, ABl. 1982 L 378/47: Es werden nur Mitgliedstaaten verpflichtet, die bereits ein innerstaatliches Recht auf Spaltung vorsehen.

2037 *Ego* in: MüKo AktG, Bd. 7, B., Rn. 330; *Janisch*, Sitzverlegung, S. 88.

2038 *Lutz*, BWNotZ 2010, 23 (25); *Winter*, GmbHR 2008, 532 (534) – bspw. hat Finnland die Richtlinie für Spaltungen überschießend umgesetzt, in Deutschland besteht keine Möglichkeit; s.a. *Klingberg* in: Blümich, EStG/KStG/GewStG, UmwStG 2006, § 15, Rn. 34.

des Aufnahmestaates besteht.[2039] Eine Einzelfallabwägung ist aber auch hier unumgänglich. Bei Übertragung der Sevic-Grundsätze auf die Spaltung ist eine Anwendung auf Personengesellschaften selbstverständlich, ebenso wie auf alle Spaltungsformen. Auch wird der Zuzugsstaat zumindest bei grenzüberschreitenden Auf- oder Abspaltungen durch Neugründung eine wirtschaftliche Tätigkeit im Aufnahmestaat verlangen dürfen.[2040]

2. Die Wegzugsperspektive (hinaus)

Sofern man mit der hier vertretenen Auffassung davon ausgeht, dass auch Spaltungen im Allgemeinen, ebenso wie Verschmelzungen, Teil der Niederlassungsfreiheit sind und die Hinausverschmelzung ebenfalls geschützt ist, ist es nur konsequent, alle dort getätigten Aussagen auf die Hinausspaltung zu übertragen. Die Hinausspaltung ist von der Niederlassungsfreiheit umfasst.[2041] Bei der Rechtfertigung ist durch den möglichen Untergang der Ursprungsrechtsform ebenfalls in stärkerem Maße auf die Interessen von Gläubigern, Arbeitnehmern und Gesellschaftern zu achten.[2042]

VI. Der grenzüberschreitende Formwechsel

1. Die Zuzugsperspektive (hinein)

Der grenzüberschreitende Formwechsel hinaus aus einem Mitgliedstaat war expliziter Inhalt der Vale-Entscheidung und ist von der Niederlassungsfreiheit geschützt.[2043] Ein Formwechsel ohne Verlegung zumindest des Satzungssitzes in den Mitgliedstaat, welcher die zukünftige Rechtsform in seinem Gesellschaftsrecht zur Verfügung stellt, ist zurzeit unmöglich.[2044] Der Hinausformwechsel steht nicht unter dem Vorbehalt, dass der Zuzugsstaat einen solchen ermöglicht,[2045] was

---

2039 S.o. unter F., IV., 1.; ebenso *Sagasser* in: Sagasser/Bula/Brünger, Umwandlungen, § 18, Rn. 202; s.a. *Drygala/von Bressensdorf*, NZG 2016, 1161 (1165).

2040 *Drygala/von Bressensdorf*, NZG 2016, 1161 (1165).

2041 *Kleba*, RNotZ 2016, 273 (275 f.); *Drygala/von Bressensdorf*, NZG 2016, 1161 (1165); *Janisch*, Sitzverlegung, S. 75, 88; *Sagasser* in: Sagasser/Bula/Brünger, Umwandlungen, § 18, Rn. 202; *Asmus* in: Haritz/Menner/Bilitewski, UmwStG, § 15, Rn. 30; *Weiss/Wöhlert*, WM 2007, 580 (584 f.); *Doralt*, IPRax 2006, 572 (576); a.A. bereits zur Hinausverschmelzung: *Kindler* in: MüKo BGB, Bd. 12, Teil 10, Rn. 847 ff.

2042 S.o. unter F., IV., 2.

2043 EuGH, Urt. v. 12.07.2012, Rs. C-378/10, ECLI:EU:C:2012:440, Rn. 33 – Vale.

2044 *Verse*, ZEuP 2013, 458 (476); *Schönhaus/Müller*, IStR 2013, 174 (175); *Kalss/Klampfl* in: Dauses/Ludwigs, HB EU-Wirtschaftsrecht, E. III., Rn. 130.

2045 *Frobenius*, DStR 2009, 487 (490 f.); *Ego* in: MüKo AktG, Bd. 7, B., Rn. 72; *Wicke*, DStR 2012, 1756 (1759); *Krafka/Kühn*, Registerrecht, Rn. 1211a.

eigentlich schon dem Parallelfall zur grenzüberschreitenden Hineinverschmelzung (Sevic) zu entnehmen war.[2046] Das Obiter Dictum im Fall Cartesio, „soweit dies nach diesem Recht (Aufnahmestaat) möglich ist", führte zu Missverständnissen, die aber in Vale ausgeräumt wurden. Es sollte keine Immunität der Umwandlungsvorschriften des Zielstaates bedeuten.[2047] Wenn ein EU-Staat Formwechselvorschriften vorsieht, muss der Formwechsel grenzüberschreitend möglich sein.[2048]

Der Formwechselvorgang ist einer Verschmelzung ähnlich und so verwundert es nicht, dass auch der Formwechsel nur unter das Diskriminierungs- und nicht auch unter das Beschränkungsverbot fallen soll.[2049] Ebenso wie bei der Verschmelzung ist dies aus dogmatischen Gründen abzulehnen. Wenn ein Formwechsel innerstaatlich möglich ist, muss er auch grenzüberschreitend möglich sein und dann müssen etwaige Beschränkungen auch gerechtfertigt werden.[2050] Dafür sprechen in Vale insbesondere die Ausführungen zum Effektivitätsgrundsatz.[2051] Ob im Nachhinein innerstaatliche Umwandlungen schlechter gestellt werden als inländische, ist als Problem der Inländerdiskriminierung nicht Sache des Europarechts.[2052]

Auf einem anderen Blatt steht allerdings, ob ein Anspruch auf Schaffung eines Formwechselrechts aus der Niederlassungsfreiheit herzuleiten ist, sofern es kein innerstaatliches Pendant gibt.[2053] Es gibt kein originär-europäisches Recht auf grenzüberschreitende Umwandlungen.[2054] Im Gegensatz zur weitestgehend harmonisierten Verschmelzung fehlt beim Formwechsel eine sekundärrechtliche Ausgestaltung,[2055] was Formwechselvorschriften in den Mitgliedstaaten nicht unbedingt erforderlich macht und weshalb die Frage nach einem Anspruch auf

---

2046 EuGH, Urt. v. 13.12.2005, Rs. C-411/03, ECLI:EU:C:2005:762, Rn. 22 f. – Sevic.

2047 EuGH, Urt. v. 12.07.2012, Rs. C-378/10, ECLI:EU:C:2012:440, Rn. 32 – Vale; bez. EuGH, Urt. v. 16.12.2008, Rs. C-210/06, ECLI:EU:C:2008:723, Rn. 112 – Cartesio.

2048 Hier sind sich nahezu alle einig: *Wasmeier*, Umstrukturierung, S. 133; *Stöber*, ZIP 2012, 1273 (1276); *Böttcher/Kraft*, NJW 2012, 2701 (2702); *Kindler*, EuZW 2012, 888 (892); *Jaensch*, EWS 2012, 353 (357); *Teichmann*, DB 2012, 2085 (2088).

2049 So *Behme*, Sitzverlegung, S. 150; *ders.*, NZG 2012, 936 (938); *Frank*, Formwechsel, S. 140 ff.; *Bayer/Schmidt*, ZIP 2012, 1481 (1488 f.).

2050 S.o. unter F., IV., 1.; ebenso *Franz*, EuZW 2016, 930 (934); *Schön*, ZGR 2013, 333 (345 f.), welche allerdings noch weiter gehen und auch eine Pflicht zur Schaffung eines Umwandlungsrechts ausmachen.

2051 *Roth*, FS Hoffmann-Becking 2013, 965 (983); *Braun*, DZWiR 2012, 411 (415).

2052 Allg. *Ehlers in: Ehlers*, EU-Grundrechte und -freiheiten, § 7, Rn. 25; *Tiedje* in: v.d. Groeben/Schwarze/Hatje, EuR, Art. 49AEUV, Rn. 124; *Bayreuther*, EuZW 2009, 102.

2053 Dafür etwa: *Teichmann*, DB 2012, 2085 (2091); *Franz*, EuZW 2016, 930 (934); *Schön*, ZGR 2013, 333 (345 f.); *Roth*, FS Hoffmann-Becking 2013, 965 (982 f.).

2054 Wie bereits zur Verschmelzung ausgeführt s.o. unter F., IV., 1.; so auch *Braun*, DZWiR 2012, 411 (414); *Ege/Klett*, DStR 2012, 2442 (2442); *Drinhausen/Keinath* in: Henssler/Strohn, GesR, UmwG, § 190, Rn. 17.

2055 *Frank*, Formwechsel, S. 140; *Behme*, NZG 2012, 936 (939); *Kalss/Klampfl* in: Dauses/Ludwigs, HB EU-Wirtschaftsrecht, E. III., Rn. 143.

grenzüberschreitenden Formwechsel auch von weitaus größerer Relevanz ist. In Vale sind einige Anhaltspunkte erkennbar, die ein solches Verständnis nahe legen könnten: So verweist Verse darauf, dass die in Vale herausgestellte Autonomie der Mitgliedstaaten in Bezug auf die Gründung und Funktionsweise der Gesellschaften, nur für das „Wie“ und nicht auch für das „Ob“ des Formwechsels gilt.[2056]

Nach meinem Dafürhalten obliegt das „Ob“ des Formwechsels, auch aufgrund der Autonomie im Bereich der Voraussetzungen, welche eine Gesellschaft aufweisen muss, um als (fort-)existierend zu gelten, allerdings im Grundsatz den Mitgliedstaaten.[2057] Dies ändert sich, wenn ein Mitgliedstaat innerstaatliche Formwechselvorschriften kennt. Dann kann er über das „Ob“ des Formwechsels nicht mehr völlig frei disponieren.[2058] Ein grenzüberschreitender Formwechsel muss möglich gemacht werden. Dann zwingt das Beschränkungsverbot folgerichtig auch dazu, das „Wie“ des Formwechsels den Voraussetzungen der Niederlassungsfreiheit anzupassen.[2059] Ein rechtsformkongruenter Formwechsel muss etwa möglich sein, obwohl ein solcher denkrichtig nur transnational möglich ist, eine nationale Regel demgemäß also gar nicht bestehen kann.[2060]

Die Aussagen des Gerichtshofs zur Rechtfertigungsebene fokussieren sich stark auf die Grundsätze der Äquivalenz und Effektivität.[2061] Es ist aber zu beachten, dass sich die hinzuziehende Gesellschaft beim Formwechsel, anders als bei der Verwaltungssitzverlegung, freiwillig und bewusst dem Rechtsregime des Aufnahmestaates unterwirft.[2062] Die gesellschaftsrechtlichen Anforderungen für die eigenen Rechtsformen im Zuzugsstaat können demgemäß keine Beschränkungen des Formwechsels darstellen oder sind zumindest in hinreichendem Maß gerechtfertigt.[2063] Im Gegensatz dazu stehen jedoch zusätzliche Anforderungen an den grenzüberschreitenden Formwechsel.[2064] Der Schutz der ehemaligen Gläubiger,

---

2056 *Verse*, ZEuP 2013, 458 (487 f.); *Roth*, FS Hoffmann-Becking 2013, 965 (983).

2057 Ebenso: *Schaper*, ZIP 2014, 810 (813); *Mitterecker*, Sitzverlegungen, S. 230; *Teichmann*, DB 2012, 2085 (2086); *v. Hein* in: MüKo BGB, Bd. 11, Art. 3 EGBGB, Rn. 105.

2058 *Behme*, NZG 2012, 936 (938); *Ego* in: MüKo AktG, Bd. 7, B., Rn. 72; *Decker* in: Henssler/Strohn, GesR, UmwG, § 1, Rn. 15; *Frank*, Formwechsel, S. 141.

2059 So iE wohl auch *Thiermann*, EuZW 2012, 209 f., welcher anhand des Beschränkungsverbots prüft, aber keine Institutsgarantie erkennt; ähnlich *Fastrich* in: Baumbach/ Hueck, GmbHG, § 4a, Rn. 16; *Mörsdorf*, EuZW 2009, 97 (100).

2060 *Bayer/Schmidt*, ZIP 2012, 1481 (1488 f.); *Ego* in: MüKo AktG, Bd. 7, B., Rn. 72; *Kindler* in: MüKo BGB, Bd. 12, Teil 10, Rn. 782; *Schön*, ZGR 2013, 333 (346).

2061 EuGH, Urt. v. 12.07.2012, Rs. C-378/10, ECLI:EU:C:2012:440, Rn. 48–61 – Vale.

2062 *Mörsdorf/Jopen*, ZIP 2012, 1394 (1401); *Sagasser* in: Sagasser/Bula/Brünger, Umwandlungen, § 25, Rn. 15; *Frank*, Formwechsel, S. 50 ff.; *Janisch*, Sitzverlegung, S. 72 f.

2063 *Franz*, EuZW 2016, 930 (934); *Verse*, ZEuP 2013, 458 (488) am Bsp. der Vorlage von Bilanzen und Vermögensverzeichnissen; zu beachten ist aber, dass die Mitgliedstaaten auch hier nich völlig frei sind, s. *Teichmann*, DB 2012, 2085 (2088 f.).

2064 *Mörsdorf/Jopen*, ZIP 2012, 1394 (1400); *Bayer/Schmidt*, ZIP 2012, 1481 (1491).

Mitarbeiter und Gesellschafter fällt aber grundsätzlich in den Aufgabenbereich des Herkunftsstaates. Infolgedessen sollte der Zuzugsstaat seine eigenen Regeln in diesem Bereich nur für neu gefährdete Drittschutzinteressen anwenden.[2065] Das bei der Verschmelzung vorgebrachte Argument, es seien mehrere Rechtsträger involviert, ist beim Formwechsel zu vernachlässigen.[2066]

Mit den Ausführungen zum Effektivitätsprinzip hat der EuGH erstmalig Konturen für die Prüfung auf Rechtfertigungsebene geschaffen.[2067] Die Pflicht zur gebührenden Berücksichtigung der im Herkunftsstaat ausgestellten Dokumente lässt sich meines Erachtens vergleichen mit dem grundsätzlichen Verbot von Doppelkontrollen.[2068] Die Mitgliedstaaten sind zur effektiven Zusammenarbeit im Hinblick auf grenzüberschreitende Mobilität verpflichtet. Sie schulden einander Vertrauen.[2069] Eine erneute inhaltliche Prüfung ohne Anhaltspunkte für eine Unrichtigkeit scheidet also aus.[2070] Dies ist eine Dimension des Beschränkungsverbots (s.o.).

Wie bei der Verwaltungssitzverlegung kann der Zuzugsstaat kraft seiner Anknüpfungsautonomie im Bereich der (Fort-)Existenz der Gesellschaft die Ausübung einer wirklichen wirtschaftlichen Tätigkeit von der in seinem Hoheitsgebiet begründeten Niederlassung verlangen.[2071] Er hat demgemäß allerdings ebenso die Freiheit, dies nicht zu tun.[2072] Hingegen kann der Zuzugsstaat keine wirkliche wirtschaftliche Tätigkeit im Gebiet des Herkunftsstaates verlangen.[2073] Sollte der Herkunftsstaat die Gründung einer reinen Scheingesellschaft ohne wirkliche wirtschaftliche Tätigkeit nach seinem Recht akzeptieren, so muss der Zuzugsstaat die Gesellschaft im Falle eines grenzüberschreitenden Formwechsels anerkennen, sofern anschließend wirtschaftliche Aktivität im Zielstaat entfaltet wird.[2074]

2065 *Franz*, EuZW 2016, 930 (934); idS auch *Behme*, Sitzverlegung, S. 201; *Verse*, ZEuP 2013, 458 (491); *Roth*, FS Hoffmann-Becking 2013, 965 (984 ff.); *Krebs*, GWR 2014, 144 (146); a.A.: *Hushahn*, DNotZ 2014, 150 (157) zur Mitbestimmung.

2066 *Kindler* in: MüKo BGB, Bd. 12, Teil 10, Rn. 782; *Leible* in: Michalski/Heidinger/Leible/Schmidt, GmbHG, Bd. 1, sys. Darst. 2 – Int. GesR, Rn. 224.

2067 *Forsthoff*, EuZW 2015, 248 (251); *Schön*, ZGR 2013, 333 (348 f.); diese sind wohl auch auf Verschmelzungen zu übertragen (s.o.).

2068 EuGH, Urt. v. 15.04.1994, Rs. C-293/93, ECLI:EU:C:1994:330, Rn. 19 – Houtwipper; EuGH, Urt. v. 07.05.1991, Rs. C-340/89, ECLI:EU:C:1991:193, Rn. 15 – Vlassopoulou; EuGH, Urt. v. 06.06.2000, Rs. C-281/98, ECLI:EU:C:2000:296, Rn. 44 – Angonese.

2069 *Wasmeier*, Umstrukturierung, S. 143 (nicht „blindes"); *Korte* in: Calliess/Ruffert, EUV/AEUV, Art. 49 AEUV, Rn. 77; idS auch *Roth*, FS Hoffmann-Becking 2013, 965 (988).

2070 *Wall* in: Hausmann/Odersky, Int. PrivR, § 18, Rn. 212; *Bayer/Schmidt*, ZIP 2012, 1481 (1490); *Krebs*, GWR 2014, 144 (146).

2071 S.o. unter F., I., 1.; *Behme*, NZG 2012, 936 (939); *Verse*, ZEuP 2013, 458 (472 f.); *Schön*, ZGR 2013, 333 (353); *Habersack/Verse*, EU-GesR, § 3, Rn. 18.

2072 *Schaper*, ZIP 2014, 810 (814); *Schön*, ZGR 2013, 333 (351 f.); *Grundmann*, EU-GesR, § 22, Rn. 799.

2073 *Ego* in: MüKo AktG, Bd. 7, B., Rn. 76; a.A: *Heinze* in: MüKo GmbHG, § 4a, Rn. 24.

2074 *Janisch*, Sitzverlegung, S. 55; *Schön*, ZGR 2013, 333 (360).

Dies impliziert meines Erachtens aber nicht die Pflicht, mit dem Satzungssitz auch gleichzeitig den Hauptverwaltungssitz im Zuge des Formwechsels in den Aufnahmestaat zu transferieren.[2075] Für die Erfüllung des Niederlassungsbegriffs ausreichend ist echte Wirtschaftsaktivität am Ort des neuen Satzungssitzes.[2076] Wie die Anforderungen an diese Tätigkeit konkret ausgestaltet sind, ist noch nicht entschieden.[2077] Der Formwechsel kann aber durch eine einfache Satzungssitzverlegung oder durch die simultane Verlegung beider Sitze vollzogen werden.[2078] Ein reiner Formwechsel ohne Verlegung zumindest des Satzungssitzes ist, wie bereits eingangs erwähnt, aus nationalstaatlicher Perspektive unmöglich. Es ist aber auch fraglich, ob ein solcher in irgendeiner Form von der Niederlassungsfreiheit zu schützen wäre, da es an einer tatsächlichen Mobilitätskomponente fehlen würde. Eine rein rechtliche Mobilität würde für die Annahme eines grenzüberschreitenden Bezugs iSd Niederlassungsfreiheit wohl nicht ausreichen.[2079]

Es ist auch zu beachten, dass eine Pflicht zur simultanen Verlegung von Satzungs- und Verwaltungssitz in einem Staat wie etwa Deutschland, welcher die Trennung beider Sitze ermöglicht, eine Diskriminierung ausländischer, formwechselnder Gesellschaften darstellen würde.[2080] Wenn das innerstaatliche Gesellschaftsrecht eine solche Trennung nicht ermöglicht, sondern wie die SE-VO einen Gleichlauf beider Sitze fordert, wäre dies wiederum anders zu beurteilen.[2081] Der Mitgliedstaat ist also frei darin, eine Aufspaltung der Sitze zu ermöglichen. Eine Pflicht lässt sich aus der Niederlassungsfreiheit weder in die eine noch in die andere Richtung ableiten.[2082]

2. Die Wegzugsperspektive (hinaus)

Die Vale-Entscheidung erging ausdrücklich nur zu einer Zuzugskonstellation. Der Hinausformwechsel war aber Inhalt des Cartesio-Urteils: Der Herkunftsmitgliedstaat hat im Einklang mit dem Urteil Daily Mail die Anknüpfungsautonomie in

---

2075 So auch *Drygala*, EuZW 2013, 569 (571); *Behme*, Sitzverlegung, S. 157; *Kalss/Klampfl* in: Dauses/Ludwigs, HB EU-Wirtschaftsrecht, E. III., Rn. 127; a.A.: *Frank*, Formwechsel, S. 154 f.; *Kindler*, EuZW 2012, 888 (892); *König/Bormann*, NZG 2012, 1241 (1243).

2076 *Verse*, ZEuP 2013, 458 (493 f.); sogar gänzlich ohne Wirtschaftstätigkeit *Franz*, EuZW 2016, 930 (935); idS wohl auch *Wicke*, DStR 2012, 1756 (1758).

2077 *Bayer/Schmidt*, ZIP 2012, 1481 (1487); *Mörsdorf/Jopen*, ZIP 2012, 1394 (1399); *Schaper*, ZIP 2014, 810 (813); *Ege/Klett*, DStR 2012, 2442 (2448).

2078 *Franz*, EuZW 2016, 930 (933–935); *Grundmann*, EU-GesR, § 22, Rn. 799.

2079 IdS wohl auch *Mörsdorf/Jopen*, ZIP 2012, 1394 (1399).

2080 S. §§ 4a GmbHG, 5 AktG; s.a. *Drygala*, EuZW 2013, 569 (570 f.); *Ego* in: MüKo AktG, Bd. 7, B., Rn. 76; ähnlich *Behme*, Sitzverlegung, S. 157.

2081 *Kalss/Klampfl* in: Dauses/Ludwigs, HB EU-Wirtschaftsrecht, E. III., Rn. 132.

2082 *Mörsdorf*, EuZW 2009, 97 (102); *Behme*, Sitzverlegung, S. 152; *Janisch*, Sitzverlegung, S. 61; *Ego* in: MüKo AktG, Bd. 7, B., Rn. 76; *Schön*, ZGR 2013, 333 (351 f.).

puncto Gründung und Fortbestand der Gesellschaften seines eigenen Rechts inne (Geschöpftheorie). Somit kann er zwar die formwahrende Verlegung des Gesellschaftssitzes einseitig verbieten, nicht aber die formwechselnde Sitzverlegung. Sofern der Zuzugsstaat den Formwechsel gestattet oder gar gestatten muss (s.o.), würde die Gesellschaft ansonsten ihres Vorteils aus der wirtschaftlichen Kontinuität beraubt.[2083]

Die Autonomie des Herkunftsmitgliedstaates zur Bestimmung der Gründungsvoraussetzungen sowie der Anforderungen zum Erhalt der Eigenschaft als Gesellschaft reicht nur soweit, wie es sich noch um Gesellschaften des eigenen nationalen Rechts handelt. Sofern eine Gesellschaft ihre Rechtsform in eine solche des Zuzugsstaates ändern will, handelt es sich demnach nicht mehr um eine Gesellschaft des Heimatstaates, sondern um eine solche des Aufnahmestaates. Hier endet die Autonomie des Herkunftsstaates und es beginnt die Autonomie des Aufnahmestaates.[2084] Die „Guillotine", die im Falle der Verwaltungssitzverlegung (Wegzug) an der Grenze aufgestellt werden darf und zur Auflösung und Liquidation, also dem „Tod" der Gesellschaft führt, darf hier nicht im gleichen Sinne verwendet werden.[2085] Sie führt im übertragenen Sinne allerdings zum „Tod" der herkunftsstaatlichen Anknüpfungsautonomie. Der Hinausformwechsel ist somit ebenfalls von der Niederlassungsfreiheit umfasst.[2086]

Unabhängig davon besteht demgegenüber die Möglichkeit, anderweitige Beeinträchtigungen des Hinausformwechsels zu rechtfertigen.[2087] Die Schwelle für die Rechtfertigung und die Verhältnismäßigkeit der mitgliedstaatlichen Maßnahme ist allerdings niedriger anzusetzen als beim Hineinformwechsel.[2088] Es ist insbesondere Aufgabe des Herkunftsstaates, die Interessen der ursprünglichen Arbeitnehmer, Gesellschafter und Gläubiger zu schützen.[2089] Bereits bestehende nationale Schutzvorschriften für innerstaatliche Vorgänge im jeweiligen Umwandlungsrecht sollten die Rechtfertigungshürde überspringen können.[2090]

2083 EuGH, Urt. v. 16.12.2008, Rs. C-210/06, ECLI:EU:C:2008:723, Rn. 110–113 – Cartesio; *Mitterecker*, Sitzverlegungen, S. 229; *Schönhaus/Müller*, IStR 2013, 174 (176).

2084 *Franz*, EuZW 2016, 930 (934); *Roth*, Vorgaben NLF, S. 15; *Bayer/Schmidt*, ZHR 2009, 735 (756); *Herrler*, DNotZ 2009, 484 (488); *Kobelt*, GmbHR 2009, 808 (812).

2085 S.o. unter F., I., 2.; idS auch *Zimmer/Naendrup*, NJW 2009, 545 (547).

2086 *Ego* in: MüKo AktG, Bd. 7, B., Rn. 72; *Wall* in: Hausmann/Odersky, Int. PrivR, § 18, Rn. 205; *Abele* in: Sagasser/Bula/Brünger, Umwandlungen, § 28, Rn. 71; *Winter/Marx/De Decker*, DStR 2017, 1664 (1665); *Hushahn*, RNotZ 2014, 137 (138); *Kraft/Poley*, FR 2013, 1113 (1114); *Schön*, ZGR 2013, 333 (357); *Behme*, NZG 2012, 936 (939).

2087 *Franz*, EuZW 2016, 930 (934); *Heinze* in: MüKo GmbHG, § 4a, Rn. 89; *Bayer/ Schmidt*, BB 2010, 387 (391); *Zimmer/Naendrup*, NJW 2009, 545 (547).

2088 S.o. unter F., VI., 1.; *Herrler*, DNotZ 2009, 484 (488); *Behme*, Sitzverlegung, S. 201, welcher allerdings den Grad der konkreten Interessensgefährdung im Wegzugsfall betont.

2089 *Leible/Hoffmann*, BB 2009, 58 (62); *Krebs*, GWR 2014, 144 (146).

2090 *Verse*, ZEuP 2013, 458 (481 f.); *Wicke*, DStR 2012, 1756 (1758).

Darüber hinausgehende zusätzliche Anforderungen sind wiederum schwerer zu rechtfertigen.[2091]

Der EuGH hat sich allerdings sowohl für den Herein- als auch den Herausformwechsel nur mit einem grundsätzlichen Verbot des Formwechsels beschäftigt.[2092] Die konkretisierenden Ausführungen des EuGH zum Äquivalenz- und Effektivitätsprinzip sind zwar auf den Zuzugsstaat zugeschnitten,[2093] gelten aber insbesondere vor dem Hintergrund, dass grenzüberschreitende Formwechsel nicht übermäßig erschwert oder gar unmöglich gemacht werden sollen, auch für den Herkunftsstaat.[2094] Generelle Leitlinien für die Rechtfertigungsebene müssen überdies auch Raum für eine Würdigung im Einzelfall lassen.[2095]

Ebenso wie beim rechtsformwechselnden Zuzug ist auf ein Beschränkungsverbot abzustellen und nicht nur auf ein Diskriminierungsverbot.[2096] Gleichfalls bedeutet dies nicht, dass ein Recht auf Schaffung von Regeln zum Formwechsel besteht.[2097] Parallel zur Zuzugsperspektive kann der Herkunftsstaat von seinen Gesellschaften wirtschaftliche Präsenz in seinem Hoheitsgebiet verlangen.[2098] Im Falle der formwechselnden Sitzverlegung kann der Ursprungsstaat allerdings nicht verlangen, dass die Gesellschaft auch im Zielstaat wirtschaftliche Aktivitäten entfaltet.[2099] Aufgrund der Kreationshoheit[2100] über die eigenen Gesellschaften obliegt dies allein dem Zuzugsstaat.[2101] Zudem läge eine Diskriminierung vor, wenn der Entsendestaat keine wirtschaftliche Präsenz im eigenen Hoheitsgebiet, dafür aber im Territorium des Zielstaates verlangen würde.[2102]

2091 *Winter/Marx/De Decker*, DStR 2017, 1664 (1666); *Schön*, ZGR 2013, 333 (363); *Schmidt* in: Michalski/Heidinger/Leible/Schmidt, GmbHG, § 4a, Rn. 22.

2092 EuGH, Urt. v. 12.07.2012, Rs. C-378/10, ECLI:EU:C:2012:440, Rn. 40 – Vale; EuGH, Urt. v. 16.12.2008, Rs. C-210/06, ECLI:EU:C:2008:723, Rn. 112 – Cartesio.

2093 *Wöhlert/Degen*, GWR 2012, 432 (433), bezeichnen sie als Schranken für das nationale Umwandlungsrecht, also das Recht des Aufnahmestaates, nach welchem sich die Umwandlung vollzieht.

2094 *Schmidt* in: Michalski/Heidinger/Leible/Schmidt, GmbHG, § 4a, Rn. 22; *Kalss/Klampfl* in: Dauses/Ludwigs, HB EU-Wirtschaftsrecht, E. III., Rn. 133.

2095 *Leible/Hoffmann*, BB 2009, 58 (62).

2096 S.o. unter F., VI., 1.; *Franz*, EuZW 2016, 930 (934); *Schön*, ZGR 2013, 333 (345).

2097 S.o. unter F., VI., 1./F., IV., 1.; *Ege/Klett*, DStR 2012, 2442 (2442); *Kalss/Klampfl* in: Dauses/Ludwigs, HB EU-Wirtschaftsrecht, E. III., Rn. 129.

2098 Dies folgt bereits aus der Anknüpfungs- oder Definitionsautonomie.

2099 *Behme*, NZG 2012, 936 (939); *Ego* in: MüKo AktG, Bd. 7, B., Rn. 76; *Franz*, EuZW 2016, 930 (935); kritisch *Drygala*, EuZW 2013, 569 (574); a.A.: *Verse*, ZEuP 2013, 458 (478 f.), m. Verw. auf den Niederlassungsbegriff; *Frank*, Formwechsel, S. 154 f.

2100 So *Barthel*, EWS 2010, 316 (320).

2101 *Schön*, ZGR 2013, 333 (359 f.); *Grundmann*, EU-GesR, § 22, Rn. 799; So iE *Bayer/Schmidt*, ZIP 2012, 1481 (1486 f.); Im Umkehrschluss: *Schaper*, ZIP 2014, 810 (816).

2102 Analoge Argumentation aus Zuzugsperspektive *Drygala*, EuZW 2013, 569 (570 f.).

VII. Zusammenfassung

Es ist festzuhalten, dass im Grundsatz jede angesprochene Form der grenzüberschreitenden Sitzverlegung – hiermit sind auch Spaltungen und Verschmelzungen gemeint, da sich im Zuge dieser Modalitäten meist auch die Verortung der Sitze ändert – von der Niederlassungsfreiheit geschützt ist. Keine Art der Sitzverlegung fällt pauschal aus dem Anwendungsbereich. Die Intensität und Reichweite des Schutzes divergiert allerdings zwischen den verschiedenen Varianten und je nachdem, ob es sich um Regeln des Herkunfts- oder des Aufnahmestaates handelt.[2103]

Die Verwaltungssitzverlegung hinein in einen Mitgliedstaat ist von der Niederlassungsfreiheit geschützt. Die Gesellschaft ist bei einer Wegzugserlaubnis im Grundsatz anzuerkennen und nach dem Recht des Heimatstaates zu beurteilen. Im Zielstaat darf, muss allerdings nicht, die Ausübung wirtschaftlicher Tätigkeit iSd Definition einer Niederlassung verlangt werden (Art. 54 AEUV). Der Zuzugsstaat darf die Verwaltungssitzverlegung zum Schutz von Drittinteressen beschränken, sofern er dies in einem verhältnismäßigen Rahmen tut.[2104]

Die Verwaltungssitzverlegung hinaus aus einem Mitgliedstaat ist ebenfalls von der Niederlassungsfreiheit umfasst. Zwar darf der Herkunftsstaat kraft seiner Anknüpfungs- und Definitionsautonomie im Falle der Transferierung des administrativen Sitzes die Auflösung und Abwicklung der Gesellschaft anordnen, was den Schutz einseitig entfallen lässt. Tut er dies jedoch nicht und lässt den Transfer dem Grunde nach zu, sind Beschränkungen an der Niederlassungsfreiheit zu messen.[2105]

Über die isolierte rechtsformwahrende Satzungssitzverlegung sowohl hinein in einen als auch hinaus aus einem Mitgliedstaat wurde noch nicht höchstrichterlich entschieden. Wegen der aus den nationalen Gesellschaftsrechten der Mitgliedstaaten zu folgernden allseitigen Unmöglichkeit einer solchen Mobilität sind diese Ausführungen rein hypothetisch. Es spricht allerdings vieles für eine Übertragung der Wertungen zur Verwaltungssitzverlegung. Der Schutz hinge von der Zulassung durch den Wegzugsstaat ab. Dieses Ergebnis gilt auch für die simultane Verlegung des Satzungs- und des Verwaltungssitzes unter Wahrung der Rechtsform.[2106]

Die grenzüberschreitende Verschmelzung ist aus Sicht des Zuzugsstaates ebenfalls von der Niederlassungsfreiheit umfasst. Eine Rechtfertigung von Beschränkungen ist möglich. Die Verhältnismäßigkeit der Maßnahme hängt in besonderem Maße von der Verschmelzungsform ab. Probleme, die aus der Anwendung verschiedener nationaler Gesellschaftsrechte entstehen, sind unter Beachtung des Effektivitäts- und Äquivalenzgebots zu lösen. Der Zuzugsstaat kann in seinem Hoheitsgebiet wirtschaftliche Präsenz fordern, muss dies allerdings nicht.[2107]

2103 Gemeint ist die Unterscheidung zwischen Wegzugs- und Zuzugsperspektive.

2104 S.o. unter F., I., 1.

2105 S.o. unter F., I., 2.

2106 S.o. unter F., II. und F., III.

2107 S.o. unter F., IV., 1.

Zwar entschied der EuGH niemals unmittelbar zu einer Hinausverschmelzung, jedoch ist durch die Gesamtschau der Urteile Sevic, Cartesio und Vale hinreichend ersichtlich, dass auch diese Form der Mobilität unter den Schutz der Niederlassungsfreiheit fällt. Da der EuGH den besonderen Stellenwert aller Umwandlungsvorgänge im Bereich der transnationalen Mobilität von Gesellschaften mehrfach hervorhebt, gilt gleiches auch, trotz fehlender einschlägiger Rechtsprechung, für die grenzüberschreitende Spaltung in einen Mitgliedstaat hinein und aus einem Mitgliedstaat heraus.[2108]

Der grenzüberschreitende Formwechsel (Zuzug) ist ebenfalls vom Schutzbereich der Niederlassungsfreiheit umfasst. Der Aufnahmestaat darf, sofern er den Formwechsel innerstaatlich ermöglicht, einen solchen im internationalen Kontext nicht willkürlich verbieten. Entscheidend ist hierbei die Anknüpfungs- und Definitionsautonomie der beteiligten Mitgliedstaaten für die Gesellschaften ihres eigenen Rechts (Geschöpftheorie), welche im Zuge des Formwechsels vom Herkunfts- auf den Aufnahmestaat übergeht. Beschränkungen können gerechtfertigt werden, wobei die Grundsätze der Äquivalenz und Effektivität auf Ebene der Verhältnismäßigkeit zu berücksichtigen sind. Der Zuzugsstaat darf die Entfaltung wirtschaftlicher Aktivitäten auf seinem Hoheitsgebiet einfordern. Er ist hierzu allerdings nicht verpflichtet. Im Grundsatz besteht auch keine Pflicht zur gleichzeitigen Verlegung des Satzungs- und Verwaltungssitzes. Ein Mitgliedstaat kann die Verlegung des Verwaltungssitzes im Zuge des Formwechsels nur einfordern, wenn er selbst im innerstaatlichen Recht eine Sitztrennung verbietet.[2109]

Auch der grenzüberschreitende Hinausformwechsel ist von der Niederlassungsfreiheit umfasst. Der Herkunftsmitgliedstaat kann diesen Vorgang nicht einseitig verbieten, wenn der Aufnahmemitgliedstaat ihn zulässt. Entscheidend ist auch hier der Übergang der Anknüpfungsautonomie (s.o.). Beschränkungen des Formwechsels können gerechtfertigt werden. Hierbei fällt der Schutz von ursprünglichen Drittinteressen besonders dem Herkunftsstaat zu, was sich auf den Maßstab der Verhältnismäßigkeit auswirkt.[2110]

Regelmäßig wird die Rechtfertigung aus der Perspektive des Wegzugsstaates leichter zu bewältigen sein als aus dem Blickwinkel des Zuzugsstaates. Die Besonderheiten der jeweiligen Mobilitätsform, insbesondere der Verschmelzung, Spaltung und des Formwechsels, sind bei der Rechtfertigung ebenfalls zu berücksichtigen. Der EuGH prüft bei allen Mobilitätsvarianten anhand des Beschränkungsverbots und nicht nur am Maßstab des Diskriminierungsverbots. Dies führt jedoch nicht dazu, dass ein originärer Anspruch auf Schaffung nationalen Umwandlungsrechts aus der Niederlassungsfreiheit abzuleiten ist. Erst wenn bestimmte Formen der Umwandlung innerstaatlich möglich sind, müssen sie auch beschränkungsfrei im grenzüberschreitenden Bereich ermöglicht werden. Diese Gegebenheit wirkt sich

2108 S.o. unter F., IV., 2. und F., V.
2109 S.o. unter F., VI., 1.
2110 S.o. unter F., VI., 2.

beim sekundärrechtlich ungeregelten Fall des Formwechsels deutlich mehr aus als bei der harmonisierten Verschmelzung oder Spaltung. Im Grundsatz sind die Mitgliedstaaten bei der Begründung einer Niederlassung nur befugt, Wirtschaftsaktivitäten auf ihrem eigenen Territorium einzufordern.

VIII. Neueste Entwicklung: Polbud – Wykonawstwo sp. z o.o.[2111] bestätigt das Ergebnis

Im Jahr 2017 hat der EuGH in einem bislang letzten Urteil zur Problematik entschieden, dass der isolierte Rechtsformwechsel hinaus von der Niederlassungsfreiheit geschützt ist.[2112] Die polnische Gesellschaft Polbud Wykonawstwo sp. z o.o. (Polbud), welche mit einer deutschen GmbH vergleichbar ist, verlegte den Satzungssitz, unter Beibehaltung des Verwaltungssitzes und der Haupttätigkeit im Heimatort, von Polen nach Luxemburg. Dabei sollte die Rechtsform in eine luxemburgische Gesellschaft mit beschränkter Haftung transformiert werden.[2113] Die polnischen Regions- und Bezirksgerichte konnten einem entsprechenden Antrag auf Formwechsel nicht stattgeben, da im Einklang mit polnischem Recht eine Löschung der Gesellschaft notwendig war, welche nur durch vorherige Liquidation erreicht werden konnte.[2114] Die Liquidation wurde darüber hinaus von bestimmten Auflagen, wie der Vorlage von Dokumenten und Beschlüssen, abhängig gemacht.[2115] Dies entspreche nicht dem Ziel der Gesellschaft, beschränkungsfrei einen identitätswahrenden Formwechsel der Gesellschaft zu vollziehen.[2116]

Mit der Entscheidung Polbud zeichnet der EuGH ein stringentes und kohärentes Bild des Systems der Sitzverlegung unter der Niederlassungsfreiheit.[2117] Die Polbud-Entscheidung liegt in Gänze auf der Linie der hier vertretenen Auffassung und fügt sich auch in das weiter unten beschriebene System der „Mobilitätsfreiheit" ein.[2118]

2111 EuGH, Urt. v. 25.10.2017, Rs. C-106/16, ECLI:EU:C:2017:804 – Polbud.

2112 EuGH, Urt. v. 25.10.2017, Rs. C-106/16, ECLI:EU:C:2017:804, Rn. 38 – Polbud; *Mucha/Oplustil*, ECFR 2018, 270 (306); *Stelmaszczyk*, EuZW 2017, 890 (891); *Wachter*, NZG 2017, 1308 (1312); in diese Richtung auch *Kumpan/Pauschinger*, EuZW 2017, 327 (328); kritisch *Kindler*, NZG 2018, 1 (2 f.); a.A.: *Stiegler*, AG 2017, 846 (850).

2113 EuGH, Urt. v. 25.10.2017, Rs. C-106/16, ECLI:EU:C:2017:804, Rn. 8–10 – Polbud; *Paefgen*, WM 2018, 981 (982); *Behme*, ZHR 2018, 32 (39).

2114 EuGH, Urt. v. 25.10.2017, Rs. C-106/16, ECLI:EU:C:2017:804, Rn. 15–17 – Polbud; *Deck*, GPR 2018, 8 (9); *Wachter*, NZG 2017, 1308 (1312 f.); *Nentwig*, GWR 2017, 261; *Oplustil/Sikora*, EWS 2017, 134 (135 f.); *Wicke*, NZG 2017, 702.

2115 EuGH, Urt. v. 25.10.2017, Rs. C-106/16, ECLI:EU:C:2017:804, Rn. 11 – Polbud; *Teichmann/Knaier*, GmbHR 2017, 1314 (1315); *Schall*, ZfPW 2018, 176 (180).

2116 EuGH, Urt. v. 25.10.2017, Rs. C-106/16, ECLI:EU:C:2017:804, Rn. 12, 14 – Polbud; *Paefgen*, WM 2018, 981 (982); *Oplustil/Sikora*, EWS 2017, 134 (136).

2117 S. bereits oben unter F.; s.a. *Paefgen*, WM 2018, 1029 (1030) in Anlehnung an *Schön*, ZGR 2013, 333; für *Bayer/Schmidt*, ZIP 2017, 2225 (2233) fehlen noch „Mosaiksteine".

2118 S. dazu unten unter H.; s.a. *Korch/Thelen*, IPRax 2018, 248 (250).

Entgegen dem Vorbringen der österreichischen und polnischen Regierungen ist die Satzungssitzverlegung eindeutig von der Niederlassungsfreiheit umfasst.[2119] Der EuGH widersprach mit seiner Entscheidung auch den Schlussanträgen von Generalanwältin Kokott.[2120]

Für den Gerichtshof sind unter anderem bereits die mit einer Zwangsliquidation verbundene Verpflichtung zur Beitreibung der Forderungen der Gesellschaft, die Erfüllung der Verbindlichkeiten sowie die Absicherung der Gläubiger und Erstellung der Finanzberichte als Beschränkungen anzusehen, die grenzüberschreitende Umwandlungen weniger attraktiv machen können.[2121] Damit setzt er auch Maßstäbe für einen weiten Schutzbereich und eine weite Auslegung auf der Ebene der Beschränkung der Niederlassungsfreiheit.[2122]

Der EuGH entschied, dass eine Liquidationsaufforderung im Falle des Formwechsels durch den Wegzugsstaat wegen des pauschalen Charakters unverhältnismäßig ist.[2123] Dabei schloss er aber in Übereinstimmung mit seiner bisherigen Rechtsprechung und den hiesigen Ausführungen nicht aus, dass eine Rechtfertigung zum Schutz der Gläubiger, Gesellschafter oder Arbeitnehmer möglich ist.[2124] Mit seinen Ausführungen in Rn. 58 des Polbud-Urteils legt der EuGH seinen Fokus verstärkt auf die Rechtfertigungs- und Verhältnismäßigkeitsebene, insbesondere auf eine Einzelfallbetrachtung im Hinblick auf die sich beidseitig entgegenstehenden rechtlichen Interessen, was im Sinne dieser Arbeit uneingeschränkt befürwortet wird:[2125]

> *„Diese Regelung sieht eine allgemeine Verpflichtung zur Liquidation vor, ohne dabei zu berücksichtigen, ob tatsächlich eine Gefahr für Interessen der Gläubiger, der Minderheitsgesellschafter und der Arbeitnehmer besteht, und ohne eine Möglichkeit vorzusehen, weniger einschneidende Maßnahmen zu wählen, durch die diese Interessen ebenso geschützt werden können. Insbesondere in Bezug auf die Interessen der Gläubiger hat*

2119 EuGH, Urt. v. 25.10.2017, Rs. C-106/16, ECLI:EU:C:2017:804, Rn. 30–32, 44 – Polbud; *Mucha/Oplustil*, ECFR 2018, 270 (280); *de Raet*, EWiR 2018, 7 (8).

2120 Schlussanträge der GA Kokott v. 04.05.2017, Rs. C-106/16, ECLI:EU:C: 2017:351, Anm. 34–38 – Polbud; s.a. *Mutter*, EWiR 2017, 491 f.; *Kovács*, ZIP 2018, 253 (255).

2121 EuGH, Urt. v. 25.10.2017, Rs. C-106/16, ECLI:EU:C:2017:804, Rn. 46, 50 f. – Polbud.

2122 S. dazu gleich auch unten unter H., II. und III.

2123 Kovács, ZIP 2018, 253 (255); *Stelmaszczyk*, EuZW 2017, 890 (891 f.); *Heuschmid/Hlava*, NZA 2017, 1312 (1317); schon vorab *Kumpan/Pauschinger*, EuZW 2017, 327 (328); s.a. unten unter H., V., wobei sich der EuGH wiederholt zu pauschalen Regeln der Missbrauchsbekämpfung und zur allgmeinen Vermutung der Steuerhinterziehung äußerte.

2124 EuGH, Urt. v. 25.10.2017, Rs. C-106/16, ECLI:EU:C:2017:804, Rn. 53–55 – Polbud; *Stiegler*, AG 2017, 846 (852); *Korch/Thelen*, IPRax 2018, 248 (251); *Behme*, ZHR 2018, 32 (55); *Bayer/Schmidt*, ZIP 2017, 2225 (2232); *Kindler*, NZG 2018, 1 (5).

2125 EuGH, Urt. v. 25.10.2017, Rs. C-106/16, ECLI:EU:C:2017:804, Rn. 58 – Polbud; siehe zum hier vorgeschlagenen System zugleich unten unter H., IV., 2.

die Europäische Kommission darauf hingewiesen, dass diese Interessen durch Bankbürgschaften oder andere gleichwertige Garantien angemessen geschützt werden könnten."

Darüber hinaus obliege es dem Zuzugsstaat, die Voraussetzungen für den Formwechsel in die neue Rechtsform aufzustellen.[2126] Damit könne nur der Zuzugsstaat bspw. eine wirtschaftliche Realität im eigenen Territorium verlangen – genauso wie der Wegzugsstaat, welcher allerdings keine wirtschaftliche Tätigkeit im Gebiet des Zuzugsstaats fordern könne.[2127] Somit bestätigt der EuGH explizit die hier vertretene Auffassung.[2128] Der Wegzugsstaat darf also kein „Genuine-Link"-Erfordernis im Hinblick auf den Zuzugsstaat statuieren.[2129] Allerdings kann der Zuzugsstaat die Simultanität von Satzungs- und Verwaltungssitz in seinem eigenen Territorium als Bedingung des Formwechsels formulieren.[2130] Aus Daily Mail und Cartesio folgt hingegen keine notwendige Parallelität von Satzungs- und Verwaltungssitz.[2131] Es ist ferner zu beachten, dass der Zuzugsstaat eine Simultanität beider Sitze nur einfordern darf, sofern er diese Voraussetzung auch für seine eigenen Gesellschaften vorsieht.[2132] Polbud bestätigt folglich, dass ein „Overruling" von Centros, Überseering und Inspire Art durch Vale nicht anzunehmen ist.[2133] Deshalb bestätigt die Entscheidung Polbud die Niederlassungsfreiheit auch jetzt schon als partielle Rechtswahlfreiheit.[2134] Damit geht auch kein oft vorgeworfener

---

2126 EuGH, Urt. v. 25.10.2017, Rs. C-106/16, ECLI:EU:C:2017:804, Rn. 34, 43 – Polbud; *Stelmaszczyk*, EuZW 2017, 890 (892); *Kieninger*, ZEuP 2018, 309 (314).

2127 *Kovács*, ZIP 2018, 253 (256); *Deck*, GPR 2018, 8 (12 f.); *Behme*, ZHR 2018, 32 (45 f.); so bereits zuvor: *ders.*, NZG 2012, 936 (939); *Franz*, EuZW 2016, 930 (935); *Habersack/Verse*, EU-GesR, § 3, Rn. 18; *Ego* in: MüKo AktG, Bd. 7, B., Rn. 76; *Schaper*, ZIP 2014, 810 (814 f.); *Drygala*, EuZW 2013, 569 (574); zuvor a.A.: *Frank*, Formwechsel, S. 154 f.; *Oplustil/Sikora*, EWS 2017, 134 (141), jetzt noch a.A.: *Kindler*, NZG 2018, 1 (3).

2128 S.o. unter F., I., 1. und F., VI., 2.

2129 *Paefgen*, WM 2018, 981 (984); *Schall*, ZfPW 2018, 176 (186); anders noch *Schlussanträge* der GA Kokott v. 04.05.2017, Rs. C-106/16, ECLI:EU:C: 2017:351, Anm. 38 – Polbud; auch *Wicke*, NZG 2017, 702 (703); *König/Bormann*, NZG 2012, 1241 (1243).

2130 So auch *Stelmaszczyk*, EuZW 2017, 890 (893); *Schollmeyer*, ZGR 2018, 186 (191); *Oechsler*, ZIP 2018, 1269 (1270); idS auch *Korch/Thelen*, IPRax 2018, 248 (249 f.).

2131 EuGH, Urt. v. 25.10.2017, Rs. C-106/16, ECLI:EU:C:2017:804, Rn. 42 – Polbud; *Paefgen*, WM 2018, 981 (986 f.); *Schall*, ZfPW 2018, 176 (186 f.).

2132 *Mucha/Oplustil*, ECFR 2018, 270 (290 f.); *Bayer/Schmidt*, ZIP 2017, 2225 (2230 f.); *Paefgen*, WM 2018, 981 (985); so auch schon *Drygala*, EuZW 2013, 569 (571), m. Verw. auf die Selbstbindung Deutschlands im Zuge der Gesetzänderungen durch das MoMiG.

2133 So aber *Kindler*, EuZW 2012, 888 (892); *König/Bormann*, NZG 2012, 1241 (1242); keine Abkehr bereits vor Polbud: *Schönhaus/Müller*, IStR 2013, 174 (176); *Ege/Klett*, DStR 2012, 2442 (2447 f.); s.a. oben unter E., IX., 3., d).

2134 *Kieninger*, NJW 2017, 3624 (3626 f.); *Behme*, ZHR 2018, 32 (42); *Schollmeyer*, ZGR 2018, 186 (192); *Oechsler*, ZIP 2018, 1269 (1272); *Mörsdorf*, ZIP 2017, 2381; *Korch/Thelen*, IPRax 2018, 248 (250); a.A.: *Stiegler*, AG 2017, 846 (850).

„race to the bottom" im Gesellschaftsrecht einher.[2135] Auch wenn die Entscheidung nicht nur positiv aufgenommen wurde, ist sie doch zu begrüßen.[2136] Mit dem so genannten „Company Law Package"[2137] will der EU-Gesetzgeber nunmehr auch die notwendigen Verfahrensnormen schaffen.[2138]

2135 *Paefgen*, WM 2018, 981 (988); *Kieninger*, ZEuP 2018, 309 (316); s. dazu gleich auch unter G., II., 6.; a.A.: *Kindler*, NZG 2018, 1 (3); *Schall*, ZfPW 2018, 176 (184); *Dostal* in: Römermann, MAH GmbH-Recht, § 26, Rn. 10.

2136 *Mörsdorf*, ZIP 2017, 2381 (2388) kritisiert u.A. eine fehlende „dogmatische Unterfütterung"; ähnlich *Stiegler*, AG 2017, 846 (852); *Kindler*, NZG 2018, 1 (7) kritisiert daneben auch das eröffnete Missbrauchspotenzial unter Bezugnahme auf die „Paradise Papers"; s. dazu aber die Auflistung legitimer Sitzspaltungsgründe von *Paefgen*, WM 2018, 981 (992).

2137 Dokument 2018/0114 (COD) Vorschlag zur Änderung der Richtlinie 2017/1132/EU hinsichtlich grenzüberschreitender Umwandlungen, Verschmelzungen und Spaltungen der Europäischen Kommisssion vom 25.04.2018 (abrufbar unter https://ec.europa.eu/info/ business-economy-euro/doing-business-eu/company-law-and-corporate-governance_en).

2138 *Wachter*, GmbH-StB 2018, 317 bezeichnet die Regeln zum Formwechsel als „Herzstück" des Richtlinienvorschlags; s. dazu sogleich unten unter H., V.

G. Fazit und Abgleich mit der Auslegung der Art. 49, 54 AEUV

I. Die Rolle der Rechtsprechung des EuGH

Nach Art. 19 Abs. 1 S. 2 AEUV sichert der EuGH die Wahrung des Rechts bei der Auslegung und Anwendung der Verträge.[2139] Hierbei hat sich der EuGH oftmals als „Motor der Integration" erwiesen.[2140] Seine dynamische und integrationsfreundliche Interpretation des Europarechts sah sich des Öfteren dem Vorwurf einer kühnen Rechtsfortbildung ausgesetzt, weshalb die Grenzen dieser Maßnahme angemahnt wurden.[2141] Sie kann aber notwendig sein, wenn Rechtsgebiete durch verschiedene nationale Rechtsordnungen geprägt sind, aber im europäischen Kontext durch die fortschreitende Integration zunehmend an Bedeutung gewinnen.[2142] So verwundert es nicht, dass die EuGH-Rechtsprechung insbesondere im Gesellschaftsrecht und speziell zur Sitzverlegung die tragende Kraft bei der Entwicklung eines einheitlichen Systems und beim gleichzeitigen Abbau apotropäischer Schutzhaltungen war.[2143]

Auffällig oft wurden die einzelnen Urteile zur grenzüberschreitenden Sitzverlegung als „Meilensteine" tituliert.[2144] Neben der tatsächlichen Bedeutung des Wortes als Bezeichnung für Steine, welche zur Ermittlung der zurückgelegten Wegstrecke (in Meilen) am Wegesrand positioniert wurden, hat das Wort laut Duden die emotional aufgeladene Bedeutung eines wichtigen Einschnitts, Wendepunkts oder einer Änderung in einer Entwicklung. Man könnte sich fragen, wie weit man seit dem Urteil Daily Mail schon gelaufen ist. Ist das Ende in Sicht oder sind noch viele weitere Meilen zurückzulegen und Wendepunkte zu erreichen? Dabei ist zu berücksichtigen, dass sich die tatsächlichen Gegebenheiten in der EU stetig ändern, die Integration durchweg voranschreitet, die Union selbst zwar eine

2139 *Streinz*, EuR, Rn. 418; *Hobe*, EuR, Rn. 331; *Frenz*, EuR, Rn. 639.

2140 *Lehmann*, EuZW 2001, 622 (625); *Peneva-Gädeke*, EuZW 2011, 347 (352); *Mayer* in: Grabitz/Hilf/Nettesheim, Recht der EU, Art. 19 EUV, Rn. 42; *Doralt*, IPRax 2006, 572; *Bayer/Schmidt*, ZIP 2006, 210; *Schönhaus/Müller*, IStR 2013, 174 (175).

2141 *Herdegen*, EuR, § 7, Rn. 98 m. Verw. auf BVerfG Urt. v. 12.10.1993, BVerfGE 89, 155 (210) = NJW 1993, 3047 – Maastricht-Urteil; s. *Schroeder*, FS Roth 2011, 735 (742 f.).

2142 Ähnlich *Mayer* in: Grabitz/Hilf/Nettesheim, Recht der EU, Art. 19 EUV, Rn. 70.

2143 S. beispielhaft *Forsthoff*, EuZW 2015, 248 ff.; *Drygala*, EuZW 2013, 569 (573 f.).

2144 So etwa *Meilicke*, GmbHR 2003, 1260 (1271); *Kuntz*, EuZW 2005, 524; *Siems*, EuZW 2006, 135; *Köhler/Eicker*, DStR 2006, 1871 (1874); *Paefgen*, WM 2009, 529; *Jaensch*, EWS 2012, 353 (356); *Bayer/Schmidt*, BB 2013, 3 (9).

bestimmte Finalität anstrebt, der Status aber unvollendet ist.[2145] Der EuGH betont dies auch im Gesellschaftsrecht.[2146]

So muss man sich mit den rudimentären Aussagen des Gerichtshofs begnügen oder wie mancher sagt mit den „Meilensteinen".[2147] Allerdings ist der EuGH kein Ersatzgesetzgeber.[2148] Dies gilt auch dann, wenn der EU-Gesetzgeber seine Aufgabe mit Einstellung der Arbeiten zur Sitzverlegungs-Richtlinie nicht in Gänze wahrgenommen hat. Den EuGH-Ausführungen kommt deshalb umso mehr Bedeutung zu,[2149] insbesondere, weil die Urteile des Gerichtshofs mittelbar auch erga omnes wirken.[2150] Allerdings sollten die Aussagen des Gerichtshofs, auch aufgrund des beschriebenen bruchstückhaften Charakters, nicht überinterpretiert werden. Denn der EuGH entscheidet trotz seiner Rolle als „Integrationsmotor" immer noch nah am Sachverhalt und ein Abstrahieren bestimmter Aussagen kann durchaus problematisch und mit Fehlern behaftet sein.[2151] Die Bewertung in der Literatur ist auch immer von rechtspolitischen Einsichten geprägt.[2152]

Hinzukommt, dass die EU heute 24 gleichwertige Amtssprachen kennt.[2153] Da ein Sachverhalt zuerst in der Sprache des Mitgliedstaates entschieden wird, welchen das Verfahren vor dem EuGH betrifft, beim Vorabentscheidungsverfahren nach Art. 267 AEUV etwa in der Sprache des Vorlagegerichts, die Arbeitssprache des Gerichtshofes aber offenkundig die französische ist, kann es zu Verwirrungen kommen. Die Generalanwälte halten ihre Plädoyers ebenfalls in ihrer Muttersprache, bevor sie dann übersetzt werden.[2154] Allein die offizielle Verfahrenssprache ist verbindlich.[2155] Das Urteil wird dann in alle Amtssprachen übersetzt und in

2145 *Streinz* in: Streinz, EUV/AEUV, Präambel EUV, Rn. 4, 16; *Kadelbach* in: v.d. Groeben/Schwarze/Hatje, EuR, Präambel EUV, Rn. 6; *Gaitanides* in: v.d. Groeben/Schwarze/Hatje, EuR, Art. 19 EUV, Rn. 55.

2146 EuGH, Urt. v. 27.09.1988, Rs. 81/87, ECLI:EU:C:1988:456, Rn. 25 – Daily Mail, „beim derzeitigen Stand des Gemeinschaftsrechts"; ebenso EuGH, Urt. v. 16.12.2008, Rs. C-210/06, ECLI:EU:C:2008:723, Rn. 124 – Cartesio, „beim gegenwärtigen Stand...".

2147 Treffender *Bayer/Schmidt*, ZIP 2012, 1481 (1490), welche nach Vale erklären, dass der EuGH Eckpfeiler eingeschlagen hat.

2148 *Mössner*, IStR 2015, 768; *Mörsdorf/Jopen*, ZIP 2012, 1394 (1401).

2149 *Schön*, ZGR 2013, 333 (335 f.); zur Relevanz s.a. *Forsthoff*, EuZW 2015, 248 ff.

2150 Ansatzweise bereits *Matthies*, FS Hallstein 1966, 304 (312 ff.); *Frenz*, EuR, Rn. 1477; *Karpenstein* in: Grabitz/Hilf/Nettesheim, Recht der EU, Art. 267 AEUV, Rn. 104.

2151 *Mössner*, IStR 2015, 768; so auch *Drygala*, EuZW 2013, 569 ff. zum Kriterium der Realwirtschaftlichkeit; s.a.o. unter E., IX., 3., a) zu den Vorlagefragen im Urteil Vale.

2152 S. bereits einletend oben unter F.

2153 *Thym*, EuR 2015, 671 (678); *Wichard* in: Calliess/Ruffert, EUV/AEUV, Art. 342 AEUV, Rn. 11; *Herrmann* in: Streinz, EUV/AEUV, Art. 342 AEUV, Rn. 11.

2154 *Martiny*, ZEuP 1998, 227 (238 f.); *Landwehr* in: v.d. Groeben/Schwarze/Hatje, EuR, Art. 254 AEUV, Rn. 24 ff.; zur Arbeitssprache *Kreße*, ZRP 2014, 11 (13).

2155 *Herrmann* in: Streinz, EUV/AEUV, Art. 342 AEUV, Rn. 29; *Wohlfahrt* in: Dauses/Ludwigs, HB EU-Wirtschaftsrecht, P. IV., Rn. 140; *Hilpold*, EUR 2010, 695 (701).

den jeweiligen Sprachen veröffentlicht.[2156] Exemplarisch für Probleme bei der Übersetzung kann das Urteil Cartesio stehen: Generalanwalt Maduro bezieht die Ausführungen in seinen Schlussanträgen auf den Verwaltungssitz („operational headquarters") und bezeichnet ihn des Öfteren als „real seat". Demgegenüber betreffen die Erläuterungen des EuGH den Satzungssitz („registered office"). Dabei ging es nach ungarischem Recht allgemein um den Firmensitz („székhely"), welcher sowohl aus Satzungs- als auch aus Verwaltungssitz besteht.[2157] Außerdem ist zu beachten, dass der EuGH den Plädoyers der Generalanwälte nicht folgen muss, die Ergebnisse also divergieren können.[2158] In einigen der besprochenen Urteile ist dies auch der Fall.[2159]

Trotzdem sind die Urteile als Wegweiser und Leitlinien für die grenzüberschreitende Sitzverlegung zu verstehen. Dies gilt auch für die Auslegung des Art. 54 AEUV. Dabei sind aber die gerade aufgeführten kritischen Anmerkungen stets zu berücksichtigen.

II. Auslegung und Bewertung

Die Frage, die sich fortan stellt, ist, ob sich die gefundenen Ergebnisse aus der EuGH-Rechtsprechung in Bezug auf die grenzüberschreitende Sitzverlegung mit einer Auslegung des Art. 54 AEUV im Einklang befinden. Entspricht der aktuell erreichte Stand der Sitzverlegung und der Integrationsfortschritt im Gesellschaftsrecht auch dem Ziel der Niederlassungsfreiheit und dem Geist der Grundfreiheiten im Gesamtbild?

1. Wortlautauslegung

Ebenso wie die offiziell veröffentlichten Urteile des EuGH gibt es die europäischen Verträge in allen Amtssprachen. Dabei ist, anders als bei den Entscheidungen des Gerichtshofs, für die nur die amtliche Verfahrenssprache maßgeblich ist, jede Sprachfassung der Verträge gleichermaßen verbindlich (Art. 55 Abs. 1 AEUV).[2160] Dass dies zu unterschiedlichen Auslegungsergebnissen und damit zu Verwirrungen

2156 S. Art. 40 VerfO des EuGH v. 25.09.2012, ABl. L 265 v. 29.09.2012 (unter Änderungen v. 18.06.2013, ABl. L 173 v. 26.06.2013 und v. 19.07.2018, ABl. L 217 v. 12.08.2016).

2157 *Korom/Metzinger*, ECFR 2009, 125 (134 ff.) bez. der Schlussanträge v. GA Maduro v. 22.05.2008, Rs. C-210/06, ECLI:EU:C:2008:294, Anm. 1, 3, 22 f., 25, 31, 33 ff. – Cartesio; EuGH, Urt. v. 16.12.2008, Rs. C-210/06, ECLI:EU:C:2008:723, Rn. 21, 105 ff. – Cartesio.

2158 EuGH, Urt. v. 11.11.2010, Rs. C-229/09, ECLI:EU:C:2010:673, Rn. 26 – Hogan Lovells; EuGH, Urt. v. 22.09.2011, Rs. C-323/09, ECLI:EU:C:2011:604, Rn. 24 – Interflora.

2159 S. bspw. oben unter E., VIII., 3., a) zum Urteil Cartesio.

2160 *Hilpold*, EUR 2010, 695 (701); *Dörr* in: Grabitz/Hilf/Nettesheim, Recht der EU, Art. 55 EUV, Rn. 5; *Kokott* in: Streinz, EUV/AEUV, Art. 55 EUV, Rn. 3.

führen kann, liegt auf der Hand.[2161] Sollte kein Konsens herbeigeführt werden können, gilt die Sprachfassung, die die geringste Belastung für den EU-Bürger darstellt oder aber zumindest die, welche den Geist der Verträge am besten widerspiegelt.[2162] Trotz alledem beginnt die Auslegung beim Wortlaut.[2163] Es ist allerdings nicht mit absoluter Besessenheit am Wortsinn festzuhalten.[2164] Außerdem ist ein vergleichender Blick auf die englische und französische Sprachfassung notwendig.[2165]

a) Die Vorschriften der Art. 49, 54 AEUV

Art. 54 Abs. 1 AEUV lautet: *„Für die Anwendung dieses Kapitels stehen die nach den Rechtsvorschriften eines Mitgliedstaats gegründeten Gesellschaften, die ihren satzungsmäßigen Sitz, ihre Hauptverwaltung oder ihre Hauptniederlassung innerhalb der Union haben, den natürlichen Personen gleich, die Angehörige der Mitgliedstaaten sind."*

Dem Wortlaut gemäß findet das gesamte Kapitel der Niederlassungsfreiheit (Art. 49–55 AEUV) auf Gesellschaften Anwendung. Diese sind den natürlichen Personen im rechtlichen Sinne gleichwertig. Dabei sind Gesellschaften im europäischen Kontext solche, die nach den Rechtsvorschriften eines Mitgliedstaates gegründet sind und deren Satzungssitz oder deren Hauptverwaltung bzw. -niederlassung auf dem Gebiet der EU lokalisiert ist. Sofern eine Gesellschaft in einem Mitgliedstaat also wirksam zur Entstehung gelangt, verweist Art. 54 Abs. 1 AEUV auf die Rechte natürlicher Personen, welche sich aus Art. 49 AEUV ergeben.[2166]

Art. 49 Abs. 1 AEUV lautet: *„Die Beschränkungen der freien Niederlassung von Staatsangehörigen eines Mitgliedstaats im Hoheitsgebiet eines anderen Mitgliedstaats sind nach Maßgabe der folgenden Bestimmungen verboten. Das Gleiche gilt für Beschränkungen der Gründung von Agenturen, Zweigniederlassungen oder Tochtergesellschaften durch Angehörige eines Mitgliedstaats, die im Hoheitsgebiet eines Mitgliedstaats ansässig sind."*

Dem Wortlaut nach darf jeder EU-Bürger sich grenzüberschreitend niederlassen. Beeinträchtigungen der freien Niederlassung sind am Beschränkungsverbot zu messen. Eine Niederlassung kann auch in einer sekundären, von der

2161 *Weiler*, ZEuP 2010, 861 (864); *Colneric*, ZEuP 2005, 225 (226); *Martiny*, ZEuP 1998, 227 (240); *Pescatore*, ZEuP 1998, 1 (10).

2162 Zu erstem *Bergmann*, HL EU, Auslegung von Unionsrecht; iSd letzteren *Martiny*, ZEuP 1998, 227 (240) und *Kreße*, ZRP 2014, 11 (13).

2163 *Colneric*, ZEuP 2005, 225 (226); *Weiler*, ZEuP 2010, 861 (862); *Langenbucher* in: Langenbucher, EU-PrivatR, § 1, Rn. 6.

2164 *Pescatore*, ZEuP 1998, 1 (10); *Bergmann*, HL EU, Auslegung von Unionsrecht; *Pieper* in: Dauses/Ludwigs, HB EU-Wirtschaftsrecht, B. I., Rn. 15.

2165 IdS auch *Colneric*, ZEuP 2005, 225 (227); *Weiler*, ZEuP 2010, 861 (876, 880); nach *Kreße*, ZRP 2014, 11 (14) soll sogar allein französisch maßgebend sein.

2166 *Forsthoff* in: Grabitz/Hilf/Nettesheim, Recht der EU, Art. 49 AEUV, Rn. 1, 8; *Tietje* in: Ehlers, EU-Grundrechte und -freiheiten, § 10, Rn. 65.

Muttergesellschaft oder Mutterfirma abhängigen oder mit ihr verbundenen Form ergehen.[2167]

Art. 49 Abs. 2 AEUV lautet: *„Vorbehaltlich des Kapitels über den Kapitalverkehr umfasst die Niederlassungsfreiheit die Aufnahme und Ausübung selbstständiger Erwerbstätigkeiten sowie die Gründung und Leitung von Unternehmen, insbesondere von Gesellschaften iSd Art. 54 Abs. 2, nach den Bestimmungen des Aufnahmestaats für seine eigenen Angehörigen.“*

Wortlautgemäß ist die Niederlassungsfreiheit anwendbar, sofern niederlassungsrelevante Tätigkeiten nicht vorrangig der Kapitalverkehrsfreiheit (Art. 63 ff. AEUV) zuzuordnen sind. Die Freiheit schützt die Aufnahme, also das „Ob“, ebenso wie die Ausübung, das „Wie“ der Tätigkeit, gleichermaßen. Geschützt sind allerdings nur eigenständige, weisungsungebundene Tätigkeiten. Besonders hervorgehoben wird die Niederlassung in Form der Gründung und Leitung von Unternehmen, speziell Gesellschaften nach Art. 54 AEUV. Dies erfolgt nach den Regeln des Aufnahmestaates.[2168]

Als Gesellschaften gelten laut Art. 54 Abs. 2 AEUV: solche *„...des bürgerlichen Rechts und des Handelsrechts einschließlich der Genossenschaften und die sonstigen juristischen Personen des öffentlichen und privaten Rechts mit Ausnahme derjenigen, die keinen Erwerbszweck verfolgen.“*

Im Wortsinn sind Gesellschaften solche, die das BGB und das HGB namentlich benennt. Hinzukommen die Genossenschaften und weitere juristische Personen des öffentlichen sowie privaten Rechts. Nicht vom Schutzbereich umfasst sind Gesellschaften, die rein karitativ arbeiten.[2169]

b) Ergebnisse aus der Rechtsprechung entgegen dem Wortlaut

aa) Die Gleichstellung von natürlichen und juristischen Personen

Nach Art. 54 Abs. 1 AEUV stehen die juristischen Personen den natürlichen gleich, wenn es um die Anwendung der Niederlassungsfreiheit geht. Laut Duden bedeutet „gleichstehen“ eine Gleichwertigkeit zweier Objekte oder Personen. Sinnbildlich sollen die Vergleichspositionen auf einer Stufe stehen. Die englische Sprachfassung lautet: „Companies...shall...be treated in the same way as natural persons“. Wörtlich stellt sie eine „Gleichbehandlung“ oder „Gleichbetrachtung“ natürlicher und juristischer Personen auf. Im Französischen heißt es: „Les sociétés...sont assimiliées...aux personnes physiques...“. Die juristischen Personen werden demgemäß mit den natürlichen „gleichgesetzt“. Allen möglichen Übersetzungen ist der Wortstamm „gleich“ gemein. Gleich bedeutet im ursprünglichen Sinne, dass zwei

2167 *Müller-Graff* in: Streinz, EUV/AEUV, Art. 49 AEUV, Rn. 2, 23, 39; *Korte* in: Calliess/Ruffert, EUV/AEUV, Art. 49 AEUV, Rn. 1, 29, 45, 49.

2168 *Frenz*, HB EuR, Bd. 1: Grundfreiheiten, Rn. 2145 f., 2167, 2183; *Forsthoff* in: Grabitz/Hilf/Nettesheim, Recht der EU, Art. 49 AEUV, Rn. 16, 53.

2169 *Mitterecker*, Sitzverlegungen, S. 30 ff.; *Teichmann*, ZGR 2011, 639 (659 ff.).

Vergleichsobjekte in allen Merkmalen übereinstimmend sind. Sowohl ein „Gleichstehen“ als auch eine „Gleichbehandlung“ sowie eine „Gleichsetzung“ bedeuten folglich eine absolute rechtliche Übereinstimmung von natürlichen und juristischen Personen in Bezug auf ihre Rechte aus der Niederlassungsfreiheit.[2170]

Eine solche Gleichstellung ist im Ergebnis durch die EuGH-Rechtsprechung (noch) nicht erreicht.[2171] Eine natürliche Person kann nicht zum Tode verurteilt werden, sofern sie sich in einem anderen Mitgliedstaat niederlässt und nunmehr von dort aus dem Schwerpunkt ihrer wirtschaftlichen Tätigkeit nachgeht.[2172] Eine Gesellschaft kann dagegen gezwungen werden, sich aufzulösen, sofern sie ihren Verwaltungssitz in einen anderen Mitgliedstaat verlegen und nicht die Rechtsform des Zuzugsstaates annehmen will – sie verliert ihre Existenz.[2173] Auch kann ein Mitgliedstaat einer natürlichen Person im Falle einer grenzüberschreitenden Niederlassung nicht die Staatsangehörigkeit entziehen.[2174] Der Wegzugsstaat kann allerdings verlangen, dass eine Gesellschaft ihre rechtliche Zuordnung zu einem Staat im Zuge der Sitzverlegung wechselt.[2175]

bb) Anknüpfungsautonomie im Bereich der (Fort-)Existenz der Gesellschaft

Aufgrund einer fehlenden einheitlichen Definition von Gesellschaften im europäischen Primärrecht verweist Art. 54 Abs. 1 AEUV auf das Gesellschaftsrecht der Mitgliedstaaten.[2176] Folglich ist eine Gesellschaft tauglicher Träger der Niederlassungsfreiheit, sofern sie „nach den Rechtsvorschriften eines Mitgliedstaates gegründet“ wurde.[2177] Die Mitgliedstaaten haben also eine Anknüpfungs- und Definitionsautonomie für die Gründung von Gesellschaften inne.[2178] Durch die

2170 IdS auch *Weng*, EWS 2008, 264 (270); *Wilhelmi*, JZ 2009, 409 (411); *Teichmann*, ZGR 2011, 639 (670); *Müller-Graff* in: Streinz, EUV/AEUV, Art. 54 AEUV, Rn. 17.

2171 So auch *Otte*, EWS 2009, 31 (39); *Paefgen*, WM 2009, 529 (533); *Richter*, IStR 2008, 719 (723); *Müller-Graff*, FS Hellwig 2010, 251 (265 f.); zur steuerrechtlichen Ungleichbehandlung s. *Momen*, RIW 2012, 302; *Lenz*, DB 2011, Heft 51/52, M1.

2172 Dies ist zugestandener Maßen ein absolut drastischer Vergleich.

2173 EuGH, Urt. v. 16.12.2008, Rs. C-210/06, ECLI:EU:C:2008:723 – Cartesio, Rn. 110 ff.

2174 *Leible/Hoffmann*, BB 2009, 58 (59); *Rehm* in: Eidenmüller, Ausländische KapGes, § 2, Rn. 63; *Zimmer/Naendrup*, NJW 2009, 545; *Frenzel*, EWS 2009, 158 (161).

2175 Dies folgt aus dem Zusammenspiel von EuGH, Urt. v. 16.12.2008, Rs. C-210/06, ECLI:EU:C:2008:723 – Cartesio und EuGH, Urt. v. 12.07.2012, Rs. C-378/10, ECLI:EU: C:2012:440, Rn. 34 – Vale.

2176 *Forsthoff* in: Grabitz/Hilf/Nettesheim, Recht der EU, Art. 54 AEUV, Rn. 15 f.; *Tietje* in: Ehlers, EU-Grundrechte und -freiheiten, § 10, Rn. 66; *Barthel*, EWS 2010, 316 (322).

2177 *Müller-Graff* in: Streinz, EUV/AEUV, Art. 54 AEUV, Rn. 6 f.; *Korte* in: Calliess/Ruffert, EUV/AEUV, Art. 54 AEUV, Rn. 12; *Sethe/Winzer*, WM 2009, 536 (537).

2178 *Wasmeier*, Umstrukturierung, S. 72 f.; *Verse*, ZEuP 2013, 458 (462).

Aufzählung verschiedener Anknüpfungspunkte (satzungsmäßiger Sitz, Hauptverwaltung, Hauptniederlassung) soll der Wortlaut des Art. 54 Abs. 1 AEUV dies zusätzlich unterstreichen.[2179] Eine solche Deutung ist allerdings nicht zwingend, wenn man bedenkt, dass die verschiedenen Sitze auch nur eine Zuweisung zur EU ermöglichen sollen („innerhalb der Union haben").[2180] Auch die französische (siège statutaire, administration centrale, principal établissement – „à l'intérieur de l'Union") und englische Sprachfassung (registered office, central administration, principal place of business – „within the Union") der Verträge lassen wortlautgemäß beide Deutungen zu.

Dem Wortlaut nach gilt eine solche Anknüpfungsautonomie allerdings nicht für die Fortexistenz der Gesellschaft.[2181] Eine einmal wirksam gegründete Gesellschaft kann Rechte aus der Niederlassungsfreiheit ableiten.[2182] Die englische („Companies or firms formed in accordance with the law of a Member State") und die französische Sprachfassung der Verträge („Les sociétés constituées en conformité de la législation d'un État membre") bestätigen diese Ansicht. Alle drei Sprachfassungen nutzen überdies die Zeitform des Präteritums (simple past, passé composé), welche abgeschlossene Ereignisse beschreibt. Somit gilt die Definitions- und Anknüpfungsautonomie nur für die Gründung von Gesellschaften. Etwas anderes könnte dem Wortlaut nach gelten, wären die Sprachfassungen in der Zeitform des Präsens verfasst (im deutschen etwa: „welche nach den Rechtsvorschriften eines Mitgliedstaates gegründet werden"). Dies würde eine Art Dauerhaftigkeit des Gründungsvorgangs implizieren.

Der Gerichtshof dehnt die Anknüpfungs- und Definitionsautonomie der Mitgliedstaaten im Bereich des Art. 54 Abs. 1 AEUV über den Wortlaut hinaus auf die Fortexistenz aus.[2183] Sofern die Gesellschaft ihren Verwaltungssitz unter Beibehaltung der Rechtsform in einen anderen Mitgliedstaat verlegen will oder aber unter Wechsel des anwendbaren Rechts und bei fehlender (rechtmäßiger) Zulassung des

---

2179 EuGH, Urt. v. 27.09.1988, Rs. 81/87, ECLI:EU:C:1988:456, Rn. 21 – Daily Mail; EuGH, Urt. v. 16.12.2008, Rs. C-210/06, ECLI:EU:C:2008:723, Rn. 106 – Cartesio.

2180 *Teichmann*, ZIP 2009, 393 (400); *Müller-Graff* in: Streinz, EUV/AEUV, Art. 54 AEUV, Rn. 10 f.; *Korom/Metzinger*, ECFR 2009, 125 (149); *Knop*, DZWiR 2009, 147 (148); *Mörsdorf*, EuZW 2009, 97 (99); *Barthel*, EWS 2010, 316 (321 f.).

2181 *Forsthoff*, EuR 2000, 167 (174); *Knop*, DZWiR 2009, 147 (150); *Mörsdorf*, EuZW 2009, 97 (99); *Korte* in: Calliess/Ruffert, EUV/AEUV, Art. 54 AEUV, Rn. 14.

2182 *Teichmann*, ZIP 2009, 393 (400); *Knof/Mock*, ZIP 2009, 24 (32); *Forsthoff* in: Grabitz/Hilf/Nettesheim, Recht der EU, Art. 54 AEUV, Rn. 17.

2183 EuGH, Urt. v. 16.12.2008, Rs. C-210/06, ECLI:EU:C:2008:723, Rn. 110 – Cartesio; EuGH, Urt. v. 29.11.2011, Rs. C-371/10, ECLI:EU:C:2011:785, Rn. 27 – National Grid Indus; EuGH, Urt. v. 12.07.2012, Rs. C-378/10, ECLI:EU:C:2012:440, Rn. 28 – Vale; *Herrler*, DNotZ 2009, 484 (487); *Barthel*, EWS 2010, 316 (322).

Aufnahmestaats, darf der Wegzugsstaat das Weiterleben der Gesellschaft verhindern.[2184]

cc) (partielle) Wegzugsfreiheit

Der EuGH hat nach der hier vertretenen Ansicht, die Wegzugsfreiheit auch für Gesellschaften eröffnet. Der Wegzug ist in Form der Verschmelzung, der Spaltung und des Formwechsels eindeutig von der Niederlassungsfreiheit geschützt. Sofern ein Herkunftsmitgliedstaat die isolierte Verwaltungssitzverlegung oder aber auch die isolierte Satzungssitzverlegung erlaubt, müssen sich Wegzugsbeschränkungen an der Niederlassungsfreiheit messen lassen. Der Gerichtshof hat also zumindest eine partielle Wegzugsfreiheit ermöglicht.[2185]

Art. 49 Abs. 1 AEUV spricht ausdrücklich ein Verbot von „Beschränkungen der freien Niederlassung von Staatsangehörigen eines Mitgliedstaates im Hoheitsgebiet eines anderen Mitgliedstaates" aus.[2186] Dies gilt über den Verweis von Art. 54 Abs. 1 AEUV gleichermaßen für Gesellschaften.[2187] Eine Wegzugsfreiheit ist dem Wortlaut der Norm nicht zu entnehmen. Expressis verbis sind den Mitgliedstaaten nur Zuzugsbeschränkungen verwehrt.[2188] Auch die englische Sprachfassung ("restrictions on the freedom of establishment of nationals of a Member State in the territory of another Member State") und die französische („les restrictions à la liberté d'établissement des ressortissants d'un État membre dans le territoire d'un autre État membre") bestätigen diese Annahme. Die Wendung „nach den Bestimmungen des Aufnahmestaates" (Art. 49 Abs. 2 AEUV) bekräftigt ein solches Verständnis ebenfalls. Auch die französische und englische Sprachfassung des zweiten Absatzes sind mit der deutschen kongruent.

2184 EuGH, Urt. v. 16.12.2008, Rs. C-210/06, ECLI:EU:C:2008:723, Rn. 110 ff. – Cartesio; *Kalss/Klampfl* in: Dauses/Ludwigs, HB EU-Wirtschaftsrecht, E. III., Rn. 102, 130; *Korte* in: Calliess/Ruffert, EUV/AEUV, Art. 54 AEUV, Rn. 28 ff.

2185 S.o. unter F.; so iE auch *Franz*, EuZW 2016, 930 (935 f.); *Verse*, ZEuP 2013, 458 (493 f.); *Schaper*, ZIP 2014, 810 (815 f); *Wasmeier*, Umstrukturierung, S. 145 f.; *Behme*, Sitzverlegung, S. 129; *Roth*, FS Hoffmann-Becking 2013, 965 (970 f.); *Forsthoff* in: Grabitz/Hilf/Nettesheim, Recht der EU, Art. 49 AEUV, Rn. 116 f.

2186 *Müller-Graff* in: Streinz, EUV/AEUV, Art. 49 AEUV, Rn. 39.

2187 *Mitterecker*, Sitzverlegungen, S. 93; *Frenz*, EuR, Rn. 297.

2188 *Forsthoff* in: Grabitz/Hilf/Nettesheim, Recht der EU, Art. 49 AEUV, Rn. 116; *Ludwigs* in: Dauses/Ludwigs, HB EU-Wirtschaftsrecht, E. I., Rn. 97; *Roth* in: Lutter, Auslandsgesellschaften, S. 384 f.; idS auch *Eidenmüller/Rehm*, ZGR 2004, 159 (177); *Herrler*, DNotZ 2009, 484 (486); a.A.: *Pießkalla*, EuZW 2009, 75 (82).

dd) Etablierung des Herkunftslandprinzips

Der Gerichtshof prüfte die Niederlassungsfreiheit ursprünglich nur am Maßstab des Bestimmungslandprinzips.[2189] Dieses besagt, dass Waren und Personen im Bestimmungsland nicht schlechter gestellt werden dürfen als entsprechende inländische Personen und Waren, ordnet also eine Inländergleichbehandlungsgarantie an.[2190] Dafür müssen aber die Regeln des Aufnahmestaates eingehalten werden.[2191] Dies war vom Wortlaut gedeckt (Art. 49 AEUV).[2192] Der EuGH ist allerdings dazu übergegangen, die Niederlassungsfreiheit – wie die anderen Grundfreiheiten – nunmehr auch am Herkunftslandprinzip zu messen.[2193] Sofern eine Ware oder Person bzw. Gesellschaft die rechtlichen Anforderungen für ihre internationale Verkehrsfähigkeit im Herkunftsland erfüllt, besteht im Bestimmungsland eine Vermutung zugunsten der Erfüllung der die Verkehrsfähigkeit begründenden innerstaatlichen Anforderungen – sie ist als solche anzuerkennen.[2194]

2. Historische Auslegung

Die historische Methode gehört auch im EU-Recht zum Auslegungskanon.[2195] Allerdings wird ihr wegen des fehlenden Zugangs zu den Gründungsverträgen und Protokollen eine weniger bedeutende Rolle zugesprochen als etwa im nationalen Recht.[2196] Das Problem verschiedener Sprachfassungen wirkt sich auch auf die

---

2189 *Tietje* in: Ehlers, EU-Grundrechte und -freiheiten, § 10, Rn. 3, 5; *Behme*, Sitzverlegung, S. 67 f.; *Immenga/Mestmäcker* in: Immenga/Mestmäcker, Wettbewerbsrecht, I., B., Rn. 58.

2190 *Frenz*, HB EuR, Bd. 1: Grundfreiheiten, Rn. 2465; *Kluth/Rieger*, EuZW 2005, 486 (487); *Mestmäcker/Schweitzer* in: Mestmäcker/Schweitzer, EU-WettbewerbsR, § 2, Rn. 59.

2191 *Tietje* in: Ehlers, EU-Grundrechte und -freiheiten, § 10, Rn. 3; *Frenz*, HB EuR, Bd. 1: Grundfreiheiten, Rn. 172; *Lemor*, EuZW 2007, 135 (136 f.).

2192 S.o. unter G., II., 1., b), cc): „nach den Bestimmungen des Aufnahmestaates"/„Beschränkungen... eines Mitgliedstaates im Hoheitsgebiet eines anderen Mitgliedstaates".

2193 S. die im Grundsatz festgelegte Anerkennungspflicht der Zuzugsstaaten bez. hinzuziehender Gesellschaften nach EuGH, Urt. v. 09.03.1999, Rs. C-212/97, ECLI:EU:C:1999:126 – Centros; EuGH, Urt. v. 05.11.2002, Rs. C-208/00, ECLI:EU:C:2002:632 – Überseering; EuGH, Urt. v. 30.09.2003, Rs. C-167/01, ECLI:EU:C:2003:512 – Inspire Art; ebenso *Behme*, Sitzverlegung, S. 67 f.; *Knapp*, DNotZ 2003, 85 (88); *Eidenmüller*, ZIP 2002, 2233 (2241); *Wernicke*, EuZW 2002, 754 (759 f).

2194 *Tietje* in: Ehlers, EU-Grundrechte und -freiheiten, § 10, Rn. 3; *Frenz*, HB EuR, Bd. 1: Grundfreiheiten, Rn. 2464; *Kingreen* in: Calliess/Ruffert, EUV/AEUV, Art. 36 AEUV, Rn. 47; *Albath/Giesler*, EuZW 2006, 38; *Mitterecker*, Sitzverlegungen, S. 134 f.

2195 *Potacs*, EuR 2016, 164 (166 f.); *Leisner*, EuR 2007, 689 ff.

2196 *Pieper* in: Dauses/Ludwigs, HB EU-Wirtschaftsrecht, B. I., Rn. 46 f.; *Langenbucher* in: Langenbucher, EU-PrivatR, § 1, Rn. 13.

historische Auslegung aus und wurde mit dem stetigen Wachstum bis zur heutigen EU immer größer.[2197] Die dynamische Natur des Europarechts widerspricht, ebenso wie sein Kompromisscharakter – man bedenke, dass mittlerweile 28 mehr oder minder unterschiedliche mitgliedstaatliche Interessen in der Union vertreten werden –, einer Fokussierung auf die historische Auslegungsform.[2198] Trotzdem kann man an einer solchen Auslegung wichtige Tendenzen und Motive ablesen sowie Hilfsargumente erarbeiten.[2199] Es sind die einzelnen Fassungen der EU-Verträge seit Beginn der europäischen Bewegung, aber auch andere europäische Vertragswerke, die als Auslegungshilfen dienten, zu betrachten.

a) Die Vorschriften der Art. 49, 54 AEUV und Niederlassungsabkommen

Die Art. 54 und 49 AEUV gleichen größtenteils ihren Vorgängervorschriften der Art. 48 und 43 EGV bzw. der Art. 58 und 52 EWGV. Nur Art. 52 EWGV (heute Art. 49 AEUV) hat nicht wie heute ein Verbot von Beschränkungen der Niederlassungsfreiheit statuiert, sondern bestimmt, dass sie „während der Übergangszeit nach Maßgabe der folgenden Bestimmungen schrittweise aufgehoben" werden.[2200] Die Übergangsphase ist demgemäß vorbei und der Binnenmarkt somit zumindest soweit etabliert, als dass Beschränkungen der Niederlassungsfreiheit im Grundsatz verboten sind. Die offizielle Einführung des Binnenmarktes 1993 markierte überdies einen Wendepunkt im Verständnis der Niederlassungsfreiheit: Die nationalen Volkswirtschaften sind nicht isoliert, sondern als großes Ganzes zu betrachten und die Interaktionen zwischen ihnen zu stärken, damit die Rechte Einzelner, an den nationalen Märkten Partizipierender weiter wachsen.[2201]

Die Entwicklung der Niederlassungsfreiheit lässt sich auch an einem weiteren Punkt ablesen. Noch im Urteil Daily-Mail rekurrierte der EuGH auf die wesentlichen Unterschiede in den nationalen Gesellschaftsrechten und ihre divergierenden Anknüpfungen für die Gründung einer Gesellschaft. Der heutige Art. 54 AEUV achte diese (noch) vorhandenen Unterschiede, indem er weitestgehend Anknüpfungsfreiraum schaffe. Eine Sitzverlegung unter Beibehaltung der Rechtspersönlichkeit sei, „soweit erforderlich", durch ein Abkommen auf Grundlage des

---

2197 S.o. unter G., II., 1.; *Weiler*, ZEuP 2010, 861 (862 f.).

2198 *Gaitanides* in: v.d. Groeben/Schwarze/Hatje, EuR, Art. 19 EUV, Rn. 47; *Wegener* in: Calliess/Ruffert, EUV/AEUV, Art. 19 EUV, Rn. 14; Oppermann/Classen/*Nettesheim*, EuR, § 9, Rn. 174 f.; *Bleckmann*, NJW 1982, 1177 (1180 f.); iE auch *Dederichs*, EuR 2004, 345 (358); a.A.: *Leisner*, EuR 2007, 689 (706).

2199 *Ders.*, EuR 2007, 689 (706); *Wegener* in: Calliess/Ruffert, EUV/AEUV, Art. 19 EUV, Rn. 14; *Gaitanides* in: v.d. Groeben/Schwarze/Hatje, EuR, Art. 19 EUV, Rn. 47 (die letzten beiden verweisen insb. darauf, dass auch der EuGH bereits historisch ausgelegt hat).

2200 *Müller-Graff* in: Streinz, EUV/AEUV, Art. 49 AEUV, Rn. 3; *Forsthoff* in: Grabitz/Hilf/Nettesheim, Recht der EU, Art. 49 AEUV, Rn. 1, Art. 54 AEUV, Rn. 1.

2201 *Tiedje* in: v.d. Groeben/Schwarze/Hatje, EuR, Vorb. Art. 49–55 AEUV, Rn. 8.

ehemaligen Art. 220 EWGV (ex Art. 293 EGV) zu ermöglichen.[2202] Dieser Verweis wurde schon immer sehr kritisch gesehen.[2203] Selbst wenn man die Notwendigkeit von Abkommen für eine rechtsformwahrende Sitzverlegung befürwortete,[2204] zeugt der Wegfall der Vorschrift im AEUV von einer Fortentwicklung.[2205] Die Niederlassungsfreiheit kann aus sich heraus die Möglichkeiten für die Sitzverlegung schaffen.[2206] Das auf Grundlage der Vorschrift 1968 entwickelte Abkommen sah im Grundsatz die Gründungstheorie sowie die Pflicht zur Anerkennung der Rechts- und Parteifähigkeit nach dem Recht des Gründungsstaates durch den Zuzugsstaat vor.[2207] Das Verständnis der Niederlassungsfreiheit ist spätestens nach dem Überseering-Urteil im Ergebnis dasselbe.[2208]

Schon die Niederlassungsfreiheit in der Fassung des EWGV stellte einen Fortschritt zum Europäischen Niederlassungsabkommen[2209] des Europarats vom 13.12.1955 dar. In diesem völkerrechtlichen Vertrag waren noch wirtschaftliche Aspekte taugliche Rechtfertigungsgründe für Beschränkungen durch die Mitgliedstaaten. Der EWGV zeugte bereits von einem anderen Verständnis der Niederlassungsfreiheit, weshalb rein wirtschaftliche Motive nicht mehr als Rechtfertigungsgründe in Betracht kamen.[2210]

b) Einfluss der historischen Auslegung

Die gesamte, auch historisch untermauerte Entwicklung der Niederlassungsfreiheit spricht für ein weitgehend freiheitsförderndes Verständnis der Grundfreiheit.[2211] Es ist allerdings zu bedenken, dass eine historische Auslegung nur Begründungshilfe leisten kann. Der EuGH sieht die Entwicklung der Niederlassungsfreiheit im

---

2202 EuGH, Urt. v. 27.09.1988, Rs. 81/87, ECLI:EU:C:1988:456, Rn. 20 f. – Daily Mail; *Habersack/Verse*, EU-GesR, § 3, Rn. 13; *Saenger*, GesR, Rn. 847.

2203 *Braun*, Wegzugsfreiheit, S. 119; *Frenzel*, EWS 2009, 158 (162 f.); *Saenger*, FS P+P Pöllath+Partners 2008, 295 (298); kritisch bez. des Sekundärrechts als Vorbedingung der Niederlassungsfreiheit *Weng*, EWS 2008, 264 (270); *Frobenius*, DStR 2009, 487 (489).

2204 So etwa *Schlemmer-Schulte*, EWS 1992, 333 (334 f.); wohl auch *Sedemund/Montag*, NJW 1989, 1409 (1412); früher wohl auch *Kindler*, NJW 1999, 1993 (1997).

2205 *Frank*, Formwechsel, S. 14 f.; *Müller-Graff*, FS Hellwig 2010, 251 (256); so auch *Leible* in: Michalski/ Heidinger/Leible/Schmidt, GmbHG, Bd. 1, sys. Darst. 2 – Int. GesR, Rn. 44, welcher zusätzlich auf die Wendung „soweit erforderlich" hinweist.

2206 *Schön*, FS Lutter 2000, 685 (690 f.); *Behrens*, IPRax 1989, 354 (359); *Knop*, DZWiR 2009, 147 (149); *Frenzel*, EWS 2009, 158 (162 f.).

2207 S. BGBl. 1972 II S. 370 ff.; *Frank*, Formwechsel, S. 14; *Leible* in: Michalski/ Heidinger/ Leible/Schmidt, GmbHG, Bd. 1, sys. Darst. 2 – Int. GesR, Rn. 59.

2208 EuGH, Urt. v. 05.11.2002, Rs. C-208/00, ECLI:EU:C:2002:632 – Überseering; *Schön*, FS Lutter 2000, 685 (691); *Wilhelmi*, JZ 2009, 409 (412); *Frenzel*, EWS 2009, 158 (162).

2209 S. BGBl. 1959 II S. 998; nur zehn Mitgliedstaaten haben den Vertrag ratifiziert.

2210 *Tiedje* in: v.d. Groeben/Schwarze/Hatje, EuR, Vorb. Art. 49–55 AEUV, Rn. 6.

2211 Überblick bei *Frenz*, HB EuR, Bd. 1: Grundfreiheiten, Rn. 2132 f.

Ergebnis ähnlich. Er fördert die Freiheiten gleichwohl nur stufenweise und mit Achtung der mitgliedstaatlichen Souveränität im Bereich des Gesellschaftsrechts, zumindest soweit der EU-Gesetzgeber nicht selbst tätig wird.[2212]

aa) Die Gleichstellung von natürlichen und juristischen Personen

Aus dem historischen Kontext selbst lässt sich eine rechtliche Gleichstellung von juristischen und natürlichen Personen nicht ohne Weiteres herleiten. Allerdings spricht die grundsätzlich freiheitsfördernde und liberalere Sichtweise auf die Niederlassungsfreiheit mehr und mehr für den Abbau gesellschaftsrechtlicher Mobilitätshindernisse und damit auch für eine Angleichung der Rechte von Gesellschaften und natürlichen Personen.

bb) Anknüpfungsautonomie im Bereich der (Fort-)Existenz der Gesellschaft

Gleiches gilt auch für den Abbau der Anknüpfungsautonomie, zumindest im Bereich der Fortexistenz, aber auch bereits bei der Gründung. Teichmann widerlegt hier in gewisser Weise auch das Wortlautargument des EuGH, wonach die Niederschrift der drei Anknüpfungsmerkmale Satzungs- und Hauptverwaltungssitz sowie Hauptniederlassung die Gleichachtung aller Anknüpfungen aufzeigen soll.[2213] Zur Entstehungszeit des heutigen Art. 54 Abs. 1 AEUV (ex Art. 48 EGV) waren die drei genannten Anknüpfungsmerkmale allesamt etwa gleichermaßen oft in den Gesellschaftsrechten der Mitgliedstaaten vertreten, weshalb die Nennung nur einen weitestgehend großen Anwendungsbereich der Niederlassungsfreiheit für Gesellschaften fördern sollte.[2214] Wenn die Existenz des Ex-Art. 293 EGV und die damit einhergehende abkommens- oder sekundärrechtliche Lösung noch für eine weitestgehende Autonomie der Mitgliedstaaten sprach, dann ist der Wegfall der Norm ein Indiz für einen geringeren nationalen Spielraum.[2215]

cc) (Partielle) Wegzugsfreiheit

Das historisch gewachsene freiheitsfördernde Verständnis der Niederlassungsfreiheit stützt eine grundsätzliche Wegzugsfreiheit. Mehr noch spricht die Historie für eine absolute anstelle einer nur partiellen Wegzugsfreiheit, welche wiederum durch die aktuell vorhandene mitgliedstaatliche Autonomie im Bereich der Gesellschaftsgründung eingeschränkt ist.

2212 EuGH, Urt. v. 27.09.1988, Rs. 81/87, ECLI:EU:C:1988:456, Rn. 25 – Daily Mail „beim derzeitigen Stand des Gemeinschaftsrechts“; ebenso EuGH, Urt. v. 16.12.2008, Rs. C 210/06, ECLI:EU:C:2008:723, Rn. 124 – Cartesio „beim gegenwärtigen Stand...“.

2213 S.o. unter G., II., 1., b), bb).

2214 *Teichmann*, ZIP 2009, 393 (400).

2215 Neutraler *Frank*, Formwechsel, S. 14 f.; *Müller-Graff*, FS Hellwig 2010, 251 (256).

dd) Etablierung des Herkunftslandprinzips

Zwar lässt sich unmittelbar aus der historischen Auslegung keine Aussage zum Herkunftslandprinzip machen. Hier sind allerdings die gleichen Aussagen zu tätigen, wie zuvor bei der Gleichstellung natürlicher und juristischer Personen.[2216] Ebenfalls zu beachten ist, dass der EuGH sich früher noch häufiger zur Präzisierung von Diskriminierungen auf das Allgemeine Programm zur Aufhebung der Beschränkungen der Niederlassungsfreiheit von 1962 berief.[2217] Dies tut er seit einiger Zeit nicht mehr. Der Grund dafür ist, dass Diskriminierungen weitestgehend vom Markt verdrängt wurden und nunmehr Beschränkungen in den Mittelpunkt der Untersuchung gerückt sind. Der Übergang vom Bestimmungsland- zum Herkunftslandprinzip zeigt auch eine Wandlung vom Diskriminierungs- zum Beschränkungsverbot.[2218] Mittelbar unterstützt die historische Auslegung somit auch den Brückenschlag zum Herkunftslandprinzip.

3. Systematische Auslegung (Konvergenz)

Die systematische Auslegung setzt die Normen in den unmittelbaren Vertragskontext und erschließt aus dem Gesamtzusammenhang den Normzweck.[2219] Dabei kann von der kleinsten Ebene (die einzelnen Absätze) zu den größeren Ebenen (Kapitel, Titel, Teile) vorgegangen werden.[2220] Für die Niederlassungsfreiheit bedeutet dies einen Vergleich zwischen den einzelnen Absätzen von Art. 49 und 54 AEUV, zwischen beiden Normen selbst, dem gesamten Kapitel 2 über das Niederlassungsrecht (Art. 49–55 AEUV), dem Titel 4 (Art. 45–66 AEUV) bis hin zum Gesamtvertragswerk. Häufig verschwimmen dabei allerdings die systematische und die teleologische Auslegung, da beide Methoden sich an den Vertragszielen orientieren.[2221]

Die systematische Auslegung der Verträge gehört zu den wichtigsten analytischen Methoden im EU-Recht.[2222] Insbesondere bei den Grundfreiheiten hat die EuGH-Rechtsprechung und ihre literarische Bewertung im Laufe der Jahre zu

---

2216 S.o. unter G., II., 2., b), aa).

2217 EuGH, Urt. v. 18.06.1985, Rs. 197/84, ECLI:EU:C:1985:260, Rn. 15 – Steinhauser; EuGH, Urt. v. 08.06.1999, Rs. C-337/97, ECLI:EU:C:1999:284, Rn. 27 – Meeusen; in Bezug auf ABl. Nr. 2 der EG vom 15.01.1962, S. 36 ff.

2218 *Müller-Graff* in: Dauses/Ludwigs, HB EU-Wirtschaftsrecht, A. I., Rn. 160; *Kingreen* in: Calliess/Ruffert, EUV/AEUV, Art. 36 AEUV, Rn. 47.

2219 *Gaitanides* in: v.d. Groeben/Schwarze/Hatje, EuR, Art. 19 EUV, Rn. 46; *Bergmann*, HL EU, Auslegung von Unionsrecht; *Colneric*, ZEuP 2005, 225 (227).

2220 *Pieper* in: Dauses/Ludwigs, HB EU-Wirtschaftsrecht, B. I., Rn. 27; *Langenbucher* in: Langenbucher, EU-PrivatR, § 1, Rn. 11: „Struktur, Stellung, Regelungszusammenhang".

2221 Oppermann/Classen/*Nettesheim*, EuR, § 9, Rn. 172; *Wegener* in: Calliess/Ruffert, EUV/AEUV, Art. 19 EUV, Rn. 15; *Colneric*, ZEuP 2005, 225 (227).

2222 Vgl. bspw. EuGH, Urt. v. 27.04.1999, Rs. 99/96, ECLI:EU:C:1999:202, Rn. 26 – Mietz; EuGH, Urt. v. 07.06.1983, Rs. 78/82, ECLI:EU:C:1983:159, Rn. 11 – Kom./Italien; so

einem schlüssigen Gesamtsystem beigetragen.[2223] Diese sog. Konvergenz ist ein wichtiges systematisches Auslegungskriterium, weil sie die Gemeinsamkeiten der Grundfreiheiten hervorhebt und von einer einheitlichen Prüfungsstruktur ausgeht.[2224] Prominente Beispiele für die Konvergenz der Grundfreiheiten sind die Übertragung der Dassonville-Formel (Beschränkungsverbot) sowie der gemeinsame Rechtfertigungsstandard nach „Cassis de Dijon" (zwingende Gründe des Allgemeinwohls).[2225]

a) Die Systematik der Art. 49, 54 AEUV

Art. 49 Abs. 1 S. 1 AEUV beinhaltet den Tatbestand der „Beschränkung einer Niederlassung eines Staatsangehörigen" und verknüpft ihn mit der Rechtsfolge eines Verbots mit Einschränkung durch die „Maßgabe der folgenden Bestimmungen", womit das gesamte Niederlassungsrecht gemeint ist.[2226] Art. 49 Abs. 1 S. 2 AEUV enthält einen Verweis auf den ersten Satz der Norm („Das gleiche gilt..") in Bezug auf die Rechtsfolge des Verbots und erweitert den Tatbestand auf Sekundärniederlassungen wie Agenturen, Zweigniederlassungen und Tochtergesellschaften. Dabei schafft die Norm gleichzeitig eine Verbindung zu Art. 54 AEUV.[2227] Eine Umschreibung und Konkretisierung des Niederlassungsbegriffs sowie der Beziehung zur Kapital- und Zahlungsverkehrsfreiheit enthält Art. 49 Abs. 2 AEUV.[2228]

Art. 54 Abs. 1 AEUV umfasst den Tatbestand der „nach den Rechtsvorschriften eines Mitgliedstaates gegründeten Gesellschaften", welche zusätzlich eine der aufgezählten Sitzvarianten innerhalb der EU haben müssen, und stellt sie durch seine Rechtsfolge den „natürlichen Personen gleich", verweist also auf die Rechte des

auch *Weiler*, ZEuP 2010, 861 (873); *Bleckmann*, NJW 1982, 1177 (1178); *Langenbucher* in: Langenbucher, EU-PrivatR, § 1, Rn. 11 (in vorheriger Aufl. noch skeptischer).

2223 *Leible* in: MüKo LauterkeitsR, Bd. 1, Teil III., A., Rn. 112; *Mestmäcker/Schweitzer* in: Mestmäcker/Schweitzer, EU-WettbewerbsR, § 2, Rn. 44; *Ehlers* in: Ehlers, EU-Grundrechte und -freiheiten, § 7, Rn. 20; *Grundmann/Möslein*, ZGR 2003, 317 (328); *Jarass*, EuR 2000, 705; kritisch *Holst*, EuR 2017, 633 (635 ff.).

2224 S. bspw. *Manger-Nestler/Noack*, JuS 2013, 503.

2225 EuGH, Urt. v. 11.07.1974, Rs. 8/74, ECLI:EU:C:1974:82 – Dassonville; EuGH, Urt. v. 20.02.1979, Rs. C-120/78, ECLI:EU:C:1979:42, Rn. 8 – Rewe-Zentral; *Ehlers* in: Ehlers, EU-Grundrechte und -freiheiten, § 7, Rn. 30, 84; *Herdegen*, EuR, § 14, Rn. 3 f.

2226 *Forsthoff* in: Grabitz/Hilf/Nettesheim, Recht der EU, Art. 49 AEUV, Rn. 6; *Frenz*, HB EuR, Bd. 1: Grundfreiheiten, Rn. 2181; *Mitterecker*, Sitzverlegungen, S. 29 f.

2227 *Tiedje* in: v.d. Groeben/Schwarze/Hatje, EuR, Art. 49 AEUV, Rn. 3; *Müller-Graff* in: Streinz, EUV/AEUV, Art. 49 AEUV, Rn. 8.

2228 Abs. 2 beinhaltet keine eigene Defintion; *Forsthoff* in: Grabitz/Hilf/Nettesheim, Recht der EU, Art. 49 AEUV, Rn. 7; *Tiedje* in: v.d. Groeben/Schwarze/Hatje, EuR, Art. 49 AEUV, Rn. 1.

Art. 49 AEUV.[2229] Der Gesellschaftsbegriff wird in Art. 54 Abs. 2 AEUV umschrieben und konkretisiert.[2230] Die Art. 49, 54 AEUV weisen prinzipiell eine analoge Prüfungsstruktur auf.[2231]

Eine systematische Besonderheit ergibt sich aus der im AEUV einzigartigen Hervorhebung von juristischen Personen (Art. 54 AEUV). Keine andere Grundfreiheit stellt Gesellschaften explizit den natürlichen Personen gleich, obwohl sich nach allgemeiner Meinung auch juristische Personen auf den persönlichen Schutzbereich jeder Grundfreiheit berufen können.[2232] Diese strukturelle Auffälligkeit wird hingegen ein wenig relativiert. Zunächst stellt etwa die Warenverkehrsfreiheit im persönlichen Schutzbereich auf die EU-Herkunft der geschützten Ware ab und schützt damit (natürliche oder eben auch juristische) Personen unabhängig von ihrer Staatsangehörigkeit (sog. Sachbezogenheit). Ähnliches gilt für die Kapital- und Zahlungsverkehrsfreiheit. Ferner gilt Art. 54 AEUV für die Dienstleistungsfreiheit ohnehin über Art. 62 AEUV. Außerdem wird die Arbeitnehmerfreizügigkeit logischerweise nur in den seltensten Fällen für Gesellschaften relevant.

Die Niederlassungsfreiheit gehört zusammen mit der Arbeitnehmerfreizügigkeit zu den Personenverkehrsfreiheiten und bildet mit der Dienstleistungs- und Kapitalverkehrsfreiheit Titel IV des AEUV.[2233] Während die Dienstleistungsfreiheit vorwiegend die Dienstleistung an sich zum Gegenstand hat und so eine Nähe zur sachbezogenen Warenverkehrsfreiheit aufweist, kommt die Arbeitnehmerfreizügigkeit dem Schutz abhängiger Wirtschaftsteilnehmer zu Gute.[2234] Die Niederlassungsfreiheit hat, im Gegensatz dazu, das Ziel, die Freizügigkeit selbstständiger Wirtschaftsteilnehmer zu fördern.[2235] Im Gesamtzusammenhang des AEUV werden die Personenverkehrsfreiheiten dem dritten Teil, der internen Politiken und Maßnahmen der Union (Art. 26–197), zugeordnet. Die Niederlassungsfreiheit trägt zum Hauptanliegen der EU bei, indem sie hilft, das Konzept des Binnenmarktes, einen Raum ohne Binnengrenzen für den freien Waren-, Personen- und Kapitalverkehr, zu etablieren (Art. 3 Abs. 3 S. 1 EUV; 26 Abs. 2 AEUV).[2236]

2229 *Leible* in: Michalski/Heidinger/Leible/Schmidt, GmbHG, Bd. 1, sys. Darst. 2 – Int. GesR, Rn. 21; *Korte* in: Calliess/Ruffert, EUV/AEUV, Art. 54 AEUV, Rn. 3.

2230 Auch hier enthält Abs. 2 keine eigene Definition; *Forsthoff* in: Grabitz/Hilf/Nettesheim, Recht der EU, Art. 54 AEUV, Rn. 1; *Frenz*, HB EuR, Bd. 1: Grundfreiheiten, Rn. 2284 ff.

2231 *Teichmann*, FS Hommelhoff 2012, 1213 (1217, 1235).

2232 *Korte* in: Calliess/Ruffert, EUV/AEUV, Art. 54 AEUV, Rn. 6; *Ehlers* in: Ehlers, EU-Grundrechte und -freiheiten, § 7, Rn. 46 f.

2233 *Tiedje* in: v.d. Groeben/Schwarze/Hatje, EuR, Vorb. Art. 49–55 AEUV, Rn. 1; *Tietje* in: Ehlers, EU-Grundrechte und -freiheiten, § 10, Rn. 1; *Cramer*, Jura 2015, 39 (44).

2234 *Tiedje* in: v.d. Groeben/Schwarze/Hatje, EuR, Vorb. Art. 49–55 AEUV, Rn. 2 f.

2235 Oppermann/Classen/*Nettesheim*, EuR, § 28, Rn. 1, 5; *Hakenberg*, EuR, Rn. 407.

2236 *Müller-Graff* in: Streinz, EUV/AEUV, Art. 49 AEUV, Rn. 4; *Forsthoff* in: Grabitz/Hilf/Nettesheim, Recht der EU, Art. 49 AEUV, Rn. 4; *Manger-Nestler/Noack*, JuS 2013, 503.

Die Niederlassungsfreiheit ist, wie jede Grundfreiheit, eine besondere Form des Allgemeinen Diskriminierungsverbots (Art. 18 AEUV). Dabei tritt das Allgemeine Diskriminierungsverbot, wie der Name bereits verrät, als Lex generalis auf Konkurrenzebene zurück.[2237] Für die Auslegung der Niederlassungsfreiheit kann der Art. 18 AEUV insbesondere bei Umfeldmaßnahmen und Bereichen, welche nicht primär wirtschaftlich geprägt sind, relevant werden.[2238] Für Gesellschaften nach Art. 54 AEUV hat der Art. 18 AEUV hingegen keine Bedeutung. Zwar tritt die Unionsbürgerschaft bei natürlichen Personen neben die nationale Staatsangehörigkeit, jedoch lässt sich dieser Gedanke durch die Autonomie der Mitgliedstaaten im Bereich der Gesellschaftsgründung nicht auf juristische Personen übertragen.[2239]

b) Einfluss der systematischen Auslegung

aa) Die Gleichstellung von natürlichen und juristischen Personen

Die Systematik der Niederlassungsfreiheit, insbesondere die Konvergenz der Grundfreiheiten streitet im Grundsatz für eine Gleichstellung natürlicher und juristischer Personen. Eine Ungleichbehandlung ist ansonsten bei keiner der Grundfreiheiten in diesem Maße zu verzeichnen.[2240] Allerdings ist ebenfalls zu beachten, dass keine der anderen Grundfreiheiten eine Gleichstellung explizit anordnet.[2241] Durch diese spezielle Anordnung wird auch deutlich, dass dem Verhältnis von juristischen Personen und der Niederlassungsfreiheit im Gegensatz zu anderen Grundfreiheiten eine charakteristische Einzigartigkeit innewohnt: Eine Gesellschaft existiert nicht durch einen natürlichen Vorgang, sondern erst durch eine juristische Gegebenheit, die Gründung.[2242] Erst nach diesem rechtlichen Prozess besteht ein tauglicher Träger der Niederlassungsfreiheit.[2243] Dies ist der Grund, warum der EuGH eine weitreichendere mitgliedstaatliche Autonomie in

2237 *Frenz*, HB EuR, Bd. 1: Grundfreiheiten, Rn. 2136; *Tiedje* in: v.d. Groeben/Schwarze/Hatje, EuR, Vorb. Art. 49–55 AEUV, Rn. 10 ff.; *Ehlers* in: Ehlers, EU-Grundrechte und -freiheiten, § 7, Rn. 15; *Müller-Graff* in: Streinz, EUV/AEUV, Art. 49 AEUV, Rn. 111.

2238 *Forsthoff* gebraucht den Begriff der Umfeldmaßnahmen für „bloße Regelungen des Lebensumfeldes", also Eingriffe, die eine gewisse Bagatellschwelle nicht überschreitend in: Grabitz/Hilf/Nettesheim, Recht der EU, Art. 49 AEUV, Rn. 76 f., 115, 125; *Korte* in: Calliess/Ruffert, EUV/AEUV, Art. 49 AEUV, Rn. 36.

2239 *Tiedje* in: v.d. Groeben/Schwarze/Hatje, EuR, Vorb. Art. 49–55 AEUV, Rn. 15; *Korte* in: Calliess/Ruffert, EUV/AEUV, Art. 54 AEUV, Rn. 6.

2240 *Weng*, EWS 2008, 264 (270), s. insb. die Überschrift zu bb); als „primärrechtliches Postulat" skizziert dies *Teichmann*, FS Hommelhoff 2012, 1213 (1219).

2241 S.o. unter G., II., 3., a); Frenz, HB EuR, Bd. 1: Grundfreiheiten, Rn. 233.

2242 *Cains*, ERPL 2010, 569 (571); *Barthel*, EWS 2010, 316 (323); *Frenzel*, EWS 2009, 158 (161); *Leible/Hoffmann*, BB 2009, 58 (59).

2243 *Sethe/Winzer*, WM 2009, 536 (538); *Knop*, DZWiR 2009, 147 (150); *Korte* in: Calliess/Ruffert, EUV/AEUV, Art. 54 AEUV, Rn. 12; *Braun*, Wegzugsfreiheit, S. 104.

diesem Bereich akzeptiert.[2244] Es ist also schon aufgrund der besonderen Stellung des Art. 54 AEUV auf die gesellschaftsrechtlichen Besonderheiten der Mitgliedstaaten, insbesondere beim Gründungsvorgang, zu achten.[2245]

Trotzdem kann die Unterscheidung auch systematisch nicht in Gänze überzeugen. Eine natürliche Person existiert zwar bereits mit Geburt, allerdings kann auch sie erst Träger der Niederlassungsfreiheit sein, sofern sie die Staatsangehörigkeit irgendeines Mitgliedstaates besitzt.[2246] Auch dies ist ein rechtlicher Vorgang. Zusätzlich schützt keine der anderen Grundfreiheiten einen gesellschaftsrechtlichen Gründungsvorgang, weshalb eine mit dem Art. 54 AEUV vergleichbare Vorschrift auch ansonsten nirgends notwendig erscheint.[2247] Erst eine bereits gegründete Gesellschaft beruft sich bspw. auf die Warenverkehrsfreiheit.

bb) Anknüpfungsautonomie im Bereich der (Fort-)Existenz der Gesellschaft

Die systematische Unität des Art. 54 AEUV ist, wie gerade erläutert, ein Grund für die mitgliedstaatliche Autonomie.[2248] Durch den Verweis auf die nationalen Gesellschaftsrechtsordnungen ist das Europarecht partiell von mitgliedstaatlichen Bewertungen abhängig.[2249] Die Systematik lässt sich allerdings auch nicht für eine Autonomie der Mitgliedstaaten im Bereich der Fortdauer von Gesellschaften ins Feld führen. Im Gegenteil spricht die Einzigartigkeit des Art. 54 AEUV für einen Ausnahmecharakter der Norm. Ihr Anwendungsbereich soll ähnlich wie bei anderen Ausnahmeregeln (z.B. Bereichsausnahmen, Ausdrückliche Schranken) im AEUV möglichst gering gehalten werden.[2250] Dies würde bedeuten, dass die Stellung einer einmal gegründeten Gesellschaft als Berechtigte der Niederlassungsfreiheit vom nationalen Recht nicht unberücksichtigt bleiben darf,[2251] vor allem dann nicht, wenn sie sich wirksam auf andere Grundfreiheiten berufen kann.

2244 *Leible/Hoffmann*, BB 2009, 58 (59); *Drygala*, EuZW 2013, 569 (573); *Tiedje* in: v.d. Groeben/Schwarze/Hatje, EuR, Art. 54 AEUV, Rn. 1.

2245 So auch *Müller-Graff* in: Streinz, EUV/AEUV, Art. 54 AEUV, Rn. 1, 13; *Cains*, ERPL 2010, 569 (571); *Barthel*, EWS 2010, 316 (323).

2246 *Teichmann*, FS Hommelhoff 2012, 1213 (1218); *Sethe/Winzer*, WM 2009, 536 (538); *Frenzel*, EWS 2009, 158 (161); *Behme*, Sitzverlegung, S. 241.

2247 IdS auch *Frenz*, HB EuR, Bd. 1: Grundfreiheiten, Rn. 233.

2248 S.o. unter G., II., 3., b), aa).

2249 *Braun*, Wegzugsfreiheit, S. 104; *Tiedje* in: v.d. Groeben/Schwarze/Hatje, EuR, Art. 54 AEUV, Rn. 3; *Korte* in: Calliess/Ruffert, EUV/AEUV, Art. 54 AEUV, Rn. 5.

2250 *Forsthoff* in: Grabitz/Hilf/Nettesheim, Recht der EU, Art. 54 AEUV, Rn. 17 entnimmt dies der „einheitlichen Tragweite des Unionsrechts“; zu Ausnahmeregeln *Ehlers* in: Ehlers, EU-Grundrechte und -freiheiten, § 7, Rn. 83, 113; *Streinz*, EuR, Rn. 861, 863, 941.

2251 IdS auch *Braun*, Wegzugsfreiheit, S. 114; *Knof/Mock*, ZIP 2009, 24 (32); *Frenzel*, EWS 2009, 158 (160); erwägend *Teichmann*, ZIP 2009, 393 (400).

Ein Vergleich mit der Niederlassungsfreiheit natürlicher Personen zeigt, dass auch hier ein autonomer Bereich der Mitgliedstaaten besteht.[2252] Ein EU-Bürger kann sich erst auf die Niederlassungsfreiheit berufen, wenn er Staatsangehöriger eines Mitgliedstaates ist.[2253] Die Erteilung der Staatsbürgerschaft ist den Mitgliedstaaten überlassen.[2254] Dies bedeutet hingegen nicht, dass die Fortdauer der Staatsangehörigkeit im Belieben der Mitgliedstaaten steht.[2255] Im Gegenteil dürfte ein EU-Staat im Falle des Wegzugs die erteilte Staatsangehörigkeit nicht ohne Weiteres wieder entziehen.[2256]

Im Grundsatz widerspricht die Regelungstechnik des Art. 54 AEUV dem Verhältnis von nationalem und europäischem Recht. Als höherrangige Rechtsordnung gibt das Europarecht im Allgemeinen die Stoßrichtung für mitgliedstaatliche Regeln vor.[2257] Wiederum ist dabei aber auf die besondere Stellung des Art. 54 AEUV hinzuweisen. Allerdings spricht auch die Funktion der Niederlassungsfreiheit, zu einem Binnenmarkt beizutragen, in dem natürliche und auch juristische Personen sich möglichst frei und ohne Grenzen bewegen können, vordergründig zunächst gegen eine weitreichende Autonomie.[2258] Hingegen darf die europäische Liberalisierung auch nicht als Selbstzweck verstanden werden.[2259] Zugegebenermaßen ist eine Argumentation anhand der Binnenmarktfunktion zumindest ausufernd.

cc) (partielle) Wegzugsfreiheit

Die Konvergenz der Grundfreiheiten spricht für eine Wegzugsfreiheit im Bereich der Niederlassungsfreiheit. Auch bei den anderen Grundfreiheiten sind Beschränkungen sowohl des Herkunfts- als auch des Zielstaats rechtfertigungsbedürftig.[2260]

2252 *Verse*, ZEuP 2013, 458 (489); *Teichmann*, FS Hommelhoff 2012, 1213 (1218).

2253 S.o. unter G., II., 3., b), aa).

2254 EuGH, Urt. v. 02.03.2010, Rs. C-135/08, ECLI:EU:C:2010:104, Rn. 39 – Rottmann; EuGH, Urt. v. 07.07.1992, Rs. 369/90, ECLI:EU:C:1992:295, Rn. 10 – Micheletti.

2255 *Frenzel*, EWS 2009, 158 (161); *Teichmann*, FS Hommelhoff 2012, 1213 (1220 f.).

2256 *Eidenmüller/Rehm*. ZGR 2004, 159 (177); *Leible*, ZGR 2004, 531 (536); *ders./Hoffmann*, BB 2009, 58 (59 f.); *Richter*, IStR 2008, 719 (723); *Otte*, EWS 2009, 31 (39); *Zimmer/Naendrup*, NJW 2009, 545 (546); *Paefgen*, WM 2009, 529 (533).

2257 *Forsthoff* in: Grabitz/Hilf/Nettesheim, Recht der EU, Art. 54 AEUV, Rn. 17; Europarecht genießt grds. Anwendungsvorrang, s. *Herdegen*, EuR, § 10, Rn. 1 f.; *Frenz*, EuR, Rn. 126; *Borchardt*, EU-Rechtsgrundlagen, Rn. 143; *Hwang*, EuR 2016, 335 ff.

2258 Zur Funktion bspw. *Müller-Graff* in: Streinz, EUV/AEUV, Art. 54 AEUV, Rn. 1; *Tiedje* in: Ehlers, EU-Grundrechte und -freiheiten, § 10, Rn. 2; *Hobe*, EuR, Rn. 837.

2259 *Ludwigs* in: Dauses/Ludwigs, HB EU-Wirtschaftsrecht, E. I., Rn. 84, m. Verw. auf die Schlussanträge des GA Tesauro v. 27.10.1993, Rs. C-292/92, ECLI:EU:C:1993:863, Anm. 27 – Hünermund; *Tiedje* in: v.d. Groeben/Schwarze/Hatje, EuR, Art. 49 AEUV, Rn. 69 f.

2260 *Ringe*, ZIP 2008, 1067 (1073); *Frenzel*, EWS 2009, 158 (164); *Mörsdorf*, EuZW 2009, 97 (99); insb. für die Warenverkehrsfreiheit *Braun*, Wegzugsfreiheit, S. 113; *Roth* in: Lutter, Auslandsgesellschaften, S. 384 f.; s. bereits den Wortlaut von Art. 34, 35 AEUV.

Die Niederlassungsfreiheit natürlicher Personen schützt ebenfalls vor Zuzugs- und Wegzugsbeschränkungen.[2261] Im Bereich des Steuerrechts ist eine Angleichung zwischen natürlichen und juristischen Personen bereits fortgeschritten: Die Wegzugsbesteuerung wird gleichermaßen an der Niederlassungsfreiheit gemessen.[2262] Dies gilt nicht bei Fragen der Gesellschaftsgründung.[2263] Auch hier ist aber wieder auf die systematische Einzigartigkeit des Art. 54 AEUV zu verweisen.[2264] Deshalb gilt dem EuGH nach im Moment auch nur eine „partielle" Wegzugsfreiheit.

Im Sinne eines möglichst freien Binnenmarktes müssen sowohl eine Zuzugs- als auch eine Wegzugsfreiheit gewährleistet sein.[2265] Eine Zuzugsfreiheit kann es nämlich ohne Wegzugsfreiheit nicht geben.[2266] Beide Konstellationen sind nichts anderes als „zwei Seiten derselben Medaille".[2267] Wenn man die Mobilität von Gesellschaften mit einem Wind vergleicht, so ist die Zuzugsfreiheit das Tiefdruck- und die Wegzugsfreiheit das Hochdruckgebiet. Wäre eines der beiden Druckgebiete nicht vorhanden, käme es nicht zu einem Ausgleich, folglich entstünde kein Wind oder aber die Gesellschaft würde sich sinngemäß nicht fortbewegen können.

dd) Etablierung des Herkunftslandprinzips

Da es sich bei der Anwendung des Herkunftslandprinzips auf die Niederlassungsfreiheit um eine Übertragung von der Warenverkehrsfreiheit handelt, ist es relativ eindeutig, dass die Konvergenz der Grundfreiheiten für diese streitet.[2268] Auch bei anderen Grundfreiheiten ist das Herkunftslandprinzip als solches etabliert.[2269]

2261 *Eidenmüller/Rehm*, ZGR 2004, 159 (177); *Forsthoff* in: Grabitz/Hilf/Nettesheim, Recht der EU, Art. 49 AEUV, Rn. 116; *Korte* in: Calliess/Ruffert, EUV/AEUV, Art. 49 AEUV, Rn. 40; Oppermann/Classen/*Nettesheim*, EuR, § 28, Rn. 11.

2262 Vgl. EuGH, Urt. v. 11.03.2004, Rs. C-9/02, ECLI:EU:C:2004:138 – De Lasteyrie du Saillant; EuGH, Urt. v. 29.11.2011, Rs. C-371/10, ECLI:EU:C:2011:785 – National Grid Indus; s. bspw. auch *Momen*, RIW 2012, 302; *Lenz*, DB 2011, Heft 51/52, M1.

2263 *Kindler* in: MüKo BGB, Bd. 12, Teil 10, Rn. 132; *Weller* in: MüKo GmbHG, Bd. 1, Eltg., Rn. 364b; *ders.*, ZEuP 2012, 681 (685); *Körner*, IStR 2012, 1 (2); *Hahn*, BB 2012, 681 (683 f.); *Ruiner*, IStR 2012, 49; *Verse*, ZEuP 2013, 458 (463 f.).

2264 S.o. unter G., II., 3., b), aa) und bb).

2265 *Bayer/Schmidt*, BB 2010, 387 (391); *dies.*, ZHR 2009, 735 (756); *Schmidt-Kessel*, GPR 2009, 26 (29); *Behme/Nohlen*, BB 2009, 11 (13); *Haar*, GPR 2010, 187.

2266 *Saenger*, FS P+P Pöllath+Partners 2008, 295 (305); *Richter*, IStR 2008, 719 (721); *Kobelt*, GmbHR 2009, 808 (809); *Teichmann*, ZIP 2009, 393 (396); *Sethe/Winzer*, WM 2009, 536 (538); *Behme/Nohlen*, BB 2009, 11 (13).

2267 So *Haar*, GPR 2010, 187; ähnlich bereits *Sandrock*, BB 1999, 1337 (1337 f.).

2268 S.a. *Wernicke*, EuZW 2002, 754 (760); *Knapp*, DNotZ 2003, 85 (88).

2269 *Kingreen* in: Calliess/Ruffert, EUV/AEUV, Art. 36 AEUV, Rn. 47, m. Verw. auf EuGH, Urt. v. 20.02.1979, Rs. C-120/78, ECLI:EU:C:1979:42, Rn. 8 – Rewe-Zentral (Warenverkehrsfreiheit); EuGH, Urt. v. 17.12.1981, Rs. 279/80, ECLI:EU:C:1981:314, Rn. 14 ff. – Webb (Dienstleistungsfreiheit); Oppermann/*Classen*/Nettesheim, EuR, § 25, Rn. 14 für die Dienstleistungsfreiheit.

Zu beachten ist, dass eine enge Verbindung zwischen Herkunftslandprinzip und Beschränkungsverbot besteht.[2270] Zwar ist die Niederlassungsfreiheit, wie die anderen Grundfreiheiten auch, eine Ausprägung des Allgemeinen Diskriminierungsverbots (Art. 18 AEUV).[2271] Die Wirkungen der Niederlassungsfreiheit als Lex specialis zu dieser Norm erschöpfen sich allerdings nicht im Verbot von Diskriminierungen, denn sie verbieten, wie bereits erläutert, auch diskriminierungsfreie Beschränkungen.[2272] So ist unter anderem auch der Art. 49 AEUV als Sonderfall des Art. 21 AEUV (allgemeines Freizügigkeitsrecht) zu verstehen.[2273]

Das Herkunftslandprinzip bringt eine Vereinfachung für die Zirkulationsfähigkeit von Waren und Dienstleistungen zwischen den Mitgliedstaaten mit sich.[2274] Für die Warenverkehrsfreiheit bedeutet dies, dass ein in einem Mitgliedstaat grundsätzlich wirksam in den Verkehr gebrachtes Erzeugnis dem Grunde nach in anderen Mitgliedstaaten anzuerkennen ist.[2275] Dieser Gedanke ist sicherlich auch für die freie Bewegung im Rahmen der Niederlassungsfreiheit natürlicher Personen fruchtbar zu machen.[2276] Bspw. sind die in einem Mitgliedstaat erworbenen Befähigungen eines sich niederlassenden Selbstständigen im gebührenden Maße anzuerkennen.[2277] Da jedoch die Ausübung der Niederlassungsfreiheit natürlicher und juristischer Personen gleichermaßen zwingend mit einer Integration in die nationale Volkswirtschaft und einer Unterwerfung unter das Rechtsregime des Aufnahmestaates einhergeht, ist eine Übertragung des Herkunftslandprinzips nicht immer einfach zu bewerkstelligen.[2278] Dies bezeugt auch die Regelungstechnik des Art. 49 AEUV, welcher in Abs. 2 darauf verweist, dass die „Bestimmungen des Aufnahmestaates" zu beachten sind.[2279]

2270 S.o. unter G., II., 2., b), dd).

2271 *Epiney* in: Calliess/Ruffert, EUV/AEUV, Art. 18 AEUV, Rn. 44; *v. Bogdandy* in: Grabitz/Hilf/Nettesheim, Recht der EU, Art. 18 AEUV, Rn. 58.

2272 *Hobe*, EuR, Rn. 845; *Tietje* in: Ehlers, EU-Grundrechte und -freiheiten, § 10, Rn. 53.

2273 *Herdegen*, EuR, § 14, Rn. 1 f.; *Streinz*, EuR, Rn. 807; *Tiedje* in: v.d. Groeben/Schwarze/Hatje, EuR, Vorb. Art. 49–55 AEUV, Rn. 10.

2274 *Frenz*, HB EuR, Bd. 1: Grundfreiheiten, Rn. 179, 183; *Haak/Klöck*, EuZW 2010, 53 (55); *Mestmäcker/Schweitzer* in: Mestmäcker/Schweitzer, EU-WettbewerbsR, § 2, Rn. 59.

2275 *Braun*, Wegzugsfreiheit, S. 113; *Teichmann*, ZIP 2009, 393 (398); *Frenz*, HB EuR, Bd. 1: Grundfreiheiten, Rn. 172; Oppermann/Classen/*Nettesheim*, EuR, § 22, Rn. 31.

2276 Übertragung auf alle Grundfreiheiten bereits nach *Steindorff*, ZHR 1986, 687 (689).

2277 S. bspw. bereits EuGH, Urt. v. 07.05.1991, Rs. C-340/89, ECLI:EU:C:1991:193, Rn. 13–16 – Vlassopoulou; s.a. *Korte* in: Calliess/Ruffert, EUV/AEUV, Art. 49 AEUV, Rn. 4.

2278 *Tietje* in: Ehlers, EU-Grundrechte und -freiheiten, § 10, Rn. 5; zur Wirtschaftsintegration bez. Keck-Formel s. *Eidenmüller* in: Eidenmüller, Ausländische KapGes, § 3, Rn. 16.

2279 *Frenz*, HB EuR, Bd. 1: Grundfreiheiten, Rn. 2167; *Forsthoff* in: Grabitz/Hilf/Nettesheim, Recht der EU, Art. 49 AEUV, Rn. 16.

Fraglich ist insofern auch, ob – und wenn ja, wie – dieser Gedanke auf Gesellschaften iSv Art. 54 AEUV zu übertragen ist.[2280] Die besondere Stellung des besagten Artikels im Gefüge des Vertrags zeugt von einer noch größeren Verschärfung der Übertragungsproblematik im Vergleich zu natürlichen Personen.[2281] Hinzukommt, dass Art. 49 Abs. 2 AEUV speziell die Gründung und Leitung von Gesellschaften iSd Art. 54 Abs. 2 AEUV betont, welche wiederum nach den Bestimmungen des Aufnahmestaates erfolgen soll.[2282] Allerdings können auch Gesellschaften als „Rechtsprodukte" verstanden werden und so eine Übertragung der Gedanken aus der Warenverkehrsfreiheit möglich sein.[2283]

Die Ausrichtung der Niederlassungsfreiheit auf die Errichtung des Binnenmarktes spricht dagegen für eine Übertragung des Herkunftslandprinzips.[2284] Rein ökonomisch sollen Binnengrenzen abgeschafft werden, um die freie Allokation der Produktionsfaktoren zu ermöglichen und so das Ziel der Wohlfahrtssteigerung zu erreichen.[2285] Allerdings gilt auch hier das Credo: Liberalisierung ja, aber nicht um jeden Preis.[2286] Eine gänzliche Gleichschaltung aller Regeln innerhalb der Mitgliedstaaten ist, zumindest nach jetzigem Stand, damit aber nicht gemeint.[2287]

4. Teleologische Auslegung

Aufgrund der Sprachenvielfalt sowie fehlenden Bezugnahmemöglichkeiten zu historischen Dokumenten der EU kommt der teleologischen Auslegung neben der systematischen gerade im EU-Recht eine absolut tragende Rolle zu.[2288] Die teleologische Auslegung fragt nach Ziel bzw. Sinn und Zweck der Norm.[2289] Ein wesentliches Leitmotiv ist dabei das Effet-Utile-Prinzip, wonach das EU-Recht iSd analysierten Norm möglichst weitgehende Wirkung entfalten soll.[2290] Das Ziel

---

2280 ISe kollisionsrechtlichen Herkunftslandprinzips für Gesellschaften: *Müller-Graff* in: Streinz, EUV/AEUV, Art. 54 AEUV, Rn. 15; *Eidenmüller*, ZIP 2002, 2233 (2241); *Leible/Hoffmann*, RIW 2002, 925 (930); a.A.: *Knapp*, DNotZ 2003, 85 (88).

2281 *Teichmann*, ZIP 2009, 393 (397).

2282 S.a. *Forsthoff* in: Grabitz/Hilf/Nettesheim, Recht der EU, Art. 49 AEUV, Rn. 53.

2283 So *Braun*, Wegzugsfreiheit, S. 114; auch *Wernicke*, EuZW 2002, 754 (759).

2284 IdS *Müller-Graff* in: Dauses/Ludwigs, HB EU-Wirtschaftsrecht, A. I., Rn. 160; gegen eine Auslegung der Grundfreiheiten am Binnenmarkt- und Herkunftslandprinzip generell *Körber*, Grundfreiheiten und Privatrecht, S. 27, 29.

2285 *Teichmann*, ZIP 2009, 393 (397); *Herdegen*, EuR, § 14, Rn. 2; *Streinz*, EuR, Rn. 808; ähnlich *Tietje* in: Ehlers, EU-Grundrechte und -freiheiten, § 10, Rn. 4.

2286 S.o. unter G., II., 3., b), bb).

2287 *Teichmann*, ZIP 2009, 393 (397); *Frenz*, HB EuR, Bd. 1: Grundfreiheiten, Rn. 2465.

2288 So auch *Groh*, EuZW 2002, 460 (461); als „wertkonforme Auslegung" *Potacs*, EuR 2016, 164 (172); *Pescatore*, ZEuP 1998, 1 (10); *Martiny*, ZEuP 1998, 227 (242).

2289 Oppermann/Classen/*Nettesheim*, EuR, § 9, Rn. 176; *Mayer* in: Grabitz/Hilf/Nettesheim, Recht der EU, Art. 19 EUV, Rn. 55; s.a. *Schmidt* in: MüKo HGB, § 105, Rn. 61.

2290 *Pieper* in: Dauses/Ludwigs, HB EU-Wirtschaftsrecht, B. I., Rn. 37; *Bergmann*, HL EU, Auslegung von Unionsrecht; *Potacs*, EuR 2009, 465 (469, 473); *Hobe*, EuR, Rn. 443.

einer Regel des AEUV kann unter Bezugnahme auf die Ziele der Art. 2, 3 EUV (teilweise auch die Präambel) eruiert werden.[2291] Insgesamt weist das EU-Recht zudem eine liberale marktwirtschaftliche Konzeption auf.[2292] Allerdings versucht der EuGH speziell bei den Grundfreiheiten das Ziel der Norm isoliert zu ermitteln.[2293]

a) Sinn und Zweck der Art. 49, 54 AEUV

Die Niederlassungsfreiheit trägt zur Verwirklichung eines Binnenmarktes bei (Art. 3 Abs. 1 S. 1 EUV, 26 Abs. 2 AEUV).[2294] Für die Niederlassungsfreiheit bedeutet der Binnenmarkt einen Raum ohne Binnengrenzen, in dem der freie Verkehr von natürlichen und juristischen Personen für Zwecke der Niederlassung gewährleistet ist. Selbstständige müssen ihren Firmen- bzw. Gesellschaftsstandort möglichst frei von staatlicher Einflussnahme und möglichst nur nach rational-ökomischen Gesichtspunkten wählen dürfen.[2295] Sie sollen ihre Produktionsfaktoren an dem Ort einsetzen, welcher ihnen den maximalen wirtschaftlichen Nutzen verspricht. Sie sollen also Standortvorteile ausnutzen.[2296] Die Niederlassungsfreiheit wird folglich als Produktionsfaktorfreiheit verstanden.[2297] Die völlige Aufgabe nationalstaatlicher Souveränität bzw. rechtlicher Grenzen in diesem Bereich geht damit allerdings nicht einher.[2298] Es ist jedoch zu beachten, dass die Niederlassungsfreiheit eine fortschreitende Verzahnung nationaler Volkswirtschaften zum Zwecke der Wohlfahrtsförderung bestärkt.[2299]

Art. 54 AEUV hat insbesondere die Funktion, den juristischen Personen eine Berufung auf die Niederlassungsfreiheit zu ermöglichen, indem er sie natürlichen

2291 *Hobe*, EuR, Rn. 443; *Kaufmann* in: Dauses/Ludwigs, HB EU-Wirtschaftsrecht, P. II., Rn. 66; *Mayer* in: Grabitz/Hilf/Nettesheim, Recht der EU, Art. 19 EUV, Rn. 55; zur Warenverkehrsfreiheit EuGH, Urt. v. 19.03.1991, Rs. C-202/88, ECLI:EU:C:1991:120, Rn. 41 – Kom./Frankreich.

2292 *Pieper* in: Dauses/Ludwigs, HB EU-Wirtschaftsrecht, B. I., Rn. 38; *Borchardt*, EU-Rechtsgrundlagen, Rn. 57–61; Oppermann/Classen/*Nettesheim*, EuR, § 18, Rn. 1; bereits zum „gemeinsamen Markt" *Bleckmann*, MDR 1986, 5 ff.

2293 Bspw. zur ANF EuGH, Urt. v. 19.03.1964, Rs. 75/63, ECLI:EU:C:1964:19 – Unger.

2294 *Müller-Graff* in: Streinz, EUV/AEUV, Art. 49 AEUV, Rn. 5; *Mitterecker*, Sitzverlegungen, S. 28; *Knop*, Gesellschaftsstatut, S. 47 f.; *Teichmann*, ZGR 2011, 639 (646).

2295 *Tietje* in: Ehlers, EU-Grundrechte und -freiheiten, § 10, Rn. 2; *Tiedje* in: v.d. Groeben/Schwarze/Hatje, EuR, Vorb. Art. 49–55 AEUV, Rn. 2, 4; Oppermann/Classen/*Nettesheim*, EuR, § 28, Rn. 3; *Hobe*, EuR, Rn. 837; *Herdegen*, EuR, § 16, Rn. 22.

2296 *Korte* in: Calliess/Ruffert, EUV/AEUV, Art. 49 AEUV, Rn. 1; *Teichmann*, ZIP 2009, 393 (397); *Schön*, ZGR 2013, 333 (354).

2297 *Müller-Graff* in: Streinz, EUV/AEUV, Art. 49 AEUV, Rn. 5; *Tietje* in: Ehlers, EU-Grundrechte und -freiheiten, § 10, Rn. 2.

2298 *Knop*, Gesellschaftsstatut, S. 47; *Teichmann*, ZIP 2009, 393 (397); *Barthel*, EWS 2010, 316 (324); *Leible* in: MüKo LauterkeitsR, Bd. 1, Teil III., A., Rn. 89.

2299 EuGH, Urt. v. 30.11.1995, Rs. C-55/94, ECLI:EU:C:1995:411, Rn. 25 – Gebhard; *Tiedje* in: v.d. Groeben/Schwarze/Hatje, EuR, Vorb. Art. 49–55 AEUV, Rn. 8.

Personen gleichstellt.[2300] Darüber hinaus bestimmt er unter Rückgriff auf die nationalen Vorschriften, wann eine Gesellschaft besteht und ob sie der EU zugehörig ist.[2301] Dies geschieht aber nach genuin europarechtlichen Grundsätzen.[2302] Da es sich bei Art. 54 AEUV im grundlegenden Sinne nur um eine Verweisvorschrift handelt, kann ihr keine neue Grundfreiheit für Gesellschaften als eine Art „Gründungsfreiheit" entnommen werden.[2303] Allerdings muss durch die Gleichstellung mit natürlichen Personen auch für Gesellschaften eine gewisse Mobilitätsfreiheit gelten.[2304]

b) Einfluss der teleologischen Auslegung

aa) Die Gleichstellung von natürlichen und juristischen Personen

Das Binnenmarktideal[2305] fordert die freie Mobilität natürlicher und auch juristischer Personen.[2306] Art. 54 AEUV zeugt deshalb auch von dem Ziel der Gleichstellung beider Wirtschaftsakteure.[2307] Der freie Verkehr von Gesellschaften ist allerdings für die Erreichung eines Binnenmarkts und die Genese wohlfahrtssteigernder Entwicklungen gar noch essentieller als der freie Verkehr einzelner Selbstständiger.[2308]

Das perfekte Bild des Binnenmarktes ist geprägt von einer rein ökonomischen Standortfreiheit für Unternehmen.[2309] Das Ideal blendet gleichwohl die rechtliche Wirklichkeit ein Stück weit aus oder geht von einer Vereinheitlichung des EU-Rechts aus.[2310] Die Realität ist allerdings die, dass die EU aus 28 souveränen Mitgliedstaaten besteht, die 28 verschiedene Gesellschaftsrechtsordnungen

---

2300 *Korte* in: Calliess/Ruffert, EUV/AEUV, Art. 54 AEUV, Rn. 3; *Tiedje* in: v.d. Groeben/Schwarze/Hatje, EuR, Art. 54 AEUV, Rn. 1; *Wasmeier*, Umstrukturierung, S. 72 f.

2301 *Forsthoff* in: Grabitz/Hilf/Nettesheim, Recht der EU, Art. 54 AEUV, Rn. 1; *Frenz*, HB EuR, Bd. 1: Grundfreiheiten, Rn. 2295, 2297; *Borchardt*, EU-Rechtsgrundlagen, Rn. 1041.

2302 *Tietje* in: Ehlers, EU-Grundrechte und -freiheiten, § 10, Rn. 70; Oppermann/Classen/*Nettesheim*, EuR, § 28, Rn. 13; *Teichmann*, ZGR 2011, 639 (659).

2303 So *Tiedje* in: v.d. Groeben/Schwarze/Hatje, EuR, Art. 54 AEUV, Rn. 2, 3.

2304 Oppermann/Classen/*Nettesheim*, EuR, § 28, Rn. 12.

2305 Wenn zukünftig das Binnenmarktideal erwähnt wird, ist eine Hinwendnung zum perfekten Bild des Binnenmarktes gemeint, da die Errichtung des Binnenmarktes ein Dauerziel darstellt, s. m.w.N. *Korte* in: Calliess/Ruffert, EUV/AEUV, Art. 26 AEUV, Rn. 28.

2306 *Bayer/Schmidt*, ZIP 2012, 1481 (1492); *Braun*, DZWiR 2012, 411; *Möslein*, JA 2007, 833 (834); *Kieninger*, ZEuP 2004, 685 (692).

2307 *Teichmann*, FS Hommelhoff 2012, 1213 (1235); *Wasmeier*, Umstrukturierung, S. 73.

2308 S. bspw. *Behrens*, EuZW 2013, 121 f.; *Mörsdorf*, EuZW 2009, 97; Oppermann/Classen/*Nettesheim*, EuR, § 28, Rn. 3.

2309 S.o. unter G., II., 4., a); *Hobe*, EuR, Rn. 837; *Stelmaszczyk*, EuZW 2017, 890 (893).

2310 *Teichmann*, ZIP 2009, 393 (397); *Knop*, Gesellschaftsstatut, S. 48.

bereithalten.[2311] Die Unterschiede, die hieraus erwachsen, stehen einer weitestgehenden Mobilität von Gesellschaften und damit auch der Gleichstellung mit natürlichen Personen im Weg.[2312]

Die Errichtung des Binnenmarktes ist ein stetiger Prozess.[2313] Wer weiß, ob das Idealbild irgendwann einmal erreicht sein wird.[2314] Dies lässt sich auch an Art. 54 AEUV festmachen: Solange keine einheitliche europaweite Definition von Gesellschaften besteht, kann eine absolute Gleichstellung der Rechte natürlicher und juristischer Personen nicht von der Niederlassungsfreiheit gewährleistet werden. Sie ist im Bereich des Gesellschaftsrechts, wie Art. 54 AEUV eindeutig belegt, von den nationalen Rechtsordnungen abhängig.[2315] Wenn dagegen alleine das Ziel des Art. 54 AEUV maßgebend sein soll, muss eine uneingeschränkte Gleichstellung natürlicher und juristischer Personen erfolgen. Gleiches folgt aus dem Effet-Utile-Prinzip, wonach das EU-Recht größtmögliche Wirkung entfalten soll.[2316]

bb) Anknüpfungsautonomie im Bereich der (Fort-)Existenz der Gesellschaft

Dieser Effet-Utile-Grundsatz spricht auch gegen eine weitgehende Anknüpfungsautonomie der Mitgliedstaaten.[2317] Das Europarecht ist eine eigenständige Rechtsordnung, die dem nationalen Recht vorgeht und Ausstrahlungswirkung auf dieses erzeugt.[2318] In diesem Sinne ist eindeutig, dass auch Art. 54 AEUV, trotz des Verweises auf nationales Recht, eigenständig darüber entscheidet, ob eine Gesellschaft besteht oder nicht.[2319] Die Berufung auf nationales Recht erfolgt in Ermangelung einer eigenständigen Definition.[2320] Damit wird gleichzeitig eine gewisse Autonomie der Mitgliedstaaten im Gesellschaftsrecht gewahrt.[2321] Diese soll aber nur

---

2311 Dies folgt im Grundsatz bereits aus dem Prinzip der begrenzten Einzelermächtigung iSv Art. 5 Abs. 2 EUV; s. dazu *Calliess* in: Calliess/Ruffert, EUV/AEUV, Art. 5 EUV, Rn. 6 ff.; *Streinz* in: Streinz, EUV/AEUV, Art. 5 EUV, Rn. 5; ansonsten s. noch Art. 52 AEUV.

2312 So EuGH, Urt. v. 27.09.1988, Rs. 81/87, ECLI:EU:C:1988:456, Rn. 20 – Daily Mail; EuGH, Urt. v. 16.12.2008, Rs. C-210/06, ECLI:EU:C:2008:723, Rn. 105 – Cartesio.

2313 *Teichmann*, ZIP 2009, 393 (396 f.); *Barthel*, EWS 2010, 316 (324).

2314 Insofern ist die Errichtung des Binnenmarktes nach Art. 26 AEUV auch als Daueraufgabe zu verstehen, s. *Schröder* in: Streinz, EUV/AEUV, Art. 26 AEUV, Rn. 9.

2315 *Braun*, DZWiR 2012, 411 (413); *Teichmann*, ZIP 2009, 393 (397); *Möslein*, JA 2007, 833 (834); *Kindler* in: MüKo BGB, Bd. 12, Teil 10, Rn. 131.

2316 So *Wilhelmi*, JZ 2009, 409 (411); kritisch *Barthel*, EWS 2010, 316 (324).

2317 *Knop*, DZWiR 2009, 147 (150); *Wilhelmi*, JZ 2009, 409 (411).

2318 EuGH, Urt. v. 15.07.1964, Rs. 6/64, ECLI:EU:C:1964:66 – Costa/ENEL; EuGH, Urt. v. 09.03.1978, Rs. 106/77, ECLI:EU:C:1978:49, Rn. 14–18 – Simmenthal.

2319 *Forsthoff* in: Grabitz/Hilf/Nettesheim, Recht der EU, Art. 54 AEUV, Rn. 17; *Teichmann*, ZIP 2009, 393 (399); a.A.: *Barthel*, EWS 2010, 316 (322).

2320 *Zimmer/Naendrup*, NJW 2009, 545; *Schmidt-Kessel*, GPR 2009, 26 (28); *Brakalova/Barth*, DB 2009, 213 (214); *Sethe/Winzer*, WM 2009, 536 (537).

2321 *Leible/Hoffmann*, BB 2009, 58 (59); *Müller-Graff*, FS Hellwig 2010, 251 (261).

so weit reichen wie notwendig.[2322] Der EuGH hat Ausnahmen iSe teleologischen Auslegung immer nur sehr geringe Anwendbarkeit zugestanden.[2323] Man könnte Art. 54 AEUV demnach als Ausnahme von der Anwendung supranationalen Rechts begreifen, auch wenn schlussendlich im europarechtlichen Rahmen nur unter Zuhilfenahme nationalen Rechts entschieden wird.

Darüber hinaus spricht das Konzept des Binnenmarktes in erster Linie gegen eine möglichst weitreichende Autonomie der Mitgliedstaaten im Bereich des Gesellschaftsrechts.[2324] Wenn ökonomische Aspekte allein den Ausschlag für die Wahl eines Unternehmensstandortes geben sollen, dann darf ein Mitgliedstaat trotz seiner Definitionshoheit einen Standortwechsel nicht verhindern.[2325] Dies gilt umso mehr, wenn ein nach dem Europarecht bestimmter tauglicher Rechtsträger der Niederlassungsfreiheit besteht und seine Existenz im Zuge der Sitzverlegung negiert wird.[2326]

Dieser Umstand ließe sich über einen von rechtlicher Finesse geprägten Kunstgriff aus dem Weg räumen: Die Niederlassungsfreiheit der entstandenen Gesellschaft könnte unter der Bedingung stehen, dass eine grenzüberschreitende Verlegung des (Verwaltungs-)Sitzes in Zukunft unterbleibt.[2327] Woraus sich eine solche Bedingung im nationalen Recht ableiten ließe, ist allerdings nicht ersichtlich. Außerdem könnte das nationale Recht dann beliebig über die europarechtliche Fragestellung entscheiden, ob ein tauglicher Rechtsträger der Niederlassungsfreiheit besteht.[2328] Hinzukommt, dass eine Bedingung nur Ex-Nunc-Wirkung entfaltet, ein Rechtsträger also im rechtlichen und tatsächlichen Sinne bestand.[2329] Diese mitgliedstaatliche Hoheit über europäisch geprägte Sachverhalte ist mit dem grundsätzlichen Verhältnis von Europarecht und nationalem Recht nicht zu vereinbaren.[2330] Außerdem geht der Gedanke einer Bedingung fehl, weil es beim

---

2322 *Forsthoff* in: Grabitz/Hilf/Nettesheim, Recht der EU, Art. 54 AEUV, Rn. 17; *Hahn*, JurisPR-SteuerR 39/2012, Anm. 6, spricht von einer Verengung des Autonomiebereichs.

2323 EuGH, Urt. v. 13.11.1964, Rs. 90/63 und 91/63, ECLI:EU:C:1964:80 – Kom./Luxemburg und Belgien; EuGH, Urt. v. 21.06.1974, Rs. 2/74, ECLI:EU:C:1974:68, Rn. 44/45 – Reyners; EuGH, Urt. v. 28.10.1975, Rs. 36/75, ECLI:EU:C:1975:137, Rn. 26/28 – Rutili.

2324 *Braun*, DZWiR 2012, 411 (413); s. allgemein *Kieninger*, Wettbewerb, S. 348 f.

2325 *Verse*, ZEuP 2013, 458 (462).

2326 *Forsthoff* in: Grabitz/Hilf/Nettesheim, Recht der EU, Art. 54 AEUV, Rn. 17; *Schön*, ZGR 2013, 333 (353); *Knof/Mock*, ZIP 2009, 24 (32).

2327 So *Barthel*, EWS 2010, 316 (322), welcher auch die Probleme sieht, s. insb. Fn. 95.

2328 IdS auch *Forsthoff* in: Grabitz/Hilf/Nettesheim, Recht der EU, Art. 54 AEUV, Rn. 17; ebenso *Herrler*, DNotZ 2009, 484 (486 f.) und *Knof/Mock*, ZIP 2009, 24 (32); s.a. *Weng*, EWS 2008, 264 (272): „Niederlassungsfreiheit von mitgliedstaatlichen Gnaden".

2329 *Schall/Barth*, NZG 2012, 414 (418); ähnlich *Forsthoff* in: Hirte/Bücker, Grenzüberschreitende Gesellschaften, § 2, Rn. 37; zur Ex-Nunc-Wirkung von Bedingungen s. *Rövekamp* in: Bamberger/Roth/Hau/Poseck, BeckOK BGB, § 158, Rn. 21, 24.

2330 S.o. unter G., II., 3., b), cc); zum Anwendungsvorrang s.a. *Frenz*, EuR, Rn. 126 ff.

Formwechsel gerade nicht im Belieben des Mitgliedstaates steht, ob er einen solchen im transnationalen Rahmen zulässt.[2331] So müsste diese Erwägung um eine Formwechselausnahme erweitert werden.

Andererseits ist es auch nicht das Ziel des Art. 54 AEUV, den Gründungstaaten jeglichen Beurteilungsspielraum bezüglich ihrer Gesellschaften zu nehmen. Sofern die Definitionshoheit der Mitgliedstaaten nicht auch für die Fortexistenz der Gesellschaften gilt, könnten juristische Personen nach Erfüllung der Anknüpfungskriterien ihren Sitz beliebig verlegen, wodurch das Anknüpfungselement nur formal wirkte.[2332] Der Art. 54 AEUV spiegelt die Spannung zwischen mitgliedstaatlicher Autonomie und binnenmarktfreundlicher Integration wider.[2333] Er kann insofern als Sinnbild für das gesamte EU-Gefüge stehen, in der ein immer währender Konflikt zwischen nationalstaatlicher Souveränität und EU-rechtlicher Vereinheitlichung unter Übertragung von Hoheitsrechten schwelt. Diese widerstreitenden Positionen auszutarieren ist aber zuvörderst Sache des EU-Gesetzgebers, wobei der EuGH durch die Auslegung der Grundfreiheiten Hilfestellung leisten kann, sofern die Legislativorgane ihre Aufgaben nicht wahrnehmen.[2334] Damit ist iSe weitreichenden Homogenität die Autonomie der Mitgliedstaaten für die Fortexistenz der Gesellschaften nicht zwingend, aber immerhin schlüssig, vor allem, wenn der Formwechsel die Grenze der Autonomie bedeutet.[2335]

cc) (partielle) Wegzugsfreiheit

Die Realisierung der Wegzugsfreiheit entspricht in ihrer reinsten Form dem Binnenmarktideal und damit im Grundsatz auch dem Sinn und Zweck der Niederlassungsfreiheit.[2336] Rein ökonomisch betrachtet ist eine Wegzugssperre Gift für eine umfangreiche Mobilität.[2337] Diese Annahme verschärft sich dadurch, dass es eine umfängliche Zuzugsfreiheit ohne Wegzugsfreiheit nicht geben kann.[2338] Oft gefährden Beschränkungen des Wegzugs das Binnenmarktziel noch stärker als

---

2331 S. *Verse*, ZEuP 2013, 458 (462); *Herrler*, DNotZ 2009, 484 (492); zum Formwechsel s. noch zugleich und unten unter G., II., 4., b), cc) und G., II., 5.

2332 *Tiedje* in: v.d. Groeben/Schwarze/Hatje, EuR, Art. 54 AEUV, Rn. 7; *Barthel*, EWS 2010, 316 (322); *Teichmann*, ZIP 2009, 393 (400 f.); *Verse*, ZEuP 2013, 458 (462).

2333 *Braun*, DZWiR 2012, 411 (413); *Barthel*, EWS 2010, 316 (322).

2334 Zum Versäumnis des EU-Gesetzgebers s. *Schön*, ZGR 2013, 333 (335 f.); nach *Teichmann*, ZIP 2009, 393 (397) wird das Spannungsverhältnis nicht zu Gunsten eines Prinzips aufgelöst, sondern iSe praktischen Konkordanz mit äußerster Wirkung beider Prinzipien.

2335 So *Verse*, ZEuP 2013, 458 (462); s.a. *Herrler*, DNotZ 2009, 484 (492).

2336 *Doralt*, IPRax 2006, 572 (575); *Campos Nave*, BB 2008, 1410 (1413); *Bayer/Schmidt*, ZHR 2009, 735 (743 f.); *Schmidt-Kessel*, GPR 2009, 26 (29).

2337 *Pießkalla*, EuZW 2009, 75 (82); im Umkehrschluss *Verse*, ZEuP 2013, 458 (462).

2338 *Saenger*, FS P+P Pöllath+Partners 2008, 295 (305); *Kobelt*, GmbHR 2009, 808 (809); *Campos Nave*, BB 2008, 1410 (1413).

solche des Zuzugs.[2339] Für eine absolute Wegzugsfreiheit[2340] streitet auch der Effet-Utile-Grundsatz.[2341] Wenn man die Zielsetzung des Art. 54 AEUV – die Gleichstellung juristischer und natürlicher Personen – isoliert betrachtet, so genügt auch hier eine partielle Wegzugsfreiheit nicht.[2342]

Die Frage, die sich allerdings im Anschluss stellt, ist, ob eine absolute Wegzugsfreiheit auch gleichbedeutend ist mit einer Freiheit der Rechtswahl.[2343] Schützt die Niederlassungsfreiheit mit anderen Worten die Zulassung einer Gesellschaftsgründung nach der Wunschrechtsordnung und die darauf folgende Mitnahme des Gesellschaftsstatuts im Zuge einer Sitzverlegung? Durch die Ermöglichung des grenzüberschreitenden Formwechsels in beide Richtungen herrscht eine uneingeschränkte „Zugfreiheit" (Wegzug und Zuzug) und damit eine vollkommene Unternehmensmobilität im ökonomischen Sinne.[2344] Die ökonomischen und damit binnenmarktrelevanten Argumente gegen eine partielle Wegzugssperre verlieren durch die Zulassung des Formwechsels ihre Wirkung: Eine Gesellschaft wird nicht notwendigerweise „an der Grenze erschlagen" – sie darf weiterleben.[2345] Eine wirtschaftlich unvorteilhafte, weil vor allem zeitraubende und aufwendige Auflösung ist nicht mehr notwendig, sofern die Gesellschaft bei Verlegung ihres Sitzes bereit ist, die Rechtsform des Aufnahmestaates anzunehmen.[2346] Die Vor- und Nachteile einer Rechtswahlfreiheit sind mannigfaltig.[2347] Im Sinne der Binnenmarktzielsetzung einer tatsächlichen Mobilität ist ein Argumentationsaustausch diesbezüglich allerdings nicht notwendig.

2339 *Richter*, IStR 2008, 719 (721); *Zimmer*, NJW 2003, 3585 (3592).

2340 Es ist der Wegzug in allen Konstellation gemeint – auch die Verwaltungssitzverlegung.

2341 *Behme/Nohlen*, NZG 2008, 496 (497); *dies.*, BB 2009, 11 (13); *Brakalova/Barth*, DB 2009, 213 (215); im weiteren Sinne auch *Knop*, DZWiR 2009, 147 (150).

2342 *Teichmann*, FS Hommelhoff 2012, 1213 (1233 ff.); *Otte*, EWS 2009, 31 (39); *Müller-Graff* in: Müller-Graff/Teichmann, EU-GesR, 9 (22).

2343 *Bollacher*, RIW 2012, 712 (717); unter einer ökonomischen Perspektive angedacht, aber aE abgelehnt durch *Schön*, ECFR 2006, 122 (126 f.).

2344 *Verse*, ZEuP 2013, 458 (462);

2345 *Mörsdorf*, EuZW 2009, 97 (100); *Bayer/Schmidt*, BB 2010, 387 (391).

2346 Inkl. Liquidierung und Neugründung; vgl. *Braun*, DZWiR 2012, 411 (413); *Jaensch*, EWS 2012, 183 (184); *Mörsdorf/Jopen*, ZIP 2012, 1394 (1398).

2347 Nach *Kersting*, NZG 2003, 9 (9 f.) können Schutzlücken entstehen; s.a. *Weller*, Rechtswahlfreiheit, S. 6; *ders.* in: MüKo GmbHG, Bd. 1, Eltg., Rn. 337 bez. des Wettbewerbs der Gesellschaftsrechtsordnungen und des „race to the bottom", aber auch die Möglichkeit eines „race to the top" nach *Wall* in: Hausmann/Odersky, Int. PrivR, §18, Rn. 17; ebenso *Heidenhain*, NZG 2002, 1141 (1142); *Eidenmüller*, ZIP 2002, 2233 (2235); sie hat darüber hinaus bspw. den Vorteil, dass Unternehmer sich die für ihre Bedürfnisse individuell am besten geeignete Rechtsform auswählen dürfen, allerdings kann es dazu kommen, dass Mitgliedstaaten mit fremden Rechtsordnungen konfrontiert werden, in denen sie sich nur wenig bis gar nicht auskennen, was eine Kontrolle sehr schwer macht.

Eine europäische Rechtswahlfreiheit muss sich dann aus der Niederlassungsfreiheit selbst ergeben. Auch mit einer Formwechselpflicht im Falle des Wegzugs sind ökonomische Nachteile verbunden: Wenn die Sitzverlagerung das Hauptmotiv eines Formwechsels ist, muss die Gesellschaft sich in eine Rechtsordnung integrieren, die ihr möglicherweise zunächst fremd ist. Einarbeitungsphasen kosten Zeit und damit Geld. Darüber hinaus steht die Durchführung des Formwechsels mangels europäischer Harmonisierung noch auf unsicheren Füßen.[2348] Dass solche Nachteile von der Niederlassungsfreiheit ausgemerzt werden müssen, ist nicht eindeutig ersichtlich.[2349]

Eine absolute Wegzugsfreiheit und auch eine Freiheit der Rechtsformwahl sind im Binnenmarkt durchaus vorstellbar.[2350] Eine Rechtswahlfreiheit widerspricht auch nicht dem Sinn und Zweck der Niederlassungsfreiheit, er geht darüber hinaus.[2351] Aus der Niederlassungsfreiheit eine unbedingte Rechtswahlfreiheit abzuleiten ist nach jetzigem Stand nicht möglich.[2352] Die Grundfreiheiten alleine sollten aber auch nie den perfekten Binnenmarkt formen. Dazu bedarf es flankierender Maßnahmen des EU-Gesetzgebers oder aber mitgliedstaatlicher Eigeninitiative.[2353] Der EU-Gesetzgeber kann wiederum weitereichender agieren, als es eine Auslegung der Grundfreiheiten zulassen würde.[2354]

dd) Etablierung des Herkunftslandprinzips

Das Bestimmungslandprinzip sorgt für Marktgleichheit, während das Herkunftslandprinzip eine weitestgehende Verbreitungsmöglichkeit von Waren und Personen fördert, indem es auch diskriminierungsfreie Behinderungen einer Grundfreiheitsprüfung unterstellt und damit das Ziel des barrierefreien Binnenmarktes verwirklicht.[2355] Eine Anerkennungspflicht von Gesellschaften aus anderen Mitgliedstaaten iSd Herkunftslandprinzips entspricht somit dem Telos der Niederlassungsfreiheit, auch weil eine Nichtanerkennung einer Negierung der

---

2348 *Verse*, EuZW 2013, 336 (337); *Böttcher/Kraft*, NJW 2012, 2701 (2704); *Nagy*, IPrax 2013, 582 (583); *Jaensch*, EWS 2012, 183 (185).

2349 *Behrens*, EuZW 2012, 121 und *Mitterecker*, Sitzverlegungen, S. 226, hinterfragen eine rein wirtschaftliche Auslegung der Niederlassungsfreiheit; laut *Mörsdorf/Jopen*, ZIP 2012, 1394 (1400) beanstandet der EuGH nicht „jede kosten- und zeitraubende Regel".

2350 *Teichmann*, ZIP 2009, 393 (401).

2351 So aber *Stelmaszczyk*, EuZW 2017, 890 (893).

2352 *Roth*, FS Hoffmann-Becking 2013, 965 (992); *Teichmann*, DB 2012, 2085 (2087); *Bollacher*, RIW 2012, 712 (718); a.A.: *Bayer/Schmidt*, ZIP 2012, 1481 (1490).

2353 *Teichmann*, ZIP 2006, 355 (359 f.); *Krause/Kulpa*, ZHR 2007, 38 (42 f.) bereits zur Verschmelzung; ähnlich *Barthel*, EWS 2010, 316 (324).

2354 Vgl. *Drygala*, EuZW 2013, 569 (571); *König/Bormann*, NZG 2012, 1241 (1243).

2355 *Knop*, Gesellschaftsstatut, S. 48 ff. mit Bezug zur Cassis-Rechtsprechung, s. EuGH, Urt. v. 20.02.1979, Rs. C-120/78, ECLI:EU:C:1979:42, Rn. 8 – Rewe-Zentral.

Rechtspersönlichkeit, mehr noch der gesamten Existenz der Gesellschaft gleichkäme.[2356] Zwar entstehen durch solche Anerkennungspflichten möglicherweise Regelungsgefälle in den Gesellschafts- oder auch Steuerrechten der Mitgliedstaaten, jedoch ist das Ausnutzen derselben eine Form der Verwirklichung des freien Binnenmarktes.[2357]

Die Mobilität von Gesellschaften wäre nicht hinreichend gewährleistet, wenn nur Diskriminierungen durch die Niederlassungsfreiheit verboten wären.[2358] Eine umfangreiche, am Binnenmarktideal orientierte Verkehrsfähigkeit juristischer Personen lässt sich nur mit Hilfe beider Prinzipien (s.o.) erreichen.[2359] Dies wird besonders deutlich, wenn man sich vor Augen führt, dass Diskriminierungen nunmehr weitestgehend vom Markt verbannt sind und Beschränkungen die Hauptgefahr für das Binnenmarktziel darstellen. Beschränkungen sind zwar formalrechtlich weniger schwerwiegend als Diskriminierungen, jedoch kann sich dies in der wirtschaftlichen Realität auch anders darstellen.[2360] Eine nahtlose Anwendung des Herkunftslandprinzips gestaltet sich allerdings schwierig, weil der Niederlassungsvorgang nicht nur ein rein ökonomischer und tatsächlicher ist, sondern eben auch rechtliche Qualität hat, er also mit einer Integration in die Zielrechtsordnung einhergeht.[2361]

5. Bewertung

Alle vier analysierten Bereiche (die Gleichstellung natürlicher und juristischer Personen, die Anknüpfungsautonomie der Mitgliedstaaten, die Wegzugsfreiheit und das Herkunftslandprinzip) sind thematisch, systematisch und auch argumentativ miteinander verbunden und bedingen sich teilweise gegenseitig. Letzteres lässt sich an einer Relationskette ausmachen: Natürliche Personen sind juristischen Personen im heutigen Binnenmarkt rechtlich nicht völlig gleichgestellt, weil sie bspw. keine völlige Wegzugsfreiheit genießen, welche aufgrund der mitgliedstaatlichen Anknüpfungsautonomie nicht vollends verwirklicht werden kann. Die Anknüpfungsautonomie führt wiederum dazu, dass das Herkunftsstaatsprinzip bei der

---

2356 IdS *Forsthoff*, EuR 2000, 167 (189 f.); *Eidenmüller*, ZIP 2002, 2233 (2241).

2357 *Lang/Orttmann* in: Ziemons/Jaeger, BeckOK GmbHG, Int. GesR, Rn. 42; *Weller*, DStR 2003, 1800 (1803); *Drygala*, EuZW 2013, 569 (572); s.a. *Meilicke*, GmbHR 2003, 1260 (1271); *Sandrock*, AG 2004, 57 (65); *Kanzleiter*, DNotZ 2003, 885.

2358 *Knop*, Gesellschaftsstatut, S. 124; für die Warenverkehrsfreiheit *Schwartz*, ZEuP 1994, 559 (582 f.), m. Verw. auf *Steindorff*, ZHR 1994, 149 (165); *Streinz*, EuR, Rn. 835.

2359 IdS *Teichmann*, ZIP 2009, 393 (398); *Ludwigs* in: Dauses/Ludwigs, HB EU-Wirtschaftsrecht, E. I., Rn. 83.

2360 *Streinz*, EuR, Rn. 835; *Ehlers* in: Ehlers, EU-Grundrechte und -freiheiten, § 7, Rn. 30.

2361 *Tietje* in: Ehlers, EU-Grundrechte und -freiheiten, § 10, Rn. 2; *Knop*, Gesellschaftsstatut, S. 124; *Forsthoff* in: Grabitz/Hilf/Nettesheim, Recht der EU, Art. 49 AEUV, Rn. 112 will rechtliche Rahmenbedingungen nicht am Beschränkungsverbot messen.

Niederlassungsfreiheit nicht in gleicher Weise verwirklicht werden kann wie bei der Warenverkehrsfreiheit. Viele Argumentationsstränge lassen sich auf alle vier Bereiche anwenden und überlappen in gewisser Weise. Besonders deutlich wird dies bei der teleologischen und systematischen Auslegung.[2362] Man bedenke nur, dass die Grundfreiheiten systematisch als Teilbereich des Binnenmarktes konzipiert sind (Dritter Teil der internen Politiken und Maßnahmen, Art. 26–197 AEUV) und damit auch dem Ziel der Binnenmarktintegration dienen.

a) Die Gleichstellung von natürlichen und juristischen Personen

Der EuGH legt die Niederlassungsfreiheit für natürliche und juristische Personen nicht in gleicher Weise aus. So werden etwa alle Wegzugshindernisse für natürliche Personen auch am Beschränkungsverbot gemessen. Bei Gesellschaften ist dies aufgrund der Anknüpfungsautonomie der Mitgliedstaaten im Bereich der Gesellschaftsgründung nicht der Fall. Diese Ungleichbehandlung widerspricht dem Wortlaut des Art. 54 AEUV. Sie lässt sich allerdings auch nicht mit der Anknüpfungsautonomie rechtfertigen. Eine solche besteht im Grundsatz auch bei natürlichen Personen. Diese können sich erst auf die Niederlassungsfreiheit berufen, wenn sie Staatsangehörige eines EU-Mitgliedstaates sind.[2363] Gleiches gilt für Gesellschaften, wenn sie nach den Rechtsvorschriften eines Mitgliedstaates gegründet sein müssen. Diese Prüfung (Staatsangehörigkeit und Gründung nach nationaler Rechtsordnung) stellt für Gesellschaften und natürliche Personen gleichermaßen die Primärebene der Niederlassungsfreiheit, also den persönlichen Schutzbereich dar.

Der Entzug der Staatsbürgerschaft einer natürlichen Person im Falle der Verlegung des tatsächlichen Aktionszentrums in das EU-Ausland ist eine unverhältnismäßige Beschränkung im Zeichen der Niederlassungsfreiheit.[2364] Dagegen ist laut EuGH der Entzug der Rechtsform im Falle der Verlegung des tatsächlichen Aktionszentrums einer Gesellschaft, welche sich aus der Gründung nach mitgliedstaatlichen Regeln ergibt, keine unverhältnismäßige Beschränkung.[2365] Sie ist gar kein Anwendungsfall der Niederlassungsfreiheit. Ebenso wenig sollen Art. 49, 54 AEUV zur Anwendung kommen, wenn der Verwaltungssitz einer Gesellschaft in das Ausland verlegt werden soll und mangels Formwechselmöglichkeit im Zuzugsstaat

2362 Diese verschwimmen aber im allg. bereits häufiger, s. Oppermann/Classen/*Nettesheim*, EuR, § 9, Rn. 172; *Colneric*, ZEuP 2005, 225 (227): „gehen ineinander über".

2363 *Sethe/Winzer*, WM 2009, 536 (538); *Frenzel*, EWS 2009, 158 (161).

2364 Ein Betrug bei der Einbürgerung kann mit dem Entzug der Staatsbürgerschaft sanktioniert werden. Der Entzug muss aber trotz alledem verhältnismäßig sein (Art. 20 AEUV), s. EuGH, Urt. v. 02.03.2010, Rs. C-135/08, ECLI:EU:C:2010:104, Rn. 55, 59 – Rottmann.

2365 Die Pflicht zum Formwechsel im Falle (auch) der Verwaltungssitzverlegung ergibt sich aus der Möglichkeit des Wegzugstaats, eine formwahrende Verlegung zu verhindern.

oder mangels tatsächlichen Willens der Gesellschaft zum Formwechsel der Wegzugsstaat die Auflösung und Liquidierung der Gesellschaft anordnet, „also die Guillotine aufstellt, um das Todesurteil für die juristische Person zu vollstrecken." Beide Sachverhalte (Entzug der Staatsangehörigkeit und Entzug der Rechtsform durch Formwechselpflicht bzw. der Rechtspersönlichkeit) sind allerdings auf der Sekundärebene der Niederlassungsfreiheit (Beeinträchtigungsebene) zu verorten.

Im Grundsatz ließen sich einer historischen Auslegung keine Aussagen für oder wider einer Gleichstellung abgewinnen.[2366] Wenn man die historische Auslegung allerdings nicht auf die Frage beschränkt, was der EU-Gesetzgeber zu Zeiten der EGKS oder zum Zeitpunkt jeder Vertragsreform mit einer spezifischen Norm bezweckte, sondern den Gesamtzusammenhang der Verträge in seiner fortschrittlichen Entwicklung erfasst, spricht auch diese Auslegungsart für eine Gleichstellung beider Personen. Die fortschreitende Verwirklichung des Binnenmarktes und der Wegfall der Übergangsphasen sowie die fortwährende Verzahnung nationaler Volkswirtschaften zeigen eine zunehmende marktliberale Sicht beim Verständnis der EU und den Marktfreiheiten, welche für den Abbau von Mobilitätshindernissen in den Gesellschaftsrechtsordnungen der Mitgliedstaaten sprechen.

Des Weiteren streitet auch die Konvergenz der Grundfreiheiten für eine Gleichstellung. Eine Unterscheidung beider Perspektiven ist in keiner anderen Grundfreiheit angelegt. Eine einheitliche Prüfungsstruktur und dogmatisch angeglichene Durchdringung der Grundfreiheiten wäre der Rechtssicherheit im Binnenmarkt förderlich.[2367] Dabei ist aber speziell auf die atypische Vorschrift des Art. 54 AEUV und seine Stellung innerhalb des Vertrags zu achten. Keine der Grundfreiheiten stellt eine Gleichstellung explizit her. Trotzdem können sich Gesellschaften auch auf die Warenverkehrsfreiheit berufen. Die Einzigartigkeit des Art. 54 AEUV lässt sich allerdings in einer Gesamtschau der Grundfreiheiten relativieren: Die Warenverkehrs-, die Kapital- und Zahlungsverkehrsfreiheit sind sachbezogen und schützen die dahinter stehenden Personen, also auch juristische Personen. Auf die Dienstleistungsfreiheit ist Art. 54 über Art. 62 AEUV ohnehin anwendbar. Übrig bliebe die Arbeitnehmerfreizügigkeit, wobei sich Gesellschaften selten auf diese berufen würden. Eine explizite Gleichstellung ist also nur bei der Niederlassungs- und Dienstleistungsfreiheit notwendig. Hinzukommt der Vergleich zwischen den beiden persönlichen Schutzbereichen der Niederlassungsfreiheit: Es wurde bereits erklärt, dass auch eine natürliche Person erst Staatsbürger eines Mitgliedstaates sein muss, um sich auf die Niederlassungsfreiheit berufen zu können. Parallel dazu muss eine Gesellschaft nach den Rechtsvorschriften eines Mitgliedstaates gegründet sein. Eine Ungleichbehandlung erschließt sich daraus nicht.

2366 *Pieper* in: Dauses/Ludwigs, HB EU-Wirtschaftsrecht, B. I., Rn. 46 f.; *Langenbucher* in: Langenbucher, EU-PrivatR, § 1, Rn. 13; *Weiler*, ZEuP 2010, 861 (863).

2367 Zur Notwendigkeit und zum Nutzen einer übegreifenden Dogmatik s. *Jarass*, EuR 2000, 705 ff.; *ders.*, EuR, 1995, 202 ff.

Der Sinn und Zweck der Niederlassungsfreiheit liegt in der Verwirklichung des Binnenmarktes. In der heutigen Zeit müssen vor allem Unternehmen die Möglichkeit haben, ihren Standort nach ökonomischen Faktoren auswählen oder auch verlegen zu können. Allerdings besteht der Binnenmarkt aus verschiedenen nationalen Rechtsordnungen, welche mehr oder minder harmonisiert sind. Der Niederlassungsvorgang ist darüber hinaus durch eine Integration in die nationale Volkswirtschaft eines Mitgliedstaates geprägt. Dass damit notwendigerweise auch eine Unterordnung unter das Recht des Staates der Niederlassung einhergeht, liegt auf der Hand.[2368] Das endgültige Ziel ist die Herstellung eines barrierefreien Binnenmarktes, welches aber noch nicht erreicht ist. Solange dies nicht der Fall ist müssen einzelne Unterschiede in den Rechtsordnungen bis zu einem gewissen Grad toleriert werden. Eine Angleichung der Gesellschaftsrechte ist allerdings Aufgabe des europäischen Gesetzgebers. Die Grundfreiheiten vermögen diese Aufgabe nach derzeitigem Stand nicht zu leisten.

Trotz fehlender Vereinheitlichung nationaler Gesellschaftsrechte im Binnenmarkt ist die teilweise unterschiedliche Behandlung natürlicher und juristischer Personen durch den EuGH nicht überzeugend. Dies unterstreicht die Auslegung nach dem Wortlaut, der Historie, mit Abstrichen auch die Systematik und vor allem der Telos. Auch die Mitgliedstaaten verleihen ihre Staatsangehörigkeit, ebenso wie die Rechtsform und Rechtspersönlichkeit einer Gesellschaft, nach unterschiedlichen Methoden. Auch wenn der Vergleich, den der EuGH selbst eröffnet hat, möglicherweise unglücklich erscheint und vielleicht eher auf die Existenz von juristischen und natürlichen Person abgestellt werden sollte, liegt in ihm doch insbesondere im Hinblick auf die Grundfreiheitsberechtigung ein richtiger Kern.[2369] Darüber hinaus spricht alleine schon das Ziel des Art. 54 AEUV für eine Gleichstellung.[2370] Dieses Ziel wird durch den Effet-Utile-Grundsatz unterstützt.

Auch die eindeutige Feststellung, dass natürliche und juristische Personen grundlegend unterschiedlich agieren und Gesellschaften nur kraft einer Rechtsordnung oder eines rechtlichen Rahmenwerkes bestehen, kann darüber nicht hinweghelfen.[2371] Allerdings ist die richterliche Zurückhaltung des EuGH im Hinblick auf die Unterschiede in den Rechtsordnungen, das Prinzip der begrenzten Einzelermächtigung (Art. 5 Abs. 2 EUV) und das Subsidiaritätsprinzip (Art. 5 Abs. 3 EUV) auch nachzuvollziehen. Umso wichtiger ist es, dass der EU-Gesetzgeber fortan wieder verstärkt Maßnahmen trifft. An diesen abschließenden Ausführungen ist erneut zu erkennen, wie eng alle vier Themenbereiche miteinander verbunden sind.

2368 *Knop*, Gesellschaftsstatut, S. 124; *Forsthoff* in: Grabitz/Hilf/Nettesheim, Recht der EU, Art. 49 AEUV, Rn. 16. *Tietje* in: Ehlers, EU-Grundrechte und -freiheiten, § 10, Rn. 2, 5.

2369 S.a. *Sethe/Winzer*, WM 2009, 536 (538); *Leible/Hoffmann*, BB 2009, 58 (59).

2370 *Teichmann*, ZIP 2009, 393 (396).

2371 So aber *Barthel*, EWS 2010, 316 (323); s.a. *Teichmann*, FS Hommelhoff 2012, 1213 (1213 f.); *Frenzel*, EWS 2009, 158 (161).

b) Anknüpfungsautonomie im Bereich der (Fort-)Existenz der Gesellschaft

Der Wortlaut des Art. 54 AEUV spricht für eine Anknüpfungs- und Definitionsautonomie der Mitgliedstaaten im Bereich der Gründung von Gesellschaften. Allerdings ist dies eher der Wendung „nach den Rechtsvorschriften eines Mitgliedstaates gegründet" als der Aufzählung der verschiedenen Anknüpfungspunkte zu entnehmen. Letztere bezweckt die Lokalisierung innerhalb der Union. Dagegen ist dem Wortlaut ein autonomer Bereich für die Fortexistenz nicht zu entnehmen.

Historisch gilt im Grundsatz das Gleiche wie für die Gleichstellung juristischer und natürlicher Personen.[2372] Die fortschreitende Entwicklung des Binnenmarktes spricht für einen Abbau mitgliedstaatlicher Autonomie. Allerdings ist das Binnenmarktideal noch nicht erreicht, weshalb eine weitestgehende Ablösung staatlicher Rechtsordnungen aktuell nicht gefordert ist.[2373] Darüber hinaus ist der Wegfall des ehemaligen Art. 293 EGV ein Indiz für die Einschränkung der mitgliedstaatlichen Autonomie.

Die hervorgehobene Stellung des Art. 54 AEUV innerhalb des Vertragsgefüges spricht für einen mitgliedstaatlichen Autonomiebereich. Dies gilt allerdings nicht zugleich für die Fortexistenz von Gesellschaften. Sofern man das grundlegende Verhältnis von europäischem und nationalem Recht, also ein prinzipielles Vorrangverhältnis des EU-Rechts, als Maßstab ansieht, ist der Verweis auf mitgliedstaatliches Recht als Ausnahmevorschrift anzusehen. Solche sind im Grundsatz eng auszulegen. Somit streitet auch der Effet-Utile-Grundsatz gegen eine weitreichende Autonomie. Ein Vergleich mit natürlichen Personen bestätigt diese Ansicht. Auch die Erteilung der Staatsbürgerschaft regeln die Mitgliedstaaten autonom. Die Fortexistenz der Staatsbürgerschaft muss aber unter Beachtung des Unionsrechts gewährleistet sein, wobei insbesondere eine Entziehung verhältnismäßig sein muss.[2374]

Keinesfalls rechtfertigt die Definitionsautonomie der Mitgliedstaaten eine Bereichsausnahme. Wahrscheinlich wird der Begriff in der Literatur eher nach dem allgemeinen Sprachgebrauch verwendet. Er soll dann vermutlich ausdrücken, dass bestimmte Bereiche von der Prüfung anhand der Niederlassungsfreiheit ausgenommen sind.[2375] In der Dogmatik der Grundfreiheiten haben Bereichsausnahmen auch

---

2372 S.o. unter G., II., 5., a).

2373 Die Frage, die sich stellt, lautet, ob eine radikale Liberalisierung der nationalen Rechtsregeln überhaut dem Ziel des Binnenmarktes entspricht, s.a. *Tietje* in: Ehlers, EU-Grundrechte und -freiheiten, § 10, Rn. 5.

2374 Es ist auf die oben getätigten Ausführungen zu verweisen, s.a. erneut EuGH, Urt. v. 02.03.2010, Rs. C-135/08, ECLI:EU:C:2010:104, Rn. 55, 59 – Rottmann.

2375 So *Barthel*, EWS 2010, 316 ff.; *Forsthoff* in: Grabitz/Hilf/Nettesheim, Recht der EU, Art. 54 AEUV, Rn. 46; *Ringe*, ZIP 2008, 1067 (1073) setzt den Ausdruck in Anführungszeichen; der Gebrauch des Terminus ist zurückzuführen auf die Schlussanträge des GA Maduro v. 22.05.2008, Rs. C-210/06, ECLI:EU:C:2008:294, Anm. 30 – Cartesio: „Ausschluss der Rechtsbereiche".

genau diese Wirkung.[2376] Sie sind allerdings für jede Grundfreiheit niedergeschrieben.[2377] Die Bereichsausnahme für die Niederlassungsfreiheit ist in Art. 51 AEUV verortet. Das Gesellschaftsrecht der Mitgliedstaaten inklusive der Gründungsvoraussetzungen sind dort nicht aufgeführt. Selbst wenn man die Bereichsausnahme nur als Anwendungsfreiraum versteht und die terminologischen Feinheiten außer Acht lässt, so rechtfertigt eine Anknüpfungsautonomie der Mitgliedstaaten keine Anwendungsausnahme vom EU-Recht bei der Fortexistenz der Gesellschaft.[2378] Es besteht ein tauglicher Träger der Niederlassungsfreiheit, welcher sich gegen Beschränkungen zur Wehr setzen kann.

Die Standortwahl einer Gesellschaft sollte hauptsächlich von ökonomischen Faktoren abhängen, um dem Binnenmarktideal zu entsprechen. Natürlich rechtfertigt die Integration in eine Volkswirtschaft im Zuge des Niederlassungsvorgangs auch ein gewisses Maß an Subordination unter die Rechtsordnung des Ziel- bzw. Gründungsstaates. Aufgrund dieses Spannungsverhältnisses ist ein Autonomiebereich für die Mitgliedstaaten auch angezeigt. Ein solcher könnte nur gänzlich abgeschafft werden, wenn der EU-Gesetzgeber eine europaweite Definition für Gesellschaften (Gründung und Fortexistenz) schaffte oder aber der AEUV eine solche vorschriebe. Zwar ist der Gesellschaftsbegriff nach europäischen Maßstäben auszulegen, er selbst benötigt aber die Anwendung nationaler Rechtsordnungen.

Die Grenze der Autonomie des Gründungsstaates ist allerdings erreicht, sofern eine Gesellschaft im Zuge der Sitzverlegung bereit ist, ihre Rechtsform in eine des Aufnahmestaates umzuwandeln.[2379] Der Wegzugsstaat kann dann nicht mehr die Auflösung und Liquidation der juristischen Person verlangen. Dies wäre, wie bei natürlichen Personen, auch eine unverhältnismäßige Beschränkung. Die Anwendung der Anknüpfungsautonomie wird dadurch möglichst gering gehalten.

Auch wenn die Zulassung des Formwechsels durch den EuGH die Annahme einer Anknüpfungsautonomie auch für die Fortexistenz ein wenig relativiert, ist das Ergebnis nicht überzeugend. Gegen eine Definitionsautonomie der Mitgliedstaaten lässt sich im Allgemeinen zwar nicht viel vorbringen. Der Wortlaut deckt das Ergebnis des Gerichtshofs. Ebenso verhält es sich zumindest beim derzeitigen Stand der Binnenmarktintegration auch mit der Historie, der Systematik und dem Telos der Niederlassungsfreiheit.

2376 S. zur Terminologie und zum Verständnis *Ehlers* in: Ehlers, EU-Grundrechte und -freiheiten, § 7, Rn. 80 ff.; auch als Schutzbereichsbegrenzung Frenz, HB EuR, Bd. 1: Grundfreiheiten, Rn. 422 ff; s.a. *Manger-Nestler/Noack*, JuS 2013, 503; *Pielow* in: v. Landmann/Rohmer, GewO, Einl. EU, Rn. 60 f.

2377 Vgl. Art. 45 Abs. 4, 51, 346 Ib AEUV.

2378 *Müller-Graff*, FS Hellwig 2010, 251 (265); *Schall*, FS Meilicke 2010, 651 (667); *Forsthoff* in: Grabitz/Hilf/Nettesheim, Recht der EU, Art. 54 AEUV, Rn. 46.

2379 Der Aufnahmestaat muss zusätzlich innerstaatliche Formwechselvorschriften vorsehen.

Allerdings ist eine Erstreckung auch auf die Fortexistenz nicht notwendig. Gegen eine Erstreckung sprechen im Grundsatz wiederum alle vier Auslegungsarten. Nur, wenn man das Binnenmarktziel nicht als Ideal versteht, sondern sich an dem jeweils verwirklichten Stand des Binnenmarktes orientiert und sich eingesteht, dass der Binnenmarkt jenseits einer Harmonisierung auch heute noch aus vielen verschiedenen Rechtsordnungen besteht, finden sich teleologische Argumente für eine Erstreckung der mitgliedstaatlichen Definitionsmacht über die Gründung einer Gesellschaft hinaus. Trotz des schwierigen Verhältnisses von Binnenmarktintegration und nationalstaatlicher Souveränität im Bereich des Gesellschaftsrechts überwiegen meines Erachtens die Gegenargumente. Die Niederlassungsfreiheit kann aus sich allein heraus für die notwendigen Mechanismen sorgen. Immer auf die Versäumnisse des EU-Gesetzgebers zu verweisen, ist nicht zielführend. Immerhin ist die Niederlassungsfreiheit nicht von einer Harmonisierung abhängig.[2380] Die Autonomie sollte sich also auf das nötige Ausmaß begrenzen. Der Formwechsel ist dafür das Vorbild: Die Autonomie des Herkunftsstaates endet dort, wo die Gesellschaft bereit ist, ihr altes „Rechtskleid abzustreifen und ein neues in den Farben des Aufnahmestaates anzulegen".[2381]

c) (partielle) Wegzugsfreiheit

An den obigen Ausführungen lässt sich wieder sehr eindeutig festmachen, wie stark die einzelnen Themenbereiche miteinander verflochten sind. Die Gewährleistung einer Wegzugsfreiheit ist ebenso wenig von einer sekundärrechtlichen Regel abhängig. Allerdings ist die Autonomie der Mitgliedstaaten der Grund für eine nur partielle Wegzugsfreiheit.

Zunächst ist allerdings festzuhalten, dass eine Wegzugsfreiheit entgegen früheren Stimmen in der Literatur bereits heute durch die Niederlassungsfreiheit realisiert ist.[2382] Heckschen prophezeite dies bereits im Jahr 2004.[2383] Auch das Daily-Mail-Urteil, ursprünglicher Auslöser für eine weitestgehende Immunität von Wegzugsbeschränkungen gegenüber der Niederlassungsfreiheit, konnte genau genommen von Anfang an nicht in diesem Sinne verstanden werden.[2384]

2380 *Ringe*, DB 2005, 2804 (2806); *Leible/Hoffmann*, RIW 2006, 161 (162); *Weng*, EWS 2008, 264 (270); *Kleinert/Schwarz*, GmbHR 2006, R365 (R365 f.); *Paefgen*, WM 2009, 529 (533); *Frobenius*, DStR 2009, 487 (489); *Knop*, DZWiR 2009, 147 (149); *Frenzel*, EWS 2009, 158 (162 f.); a.A.: *Barthel*, EWS 2010, 316 (323).

2381 So *Herrler*, DNotZ 2009, 484 (492).

2382 So *Roth*, FS Hoffmann-Becking 2013, 965 (970 f.); früher bspw. a.A.: *Zimmer*, NJW 2003, 3585 (3590); *Kuntz*, EuZW 2005, 524 (526); *Kindler*, NZG 2009, 130 ff.

2383 *Heckschen*, GmbHR 2004, R25.

2384 EuGH, Urt. v. 27.09.1988, Rs. 81/87, ECLI:EU:C:1988:456, Rn. 16 – Daily Mail; s.a. *Doralt*, IPRax 2006, 572 (575).

Der Wegzug ist durch grenzüberschreitende Verschmelzung, Spaltung und Formwechsel von der Niederlassungsfreiheit geschützt.[2385] Darüber hinaus sind nach den hier vorgetragenen Ergebnissen auch eine isolierte Verwaltungs- oder Satzungssitzverlegung sowie eine rechtsformwahrende Simultanverlegung beider Sitze von der Niederlassungsfreiheit geschützt, sofern eine solche kollisionsrechtlich vom Herkunftsstaat zugelassen wird. Dieser hat die Alternativen der formwahrenden Sitzverlegung also sprichwörtlich in der Hand. Anderweitige Beschränkungen des Wegzugs, außerhalb der gesellschaftsrechtlichen Gründungsvorschriften sind dem EuGH zufolge allerdings an der Niederlassungsfreiheit zu messen.[2386]

Der Wortlaut spricht zunächst gegen eine Wegzugsfreiheit. Nach Art. 49 Abs. 1 AEUV rücken eindeutig die Zuzugsbeschränkungen in den Vordergrund. Allerdings ist nicht alleine der Wortlaut der Norm ausschlaggebend. Im Sinne einer dynamisch orientierten historischen Auslegung der Verträge spricht der geschichtliche Kontext für eine Wegzugsfreiheit. Eng daran anschließend deutet auch die Orientierung am Binnenmarktziel (Systematik und Teleologie) auf eine Wegzugsfreiheit hin.

Sehr viel bedeutender ist hingegen die Argumentation anhand der Konvergenz der Grundfreiheiten. Alle anderen Grundfreiheiten weisen ansonsten einen kombinierten Schutz aus Zuzugs- sowie Wegzugsperspektive auf.[2387] Dies ist eindeutig an der Warenverkehrsfreiheit abzulesen, welche in Art. 34 AEUV Ausfuhrbeschränkungen und in Art. 35 AEUV Einfuhrbeschränkungen verbietet.[2388] Würden nur Einfuhrbeschränkungen am Maßstab der Warenverkehrsfreiheit gemessen, könnten Mitgliedstaaten willkürlich die Warenausfuhr verhindern und so die Verwirklichung des Binnenmarktes entscheidend stören, wenn nicht gar unmöglich machen. Eine Einfuhr kann es nämlich ohne eine Ausfuhr nicht geben. Ebenso verhält es sich mit der Niederlassungsfreiheit.[2389]

Wieder bringt die durch das Urteil Vale vom EuGH eingeführte Möglichkeit des grenzüberschreitenden Formwechsels eine andere Nuancierung in die Bewertung mit ein. Aus ökonomischer Perspektive ist eine Verlagerung des Firmenstandortes durch den Gründungsstaat nun nicht mehr einseitig zu verhindern. Voraussetzung dafür ist allerdings, dass die Gesellschaft gewillt ist, sich in eine Rechtsform

---

2385 S.o. unter F. bzw. G., II., 1., b), cc); zumindest unter der Prämisse, dass der Zuzugsstaat dies erlaubt, oder aber eigene innerstaatliche Vorschriften für den Vorgang bereithält.

2386 EuGH, Urt. v. 29.11.2011, Rs. C-371/10, ECLI:EU:C:2011:785, Rn. 35 ff. – National Grid Indus; *Bayer/Schmidt*, BB 2012, 3 (12); *Weller*, ZEuP 2012, 681 (685).

2387 Dies gilt auch für die Niederlassungsfreiheit natürlicher Personen, s. *Leible*, ZGR 2004, 531 (536); *Braun*, Wegzugsfreiheit, S. 114.

2388 *Roth* in: Lutter, Auslandsgesellschaften, S. 384 f.

2389 *Saenger*, FS P+P Pöllath+Partners 2008, 295 (305); *Kobelt*, GmbHR 2009, 808 (809); *Campos Nave*, BB 2008, 1410 (1413).

des Zielstaats zu transformieren. Damit besteht dem EuGH zufolge eine Rechtswahlfreiheit nur im Falle der erstmaligen Gründung, nicht aber bei der Sitzverlegung.[2390] Etwas anderes gilt faktisch nur, wenn der Wegzugsstaat eine Mitnahme des Gründungsstatuts erlaubt. Wenn man sich wiederum vor Augen führt, dass der „Ist-Zustand" des Binnenmarktes noch unvollkommen ist, muss eine Rechtswahlfreiheit, obwohl im Einzelfall ökonomisch vorteilhaft, nicht garantiert sein. Der Binnenmarkt soll den freien Waren- und Personenverkehr gewährleisten. Der Formwechsel ermöglicht eine umfangreiche Standortmobilität von Gesellschaften, welche sich als Preis dafür allerdings in eine neue Gesellschaftsform umwandeln müssen. Dem Binnenmarktziel wird entsprochen.

Deshalb ist dem EuGH trotz des ansatzweise entgegenstehen Wortlauts zuzustimmen. Eine Wegzugsfreiheit muss von der Niederlassungsfreiheit gewährleistet sein. Hierfür streiten eindeutig auch Historie, Systematik und Telos. Eine andere Frage ist, inwieweit diese Wegzugsfreiheit gelten muss. Der Gerichtshof ermöglicht eine formwahrende Sitzverlegung nicht aus der Niederlassungsfreiheit selbst. Nur, wenn der Zuzugsstaat dies erlaubt, wird auch diese Form der Sitzverlegung auf den Prüfstand gestellt. Dieses Ergebnis ist nach derzeitigem Stand zu akzeptieren, auch wenn eine formwahrende Verwaltungssitzverlegung (Wegzug) als Mobilitätsalternative im idealen Binnenmarkt wünschenswert wäre.

d) Etablierung des Herkunftslandprinzips

Entgegen dem Wortlaut prüft der EuGH die Niederlassungsfreiheit auch anhand des Herkunftslandprinzips. Im Grundsatz muss eine Gesellschaft als „Rechtsprodukt"[2391] im Zielstaat akzeptiert werden, sofern diese ihre Verkehrsfähigkeit durch Erfüllung der Regeln im Herkunftsstaat genügend unter Beweis gestellt hat. Zusätzliche Regeln des Aufnahmestaates sind an der Niederlassungsfreiheit zu messen. Mittelbar unterstützt dies die historische Auslegung. Einerseits belegt sie aus dynamisch-teleologischer Sicht eine Öffnung und Liberalisierung des Binnenmarktes. Andererseits bezeugt die geringere Bedeutung des Allgemeinen Programms zur Aufhebung der Beschränkungen der Niederlassungsfreiheit von 1962 eine erhöhte Relevanz des Beschränkungsverbots und damit auch des Herkunftslandprinzips.

Die Verbindung zum Beschränkungsverbot beeinflusst auch die systematische Auslegung. Allen Grundfreiheiten ist das Beschränkungsverbot und damit auch das Herkunftslandprinzip immanent.[2392] Somit spricht auch der Binnenmarktkontext für die Implementierung des Herkunftslandprinzips bei der

---

2390 *Drygala*, EuZW 2013, 569 (572).

2391 So *Braun*, Wegzugsfreiheit, S. 114; auch *Wernicke*, EuZW 2002, 754 (759); *Weller/Thomale/Benz*, NJW 2016, 1378 (2379); *Knop*, Gesellschaftsstatut, S. 166.

2392 Dies folgt aus der Konvergenz; vgl. *Tietje* in: Ehlers, EU-Grundrechte und –freiheiten, § 10, Rn. 3 ff.; *Kingreen* in: Calliess/Ruffert, EUV/AEUV, Art. 36 AEUV, Rn. 45 ff.

Niederlassungsfreiheit. Systematisch ist aber auch auf die Regel des Art. 49 Abs. 2 sowie die des Art. 54 Abs. 2 AEUV und den Verweis auf „die Bestimmungen des Aufnahmestaates" zu achten. Die damit einhergehende Integration in den Rechtskreis des Zielstaates zeugt von einer schwierigeren Übertragung des Herkunftslandprinzips. Allerdings spricht der Sinn und Zweck der Niederlassungsfreiheit iSd Binnenmarktorientierung trotzdem dafür. Die Ausnutzung verschieden stark reglementierter Rechtsordnungen entspricht ebenfalls einem freien Binnenmarkt.[2393]

Somit ist dem EuGH und seiner Auslegung uneingeschränkt zuzustimmen. Anders als der Wortlaut sprechen die übrigen Auslegungskriterien zusammen für die Wertungen des Gerichtshofs. Die Eingliederung in die Rechtsordnung des Aufnahmestaates steht der grundsätzlichen Anwendung des Herkunftslandprinzips nicht entgegen.

e) Gesamtüberblick

Die Auslegung ergab, dass dem EuGH nicht bei der Gleichstellung juristischer und natürlicher Personen, dafür aber beim partiellen Wegzug sowie beim Herkunftslandprinzip zuzustimmen ist. Der Einzelanalyse ist zuzugestehen, dass die Ergebnisse im ersten Moment befremdlich wirken. Besonders spiegelt dies die Feststellung wider, dass eine Autonomie der Mitgliedstaaten für die Fortexistenz von Gesellschaften am Ende abzulehnen, dafür aber die nur partielle Realisierung der Wegzugsfreiheit derzeit zu akzeptieren ist. Das Resultat entspricht indes einer isolierten Einzelbewertung der analysierten Themenbereiche im Hinblick auf alle vier Auslegungsarten. Da sich alle Themenbereiche in gewisser Weise bedingen, ist wiederum auf das Gesamtkonzept abzustellen – das ist schlüssig und nachvollziehbar.[2394]

Das heißt nicht, dass dem Ergebnis auch in persönlicher Hinsicht entsprochen wird. Die Auslegung hat gezeigt, dass der EuGH aus rein rechtlichen Gesichtspunkten auch anders hätte entscheiden können. Am Ende ist das Europarecht ein Rechtsbereich, der wie kaum ein anderer von politischen Wertungen und Kompromissen lebt.[2395] Auch wenn ein Jurist nur dem geltenden Recht verpflichtet sein soll, ist die Annahme eines politisch neutralen Rechts und auch einer solchen Argumentation lebensfremd.[2396]

2393 EuGH, Urt. v. 30.09.2003, Rs. C-167/01, ECLI:EU:C:2003:512, Rn. 136–138 – Inspire Art; *Bayer*, BB 2003, 2357 (2363); *Binge/Thölke*, DNotZ 2004, 21 (23).

2394 Die Einzelbewertung ist allerdings nicht auszuklammern, sondern insb. im Hinblick auf zukünftige Entwicklungen als Anhaltspunkt sehr ernst zu nehmen.

2395 „Verfassung als Kopplung von Politik und Recht" nach *Möllers* in: v. Bogdandy/Bast, EU-Verfassungsrecht, S. 238 ff.; *Bergmann*, HL EU, Politische Union; bspw. für das Wettbewerbsrecht *Soltész/Schilling*, EuZW 2016, 767 ff.; *Kluth*, ZRP 2017, 194 (195).

2396 S. *Sethe/Winzer*, WM 2009, 536 (539), für den EuGH.

Die Rechtsprechung ist im Gesamtkontext konsistent.[2397] Mit Blick auf einen ständig fortschreitenden, aber unvollkommenen Binnenmarkt[2398] ist dem EuGH zuzugestehen, auf die Unterschiede in den nationalen Gesellschaftsrechten der Mitgliedstaaten Rücksicht zu nehmen. Das Subsidiaritätsprinzip (Art. 5 Abs. 3 EUV) und das Prinzip der begrenzten Einzelermächtigung (Art. 5 Abs. 2 EUV) zeugen gerade davon, dass die EU zwar supranational agiert, ihre Kompetenzen aber nur soweit in Anspruch nimmt wie notwendig und damit die Souveränität der Mitgliedstaaten achtet.[2399] Deshalb ist es mangels eigenständiger Definition des Gesellschaftsbegriffs und wegen der Regelungstechnik und Systematik des Art. 54 AEUV akzeptabel, wenn den Mitgliedstaaten eine Definitions- und Anknüpfungsautonomie zugestanden wird. Dieser Autonomiebereich ist dann der Grund für die Sperrmöglichkeit des Herkunftsstaates in Bezug auf die formwahrende Sitzverlegung. Allerdings ist dies selbst im Hinblick auf das Binnenmarktziel vertretbar, da mit Eröffnung der Formwechselmöglichkeit die Mobilität von Gesellschaften tatsächlich und ökonomisch gewährleistet ist. Ein weitergehendes Recht ist nach heutigem Stand des Binnenmarktes nicht einzuräumen.

Hierin liegt aber auch der springende Punkt. Der Binnenmarkt entwickelt sich ständig fort hin zum Binnenmarktideal.[2400] Ein Recht auf formwahrende Sitzverlegung entspricht diesem. Mit fortdauernder Entfaltung wird es irgendwann vielleicht möglich sein, aus der Niederlassungsfreiheit auch ein solches Recht und dann auch eine Formwechselfreiheit herauszulesen. Wenn man den bereits aufgeführten Gedanken um die Rechtsträgereigenschaft einer Gesellschaft nach dem Gründungsvorgang weiter denkt, spricht auch Art. 54 AEUV in gewisser Weise für eine umfassende Rechtswahlfreiheit.[2401] Eine einmal wirksam gegründete Gesellschaft ist Subjekt der Niederlassungsfreiheit und kann sich auf diese berufen.[2402] Eine Pflicht zum Formwechsel wäre dann ein Eingriff in die Urstrukturen der Gesellschaft, unabhängig davon, ob die Gesellschaft ihren Sitz verlegen möchte oder nicht, und damit eine Beschränkung der Niederlassungsfreiheit.[2403] Somit

2397 So auch das Gesamtbild der Sitzverlegung iSd EuGH-Rechtsprechung, s.o. Eltg. (F.).

2398 *Korte* in: Calliess/Ruffert, EUV/AEUV, Art. 26 AEUV, Rn. 28; *Bast* in: Grabitz/Hilf/Nettesheim, Recht der EU, Art. 26 AEUV, Rn. 6.

2399 *Calliess* in: Calliess/Ruffert, EUV/AEUV, Art. 5 EUV, Rn. 5; *Winkler*, EuR 2011, 384 (393 ff.); *Bast* in: Grabitz/Hilf/Nettesheim, Recht der EU, Art. 5 EUV, Rn. 14, 49.

2400 *Voet van Vormizelle* in: v.d. Groeben/Schwarze/Hatje, EuR, Art. 26 AEUV, Rn. 6; *Schröder* in: Streinz, EUV/AEUV, Art. 26 AEUV, Rn. 9; im Hinblick auf die gesamte Union, s. *Bergmann*, HL EU, Politische Union.

2401 Für eine bedingte Freiheit des Rechtsformwechsels s.a. die neuste Entwicklung in EuGH, Urt. v. 25.10.2017, Rs. C-106/16, ECLI:EU:C:2017:804, Rn. 38 – Polbud; *Stelmaszczyk*, EuZW 2017, 890.

2402 *Forsthoff* in: Grabitz/Hilf/Nettesheim, Recht der EU, Art. 54 AEUV, Rn. 17; *ders.* bereits, EuR 2000, 167 (173); *Schön*, ZGR 2013, 333 (352 f.); *Knop*, DZWiR 2009, 147 (150); *Knof/Mock*, ZIP 2009, 24 (32); *Weng*, EWS 2008, 264 (272).

2403 IdS auch *Knop*, DZWiR 2009, 147 (151).

zeugen der Wortlaut und der Telos von einer Rechtswahlfreiheit, wenn man die Unterschiede innerhalb der Mitgliedstaaten ausblendet.

Eine AEUV-Reform, welche eine weitgehende Definition der Gesellschaftsgründung implementiert, könnte eine Rechtsangleichung herbeiführen. Darüber hinaus könnte auch Sekundärrecht immer weiter zu einer Angleichung der Rechtsvorschriften in den Mitgliedstaaten führen.[2404] Sofern aber die tatsächlichen Gegebenheiten ein Recht auf formwahrende Sitzverlegung zukünftig einfordern, kann die Auslegung der Art. 49, 54 AEUV auch ein solches eröffnen. Es bleibt die zukünftige Entwicklung abzuwarten.

Durch ein Fortschreiten der Binnenmarktentwicklung und damit einhergehender Rechtsvereinheitlichung könnte die Autonomie der Mitgliedstaaten im Bereich der Gesellschaftsgründung zurückweichen. Dann bestünde auch ein absolutes Wegzugsrecht für Gesellschaften. Dogmatisch würde die Niederlassungsfreiheit von Gesellschaften der von natürlichen Personen und den anderen Grundfreiheiten vollends angeglichen. Es entstünde ein widerspruchsfreies System.[2405]

Die immer wieder aufkommende Angst, dass ein Mitgliedstaat seine Souveränität verlieren könnte, ist nachvollziehbar, aber unberechtigt.[2406] Die EU hat bisher immer sehr maßvoll unter Wahrung ihrer Kompetenzen gearbeitet und diese nur überschritten, sofern es wirklich notwendig war.[2407] Prägnant haben dies auch Wassermeyer/Schönfeld festgestellt: „Wir haben den einheitlichen Binnenmarkt in der EG (heute EU) gewollt und deshalb Souveränität an die EG abgegeben. Zu den insoweit vertraglich übernommenen Pflichten gehört, dass wir alles unterlassen, was im Kern Protektionismus und Abschottung darstellt“.[2408]

Schlussendlich ist auf eine weitere positive Entwicklung im Zeichen des Binnenmarktes hinzuweisen. Im Ergebnis ist die Wegzugsfreiheit sogar über das vom EuGH mindestens vorgesehene Maß hinaus manifestiert.[2409] Die überwiegenden Stimmen in der Literatur, welche im Zuge der Urteile Centros, Überseering und

---

2404 S. zur Notwendigkeit einer Sitzverlegungs-Richtlinie etwa *Verse/Wiersch*, EuZW 2016, 330 (338); *Leible* in: Michalski/Heidinger/Leible/Schmidt, GmbHG, Bd. 1, sys. Darst. 2 – Int. GesR, Rn. 64 f.; *Schulte*, IWRZ 2016, 3 (7); *Mörsdorf/Jopen*, ZIP 2012, 1394 (1401).

2405 Zur Idee eines solchen Systems s. zugleich unter H.

2406 Vgl. beispielhaft BVerfG Urt. v. 30.06.2009, BVerfGE 123, 267 ff. = NJW 2009, 2267 – Lissabon-Urteil; dazu *Calliess* in: Maunz/Dürig, GG, Art. 24, Rn. 104 ff. (insb. Rn. 108);

2407 S.a. *Albin*, NVwZ 2006, 629 (630, 635), zugleich aber Kritik am EuGH; *Bickenbach*, EuR 2013, 523 mahnt eine fehlende „politische Subsidiaritätskultur“ an; kritisch zum Urteil Centros *Potacs*, EuR 2009, 465 (481 f.): „zwischen effet utile und Subsidiaritätsprinzip“.

2408 *Wassermeyer/Schönfeld*, GmbHR 2006, 1065 am Bsp. der Hinzurechnungssteuer.

2409 Diese beinhaltet eine Formwechselfreiheit, aber keine Freiheit zur formwahrenden Sitzverlegung aus der Niederlassungsfreiheit selbst.

Inspire Art laut wurden, wurden erhört.[2410] Allerdings ist die Verwirklichung der Wegzugsfreiheit auf eine andere Art und Weise vorangeschritten als in der Literatur erwartet.

Wie erwähnt folgt die absolute Wegzugsfreiheit zurzeit noch nicht direkt aus Art. 49, 54 AEUV, weil der Wegzug gesellschaftsrechtlich von jedem Mitgliedstaat beschränkbar ist. Allerdings zeigt die Zuzugsfreiheit die Öffnung des Marktes auf, welche in einem Wettbewerb der Rechtsordnungen gipfelt.[2411] Dieser Wettbewerb führte dazu, dass viele Mitgliedstaaten nunmehr ihre nationalen Rechte überdenken und den Wegzug erlauben, um ihre eigenen Kapitalgesellschaften wettbewerbsfähig zu halten.[2412] Wenn der formwahrende Wegzug erlaubt wird, dann müssen sich folgerichtig alle anderen Beschränkungen des Wegzugs an der Niederlassungsfreiheit messen lassen. Die Mitgliedstaaten sind also selbst dafür verantwortlich, die Entwicklung des Gesellschaftsrechts im Binnenmarkt hin zu einer Rechtswahlfreiheit zu beeinflussen.[2413] Es entsteht eine Öffnung sowie Vereinheitlichung des Rechts und damit auch eine absolute Wegzugsfreiheit, nicht wie von der Literatur angestrebt, aber auf anderem Wege, und zwar durch die Feder der Mitgliedstaaten.[2414] Mit der Forderung nach einem einheitlichen Binnenmarkt sind die Mitgliedstaaten vielleicht sogar ein Stück weit verpflichtet, diese Entwicklung eigenständig voranzutreiben.[2415]

2410 Exemplarisch: Group of German Experts on Corporate Law im Rahmen ihrer Stellungnahme zum Report of the High Level Group of Company Law Experts, ZIP 2003, 863 (877), darunter: *Bayer/Hoffmann-Becking/Fleischer/Lutter/Schmidt/Ulmer*u.v.m.

2411 *Mailänder* in: Weitnauer, HB Venture Capital, E., Rn. 230; *Tiedje* in: v.d. Groeben/Schwarze/Hatje, EuR, Art. 54 AEUV, Rn. 56; *Korte* in: Calliess/Ruffert, EUV/AEUV, Art. 54 AEUV, Rn. 12 f.; *Paefgen*, WM 2009, 529 (535); *Herrler*, DNotZ 2009, 484 (489); *Peters/Wüllrich*, NZG 2008, 807 (810 f.); *Kämmerer*, EuR 2008, 45 (51); *Freitag*, EuZW 1999, 267 ff.; *Ebke*, FS Lutter 2000, 17 (25).

2412 *Schön*, ZGR 2013, 333 (351 f.); insb. gegenüber Kapitalgesellschaften aus Ländern, die bereits der Gründungstheorie folgten; s. in Deutschland bspw. die Entwicklung durch das MoMiG.

2413 *Knop*, DZWiR 2009, 147 (151); *Barthel*, EWS 2010, 316 (319); *Grundmann*, EU-GesR, § 22, Rn. 791; *Leible/Hoffmann*, EuZW 2003, 677 (682).

2414 Im Steuerrecht als „stille Harmonisierung" beschrieben, s. *Gröpl* in: Dauses/Ludwigs, HB EU-Wirtschaftsrecht, J. 1., Rn. 224 f., m. Verw. auf *Endres*, RIW 1994, 572 (583).

2415 In Anlehnung an *Wassermeyer/Schönfeld*, GmbHR 2006, 1065; das Prinzip der Unionstreue (Art. 4 Abs. 3 EUV) besagt, dass die Mitgliedstaaten die Verpflichtungen aus den Verträgen, also die Ziele (speziell aus Art. 3 EUV), z.B. die Errichtung des Binnenmarktes, unterstützen, s. *Streinz* in: Streinz, EUV/AEUV, Art. 4 EUV, Rn. 25.

6. Anschließende Frage: Ein Wettbewerb der Rechtsordnungen?

Die Frage, die sich unmittelbar im Anschluss an die Analyse stellt, ist, ob sich aus einer eventuellen Rechtswahlfreiheit ein Wettbewerb der Gesellschaftsrechtsordnungen entwickelt und was seine Folgen sind. Dabei ist festzustellen, dass bereits mit der Einführung der Zuzugsfreiheit teilweise ein Wettbewerb der Rechtsordnungen eröffnet wurde.[2416] Eine notwendige Rechtsvereinheitlichung widerspricht grundsätzlich aber erst einmal einem freien Wettbewerb der Rechtsordnungen.[2417] Die oben angeregte Rechtsvereinheitlichung soll allerdings nur bis zu einem gewissen Maß vorangetrieben werden. Eine Harmonisierung des Rechts schafft gleiche Ausgangsbedingungen für alle Staaten im Umgang mit den Grundfreiheiten und im Wettbewerb.[2418] Es würde ausreichen, die Anknüpfungsautonomie der Mitgliedstaaten insoweit einzuschränken, als sie nur für die Gründung und nicht auch für die Fortexistenz von Gesellschaften gilt.[2419]

Allerdings führt auch ein Rechtswettbewerb im Endeffekt dazu, dass sich die Rechtsordnung durchsetzt, welche die Interessen der Marktteilnehmer am besten repräsentiert.[2420] Die anderen Rechtsordnungen gleichen sich in spezifischen Bereichen idealerweise mehr und mehr der „Gewinner-Rechtsordnung“ an. Somit entsteht ebenfalls ein angeglichenes Recht. Dieser Wettbewerb führt von sich allein also zu einer Rechtsvereinheitlichung.[2421] Beides steht nicht notwendigerweise im Kontrast zueinander.

Eine Rechtsvereinheitlichung durch den Wettbewerb der Rechtsordnungen kann in zwei Richtungen ausschlagen. Einerseits kann sich größtenteils das Recht durchsetzen, welches die geringsten Anforderungen an Gründer und Gesellschafter statuiert. Aus Gründen der Effizienz und wirtschaftlicher Vorteile wählen die

---

2416 S.o. unter G., II., 5., e).

2417 *Kluth*, ZRP 2017, 194 (195); gegen eine absolute Rechtsvereinheitlichung iSd Binnenmarktes *Teichmann*, ZIP 2009, 393 (396 f.); *Barthel*, EWS 2010, 316 (324).

2418 Oppermann/*Classen*/Nettesheim, EuR, § 32, Rn. 1; *Tietje* in: Grabitz/Hilf/Nettesheim, Recht der EU, Art. 114 AEUV, Rn. 81 f.

2419 Wie bereits erläutert (s.o. unter G., II., 5., e)) können dies die Mitgliedstaaten in Eigenregie herbeiführen, wie sie es teilwweise schon getan haben, oder der AEUV/Sekundärrecht stellt eine Definition von Gesellschaften/Gründungsvorgängen bereit, oder der EuGH sieht im Zuge der dynamischen Binnenmarktentwicklung den Stand erreicht, Art. 54 AEUV dahingehend zu interpretieren.

2420 Oppermann/*Classen*/Nettesheim, EuR, § 36, Rn. 32; auch abzulesen an der Einführung der UG (haftungsbeschränkt) als Alternative zur engl. Ltd., welche die Briefkastengründung in Großbritannien und den Zuzug solcher Ltd. nach Deutschland obsolet machte.

2421 *Klammert*, EuZW 2015, 265 (266); *Bayer*, BB 2003, 2357; *Verse*, ZEuP 2013, 458 (489): Ein „Such- und Entdeckungsverfahren“, wodurch das beste Gesellschaftsrecht entsteht.

meisten Marktakteure dann eine Rechtsform dieser Rechtsordnungen.[2422] Dies kann zweifelsohne zu einem Absinken der Schutzstandards für Gläubiger, Gesellschafter und Arbeitnehmer führen („race to the bottom").[2423] Andererseits kann ein solcher Wettbewerb auf ökonomisch unvorteilhafte Regelungen im eigenen Gesellschaftsrecht aufmerksam machen.[2424] Sofern sich die Marktakteure über einen längeren Zeitraum für eine in Konkurrenz zu der eigenen Rechtsformalternative stehenden Gesellschaftsform entscheiden, scheint ein Bedürfnis am Markt zu bestehen.[2425] Soweit die Gründe dafür eruiert wurden, kann die eigene Gesellschaftsrechtsordnung partielle Veränderungen vornehmen, ohne von Grund auf umgewandelt werden zu müssen („race to the top").[2426]

Das Paradebeispiel findet man vor der „eigenen Haustür". Die Einführung der UG (haftungsbeschränkt) im deutschen Gesellschaftsrecht erfüllte das Marktbedürfnis nach einer Rechtsform, welche nur ein geringes Stammkapital benötigt, gleichzeitig aber einen Ausschluss der privaten Gesellschafterhaftung ermöglicht. Somit wurde speziell für junge Unternehmensgründer und Start-Ups eine reizvolle Alternative zur GmbH implementiert.[2427] Das deutsche Recht musste dabei für die UG nur auf ein einziges Mittel des Gläubigerschutzes verzichten: auf den Ausgleich des Trennungsprinzips und der fehlenden privaten Gesellschafterhaftung durch eine bestimmte Mindesthöhe des Stammkapitals.[2428] Alle anderen Gläubigerschutzmechanismen sowie bedeutende Regeln des GmbH-Rechts konnten beibehalten werden.[2429]

Diese bedeutende Entwicklung wäre wahrscheinlich nicht oder nicht in absehbarer Zeit eingetreten, sofern der EuGH den Wettbewerb der Gesellschaftsrechte durch die Eröffnung der Zuzugsfreiheit und die damit einhergehende Anerkennungspflicht von Auslandsgesellschaften nach dem Herkunftsstatut nicht eingeläutet hätte.[2430] Die britische Ltd., die Mitte der 2000er Jahre massenhaft in Deutschland auftauchte und als „Gift" für die deutsche GmbH galt, wurde durch

2422 *Ekkenga* in: MüKo GmbHG, § 30, Rn. 36.

2423 *Eidenmüller* in: Eidenmüller, Ausländische KapGes, § 1, Rn. 17; *Wall* in: Hausmann/Odersky, Int. PrivR, §18, Rn. 16 f.; *Kindler* in: MüKo BGB, Bd. 12, Teil 10, Rn. 364.

2424 *Schall*, FS Meilicke 2010, 651 (669 f.); *Eidenmüller*, FS Heldrich 2005, 581 (595).

2425 IdS auch *Römermann*, GmbHR 2016, 24 (27).

2426 *Weller* in: MüKo GmbHG, Bd. 1, Eltg., Rn. 223; *Heidenhain*, NZG 2002, 1141 (1142), s. insb. Fn. 13, m. Verw. auf *Eidenmüller*, ZIP 2002, 75 (83).

2427 *Seebach*, RNotZ 2013, 261 (263); *Saenger*, GesR, Rn. 820; *Drygala/Staake/Szalai*, KapGesR, § 5, Rn. 2; *Hirte*, KapGesR, Rn. 5.45g; *Rieder* in: MüKo GmbHG, § 5a, Rn. 4.

2428 S.a. *Lieder* in: Michalski/ Heidinger/Leible/Schmidt, GmbHG, § 13, Rn. 332 ff.

2429 Dies zeigt sich schon aus der Anwendung aller Regeln des GmbHG auf die UG, sofern sich nicht aus § 5a GmbH etwas anderes ergibt. Dies ist somit die einzige Norm für die UG; vgl. *Hirte*, KapGesR, Rn. 5.45a ff.; *Rieder* in: MüKo GmbHG, § 5a, Rn. 1.

2430 IdS auch *Saenger*, GesR, Rn. 820; *Rieder* in: MüKo GmbHG, § 5a, Rn. 2; *Fastrich* in: Baumbach/Hueck, GmbHG,§ 5a, Rn. 1; *Römermann*, NJW 2010, 905 (905 f.).

das eigene deutsche „Rechtsprodukt“ in den Folgejahren vom Markt verdrängt.[2431] Ein „race to the bottom“ blieb aus – es kristallisierte sich musterhaft ein sektoraler „race to the top“ heraus.

Hinzukommt, dass der Markt sich in gewisser Hinsicht auch aus sich heraus reguliert.[2432] Zwar ist die UG eine Alternative für junge Gründer und Start-Ups, jedoch schrecken potenzielle Vertragspartner bei größeren Aufträgen häufig vor dem fehlenden Stammkapital zurück oder fordern anderweitige Sicherheiten.[2433] Ferner hat die UG im Vergleich zur GmbH geringere Bedeutung, welche weiterhin die am stärksten vertretene Rechtsform in Deutschland ist.[2434] Weder die Ltd. noch die UG waren also in der Lage, die GmbH vom Markt zu verdrängen. Ihr starker Ruf, die größere Rechtssicherheit und die wirksamen Schutzmechanismen sind auf dem Markt immer noch stark nachgefragte Eigenschaften einer Kapitalgesellschaft.[2435]

Ein Wettbewerb der Gesellschaftsrechtsordnungen herrscht in der Union allerdings nur teilweise. Absolut gewährleistet ist nur die Zuzugsfreiheit, während die Wegzugsfreiheit von den Mitgliedstaaten noch eigenmächtig beschränkbar ist.[2436] Eine Prüfung anhand der Niederlassungsfreiheit bleibt in Gänze aus, wenn es sich um Gründungsvoraussetzungen oder den Entzug der Rechtspersönlichkeit im Falle des rechtsformwahrenden Wegzugs handelt.[2437] Eine Teilnahme am Wettbewerb der Gesellschaftsrechte ist im europäischen Kontext also nicht verpflichtend.[2438]

Dadurch gibt es immer noch Staaten, die dem Wettbewerbsdruck im Kampf um das attraktivste Gesellschaftsrecht nicht nachgeben und sich abschotten.[2439] Möglicherweise würden aber die Gesellschaftsformen genau dieses Rechts am Markt nachgefragt. Für die Teilnehmer am Wettbewerb fehlen so mögliche Verbesserungsparameter für ihre eigenen Gesellschaften und auch weitere Anreize, am

2431 *Miras*, NZG 2012, 486 (487); *Seebach*, RNotZ 2013, 261 (263), m. Verw. auf http://www.rewi.uni-jena.de/Fakult%C3%A4t/Institute/Institut+f%C3%BCr+Rechtstatsachenforschung/Forschungsprojekt+Unternehmergesellschaft.html – Stand 01.11.2018 (zuletzt abgerufen am 12.04.2019); s.a. *Römermann*, NJW 2006, 2065.

2432 *Geyrhalter/Gänßler*, DStR 2003, 2167 (2172).

2433 *Saenger*, GesR, Rn. 22; *Lange*, NJW 2010, 3686.

2434 GmbH-Zahl zum 1.1.2016: 1.186.598, UG-Zahl: 115.664; s. *Fastrich* in: Baumbach/Hueck, GmbHG,Einl., Rn. 16, m. Verw. auf *Kornblum*, GmbHR 2016, 691 (700).

2435 Zum Ruf der UG als Durchführungsintrument „risikoreicher und spekulativer Unternehmungen“ s. *Drygala/Staake/Szalai*, KapGesR, § 5, Rn. 2; *Hirte*, KapGesR, Rn. 5.45a; „Negativimage“ und Probleme bei der Kreditvergabe nach *Wicke*, GWR 2010, 259.

2436 EuGH, Urt. v. 16.12.2008, Rs. C-210/06, ECLI:EU:C:2008:723, Rn. 110 – Cartesio; *Behme/Nohlen*, BB 2009, 11 (13); *Däubler/Heuschmid*, NZG 2009, 493 (495).

2437 *Mörsdorf*, EuZW 2009, 97 (99); *Sethe/Winzer*, WM 2009, 536 (537).

2438 *Leible/Hoffmann*, EuZW 2003, 677 (682); *Knop*, DZWiR 2009, 147 (151); *Barthel*, EWS 2010, 316 (319); *Grundmann*, EU-GesR, § 22, Rn. 791.

2439 S. bspw. Ungarn nach *Otte*, EWS 2009, 31 (39).

Wettbewerb teilzunehmen.[2440] Ein wirklicher Wettbewerb der Gesellschaftsrechte entsteht also nur, wenn die Sitzverlegung in beide Richtungen gewährleistet ist.[2441] Dadurch werden auch gleiche Ausgangsbedingungen für alle Staaten geschaffen. Eventuelle Verzerrungen eines solchen Wettbewerbs können einheitlich im dogmatischen Gefüge der Niederlassungsfreiheit geprüft werden.[2442] Der Gefahr, Drittschutzinteressen zu stark zu liberalisieren, kann auf Rechtfertigungsebene begegnet werden. Gleichermaßen könnte so wirksam ein allerdings unwahrscheinlicher „race to the bottom" verhindert werden.[2443] Es erscheint daher ratsam, dem Wettbewerb der Rechtsordnungen grundsätzlich aufgeschlossen gegenüber zu stehen, da er, wie an der Entwicklung zur UG beschrieben, positive Effekte mit sich bringt.[2444]

2440 Weitere finanzielle Anreize sind bspw. „akzessorische Dienstleistungsindustrien", s. *Eidenmüller*, FS Heldrich 2005, 581 (584); *Kieninger*, Wettbewerb, S. 179 f., 190 ff.

2441 *Pießkalla*, EuZW 2009, 75 (83); *Otte*, EWS 2009, 31 (39); *Sethe/Winzer*, WM 2009, 536 (539); *Braun*, Wegzugsfreiheit, S. 261.

2442 S.a. *Schall*, FS Meilicke 2010, 651 ff.: Allgemeiner Verhältnismäßigkeitsvorbehalt im Zeichen der Niederlassungsfreiheit.

2443 Keine Gefahr eines Deregulierungswettbewerbs in der EU nach *Kieninger*, Wettbewerb, S. 192; ähnlich *Eidenmüller*, ZIP 2002, 2233 (2235 ff.).

2444 Grds. wohlfahrssteigernder Effekt nach *Eidenmüller*, ZIP 2002, 2233 (2235); *Schanze/Jüttner*, AG 2003, 30 (36) sehen ihn als „Chance"; ebenso *Braun*, Wegzugsfreiheit, S. 261; a.A.: *Kindler* in: MüKo BGB, Bd. 12, Teil 10, Rn. 364.

H. Das System der „Mobilitätsfreiheit" innerhalb der Dogmatik der Niederlassungsfreiheit unter Klärung weiterer offener Problemfelder

Wie bereits im vorangegangen Themengebiet angeklungen, soll nunmehr dargestellt werden, wie ein einheitliches System der Zuzugs- und Wegzugsfreiheit („Mobilitätsfreiheit"), welche eine weitestgehende Rechtswahlfreiheit zulassen würde, unter der Niederlassungsfreiheit aussehen könnte.[2445] Dieses System ist mit der aktuellen Rechtsprechung noch nicht in Einklang zu bringen. Es wurde darauf hingewiesen, dass die Rechtsprechung des EuGH Konsistenz aufweist und beim derzeitigen Stand der Binnenmarktverwirklichung eine schlüssige und richtige Entscheidungslinie darstellt.[2446] Mit fortschreitender Binnenmarktintegration und Rechtsvereinheitlichung durch den EU-Gesetzgeber oder aber durch die Hand der Mitgliedstaaten selbst kann sich dies allerdings in Zukunft ändern. Dieses System soll eine dogmatisch einheitliche Prüfung im Gewand der Niederlassungsfreiheit ermöglichen. Dabei werden auch bisherige Problemfelder aus der kritischen Bewertung der EuGH-Rechtsprechungslinie sowie aktuelle Entwicklungen im Europarecht integriert.[2447]

I. Die Souveränitätsfrage und Systemerläuterungen

Ein solches System[2448], welches eine von der Niederlassungsfreiheit umfasste Mobilitätsfreiheit beinhaltet, wird sicherlich einiger Kritik ausgesetzt sein. An vorderster Front werden der vorgeschlagenen Lösung nationalstaatliche Gedanken entgegengesetzt. Der Wegfall der Anknüpfungsautonomie im Bereich der Fortexistenz von Gesellschaften ist ein gravierender Einschnitt in den Status quo der hoheitsrechtlichen Kompetenzstruktur zwischen Mitgliedstaaten und Europäischer Union. Eine Überprüfung sowohl der Wegzugskonstellation als auch der Zuzugskonstellation, auch im Hinblick auf die Gründungsvoraussetzungen, zumindest im Bereich des Fortbestehens von Gesellschaften, führt zu einer von vielen Autoren angemahnten Generalüberprüfung nationalen (Gesellschafts-)Rechts.[2449]

2445 S.o. unter G., II., 6.

2446 S.o. unter F. und G., II., 5., e); kritisch *Hübner*, ZGR 2018, 149.

2447 Gemeint sind insb. Problemfelder, welche noch nicht separat erläutert wurden.

2448 Für das grundlegende Schema wird auf die Ausführungen unter B. verwiesen.

2449 U.A. Oppermann/Classen/*Nettesheim*, EuR, § 28, Rn. 34; ebenso *Frenz*, EuR, Rn. 301; s.a. *Grundmann/Möslein*, ZGR 2003, 317 (331), m. Verw. auf. *Steindorff*, JZ 1994, 94 (97 f.) und die Begrifflichkeit „horror iuris"; *Classen*, EuR 2009, 555 (556 f.).

Damit gehen allerdings keine Ablösung des nationalen Rechts oder eine Verstaatlichung der Europäischen Union einher. Sofern alle beschränkenden nationalen Regelungen von der Niederlassungsfreiheit umfasst sind, heißt dies nicht zwangsläufig, dass sie auch gegen diese verstoßen. Es besteht weiterhin eine Möglichkeit der Rechtfertigung.[2450] Hierbei können im Rahmen der Verhältnismäßigkeit schützenswerte Drittinteressen großflächig berücksichtigt werden. Die unterschiedliche Belastung dieser Interessen im Zuzugs- und im Wegzugsfall kann ebenfalls in die Bewertung einbezogen werden. Ebenso kann den Mitgliedstaaten eine gewisse Einschätzungsprärogative zugestanden werden und können auch die Besonderheit des (dann ehemaligen) Autonomiebereichs im Gesellschaftsrecht sowie die im Grundsatz bestehenden rechtlichen Unterschiede zwischen natürlichen und juristischen Personen Beachtung finden. Die Rechtfertigungsebene, in engen Grenzen auch die Keck-Formel, stellt in dem vorgestellten System deshalb ein Korrektiv dar.[2451] Dies sollte den Mitgliedstaaten die Angst vor dem Souveränitätsverlust nehmen.[2452]

Für die Mitgliedstaaten ändert sich schlussendlich nur der Rechtfertigungsdruck für ihre eigens aufgestellten Regeln.[2453] Die staatlichen Rechtsordnungen behalten ihren Status als maßgebliche Ordnungsfaktoren für das Gesellschaftsrecht bei.[2454] Die Mitgliedstaaten sind aber von Anfang an gezwungen, ihre eigenen Rechtssysteme zu überdenken, zu hinterfragen und anhand der Niederlassungsfreiheit zu überprüfen. Sie haben es selbst in der Hand, ihre eigenen Regeln europarechtskonform zu gestalten.[2455] Sofern ein europarechtlicher Blickwinkel nicht bereits

---

2450 S. *Tietje* in: Ehlers, EU-Grundrechte und -freiheiten, § 10, Rn. 55 zur Niederlassungsfreiheit natürliche Personen.

2451 *Schall*, FS Meilicke 2010, 651 (661); *Eidenmüller*, ZIP 2002, 2233 (2243); *Weng*, EWS 2008, 264 (270); *Knop*, DZWiR 2009, 147 (149); zum Spielraum beim Formwechsel s. *Teichmann*, DB 2012, 2085 (2086); s.a. *Forsthoff*, EuZW 2015, 248 (251).

2452 Es ist darauf hinzuweisen, dass die Verwirklichung des Binnenmarktes kompetenzrechtlich unter die geteilte Zuständigkeit fällt (Art. 4 Abs. 2a AEUV).

2453 *Schall*, FS Meilicke 2010, 651 (667); befürwortend im Hinblick auf Staatskontrollrechte *Grundmann/Möslein*, ZGR 2003, 317 (338); dieser ist auch derzeit schon relativ hoch, s. *Leible* in: Michalski/Heidinger/Leible/Schmidt, GmbHG, Bd. 1, sys. Darst. 2 – Int. GesR, Rn. 22, m. Verw. auf *Behme*, AG 2014, 841 ff. und das VW-Gesetz.

2454 Auch gibt die Niederlassungsfreiheit bspw. keine Anknüpfung nach der Gründungstheorie vor, s. *Grohmann*, DZWiR 2009, 322 (326); *Kindler*, IPRax 2009, 189 (191).

2455 Wieder ist auf die Worte von *Wassermeyer/Schönfeld*, GmbHR 2006, 1065 zu verweisen: „Wir haben den einheitlichen Binnenmarkt in der EG gewollt und deshalb Souveränität an die EG abgegeben. Zu den insoweit vertraglich übernommenen Pflichten gehört, dass wir alles unterlassen, was im Kern Protektionismus und Abschottung darstellt."

Einzug in die Legislativ-, Verwaltungs- und Gerichtsarbeit gehalten hat, so wäre dies fortan verpflichtend.

Die Entwicklung hin zu diesem System lässt sich allerdings auch an einigen Gesichtspunkten ablesen. Schon die Eröffnung der Niederlassungsfreiheit bei sonstigen Wegzugsbeschränkungen im Urteil National Grid Indus weist in diese Richtung.[2456] Dazu ist die Annahme von Bereichsausnahmen der vorgeschlagenen Grundstruktur fremd. Als Bereichsausnahmen iSd Grundfreiheiten gelten nur die im AEUV geschriebenen. Einen weitflächigen Autonomiebereich der Mitgliedstaaten gibt es nicht. Dies deckt sich mit der Auslegung der Art. 49, 54 AEUV sowie mit dem grundlegenden Verhältnis zwischen nationalem Recht und Europarecht.[2457] Auch den Entscheidungen Daily Mail und Cartesio ist ein solches Verständnis immanent.[2458] Außerdem steht mittlerweile eindeutig fest, dass auch das (nationale) Kollisionsrecht der Mitgliedstaaten, obwohl es internationalen Charakter hat, nicht von der Niederlassungsfreiheit ausgenommen ist.[2459]

II. Die Ebene des Schutzbereichs

Die Grundfreiheiten zeichnen sich mit fortschreitender Binnenmarktintegration zunehmend durch einen weiten Schutzbereich aus.[2460] Die Niederlassungsfreiheit sollte dem gleichen Muster folgen.[2461] Im Grundsatz ändert sich an der Prüfungsstruktur nur wenig, es erfolgt eine andere Schwerpunktsetzung, welche sich allerdings weiter am Grundsystem orientiert.[2462]

2456 EuGH, Urt. v. 29.11.2011, Rs. C-371/10, ECLI:EU:C:2011:785, Rn. 35 ff. – National Grid Indus; *Bayer/Schmidt*, BB 2012, 3 (12); *Weller*, ZEuP 2012, 681 (685).

2457 S.o. unter G., II., 3., b), bb) und G., II., 4., b), bb).

2458 EuGH, Urt. v. 27.09.1988, Rs. 81/87, ECLI:EU:C:1988:456, Rn. 16 – Daily Mail; EuGH, Urt. v. 16.12.2008, Rs. C-210/06, ECLI:EU:C:2008:723, Rn. 112 – Cartesio.

2459 Dies zeigt die Analyse der EuGH-Rechtsprechung und die Bewertung in der Literatur, s.o. unter E.; *Forsthoff* in: Grabitz/Hilf/Nettesheim, Recht der EU, Art. 54 AEUV, Rn. 46; *Lorenz* in: Bamberger/Roth/Hau/Poseck, BeckOK BGB, EGBGB, Eltg. IPR, Rn. 28; *Grohmann*, DZWiR 2009, 322 (326); *Teichmann*, ZIP 2009, 393 (397); *Barthel*, EWS 2010, 316 (319); s. *Pießkalla*, EuZW 2009, 75 (82): Vergleich mit EU-Eigentumsordnung.

2460 *Kingreen* in: Calliess/Ruffert, EUV/AEUV, Art. 36 AEUV, Rn. 76, *Frenz*, HB EuR, Bd. 1: Grundfreiheiten, Rn. 402: „In dubio pro libertate...".

2461 *Schall*, FS Meilicke 2010, 651 (653); noch weiter nach *Holst*, EuR 2017, 633 (635); dies zeigt auch das neuste Urteil des Gerichtshofs, s. EuGH, Urt. v. 25.10.2017, Rs. C-106/16, ECLI:EU:C:2017:804 – Polbud; hierfür spricht bspw. auch die weite Auslegung des Niederlassungsbegriffs, s. etwa Oppermann/Classen/*Nettesheim*, EuR, § 28, Rn. 16; *Forsthoff* in: Grabitz/Hilf/Nettesheim, Recht der EU, Art. 49 AEUV, Rn. 16.

2462 S.o. unter B.; s. insb. *Ehlers* in: Ehlers, EU-Grundrechte und -freiheiten, § 7, Rn. 136.

1. Sachlicher Schutzbereich

a) *Anwendbarkeit der Niederlassungsfreiheit: Bereichsausnahme, grenzüberschreitender Bezug und Missbrauch*

Die einzige Freistellung von der Anwendung der Niederlassungsfreiheit beinhaltet weiterhin Art. 51 AEUV.[2463] Weitere Bereichsausnahmen gibt es trotz Anknüpfungsautonomie und Definitionshoheit der Mitgliedstaaten nicht.[2464] Es gibt keinen europarechtsfreien Raum.[2465] Auch der notwendige grenzüberschreitende Bezug sollte iSe weiten Schutzbereichs möglichst großzügig ausgelegt werden.[2466] Die Annahme eines Missbrauchs der Grundfreiheiten ist nur in äußerst seltenen Ausnahme- und Einzelfällen möglich.[2467] Auch dies entspricht einem weiten Verständnis des Schutzbereichs. Eine Ausnutzung des grenzüberschreitenden Wirtschaftsverkehrs zur Generierung ungerechtfertigter Vorteile liegt auch nicht vor, wenn keine wirtschaftliche Tätigkeit am Ziel- oder Herkunftsort der Gesellschaft oder natürlichen Person ausgeübt wird[2468] – insbesondere dann nicht, wenn die Mitgliedstaaten sog. „reine Briefkastenfirmen" erlauben.[2469] Darüber hinaus kann die Rechtsfigur der fehlenden wirtschaftlichen Tätigkeit in dem aufgezeigten System, falls notwendig, hinreichend auf Rechtfertigungsebene berücksichtigt werden.[2470] Dies ist nicht Teil des Schutzbereichs.[2471] Mit einem Missbrauch der Grundfreiheiten hat eine fehlende wirtschaftliche Tätigkeit nach hiesigem Verständnis nichts

---

2463 *Korte* in: Calliess/Ruffert, EUV/AEUV, Art. 51 AEUV, Rn. 2 f.; *Tiedje* in: v.d. Groeben/Schwarze/Hatje, EuR, Art. 51 AEUV, Rn. 1; *Dederer*, EuR 2011, 865.

2464 Nach *Tietje* in: Ehlers, EU-Grundrechte und -freiheiten, § 10, Rn. 70 gilt bei Art. 54 schon jetzt „der dem Unionsrecht eigentümliche Grundsatz, dass hier zwar eine Regelungsmaterie vorliegt, die zunächst von den Mitgliedstaaten bestimmt wird, zugleich aber das Unionsrecht dabei nicht unberücksichtigt bleiben darf".

2465 Für das Steuerrecht *Kokott/Ost*, EuZW 2011, 496; *Bischof* in: Auer-Reinsdorff/Conrad, HB IT-Recht, § 40, Rn. 9.

2466 So auch die Rechtsprechung des EuGH, lt. *Lippert*, ZEuS 2014, 273 (280 f.); ähnlich *Ehlers* in: Ehlers, EU-Grundrechte und -freiheiten, § 7, Rn. 25.

2467 *Wassermeyer/Schönfeld*, GmbHR 2006, 1065 (1071); *Frenz*, HB EuR, Bd. 1: Grundfreiheiten, Rn. 462; *Franz*, EuZW 2016, 930 (932).

2468 Zur Definition s. *Ehlers* in: Ehlers, EU-Grundrechte und -freiheiten, § 7, Rn. 79.

2469 Zur Selbstbindung in puncto Sitztrennung, vgl. *Drygala*, EuZW 2013, 569 (571).

2470 So auch der Missbrauch, s. *Frenz*, HB EuR, Bd. 1: Grundfreiheiten, Rn. 462; *Franz*, EuZW 2016, 930 (932).

2471 So EuGH, Urt. v. 12.09.2006, Rs. C-196/04, ECLI:EU:C:2006:544, Rn. 54 – Cadbury Schweppes; evtl. anders EuGH, Urt. v. 12.07.2012, Rs. C-378/10, ECLI:EU:C:2012:440, Rn. 34 – Vale; für die Rechtfertigungsebene auch jetzt schon *Schaper*, ZIP 2014, 810 (816); *Bayer/Schmidt*, ZIP 2012, 1481 (1486); *Drygala*, EuZW 2013, 569 (570).

zu tun.[2472] Dies bestätigt auch der EuGH in seinem neuesten Urteil zur isolierten Satzungssitzverlegung.[2473]

b) sachlich geschützte Tätigkeit

Einem weiten Schutzbereich entspricht es, wenn Zuzug und Wegzug gleichermaßen unter den sachlichen Schutzbereich fallen. Die Perspektive, aus welcher die Mobilitätsfreiheit von Gesellschaften beurteilt wird, sollte bei der Bewertung des Schutzbereichs keine Rolle spielen.[2474] Sie kann auf Rechtfertigungsebene berücksichtigt werden, entscheidet aber nicht über die europarechtliche Fragestellung, ob eine bestimmte Form der Sitzverlegung im Grundsatz von der Niederlassungsfreiheit geschützt ist. So handhabt dies der EuGH auch jetzt schon bei steuerrechtlichen Beschränkungen.[2475]

Ebenfalls einem weiten Verständnis des Schutzbereichs entspricht es, wenn damit alle Formen der Gesellschaftsmobilität – und zwar unabhängig von der Perspektive – von der Niederlassungsfreiheit geschützt sind.[2476] Schon im Urteil Sevic betonte der Gerichtshof, dass „grenzüberschreitende Verschmelzungen wie andere Gesellschaftsumwandlungen den Zusammenarbeits- und Umgestaltungsbedürfnissen von Gesellschaften mit Sitz in verschiedenen Mitgliedstaaten“ entsprechen. Außerdem sind sie „für das reibungslose Funktionieren des Binnenmarktes wichtige Modalitäten der Ausübung der Niederlassungsfreiheit“.[2477] Hieraus lässt sich ableiten, dass laut EuGH neben den Umwandlungen auch noch andere wichtige Modalitäten der Niederlassungsfreiheit bestehen. Hiermit sind wohl auch alle anderen Arten der Sitzverlegung gemeint.[2478] Diese verschiedenen Formen sind in Zuzugskonstellationen ohnehin schon jetzt von der Niederlassungsfreiheit geschützt.[2479] Allerdings erscheint bei einem weitumfassenden Schutzbereich die ungenaue Verwendung der Terminologie zu den Modalitäten der Sitzverlegung innerhalb der Urteile weniger gravierend.[2480]

2472 Ähnlich *Forsthoff* in: Grabitz/Hilf/Nettesheim, Recht der EU, Art. 49 AEUV, Rn. 24.

2473 EuGH, Urt. v. 25.10.2017, Rs. C-106/16, ECLI:EU:C:2017:804, Rn. 40, 62 f. – Polbud; *Stelmaszczyk*, EuZW 2017, 890 (891 f.).

2474 *Campos Nave*, BB 2008, 1410 (1413); *Otte*, EWS 2009, 31 (39); *Haar*, GPR 2010, 187; *Sandrock*, BB 1999, 1337 (1337 f.); *Braun*, Wegzugsfreiheit, S. 259.

2475 EuGH, Urt. v. 29.11.2011, Rs. C-371/10, ECLI:EU:C:2011:785, Rn. 35 ff. – National Grid Indus; *Beutel/Rehberg*, IStR 2012, 94; *Kessler/Philipp*, DStR 2012, 267 (269).

2476 IdS *Mörsdorf*, EuZW 2009, 97; mit Ausnahme der Satzungssitzverlegung *Forsthoff* in: Grabitz/Hilf/Nettesheim, Recht der EU, Art. 54 AEUV, Rn. 46–68.

2477 EuGH, Urt. v. 13.12.2005, Rs. C-411/03, ECLI:EU:C:2005:762, Rn. 19 – Sevic.

2478 S.o. unter F., I. die Verwaltungssitz-, unter II. die Satzungssitz-, unter III. die simultane Sitzverlegung, sowie unter VI. den Formwechsel.

2479 S.o. unter F., VII.

2480 Zum Problem s.o. unter E., IX., 3., b).

2. Persönlicher Schutzbereich

Änderungen zum persönlichen Schutzbereich ergeben sich vor allem durch den Wegfall der Anknüpfungsautonomie im Bereich der Fortexistenz von Gesellschaften. Damit kommt es zu einer Gleichstellung von natürlichen und juristischen Personen in Bezug auf den Gewährleistungsgehalt der Niederlassungsfreiheit und speziell unter dem Aspekt der Mobilität bzw. Sitzverlegung.[2481] Die bestehenden Unterschiede zwischen beiden Personen, die sich bspw. aus dem Umstand ergeben, dass juristische Personen für ihre Existenz einer Rechtsordnung bedürfen[2482], können wiederum auf Rechtfertigungsebene im Rahmen der Verhältnismäßigkeit in eine etwaige Abwägung einfließen. Durch die rechtliche Gleichstellung nach Art. 54 AEUV können diese Unterschiede allerdings nicht so sehr ins Gewicht fallen. Eine Entziehung der Existenzgrundlage aufgrund einer Sitzverlegung wird in bestimmten Fällen allerdings unverhältnismäßig sein.[2483]

III. Die Ebene der Beeinträchtigung

Die Grundfreiheiten zeichnen sich ebenfalls durch eine weite Auslegung der Beeinträchtigungen aus. Im Grundsatz sollen alle Beeinträchtigungen (Diskriminierungen und diskriminierungsfreie Beschränkungen) vom Binnenmarkt ferngehalten werden.[2484] Dies zeigt sich bereits durch den beträchtlichen Umfang der Beschränkungsprüfung nach Dassonville.[2485] Auch der Niederlassungsfreiheit ist nichts anders zu entnehmen.[2486] Trotz entgegenstehenden Wortlauts (Art. 49 Abs. 2 AEUV) zeigt die (systematisch-teleologische) Auslegung, dass der Niederlassungsfreiheit das Herkunftslandprinzip und ein Beschränkungsverbot inhärent sind und die EuGH-Rechtsprechung damit konsequent iSd grundfreiheitlichen Konvergenz ist.[2487]

2481 *Weng*, EWS 2008, 264 (270); *Wilhelmi*, JZ 2009, 409 (411); *Teichmann*, ZGR 2011, 639 (670); *Müller-Graff* in: Streinz, EUV/AEUV, Art. 54 AEUV, Rn. 17.

2482 *Zimmer/Naendrup*, NJW 2009, 545 (546 f.); *Barthel*, EWS 2010, 316 (323); *Sethe/Winzer*, WM 2009, 536 (538); *Cains*, ERPL 2010, 569 (571); *Habersack/Verse*, EU-GesR, § 3, Rn. 13; *v. Hein* in: MüKo BGB, Bd. 11, Art. 3 EGBGB, Rn. 91.

2483 *Teichmann*, FS Hommelhoff 2012, 1213 (1222); s.a. EuGH, Urt. v. 25.10.2017, Rs. C-106/16, ECLI:EU:C:2017:804, Rn. 58 f. – Polbud; zur Rechtfertigung s.a. zugleich unter H., IV.

2484 *Ehlers* in: Ehlers, EU-Grundrechte und -freiheiten, § 7, Rn. 90, 96.

2485 EuGH, Urt. v. 11.07.1974, Rs. 8/74, ECLI:EU:C:1974:82, Rn. 5 – Dassonville; *Cramer*, Jura 2015, 39 (48); *Kingreen* in: Calliess/Ruffert, EUV/AEUV, Art. 36 AEUV, Rn. 37;

2486 *Hobe*, EuR, Rn. 845; *Streinz*, EuR, Rn. 835; *Herdegen*, EuR, § 16, Rn. 31.

2487 S.o. unter B., IV., 2. und G., II., 5., d); s.a. *Eidenmüller*, ZIP 2002, 2233 (2241).

1. Die Unterscheidung von Diskriminierungen und Beschränkungen

Auf einer ersten Ebene sollte, neben der Maßnahme eines Verpflichteten, festgestellt werden, ob eine offene oder versteckte Diskriminierung vorliegt bzw. eine diskriminierungsfreie Beschränkung der Niederlassungsfreiheit iSd Dassonville-Formel.[2488] Eine solche Kategorisierung ist in diesem System von herausragender Bedeutung, da sie eine erste Indizwirkung für den Schwierigkeitsgrad einer Rechtfertigung bietet: So sind offene Diskriminierungen als schwerste Form der Beeinträchtigung am schwersten zu rechtfertigen. Versteckte Diskriminierungen sind leichter zu rechtfertigen, wiegen wiederum schwerer als diskriminierungsfreie Beschränkungen.[2489] Dieses Grundmuster kann im Einzelfall durchbrochen werden. Es erinnert insofern an das Drei-Stufen-Modell, welches im Rahmen der Rechtfertigung eines Eingriffs in die Berufsfreiheit (Art. 12 GG) herangezogen wird.[2490]

Zugegebenermaßen kann die Kategorisierung auch erst auf Rechtfertigungsebene erfolgen und eine Beeinträchtigung unabhängig von einem diskriminierenden oder nur beschränkenden Charakter angenommen werden.[2491] Eine erste Klassifikation sollte aber dogmatisch sinngemäß bereits auf der Beeinträchtigungsebene vorgenommen werden. Dies erscheint passender, da mit der Maßnahme eines Verpflichteten gleichzeitig die beeinträchtigende Handlung, Duldung oder Unterlassung festgestellt wird.[2492] Eine gänzliche Aufgabe der Unterscheidung ist insbesondere in diesem rechtfertigungsbasierten Modell nicht möglich.[2493]

2. Die Keck-Formel und das Marktzugangskriterium

Bei einem weiten Verständnis des Schutzbereichs und des Beschränkungsbegriffs spricht vieles für eine Übertragung der Keck-Formel[2494] oder ähnlicher Kriterien auch auf die Niederlassungsfreiheit.[2495] Sofern, wie hier vorgeschlagen, beide Perspektiven der grenzüberschreitenden Mobilität von der Niederlassungsfreiheit

2488 S.o. unter B., IV.; *Frenz*, HB EuR, Bd. 1: Grundfreiheiten, Rn. 471 ff.

2489 *Korte* in: Calliess/Ruffert, EUV/AEUV, Art. 49 AEUV, Rn. 87; *Müller-Graff* in: Streinz, EUV/AEUV, Art. 49 AEUV, Rn. 44; *Jarass*, EuR 2000, 705 (723).

2490 S. *Scholz* in: Maunz/Dürig, GG, Art. 12, Rn. 335 ff.; *Ruffert* in: Epping/Hillgruber, BeckOK GG, Art. 12, Rn. 93 ff.; *Frenz*, JA 2009, 252 (255 ff.).

2491 Vgl. wiederum mit der Berufsfreiheit, s. *Kimms*, JUS 2001, 664 (667); idS auch *Mann/Worthmann*, JuS 2013, 385 (389).

2492 S.o. unter B., IV.; s.a. *Ehlers* in: Ehlers, EU-Grundrechte und -freiheiten, § 7, Rn. 88 f.; ähnlich *Korte* in: Calliess/Ruffert, EUV/AEUV, Art. 49 AEUV, Rn. 57.

2493 Für eine rechtfertigungsbezogene Unterscheidung *Trstenjak/Beysen*, EuR 2012, 265 (277); a.A.: *Leible/Hoffmann*, RIW 2006, 161 (163); *Weiß*, EuZW 1999, 493 (498).

2494 S.o. unter B., IV., 3.

2495 Zur Diskussion s. *Tietje* in: Ehlers, EU-Grundrechte und -freiheiten, § 10, Rn. 55.

geschützt sein sollen, wären die für die Warenverkehrsfreiheit entwickelten Keck-Kriterien die erste Möglichkeit der Eingrenzung. Dies würde auch dem hier mehrfach betonten dogmatischen Bild der Grundfreiheiten entsprechen (Konvergenz).[2496] Es ist allerdings zu beachten, dass eine Übertragung nur in engen Grenzen möglich ist, da bereits die Begriffe „produkt-“ und „vertriebsbezogen“ für die Niederlassungsfreiheit nicht adäquat erscheinen.[2497] Die Keck-Regel sollte überdies nicht zu weit ausgelegt werden, da sie eine Ausnahme darstellt, welche im EU-Recht generell nur geringe Anwendung findet, und dies dem im Grundsatz mobilitätsfreundlichen System widersprechen würde.[2498] Ferner besteht noch eine Eingrenzungsmöglichkeit durch das Korrektiv auf Rechtfertigungsebene.

a) Bisheriger Meinungsstand

Der Großteil der Literatur spricht sich für eine Übertragung der Keck-Formel auf die Niederlassungsfreiheit aus, wenn auch mit einer Konzentration auf das Marktzugangskriterium.[2499] Sofern eine Maßnahme den Marktzugang signifikant erschwert, stellt sie danach eine Beschränkung der Niederlassungsfreiheit dar.[2500] Die Probleme, die bei einer „Eins-zu-Eins-Übertragung“ der Begriffspaare „produkt-“ und „vertriebsbezogen“ entstünden, können dadurch umgangen werden.[2501] Die Synchronisierung der Begriffe wird aufgrund des eindeutigen Wortlauts des Art. 49 Abs. 2 AEUV, welcher die Aufnahme und Ausübung der Tätigkeit, also das „Wie“ und das „Ob“ gleichermaßen schützt, kritisiert. Allgemeine Vorbehalte gegen die Keck-Formel sind bspw. die Erzeugung einer „Schein-Rechtssicherheit“ oder

2496 Ebenso *Frenz*, HB EuR, Bd. 1: Grundfreiheiten, Rn. 446 ff.; *Ludwigs* in: Dauses/Ludwigs, HB EU-Wirtschaftsrecht, E. I., Rn. 85; a.A.: *Holst*, EuR 2017, 633 (636).

2497 *Tiedje* in: v.d. Groeben/Schwarze/Hatje, EuR, Art. 49 AEUV, Rn. 110.

2498 S.a.o. unter H., II., 1., a); EuGH, Urt. v. 13.11.1964, Rs. 90/63 und 91/63, ECLI:EU:C:1964:80 – Kom./Luxemburg und Belgien; EuGH, Urt. v. 21.06.1974, Rs. 2/74, ECLI:EU: C:1974:68, Rn. 44/45 – Reyners; EuGH, Urt. v. 28.10.1975, Rs. 36/75, ECLI:EU:C:1975: 137, Rn. 26/28 – Rutili; ebenso *Streinz*, EuR, Rn. 941; *Frenz*, EuR, Rn. 299.

2499 *Eidenmüller* in: Eidenmüller, Ausländische KapGes, § 3, Rn. 16; *ders.*, NJW 2005, 1618; *Ludwigs* in: Dauses/Ludwigs, HB EU-Wirtschaftsrecht, E. I., Rn. 181 f.; *Müller-Graff* in: Streinz, EUV/AEUV, Art. 49 AEUV, Rn. 58; *Leible* in: MüKo LauterkeitsR, Bd. 1, Teil III., A., Rn. 89; *Haas* in: Baumbach/Hueck, GmbHG, § 64, Rn. 58; *Habersack/ Verse*, EU-GesR, § 3, Rn. 7.

2500 *Frenz*, HB EuR, Bd. 1: Grundfreiheiten, Rn. 457; *Schanze/Jüttner*, AG 2003, 661 (667); *Knop*, Gesellschaftsstatut, S. 136; *Streinz*, EuR, Rn. 841ff.

2501 Produktbezogene Maßnahmen sollen auf die Niederlassungsfreiheit übertragen niederlassungsbezogen sein („Ob“), vertriebsbezogene Maßnahmen seien ausübungs- oder tätigkeitsbezogene („Wie“), *Eidenmüller/Rehm*, ZGR 2004, 159 (168); *Clausnitzer*, NZG 2008, 321 (323); *Radtke/Hoffmann*, EuZW 2009, 404 (406); *Knop*, Gesellschaftsstatut, S. 129 ff.

ihr formalistischer Kern.[2502] Allerdings liegt auch der ursprünglichen Keck-Formel eine Fokussierung auf Marktzugangsbeschränkungen zugrunde.[2503] Bei der Niederlassungsfreiheit kommt die Besonderheit hinzu, dass sich die zu schützenden Personen weitestgehend in die Volkswirtschaft eines Mitgliedstaates integrieren und sich der dazugehörigen Rechtsordnung unterwerfen, was eine Anwendung der Keck-Formel oder des Marktzugangskriteriums noch notwendiger erscheinen lässt.[2504]

Auch die Konzentration auf das Kriterium des Marktzugangs sieht sich allerdings einiger Kritik ausgesetzt. So fehlt es, wie auch schon bei der ursprünglichen Keck-Formel, an einer hinreichenden Trennschärfe.[2505] Darüber hinaus sind die Grundfreiheiten mehr als nur Marktzugangsrechte – ihre freiheitsrechtliche Dimension ist ernst zu nehmen.[2506] Somit müsste die Marktzugangskomponente durch weitere handhabbare Kriterien ergänzt werden.[2507]

Der EuGH hat sich bisher nicht explizit für oder gegen eine Übertragung der Keck-Formel entschieden. Allerdings hat er zuweilen auch nur „geringfügige" Beschränkungen an der Niederlassungsfreiheit gemessen.[2508] Trotzdem ist sich der Gerichtshof auch bewusst, dass ein zu weiter Beschränkungsbegriff in irgendeiner Weise wieder eingefangen werden muss.[2509] Neuere Urteile weisen in die Richtung, dass auch der EuGH sich zunehmend am Marktzugangskriterium orientiert.[2510]

2502 *Frenz*, HB EuR, Bd. 1: Grundfreiheiten, Rn. 457; *Tiedje* in: v.d. Groeben/Schwarze/Hatje, EuR, Art. 49 AEUV, Rn. 111; *Müller-Graff* in: Streinz, EUV/AEUV, Art. 49 AEUV, Rn. 62; *Kieninger*, ZEuP 2004, 685 (691); *Ringe/Willemer*, NZG 2010, 56 (57).

2503 *Eidenmüller/Rehm*, ZGR 2004, 159 (168), insb. Fn. 41; *Leible* in: MüKo LauterkeitsR, Bd. 1, Teil III., A., Rn. 89; *Classen*, EuR 2009, 555 (557).

2504 *Leible* in: MüKo LauterkeitsR, Bd. 1, Teil III., A., Rn. 89; anhand des Wettbewerbsrechts *Milbradt* in: Hasselblatt, MAH Gewerblicher RS, § 11, Rn. 79.

2505 *Knop*, Gesellschaftsstatut, S. 136; fraglich bei *Classen*, EuR 2009, 555 (561); *Röpke*, Gläubigerschutz, S. 162 f., beispielhaft für die Auslösung des Insolvenzverfahrens.

2506 *Tietje* in: Ehlers, EU-Grundrechte und -freiheiten, § 10, Rn. 55; *Streinz*, EuR, Rn. 843; insb. die Niederlassungsfreiheit nach *Tiedje* in: v.d. Groeben/Schwarze/Hatje, EuR, Art. 49 AEUV, Rn. 111.

2507 *Knop*, Gesellschaftsstatut, S. 136.

2508 EuGH, Urt. v. 05.10.2004, Rs. C-442/02, ECLI:EU:C:2004:586, Rn. 12 – CaixaBank France; EuGH, Urt. v. 11.03.2004, Rs. C-9/02, ECLI:EU:C:2004:138, Rn. 42, 45 – De Lasteyrie du Saillant.

2509 EuGH, Urt. v. 20.06.1996, Rs. C-418/93 mit Weiteren verbunden, ECLI:EU:C:1996: 242, Rn. 32 – Semeraro Casa Uno: Keine Rechtfertigungsprüfung, wenn die Maßnahme zu „ungewiss" ist.

2510 EuGH, Urt. v. 24.03.2011, Rs. C-400/08, ECLI:EU:C:2011:172, Rn. 64 – Kom./Spanien; EuGH, Urt. v. 07.03.2013, Rs. C-577/11, ECLI:EU:C:2013:146, Rn. 33 – DKV Belgium; EuGH, Urt. v. 26.09.2013, Rs. C-418/11, ECLI:EU:C:2013:588, Rn. 68 – Texdata Software.

b) Neue Entwicklung durch das Urteil Kornhaas[2511]

Die EuGH-Entscheidung Kornhaas wurde in der Literatur als Übertragung des Marktzugangskriteriums auf die Niederlassungsfreiheit aufgefasst.[2512] Zwar erging die Entscheidung ohne Schlussanträge und nur durch eine Dreierkammer, was gegen eine Einordnung als weitere Leitentscheidung zur gesellschaftsrechtlichen Mobilität unter der Niederlassungsfreiheit spricht.[2513] Jedoch sind der Entscheidung zumindest Tendenzen zugunsten einer sinngemäßen Übertragung der Keck-Formel zu entnehmen.[2514]

aa) Sachverhalt

Rechtsanwalt Dithmar erhob als Insolvenzverwalter der Kornhaas Ltd. Klage gegen Frau Kornhaas.[2515] Die Kornhaas Ltd. ist im Handelsregister in Cardiff eingetragen. Sie hat eine Zweigniederlassung in Deutschland, welche im Handelsregister des AG Jena eingetragen ist. Über die Sekundärniederlassung wird die Haupttätigkeit der Gesellschaft ausgeführt. Nach Feststellung der Zahlungsunfähigkeit am 1.11.2006 tätigte Frau Kornhaas im Namen der Ltd. noch Zahlungen in Höhe von 110.151,66 Euro. Rechtsanwalt Dithmar nimmt Frau Kornhaas deshalb auf Haftung für masseverkürzende Zahlungen nach § 64 Abs. 2 S. 1 GmbHG a.F. in Anspruch.[2516]

Die unterinstanzlichen Gerichte gaben der Klage statt. Der BGH stimmte den anderen Gerichten zu, rief aber den EuGH an, im Vorabentscheidungsverfahren zu entscheiden, weil im Schrifttum, insbesondere im Hinblick auf die faktische Anerkennungspflicht nach dem Gründungsrecht aus den Urteilen Centros, Überseering und Inspire Art ungeklärt war, ob eine solche Norm auf Auslandsgesellschaften angewendet werden darf. Laut BGH ist die angesprochene Norm, obwohl sie im GmbHG steht, insolvenzrechtlich zu qualifizieren, da sie sicherstellen solle, dass alle Gläubiger im Rahmen eines geordneten Insolvenzverfahrens nach Rangfolge gleichmäßig befriedigt würden. Dem BGH zu Folge ist die Norm schon gar keine Beschränkung der Niederlassungsfreiheit, weil sie nur Rechtsfolgen der

2511 EuGH, Urt. v. 10.12.2015, Rs. C-594/14, ECLI:EU:C:2015:806 – Kornhaas.

2512 *Kindler*, EuZW 2016, 136 (138 f.); *ders.*, DNotZ-Sonderheft 2016, 75 (77 f.); *Weller/Hübner*, NJW 2016, 223 (225); *Verse/Wiersch*, EuZW 2016, 330 (331); idS auch *Altmeppen*, IWRZ 2017, 107 (110); *Scholz*, ZEuP 2016, 959 (971).

2513 *Bayer/Schmidt*, BB 2016, 1923 (1931); *Mankowski*, NZG 2016, 281 (285); *Weller/Hübner*, NJW 2016, 223 (225) reihen das Urteil dagegen als „iconic case“ ein.

2514 *Mankowski*, NZG 2016, 281 (285); kritisch *Böcker*, DZWiR 2016, 174 (178); *Ludwigs* in: Dauses/Ludwigs, HB EU-Wirtschaftsrecht, E. I., Rn. 85.

2515 Frau Kornhaas ist Direktorin der Gesellschaft. Sie wurde auf Ersatz von Zahlungen in Anspruch genommen, welche sie nach Eintritt der Insolvenzreife getätigt hat.

2516 EuGH, Urt. v. 10.12.2015, Rs. C-594/14, ECLI:EU:C:2015:806, Rn. 6 f. – Kornhaas; *Weller/Hübner*, NJW 2016, 223; *Römermann*, GmbHR 2016, 24 (24 f.).

Zahlungsunfähigkeit regele und die Gesellschaft ansonsten nicht daran hindere, den Verwaltungssitz in Deutschland zu begründen. Jedenfalls sei die Norm in jeglicher Hinsicht verhältnismäßig.[2517]

bb) Entscheidungsgründe

Der Gerichtshof stuft die Regel des § 64 Abs. 2 S. 1 GmbHG a.F. ebenfalls als insolvenzrechtliche Norm ein und rekurriert dabei auf das Urteil H.[2518] Der EuGH ist ferner der Ansicht, dass die Norm weder die Rechtsfähigkeit einer Gesellschaft im Zuge der Hineinverlegung des Verwaltungssitzes negiere (Urteil Überseering)[2519] – die Norm setze die Rechtsfähigkeit gerade voraus – noch dass sie eine Sanktion für ein vermindertes Mindestkapital darstelle (Urteil Inspire Art)[2520] und deshalb nicht gegen die Niederlassungsfreiheit verstoße.[2521] Die Regelung knüpfe also nicht an die Gründung einer Gesellschaft oder die spätere grenzüberschreitende Niederlassung an, sondern an die spätere Tätigkeit der Gesellschaft.[2522]

cc) Bewertung: Übertragung der Keck-Formel / des Marktzugangskriteriums

Die Entscheidung wurde in der Literatur überwiegend positiv aufgenommen.[2523] Dreh- und Angelpunkt ist, neben der insolvenzrechtlichen Qualifikation des § 64 Abs. 2 S. 1 GmbHG a.F., die Aussage des Gerichtshofs in Randnummer 28 des Urteils, wonach die Norm weder die Gründung noch die spätere Niederlassung oder das Mindestkapital der Gesellschaft beeinflusst, sondern nur im Rahmen ihrer späteren Tätigkeit Anwendung findet, also ab Zahlungsunfähigkeit oder Überschuldung der Gesellschaft, und deshalb keine Beeinträchtigung der Niederlassungsfreiheit darstellt.[2524]

Die Befürworter einer Übertragung des Marktzugangskriteriums entnehmen der Entscheidung die Kategorisierung in „Tätigkeitsausübungsregeln“ und

2517 EuGH, Urt. v. 10.12.2015, Rs. C-594/14, ECLI:EU:C:2015:806, Rn. 7–12 – Kornhaas; *Scholz*, ZEuP 2016, 959; *Weller/Hübner*, NJW 2016, 223.

2518 EuGH, Urt. v. 10.12.2015, Rs. C-594/14, ECLI:EU:C:2015:806, Rn. 17 – Kornhaas; EuGH, Urt. v. 04.12.2014, Rs. C-295/13, ECLI:EU:C:2014:2410 – H; *Kindler*, EuZW 2016, 136 (137); *Mankowski*, NZG 2016, 281; *Böcker*, DZWiR 2016, 174 (176).

2519 EuGH, Urt. v. 05.11.2002, Rs. C-208/00, ECLI:EU:C:2002:632, Rn. 82 – Überseering.

2520 EuGH, Urt. v. 30.09.2003, Rs. C-167/01, ECLI:EU:C:2003:512, Rn. 141 – Inspire Art.

2521 EuGH, Urt. v. 10.12.2015, Rs. C-594/14, ECLI:EU:C:2015:806, Rn. 23–29 – Kornhaas; *Kindler*, DNotZ-Sonderheft 2016, 75 (77 f.); *Hübler*, NZI 2016, 125 (126).

2522 EuGH, Urt. v. 10.12.2015, Rs. C-594/14, ECLI:EU:C:2015:806, Rn. 28 – Kornhaas; *Kindler*, EuZW 2016, 136 (138); *Weller/Hübner*, NJW 2016, 223 (225).

2523 *Hübler*, NZI 2016, 125 (126); *Swierczok*, NZI 2016, 48 (51); *Scholz*, ZEuP 2016, 959 (970); *Mankowski*, NZG 2016, 281 (285): „Kornhaas schafft Klarheit und Orientierungssicherheit“; *Luke*, IWRZ 2016, 120 (122): „wichtige Entscheidung“.

2524 EuGH, Urt. v. 10.12.2015, Rs. C-594/14, ECLI:EU:C:2015:806, Rn. 28 – Kornhaas.

„sonstige den Marktzugang beschränkende Regeln" iSd durch die Keck-Formel modifizierten Grundfunktion des Beschränkungsverbots. Sie stützen sich auf die Erwähnung des Wortes „Tätigkeit".[2525] Darüber hinaus weise die Formulierung, die Niederlassungsfreiheit sei nicht „beeinträchtigt", auf einen Ausschluss auf der zweiten Ebene der Grundfreiheitsprüfung hin.[2526] Ferner fehlt es auch an einer Prüfung der Rechtfertigungsebene.[2527]

Andererseits kann man die Passage des Urteils auch dahingehend verstehen, dass nur insolvenzrechtliche Tätigkeitsausübungsregeln wegen des direkten Bezugs zur Materie des Insolvenzrechts keine Beeinträchtigungen der Niederlassungsfreiheit darstellen und nicht alle tätigkeitsbezogenen Regeln ausgenommen werden sollen.[2528] Ferner erscheint es seltsam, dass die Keck-Rechtsprechung mit keinem Wort erwähnt wurde.[2529] Die Übertragung des Marktzugangskriteriums auf die Niederlassungsfreiheit wäre ein dermaßen weitreichender Paradigmenwechsel, dass eine Bezugnahme wahrscheinlich erscheint. Auch der Umstand, dass es sich um eine relativ „kleine" Entscheidung handelt, spricht eher gegen einen Kurswechsel.[2530] Erschwerend kommt hinzu, dass das Marktzugangskriterium vom EuGH bei anderen Grundfreiheiten bisher nur sehr inkonsequent und wankelmütig gebraucht wurde.[2531]

Zudem ist zwar ersichtlich, dass keine Prüfung der Rechtfertigung erging, allerdings weist Randnummer 18 des Urteils zumindest einen Hinweis auf eine mögliche Verhältnismäßigkeit der Regel auf: Die Sanktion der persönlichen Haftung der Gesellschafter tritt insbesondere dann ein, wenn ein Insolvenzantrag schuldhaft länger als drei Wochen unterblieb. Sofern nämlich das Insolvenzverfahren eröffnet wird, ist der Insolvenzverwalter für weitere Zahlungen der Gesellschaft zuständig.[2532] In diesem Sinne hätte der Gerichtshof auch auf Rechtfertigungsebene im

2525 *Kindler*, EuZW 2016, 136 (138 f.); *ders.*, DNotZ-Sonderheft 2016, 75 (78); *Ego* in: MüKo AktG, Bd. 7, B., Rn. 345; *Altmeppen*, IWRZ 2017, 107 (110); *Luke*, IWRZ 2016, 120 (124); wohl auch *Weller/Hübner*, NJW 2016, 223 (225).

2526 *Kindler*, DNotZ-Sonderheft 2016, 75 (78 f.); *Weller/Hübner*, NJW 2016, 223 (225); *Verse/Wiersch*, EuZW 2016, 330 (331); *Hübler*, NZI 2016, 125 (126).

2527 *Weller/Hübner*, NJW 2016, 223 (225); s.a. *Böcker*, DZWiR 2016, 174 (177 f.).

2528 *Bayer/Schmidt*, BB 2016, 1923 (1931); *Scholz*, ZEuP 2016, 959 (972); vorsichtig – nicht sofort alle Regeln des Gläubigerschutzes – s. *Ego* in: MüKo AktG, Bd. 7, B., Rn. 345; kritisch auch *Stiegler*, GWR 2016, 39: „unnötigerweise... Rechtsunsicherheit".

2529 *Bayer/Schmidt*, BB 2016, 1923 (1931); *Böcker*, DZWiR 2016, 174 (178); *Verse/ Wiersch*, EuZW 2016, 330 (331); „nur knapp angedeute Schutzbereichsrestriktion".

2530 S.o. unter H., III., 2., b), aa).

2531 So *Holst*, EuR 2017, 633 (635, 637) mit Verw. auf EuGH, Urt. v. 11.04.2000, verb. Rs. C-51/96 und C-191/97, ECLI:EU:C:2000:199, Rn. 61, 69 – Deliège; EuGH, Urt. v. 13.04.2000, Rs. C-176/96, ECLI:EU:C:2000:201, Rn. 49 – Lehtonen.

2532 EuGH, Urt. v. 10.12.2015, Rs. C-594/14, ECLI:EU:C:2015:806, Rn. 18 – Kornhaas.

Rahmen der Erforderlichkeit oder Angemessenheit der Maßnahme argumentieren können.[2533]

Eine Übertragung der Keck-Formel ist im Grundsatz zu befürworten. Die Konvergenz der Grundfreiheiten legt dies nahe. Das Urteil Kornhaas kann diesen Transfer aber noch nicht leisten. Zu ungewiss sind die Ausführungen, es fehlt eine Bezugnahme zu Keck, und zu gering ist der Stellenwert der Entscheidung. Allerdings lässt sich durchaus eine positive Tendenz ausmachen. Trotzdem sollte vor einer weiteren Bestätigung durch den EuGH Zurückhaltung geübt werden.[2534] Auch sollte die Keck-Formel selbst bei einer Übertragung nur behutsam angewendet werden.

c) Integration in das System der Mobilitätsfreiheit

Der Dogmatik und Konvergenz der Grundfreiheiten entspricht eine Übertragung der Keck-Formel auf die Niederlassungsfreiheit. Die Keck-Formel findet ihren Platz ebenfalls in einem Modell, wonach die Niederlassungsfreiheit sowohl den Zuzug als auch den Wegzug schützt. Das Urteil Kornhaas zeigt eine deutlich europarechtszentriertere Ansicht auf die nationalen Gesellschaftsrechte: Bestimmte Felder werden nicht mehr pauschal vom Schutzbereich der Niederlassungsfreiheit ausgenommen. Es wird nach einer systematischen Lösung im dogmatischen Gewand der Grundfreiheiten gesucht, um mittelbare und in ihrer Wirkung auf die Niederlassungsfreiheit sehr schwache mitgliedstaatliche Maßnahmen nicht einer Rechtfertigungsprüfung zu unterziehen.[2535] Dies stellt sich auch nicht als „graduelle Abkehr" von den Urteilen Centros und Inspire Art dar.[2536] Die grundsätzliche Gründungsanknüpfung bleibt bestehen und eine sinngemäße Anwendung der Keck-Formel führt darüber hinaus eher zu einer Erweiterung des Schutzes, da nunmehr alle Maßnahmen zunächst den Schutzbereich berühren.

Der europarechtliche Blickwinkel zeigt sich auch dadurch, dass Sonderanknüpfungen unabhängig von ihrer kollisionsrechtlichen Einordnung an der Niederlassungsfreiheit zu messen sind.[2537] Dies räumt den Einwand aus, die Anwendung der

---

2533 Ähnlich *Böcker*, DZWir 2016, 174 (177); *Swierczok*, NZI 2016, 48 (51): EuGH geht von Erforderlichkeit/Verhältnismäßigkeit aus; *Mankowski*, NZG 2016, 281 (285).

2534 IdS auch *Bayer/Schmidt*, BB 2016, 1923 (1931); *Scholz*, ZEuP 2016, 959 (972); *Ego* in: MüKo AktG, Bd. 7, B., Rn. 345; *Verse/Wiersch*, EuZW 2016, 330 (331).

2535 S. *Kindler*, EuZW 2016, 136 (138 f.); *Scholz*, ZEuP 2016, 959 (970 ff.); *Verse/Wiersch*, EuZW 2016, 330 (331); *Weller/Hübner*, NJW 2016, 223 (225); so auch bereits Oppermann/ Classen/*Nettesheim*, EuR, § 28, Rn. 34: „Maßnahmen hinter der Grenze"; es besteht eine erhöhte Begründungspflicht als noch bei Annahme einer Bereichsausnahme.

2536 So aber *Mankowski*, NZG 2016, 281 (286); er verneint auch die Eröffnung des Schutzbereichs (285).

2537 Eine Einordnung erfolgt unter das Gesellschaftsstatut, das Insolvenzstatut, das Deliktsstaut etc.; vgl. *Luke*, IWRZ 2016, 120 (124); *Knof/Mock*, GmbHR 2007, 852 (853); *Mankowski*, NZG 2016, 281 (284); bereits zuvor *Kieninger*, ZEuP 2004, 685

Keck-Formel führe durch Kategorisierungen im Kollisionsrecht zu Umgehungskonstruktionen in Bezug auf die Anwendung der Niederlassungsfreiheit.[2538] Sonderanknüpfungen stellen aber keine Beeinträchtigungen dar, wenn sie sich nur auf die Tätigkeit beziehen.[2539]

Diese Ausnahme benötigt aber weitere Eingrenzungen. Von der Warenverkehrsfreiheit ist bekannt, dass eine Rückausnahme für vertriebsbezogene Maßnahmen besteht, sofern sie den Marktzugang erheblich stören.[2540] Als Beispiel kann die vertriebsbezogene Maßnahme („Wie") eines Alkoholwerbeverbots gelten, welches am Markt etablierte Alkoholika weniger belastet als neue auf den Markt drängende Marken.[2541] Dies stört den Marktzugang, das Kernelement der Beschränkungen, in besonders empfindlicher Weise und ist deshalb von der Keck-Regel auszunehmen.[2542]

Gleiches muss für niederlassungsrelevante Regeln gelten.[2543] Ein Beispiel kann etwa ein Gesetz sein, welches Aktionäre einer privaten Fernsehgesellschaft unter Androhung von Geldbußen dazu verpflichtet, für die Einhaltung standesrechtlicher Gepflogenheiten im journalistischen Bereich zu sorgen, obwohl ihnen rein praktisch keine Möglichkeiten dazu offenstehen.[2544] Die Maßnahme stellt aufgrund ihrer universellen Anwendung auf alle Aktionäre, seien sie In- oder Ausländer, eine diskriminierungsfreie Beschränkung dar, welche nur eine tätigkeitsbezogene Regel ist. Allerdings ist sie wegen der fehlenden Möglichkeiten zur Verhinderung von Geldstrafen in der Lage, den Markzugang für neue Investoren aus dem Ausland erheblich unattraktiver zu gestalten.[2545] Die Keck-Regel würde durch eine

---

(697); *Grundmann*, EU-GesR, § 22, Rn. 785; *Eidenmüller* in: Eidenmüller, Ausländische KapGes, § 3, Rn. 8; *ders.*, JZ 2004, 24 (25); a.A.: *Zimmer*, NJW 2003, 3585 (3591).

2538 *Fleischer* in: Lutter, Auslandsgesellschaften, S. 97 f.; *Knop*, Gesellschaftsstatut, S. 132.

2539 EuGH, Urt. v. 10.12.2015, Rs. C-594/14, ECLI:EU:C:2015:806, Rn. 28 – Kornhaas.

2540 *Epiney* in: Ehlers, EU-Grundrechte und -freiheiten, § 8, Rn. 46; *Frenz*, HB EuR, Bd. 1: Grundfreiheiten, Rn. 925; *Classen*, EuR 2009, 555 (569).

2541 EuGH, Urt. v. 08.03.2001, Rs. C-405/98, ECLI:EU:C:2001:135, Rn. 21–25 – Gourmet International; *Classen*, EuR 2009, 555 (569); *Dietz/Streinz*, EuR 2015, 50 (65).

2542 EuGH, Urt. v. 08.03.2001, Rs. C-405/98, ECLI:EU:C:2001:135, Rn. 18 – Gourmet International; EuGH, Urt. v. 24.11.1993, Rs. C-267/91 und C-268/91, ECLI:EU:C:1993: 905, Rn. 18 – Keck; *Epiney* in: Ehlers, EU-Grundrechte und -freiheiten, § 8, Rn. 46.

2543 *Schanze/Jüttner*, AG 2003, 661 (667); *Forsthoff* in: Grabitz/Hilf/Nettesheim, Recht der EU, Art. 49 AEUV, Rn. 113.

2544 EuGH, Urt. v. 21.10.2010, Rs. C-81/09, ECLI:EU:C:2010:622, Rn. 6–12, 50–58 – Idryma; alle Aktionäre einer privaten griechischen Fernsehgesellschaft mussten für die Einhaltung der Standesregeln sorgen, sofern sie mehr als 2,5% der Anteile besaßen.

2545 EuGH, Urt. v. 21.10.2010, Rs. C-81/09, ECLI:EU:C:2010:622, Rn. 57 ff. – Idryma, der EuGH spricht insoweit auch von einer „abschreckenden Wirkung"; s. dazu auch *Stöber*, ZVglRWiss 2014, 57 (61).

Rückausnahme nicht angewendet.[2546] Es ist festzuhalten, dass auch tätigkeitsbezogene Maßnahmen in der Lage sind, den Marktzugang zu beschränken. Eine weitere Konturierung der Differenzierung zwischen tätigkeitsbezogenen Regeln und Marktzugangsbehinderungen ist unumgänglich.[2547]

Die Keck-Regel kann ein symbolisches Entgegenkommen im dogmatischen Gewand der Niederlassungsfreiheit in Bezug auf die mitgliedstaatliche Definitionsautonomie darstellen.[2548] Sie ist als Ausnahmeregel allerdings eng auszulegen.[2549] Die Keck-Formel sollte in einem „System der Mobilitätsfreiheit" nur soweit wie nötig und im Zweifel nicht angewendet werden.[2550] Hier gilt der Grundsatz „in dubio pro libertate".[2551] Die Einwände, die dann im Einzelfall für die Anwendung der Keck-Formel sprächen, könnten ebenfalls auf Rechtfertigungsebene berücksichtigt werden.[2552] Die Keck-Systematik könnte dabei im Zweifelsfall, ähnlich der Unterscheidung zwischen offenen und versteckten Diskriminierungen sowie diskriminierungsfreien Beschränkungen, eine Abstufung auf der Ebene der Beeinträchtigung einführen: Tätigkeitsbezogene Maßnahmen wären leichter zu rechtfertigen als tätigkeitsbezogene Regeln, die den Marktzugang (nur potenziell) weniger attraktiv machen, und diese wiegen wiederum nicht so schwer wie etwa stark marktzugangsbezogene, aber diskriminierungsfreie Beschränkungen. Ein solches Vorgehen entspräche auch dem Sinn des vorgeschlagenen Modells und seiner Fokussierung auf die Rechtfertigungsebene.

Unterstützt wird diese Annahme durch die Konzentration auf die grundfreiheitliche Dogmatik.[2553] Darüber hinaus zeigt auch das Kornhaas-Urteil Tendenzen einer Auseinandersetzung des Gerichtshofs mit der Rechtfertigung.[2554] Weiterhin positiv zu beurteilen ist, dass der EuGH in der Kornhaas-Entscheidung explizit

---

2546 *Schanze/Jüttner*, AG 2003, 661 (667), welche als Bsp. auch auf gewerberechtliche Genehmigungsvorbehalte und extrem formulierte Deliktsnormen verweisen; s. auch *Radtke/Hoffmann*, EuZW 2009, 404 (406) für die Pflicht zur doppelten Buchführung.

2547 *Verse/Wiersch*, EuZW 2016, 330 (331); *Ego* in: MüKo AktG, Bd. 7, B., Rn. 345.

2548 S. dazu oben unter H., I.; *Engert* in: Langenbucher, EU-PrivatR, § 5, Rn. 22.

2549 S.o. unter H., III., 2.; s.a. *Streinz*, EuR, Rn. 941; *Frenz*, EuR, Rn. 299.

2550 Ähnlich *Böcker*, DZWiR 2016, 174 (178); ansatzweise *Weller/Hübner*, NJW 2016, 223 (225), welche aber nach Kornhaas zu einem Tatbestandsausschluss tendieren.

2551 S. *Hochhuth*, NJW 2007, 192 (195): In dubio pro libertate als Auslegungsmaxime im Öffentlichen Recht, insb. Fn. 30; allerdings kritisch *Scholz* in: Maunz/Dürig, GG, Art. 5 Abs. 3, Rn. 27.

2552 Vgl. *Braun*, Wegzugsfreiheit, S. 39; *Böcker*, DZWiR 2016, 174 (177); erwägend *Weller/Hübner*, NJW 2016, 223 (225); s.a. *Schall*, FS Meilicke 2010, 651 (652 ff.).

2553 S. bereits eingangs; s.a. EuGH, Urt. v. 25.10.2017, Rs. C-106/16, ECLI:EU:C:2017: 804, Rn. 58 f. – Polbud: Auch hier wird die Verhältnismäßigkeit wieder mehr betont.

2554 EuGH, Urt. v. 10.12.2015, Rs. C-594/14, ECLI:EU:C:2015:806, Rn. 18 – Kornhaas; ebenso *Swierczok*, NZI 2016, 48 (51); ähnlich *Mankowski*, NZG 2016, 281 (285).

von Beeinträchtigungen spricht.[2555] Somit wird, zumindest dem Wortlaut nach, die vorgeschlagene Terminologie als Oberbegriff für offene bzw. versteckte Diskriminierungen und Beschränkungen bestätigt.[2556] Es ist nochmals festzustellen, wie wichtig eine klare Terminologie im Bereich der Beeinträchtigungen, auch, aber nicht ausschließlich vor dem Hintergrund dieses mobilitätsfreundlichen und rechtfertigungsbasierten Systems, ist.[2557]

IV. Die Ebene der Rechtfertigung

In einem System der relativ freien Sitzverlegung bzw. Mobilität von Gesellschaften kommt der Rechtfertigungsebene die mit Abstand wichtigste Bedeutung zu. Sie dient als Korrektiv und gleicht widerstreitende Interessen zwischen den Souveränität einfordernden Mitgliedstaaten und der Integration proklamierenden Union aus.[2558] Deshalb sollten primär handhabbare Kriterien entwickelt werden, um einen möglichst schonenden Ausgleich der konträren Positionen im Einzelfall zu gewährleisten.[2559] Für eine Agglomeration unter dem Punkt der Rechtfertigung spricht in gewissem Maße auch die neuere Rechtsprechung des EuGH.[2560] Auch hier unterscheidet sich die schematische Prüfung nicht von der bisherigen.[2561] Wiederum gilt nur eine andere Schwerpunktsetzung. Die Mitgliedstaaten werden einem erhöhten Rechtfertigungsdruck ausgesetzt, den sie aber nicht fürchten müssen.[2562]

Im Rahmen der Verhältnismäßigkeit können die in dieser Arbeit herausgestellten Reibungspunkte allesamt berücksichtigt werden. Dabei ist z.B. an die rechtlichen Unterschiede zwischen natürlichen und juristischen Personen, die unterschiedlichen Perspektiven (Zuzug und Wegzug), die verschiedenen Modalitäten der

---

2555 EuGH, Urt. v. 10.12.2015, Rs. C-594/14, ECLI:EU:C:2015:806, Rn. 28 – Kornhaas; anders bspw. noch EuGH, Urt. v. 06.10.2009, Rs. C-153/08, ECLI:EU:C:2009:618, Rn. 37 – Kom./Spanien.

2556 Auch wenn der EuGH inhaltlich wohl nur eine Beschränkung prüfte; s.o. unter F., IV., 1.; ebenfalls kritisch zur uneinheitlichen Eingriffsterminologie *Sedemund*, BB 2006, 519 (519 f.); *Braun*, DZWiR 2012, 411 (414).

2557 A.A.: *Leible/Hoffmann*, RIW 2006, 161 (163), welche allerdings verschiedene Eingriffsintensitäten auf Ebene der Rechtfertigung berücksichtigen wollen.

2558 *Forsthoff*, EuZW 2015, 248 (251); *Schall*, FS Meilicke 2010, 651 (661); *Weng*, EWS 2008, 264 (270); *Eidenmüller*, ZIP 2002, 2233 (2243).

2559 *Teichmann*, ZIP 2009, 393 (397); *Herrler*, DNotZ 2009, 484 (488); *Bayer/Schmidt*, ZIP 2012, 1481 (1491); bereits allgemein *Brigola*, EuZW 2017, 406 (412); nach *Dietz/Streinz*, EuR 2015, 50 (72) reicht die „Vorgabe von Maßstäben“.

2560 EuGH, Urt. v. 25.10.2017, Rs. C-106/16, ECLI:EU:C:2017: 804, Rn. 58 f. – Polbud; EuGH, Urt. v. 12.07.2012, Rs. C-378/10, ECLI:EU:C:2012:440, Rn. 39 f., 48–61 – Vale; mit hiesigem Verständnis der Keck-Formel auch EuGH, Urt. v. 10.12.2015, Rs. C-594/14, ECLI:EU:C:2015: 806, Rn. 18, 28 – Kornhaas.

2561 S.o. unter B.; s. insb. *Ehlers* in: Ehlers, EU-Grundrechte und -freiheiten, § 7, Rn. 136.

2562 S. dazu o. unter H., I.

Sitzverlegung (formwahrend oder -wechselnd, isolierte bzw. simultane Satzungs- oder Verwaltungssitzverlegung, Spaltung oder Verschmelzung), die Unterschiede in den nationalen Gesellschaftsrechten und die Souveränität bzw. Autonomie der Mitgliedstaaten oder aber die Fälle von Umgehungskonstruktionen[2563] zu denken.[2564]

1. Schranken

a) *Die Differenzierung von geschriebenen und ungeschriebenen Schranken*

Im Rahmen der Rechtfertigung wird aber zunächst eine Schranke benötigt.[2565] Diese stellt quasi die Eröffnungsklausel für die abschließende Prüfung dar. In Betracht kommen einerseits die geschriebenen Schranken des Art. 52 AEUV, andererseits die ungeschriebenen Schranken (zwingenden Gründe des Allgemeinwohls) nach Cassis de Dijon. Laut EuGH können offene Diskriminierungen nur anhand der geschriebenen Schranken gerechtfertigt werden, während versteckte Diskriminierungen und diskriminierungsfreie Beschränkungen auch anhand der Cassis-Formel zu rechtfertigen sind.[2566]

In der Literatur wird häufiger für eine Aufgabe dieser Differenzierung und eine Öffnung der ungeschriebenen Schranken für offene Diskriminierungen plädiert.[2567] Dabei wird auf die teilweise inkonsistente EuGH-Rechtsprechung verwiesen.[2568] Allerdings hat der Gerichtshof nie eine offene, sondern immer nur versteckte Diskriminierungen anhand der ungeschriebenen Rechtfertigungsgründe gemessen.[2569] Letztere sind teilweise nur sehr schwer von diskriminierungsfreien

2563 Gemeint sind vor allem Briefkastengesellschaften oder Scheinauslandsgesellschaften.

2564 S.o. unter E., VII., 3., c); E., VIII., 3., d); E., IV., 3., d); E., V., 3., d); E., VII., 3., b) und c); E., V., 3.,c); E., VII., 3., c); E., IX., 3., c); E., VII., 3., l); E., VII., 3., e); E., II., 3., c); E., VI., 3., b); s. dabei insb. F.; G., II.

2565 *Kingreen* in: Calliess/Ruffert, EUV/AEUV, Art. 36 AEUV, Rn. 74; *Frenz*, HB EuR, Bd. 1: Grundfreiheiten, Rn. 582; *Streinz*, EuR, Rn. 848; *Hobe*, EuR, Rn. 851 f.

2566 So auch *Nowak/Schnitzler*, EuZW 2000, 627 (631); *Ehlers* in: Ehlers, EU-Grundrechte und -freiheiten, § 7, Rn. 119; *Jarass*, EuR 2000, 705 (718 f.); *Korte* in: Calliess/Ruffert, EUV/AEUV, Art. 49 AEUV, Rn. 63; *Hobe*, EuR, Rn. 762 f.

2567 *Dietz/Streinz*, EuR 2015, 50 (71 f.); *Trstenjak/Beysen*, EuR 2012, 265 (277); *Schroeder* in: Streinz, EUV/AEUV, Art. 36 AEUV, Rn. 34; *Leible/Hoffmann*, RIW 2006, 161 (163); *Weiß*, EuZW 1999, 493 (498).

2568 Für die Rechtsprechung siehe die nachfolgende Fn.; so etwa *Schroeder* in: Streinz, EUV/AEUV, Art. 36 AEUV, Rn. 34; *Heselhaus*, EuZW 2001, 645; *Streinz/Leible*, EuZW 2000, 459 (463).

2569 U.A. EuGH, Urt. v. 09.07.1992, Rs. C-2/90, ECLI:EU:C:1992:310, Rn. 34 ff. – Kom./ Belgien; EuGH, Urt. v. 28.04.1998, Rs. C-120/95, ECLI:EU:C:1998:167, Rn. 35–39 – Decker; EuGH, Urt. v. 13.03.2001, Rs. C-379/98, ECLI:EU:C:2001:160, Rn. 26, 73 ff. – Preußen Elektra, wobei in Rn. 75 auch auf geschriebene Rechtfertigungsgründe verwiesen wird; problematisch insoweit aber die offen diskriminiernden

Beschränkungen zu unterscheiden, was eine Rechtfertigung nach Cassis de Dijon vertretbar macht.[2570]

Eine Differenzierung soll in diesem Bereich noch aus einem weiteren Grund aufzugeben sein: Die zwingenden Gründe des Allgemeinwohls könnten sich unter den geschriebenen Rechtfertigungsgrund der „öffentlichen Ordnung“ subsumieren lassen.[2571] Allerdings ist die „öffentliche Ordnung“ ein autonom europarechtlicher Begriff, der als Ausnahmetatbestand sehr eng ausgelegt wird.[2572] Darüber hinaus ist eine Beeinträchtigung der öffentlichen Ordnung nur gegeben, wenn eine tatsächliche und hinreichend schwere Gefährdung eines gesellschaftlichen Grundinteresses berührt ist.[2573] Bezogen auf das Gesellschaftsrecht ist etwa nicht ersichtlich, warum bspw. bestimmte Aspekte des Gläubigerschutzes ein derart grundlegendes Interesse der Bevölkerung darstellen sollen und dieses darüber hinaus etwa durch eine Umgehung der Insolvenzverschleppungshaftung einer dermaßen schweren Gefährdung ausgesetzt sein soll.[2574]

Eine Unterscheidung im Hinblick auf die Anwendung der Schranken ist deshalb weiterhin notwendig.[2575] Offene Diskriminierungen sind mit dem modernen Verständnis der Europäischen Union und insbesondere dem progressiven Binnenmarktkonzept nicht zu vereinbaren.[2576] Dies gilt auch für das hier vorgestellte System der gesellschaftsrechtlichen Mobilitätsfreiheit. Offene Diskriminierungen sind in einem freien Markt grundsätzlich verboten und sollten, wenn überhaupt, nur aufgrund absolut hochrangiger Rechtsgüter gerechtfertigt werden können. Für die

---

Ausländerregeln der FIFA im Berufsfußball, EuGH, Urt. v. 15.12.1995, Rs. C-415/93, ECLI:EU:C:1995:463, Rn. 121 ff. – Bosman, wobei die Regeln nicht gerechtfertigt (Rn. 137) waren und die Spezifität des Sports und der Drittwirkung der Grundfreiheiten zu beachten ist.

2570 So auch *Nowak/Schnitzler*, EuZW 2000, 627 (631); *Weiß*, EuZW 1999, 493 (496).

2571 *Leible/Hoffmann*, RIW 2006, 161 (163); s.a. *Weiß*, EuZW 1999, 493 (496).

2572 *Kingreen* in: Calliess/Ruffert, EUV/AEUV, Art. 36 AEUV, Rn. 76, allerdings den Autoren in der obigen Fn. später zustimmend in Rn. 85. *Ehlers* in: Ehlers, EU-Grundrechte und -freiheiten, § 7, Rn. 113; *Müller-Graff* in: Streinz, EUV/AEUV, Art. 52 AEUV, Rn. 7.

2573 EuGH, Urt. v. 27.10.1977, Rs. 30/77, ECLI:EU:C:1977:172, Rn. 33/35 – Bouchereau; EuGH, Urt. v. 19.01.1999, Rs. C-348/96, ECLI:EU:C:1999:6, Rn. 21 – Calfa.

2574 Am Bsp. EuGH, Urt. v. 10.12.2015, Rs. C-594/14, ECLI:EU:C:2015:806 – Kornhaas, anders etwa der Umweltschutz als überragend wichtiges Schutzgut, s. EuGH, Urt. v. 13.03.2001, Rs. C-379/98, ECLI:EU:C:2001:160 – Preußen Elektra, welcher allerdings auch unter dem Aspekt des Gesundheits-, Tier- und Pfanzenschutzes gelten kann.

2575 S.a. *Cramer*, Jura 2015, 39 (53); *Fremuth*, EuR 2006, 866 (877); *Frenz*, HB EuR, Bd. 1: Grundfreiheiten, Rn. 552 ff. inkl. Analyse des EuGH-Urteils Preußen Elektra; *Korte* in: Calliess/Ruffert, EUV/AEUV, Art. 49 AEUV, Rn. 63; *Herdegen*, EuR, § 14, Rn. 5.

2576 *Ehlers* in: Ehlers, EU-Grundrechte und -freiheiten, § 7, Rn. 119; ähnlich aber mit anderer Bewertung *Trstenjak/Beysen*, EuR 2012, 265 (277).

Niederlassungsfreiheit wird die Rechtfertigungsmöglichkeit nach Art. 52 AEUV richtigerweise noch enger gefasst.[2577] Der aktuelle Umgang des Gerichtshofs mit offenen Diskriminierungen spiegelt diese Ansicht wider. Eine Verwässerung der geschriebenen Rechtfertigungsgründe sollte deshalb ausbleiben. Der gesamten Thematik wird durch die Einbeziehung der versteckten Diskriminierungen unter die Rechtfertigungsmöglichkeit nach Cassis ohnehin die Schärfe genommen. Hinzukommt, dass der Markt weitestgehend von Diskriminierungen befreit wurde und das Hauptaugenmerk sich fortschreitend auf die diskriminierungsfreien Beschränkungen richtet.[2578]

b) Die für die Niederlassungsfreiheit besonders relevanten zwingenden Gründe des Allgemeinwohls (Cassis)

Die ungeschriebenen zwingenden Gründe des Allgemeinwohls stehen anders als die geschriebenen Rechtfertigungsgründe des Art. 52 AEUV nicht fest.[2579] Sie sind eine Schöpfung des Gerichtshofs zur Eindämmung der drohenden Uferlosigkeit auf der Beeinträchtigungsebene durch die ebenfalls richterrechtlich entwickelte Dassonville-Formel.[2580] Im Grundsatz kann jeder staatlich anerkannte Allgemeinwohlbelang einen tauglichen Rechtfertigungsgrund iSd Cassis-Formel darstellen.[2581] Ausgenommen sind nur rein wirtschaftliche Gesichtspunkte.[2582] Dadurch entsteht ein fließendes System, welches in der Lage ist, sich den ständig wandelnden Verhältnissen innerhalb der Union anzupassen.[2583]

In dem hier vorgeschlagenen rechtfertigungs- und verhältnismäßigkeitsbasierten Modell der Mobilitätsfreiheit spielen die Allgemeinwohlbelange deshalb eine wichtige Rolle. Die weite Fassung der ungeschriebenen Rechtfertigungsgründe entspricht der Grundtendenz, die widerstreitenden niederlassungsrelevanten Interessen der Mitgliedstaaten und der EU in größtmöglichen und einzelfallgerechten Einklang zu bringen. Ein Katalog schützenswerter Interessen ist wegen des weiten Anwendungsbereichs zwar nicht notwendig, aber dennoch hilfreich für die eigenständige Kontrolle aufgrund des für die Mitgliedstaaten erhöhten Rechtfertigungsdrucks.[2584]

2577 *Müller-Graff* in: Streinz, EUV/AEUV, Art. 52 AEUV, Rn. 7; bspw. ist nicht ersichtlich, warum eine offene Diskriminerung im Bereich der Niederlassungsfreiheit notwendig sein sollte, um etwa dem Umweltschutz zu genügen.

2578 Dies ist auch an der Etablierung des Herkunftslandprinzips und des damit verbundenen Beschränkungsverbots abzulesen, s.a. oben unter G., II., 5., d).

2579 *Cramer*, Jura 2015, 39 (53); *Jarass*, EuR 2000, 705 (718 f.); *Hobe*, EuR, Rn. 766.

2580 EuGH, Urt. v. 20.02.1979, Rs. C-120/78, ECLI:EU:C:1979:42, Rn. 8 – Rewe-Zentral; EuGH, Urt. v. 11.07.1974, Rs. 8/74, ECLI:EU:C:1974:82, Rn. 5 – Dassonville.

2581 *Streinz*, EuR, Rn. 868; *Ehlers* in: Ehlers, EU-Grundrechte und -freiheiten, § 7, Rn. 118; *Kingreen* in: Calliess/Ruffert, EUV/AEUV, Art. 36 AEUV, Rn. 80; *Forsthoff* in: Grabitz/Hilf/Nettesheim, Recht der EU, Art. 49 AEUV, Rn. 122.

2582 *Cramer*, Jura 2015, 39 (53); *Fremuth*, EuR 2006, 866 (872); *Jarass*, EuR 2000, 705 (719); *Müller-Graff* in: Streinz, EUV/AEUV, Art. 49 AEUV, Rn. 85.

2583 *Streinz*, EuR, Rn. 863; *Frenz*, HB EuR, Bd. 1: Grundfreiheiten, Rn. 538.

2584 S. dazu oben unter H., I.; s.a. *Schall*, FS Meilicke 2010, 651 (667 f.).

Für die Sitzverlegung besonders relevant ist dabei einerseits die steuerlich geprägte EuGH-Rechtsprechung zur Niederlassungsfreiheit. Zwingende Gründe stellen demnach dar: Die Wahrung der Kohärenz des Steuersystems,[2585] die Wahrung der ausgewogenen Aufteilung der Besteuerungsbefugnis,[2586] die Verhinderung von Steuerflucht,[2587] die Sicherung einer effizienten Steuerkontrolle und -aufsicht,[2588] das finanzielle Gleichgewicht des Systems sozialer Sicherheit[2589] sowie der Schutz vor Missbrauch durch Briefkastengesellschaften.[2590] Andere eher gesellschaftsrechtlich relevante Rechtfertigungsgründe sind der Arbeitnehmer-,[2591] der Gläubiger-[2592] und der Gesellschafterschutz.[2593] Darüber hinaus können auch Belange des Umweltschutzes,[2594] der Raumplanung,[2595] die Aufrechterhaltung der Medienvielfalt[2596] oder die Einhaltung von Standespflichten[2597] relevant werden.

2585 EuGH, Urt. v. 28.01.1992, Rs. C-204/90, ECLI:EU:C:1992:35, Rn. 28 – Bachmann; EuGH, Urt. v. 11.03.2004, Rs. C-9/02, ECLI:EU:C:2004:138, Rn. 33 – De Lasteyrie du Saillant; EuGH, Urt. v. 29.11.2011, Rs. C-371/10, ECLI:EU:C:2011:785, Rn. 79–81 – National Grid Indus.

2586 EuGH, Urt. v. 13.12.2005, Rs. C-446/03, ECLI:EU:C:2005:763, Rn. 45 – Marks & Spencer; EuGH, Urt. v. 07.09.2006, Rs. C-470/04, ECLI:EU:C:2006:525, Rn. 42 – N; EuGH, Urt. v. 29.11.2011, Rs. C-371/10, ECLI:EU:C:2011:785, Rn. 45 – National Grid Indus.

2587 EuGH, Urt. v. 11.03.2004, Rs. C-9/02, ECLI:EU:C:2004:138, Rn. 50 – De Lasteyrie du Saillant; EuGH, Urt. v. 13.12.2005, Rs. C-446/03, ECLI:EU:C:2005:763, Rn. 49 – Marks & Spencer.

2588 EuGH, Urt. v. 30.09.2003, Rs. C-167/01, ECLI:EU:C:2003:512, Rn. 132 – Inspire Art; EuGH, Urt. v. 13.12.2005, Rs. C-411/03, ECLI:EU:C:2005:762, Rn. 28 – Sevic; EuGH, Urt. v. 12.07.2012, Rs. C-378/10, ECLI:EU:C:2012:440, Rn. 34 – Vale.

2589 EuGH, Urt. v. 28.04.1998, Rs. C-158/96, ECLI:EU:C:1998:171, Rn. 41 – Kohll; EuGH, Urt. v. 13.05.2003, Rs. C-385/99, ECLI:EU:C:2003:270, Rn. 73 – Müller-Fauré.

2590 EuGH, Urt. v. 30.09.2003, Rs. C-167/01, ECLI:EU:C:2003:512, Rn. 132 – Inspire Art; EuGH, Urt. v. 12.09.2006, Rs. C-196/04, ECLI:EU:C:2006:544, Rn. 67 – Cadbury Schweppes.

2591 EuGH, Urt. v. 05.11.2002, Rs. C-208/00, ECLI:EU:C:2002:632, Rn. 92 – Überseering; EuGH, Urt. v. 13.12.2005, Rs. C-411/03, ECLI:EU:C:2005:762, Rn. 28 – Sevic; EuGH, Urt. v. 12.07.2012, Rs. C-378/10, ECLI:EU:C:2012:440, Rn. 34 – Vale.

2592 EuGH, Urt. v. 09.03.1999, Rs. C-212/97, ECLI:EU:C:1999:126, Rn. 33–35 – Centros; EuGH, Urt. v. 05.11.2002, Rs. C-208/00, ECLI:EU:C:2002:632, Rn. 92 – Überseering; EuGH, Urt. v. 30.09.2003, Rs. C-167/01, ECLI:EU:C:2003:512, Rn. 132 – Inspire Art.

2593 EuGH, Urt. v. 05.11.2002, Rs. C-208/00, ECLI:EU:C:2002:632, Rn. 92 – Überseering; EuGH, Urt. v. 13.12.2005, Rs. C-411/03, ECLI:EU:C:2005:762, Rn. 28 – Sevic; EuGH, Urt. v. 12.07.2012, Rs. C-378/10, ECLI:EU:C:2012:440, Rn. 34 – Vale.

2594 EuGH, Urt. v. 07.02.1985, Rs. 240/83, ECLI:EU:C:1985:59, Rn. 13 – ADBHU; EuGH, Urt. v. 20.09.1988, Rs. 302/86, ECLI:EU:C:1988:421, Rn. 8 – Kom./Dänemark.

2595 EuGH, Urt. v. 01.07.1999, Rs. C-302/97, ECLI:EU:C:1999:271, Rn. 49 – Konle.

2596 EuGH, Urt. v. 25.07.1991, Rs. C-288/89, ECLI:EU:C:1991:323, Rn. 23 – Stichting Collectieve Antennevoorziening Gouda; EuGH, Urt. v. 26.06.1997, Rs. C-368/95, ECLI: EU:C:1997:325, Rn. 26 – Familiapress.

2597 EuGH, Urt. v. 19.01.1988, Rs. C-292/86, ECLI:EU:C:1988:15, Rn. 29 – Gullung; EuGH, Urt. v. 21.10.2010, Rs. C-81/09, ECLI:EU:C:2010:622, Rn. 63 – Idryma.

2. Schranken-Schranken: Die Verhältnismäßigkeit

Das Vorliegen einer einschlägigen Schranke reicht für sich allein allerdings nicht, um eine die Niederlassungsfreiheit beeinträchtigende mitgliedstaatliche Maßnahme zu rechtfertigen. Vielmehr müssen die Schranken selbst wiederum im Lichte der Grundfreiheiten ausgelegt werden. Dies gewährleistet eine Prüfung auf Rechtfertigungsebene und insbesondere das Verhältnismäßigkeitsprinzip.[2598] Auch wenn der EuGH wohl eine dreistufige Prüfung durchführt, wird hier, ähnlich der deutschen Dogmatik, eine Vier-Stufen-Prüfung bevorzugt.[2599] Die Verhältnismäßigkeit besteht deshalb aus der Notwendigkeit eines legitimen Zwecks, der Geeignetheit, der Erforderlichkeit sowie der Angemessenheit.[2600] Der erste Punkt ist bei einer Rechtfertigungsprüfung nach Cassis allerdings zu vernachlässigen, weil er mit dem Rechtfertigungsgrund deckungsgleich ist, womit wiederum eine dreistufige Prüfung möglich ist.

a) Die Grundtendenz / Allgemeine Belange

An diesem Punkt können die eben aufgelisteten Unterschiede berücksichtigt werden.[2601] Durch die Zentrierung auf das Prinzip der Verhältnismäßigkeit ist die größtmögliche Einzelfallgerechtigkeit[2602] iSd praktischen Konkordanz zu erzielen.[2603] Bei Annahme einer Beeinträchtigung des Schutzbereichs der Niederlassungsfreiheit zeigt die Grundtendenz für die Verhältnismäßigkeit zunächst einmal in die Richtung eines Verstoßes. Der Mitgliedstaat muss eine ihm

---

2598 *Ehlers* in: Ehlers, EU-Grundrechte und -freiheiten, § 7, Rn. 122; *Frenz*, HB EuR, Bd. 1: Grundfreiheiten, Rn. 582 f.; *Cramer*, Jura 2015, 39 (54).

2599 *Trstenjak/Beysen*, EuR 2012, 265 (276) insb. Fn. 45; *Brigola*, EuZW 2017, 406; Frenz, EuR, Rn. 252; so auch *Manger-Nestler*/Noack, JuS 2013, 503 (504); anders *Streinz*, EuR, Rn. 870; insb. weil der Grundsatz der Verhältnismäßigkeit nach Vorbild des deutschen Rechts implementiert wurde, s. *Kischel*, EuR 2000, 380 (383 ff.).

2600 Zu den Definitionen s.o. unter B., V., 2.; *Ehlers* in: Ehlers, EU-Grundrechte und -freiheiten, § 7, Rn. 130; *Kingreen* in: Calliess/Ruffert, EUV/AEUV, Art. 36 AEUV, Rn. 89.

2601 S.o. unter H., IV.

2602 So auch positiv *Brigola*, EuZW 2017, 406 (412).

2603 IdS auch *Teichmann*, ZIP 2009, 393 (397); der Begriff der Konkordanz ist zurückzuführen auf *Konrad Hesse*, s. *Steinberg*, NJW 2005, 1556; er bedeutet, dass im Falle verfassungsrechtlicher Rechtsgüterkollision beide Positionen zur maximalen Wirksamkeit ge-langen, s. *Hesse*, Grundzüge Verfassungsrecht, § 2, Rn. 72 – dies kann übertragen werden auf die durch die Rechtfertigungsgründe geschützten Rechtsgüter und die Grundfreiheiten.

auferlegte Rechtfertigungslast abtragen.[2604] Dies ist ihm bei einem grundsätzlichen Verbot grenzüberschreitender Mobilität, unabhängig von der Form, niemals möglich.[2605]

Die weitere prinzipielle Tendenz innerhalb der Verhältnismäßigkeit hängt dann von der Art des Verstoßes ab. Im Grundsatz wiegen offene Diskriminierungen schwerer als verstecke und diese wiederum schwerer als diskriminierungsfreie Beschränkungen.[2606] Dieses Grundgerüst muss aber nicht immer einheitlich ausfallen. Auch hier spielt Einzelfallanalyse eine wichtige Rolle. Als Beispiel kann etwa ein Totalverbot für die Niederlassung eines bestimmten Gewerbes gelten.[2607] Eine solche Untersagung trifft inländische wie ausländische Unternehmer und Gesellschaften gleichermaßen. Es handelt sich also um eine diskriminierungsfreie Beschränkung, die allerdings weitaus schwerer wirkt als etwa ein Verbot nur für ausländische Gewerbetreibende. Der Markt ist für alle gleichermaßen in Gänze abgeschottet.

Allgemein kann hier auch berücksichtigt werden, dass den Mitgliedstaaten ein Autonomiefreiraum zugestanden wird und sie deshalb auch eine hinlängliche Einschätzungsprärogative innehaben.[2608] Dies gilt für natürliche und juristische Personen, da die Staatsangehörigkeit, wie auch die Anerkennung der Gesellschaftsgründung, nach nationalen Rechtsvorschriften ermittelt wird.[2609] Bei der Niederlassungsfreiheit kommt hinzu, dass sich sowohl Einzelunternehmer als auch Gesellschaften in die Volkswirtschaft des Mitgliedstaates integrieren und sich

---

2604 *Frenz*, HB EuR, Bd. 1: Grundfreiheiten, Rn. 588; *ders.*, EuR, Rn. 253, *Herdegen*, EuR, § 16, Rn. 22; *Schorkopf*, EuR 2009, 645 (657); *Kokott/Ost*, EuZW 2011, 496 (500).

2605 EuGH, Urt. v. 13.12.2005, Rs. C-411/03, ECLI:EU:C:2005:762, Rn. 30 – Sevic; EuGH, Urt. v. 12.07.2012, Rs. C-378/10, ECLI:EU:C:2012:440, Rn. 40 – Vale.

2606 *Dietz/Streinz*, EuR 2015, 50 (72), welche gemeinsam mit dem Grad der Marktzugangsvereitelung eine Rechtfertigungsschwelle der „Binnenmarktschädlichkeit“ definieren.

2607 Vgl. EuGH, Urt. v. 13. 07.2000, Rs. C-36/02, ECLI:EU:C:2004:614 – Omega, für ein Verbot gewerblicher Veranstaltung von Spielen mit simulierten Tötungshandlungen, im Fall wurde allerdings die ordnungsbehördliche Generalklausel (§ 14 OBG NRW) geprüft; s.a. zum Sportwettenmonopol staatlicher Einrichtungen in Deutschland EuGH, Urt. v. 08.09.2010, Rs. C-46/08, ECLI:EU:C:2010:505, Rn. 71 – Carmen Media.

2608 *Ehlers* in: Ehlers, EU-Grundrechte und -freiheiten, § 7, Rn. 132; *Frenz*, HB EuR, Bd. 1: Grundfreiheiten, Rn. 588; *Jarass*, EuR 2000, 705 (723); in Bezug auf das Steuerrecht *Kokott/Ost*, EuZW 2011, 496 (503); zum gesamten Zivilrecht *Forsthoff*, EuZW 2015, 248 (251); für das Gesellschaftsrecht *Weller*, DStR 2003, 1800 (1803), für Umwandlungen *Eidenmüller* in: Eidenmüller, Ausländische KapGes, § 4, Rn. 127.

2609 So auch in diesem System; vgl. *Teichmann*, FS Hommelhoff 2012, 1213 (1218); *Sethe/Winzer*, WM 2009, 536 (538); *Borchardt*, EU-Rechtsgrundlagen, Rn. 1041.

auch der dortigen Rechtsordnung unterwerfen.[2610] Deshalb wäre die mitgliedstaatliche Autonomie im Rahmen der Verhältnismäßigkeit etwa stärker zu gewichten als bei der Dienstleistungsfreiheit.[2611] So sind einfache Regeln des Verkehrsrechts, so lange sie keinen diskriminierenden Charakter aufweisen oder den Marktzugang ausländischer Betriebe erheblich erschweren, bereits deshalb gerechtfertigt.[2612] Eine Niederlassung natürlicher und noch mehr juristischer Personen braucht einen gewissen funktionierenden Rechtsrahmen.[2613] In Betracht kommen etwa Eintragungspflichten im Handelsregister, bestimmte Offenlegungspflichten oder Angaben in der Steuererklärung. Für solche Regeln schlägt die Grundtendenz der Verhältnismäßigkeit dann in die Gegenrichtung aus.

Als weitere Grundpfeiler der niederlassungsrechtlichen Verhältnismäßigkeitsprüfung hat der Gerichtshof im Urteil Vale die Prinzipien der Äquivalenz und Effektivität eingeführt.[2614] Diese Maximen sind nicht nur für den Formwechsel bedeutsam. Der Effektivitätsgrundsatz spielt etwa bei der gesamten grenzüberschreitenden Mobilität von Gesellschaften eine wichtige Rolle, da er die Aufnahmestaaten zwingt, ihre bürokratischen Hürden im Zuge der Sitzverlegung oder Umwandlung möglichst niedrig zu halten, also das Verfahren effizient zu gestalten.[2615] Dringend benötigte Dokumente und Nachweise müssen auf ein Mindestmaß beschränkt werden und vorhandene Unterlagen und Urkunden aus dem Herkunftsstaat hinlänglich berücksichtigt werden.[2616] So darf bspw. keine amtlich beglaubigte Übersetzung angefordert werden, wenn diese von den Behörden selbst eingeholt werden kann und die Kosten im Nachhinein der Niederlassende zu tragen hat.[2617] Im Grundsatz gilt auch eine Rechtmäßigkeitsvermutung zugunsten der

---

2610 *Forsthoff* in: Grabitz/Hilf/Nettesheim, Recht der EU, Art. 49 AEUV, Rn. 16; *Leible* in: MüKo LauterkeitsR, Bd. 1, Teil III., A., Rn. 89; *Knop*, Gesellschaftsstatut, S. 124.

2611 *Teichmann*, ZIP 2009, 393 (399 f.), welcher bedauert, dass der EuGH die Frage der Anknüpfungsautonomie in Cartesio nicht auf Rechtfertigungsebene brücksichtigt hat; *Müller-Graff* in: Streinz, EUV/AEUV, Art. 49 AEUV, Rn. 16, zum Unterschied zur Dienstleistungsfreiheit.

2612 IdS *Dietz/Streinz*, EuR 2015, 50 (72); iE auch *Braun*, Wegzugsfreiheit, S. 38 f.; die Überlegungen von *Ulmer*, NJW 2004, 1201 ff. zum allgemeinen Verkehrsrecht können auch Rechtfertigungsebene Berücksichtigung finden.

2613 *Teichmann*, ZIP 2006, 355 (358); *Tietje* in: Ehlers, EU-Grundrechte und -freiheiten, § 10, Rn. 5; *Frenz*, HB EuR, Bd. 1: Grundfreiheiten, Rn. 2295; s.a. die Geschöpftheorie EuGH, Urt. v. 27.09.1988, Rs. 81/87, ECLI:EU:C:1988:456, Rn. 19 – Daily Mail.

2614 EuGH, Urt. v. 12.07.2012, Rs. C-378/10, ECLI:EU:C:2012:440, Rn. 48 – Vale.

2615 *Bayer/Schmidt*, ZIP 2012, 1481 (1489); *Koch* in: Hüffer/Koch, AktG, § 5, Rn. 15.

2616 *Behme*, NZG 2012, 936 (938); *Tiedje* in: v.d. Groeben/Schwarze/Hatje, EuR, Art. 54 AEUV, Rn. 72; *Roth*, FS Hoffmann-Becking 2013, 965 (989).

2617 *Bayer/Schmidt*, ZIP 2012, 1481 (1490): fraglich schon, wenn die konkret zuständige Person der Sprache mächtig ist, in welcher das Dokument ausgestellt wurde.

Richtigkeit ausländischer Dokumente, welche aber bei Anhaltspunkten im konkreten Einzelfall durchbrochen werden darf.[2618]

Darüber hinaus kann der Effektivitätsgrundsatz auch Bedeutung für bestimmte Schutzvorschriften erlangen.[2619] Sofern ein Recht auf statutswahrende oder -wechselnde Sitzverlegung bzw. Umwandlung besteht, darf dieses Recht nicht praktisch unmöglich gemacht oder exorbitant erschwert werden, indem einer Gesellschaft oder einem Einzelunternehmer starke Belastungen durch Schutzvorschriften aufgetragen werden.[2620] Insgesamt besagt der Effektivitätsgrundsatz, dass eine übermäßige Erschwerung grenzüberschreitender Mobilität natürlicher wie juristischer Personen seitens der Mitgliedstaaten nicht gestattet ist. Dies deckt sich in gewissem Maße mit dem Prüfungspunkt der Erforderlichkeit, welcher den Mitgliedstaaten auferlegt, sich bei einer Beeinträchtigung auf das mildeste Mittel zu konzentrieren.

b) Briefkastengesellschaften / Wirtschaftliche Realität[2621]

Sofern man ein System mit annähernder Rechtswahlfreiheit zulässt, kann man auch das Problem der Briefkastengesellschaften einfacher handhaben. Die Erstbegründung einer Gesellschaft in einem Mitgliedstaat nach dem Recht eines anderen Mitgliedstaates ist zwar nicht möglich. In der aktuellen Fassung sieht Art. 54 AEUV die Gründung einer Gesellschaft „nach den Rechtsvorschriften eines Mitgliedstaats“ vor. Dies gilt auch in einem Modell der gesellschaftsrechtlichen Mobilitätsfreiheit.[2622] Jedoch lässt sich eine Gesellschaft im Mitgliedstaat des Wunschrechts gründen und dann sowohl der Satzungs- als auch der Verwaltungssitz identitäts- und formwahrend in den Staat verlegen, in welchem die Geschäftstätigkeit entfaltet werden soll.[2623] Die Gründung einer Briefkastengesellschaft aus Motiven der Rechtswahl oder der Mobilität ist dann nicht mehr notwendig.[2624]

Deshalb kann die Gründung von Scheinauslandsgesellschaften im Rahmen der Verhältnismäßigkeit von den Mitgliedstaaten wieder strenger geahndet werden. Hier wird es anders als bisher um tatsächlich schädliche Umgehungskonstruktionen

---

2618 *Wall* in: Hausmann/Odersky, Int. PrivR, § 18, Rn. 212; *Wasmeier*, Umstrukturierung, S. 143; *Krebs*, GWR 2014, 144 (146); *Mörsdorf/Jopen*, ZIP 2012, 1394 (1401).

2619 *Weller* in: MüKo GmbHG, Bd. 1, Eltg., Rn. 360d; *Teichmann*, DB 2012, 2085 (2090); *Verse*, ZEuP 2013, 458 (490), insb. Fn. 164.

2620 S. dazu gleich auch unter H., IV., 2., g) am Bsp. zu versch. Haftungstatbeständen.

2621 EuGH, Urt. v. 12.09.2006, Rs. C-196/04, ECLI:EU:C:2006:544, Rn. 54 – Cadbury Schweppes spricht bereits jetzt eindeutig für eine Prüfung auf Rechtfertigungsebene; EuGH, Urt. v. 12.07.2012, Rs. C-378/10, ECLI:EU:C:2012:440, Rn. 34 – Vale spricht weder dafür noch dagegen; s.a. oben unter E., IX., 3., f); dafür spricht allerdings wieder EuGH, Urt. v. 25.10.2017, Rs. C-106/16, ECLI:EU:C:2017:804, Rn. 38 – Polbud.

2622 S.o. unter H., I.; H., IV.; H., IV., 2., a).

2623 S.o. unter F., VII.: Schon jetzt annähernd bei Erlaubnis durch den Wegzugsstaat.

2624 Auch *Wasmeier*, Umstrukturierung, S. 138 verweist auf die eigentliche Problematik.

oder dubiose Absichten der Gesellschafter gehen. Insbesondere kann der Fokus dann auf Briefkastengesellschaften gelegt werden, welche aus rein steuerlichen Gründen bestehen.[2625]

Allerdings sollten auch für solche Briefkastengesellschaften die gleichen Grundsätze gelten, welche aus der bisherigen Rechtsprechung bekannt sind: So dürfen die Mitgliedstaaten keine Regeln aufstellen, die pauschal von Betrugs- oder Missbrauchsabsichten ausgehen. Dies hat der EuGH jüngst in der Entscheidung Polbud einmal mehr explizit ausgesprochen und besonders betont: Die Sitzverlegung einer Gesellschaft zur Wahl einer günstigeren Rechtsordnung stelle keinen Missbrauch dar.[2626] Sie begründe auch keine allgemeine Vermutung der Steuerhinterziehung.[2627] Eine pauschale Liquidationspflicht im Falle eines Herausformwechsels sei mit einer pauschalen Missbrauchsvermutung gleichzusetzen und unverhältnismäßig.[2628] Die Regeln sollten demnach eine Einzelfallprüfung ermöglichen und handhabbare objektive Kriterien bereitstellen, um missbräuchliche Absichten nachweisen zu können.[2629] Die Mitgliedstaaten dürfen dann, wie bisher auch, wirtschaftliche Realität auf ihrem eigenen Hoheitsgebiet verlangen, nicht aber auf dem Hoheitsgebiet anderer Mitgliedstaaten.[2630] Dies deckt sich mit der Struktur der Mobilitätsfreiheit, welche die Notwendigkeit von Briefkastengesellschaften im

---

2625 So nutzen etwa Microsoft/Google die „Steueroase" Irland, s. *Pinkernell*, IStR 2013, 180 (182); s.a. *Ress/Ukrow* in: Grabitz/Hilf/Nettesheim, Recht der EU, Art. 63 AEUV, Rn. 452; zum Steuerwettbewerb unter den Grundfreiheiten s. *Wieland*, EuR 2001, 119 (125 f.).

2626 EuGH, Urt. v. 25.10.2017, Rs. C-106/16, ECLI:EU:C:2017:804, Rn. 40, 62 – Polbud; im Einklang mit der früheren Rechtsprechung EuGH, Urt. v. 09.03.1999, Rs. C-212/97, ECLI:EU:C:1999:126, Rn. 27 – Centros; EuGH, Urt. v. 30.09.2003, Rs. C-167/01, ECLI: EU:C:2003:512, Rn. 96 – Inspire Art.

2627 EuGH, Urt. v. 25.10.2017, Rs. C-106/16, ECLI:EU:C:2017:804, Rn. 63 – Polbud; *Paefgen*, WM 2018, 981 (987); *Bayer/Schmidt*, ZIP 2017, 2225 (2233).

2628 EuGH, Urt. v. 25.10.2017, Rs. C-106/16, ECLI:EU:C:2017:804, Rn. 64 – Polbud; *Schollmeyer*, ZGR 2018, 186 (191); *Mucha/Oplustil*, ECFR 2018, 270 (283 f.); die Figur des Missbrauchs hat für *Behme* kaum einen Anwendungsbereich, ZHR 2018, 32 (58).

2629 EuGH, Urt. v. 21.11.2002, Rs. C-436/00, ECLI:EU:C:2002:704, Rn. 61 f. – X und Y; EuGH, Urt. v. 30.09.2003, Rs. C-167/01, ECLI:EU:C:2003:512, Rn. 105, 143 – Inspire Art; EuGH, Urt. v. 11.03.2004, Rs. C-9/02, ECLI:EU:C:2004:138, Rn. 51 f. – De Lasteyrie du Saillant; nichts anders ergibt sich auch aus EuGH, Urt. v. 12.09.2006, Rs. C-196/04, ECLI:EU:C:2006:544, Rn. 63 ff. – Cadbury Schweppes, da der Motivtest durch objektive Kriterien im Einzelfall konsolidiert werden muss; s. zur Objektivität der Kriterien auch *Stelmaszczyk*, EuZW 2017, 890 (893); *Kindler*, NZG 2018, 1 (3).

2630 *Ego* in: MüKo AktG, Bd. 7, B., Rn. 76; *Behme*, NZG 2012, 936 (939); *Franz*, EuZW 2016, 930 (935); *Schaper*, ZIP 2014, 810 (814 f.); *Verse*, ZEuP 2013, 458 (472 f.); *Schön*, ZGR 2013, 333 (353); *Drygala*, EuZW 2013, 569 (572 f.); *ders./von Bressensdorf*, NZG 2016, 1161 (1165); a.A.: *Oplustil/Sikora*, EWS 2017, 134 (141).

Hinblick auf die Rechtswahl und die Sitztransferierung eliminiert[2631] und ebenso mit der Zielsetzung des hiesigen Systems sowie der Verhältnismäßigkeitsprüfung.

Für die Feststellung wirtschaftlicher Tätigkeit kommt es in der Zeit fortschreitender Digitalisierung mehr denn je auf einen der tatsächlichen Praxis entsprechenden Kriterienkatalog an.[2632] Dabei darf ein Merkmal allein nie den Ausschlag gegen die Annahme einer wirtschaftlichen Tätigkeit geben.[2633] Eine Niederlassung, welche etwa primär einen Serverstandort darstellt, kann eine wirtschaftliche Tätigkeit nicht aufgrund nur weniger bis gar keiner vor Ort angestellter Arbeitnehmer abgesprochen werden, weil die Wartung der Server auch aus dem Ausland möglich ist und sonstige Tätigkeiten auch von anderen Dienstleistern vor Ort erledigt werden können.

Trotzdem hat der EuGH im Cadbury-Schweppes-Urteil das Vorhandensein von Geschäftsräumen, Personal und Ausrüstungsgegenständen als taugliche Kriterien identifiziert.[2634] Diese sind zwar nur äußerst vage und brauchen weitere konkretisierende oder zumindest absichernde Merkmale,[2635] sie bilden jedoch gute erste Anhaltspunkte.[2636] Auch die durch den Generalanwalt Léger vorgeschlagenen Charakteristika der Wertsteigerung und der Einbeziehung der Tochtergesellschaft,[2637] ebenso wie der Grad der vorhandenen Infrastruktur und ihre Nutzung, könnten Anhaltspunkte sein.[2638] Ferner können wirtschaftliche Gesichtspunkte eine Rolle spielen, wie etwa der generierte Umsatz, der Gewinn oder der Investitionsumfang.[2639] Indikatoren können ebenfalls die Anzahl und Qualität der Geschäftspartner sein.[2640] In gewisser Hinsicht kann das Auftreten in der bzw. die Wahrnehmung durch die Öffentlichkeit ebenfalls ein Indiz darstellen.

2631 S. bereits eingangs.

2632 *Drygala*, EuZW 2013, 569 (570); s. für die Digitalisierung der Industrie in der („Industrie 4.0") Bekanntmachung – AUTONOMIK für Industrie 4.0 – Produktion, Produkte, Dienste im multidimensionalen Internet der Zukunft des Bundesministeriums für Wirt-schaft und Technologie v. 01.10.2012 = BAnz AT 02.10.2012 B1.

2633 *Wassermeyer/Schönfeld*, GmbHR 2006, 1065 (1071); *Plewka/Renger*, GmbHR 2007, 1027 (1029).

2634 EuGH, Urt. v. 12.09.2006, Rs. C-196/04, ECLI:EU:C:2006:544, Rn. 67 – Cadbury Schweppes; *Korte* in: Calliess/Ruffert, EUV/AEUV, Art. 49 AEUV, Rn. 32.

2635 Vgl. *Köhler/Eicker*, DStR 2006, 1871 (1873); *Axer*, IStR 2007, 162˙(164 f.).

2636 *Rödder* in: Müller/Rödder, HB AG, § 13 Rn. 332.

2637 Schlussanträge des GA Léger v. 02.05.2006, Rs. C-196/4, ECLI:EU:C:2006:278, Anm. 111 – Cadbury Schweppes; *Kraft/Bron*, IStR 2006, 614 (615).

2638 *Wassermeyer/Schönfeld*, GmbHR 2006, 1065 (1071); *Köhler/Eicker*, DStR 2006, 1871 (1873); *Kessler/Arnold* in: Kessler/Kröner/Köhler, KonzernsteuerR, § 8, Rn. 288 f.

2639 *Fischer*, JurisPR-SteuerR 3/2008 Anm. 5; *Waldens/Sedemund*, IStR 2007, 450 (456); *Korte* in: Calliess/Ruffert, EUV/AEUV, Art. 49 AEUV, Rn. 32.

2640 Angelehnt an *Von Busekist/Uhlig* in: Hauschka/Moosmayer/Lösler, Corporate Compliance, § 35, Rn. 73.

Dabei hat der EuGH in der Präsenz in einem Mitgliedstaat aber immer wieder die größte indizielle Wirkung ausgemacht.[2641] Dies ist dagegen, wie bereits erwähnt, nicht der einzige Faktor und auch der Gerichtshof hat es etwa in den Entscheidungen Geissel und Butin für die Beachtung der umsatzsteuerrechtlichen Rechnungspflicht für ausreichend erachtet, eine Adresse anzugeben, unter der der Leistende postalisch erreichbar ist.[2642]

Zur weiteren Präzisierung könnte man sich an einem Negativkatalog des Bundesfinanzhofs orientieren.[2643] Nach diesem handelt es sich nicht um eine Briefkastengesellschaft, wenn die Gesellschaft erstens Kapitalanlagegeschäfte betreibt und zweitens über ein entsprechendes Geschäftsführungsorgan verfügt, welches Einfluss auf strategische Entscheidungen der Einkünfteerzielung nimmt und drittens Einnahmen erzielt, weil auf eigene Rechnung und Gefahr Kapitalvermögen gegen Entgelt überlassen wird. Dabei ist insbesondere unschädlich, dass die Gesellschaft im Sitzstaat nicht die notwendige sachliche und personelle Ausstattung zur Durchführung des gängigen Geschäftsbetriebs unterhält. Unerheblich ist auch das „Outsourcen" der Geschäftsführertätigkeit. Die Zwischenschaltung einer Kapitalgesellschaft aus rein steuerlichen Motiven begründet allein für sich nicht den Vorwurf eines Missbrauchs.[2644]

Zusammenfasend ließe sich so ein schöner „Strauß" an Kriterien entwickeln, welcher es in einer einzelfallorientierten Gesamtschau ermöglicht, eine Briefkastengesellschaft als solche zu identifizieren.[2645] Allerdings muss es für die betroffene Gesellschaft auch eine Möglichkeit geben, Gegenbeweise wider die Ergebnistendenz des Kriterienstraußes vorzubringen.[2646] Die Intensität der wirtschaftlichen

---

2641 EuGH, Urt. v. 14.09.2006, Rs. C-386/04, ECLI:EU:C:2006:568, Rn. 19 – Centro di Musicologia Walter Stauffer; EuGH Urt. v. 26.10.2010, Rs. C-97/09, ECLI:EU:C:2010: 632, Rn. 38 – Schmelz.

2642 S. bereits oben zur pauschalen Annahme von Betrugs- oder Missbrauchsabsichten sowie zur Notwendigkeit von handhabbaren und objektiven Bemessungskriterien; EuGH, Urt. v. 15.11.2017, Rs. C-374/16 und 375/16, ABl. C 22 v. 22. Januar 2018, S. 12 – Geissel und Butin = DStR 2017, 2544 m. Anm. *Streit* und MWStR 2017, 987 m. Anm. *Weymüller*.

2643 Dieser sollte nur eine Orientierungshilfe darstellen, solange der EuGH seine Anforderungen nicht selbst konkretisiert. Der EuGH könnte sich dazu an diesen anlehnen. Insoweit ist auch Art. 86c Abs. 3 des „Comapny Law Package" mit dem Begriff der „künstlichen Gestaltung" („artificial arrangement) zu ungenau, s. dazu unten H., V.

2644 S. dazu *Protzen* in: Kraft, AStG, § 7, Rn. 86 m. Verw. auf BFH, Urt. v. 19.01.2000, I R 117/97, IStR 2000, 182 und BFH, Urt. v. 25.02.2004, I R 42/02, DStR 2004, 1282.

2645 IdS *Forsthoff* in: Grabitz/Hilf/Nettesheim, Recht der EU, Art. 49 AEUV, Rn. 24; *Kraft/Bron*, IStR 2006, 614 (616); leicht kritisch *Roth*, EuZW 2010, 607 (610); s.a. den Katalog an Faktoren von *Bormann/Stelmaszczyk*, ZIP 2019 353 (360).

2646 Zum Gegenbeweis iRd Motivtests s. *Köhler/Eicker*, DStR 2006, 1871 (1873); *Goebel/Palm*, IStR 2007, 720 (726); *Lieber*, JurisPR-SteuerR 3/2007, Anm. 5.

Tätigkeit darf meines Erachtens auch nur sehr gering sein, sofern es sich um wirkliche Wirtschaftstätigkeit handelt.[2647] Allerdings darf der Mitgliedstaat an zuziehende Gesellschaften aufgrund des Äquivalenzgrundsatzes in jedem Fall nicht höhere Anforderungen stellen als an seine „eigenen“ Gesellschaften.[2648]

Dem Zuzugsstaat kommt im Rahmen der Erforderlichkeit auch ein Ermessensspielraum zu, da sich die Gesellschaften fortan überwiegend auf seinem Territorium bewegen.[2649] Durch die Prüfung auf Rechtfertigungsebene erfolgt ebenfalls eine Akzentuierung zugunsten mitgliedstaatlicher Autonomie – soweit eine Missbrauchsprüfung gegenüber Briefkastengesellschaften einem Verhältnismäßigkeitstest standhält, ist es Sache der Mitgliedstaaten, ob sie solche Gründungen erlauben oder nicht.[2650] Die Darlegungslast für die Annahme einer Briefkastengesellschaft trifft in einem System der „Mobilitätsfreiheit“ allerdings den Mitgliedstaat.[2651] Es wäre aber in jedem Fall unverhältnismäßig, wenn der Wegzugsstaat eine wirtschaftliche Präsenz im Zuzugsstaat fordern würde.[2652] Im umgekehrten Fall gilt das Gleiche.

c) Form der Sitzverlegung

Die betroffene Art der Sitzverlegung kann die Bewertung einer mitgliedstaatlichen Regel im Rahmen der Verhältnismäßigkeit beeinflussen. Anders als im Schutzbereich der Niederlassungsfreiheit spielt die Modalität bei der Rechtfertigung eine wichtigere Rolle.[2653] Dabei sollte im Grundsatz zwischen allen hier besprochenen Formen unterschieden werden.[2654] Bei Verschmelzungen und Spaltungen sind bspw. mehrere Rechtsträger betroffen, weshalb drittschützende Interessen stärker gewichtet werden können als etwa bei einer einfachen Verwaltungssitzverlegung.[2655] Auch muss auf die Interessen zweier oder mehrerer in verschiedenen

---

2647 So auch *Krebs*, GWR 2014, 144 (146); *Bayer/Schmidt*, ZIP 2012, 1481 (1487); zwar in beiden MS, aber nicht sehr hoch *Wicke*, DStR 2012, 1756 (1758).

2648 S.o. unter H., IV., 2., a); zur Selbstbindung der Mitgliedstaaten s. *Drygala*, EuZW 2013, 569 (571); *ders./von Bressensdorf*, NZG 2016, 1161 (1165).

2649 *Roth*, EuZW 2010, 607 (610); *Wassermeyer/Schönfeld*, GmbHR 2006, 1065 (1071); *Köhler/Eicker*, DStR 2006, 1871(1873); *Korte* in: Calliess/Ruffert, EUV/AEUV, Art. 49 AEUV, Rn. 69 f.; *Müller-Graff* in: Streinz, EUV/AEUV, Art. 49 AEUV, Rn. 94.

2650 *Ehlers* in: Ehlers, EU-Grundrechte und -freiheiten, § 7, Rn. 79; *Frenz*, HB EuR, Bd. 1: Grundfreiheiten, Rn. 2608 f.

2651 *Drygala*, EuZW 2013, 569 (570); a.A.: *Wöhlert/Degen*, GWR 2012, 432 (434).

2652 So bereits jetzt nach EuGH, Urt. v. 25.10.2017, Rs. C-106/16, ECLI:EU:C:2017:804, Rn. 38 – Polbud; s.a. *Kieninger*, NJW 2017, 3624 (3626 f.): Niederlassungsfreiheit als Rechtswahlfreiheit.

2653 S.o. unter H., II., 1., b).

2654 S. zur Unterscheidung oben unter F.

2655 Vgl. *Bayer/Schmidt*, ZIP 2006, 210 (213); *Teichmann*, ZIP 2006, 355 (359); *Lutter/Drygala*, JZ 2006, 770 (772); *Bungert*, BB 2006, 53 (56).

Staaten ansässiger Gesellschaften Rücksicht genommen werden.[2656] Bei der Verschmelzung oder Spaltung auf bestehende Rechtsträger können seitens des Aufnahmestaates allerdings nur geringe Hürden aufgestellt werden.[2657] Dagegen kann die Spaltung insbesondere für Gläubigerrechte sehr relevant werden.[2658] Es ist insofern zwischen der Auf- und der Abspaltung zu unterscheiden.[2659]

Ein Formwechsel geht dagegen mit dem Wechsel des Rechtskleides und der Integration in eine neue Rechtsordnung einher.[2660] Dieser Gesichtspunkt führt ebenfalls dazu, dass die Gesellschaft sich bis zu einem gewissen Maß den Regeln im Zuzugsstaat anpassen muss, sofern es sich nicht um ungerechtfertigte Marktzugangsbehinderungen handelt.[2661] Ebenso ist es notwendig, dass bei einem grenzüberschreitenden Formwechsel die abgebende sowie die aufnehmende Rechtsordnung aufeinander abgestimmt werden, was Kompromisslösungen notwendig machen kann und damit zu einem gewissen Ermessensspielraum der Mitgliedstaaten führt.[2662] Der Gerichtshof hat in Vale bestimmte Modalitäten des Formwechsels bereits als konforme Ausgestaltungen der Niederlassungsfreiheit anerkannt: Erstellung einer Bilanz oder eines Vermögensverzeichnisses, das Erfordernis strikter wirtschaftlicher Kontinuität zwischen der Vorgänger- und der Nachfolgergesellschaft sowie die Erbringung von Nachweisen im Eintragungsverfahren.[2663] Kompromisslösungen aufgrund einer Abstimmungsnotwendigkeit verschiedener nationaler Rechtsordnungen können auch für Verschmelzungen und Spaltungen notwendig werden.[2664]

Solch ein Problem stellt sich bei einer singulären und statuswahrenden Verwaltungssitzverlegung nicht oder nicht in diesem Ausmaß, weshalb hier ein anderer Rechtfertigungsmaßstab gelten kann.[2665] Bei der reinen Verwaltungssitzverlegung sind etwa die neu mit der Gesellschaft in Kontakt tretenden Gläubiger und

---

2656 *Spahlinger/Wegen*, NZG 2006, 721 (724); *Geyrhalter/Weber*, DStR 2006, 146 (150); *Drygala*, ZIP 2005, 1995 (1998); *Krause/Kulpa*, ZHR 2007, 38 (45 f.).

2657 *Geyrhalter/Weber*, DStR 2006, 146 (149); *Drygala*, ZIP 2005, 1995 (1996); anders aus Sicht des Wegzugsstaates, vgl. *Siems*, EuZW 2006, 135 (138); es ist zwischen der Verschmelzung durch Aufnahme und zur Neugründung zu unterscheiden.

2658 *Stengel* in: Haritz/Menner/Bilitewski, UmwStG, Einf., A., Rn. 156; *Kleba*, RNotZ 2016, 273 (277): Bei Verschmelzungen und Spaltungen ist Gläubigerschutz primäres Ziel.

2659 S.o. unter C., II., 4. und F., V.

2660 *Herrler*, DNotZ 2009, 484 (489, 492); *Verse*, ZEuP 2013, 458 (476).

2661 *Mörsdorf/Jopen*, ZIP 2012, 1394 (1401); *Forsthoff*, EuZW 2015, 248 (251) will dadurch den Rechtfertigungsdruck für die Formwechselvorschriften verringern.

2662 S. dazu eingehend *Frank*, Formwechsel, S. 156 ff.; *Verse*, ZEuP 2013, 458 (477); dies gilt zumindest so lange es keine Harmonisierung auf EU-Ebene gibt.

2663 EuGH, Urt. v. 12.07.2012, Rs. C-378/10, ECLI:EU:C:2012:440, Rn. 52, 55, 59 – Vale.

2664 *Spahlinger/Wegen*, NZG 2006, 721 (724); *Teichmann*, ZIP 2006, 355 (359); nach *Herrler*, DNotZ 2009, 484 (492) für alle Formen der Umwandlung.

2665 *Teichmann*, DB 2012, 2085 (2086): Erstmals wird die Rechtsordnung verlassen.

Arbeitnehmer zu schützen, weil sie in ihrer Heimat mit fremdem Recht konfrontiert werden, während dies beim Formwechsel nicht gilt und daher eher die Altgläubiger etc. zu schützen sind.[2666]

Die simultane Verlegung beider Sitze, unabhängig von Statutswahrung oder -wechsel, führt dazu, dass im Wegzugsstaat keine Teilform der Gesellschaft verbleibt.[2667] Einerseits kann der Wegzugsstaat ein erhöhtes Bedürfnis haben, die Belange von der Verlegung betroffener Dritter zu schützen, andererseits verstärkt sich der Grad der Rechtfertigungsbedürftigkeit für Normen, die mit der Niederlassung, der Infrastruktur und der Einordnung innerhalb der Rechtsordnung (etwa Eintragungen etc.) in Verhältnis stehen. Für den Zuzugsstaat ergeben sich spiegelbildlich genau die gegenteiligen Anforderungen an die Verhältnismäßigkeit. Es zeigt sich auch hier, dass der Wegzug und der Zuzug nur „zwei Seiten derselben Medaille“ der Niederlassungsfreiheit darstellen.[2668] Außerdem bildet sich heraus, dass auch die unterschiedlichen Perspektiven (Zuzug und Wegzug) eine entscheidende Rolle bei der Bewertung der Verhältnismäßigkeit spielen.[2669]

Bei dem Zusammenspiel mehrerer Rechtsordnungen (Formwechsel, Verschmelzung, Spaltung) im Zuge der Mobilität von Gesellschaften kann es zur Verdoppelung von auferlegten Pflichten kommen. Hier sind die Mitgliedstaaten gehalten, im verhältnismäßigen Maß primär auf die Belange der Gesellschaft und erst sekundär aufeinander Rücksicht zu nehmen.[2670] Hier sind erneut die Grundsätze der Äquivalenz und Effektivität zu beachten.[2671] Diese gelten im Übrigen für alle Formen der Sitzverlegungen und Umwandlungen: Die Mobilität soll im Grundsatz nicht erschwert, sondern gar gefördert und ermöglicht werden. Nach diesem Credo sollten die mitgliedstaatlichen Regeln für die einzelnen Arten der Sitzverlegung in Zukunft aufgestellt werden.

d) Die Wegzugs- und die Zuzugsperspektive

In einigen Passagen der Arbeit ist bereits angeklungen, dass es einen unterschiedlichen Rechtfertigungsmaßstab für Regeln des Herkunfts- im Vergleich zu Regeln des Aufnahmestaates geben kann.[2672] Vereinfacht und verallgemeinert könnte man sagen, dass speziell drittschützende Regeln des Herkunftsstaates einer niedrigeren Rechtfertigungsschwelle unterliegen, weil der schützenswerte Personenkreis mit

2666 *Schön*, ZGR 2013, 333 (363); *Wasmeier*, Umstrukturierung, S. 143 f.; *Verse*, ZEuP 2013, 458 (491).

2667 *Mitterecker*, Sitzverlegungen, S. 363, zur simultanen formwechselnden Verlegung.

2668 S. *Campos Nave*, BB 2008, 1410 (1413); *Otte*, EWS 2009, 31 (39); zur Verschmelzung, s. *Geyrhalter/Weber*, DStR 2006, 146 (150).

2669 S. zugleich unter H., IV., 2., d).

2670 *Hahn*, JurisPR-SteuerR 39/2012, Anm. 6.

2671 *Bayer/Schmidt*, ZIP 2012, 1481 (1488); *Bollacher*, RIW 2012, 712 (717 f.); *Klett*, GWR 2012, 319; *Nagy*, IPrax 2013, 582 (583); *Schön*, ZGR 2013, 333 (347 f.).

2672 S.o. unter C., II., 5.; E., V., 3., e); E., IX., 3., j); F., I., 2.; F., VI., 2.

einer neuen Situation im Hinblick auf die Gesellschaft oder auch das Unternehmen konfrontiert wird.[2673]

Für die rechtsformwahrende Verwaltungssitzverlegung ergibt sich ein größerer Spielraum für Schutzvorschriften bereits aus dem Wegfall der Autonomie im Bereich der Fortexistenz.[2674] Die Herkunftsmitgliedstaaten können, auch heute noch europarechtskonform, an diese Art der Verlegung des Verwaltungssitzes die Rechtsfolge der Auflösung und Liquidation der Gesellschaft nach ihrem eigenen Recht knüpfen.[2675] Dieser Autonomiebereich wird im hiesigen System der Mobilitätsfreiheit durch einen erhöhten Rechtfertigungsspielraum ersetzt.[2676] Für den Aufnahmestaat gelten dagegen höhere Anforderungen.[2677] Bereits aus den Urteilen Centros, Überseering und Inspire Art ist bekannt, dass auch der Zielstaat Schutzvorschriften aufstellen darf, sofern sie auch verhältnismäßig sind.[2678] Hierbei ist insbesondere daran zu denken, dass neue Arbeitnehmer, Gläubiger und Gesellschafter mit einer Rechtsform aus einem ihnen vielleicht nicht bekannten Rechtskreis mit fremden Regeln konfrontiert werden.[2679] Allerdings hat der EuGH durch das sog. Informationsmodell bereits angedeutet, dass die Hürden beim Gläubigerschutz bspw. geringer sind.[2680]

Die Verschmelzung und die (Auf-)Spaltung führen zum Erlöschen des Rechtsträgers im Herkunftsstaat.[2681] Die von der Auflösung betroffenen Interessen sind hinlänglich durch den Wegzugsstaat zu schützen.[2682] Dagegen sind die Drittinteressen bei einer Verschmelzung durch Aufnahme aus Perspektive des Zuzugsstaats

---

2673 Allg. *Braun*, Wegzugsfreiheit, 2009, S. 215; Wasmeier, Umstrukturierung, S. 4; so schon jetzt, vgl. *Lutter/Drygala*, JZ 2006, 770 (772); *Meilicke/Rabback*, GmbHR 2006, 123 (126); *Geyrhalter/Weber*, DStR 2006, 146 (150); *Teichmann*, ZIP 2009, 393 (402 f.); *Mörsdorf/Jopen*, ZIP 2012, 1394 (1400 f.); *Verse*, ZEuP 2013, 458 (491); *Krebs*, GWR 2014, 144 (146); *Roth*, FS Hoffmann-Becking 2013, 965 (984 f.).

2674 S.o. unter H., I.; H., II., 1., a) und b).

2675 *Herrler*, DNotZ 2009, 484 (486); *Zimmer/Naendrup*, NJW 2009, 545 (547); *Müller-Graff*, FS Hellwig 2010, 251 (262); *Grundmann*, EU-GesR, § 22, Rn. 770.

2676 *Barthel*, EWS 2010, 316 (320) spricht insoweit von einer „Kreationshoheit", welche bei ihm zu einer Bereichsausnahme führt und hier zu geringeren Anf orderungen auf der Rechtfertigungsebene.

2677 *Probst/Kleinert*, MDR 2003, 1265 (1267 f.); vgl. *Eidenmüller* in: Eidenmüller, Ausländische KapGes, § 4, Rn. 26; ähnlich *Saenger*, GesR, Rn. 854.

2678 EuGH, Urt. v. 09.03.1999, Rs. C-212/97, ECLI:EU:C:1999:126, Rn. 34 ff. – Centros; EuGH, Urt. v. 05.11.2002, Rs. C-208/00, ECLI:EU:C:2002:632, Rn. 92 – Überseering; EuGH, Urt. v. 30.09.2003, Rs. C-167/01, ECLI:EU:C:2003:512, Rn. 132 f. – Inspire Art.

2679 *Engert*, DStR 2004, 664 (667); *Horn*, NJW 2004, 893.

2680 *Eidenmüller* in: Eidenmüller, Ausländische KapGes, § 4, Rn. 26; s. zugleich unten unter H., IV., 2., f).

2681 *Saenger*, GesR, Rn. 887, 903; *Sagasser* in: Sagasser/Bula/Brünger, Umwandlungen, § 9, Rn. 29, § 17, Rn. 4; *Fisch*, NZG 2016, 448 (449); *Kleba*, RNotZ 2016, 273 (274).

2682 Insb. auch Fiskalinteressen nach *Meilicke/Rabback*, GmbHR 2006, 123 (126); *Lutter/Drygala*, JZ 2006, 770 (772); *Bungert*, BB 2006, 53 (56).

nur in geringem Maße schützenswert.[2683] Eine Ausnahme bilden kann allerdings die Aufnahme von Schulden im Wege der Vermögensübertragung als Ganzes.[2684] Bei einer Verschmelzung durch Neugründung bestehen dagegen seitens des Zielstaates keine schützenswerten Interessen.[2685] Im Grundsatz gilt die gleiche Differenzierung für Spaltungen.[2686] Bei Abspaltungen ist allerdings zu beachten, dass ein Rechtsträger im Herkunftsstaat verbleibt.[2687] Hier können, spiegelbildlich zur Verschmelzung durch Aufnahme, Bestandsschutzinteressen betroffen sein.[2688]

Der grenzüberschreitende Formwechsel – dieser kann durch singuläre Verlegung des Satzungssitzes oder aber durch simultane Verlegung beider Sitze vollzogen werden – ist mit der Situation bei Verschmelzungen und Spaltungen vergleichbar, womit auch ähnliche Schutzbelange betroffen sind.[2689] Die Verschmelzung durch Neugründung stellt dabei das Ebenbild des Formwechsels mit simultaner Sitzverlegung dar. Im Herkunftsstaat verbleibt von der Ursprungsgesellschaft nichts mehr, während der Zielstaat nunmehr die gesamte Gesellschaft beherbergt.[2690] Der Unterschied ist, dass beim Formwechsel nur ein Rechtsträger involviert ist.[2691] Allerdings kommt es in beiden Fällen gewissermaßen auch zu einem Formwechsel.[2692] Somit fällt, auch beim Formwechsel, primär dem Ursprungsstaat die Kompetenz zu, drittschützende Vorschriften für bereits bestehende Interessen zu schaffen.[2693] Durch den Wechsel der Rechtsform bestehen empfindliche Risiken für Gläubiger, weil sich etwa die Haftungsverfassung ändern kann.[2694] Hinzukommt, dass sich

2683 *Lutter/Drygala*, JZ 2006, 770 (772); neutraler *Geyrhalter/Weber*, DStR 2006, 146 (149); s. *Siems*, EuZW 2006, 135 (138): Problem von Bestandschutzinteressen.

2684 S. *Deubert/Henckel* in: Winkeljohann/Förschle/Deubert, Sonderbilanzen, H., Rn. 7, 12; *Bula/Thees* in: Sagasser/Bula/Brünger, Umwandlungen, § 10, Rn. 123; zur Übernahme stiller Lasten im Zuge der Verschmelzung s. *Schmitt/Keuthan*, DStR 2015, 2521 ff.

2685 *Siems*, EuZW 2006, 135 (138); *Lutter/Drygala*, JZ 2006, 770 (772); *ders.*, ZIP 2005, 1995 (1996); *Kloster*, GmbHR 2003, 1413 (1415).

2686 Vgl. schon die Spiegelbildlichkeit von Verschmelzungen und Spaltungen, *Krause/Kulpa*, ZHR 2007, 38 (47); *Kindler* in: MüKo BGB, Bd. 12, Teil 10, Rn. 781.

2687 *Kleba*, RNotZ 2016, 273 (274); *Saenger*, GesR, Rn. 903.

2688 *Siems*, EuZW 2006, 135 (138).

2689 *Teichmann*, DB 2012, 2085 (2086); *Behme*, NZG 2012, 936 (938).

2690 S.a. den Vorschlag der analogen Anwendung des Rechts zur grenzüberschreitenden Verschmelzungen (§§ 122a ff. UmwG): *Krafka/Kühn*, Registerrecht, Rn. 1211a.

2691 *Roth*, FS Hoffmann-Becking 2013, 965 (985); *Kindler* in: MüKo BGB, Bd. 12, Teil 10, Rn. 782; *Krause/Kulpa*, ZHR 2007, 38 (47).

2692 Dies muss bei der Verschmelzung nicht sein, kann aber in beiden Varianten der Verschmelzung möglich sein, s. bspw. *Thiermann*, Verschmelzungen, S. 76 f.

2693 *Roth*, FS Hoffmann-Becking 2013, 965 (985); *Krebs*, GWR 2014, 144 (146); *Wicke*, DStR 2012, 1756 (1758); *Schön*, ZGR 2013, 333 (363 f.);

2694 Ausführlich und weiter ausdifferenziert *Frank*, Formwechsel, S. 176 ff.; *Behme*, Sitzverlegung, S. 189 f.; *Weller*, DStR 2004, 1218 (1219); zu anderen Risiken s.a. *Winter/Marx/De Decker*, DStR 2017, 1664 (1666); *Stelmaszczyk*, EuZW 2017, 890 (893).

die formwechselnde Gesellschaft freiwillig in eine neue Rechtsform umwandelt und sich damit auch der dazugehörigen Rechtsordnung unterwirft.[2695] Aus der Perspektive des Hineinformwechsels sind dagegen bisher keine nennens- und schützenswerten Belange entstanden.[2696] Da es sich aber fortan um eine Gesellschaftsform des Aufnahmestaates handelt, sind auch zukünftig kaum durch den Formwechsel bestehende Interessen im Zuzugsstaat gefährdet.[2697]

Die Grundannahme, dass der Zuzugsstaat immer einen geringeren Spielraum als der Wegzugsstaat beim Aufstellen von (Schutz-)Vorschriften besitzt, gilt nicht ausnahmslos. So können Wegzugsbeschränkungen teilweise schwerer wiegen als Zuzugsbeschränkungen.[2698] Andererseits muss der Zuzugsstaat die Aufnahme der Gesellschaft auch hinreichend ermöglichen.[2699] Wiederum ist im Einzelfall nach der Wirkung der Maßnahme auf den Träger der Niederlassungsfreiheit zu fragen.[2700] Die Unterscheidung beider Perspektiven bietet aber die passende Richtschnur für eine Beurteilung.

e) Die Unterschiede von natürlichen und juristischen Personen

Die Auslegung des Art. 54 AEUV hat ergeben, dass der Niederlassungsfreiheit im Gesamtbild eine Gleichstellung natürlicher und juristischer Personen zu entnehmen ist.[2701] Dem Wortlaut nach sollte dies im Grundsatz für alle Bereiche der niederlassungsrechtlichen Prüfung, also Schutzbereich, Beeinträchtigung und Rechtfertigung gelten. In diesem Modell sollen aber die rechtlichen Unterschiede zwischen natürlichen und juristischen Personen Einfluss auf die Verhältnismäßigkeit haben, indem den Mitgliedstaaten im Hinblick auf Gesellschaften ein weiterer Ermessensspielraum eröffnet wird.

Dies ist nur auf den ersten Blick ein Widerspruch.[2702] Die ungleiche Behandlung natürlicher und juristischer Personen ist vor allem auf die unterschiedliche Handhabung von Wegzugs- und Zuzugskonstellationen zurückzuführen.[2703] Dies entfällt in diesem System nunmehr.[2704] Eine Entziehung der Rechtsform bzw. der

2695 *Verse*, ZEuP 2013, 458 (491); *Mörsdorf/Jopen*, ZIP 2012, 1394 (1401).

2696 *Schön*, ZGR 2013, 333 (363 f.); s.a. *Frank*, Formwechsel, S. 262 f.

2697 *Roth*, FS Hoffmann-Becking 2013, 965 (986).

2698 *Zimme*, NJW 2003, 3585 (3592); *Richter*, IStR 2008, 719 (721).

2699 So schon zur Verschmelzung aus Sevic und zum Formwechsel aus Vale: *Behrens*, EuZW 2012, 621 (625); *Verse*, EuZW 2013, 336 (336 f.); *Wöhlert/Degen*, GWR 2012, 432 (435); *Weller* in: MüKo GmbHG, Bd. 1, Eltg., Rn. 360a ff.

2700 *Barthel*, EWS 2010, 316 (319); *Ringe*, ZIP 2008, 1067 (1073); *Behme*, Sitzverlegung, S. 201: Entscheidend ist „die Konkretheit... der betroffenen Schutzinteressen".

2701 S.o. unter G., II., 5., a); idS auch *Wilhelmi*, JZ 2009, 409 (411).

2702 So auch *Müller-Graff* in: Streinz, EUV/AEUV, Art. 54 AEUV, Rn. 17.

2703 S.o. unter E., IV., 3., d); E., VII., 3., d); E., VIII., 3., d); G., II. 1., b), aa); s.a. *Richter*, IStR 2008, 719 (723); *Otte*, EWS 2009, 31 (39); *Paefgen*, WM 2009, 529 (534).

2704 S.o. einleitend unter H.

Rechtspersönlichkeit ist in diesem System unmöglich.[2705] Somit besteht eine weitestgehende Gleichheit beider Wirtschaftsakteure hinsichtlich der Rechte aus der Niederlassungsfreiheit.[2706]

Eine unterschiedliche Behandlung im Hinblick auf den Rechtfertigungsmaßstab lässt sich allerdings auch mit Art. 54 AEUV in Einklang bringen.[2707] Eine Gesellschaft muss nach den Rechtsvorschriften eines Mitgliedstaates gegründet sein, um sich nach Art. 54, 49 AEUV auf die Niederlassungsfreiheit berufen zu können.[2708] Gleichermaßen muss eine natürliche Person Staatsangehöriger eines Mitgliedstaates sein, um nach Art. 49 AEUV Schutz zu erlangen.[2709] Die Staatsangehörigkeit natürlicher Personen ist überdies nicht so weitreichend reglementiert und von vielen tatsächlichen Gegebenheiten abhängig wie die Rechtspersönlichkeit einer Gesellschaft. Diese sind anders als natürliche Person nicht in demselben Maße von einem Rechtsrahmen abhängig.[2710] Juristische Personen sind Rechtskonstrukte.[2711] Die Geschöpftheorie aus dem Urteil Daily Mail hat demgemäß einen wahren Kern: Eine Gesellschaft existiert nur durch eine Rechtsordnung,[2712] wohingegen eine natürliche Person bereits aus natürlichen Umständen existiert,[2713] nur ihre Staatsangehörigkeit verdankt sie einer Rechtsordnung.[2714] Deshalb ist ein grobmaschigerer Rechtfertigungs- und Verhältnismäßigkeitsmaßstab angebracht.[2715] Hiermit wird auch der Souveränität der Mitgliedstaaten in hinreichendem Maß Genüge getan.[2716]

Wenn an eine gewisse Gesellschaftsform bestimmte Anforderungen gestellt werden, die ihrer Natur und ihren Charakteristiken geschuldet sind, so entspringen sie meist einer jahrzehntelang gewachsenen Rechtsordnung. Es ist nicht das Ziel der Niederlassungsfreiheit und auch nicht dieses Systems, diese völlig umzugestalten.[2717] Man kann sich ein Beispiel an den einfachen Regeln des

---

2705 Zurzeit noch anders s. EuGH, Urt. v. 16.12.2008, Rs. C-210/06, ECLI:EU:C:2008:723, Rn. 110 – Cartesio; *Herrler*, DNotZ 2009, 484 (486); *Saenger*, GesR, Rn. 853.

2706 So auch schon *Weng*, EWS 2008, 264 (270); *Teichmann*, ZGR 2011, 639 (670); *Weller*, DStR 2004, 1218 (1219); *Campos Nave*, NZG 2004, 897 (898).

2707 So auch *Müller-Graff* in: Streinz, EUV/AEUV, Art. 54 AEUV, Rn. 17.

2708 *Borchardt*, EU-Rechtsgrundlagen, Rn. 1041; *Frenz*, EuR, Rn. 297; *Hobe*, EuR, Rn. 839.

2709 *Sethe/Winzer*, WM 2009, 536 (538); *Frenzel*, EWS 2009, 158 (161).

2710 *Barthel*, EWS 2010, 316 (323); *Teichmann*, FS Hommelhoff 2012, 1213 (1213 f.); *ders.*, ZIP 2009, 393 (397); kritisch *Frenzel*, EWS 2009, 158 (161).

2711 *Schönhaus/Müller*, IStR 2013, 174 (177); *Jung*, EuZW 2012, 863 (865).

2712 *v. Hein* in: MüKo BGB, Bd. 11, Art. 3 EGBGB, Rn. 91; *Leuering*, ZRP 2008, 73.

2713 *Leible/Hoffmann*, BB 2009, 58 (59); *Barthel*, EWS 2010, 316 (323); *Sethe/Winzer*, WM 2009, 536 (538); *Frenzel*, EWS 2009, 158 (161).

2714 *Forsthoff* in: Grabitz/Hilf/Nettesheim, Recht der EU, Art. 45 AEUV, Rn. 18; *Brechmann* in: Calliess/Ruffert, EUV/AEUV, Art. 45 AEUV, Rn. 25.

2715 *Weng*, EWS 2008, 264 (270); *Eidenmüller/Rehm*, ZGR 2004, 159 (177).

2716 S.o. unter H., I; s.a. *Frenz*, HB EuR, Bd. 1: Grundfreiheiten, Rn. 2465.

2717 *Tietje* in: Ehlers, EU-Grundrechte und -freiheiten, § 10, Rn. 5; *Teichmann*, ZIP 2009, 393 (397); *Barthel*, EWS 2010, 316 (324); *Mörsdorf/Jopen*, ZIP 2012, 1394 (1401).

Verkehrsrechts nehmen. Eine natürliche Person muss einen Nachnamen führen und in gewissen Fällen mit einem Ausweisdokument ihre Identität bestätigen. Eine Gesellschaft muss ebenso eine bestimmte Firmierung aufweisen, um im Rechtsverkehr als solche erkennbar zu sein.[2718] Dass allerdings die Firmierung von Unternehmen strengeren Regeln folgt als die Namensgebung natürlicher Personen, ist eine Ungleichbehandlung, die allerdings zum Schutz des Rechtsverkehrs notwendig ist.[2719] Niemand würde dies in Frage stellen. An diesem Beispiel lassen sich jedoch auch die rechtlichen Unterschiede und der notwendige Rechtsrahmen eindeutig ablesen. Zum Schutz des Rechtsverkehrs ist etwa weiterhin notwendig, dass Firmen bestimmten Transparenz-, Publizitäts-, und Offenlegungspflichten nachkommen.[2720] Niemand würde von einer natürlichen Person erwarten, dass sie am Ende eines Jahres ihre finanzielle Lage öffentlich darlegt.[2721] Diese Unterschiede können nur im Rahmen der Verhältnismäßigkeit berücksichtigt werden. Allerdings dürfen diese Unterschiede nur so weit reichen wie notwendig und den Marktzugang von Unternehmen nicht über Gebühr beschränken.[2722]

f) Das Informationsmodell

Der Gerichtshof hat im Urteil Centros eine Richtschnur für Beschränkungen der Niederlassungsfreiheit im Falle des formwahrenden Zuzugs von Gesellschaften vorgegeben, indem er den Vorrang von Informationen etabliert hat.[2723] Dieser Primat wird im Schrifttum auch als Informationsmodell bezeichnet.[2724] Eine beschränkende Maßnahme ist demnach nicht erforderlich, das heißt nicht das mildeste Mittel, wenn für Gläubiger, Gesellschafter, Arbeitnehmer, etc. eine einfachere Option des (Selbst-)Schutzes besteht, indem ihnen die Möglichkeit gegeben wird, sich zu informieren sowie eigene Schlüsse aus den Informationen zu ziehen, und dies ebenso effektiv ist wie die beanstandete mitgliedstaatliche Methode.[2725] Der

---

2718 S. bspw. *Schäfer* in: Henssler/Strohn, GesR, GmbHG, §5a, Rn. 13 ff.; *Oetker* in: Oetker, HGB, § 161, Rn. 87; *Vogt* in: Prinz/Winkeljohann, HB GmbH, § 18, Rn. 16 ff.

2719 *Hopt* in: Baumbach/Hopt, HGB, § 19, Rn. 1; *Miras*, NZG 2012, 1095 (1096).

2720 *Huber* in: MüKo BGB, § 1629a, Rn. 3; *Nicolai/Kuszlik*, ZRP 2016, 47 (50); *Starck*, DStR 2008, 2035 (2036 ff.); *Kindler*, NZG 2003, 1086 (1087).

2721 Ausgenommen ist die allgemeine Steuererklärung, die aber nur die Finanzbehörden einsehen.

2722 S.a. *Ego* in: MüKo AktG, Bd. 7, B., Rn. 113 ff.; *Teichmann*, FS Hommelhoff 2012, 1213 (1225 f.).

2723 EuGH, Urt. v. 09.03.1999, Rs. C-212/97, ECLI:EU:C:1999:126, Rn. 36 – Centros; EuGH, Urt. v. 30.09.2003, Rs. C-167/01, ECLI:EU:C:2003:512, Rn. 135 – Inspire Art; EuGH, Urt. v. 20.02.1979, Rs. C-120/78, ECLI:EU:C:1979:42, Rn. 13 – Rewe-Zentral.

2724 *Ulmer*, NJW 2004, 1201 (1209); *Eidenmüller/Rehm*, ZGR 2004, 159 (171, 181); *Ego* in: MüKo AktG, Bd. 7, B., Rn. 541 ff.; *Grundmann*, FS Lutter 2000, 61 (63).

2725 *Grundmann*, EU-GesR, § 6, Rn. 187; *Kieninger*, ZEuP 2004, 685 (700); *Spahlinger/Wegen* in: Spahlinger/Wegen, Int. GesR, Rn. 344; *Klose-Mokroß*, DStR 2005, 971 (974).

Zugang zu den Informationen muss dabei effektiv gewährleistet sein und die Qualität der Auskünfte verständlich, verlässlich, gleichwertig und vergleichbar.[2726] Wenn der Vorrang von Informationen als Grundsatz bei der Bewertung von Verstößen gegen die Niederlassungsfreiheit gelten soll, müssen bestimmte Rahmenbedingungen erfüllt sein.[2727] Durch die sekundärrechtliche Ausgestaltung des Gesellschaftsrechts ist der Stand der Harmonisierung in diesem Bereich allerdings bereits weit fortgeschritten.[2728] Damit das Informationsmodell wirksam arbeiten kann, müssen Verstöße aber in jedem Fall in verhältnismäßigem Rahmen sanktioniert werden.[2729]

Der Informationsprimat lässt sich anhand der deutschen Mindestkapitalvorschriften erläutern. Wenn eine nach ausländischem Recht wirksam gegründete Gesellschaft ihren Verwaltungssitz formwahrend nach Deutschland verlegt, ist sie im Zuge der Entscheidungstrilogie um Centros, Überseering und Inspire Art im Grundsatz anzuerkennen und nach ihrem Gründungsrecht zu beurteilen.[2730] In Deutschland werden Gläubiger von Kapitalgesellschaften auch durch ein hinreichendes Stammkapital geschützt.[2731] Die Anwendung der deutschen Mindestkapitalvorschriften einer deutschen GmbH auf eine rechtsformkongruente ausländische Gesellschaft, wie etwa die britische Ltd., ist eine Beschränkung der Niederlassungsfreiheit, weil sie den Marktzugang für solche ausländischen juristischen Personen in erheblichem Maße unattraktiver gestaltet.[2732]

Die Anwendung der Regeln dient allerdings dem legitimen Zweck des Gläubigerschutzes, welcher gesichertermaßen einen zwingenden Grund des Allgemeinwohls darstellt.[2733] Die Applikation der Mindestkapitalvorschriften wäre aber nicht verhältnismäßig, weil nicht erforderlich.[2734] Die zugezogene Ltd. firmiert weiterhin als Gesellschaft britischen Rechts.[2735] Die zukünftigen Gläubiger der Gesellschaft

2726 *Kalss/Klampfl* in: Dauses/Ludwigs, HB EU-Wirtschaftsrecht, E. III., Rn. 205.

2727 *Grundmann*, DStR 2004, 232 (236); *Eidenmüller*, ZIP 2002, 2233 (2237).

2728 *Kieninger*, ZEuP 2004, 685 (700 f.); *Geyrhalter/Gänßler*, DStR 2003, 2167 (2169); *Forsthoff* in: Hirte/Bücker, Grenzüberschreitende Gesellschaften, § 2, Rn. 83; kritisch allerdings *Leible/Hoffmann*, EuZW 2003, 677 (680), wobei im nunmehr digitalen Zeitalter auch die Informationsbeschaffung leichter fallen sollte.

2729 *Grundmann*, FS Lutter 2000, 61 (67 f.); *ders.*, EU-GesR, § 31, Rn. 1169; *Kalss/Klampfl* in: Dauses/Ludwigs, HB EU-Wirtschaftsrecht, E. III., Rn. 206.

2730 *Geyrhalter/Gänßler*, DStR 2003, 2167 (2169); *Heinze* in: MüKo GmbHG, § 4a, Rn. 22 f.; *Ego* in: MüKo AktG, Bd. 7, B., Rn. 204; *Schaper*, ZIP 2014, 810 (814).

2731 *Leitzen* in: Michalski/Heidinger/Leible/Schmidt, GmbHG, Bd. 1, § 5, Rn. 8; *Roth* in: Roth/Altmeppen, GmbHG, 8. Auflage 2015, § 5, Rn. 4; *Fastrich* in: Baumbach/Hueck, GmbHG, § 3, Rn. 14.

2732 EuGH, Urt. v. 30.09.2003, Rs. C-167/01, ECLI:EU:C:2003:512, Rn. 106 – Inspire Art.

2733 *Kindler* in: MüKo BGB, Bd. 12, Teil 10, Rn. 118; *Frenz*, EuR, Rn. 313; *Müller-Graff* in: Streinz, EUV/AEUV, Art. 49 AEUV, Rn. 86.

2734 *Eidenmüller* in: Eidenmüller, Ausländische KapGes, § 4, Rn. 26.

2735 *Geyrhalter/Gänßler*, DStR 2003, 2167 (2169); *Forsthoff* in: Hirte/Bücker, Grenzüberschreitende Gesellschaften, § 2, Rn. 82; *Ego* in: MüKo AktG, Bd. 7, B., Rn. 541 ff.

können anhand der Firmierung weitere Nachforschungen anstellen, bevor sie mit einem solchen Unternehmen kontrahieren und in Eigeninitiative feststellen, dass gegebenenfalls andere Haftungsmaßstäbe als bei einer vergleichbaren deutschen GmbH gelten.[2736] Dies stellt ein milderes, gleich effektives Mittel in Bezug auf die Sicherstellung des Gläubigerschutzes dar.[2737]

Die uneingeschränkte Anwendung des Informationsmodells wird auch hinlänglich kritisiert.[2738] Es ist zuzugestehen, dass es nur funktioniert, wenn ausreichend Informationskanäle zur Verfügung stehen und die Qualität der Informationen hinreichend hoch ist.[2739] Allerdings ist die Verlagerung der Verantwortung im Hinblick auf den Gläubigerschutz grundsätzlich positiv zu beurteilen.[2740] Die Gläubiger haben ihren Schutzumfang selbst in der Hand. Sie können einen Vertragsschluss bei geringerer Haftungsmasse privatautonom von weiteren Sicherheiten abhängig machen.[2741] Sie können auch von Geschäftsbeziehungen Abstand nehmen. Der Markt reguliert sich in gewisser Hinsicht selbst. Sofern die Gläubiger ausländische Gesellschaften mit geringerem Stammkapital zu einem Großteil meiden, werden solche Gesellschaften auf dem Markt nicht konkurrenzfähig sein und über kurz oder lang von diesem verschwinden.[2742]

Der Schutzumfang ist auch für gesetzliche Gläubiger nicht zu gering.[2743] Bei den gesetzlichen Gläubigern spielen meist andere Interessenlagen eine Rolle und so würde bspw. auch ein unverschuldet verunfallter Fahrradfahrer seine Kosten selbst tragen müssen, sofern der Unfallverursacher (ebenfalls Radfahrer) keine Privathaftpflichtversicherung abgeschlossen hat, er vermögenslos ist und sein Einkommen unterhalb der Pfändungsfreigrenze liegt.[2744] Eine staatliche Überregulierung ist nicht notwendig.[2745] Dem Staat obliegt es allerdings, die Gläubiger mit

---

2736 Dies ist auch ausreichend laut *Eidenmüller/Rehm*, ZGR 2004, 159 (183); weitere vom Staat zur Verfügung gestellte Informationen sind dann nicht notwendig; s.a. *Spahlinger/Wegen* in: Spahlinger/Wegen, Int. GesR, Rn. 344.

2737 EuGH, Urt. v. 30.09.2003, Rs. C-167/01, ECLI:EU:C:2003:512, Rn. 135 – Inspire Art; *Ackermann*, ZEuP 2009, 230 (237); *Ego* in: MüKo AktG, Bd. 7, B., Rn. 250 f.

2738 Exemplarisch: *Eidenmüller* in: Eidenmüller, Ausländische KapGes, § 3, Rn. 38 ff.; *Schön*, FS Lutter 2000, 685 (698 f.); besonnen *Ackermann*, ZEuP 2009, 230 (231 ff.).

2739 *Kalss/Klampfl* in: Dauses/Ludwigs, HB EU-Wirtschaftsrecht, E. III., Rn. 206.

2740 *Kieninger*, ZEuP 2004, 685 (700); s.a. *Ackermann*, ZEuP 2009, 230 ff.

2741 *Kieninger*, ZEuP 2004, 685 (700); *Eidenmüller* in: Eidenmüller, Ausländische KapGes, § 4, Rn. 26; *ders./Rehm*, ZGR 2004, 159(181).

2742 *Geyrhalter/Gänßler*, DStR 2003, 2167 (2169); s.a. allgemein zu den ökonomischen Vorteilen des Informationsmodells, *Grundmann*, FS Lutter 2000, 61 (66 f.).

2743 So aber *Kieninger*, ZEuP 2004, 685 (700 f.); *Eidenmüller*, ZIP 2002, 2233 (2236); *Schön*, FS Lutter 2000, 685 (699); *Kindler*, NZG 2003, 1086 (1088).

2744 S. zu den Pfändungsfreigrenzen *Kemper* in: Saenger, ZPO, § 850c, Rn. 6 ff.; *Smid* in: MüKo ZPO, § 850c, Rn. 2 ff.; *Ahrens*, NZI 2011, 440 ff.

2745 *Ackermann*, ZEuP 2009, 230.

den unabdingbaren Informationen zu versorgen.[2746] Ähnlich wird auch der Verbraucherschutz vom EuGH gehandhabt.[2747] Auch hier nimmt Deutschland, ähnlich wie im Gesellschaftsrecht, eine eher protektionistische Haltung ein.[2748]

Das Informationsmodell ist ferner Basis für die Bewertung anderer Schutzvorschriften. So gilt die Selbstschutzmöglichkeit in gewisser Weise auch für Gesellschafter.[2749] Beim Arbeitnehmerschutz kann es zu kurz greifen, da sich die Arbeitnehmer meist in einem Abhängigkeitsverhältnis befinden, welches die Grundlage für ihren Lebensunterhalt darstellt.[2750] Für fiskalische Interessen ist das Informationsmodell hingegen eher unbrauchbar. Der Staat hat aber andere Optionen als etwa ein privater Marktakteur.[2751]

Das Informationsmodell ist ein wichtiger Bestandteil des hier vorgeschlagenen Systems der Mobilitätsfreiheit. Es bildet ein Gegengewicht zu dem den Mitgliedstaaten aufgrund der ursprünglich weitreichenden Autonomie im Gesellschaftsrecht zugestandenen und weitaus erhöhten Ermessensspielraum.[2752] Es hilft den Mitgliedstaaten bei der Eruierung der Verhältnismäßigkeit ihrer eigenen Gesellschaftsrechte, auch mildere Mittel in Betracht zu ziehen.[2753] Dabei wird die Bedeutung von Informationen für die effektive Verwirklichung des freien Binnenmarktes ebenfalls weiter zunehmen.[2754] Das Informationsmodell hat im Grundsatz Vorbildfunktion für die Verhältnismäßigkeitsprüfung aller Mobilitätsformen. Eine gewichtige Rolle spielt es allerdings nur, wenn es um zusätzliche, künstliche Anforderungen an zu- oder wegziehende Gesellschaften geht. Dies ist speziell bei formwahrenden Sitzverlegungen der Fall. Beim Formwechsel, der Verschmelzung

---

2746 Insb. die Industrie- und Handelskammern, s. *Klose-Mokroß*, DStR 2005, 971 (974); *Grundmann*, FS Lutter 2000, 61 (65): sogar ein europäisches Zentralregister.

2747 *Forsthoff* in: Hirte/Bücker, Grenzüberschreitende Gesellschaften, § 2, Rn. 82; *Roth*, ZEuP 1994, 5 (15 ff.); *Eidenmüller/Rehm*, ZGR 2004, 159 (171).

2748 *Leible/T. Streinz* in: Grabitz/Hilf/Nettesheim, Recht der EU, Art. 34 AEUV, Rn. 115; *Müller-Graff* in: v.d. Groeben/Schwarze/Hatje, EuR, Art. 34 AEUV, Rn. 216, m. Verw. auf EuGH, Urt. v. 12.03.1987, Rs. C-178/84, ECLI:EU:C:1987:126 – Reinheitsgebot.

2749 *Eidenmüller* in: Eidenmüller, Ausländische KapGes, § 3, Rn. 41; *ders./Rehm*, ZGR 2004, 159 (182 f.); *Kieninger*, ZGR 1999, 724 (745); *Großerichter*, DStR 2003, 159 (168); *Kersting*, NZG 2003, 9 (12 f.); ähnlich *Paefgen*, DZWiR 2003, 441 (445 f.).

2750 *Leible* in: Michalski/Heidinger/Leible/Schmidt, GmbHG, Bd. 1, sys. Darst. 2 – Int. GesR, Rn. 32; *Eidenmüller* in: Eidenmüller, Ausländische KapGes, § 3, Rn. 41; s.a. *Drygala*, ZEuP 2004, 337 (348); a.A.: *Grundmann*, FS Lutter 2000, 61 (80).

2751 *Kindler* in: MüKo BGB, Bd. 12, Teil 10, Rn. 116; *Eidenmüller* in: Eidenmüller, Ausländische KapGes, § 3, Rn. 67; *ders./Rehm*, ZGR 2004, 159 (181).

2752 S.o. unter H., IV., 2., a)–e).

2753 Hier wird erneut auf die Eigenverantwortung der Mitgliedstaaten hingewiesen, welche aus dem erhöhten Rechtfertigungsdruck resultiert, s.o. unter H., I.; s.a. *Schall*, FS Meilicke 2010, 651 (667).

2754 *Grundmann*, DStR 2004, 232 (236); *Kindler*, DNotZ-Sonderheft 2016, 75 (102); *Schröder* in: Streinz, EUV/AEUV, Art. 26 AEUV, Rn. 47.

oder Spaltung handelt es sich im Anschluss an den Mobilitätsvorgang ohnehin um eine Gesellschaft des Zielstaates.[2755] Die Bedeutung ist auch wesentlich größer bei Zuzugsfällen, da Informationen vor allem neue Gläubiger, Arbeitnehmer und Gesellschafter schützen sollen.[2756]

g) Sonderanknüpfungen: Die Bewertung verschiedener Haftungstatbestände und sonstiger Schutzvorschriften

Die Diskussion um das Urteil Inspire Art drehte sich im Wesentlichen um die Möglichkeit von Sonderanknüpfungen.[2757] Dies waren Durchbrechungen der grundsätzlichen Anknüpfung an das Recht des Gründungsstaates, um bestimmte Schutzinteressen des neuen Sitzstaates durchzusetzen.[2758] Im vorliegenden System ist die Rechtsmethodik der Sonderanknüpfungen allerdings irrelevant. Bewertet werden diese Sonderanknüpfungen, genauso wie alle anderen eventuell mobilitätsbeschränkenden Maßnahmen der EU-Staaten, anhand ihrer Wirkung auf die Niederlassungsfreiheit.[2759]

Exemplarisch sollen einige Schutzvorschriften des deutschen Rechts auf ihre Verhältnismäßigkeit untersucht werden. Hier werden auch die neuen Ergebnisse aus dem Kornhaas-Urteil einbezogen.[2760] Zu einer Verhältnismäßigkeitsprüfung kommt es allerdings nur, wenn Regeln nicht schon aufgrund der Keck-Ausnahme keine Beeinträchtigung der Niederlassungsfreiheit darstellen.[2761] Diese Exzeption ist zurückhaltend anzuwenden und besonders die Wirkung auf den Marktzugang zu betrachten.[2762] So nimmt die Keck-Formel nur das sehr allgemeine Verkehrsrecht von der Anwendung der Niederlassungsfreiheit aus, wie etwa die jedermann treffende Pflicht zur Antragstellung für bestimmte Genehmigungen oder Sondererlaubnisse.[2763]

2755 S.o. unter H., IV., 2., c).

2756 S.o. unter H., IV., 2., d).

2757 S.o. unter E., IV., 3., b); s.a. *Leible* in: Michalski/Heidinger/Leible/Schmidt, GmbHG, Bd. 1, sys. Darst. 2 – Int. GesR, Rn. 249.

2758 *Rehberg* in: Eidenmüller, Ausländische KapGes, § 6, Rn. 105; *Zimmer*, NJW 2003, 3585 (3588); *Spahlinger/Wegen*, Int. GesR, Rn. 218; *Triebel/von Hase*, BB 2003, 2409.

2759 So schon *Leible/Hoffmann*, ZIP 2003, 925 (928 f.); *Kieninger*, ZEuP 2004, 685 (697); *Habersack/Verse*, EU-GesR, § 3, Rn. 30; *Grundmann*, EU-GesR, § 22, Rn. 785; *Müller* in: Mankowski/Müller/Schmidt, EuInsVO, Art. 7, Rn. 78.

2760 EuGH, Urt. v. 10.12.2015, Rs. C-594/14, ECLI:EU:C:2015:806 – Kornhaas.

2761 *Kindler* in: MüKo BGB, Bd. 12, Teil 10, Rn. 430; *Habersack/Verse*, EU-GesR, § 3, Rn. 30; *Eidenmüller* in: Eidenmüller, Ausländische KapGes, § 3, Rn. 120.

2762 S.o. unter H., III., 2., b), cc) und c); s.a. *Ringe/Willemer*, NZG 2010, 56 (57 f.).

2763 Großzügiger *Habersack/Verse*, EU-GesR, § 3, Rn. 30: das Delikts- und Insolvenzrecht in weitem Umfang; ähnlich *Kindler* in: MüKo BGB, Bd. 12, Teil 10, Rn. 434 ff.

aa) Gläubigerschutz im Insolvenzrecht

Im Urteil Kornhaas hat der EuGH die persönliche Haftung für Masseverkürzungen im Vorfeld des Insolvenzverfahrens aufgrund des Normzwecks insolvenzrechtlich eingeordnet.[2764] In Anlehnung an die Keck-Formel sieht er § 64 Abs. 2 S. 1 GmbHG a.F. nicht als Beeinträchtigung des niederlassungsrechtlichen Schutzbereichs an.[2765] Ob nunmehr alle gesellschaftsrechtlichen Regeln, welche sich als tätigkeitsbezogen charakterisieren lassen, iSd Keck-Formel schon keine Beschränkungen mehr darstellen[2766] oder der EuGH dies nur für insolvenzrechtliche Regeln ab dem Zeitpunkt der Insolvenz oder Überschuldung gelten lassen will,[2767] sei dahingestellt. Für letzteres spricht, dass die Verfahrensregeln des Insolvenzrechts nicht den Marktzutritt regeln, sondern gerade den Marktaustritt.[2768] Auch sind sie prinzipiell nicht geeignet, den Marktzutritt unattraktiver zu gestalten, da sie erst ab tatsächlicher Zahlungsfähigkeit Anwendung finden.[2769]

Ausnahmen bestätigen allerdings die Regel, weshalb eine Prüfung auf Rechtfertigungsebene nicht prinzipiell ausscheiden muss.[2770] Eine potenziell persönliche Haftung der Gesellschafter oder Geschäftsführer kann den Grenzübertritt von Gesellschaften unattraktiver machen.[2771] Sollte es entgegen der Meinung des Gerichtshofs doch auf eine Verhältnismäßigkeit ankommen, so sprechen die oben in Bezug auf Keck genannten Gründe allerdings ebenfalls für eine Verhältnismäßigkeit.[2772] Hinzukommt, dass die persönliche Haftung des Geschäftsführers ihn vor allem bei Missachtung der Insolvenzantragspflicht trifft, er sie also selbst verhindern kann.[2773]

Anders könnte es dagegen bei Tatbeständen aussehen, die eine Insolvenz auslösen.[2774] Eine solche Unterscheidung der insolvenzrechtlichen Regeln kann aber

---

2764 EuGH, Urt. v. 10.12.2015, Rs. C-594/14, ECLI:EU:C:2015:806, Rn. 17 – Kornhaas; *Römermann*, GmbHR 2016, 24 (28); *Böcker*, DZWiR 2016, 174 (176 f.).

2765 EuGH, Urt. v. 10.12.2015, Rs. C-594/14, ECLI:EU:C:2015:806, Rn. 28 – Kornhaas; *Luke*, IWRZ 2016, 120 (124); *Mankowski*, NZG 2016, 281 (285).

2766 *Kindler*, EuZW 2016, 136 (139); *ders.*, DNotZ-Sonderheft 2016, 75 (78); *Ego* in: MüKo AktG, Bd. 7, B., Rn. 345; *Altmeppen*, IWRZ 2017, 107 (110).

2767 *Bayer/Schmidt*, BB 2016, 1923 (1931); *Scholz*, ZEuP 2016, 959 (972).

2768 *Weller*, Rechtswahlfreiheit, S. 205 ff.; *Habersack/Verse*, EU-GesR, § 3, Rn. 31; *Haas* in: Baumbach/Hueck, GmbHG, § 64, Rn. 59; *Röpke*, Gläubigerschutz, S. 162 f.

2769 *Bayer/Schmidt*, BB 2016, 1923 (1931); *Römermann*, GmbHR 2016, 24 (28); s.a. *Kindler* in: MüKo BGB, Bd. 12, Teil 10, Rn. 441: „Die Gesellschaft hat sich... zum Marktzugang entschlossen", Marktrückzugsregeln sind kein Marktzugangshindernis.

2770 *Weller/Hübner*, NJW 2016, 223 (225); *Böcker*, DZWir 2016, 174 (177).

2771 *Swierczok*, NZI 2016, 48 (51); *Mankowski*, NZG 2016, 281 (285).

2772 *Weller*, Rechtswahlfreiheit, S. 208; *ders./Hübner*, NJW 2016, 223 (225); *Böcker*, DZWir 2016, 174 (177); *Haas* in: Baumbach/Hueck, GmbHG, § 64, Rn. 59.

2773 EuGH, Urt. v. 10.12.2015, Rs. C-594/14, ECLI:EU:C:2015:806, Rn. 18 – Kornhaas; *Scholz*, ZEuP 2016, 959 (966); kritisch *Luke*, IWRZ 2016, 120 (123).

2774 *Röpke*, Gläubigerschutz, S. 162 f.; *Ulmer*, NJW 2004, 1201 (1207).

auch schwierig sein. Für die Bewertung anhand der Niederlassungsfreiheit ist die Kategorisierung, ebenso wie die kollisionsrechtliche Einordnung, hingegen irrelevant.[2775] Insolvenzantragspflichten sowie die Insolvenzverschleppungshaftung werden von der herrschenden Meinung insolvenzrechtlich qualifiziert.[2776] Beide Rechtsinstrumente regeln den Marktaustritt und nicht den -zugang.[2777] Der Schutz potenzieller Gläubiger vor insolventen Gesellschaften ist ein zwingender Grund des Allgemeinwohls.[2778]

Die Insolvenzantragsstellung nach § 15a InsO ist als erste signalgebende Pflicht ein besonders mildes Mittel, weil sie erst bei konkreter Gefahrenlage gilt.[2779] Ein Antrag soll ohne schuldhaftes Zögern, spätestens nach drei Wochen, gestellt werden (Abs. 1).[2780] Dadurch hat der Gesetzgeber die Norm bereits abgemildert. Zweifelsfrei steht fest, dass Mitglieder der Vertretungsorgane aufgrund ihrer Stellung höhere Sorgfaltspflichten für die Gesellschaft, aber auch für den Rechtsverkehr treffen.[2781] Gleiches gilt für Gesellschafter einer führungslosen Gesellschaft (Abs. 3).[2782] Die strafrechtliche Sanktionierung der Antragspflicht ist notwendig, weil es eines Druckmittels bedarf, um die Einhaltung der Pflicht zu gewährleisten.[2783] Sie ist abgemildert, wenn die Pflicht fahrlässig versäumt wurde (Abs. 5).[2784] Für die Norm spricht abstrakt die Binnenmarktrelevanz des Schutzguts, die Regelung gerade des Marktaustritts, der Beurteilungsspielraum der Mitgliedstaaten

2775 S.o. unter H., III., 2., c); s.a. *Knof/Mock*, GmbHR 2007, 852 (853).

2776 *Ego* in: MüKo AktG, Bd. 7, B., Rn. 394 ff.; *Kindler*, EuZW 2016, 136 (139); *Luke*, IWRZ 2016, 120 (124); *Römermann*, GmbHR 2016, 24 (29); *Mankowski*, NZG 2016, 281 (282); *Wegen/Asbrand*, IWRZ 2016, 248 (254); *Altmeppen*, IWRZ 2017, 107 (111); *ders.*, NJW 2004, 97 (100); *Müller*, NZG 2003, 414 (416); *Roth*, NZG 2003, 1081 (1085); *Goette*, DStR 2005, 197 (200); *Pannen/Riedemann*, MDR 2005, 496 (498); *Kuntz*, NZI 2005, 424 (426 f.); *Haas*, NZG 2010, 495 (496); a.A.: *Hirte* in: Hirte/Bücker, Grenzüberschreitende Gesellschaften, § 1, Rn. 74; *Schanze/Jüttner*, AG 2003, 661 (670); *Ulmer*, NJW 2004, 1201 (1207); *Stöber*, ZHR 2012, 326 (328–331, 362); kritisch *Poertzgen*, NZI 2015, 88 (92).

2777 *Haas* in: Baumbach/Hueck, GmbHG, § 64, Rn. 59; *Eidenmüller* in: Eidenmüller, Ausländische KapGes, § 9, Rn. 29, 33; *Habersack/Verse*, EU-GesR, § 3, Rn. 31.

2778 *Kuntz*, NZI 2005, 424 (427); *Müller*, NZG 2003, 414 (417 f.); *Lang/Orttmann* in: Ziemons/Jaeger BeckOK GmbHG, Int. GesR, Rn. 127.3; *Röpke*, Gläubigerschutz, S. 170.

2779 *Kindler* in: MüKo BGB, Bd. 11, 6. Auflage 2015, IntInsR, Art. 4 EuInsVO, Rn. 85.

2780 *Beck* in: Beck/Depré, Praxis der Insolvenz, § 1, Rn. 28.

2781 *Mönning* in: Nerlich/Römermann, InsO, §15a, Rn. 3 f.; *Schmidt/Herchen* in: Schmidt, InsO, § 15a, Rn. 2; *Klöhn* in: MüKo InsO, Bd. 1, § 15a, Rn. 29.

2782 *Mönning* in: Nerlich/Römermann, InsO, §15a, Rn. 7; *Beck* in: Beck/Depré, Praxis der Insolvenz, § 1, Rn. 28; *Wolfer* in: Fridgen/Geiwitz/Göpfert BeckOK InsO, § 15a, Rn. 12.

2783 Sehr ausführlich und kritisch dazu *Klöhn* in: MüKo InsO, Bd. 1, § 15a, Rn. 35 ff.

2784 *Bußhardt* in: Braun, InsO, § 15a, Rn. 31 f.; *Wicke*, MittBayNot 2011, 23 (28).

sowie die maßvolle Ausgestaltung. Sie ist verhältnismäßig und kein Verstoß gegen die Niederlassungsfreiheit.[2785]

Dass eine Sanktion notwendig ist heißt allerdings nicht, dass die bestehenden Regeln auch verhältnismäßig sind.[2786] Neben der strafrechtlichen Sanktion trifft die zuständigen Organe darüber hinaus möglicherweise auch eine Haftung nach § 15a InsO iVm § 823 Abs. 2 BGB wegen Insolvenzverschleppung.[2787] Zunächst ist festzuhalten, dass eine ausschließlich strafrechtliche Sanktion als Anreiz für die Einhaltung der Antragspflicht im Hinblick auf den Gläubigerschutz nicht so effizient ist wie eine darüber hinausgehende persönliche Haftung. Nur diese führt im Insolvenzfall tatsächlich zu einem hinreichenden Maß an Gläubigerschutz.[2788] Auch die Insolvenzverschleppungshaftung regelt im Grundsatz nur den Marktaustritt.[2789] Ferner steht dem Mitgliedstaat gleichfalls ein Beurteilungsspielraum zu. Die Insolvenzverschleppungshaftung ist deshalb ebenfalls verhältnismäßig.[2790] Nichts anderes gilt spätestens nach dem Urteil Kornhaas für die Zahlungsverbote nach §§ 64 GmbHG, 92 AktG.[2791] Ebenso verhält es sich mit dem Recht der Gesellschafterdarlehen (§§ 39, 135 InsO).[2792]

Es bewahrheitet sich, dass der Bereich der Insolvenz tatsächlich der „sicherste Hafen“ für die Anwendung nationalen Rechts darstellt.[2793] Die insolvenzrechtliche Qualifikation sollte allerdings nicht darüber hinwegtäuschen, dass immer nach der niederlassungsrechtlichen Wirkung der einzelnen Vorschriften gefragt werden

---

2785 So auch *Schanze/Jüttner*, AG 2003, 661 (670); *Kuntz*, NZI 2005, 424 (427); *Zimmer*, NJW 2003, 3585 (3590); *Ego* in: MüKo AktG, Bd. 7, B., Rn. 405; iSe Keck-Ausnahme: *Kindler*, EuZW 2016, 136 (139); *Altmeppen*, IWRZ 2017, 107 (107 ff.).

2786 Dies trifft aber in jedem Fall auf die strafrechtlichen Sanktionen zu (s.o.).

2787 *Wagner* in: MüKo BGB, Bd. 6, § 823, Rn. 139; *Arnold* in: Henssler/Strohn, GesR, GmbHG, § 64, Rn. 70; *Müller* in: Mankowski/Müller/Schmidt, EuInsVO, Art. 7, Rn. 93, s.a. insb. *Stöber*, ZHR 2012, 326 (335).

2788 *Müller* in: Mankowski/Müller/Schmidt, EuInsVO, Art. 7, Rn. 94: erst durch Haftung wird die Antragstellung zur „Lex perfecta“; *Klöhn* in: MüKo InsO, Bd. 1, § 15a, Rn. 158.

2789 *Altmeppen*, IWRZ 2017, 107 (111); *Kindler* in: MüKo BGB, Bd. 12, Teil 10, Rn. 441, insb. Fn. 1861; *ders.*, EuZW 2016, 136 (138) für das ganze Insolvenzrecht.

2790 *Kindler* in: MüKo BGB, Bd. 11, 6. Auflage 2015, IntInsR, Art. 4 EuInsVO, Rn. 85 f.; *Haas* in: Baumbach/Hueck, GmbHG, § 64, Rn. 59; *Mitterecker*, Sitzverlegungen, S. 428 zum österreichischen Pendant; *Müller*, NZG 2003, 414 (417); *Schanze/Jüttner*, AG 2003, 661 (670); s.a. *Schall*, FS Meilicke 2010, 651 (666 f.), der das deutsche System aus Zahlungsverbot und Antragspflicht auch im Vorteil gegenüber dem englischen und französischen wähnt.

2791 EuGH, Urt. v. 10.12.2015, Rs. C-594/14, ECLI:EU:C:2015:806, Rn. 29 – Kornhaas; *Altmeppen*, IWRZ 2017, 107 (108); s.a. zuvor *Schall*, FS Meilicke 2010, 651 (666 f.).

2792 *Luke*, IWRZ 2016, 120 (124); *Altmeppen*, IWRZ 2017, 107 (113); s. bereits zuvor *Schall*, FS Meilicke 2010, 651 (665 f.); kritisch *Oechsler*, NZG 2007, 161 (165).

2793 So *Ulmer*, NJW 2004, 1201 (1207); ähnlich *Böcker*, DZWiR 2016, 174 (179).

muss.[2794] So können im Einzelfall auch zu harte insolvenzrechtliche Sanktionen, bestimmte Beweislastregeln oder fehlende Gegenbeweismöglichkeiten eine unverhältnismäßige Beschränkung der Niederlassungsfreiheit darstellen.[2795] Zu berücksichtigen ist auch, dass der Wegzugsstaat ein Interesse haben kann, Altgläubiger insolvenzrechtlich abzusichern, während der Zuzugsstaat Neugläubiger schützen will. Dies zeigt sich insbesondere bei der formwahrenden Sitzverlegung, während die Gesellschaft sich beim Formwechsel freiwillig der neuen Rechtsordnung unterwirft. Auch diese Gesichtspunkte sind in die Verhältnismäßigkeit einzubeziehen, ebenso wie ein Vergleich beider im Zuge der Sitzverlegung involvierten Rechtsordnungen.[2796]

bb) Gläubigerschutz: Speziell Durchgriffs- und Existenzvernichtungshaftung

Im Zuge der Rechtsprechung um das Urteil Inspire Art sah die Literatur eine Anwendung der Durchgriffshaftung auf Auslandsgesellschaften eher skeptisch.[2797] Das Urteil Kornhaas scheint aber eine neue Bewertung zu etablieren.[2798] Es ist allerdings zu beachten, dass die Durchgriffshaftungstatbestände (z.B. wegen Unterkapitalisierung, Vermögensvermischung oder Existenzvernichtung)[2799], im Gegensatz zu insolvenzrechtlichen Haftungstatbeständen, nicht den Marktaustritt regeln und so eine grenzüberschreitende Sitzverlegung deutlich unattraktiver gestalten können.[2800] Des Weiteren durchbrechen sie das Haftungsregime von Kapitalgesellschaften, welches gerade charakteristisch für solche Gesellschaftsformen ist.[2801] Damit weisen sie doch eine sehr enge Verbindung zum Mindestkapitalerfordernis

---

2794 *Müller*, NZG 2003, 414 (417); *Schanze/Jüttner*, AG 2003, 661 (670); *Ringe/Willemer*, EuZW 2006, 621 (624); *Stöber*, ZHR 2012, 326 (329–331).

2795 Bspw. *Schall*, FS Meilicke 2010, 651 (667): Eine zu scharfe Antragspflicht bei Überschuldung trotz positiver Prognose, m. Verw. auf *Thonfeld*, NZI 2009, 15 ff.

2796 *Stiegler*, GWR 2016, 39; *Kieninger*, ZEuP 2004, 685 (702).

2797 S.o. unter E., IV., 3., b), cc); s.a. *Stöber*, ZVglRWiss 2014, 57 (82): „Eine Regelung des nationalen Rechts beschränkt (...) die Kapitalverkehrs- und (...) die Niederlassungsfreiheit, wenn sie ohne Rücksicht auf ein eigenes Fehlverhalten oder die Ausübung eines beherrschenden Einflusses eine akzessorische Haftung des Gesellschafters (...) anordnet."

2798 *Altmeppen*, IWRZ 2017, 107 (111 f.); *ders.* bereits zuvor, NJW 2004, 97 (101 f.); vorsichtig *Mankowski*, NZG 2016, 281 (285); in diese Richtung tendierend, wohl auch *Kindler*, EuZW 2016, 136 (139); a.A.: *Scholz*, ZEuP 2016, 959 (972).

2799 Zu den Begrifflichkeiten s.o. unter E., IV., 3., b), cc), (1), (2), und (3).

2800 *Mock*, NZI 2015, 85 (88) und *Swierczok*, NZI 2016, 48 (51) sehen eine Ausstrahlungswirkung des Urteils Kornhaas deshalb nur hinsichtlich insolvenznaher Tatbestände.

2801 *Weller* in: MüKo GmbHG, Bd. 1, Eltg., Rn. 357; *Forsthoff*/Schulz in: Hirte/Bücker, Grenzüberschreitende Gesellschaften, § 15, Rn. 64, 66; *Stöber*, ZVglRWiss 2014, 57 (82).

auf.[2802] Dieses hat der EuGH in Kornhaas erneut als Beschränkung der Niederlassungsfreiheit gekennzeichnet.[2803] Hinzukommt, dass der Gläubigerschutz auch auf mildere Weise verwirklicht werden kann, was der EuGH durch die Etablierung des Informationsmodells auch hinreichend dargestellt hat.[2804]

Allerdings kennen auch andere Rechtsordnungen Durchbrechungen des kapitalgesellschaftsrechtlichen Trennungsprinzips. Bspw. gibt es im englischen Recht die Rechtsfigur des „Piercing the corporate veil".[2805] Auch hier wird es allerdings nur sehr zurückhaltend angewendet.[2806] Regeln zur Durchgriffshaftung müssen aber bereits nach ihrem Charakter eine absolute Ausnahmeregelung darstellen, um der Verhältnismäßigkeit zu genügen.[2807] Sie müssen eine Prüfung im Einzelfall ermöglichen und handhabbare objektive Kriterien bereitstellen.[2808] Die Haftung wegen Unterkapitalisierung hält einer Überprüfung anhand der Verhältnismäßigkeit allerdings nicht statt, weil sie zu eng mit dem Stammkapitalerfordernis zusammenhängt, eher pauschal wirkt und selbst im deutschen Recht umstritten ist.[2809] Ähnlich ist es bei der Haftung wegen Vermögensvermischung.[2810]

Anders könnte es sich dagegen bei der Existenzvernichtungshaftung darstellen, die nach dem Trihotel-Urteil des BGH freilich keine Variante der Durchgriffshaftung mehr darstellt.[2811] Auch heute ist sie war zwar keine insolvenzrechtliche Regel, weist jedoch eine gewisse Nähe zum Insolvenzrecht auf, da einer Insolvenz häufig ein existenzvernichtender Eingriff vorausgeht. Somit gehörte und gehört

---

2802 *Habersack/Verse*, EU-GesR, § 3, Rn. 29; *Zimmer*, NJW 2003, 3585 (3588).

2803 EuGH, Urt. v. 10.12.2015, Rs. C-594/14, ECLI:EU:C:2015:806, Rn. 24, 27 – Kornhaas, m. Verw auf EuGH, Urt. v. 30.09.2003, Rs. C-167/01, ECLI:EU:C:2003:512, Rn. 141 – Inspire Art.

2804 S.o. unter H., IV., 2., f); s.a. *Kieninger*, ZEuP 2004, 685 (700 ff.); *Eidenmüller/Rehm*, ZGR 2004, 159 (181); *Spahlinger/Wegen* in: Spahlinger/Wegen, Int. GesR, Rn. 344; *Forsthoff* in: Hirte/Bücker, Grenzüberschreitende Gesellschaften, § 2, Rn. 81 ff.

2805 S. *Rosengarten/Burmeister/Klein*, German Limited, Rn. 200 ff.; *Schubert* in: MüKo BGB, Bd. 2, § 242, Rn. 237; bspw. für Finnland s. *Pessi/Tahvanainen*, GRUR Int 2013, 858 ff.; für das amerikanische Recht s. *von Arnim*, NZG 2000, 1001 (1006 f.).

2806 *Servatius* in: Henssler/Strohn, GesR, Int. GesR, Rn. 110.

2807 *Probst/Kleinert*, MDR 2003, 1265 (1267 f.); s.a. *Forsthoff/Schulz* in: Hirte/Bücker, Grenzüberschreitende Gesellschaften, § 15, Rn. 65, 67, 76, welche Anwendungsfälle bei Durchgriffshaftungstatbeständen bei bewusster Gläubigerschädigung ausmachen.

2808 Ähnlich der Argumentation zur Realwirtschaftlichkeit, s.o. unter H., IV., 2., b) m.w.N.; s.a. *Zimmer*, NJW 2003, 3585 (3588); *Weller*, DStR 2003, 1800 (1803 f.).

2809 *Weller* in: MüKo GmbHG, Bd. 1, Eltg., Rn. 360; *Schanze/Jüttner*, AG 2003, 661 (669); *Saenger*, GesR, Rn. 805; grds. auch *Goette*, DStR 2005, 197 (200).

2810 *Forsthoff/Schulz* in: Hirte/Bücker, Grenzüberschreitende Gesellschaften, § 15, Rn. 66; a.A.: *Ego* in: MüKo AktG, Bd. 7, B., Rn. 434 ff.

2811 BGH, Urt. v. 16.07.2007 – II ZR 3/04,BGHZ 143, 246; s.o. E, IV., 3., b), cc), (3).

sie zumindest zum „Dunstkreis“ der Marktaustrittregeln.[2812] Die Anwendung der Existenzvernichtungshaftung als Ultima Ratio sprach und spricht ebenso für eine Verhältnismäßigkeit wie ihre verschuldensabhängige und einzelfallbezogene Ausgestaltung.[2813] Wirkt eine Existenzvernichtungshaftung nicht zu pauschal und können sich die Beschuldigten effektiv exkulpieren, ohne dass ihnen strenge Beweislasthürden entgegengesetzt werden, kann die Haftung durchaus als verhältnismäßig angesehen werden; denn sie dient der Wahrung des hohen Schutzguts des Gläubigerschutzes und darüber hinaus der Ordnungsfunktion bezüglich des Desinvestitionsverfahrens, was mit der wirtschaftspolitischen Zielsetzung der praktischen Wirksamkeit von Liquidations- und Insolvenzverfahren verbunden ist.[2814] Dies gilt allerdings nur, wenn festgestellt werden kann, dass die Existenzvernichtungshaftung einer gefestigten Rechtsprechung und hilfsweise einer gefestigten Literaturansicht entspricht, da ansonsten, wie bei allen richterrechtlichen Haftungstatbeständen, der Vorwurf einer Diskriminierung besteht.[2815] Zudem kann eine doppelte Anwendung von Gläubigerschutzvorschriften des Gründungs- und des Aufnahmestaates im Zuge der Unternehmensmobilität mangels Erforderlichkeit unverhältnismäßig sein.[2816] Es bleibt also in jedem Fall bei einem engen Anwendungsbereich.[2817] Dabei ist aber zu beachten, dass den Wegzugsstaaten bei einer formwahrenden Verlegung ein größerer Spielraum zusteht als bei formwechselnder Mobilität. Dies gilt entgegengesetzt für Zuzugsstaaten.

cc) Arbeitnehmerschutz: Speziell Mitbestimmung

Die Regeln zur betrieblichen Mitbestimmung[2818] berühren die gesellschaftsrechtlichen Grundstrukturen einer juristischen Person nicht.[2819] Sie etablieren ein Mitspracherecht der Mitarbeiter durch die Einführung tatsächlicher Strukturen etwa

---

2812 *Fleischer* in: Lutter, Auslandsgesellschaften, S. 127; *Altmeppen*, IWRZ 2017, 107 (111); *Scholz*, ZEuP 2016, 959 (967 f.); *Mankowski*, NZG 2016, 281 (285 f.); *Spahlinger/Wegen* in: Spahlinger/Wegen, Int. GesR, Rn. 343.

2813 *Forsthoff/Schulz* in: Hirte/Bücker, Grenzüberschreitende Gesellschaften, § 15, Rn. 72; *Fleischer* in: Lutter, Auslandsgesellschaften, S. 126; *Liebscher* in: MüKo GmbHG, Bd. 1, Anh. § 13, Rn. 530; *Kindler* in: MüKo BGB, Bd. 12, Teil 10, Rn. 623.

2814 *Weller* in: MüKo GmbHG, Bd. 1, Eltg., Rn. 470 ff.; zur Beweislast s. *Liebscher* in: MüKo GmbHG, Bd. 1, Anh. § 13, Rn. 577 ff.; *Trams*, NJW-Spezial 2015, 533.

2815 So zur Haftung wegen Unterkapitalisierung *Forsthoff/Schulz* in: Hirte/Bücker, Grenzüberschreitende Gesellschaften, § 15, Rn. 64; kritisch zur Kontroverse um die Existenzvernichtungshaftung *Anders*, NZWiSt 2017, 13 (17).

2816 *Stöber*, ZIP 2013, 2295 (2302); *Weller*, ZIP 2007, 1681 (1688 f.).

2817 *Engert* in: Langenbucher, EU-PrivatR, § 5, Rn. 13; *Habersack/Verse*, EU-GesR, § 3, Rn. 31; *Kalss/Klampfl* in: Dauses/Ludwigs, HB EU-Wirtschaftsrecht, E. III., Rn. 115.

2818 Zur Erklärung und zur Unterscheidung, s.o. unter E., IV., 3., b), ff).

2819 *Müller-Bonanni* in: Hirte/Bücker, Grenzüberschreitende Gesellschaften, § 13, Rn. 45, 50; *Schanze/Jüttner*, AG 2003, 661 (668); idS *Bauer*, NZA-Beilage 2017, 85 (87).

in Form von Betriebsräten.[2820] Durch die geringe Relevanz für den Marktzugang, im Endeffekt nur äußerst mittelbare, vielleicht minimale Auswirkungen auf die Attraktivität, ist hier die Schwelle erreicht, die eine Keck-Ausnahme rechtfertigt.[2821] Darüber hinaus wäre die Anwendung aufgrund des Arbeitnehmerschutzes hinreichend gerechtfertigt.[2822]

Dagegen greift die unternehmerische Mitbestimmung in die Organisationsverfassung der Gesellschaften ein, indem sie die Einbringung von Arbeitnehmern im Aufsichtsrat fordert.[2823] Deshalb ist eine andere Bewertung denkbar. Eine Marktzugangsbeschränkung liegt hier demnach vor.[2824] Der Arbeitnehmerschutz ist allerdings ein sehr sensibler zwingender Grund des Allgemeinwohls von hohem Gewicht.[2825] Aufgrund der Einflussasymmetrie zwischen Arbeitnehmer und Arbeitgeber sind erstere in besonderem Maße zu schützen.[2826] Dabei ist die unternehmerische Mitbestimmung ein wichtiger Faktor.[2827] Dies sieht wohl auch der EU-Gesetzgeber so, wenn er in den Rechtsgrundlagen zur SE und SCE einem Wegzugsstaat die Möglichkeit einräumt, Maßnahmen zum Schutz der Mitbestimmung zu treffen.[2828]

Demgegenüber ist diese Art des Arbeitnehmerschutzes in anderen EU-Staaten kaum bekannt.[2829] Einerseits ist eine Übertragung der Mitbestimmungsregeln auf zuziehende Gesellschaften ohne vergleichbares Mitbestimmungsrecht der Sache nach notwendiger, andererseits ist der Eingriff in die Grundstruktur solcher juristischer Personen durch die unternehmerische Mitbestimmung dann kaum zu rechtfertigen.[2830] Des Weiteren kann dem deutschen Gesetzgeber Inkonsequenz in eigener Sache vorgeworfen werden: Es sind nur bestimmte Gesellschaftsformen von den Mitbestimmungsregeln umfasst, die auch noch eine gewisse

---

2820 *Kreizberg* in: Kollmer/Klindt/Schucht, ArbSchG, § 5, Rn. 99; *Klein/Baumgarten*, ArbRAktuell 2017, 110 ff.; *Giehl*, MittBayNot 2016, 285.

2821 *Ego* in: MüKo AktG, Bd. 7, B., Rn. 576; *Leible* in: Michalski/Heidinger/Leible/Schmidt, GmbHG, Bd. 1, sys. Darst. 2 – Int. GesR, Rn. 173.

2822 *Rehberg* in: Eidenmüller, Ausländische KapGes, § 6, Rn. 190; *Schanze/Jüttner*, AG 2003, 661 (668); *Eidenmüller/Rehm*, ZGR 2004, 159 (185).

2823 *Ego* in: MüKo AktG, Bd. 7, B., Rn. 598; *Kindler* in: MüKo BGB, Bd. 12, Teil 10, Rn. 571; zum monisitischen Strukturprinzip s. *Zimmer*, NJW 2003, 3585 (3591).

2824 *Rehberg* in: Eidenmüller, Ausländische KapGes, § 6, Rn. 24; *Borsutzky*, EuZA 2014, 437 (446); eingängig *Weiss/Seifert*, ZGR 2009, 542 (548).

2825 *Borsutzky*, EuZA 2014, 437 (447); *Kahl/Schwind*, EuR 2014, 170 (174, 179, 194).

2826 *Rehberg* in: Eidenmüller, Ausländische KapGes, § 6, Rn. 189.

2827 *Kainer*, IWRZ 2016, 57 (59); *Oetker* in: ErfK ArbR, 470. MitbestG, Einl. Rn. 1.

2828 *Verse*, ZEuP 2013, 458 (482); *Kindler* in: MüKo BGB, Bd. 12, Teil 10, Rn. 571; *Borsutzky*, EuZA 2014, 437 (447); *Eidenmüller/Rehm*, ZGR 2004, 159 (184).

2829 *Tiedje* in: v.d. Groeben/Schwarze/Hatje, EuR, Art. 50 AEUV, Rn. 63; *Leible* in: Michalski/Heidinger/Leible/Schmidt, GmbHG, Bd. 1, sys. Darst. 2 – Int. GesR, Rn. 170.

2830 *Habersack/Verse*, EU-GesR, § 3, Rn. 29; *Müller-Bonanni* in: Hirte/Bücker, Grenzüberschreitende Gesellschaften, § 13, Rn. 20 ff.; *Schanze/Jüttner*, AG 2003, 661 (668).

Mindestanzahl an Mitarbeitern aufweisen müssen.[2831] Auch wird die Mitbestimmung nicht auf ausländische Tochtergesellschaften deutscher Unternehmen angewendet, was zumindest den Vorwurf einer Diskriminierung zu Tage fördert.[2832] Das Informationsmodell streitet phasenweise ebenfalls gegen eine Anwendung der Mitbestimmungsregeln auf Auslandsgesellschaften, da zukünftigen Arbeitnehmern bewusst ist, dass sie ein Arbeitsverhältnis mit einer Auslandsgesellschaft und unterschiedlichen oder gar fehlenden Mitbestimmungsregeln eingehen.[2833] Für bereits bestehende Arbeitsverhältnisse gilt das sicherlich nicht.[2834] Dieser Schutz obliegt aber dem Wegzugsstaat und nicht dem Zuzugsstaat.

Sofern die deutsche Mitbestimmung in Zukunft effizienter gestaltet wird, kann sie aufgrund des besonders wichtigen Schutzgutes, insbesondere weil Arbeitnehmer auch an wichtigen Unternehmensentscheidungen mitwirken dürfen und somit eine absolutes Gewinnstreben zu Lasten der Arbeitnehmer verhindert werden kann, der Verhältnismäßigkeit entsprechen.[2835] In diese Richtung tendiert auch das Urteil TUI AG, welches allerdings nur die Wirkungen auf die Arbeitnehmerfreizügigkeit zum Inhalt hatte. Jedoch hat der Gerichtshof inhaltlich zumindest eine Parallele zur Wegzugsfreiheit und zu dem Urteil Cartesio gezogen.[2836] Gleichwohl sind die Regeln zur unternehmerischen Mitbestimmung zurzeit nicht effizient ausgestaltet und stellen einen Verstoß gegen die Niederlassungsfreiheit dar.[2837]

Etwas anderes gilt in formwahrenden Wegzugskonstellationen.[2838] Hier hat Deutschland einen erhöhten Rechtfertigungsspielraum.[2839] Problematisch sind dabei wiederum die formwechselnden Sitzverlegungsalternativen, da sich die Gesellschaften einerseits dem neuen Recht zuwenden und andererseits eher der

---

2831 *Zimmer.* NJW 2003, 3585 (3590); *Veit/Wichert*, AG 2004, 14 (17); *Müller-Bonanni* in: Hirte/Bücker, Grenzüberschreitende Gesellschaften, § 13, Rn. 22.

2832 *Behme*, EuZA 2016, 411 (413 f.); *Leible* in: Michalski/Heidinger/Leible/Schmidt, GmbHG, Bd. 1, sys. Darst. 2 – Int. GesR, Rn. 170; kritisch *Junker*, EuZA 2013, 223 (224).

2833 *Möslein*, JA 2007, 833 (837); *Leible* in: Michalski/Heidinger/Leible/Schmidt, GmbHG, Bd. 1, sys. Darst. 2 – Int. GesR, Rn. 170; kritisch *Rehberg* in: Eidenmüller, Ausländische KapGes, § 6, Rn. 60.

2834 IdS *Eidenmüller* in: Eidenmüller, Ausländische KapGes, § 3, Rn. 41.

2835 Im Zusammenhang *Rehberg* in: Eidenmüller, Ausländische KapGes, § 6, Rn. 81 f.; so schon jetzt *Borsutzky*, EuZA 2014, 437 (448 f.); *Kindler* in: MüKo BGB, Bd. 12, Teil 10, Rn. 574; ansatzweise schon zuvor *Zimmer*, NJW 2003, 3585 (3591).

2836 EuGH, Urt. v. 18.07.2017, Rs. C-566/15, ECLI:EU:C:2017:562, Rn. 36 – TUI AG; s.a. *Kainer*, NJW 2017, 2603 (2605).

2837 *Wall* in: Hausmann/Odersky, Int. PrivR, § 19, Rn. 28; *Behme/Nohlen*, BB 2009, 11 (14); *Sandrock*, AG 2004, 57 (65 f.); a.A.: *Weiss/Seifert*, ZGR 2009, 542 (579).

2838 *Ego* in: MüKo AktG, Bd. 7, B., Rn. 603; *Wicke*, GmbHG, § 4a, Rn. 12; *Drygala*, ZEuP 2004, 337 (354); schon für den Formwechsel *Franz*, EuZW 2016, 930 (934).

2839 S.o. unter H., IV., 2., a) und d); für den gesamten Bereich der Mitbestimmung, *Rehberg* in: Eidenmüller, Ausländische KapGes, § 6, Rn. 75.

Wegzugsstaat für die Einhaltung bestimmter Schutzvorschriften bereits bestehender Interessen zuständig ist.[2840] Der Formwechsel wäre dann eine Möglichkeit der „Flucht aus der Mitbestimmung“.[2841] Jedoch sind auch heute schon anderweitige Umgehungsmöglichkeiten, etwa mit der Einschaltung einer Personengesellschaft, vorhanden.[2842]

dd) Gesellschafterschutz: Speziell Minderheitsgesellschafter

Der EuGH hat kürzlich erneut die Bedeutung des Minderheitsgesellschafterschutzes als zwingender Grund des Allgemeinwohls betont.[2843] Am Schutz der Gesellschafter lässt sich die unterschiedliche Bewertung der Sitzverlegungsperspektiven und auch der Mobilitätsform besonders deutlich ablesen. So ist bei der singulären Verwaltungssitzverlegung nicht ersichtlich, warum bisherige Minderheitsgesellschafter in irgendeiner Form durch den Zielstaat zu schützen wären.[2844] Dagegen kann der Herkunftsstaat ein glaubhaftes Interesse darlegen, warum er Gesellschafter im Falle der statuswahrenden Sitzverlegung hinreichend schützen möchte. Die Verlegung des tatsächlichen Aktionszentrums über die Grenze kann eine räumliche Distanz und eine geringere Einflussnahmemöglichkeit für Gesellschafter erzeugen, was durch die Änderung des rechtlichen Umfeldes noch verstärkt wird.[2845]

Im Grundsatz gilt diese Prämisse auch für den grenzüberschreitenden Formwechsel, wobei allerdings zu beachten ist, dass der Rechtsformwechsel mit einer Einordnung unter das Recht des Zuzugsstaates erfolgt – hierbei können Überschneidungen und Konflikte entstehen, die nicht zu Lasten der Gesellschaft ausgetragen werden dürfen.[2846] Für neue Gesellschafter ist ein Schutz durch den Herkunfts- oder den Aufnahmestaat im Hinblick auf das Informationsmodell nicht notwendig.[2847] Für den Schutz von Minderheitsgesellschaftern ist insbesondere auf mildere Mittel im Rahmen der Erforderlichkeit zu achten. Hierbei hat die Zahlung von Abfindungen Vorbildfunktion.[2848] Auch hier wäre aber eine Prüfung im

---

2840 *Mitterecker*, Sitzverlegungen, S. 381; *Franz*, EuZW 2016, 930 (934); s.a. *Behme/Nohlen*, BB 2009, 11 (14); unproblematisch dagegen lt. *Frank*, Formwechsel, S. 273.

2841 *Stelmaszczyk*, EuZW 2017, 890 (893 f.); allg. *Bayer*, NJW 2016, 1930 (1931).

2842 Bspw. die GmbH & Co. KG; *Zimmer*, NJW 2003, 3585 (3590); zur SE & Co. KG, s. *Winter/Marx/De Decker*, NZA 2016, 334 (338); *Borsutzky*, EuZA 2014, 437 (442).

2843 EuGH, Urt. v. 25.10.2017, Rs. C-106/16, ECLI:EU:C:2017:804, Rn. 54 – Polbud.

2844 Gemeint sind die Perspektiven des Zuzugs/Wegzugs; *Franz*, EuZW 2016, 930 (932); *Leible* in: Michalski/Heidinger/Leible/Schmidt, GmbHG, Bd. 1, sys. Darst. 2 – Int. GesR, Rn. 44 und *Verse*, ZEuP 2013, 458 (470): beide allenfalls in sehr engen Grenzen.

2845 *Priester*, ZGR 1999, 36 (38); *Kalls*, ZGR 2003, 593 (609).

2846 IdS *Franz*, EuZW 2016, 930 (934); *Verse*, ZEuP 2013, 458 (482 f.) zur Mitbestimmung; s.a. *Wicke*, DStR 2012, 1756 (1758); *Stelmaszczyk*, EuZW 2017, 890 (893).

2847 *Eidenmüller* in: Eidenmüller, Ausländische KapGes, § 3, Rn. 41, 45.

2848 *Verse*, ZEuP 2013, 458 (482); *Krebs*, GWR 2014, 144 (147); s.a. *Siems*, EuZW 2006, 135 (138); *Kieninger*, EWS 2006, 49 (52 f.); *Oechsler*, NJW 2006, 812 (813).

Einzelfall angebracht, welche die adäquate Höhe der Vergütung und die Unzumutbarkeit, an bestimmten Entscheidungen festzuhalten, in angemessener Weise gegenüberstellt und die Verhältnismäßigkeit wahrt.

ee) Steuerrecht

Die steuerrechtliche Judikatur des Gerichtshofs kann als Triebfeder für die Ausdifferenzierung der Niederlassungsfreiheit auf Rechtfertigungsebene angesehen werden. Die steuerlichen Rechtfertigungsgründe lassen sich alle unter dem gemeinsamen Grundgedanken einer solidarischen Aufteilung des Steueraufkommens unter den Mitgliedstaaten zusammenfassen.[2849] Auch für das Austarieren zwischen staatlicher und europäischer Kompetenz ist das Steuerrecht ein „Leuchtfeuer auf hoher See".[2850]

Schon heute, also außerhalb einer rechtfertigungsbasierten Prüfung, sind steuer- im Gegensatz zu gesellschaftsrechtlichen Wegzugsbeschränkungen an der Niederlassungsfreiheit zu messen.[2851] Für das vorgeschlagene System bedeutet dies, dass steuerrechtliche Behinderungen der Niederlassungsfreiheit einfacher zu rechtfertigen sind als gesellschaftsrechtliche.[2852] Auch der Unterschied zwischen Zuzug und Wegzug kann hier berücksichtigt werden.[2853] Außerdem bezieht der EuGH auch heute schon die Unterschiede zwischen natürlichen und juristischen Personen auf Rechtfertigungsebene ein und kommt dadurch teilweise zu unterschiedlichen Abwägungsergebnissen.[2854] Dadurch sind natürliche und juristische Personen aber iSd Art. 54 AEUV steuerrechtlich gleichgestellt.

Nach dem Urteil Cadbury Schweppes ist die Hinzurechnungsbesteuerung grundsätzlich verboten, sofern sie nicht nur eng zu begrenzende und im Einzelfall zu beurteilende Missbrauchsfälle betrifft.[2855] Für steuerrechtliche Sanktionsmaßnahmen besteht dahingehend nur ein sehr geringer Anwendungsbereich.[2856] Auch die sofortige Schlussbesteuerung stiller Reserven ohne Realisierung ist dem

---

2849 *Axer*, IStR 2007, 162 (166 f.); ähnlich *Stewen*, EuR 2008, 445 (461).

2850 Vgl. *Voß*, DStR 1991, 925 (926 f.); Oppermann/Classen/*Nettesheim*, EuR, § 35, Rn. 1; *Müller-Graff* in: Streinz, EUV/AEUV, Art. 49 AEUV, Rn. 71; *Kraft/Bron*, RIW 2006, 209 (210); *dies.*, IStR 2006, 614 (615); *Körner*, IStR 2004, 697 (700).

2851 *Kessler/Philipp*, DStR 2012, 267 (269); *Verse*, ZEuP 2013, 458 (461–465); *Wall* in: Hausmann/Odersky, Int. PrivR, § 18, Rn. 69; *Forsthoff*, EuZW 2015, 248 (249).

2852 So auch schon *Roth*, EuZW 2010, 607 (610).

2853 S.o. unter H., IV.

2854 Vgl. *Kessler/Philipp*, DStR 2012, 267 (271); *Thömmes/Linn*, IStR 2012, 282 (288), insb. Fn. 60; *Bron*, EWS 2012, 32 (38); *Prinz*, GmbHR 2012, 195 (197); s.a. *Körner*, IStR 2012, 1 (4); *Mörsdorf*, EuZW 2012, 296 (299).

2855 *Fey* in: Lexikon Steuer- und BilanzR, Hinzurechnungsbesteuerung, Rn. 11; *Jungbluth*, EWiR 2006, 679 (680); *Wassermeyer/Schönfeld*, GmbHR 2006, 1065 (1067).

2856 *Waldens/Sedemund*, IStR 2007, 450 (457).

Grunde nach unverhältnismäßig.[2857] Als milderes Mittel kommt etwa ein Wahlrecht zwischen Sofortbesteuerung und Steuerstundung in Betracht.[2858] Dabei kommt den Mitgliedstaaten aber ein Beurteilungsspielraum zu, wie sie die tatsächliche Eintreibung der Steuern trotz Stundung sichern.[2859] In Betracht kommen weitgehende Informationspflichten der Gesellschaft während der Stundung, bestimmte Sicherheitsleistungen oder sogar die Bezahlung der Stundungsmöglichkeit in Form von Zinsen.[2860] Die beiden letztgenannten Möglichkeiten stellen aber nur die Ultima Ratio dar und sind in eng begrenzten Ausnahmefällen eines hinreichend konkreten Zahlungsausfalls anwendbar,[2861] insbesondere vor dem Hintergrund, dass beide, ebenso wie die eigentliche Sofortbesteuerung, wieder zu einem Liquiditätsnachteil führen.[2862]

Auch durch eine unsichere Bemessungsgrundlage für die Entstrickungsbesteuerung kann eine nationale Regel als unverhältnismäßig gelten.[2863] Bei allen Steuerregeln bleibt eine Einzelfallprüfung nach objektiven Kriterien, inklusive weitreichenden Gegenbeweismöglichkeiten, unumgänglich.[2864] Dies hat auch Ausstrahlungswirkung auf alle anderen Beschränkungen außerhalb des Steuerrechts. Darüber hinaus wird speziell im Steuerrecht ersichtlich, dass eine gewisse Abstimmung der Mitgliedstaaten untereinander notwendig ist.[2865] Zwar ist nach dem National-Grid-Indus-Urteil nicht eindeutig festgestellt, dass spätere Wertminderungen bei der Realisierung von Unternehmensgewinnen durch den Zuzugsstaat steuerlich zu berücksichtigen sind, jedoch kann eine doppelte Besteuerung ein sehr starkes Hemmnis für die grenzüberschreitende Mobilität von Gesellschaften

2857 *Schönhaus/Müller*, IStR 2013, 174 (179); *von Brocke*, SteuK 2012, 38; *Wöhlert/Degen*, GWR 2012, 432; *Stöber*, ZIP 2012, 1273 (1279); *Ege/Klett*, DStR 2012, 2442 (2449); *Böing*, GmbH-StB 2012, 36 (37) – nicht dagegen die sofortige Festsetzung.

2858 *Rohler*, GmbH-StB 2012, 54 (56); *Schall/Barth*, NZG 2012, 414 (416).

2859 *Schönhaus/Müller*, IStR 2013, 174 (179); allenfalls sehr gering nach *Thömmes/Linn*, IStR 2012, 282 (288); kritisch auch *Brinkmann/Reiter*, DB 2012, 16 (19).

2860 EuGH, Urt. v. 29.11.2011, Rs. C-371/10, ECLI:EU:C:2011:785, Rn. 73 – National Grid Indus.

2861 *Orthmann*, Exit Tax, S. 400; *Prinz*, GmbHR 2012, 195 (199); *Beutel/Rehberg*, IStR 2012, 94 (96); *Thömmes/Linn*, IStR 2012, 282 (288); *Körner*, IStR 2012, 1 (4); *Beutel/Rehberg*, IStR 2012, 94 (97); *Mössner*, IStR 2015, 768 (769); *Lampert* in: Gosch, KStG, § 12, Rn. 75 f.; *ders.* in: Kellersmann/Treisch/Lampert/Heinemann, EU-Unternehmenssteuer, S. 153; *Bron*, EWS 2012, 32 (36); a.A.: *Mitschke*, IStR 2012, 6 (11).

2862 *Kessler/Philipp*, DStR 2012, 267 (272); *Momen*, RIW 2012, 302 (309).

2863 Vgl. *Orthmann*, Exit Tax, S. 389; *Bron*, EWS 2012, 32 (35).

2864 Zum Gegenbeweis iRd britischen Motivtests *Wassermeyer/Schönfeld*, GmbHR 2006, 1065 ff.; s.a. *Bron*, EWS 2012, 32 (36); *Thömmes/Linn*, IStR 2012, 282 (288).

2865 *Momen*, RIW 2012, 302 (307); *Lampert* in: Gosch, KStG, § 12, Rn. 73; ansatzweise *Mörsdorf*, EuZW 2012, 296 (299) und *Mitschke*, DStR 2012, 629 (634).

darstellen.[2866] Dies hat ebenfalls Ausstrahlungswirkung auf andere Beschränkungsarten, da doppelte Verpflichtungen in jedem Fall zu vermeiden sind.

V. Abschließend: Die Sitzverlegungs-Richtlinie

Über ca. zwei Jahrzehnte wurde die Verabschiedung einer Sitzverlegungs-Richtlinie vehement von der Literatur gefordert und angemahnt.[2867] Auch in einem rechtfertigungsbasierten System der grenzüberschreitenden Mobilität von Gesellschaften unter der Niederlassungsfreiheit wäre eine Sitzverlegungs-Richtlinie keinesfalls obsolet, sondern eine Richtschnur für eine Prüfung.[2868] Zwar ist die Wirkung der Niederlassungsfreiheit nicht von Sekundärrecht abhängig.[2869] Auch muss Sekundärrecht primärrechtskonform ausgestaltet sein.[2870] Jedoch kann die Sitzverlegungs-Richtlinie eine Auslegungshilfe für die Niederlassungsfreiheit darstellen.[2871]

So könnten insbesondere schützenswerte Interessen im Rahmen der Rechtfertigung etabliert werden. Auch der Grad der Schutzbedürftigkeit dürfte grob vorgezeichnet werden, damit im Einzelfall eine Abwägung leichter fällt. Die Schutzinteressen der Mitgliedstaaten könnten so gegenüber der Freiheitsförderung durch die EU austariert werden.[2872] Das Kriterium der Realwirtschaftlichkeit könnte ebenfalls näher definiert werden.[2873] Die Sitzverlegungs-Richtlinie könnte neben dem Formwechsel auch die formwahrende Verwaltungssitzverlegung zum Inhalt haben und so das Tor zur vollumfänglichen Sitzverlegung im Binnenmarkt aufstoßen.[2874] Damit wäre auch das hier beschriebene System etabliert.

Unerfreulich war bisher allerdings das Zögern der europäischen Organe bei der Fassung einer Richtlinie.[2875] Jedoch können sich Befürworter einer sekundärrechtlichen Grundlage der europäischen Unternehmensmobilität nunmehr wieder

---

2866 *Schall/Barth*, NZG 2012, 414 (416, 418); *Rohler*, GmbH-StB 2012, 54 (58); *Bron*, EWS 2012, 32 (35); *Brinkmann/Reiter*, DB 2012, 16 (19).

2867 S. insb. o. unter E., III., 3., g); E., VII., 3., h); E., VIII., 3., h); E., IX., 3., k).

2868 Zur akuten Lage *Kalss/Klampfl* in: Dauses/Ludwigs, HB EU-Wirtschaftsrecht, E. III., Rn. 73; *Schulte*, IWRZ 2016, 3 (7); a.A.: *Kindler*, DNotZ-Sonderheft 2016, 75 (99).

2869 *Paefgen*, WM 2009, 529 (533); *Barthel*, EWS 2010, 316 (323).

2870 *Ruffert* in: Calliess/Ruffert, EUV/AEUV, Art. 288 AEUV, Rn. 8.

2871 Allerdings können Richtlinien bestimmte Bereiche auch abschließend regeln.

2872 *Kieninger*, NJW 2017, 3624 (3627); *Paefgen*, WM 2009, 529 (535 f.); s.a. *Wicke*, DStR 2012, 1756 (1759); *Kindler*, DNotZ-Sonderheft 2016, 75 (96), der eine Richtlinie aber für unnötig hält; *ders.*, IPRax 2009, 189 (190) zur Flucht ins laxere Gesellschaftsrecht; so auch noch zuletzt als unnötig bezeichnet durch *Kindler*, NZG 2018, 1 (7).

2873 S.o. unter E., IX., 3., d); F., VII. und VIII.; H., IV., 2., b).

2874 Vgl. *Kieninger*, NJW 2017, 3624 (3627).

2875 *Verse/Wiersch*, EuZW 2016, 330 (331), m. Verw. auf *dies.*, EuZW 2014, 375 (381) und den durch eine Konsultation festgestellten Regelungsbedarf; *Leible* in: Michalski/Heidinger/Leible/Schmidt, GmbHG, Bd. 1, sys. Darst. 2 – Int. GesR, Rn. 65.

berechtigte Hoffnungen machen.[2876] Die EU-Kommission hat im April 2018 einen als „Company Law Package“ (CLP)[2877] bezeichneten Vorschlag zur Änderung der Richtlinie EU 2017/1132[2878] erarbeitet, mit dem grenzüberschreitende Formwechsel und Spaltungen geregelt und die grenzüberschreitende Verschmelzung restrukturiert werden soll.[2879] Im Januar 2019 wurde das Trilogverfahren zwischen der Europäischen Kommission, dem EU-Parlament und dem Rat der Europäischen Union eingeleitet.[2880]

Der Kommissionsvorschlag beinhaltet erfreulicherweise eine Definition von grenzüberschreitenden Umwandlungen, die jedoch wie bereits im Urteil Vale terminologisch zu ungenau ist.[2881] Ferner soll der Vorschlag primär die nahtlose Anwendung mehrerer involvierter Rechtsordnungen gewährleisten.[2882] Darüber hinaus steht ein äquivalentes Schutzniveau für von grenzüberschreitenden Umwandlungen betroffene Personengruppen (Arbeitnehmer, Gläubiger, Gesellschafter) im Mittelpunkt.[2883]

Etwas überraschend formuliert der EU-Gesetzgeber für den grenzüberschreitenden Formwechsel und die Spaltung auch die Möglichkeit einer Missbrauchskontrolle, sofern es sich bei der Mobilitätsmaßnahme der Gesellschaft um eine „rein künstliche Gestaltung“ handelt.[2884] Als Anknüpfungspunkt könnte wiederum ein „Genuine-Link“-Erfordernis herhalten, womit man sich jedoch zwangsläufig in Widerspruch zur Polbud-Rechtsprechung des EuGH und zum Ziel der

---

2876 *Bayer/Hoffmann*, AG 2019, R40; *Knaier*, GmbHR 2018, R148; *Brandi*, BB 2018, 2626.

2877 Dokument 2018/0114 (COD) Vorschlag zur Änderung der Richtlinie 2017/1132/EU hinsichtlich grenzüberschreitender Umwandlungen, Verschmelzungen und Spaltungen der Europäischen Kommisssion vom 25.04.2018 (abrufbar unter https://ec.europa.eu/info/ business-economy-euro/doing-business-eu/company-law-and-corporate-governance_en).

2878 Richtlinie 2017/1132/EU des Europäischen Parlaments und des Rates über bestimmte Aspekte des Gesellschaftsrechts v. 17.07.2017, ABl. 2017 Nr. L 169/46.

2879 *Kumpan/Pauschinger*, EuZW 2018, 353 (356); *Butterstein*, EuZW 2018, 838 (839–840); *Cramer*, DStR, 2018, 2435 (2436–2437); *DAV*, NZG 2018, 857 ff.

2880 *Teichmann*, NZG 2019, 241.

2881 S. bereits oben unter E., IX., 3., b); so auch *Brandi*, BB 2018, 2626 (2629 f.) zum prägnanteren englischen Begriff der „cross-border-conversion“; ähnlich *Wachter*, GmbH-StB 2018, 317 (318); *Wicke*, DStR 2018, 2642; *DAV*, NZG 2018, 857.

2882 *Teichmann*, NZG 2019, 241; *Mörsdorf*, EuZW 2019, 141 (143–144); *Hippeli*, JurisPR HaGesR 7/2018, Anm. 5; s. auch schon oben unter E., IX., 2. und 3., i), aa).

2883 *Wicke*, DStR 2018, 2703 (2706–2709); *Mörsdorf*, EuZW 2019, 141 (148); *Teichmann*, NZG 2019, 241 (244–247); kritisch dazu *DAV*, NZG 2018, 857 ff.; zum im Grundsatz positiven Schutz von Minderheitsgesellschaftern s. *Noack*, AG 2018, 780; zur Unternehmensmitbstimmung s. *Mückl/Götte*, BB 2018, 2036.

2884 *Jung*, GPR 2018, 157; *Brandi*, BB 2018, 2626 (2632 f.); mit der Forderung nach einer Konkretisierung *Wachter*, GmbH-StB 2018, 283 (287 f.).

Mobilitätserleichterung setzen würde.[2885] Zudem fehlt es weiterhin an einer Einbeziehung von Personengesellschaften in den Regelungsbereich der Richtlinie.[2886]

Allerdings können sich der Verhandlungsabschluss und die schlussendliche Verabschiedung der Richtlinienänderung noch einige Zeit hinziehen und noch einigen Änderungen unterworfen sein.[2887] In Brüssel wird erneut debattiert und diskutiert. Dabei könnten auch wieder Gespräche über eine Angleichung des Gesellschaftskollisionsrechts aufgenommen werden, welche zur Rechtsicherheit im Bereich der grenzüberschreitenden Sitzverlegungen beitragen würde.[2888]

2885 S. E., VIII.; EuGH, Urt. v. 25.10.2017, Rs. C-106/16, ECLI:EU:C:2017:804 – Polbud; *Mörsdorf*, EuZW 2019, 141 (147–148); *Behme*, ZHR 2018, 32 (61); kritsch *Mückl/Götte*, BB 2018, 2036 (2042 f.); a.A.: *Teichmann*, NZG 2019, 241 (247–248); *Wolf*, MittBayNot 2018, 510 (516).

2886 *Lieder/Bialluch*, NJW 2019, 805 (810); *Wachter*, GmbH-StB 2018, 317 (332); *Bormann/Stelmaszczyk*, ZIP 2019, 353 (354).

2887 *Cramer*, DStR, 2018, 2435 (2437); *Mörsdorf*, EuZW 2019, 141.

2888 *Habersack/Verse*, EU-GesR, § 3, Rn. 30, 4. Auflage 2011; *Bayer/Schmidt*, BB 2010, 387 (394 f.); *Weller*, ZEuP 2012, 681 (685 f.) plädiert für eine Rom-0-VO des Gesellschaftskollisionsrechts; ebenso *Kindler*, NZG 2018, 1 (5); s. insb. *Hübner*, ZGR 2018, 149 zum Regelungsvorschlag der Groupe européen de droit international privé (GEDIP); auch *Deck*, GPR 2018, 8 macht noch Reformbedarf für das Gesellschaftskollisionsrecht aus.

I. Thesenartige Zusammenfassung

- Die EuGH-Rechtsprechung zur grenzüberschreitenden Sitzverlegung von Gesellschaften ist von eminent wichtiger Bedeutung – weitaus mehr als in anderen Bereichen stellt sie die Richtschnur für die Auslegung der Niederlassungsfreiheit dar und war und ist primäre Integrationskraft.
- Die EuGH-Rechtsprechungslinie hält einer Auslegung anhand der Niederlassungsfreiheit in Bezug auf die Gleichstellung natürlicher und juristischer Personen sowie bei der mitgliedstaatlichen Anknüpfungsautonomie auch im Bereich der Fortexistenz von Gesellschaften nicht stand.
- Die Rechtsprechung des EuGH ist allerdings nach derzeitigem Stand der Niederlassungsfreiheit im Binnenmarkt in sich schlüssig und konsequent, was hingegen nicht bedeutet, dass sich dies mit fortschreitender Binnenmarktintegration und Liberalisierung nicht ändern kann.
- Die grenzüberschreitende Sitzverlegung vollzieht sich im Schnittfeld zwischen Europarecht (Niederlassungsfreiheit), Internationalem Privatrecht und nationalem Sachrecht (insbesondere Gesellschaftsrecht).
- Die Verlegung des Gesellschaftssitzes kann durch den Transfer des Verwaltungssitzes, durch den Transfer des Satzungssitzes, durch einen simultanen Transfer beider Sitze, formwechselnd oder formwahrend sowie durch Verschmelzungen und Spaltungen durchgeführt werden, wobei die Perspektiven des Zuzugs und des Wegzugs zu unterscheiden, allerdings beide Perspektiven dem Grunde nach geschützt sind.
- Es gibt keine Bereichsausnahme für das Internationale Gesellschaftsrecht der Mitgliedstaaten – auch dieses muss europarechtskonform ausgestaltet sein, allerdings sind die EU-Staaten frei, die Anknüpfung für die Gesellschaftsgründung (Entstehungsvoraussetzungen) zu bestimmen.
- Die Niederlassungsfreiheit gibt keine kollisionsrechtliche Theorie zur Ermittlung des Gesellschaftsstatuts vor – es werden nur die Wirkungen von Beschränkungen auf die begünstigten Subjekte untersucht.
- Deshalb ist die rechtstechnische Durchsetzung etwaiger nationaler Schutzvorschriften (Sonderanknüpfungen) im Zuge der Sitzverlegung unter der Niederlassungsfreiheit irrelevant, allein die Wirkung einer Maßnahme auf die Betroffenen ist zu beurteilen.
- Für die Niederlassungsfreiheit gilt das Herkunftslandprinzip.
- Bei der Perspektive des Zuzugs ist im Hinblick auf die Verhältnismäßigkeit einer staatlichen Maßnahme insbesondere auf die Selbstschutzmöglichkeiten Dritter nach dem Vorbild des Informationsmodells zu achten.

- Ein Missbrauch der Niederlassungsfreiheit liegt nicht schon in der Ausnutzung steuer- oder gesellschaftsrechtlicher Regelungsgefälle innerhalb der EU-Staaten, er ist nur in sehr eng begrenzten Fällen anzunehmen.
- Die Gründung und Verlegung von Briefkastengesellschaften ist unter bestimmten Umständen von der Niederlassungsfreiheit geschützt.
- Die Niederlassungsfreiheit stellt kein generelles „Genuine-Link“-Erfordernis auf – der Herkunfts- und der Aufnahmestaat dürfen Realwirtschaftlichkeit von Gesellschaften nur auf ihrem eigenen und nicht auf fremdem Territorium verlangen, sie sind dazu nicht verpflichtet.
- Die Intensität des Realwirtschaftlichkeitskriteriums ist weiterhin streitig, es muss aber anhand objektiv nachprüfbarer Kriterien bestimmt werden.
- Die Niederlassungsfreiheit schützt die isolierte Satzungssitzverlegung.
- Die Niederlassungsfreiheit schützt Personen- ebenso wie Kapitalgesellschaften, wenn auch bestimmte Unterschiede bestehen – diese können im Rahmen der Verhältnismäßigkeit zu berücksichtigen sein.
- Die Niederlassungsfreiheit ist nicht nur ein Abwehrrecht gegen den Staat, sondern ein Leistungs- und Verfahrensrecht – deshalb müssen die Mitgliedstaaten einen Formwechsel, eine Verschmelzung oder Spaltung grenzüberschreitend ermöglichen, sofern sie dies innerstaatlich tun.
- Durch die etablierte Formwechselmöglichkeit besteht eine weitgehende Rechtswahlfreiheit – die ökonomische Mobilität von Gesellschaften ist gewährleistet. Das Vale-Urteil führte zu einer neuen Bewertung.
- Zwar ist eine absolute Wegzugsfreiheit zurzeit noch nicht direkt aus Art. 49, 54 AEUV herzuleiten, weil der formwahrende Wegzug gesellschaftsrechtlich von jedem Mitgliedstaat beschränkbar ist. Jedoch zeigt die Zuzugs- und Formwechselfreiheit die Öffnung des Marktes auf, welche im Wettbewerb der Rechtsordnungen gipfelt.
- Der Wettbewerb der Gesellschaftsrechtsordnungen ist also bereits heute Bestandteil des Binnenmarktes und grundsätzlich wohlfahrtsfördernd zu bewerten – im Falle eines „race to the top“ führt er idealerweise dazu, dass die Mitgliedstaaten Teilbereiche ihres eigenen Gesellschaftsrechts überdenken und andere Regeln adaptieren und den Wegzug erlauben, um ihre eigenen Kapitalgesellschaften als „Rechtsprodukte“ wettbewerbsfähig zu halten – der Binnenmarkt reguliert sich selbst (s. die UG).
- Es entsteht eine Öffnung sowie Vereinheitlichung des Rechts und damit auch eine Art absolute Wegzugsfreiheit, nicht wie von der Literatur angestrebt, aber auf anderem Wege, und zwar durch die Feder der EU-Staaten mit Rückendeckung des EuGH. Mit der Forderung nach einem einheitlichen Binnenmarkt sind die Mitgliedstaaten eventuell sogar ein Stück weit verpflichtet, diese Entwicklung eigenständig voranzutreiben.

- Ein Wettbewerb der Gesellschaftsrechtsordnungen besteht nicht in Reinform, da der Zuzug und Wegzug von Gesellschaften unter bestimmten Voraussetzungen von den Mitgliedstaaten beschränkt werden kann.
- Ein System, welches die Mobilität von Gesellschaften unter der Niederlassungsfreiheit allumfänglich gewährleistet, ist auch heute schon denkbar; es schützt juristische ebenso wie natürliche Personen, unterscheidet im Schutzbereich nicht nach Art der Sitzverlegung, Formwahrung oder -wechsel sowie der Perspektive des Herkunfts- oder Aufnahmestaates.
- In einem solchen System kommt der Rechtfertigungsebene entscheidende Bedeutung zu; hier kann es zu unterschiedlichen Abwägungsergebnissen aufgrund der Art oder Perspektive der Sitzverlegung kommen und Drittinteressen, wie dem Schutz der Arbeitnehmer, Minderheitsgesellschafter oder Gläubiger, hinreichend Rechnung getragen werden.
- Dabei müssen die Mitgliedstaaten in einem solchen System nicht befürchten, dass ihr gesamtes Gesellschaftsrecht überarbeitet werden muss – viele Regeln halten einer Verhältnismäßigkeitsprüfung stand und die Souveränität der Mitgliedstaaten würde nicht über Gebühr verengt. Die Keck-Formel und die Rechtfertigungsebene dienen insoweit als Korrektiv, es ändert sich nur der Rechtfertigungsdruck der Mitgliedstaaten.
- Die Keck-Formel ist auf die Niederlassungsfreiheit übertragbar, eine grobe Unterscheidung in nicht beschränkende Tätigkeitsausübungsregeln und marktzugangsbeschränkende Vorschriften ist denkbar, wobei dem Kriterium des Marktzugangs eine herausragende Rolle zukommt.
- Die Keck-Formel sollte allerdings nur vorsichtig angewendet werden; eine Lösung der Problematik auf Rechtfertigungsebene ist zu präferieren, wobei die gleichen Argumente auch im Rahmen der Verhältnismäßigkeit ihren Platz finden. Nur die allgemeinsten Regeln des Verkehrsrechts sind nach Keck nicht als Beschränkung der Niederlassungsfreiheit anzusehen.
- Die Verabschiedung der Sitzverlegungs-Richtlinie ist weiterhin ein dringendes Bedürfnis, insbesondere zur Durchführung von Formwechseln, aber auch zur Bestimmung und Gewichtung schützenswerter Interessen. Hoffnung macht dabei das „Company Law Package“ der EU-Kommission.

Literaturverzeichnis

I. Lehrbücher und Monographien:

- Behme, Caspar: Rechtsformwahrende Sitzverlegung und Formwechsel von Gesellschaften über die Grenze, 2015 (zit. *Behme*, Sitzverlegung)
- Borchardt, Klaus-Dieter: Die rechtlichen Grundlagen der Europäischen Union, 6. Auflage 2015 (zit. *Borchardt*, EU-Rechtsgrundlagen)
- Braun, Vera: Die Wegzugsfreiheit als Teil der Niederlassungsfreiheit, 2010 (zit. *Braun*, Wegzugsfreiheit)
- Brödermann, Eckart/Rosengarten, Joachim: Internationales Privat- und Zivilverfahrensrecht, 8. Auflage 2019 (zit. *Brödermann/Rosengarten*, IPR/IZVR)
- Detterbeck, Steffen: Streitgegenstand und Entscheidungswirkungen im öffentlichen Recht: Grundlagen des Verfahrens vor den allgemeinen Verwaltungsgerichten und vor dem Bundesverfassungsgericht, 1995 (zit. *Detterbeck*, Streitgegenstand)
- Drygala, Tim/Staake, Marco/Szalai, Stephan: Kapitalgesellschaftsrecht, 2012 (zit. Drygala/Staake/Szalai, KapGesR)
- Ehlers, Dirk: Europäische Grundrechte und Grundfreiheiten, 4. Auflage 2014 (zit. *Bearb.* in: Ehlers, EU-Grundrechte und -freiheiten)
- Frank, Ansgar: Formwechsel im Binnenmarkt, 2016 (zit. *Frank*, Formwechsel)
- Frenz, Walter: Europarecht, 2. Auflage 2016 (zit. *Frenz*, EuR)
- Grundmann, Stefan: Europäisches Gesellschaftsrecht, 2. Auflage 2011 (zit. *Grundmann*, EU-GesR)
- Habersack, Mathias/Verse, Dirk A.: Europäisches Gesellschaftsrecht, 4. Auflage 2011 (zit. *Habersack/Verse*, EU-GesR, 4. Auflage 2011)
- Habersack, Mathias/Verse, Dirk A.: Europäisches Gesellschaftsrecht, 5. Auflage 2019 (zit. *Habersack/Verse*, EU-GesR)
- Hakenberg, Waltraud: Europarecht, 8. Auflage 2018 (zit. *Hakenberg*, EuR)
- Herdegen, Matthias: Europarecht, 20. Auflage 2018 (zit. *Herdegen*, EuR)
- Hesse, Konrad: Grundzüge des Verfassungsrechts der Bundesrepublik Deutschland, Neudruck der 20. Auflage 1999 (zit. *Hesse*, Grundzüge Verfassungsrecht)
- Hobe, Stephan: Europarecht, 9. Auflage 2017 (zit. *Hobe*, EuR)
- Janisch, Gregor: Die grenzüberschreitende Sitzverlegung von Kapitalgesellschaften in der Europäischen Union, 2015 (zit. *Janisch*, Sitzverlegung)
- Junker, Abbo: Internationales Privatrecht, 3. Auflage 2019 (zit. *Junker*, IPR)

- Kalss, Susanne/Klampfl, Christoph: Europäisches Gesellschaftsrecht, 2015 (zit. *Kalss/Klampfl*, EU-GesR)
- Kegel, Gerhard/Schurig, Klaus, Internationales Privatrecht, 9. Auflage 2004 (zit. *Kegel/Schurig*, IPR)
- Kellersmann, Dietrich/Treisch, Corinna/Lampert, Steffen/Heinemann, Daniela: Europäische Unternehmensbesteuerung I, 2. Auflage 2013 (zit. *Bearb.* in: Kellersmann/Treisch/Lampert/ Heinemann, EU-Unternehmenssteuer)
- Kieninger, Eva-Maria: Wettbewerb der Privatrechtsordnungen im Europäischen Binnenmarkt, 2002 (zit. *Kieninger*, Wettbewerb)
- Kilian, Wolfgang/Wendt, Henning: Europäisches Wirtschaftsrecht, 6. Auflage 2017 (zit. *Kilian/Wendt*, EU-WirtschaftsR)
- Knop, Jan: Gesellschaftsstaut und Niederlassungsfreiheit, 2008 (zit. *Knop*, Gesellschaftsstatut)
- Koch, Harald/Magnus, Ulrich/Winkler von Mohrenfels, Peter: IPR und Rechtsvergleichung, 4. Auflage 2010 (zit. *Koch/Magnus/Winkler von Mohrenfels*, IPR)
- Körber, Torsten: Grundfreiheiten und Privatrecht, 2004
- Kropholler, Jan: Internationales Privatrecht, 6. Auflage 2006 (zit. *Kropholler*, IPR)
- Langenbucher, Katja: Europäisches Privat- und Wirtschaftsrecht, 4. Auflage 2017 (zit. *Bearb.* in: Langenbucher, EU-PrivatR)
- Lutter, Marcus: Europäische Auslandsgesellschaften in Deutschland, 2005 (zit. *Bearb.* in: Lutter, Auslandsgesellschaften)
- Mitterecker, Johannes: Grenzüberschreitende Sitzverlegungen, 2015 (zit. *Mitterecker*, Sitzverlegungen)
- Müller-Graff, Peter-Christian/Teichmann, Christoph: Europäisches Gesellschaftsrecht auf neuen Wegen, 2010 (zit. *Bearb.* in: Müller-Graff/Teichmann, EU-GesR)
- Oppermann, Thomas/Classen, Dieter/Nettesheim, Martin: Europarecht, 8. Auflage 2018 (zit. Oppermann/Classen/Nettesheim, EuR)
- Orthmann, Jan: Entstrickungsbesteuerung und Niederlassungsfreiheit – Die Rechtsprechung des EuGH zur „Exit Tax" bei grenzüberschreitender Unternehmenstätigkeit, 2015 (zit. *Orthmann*, Exit Tax)
- Pechstein, Matthias: Entscheidungen des EuGH, 10. Auflage 2018 (zit. *Pechstein*, EuGH)
- Rauscher, Thomas, Internationales Privatrecht, 5. Auflage, 2017 (zit. *Rauscher*, IPR)
- Rehberg, Martin: Der Zuzug und Wegzug von Kapitalgesellschaften in gesellschafts- und steuerrechtlicher Hinsicht, 2011 (zit. *Rehberg*, Zuzug und Wegzug)
- Ring, Gerhard/Line Olsen-Ring: Internationales Privatrecht, 2. Auflage 2017 (zit. *Ring/Olsen-Ring*, IPR)

- Röpke, Katarina: Gläubigerschutzregime im europäischen Wettbewerb der Gesellschaftsrechte, 2007 (zit. *Röpke*, Gläubigerschutz)
- Roth, Günter Hermann: Vorgaben der Niederlassungsfreiheit für das Kapitalgesellschaftsrecht, 2010 (zit. *Roth*, Vorgaben NLF)
- Saenger, Ingo: Gesellschaftsrecht, 4. Auflage 2018 (zit.: *Saenger*, GesR)
- Sonnentag, Michael: Der Renvoi im Internationalen Privatrecht, 2001 (zit. *Sonnentag*, Renvoi)
- Streinz, Rudolf: Europarecht, 10. Auflage 2016 (zit. *Streinz*, EuR)
- Thiermann, Christoph: Grenzüberschreitende Verschmelzungen deutscher Gesellschaften, 2010 (zit. *Thiermann*, Verschmelzungen)
- Tietje, Christian/Kraft, Gerhard/Sethe, Rolf: Beiträge zum Transnationales Wirtschaftsrecht (zit. *Bearb.* in: Tietje/Kraft/Sethe, Transnationales WirtschaftsR)
- von Bismarck, Wiebke: Grenzüberschreitende Sitzverlegung von Kapitalgesellschaften in Europa – Gestaltungsvorschläge für eine 14. Gesellschaftsrechtliche Richtlinie, 2004 (zit. *von Bismarck*, Sitzverlegungen)
- von Bogdandy, Armin/Bast, Jürgen: Europäisches Verfassungsrecht, 2. Auflage 2009 (zit.: *Bearb.* in v. Bogdandy/Bast, EU-Verfassungsrecht)
- von der Linden, Klaus: Umstrukturierung von mitbestimmten Unternehmen nach deutschem Umwandlungsrecht und durch grenzüberschreitende Sitzverlegung, 2009 (zit. *v.d. Linden*, Umstrukturierung)
- von Hoffmann, Bernd/Thorn, Karsten: Internationales Privatrecht, 9. Auflage 2007 (zit. *von Hoffmann/Thorn*, IPR)
- Wasmeier, Oliver: Grenzüberschreitende Umstrukturierung von Kapitalgesellschaften durch Sitzverlegung und formwechselnde Umwandlung, 2014 (zit. *Wasmeier*, Umstrukturierung)
- Weber-Grellet, Heinrich: Europäisches Steuerrecht, 2. Auflage 2016 (zit. *Weber-Grellet*, EU-SteuerR)
- Weller, Marc-Philippe: Europäische Rechtsformwahlfreiheit und Gesellschafterhaftung, 2004 (zit. Weller, Rechtswahlfreiheit)

II. Kommentare und Handbücher:

- Auer-Reinsdorff, Astrid/Conrad, Isabell: Handbuch IT- und Datenschutzrecht, 2. Auflage 2016 (zit. *Bearb.* in: Auer-Reinsdorff/Conrad, HB IT-Recht)
- Bamberger, Heinz Georg/Roth, Herbert, Beck'scher Online-Kommentar zum BGB, 42. Edition 2017 (zit. *Bearb.* in: Bamberger/Roth, BeckOK BGB, 42. Ed. 2017)
- Bamberger, Heinz Georg/Roth, Herbert/Hau, Wolfgang/Poseck, Roman: Beck'scher Online-Kommentar zum BGB, 50. Edition 2019 (zit. *Bearb.* in: Bamberger/Roth/Hau/Poseck, BeckOK BGB)

- Baumbach, Adolf/Hopt, Klaus: Kommentar zum Handelsgesetzbuch, 38. Auflage 2018 (zit. *Bearb.* in: Baumbach/Hopt, HGB)
- Baumbach, Adolf/Hueck, Alfred: Kommentar zum GmbHG, 21. Auflage 2017 (zit. *Bearb.* in: Baumbach/Hueck, GmbHG)
- Beck'sches Steuer- und Bilanzrechtslexikon, Edition 47/2019 (zit. *Bearb.* in: Lexikon Steuer- und BilanzR)
- Bergmann, Jan: Handlexikon der Europäischen Union, 5. Auflage 2015 (zit. *Bergmann*, HL EU)
- Braun, Eberhard: Insolvenzordnung, 7. Auflage 2017 (zit. *Bearb.* in: Braun, InsO)
- Bunjes, Johann: Umsatzsteuergesetz, 17. Auflage 2018 (zit. *Bearb.* in: Bunjes, UStG)
- Calliess, Christian/Ruffert, Matthias: EUV/AEUV, 4. Auflage 2011 (zit. *Bearb.* in: Calliess/Ruffert, EUV/AEUV, 4. Auflage 2011)
- Calliess, Christian/Ruffert, Matthias: EUV/AEUV, 5. Auflage 2016 (zit. *Bearb.* in: Calliess/Ruffert, EUV/AEUV)
- Dauses, Manfred A./Ludwigs, Markus: Handbuch des EU-Wirtschaftsrechts, 47. Ergänzungslieferung 2019 (zit. *Bearb.* in: Dauses/Ludwigs, HB EU-Wirtschaftsrecht)
- Dombert, Matthias/Witt, Kartsen: Münchener Anwaltshandbuch Agrarecht, 2. Auflage 2016 (zit. *Bearb.* in: Dombert/Witt, MAH Agrarrecht)
- Eidenmüller, Horst: Ausländische Kapitalgesellschaften im deutschen Recht, 2004 (zit. *Bearb.* in: Eidenmüller, Ausländische KapGes)
- Epping, Volker/Hillgruber, Christian: Beck'scher Online-Kommentar zum Grundgesetz, 41. Edition 2019 (zit. *Bearb* in: Epping/Hillgruber, BeckOK GG)
- Frenz, Walter: Handbuch Europarecht, Band 1: Europäische Grundfreiheiten, 2. Auflage 2012 (zit. *Frenz*, HB EuR, Bd. 1: Grundfreiheiten)
- Fridgen, Alexander/Geiwitz, Arndt/Göpfert, Burkard: Beck'scher Online-Kommentar zur Insolvenzordnung, 14. Edition 2019 (zit. *Bearb.* in: Fridgen/Geiwitz/Göpfert BeckOK InsO)
- Gosch, Dietmar: Körperschaftssteuergesetz, 3. Auflage 2015 (zit. *Bearb.* in: Gosch, KStG)
- Grabitz, Eberhard/Hilf, Meinhard/Nettesheim, Martin: Das Recht der Europäischen Union, 66. Ergänzungslieferung 2019 (zit. *Bearb.* in: Grabitz/Hilf/Nettesheim, Recht der EU)
- Habersack, Mathias/Drinhausen, Florian: SE-Recht, 2. Auflage 2016 (zit. *Bearb.* in Habersack/Drinhausen, SE-Recht)
- Haritz, Detlef/Menner, Stefan/Bilitewski, Andrea: Umwandlungssteuergesetz, 5. Auflage 2019 (zit. *Bearb.* in: Haritz/Menner/Bilitewski, UmwStG)

- Hasselblatt, Gordian N.: Münchener Anwaltshandbuch Gewerblicher Rechtsschutz, 5. Auflage 2017 (zit. *Bearb.* in: Hasselblatt, MAH Gewerblicher RS)
- Hauschka, Christoph E./Moosmayer, Klazs/Lösler, Thomas: Corporate Compliance – Handbuch der Haftungsvermeidung im Unternehmen, 3. Auflage 2016 (zit. *Bearb.* in: Hauschka/Moosmayer/Lösler, Corporate Compliance)
- Hausmann, Rainer/Odersky, Felix: Internationales Privatrecht in der Notar- und Gestaltungspraxis, 3. Auflage 2016 (zit. *Bearb.* in: Hausmann/Odersky, Int. PrivR)
- Henssler, Martin/Strohn, Lutz: Gesellschaftsrecht, 4. Auflage 2019 (zit. *Bearb.* in: Henssler/Strohn, GesR)
- Heuermann, Bernd/Brandis, Peter: Blümich – Kommentar zum EstG/KStG/GewStG, 146. Ergänzungslieferung 2019 (zit. *Bearb.* in: Blümich, EstG/KStG/GewStG)
- Hirte, Heribert/Bücker, Thomas: Grenzüberschreitende Gesellschaften, 1. Auflage 2005 (zit. *Bearb.* in: Hirte/Bücker, Grenzüberschreitende Gesellschaften)
- Hirte, Heribert: Kapitalgesellschaftsrecht, 8. Auflage 2016 (zit. *Hirte*, KapGesR)
- Hölters, Wolfgang: Aktiengesetz, 3. Auflage 2017 (zit. *Bearb.* in: Hölters, AktG)
- Hüffer, Uwe/Koch, Jens: Aktiengesetz, 13. Auflage 2018 (zit. *Bearb.* in: Hüffer/Koch, AktG)
- Immenga, Ulrich/Mestmäcker, Ernst-Joachim: Wettbewerbsrecht, Band 1, 5. Auflage 2012 (zit. *Bearb.* in: Immenga/Mestmäcker, Wettbewerbsrecht)
- Kessler, Wolfgang/Kröner, Michael/Köhler, Stefan: Konzernsteuerrecht, 3. Auflage 2018 (zit. *Bearb.* in: Kessler/Kröner/Köhler, KonzernsteuerR)
- Kollmer, Norbert/Klindt, Thomas/Schucht, Carsten: Kommentar zum Arbeitsschutzgesetz, 3. Auflage 2016 (zit. *Bearb.* in: Kollmer/Klindt/Schucht, ArbSchG)
- Korintenberg, Werner: Gerichts- und Notarkostengesetz: GNotKG, 20. Auflage 2017 (zit. *Bearb.* in: Korintenberg, GNotKG)
- Krafka, Alexander/Kühn, Ulrich: Registerrecht, 11. Auflage 2019 (zit.: *Krafka/Kühn*, Registerrecht)
- Kraft, Gerhard: Außensteuergesetz – Kommentar, 1. Auflage 2009 (zit. *Bearb.* in: Kraft, AStG)
- Mankowski, Peter/Müller, Michael/Schmidt, Jessica: Europäische Insolvenzordnung 2015. 1. Auflage 2016 (zit. *Bearb.* in: Mankowski/Müller/Schmidt, EUInsVO)
- Maunz, Theodor/Dürig, Günter: Grundgesetz-Kommentar, 86. EL 2019 (zit. *Bearb.* in: Maunz/Dürig, GG)
- Mestmäcker, Ernst-Joachim/Schweitzer, Heike: Europäisches Wettbewerbsrecht, 3. Auflage 2014 (zit. *Bearb.* in: Mestmäcker/Schweitzer, EU-WettbewerbsR)
- Michalski, Lutz/Heidinger, Andreas/Leible, Stefan/Schmidt, Jessica: GmbHG, 3. Auflage 2017 (zit. *Bearb.* in: Michalski/Heidinger/Leible/Schmidt, GmbHG)

- Michalski, Lutz: Kommentar zum GmbHG, 2. Auflage 2010 (zit. *Bearb.* in: Michalski, GmbHG, 2. Auflage 2010)
- Müller, Welf/Rödder, Thomas: Beck'sches Handbuch der Aktiengesellschaft, 2. Auflage 2009 (zit. *Bearb.* in: Müller/Rödder, HB AG)
- Müller-Glöge/Preis/Schmidt, Erfurter Kommentar zum Arbeitsrecht, 19. Auflage 2019 (zit. *Bearb.* in: ErfK ArbR)
- Münchener Handbuch des Gesellschaftsrechts, Band 4, 4. Auflage 2015 (zit. *Bearb.* in: MüHB GesR, Bd. 4)
- Münchener Kommentar Lauterkeitsrecht, 2. Auflage 2014 (zit. *Bearb.* in: MüKo LauterkeitsR)
- Münchener Kommentar zum Aktiengesetz, Band 1, 5. Auflage 2019 (zit. *Bearb.* in: MüKo AktG, Bd. 1)
- Münchener Kommentar zum Aktiengesetz, Band 7, 4. Auflage 2017 (zit. *Bearb.* in: MüKo AktG, Bd. 7)
- Münchener Kommentar zum BGB, Band 11, 6. Auflage 2015 (zit. *Bearb.* in: MüKo BGB, Bd. 11, 6. Auflage 2015)
- Münchener Kommentar zum BGB, Band 11, 7. Auflage 2018 (zit. *Bearb.* in: MüKo BGB, Bd. 11)
- Münchener Kommentar zum BGB, Band 12, 7. Auflage 2018 (zit. *Bearb.* in: MüKo BGB, Bd. 12)
- Münchener Kommentar zum GmbHG, 3. Auflage 2018 (zit. *Bearb.* in: MüKo GmbHG)
- Münchener Kommentar zum HGB, 4. Auflage 2016 (zit. *Bearb.* in: MüKo HGB)
- Münchener Kommentar zur Insolvenzordnung, Band 1, 4. Auflage 2019 (zit. *Bearb.* in: MüKo InsO, Bd. 1)
- Münchener Kommentar zur ZPO, 5. Auflage 2016 (zit. *Bearb.* in: MüKo ZPO)
- Nerlich, Jörg/Römermann, Volker: Kommentar zur Insolvenzordnung, 38. EL 2019 (zit. *Bearb.* in: Nerlich/Römermann, InsO)
- Oetker, Hartmut: Handelsgesetzbuch, 6. Auflage 2019 (zit. *Bearb.* in: Oetker, HGB)
- Prinz, Ulrich/Winkeljohann, Norbert: Beck'sches Handbuch der Gesellschaft mit beschränkter Haftung, 5. Auflage 2014 (zit. *Bearb.* in: Prinz/Winkeljohann, HB GmbH)
- Römermann, Volker: Münchener Anwaltshandbuch GmbH-Recht, 4. Auflage 2018 (zit. *Bearb.* in: Römermann, MAH GmbH-Recht)
- Rosengarten, Joachim/Burmeister, Frank/Klein, Martin: The German Limited Liability Company, 8. Auflage 2015 (zit. *Rosengarten/Burmeister/Klein*, German Limited)

- Roth, Günter Hermann/Altmeppen, Holger: Gesetz betreffend die Gesellschaften mit beschränkter Haftung, 8. Auflage 2015 (zitiert als: *Bearb.* in: Roth/Altmeppen, GmbHG, 8. Auflage 2015)
- Roth, Günter Hermann/Altmeppen, Holger: Gesetz betreffend die Gesellschaften mit beschränkter Haftung, 9. Auflage 2019 (zitiert als: *Bearb.* in: Roth/Altmeppen, GmbHG)
- Sagasser, Bernd/Bula, Thomas/Brünger, Thomas R.: Umwandlungen, 5. Auflage 2017 (zit. *Bearb.* in: Sagasser/Bula/Brünger, Umwandlungen)
- Schmidt, Karsten, Insolvenzordnung, 19. Auflage 2016 (zit. *Bearb.* in: Schmidt, InsO)
- Schmitt, Joachim/Hörtnagl, Robert/Stratz, Rolf-Christian: Umwandlungsgesetz, Umwandlungssteuergesetz, 8. Auflage 2018 (zit. *Bearb.* in: Schmitt/Hörtnagl/Stratz, UmwG, UmwStG)
- Scholz, Franz: GmbHG, Band 1., 12. Auflage 2018/2014/2015 (zit. *Bearb.* in: Scholz, GmbHG, Bd. 1)
- Schüppen, Matthias/Schaub, Bernhard: Münchener Anwaltshandbuch Aktienrecht, 3. Auflage 2018 (zit. *Bearb.* in: Schüppen/Schaub, MAH Aktienrecht)
- Semler, Johannes/Stengel, Arndt: Umwandlungsgesetz, 4. Auflage 2017 (zit. *Bearb.* in: Semler/Stengel, UmwG)
- Spahlinger, Andreas/Wegen, Gerhard: Internationales Gesellschaftsrecht in der Praxis, 2005 (zit. *Bearb.* in: Spahlinger/Wegen, Int. GesR)
- Spindler, Gerald/Stilz, Eberhard: Kommentar zum Aktiengesetz, 4. Auflage 2019 (zit. *Bearb.* in: Spindler/Stilz, AktG)
- Streinz, Rudolf: EUV/AEUV, 3. Auflage 2018 (zit. *Bearb* in: Streinz, EUV/AEUV)
- von der Groeben, Hans/Schwarze, Jürgen/Hatje, Armin: Europäisches Unionsrecht, 7. Auflage 2015 (zit. *Bearb.* in: v.d. Groeben/Schwarze/Hatje, EuR)
- von Landmann, Robert/Rohmer, Gustav: Gewerbeordnung, 70. EL 2019 (zit. *Bearb.* in: v. Landmann/Rohmer, GewO)
- Vorwerk, Volkert/Wolf, Christian: Beck'scher Online-Kommentar zur Zivilprozessordnung, 33. Edition 2019 (zit. *Bearb* in: Vorwerk/Wolf, BeckOK ZPO)
- Wegen, Gerhard/Spahlinger, Andreas/Barth, Marcel: Gesellschaftsrecht des Auslandes, 1. Ergänzungslieferung 2016 (zit. *Bearb.* in: Wegen/Spahlinger/Barth, GesRdA)
- Weitnauer, Wolfgang: Handbuch Venture Capital, 6. Auflage 2019 (zit. *Bearb.* in: Weitnauer, HB Venture Capital)
- Wicke, Hartmut: Beck'scher Kompakt-Kommentar zum Gesetz betreffend die Gesellschaft mit beschränkter Haftung, 3. Auflage 2016 (zit. *Wicke*, GmbHG)

- Winkeljohann, Norbert/Förschle, Gerhart/Deubert, Michael: Sonderbilanzen – Von der Gründungsbilanz bi szur Liquidiationsbilanz, 5. Auflage 2016 (zit. *Bearb.* in: Winkeljohann/Förschle/Deubert, Sonderbilanzen)
- Ziemons, Hildegard/Jaeger, Carsten: Beck'scher Online-Kommentar zum GmbHG, 39. Edition 2019 (zit. *Bearb.* in: Ziemons/Jaeger BeckOK GmbHG)

III. Aufsätze und Beiträge in Festschriften:

- Ahrens, Martin: Neue Pfändungsfreigrenzen zum 1. 7. 2011, NZI 2011, 440
- Albath, Lars/Giesler, Martina: Das Herkunftslandprinzip in der Dienstleistungsrichtlinie – eine Kodifizierung der Rechtsprechung?, EuZW 2006, 38
- Albin, Silke: Das Subsidiaritätsprinzip in der EU – Anspruch und Rechtswirklichkeit, NVwZ 2006, 629
- Altmeppen, Holger: Schutz vor „europäischen" Kapitalgesellschaften, NJW 2004, 97
- Altmeppen, Holger: Anwendung deutschen Gläubigerschutzrechts auf die EU-Schein-auslandsgesellschaft – Auswirkungen des Kornhaas-Urteils des EuGH, IWRZ 2017, 107
- Anders, Ralf Peter: Zur Bestimmung der Grenze des Gesellschaftereinverständnisses bei der GmbH-Untreue, NZWiSt 2017, 13
- Arbeitskreis Europäisches Unternehmensrecht: Thesen zum Erlass einer europäischen Sitzverlegungsrichtlinie, NZG 2011, 98 (laut: http://akeur.duslaw.de/, zuletzt abgerufen am 27.01.2017, waren u.A. beteiligt: Kuck, Sebastian; Roelofs, Erwin Ronald; Casper, Matthias; Teichmann, Christoph; Kieninger, Eva-Maria)
- Axer, Georg: Der Europäische Gerichtshof auf dem Weg zur „doppelten Kohärenz" – Eine Zukunft der Hinzurechnungsbesteuerung nach dem Cadbury Schweppes-Urteil, IStR 2007, 162
- Barthel, Dirk: Die Niederlassungsfreiheit der Gesellschaften nach EUGH „Cartesio" – die Suche nach dem Gleichgewicht zwischen Wettbewerb im Binnenmarkt und nationalstaatlicher Regelungsautonomie, EWS 2010, 316
- Basedow, Jürgen: Der Grundsatz der Nichtdiskriminierung im europäischen Privatrecht. ZEuP 2008, 230
- Bauer, Jobst-Hubertus: Unternehmensmitbestimmung 4.0, NZA-Beilage 2017, 85
- Bayer, Walter/Hoffmann, Thomas: Grenzüberschreitende Sitzverlegungen/Formwechsel, AG 2019, R40
- Bayer, Walter/Schmidt, Jessica: Der Schutz der grenzüberschreitenden Verschmelzung durch die Niederlassungsfreiheit, ZIP 2006, 210
- Bayer, Walter/Schmidt, Jessica: Grenzüberschreitende Sitzverlegung und grenzüber-schreitende Restrukturierungen nach MoMiG, Cartesio und Trabrennbahn, ZHR 2009, 735

- Bayer, Walter/Schmidt, Jessica: BB-Rechtsprechungs- und Gesetzgebungsreport im Europäischen Gesellschaftsrecht 2008/09, BB 2010, 387
- Bayer, Walter/Schmidt, Jessica: BB-Gesetzgebungs- und Rechtsprechungsreport zum Europäischen Unternehmensrecht 2010/2011, BB 2012, 3
- Bayer, Walter/Schmidt, Jessica: Das Vale-Urteil des EuGH: Die endgültige Bestätigung der Niederlassungsfreiheit als „Formwechselfreiheit", ZIP 2012, 1481
- Bayer, Walter/Schmidt, Jessica: BB-Gesetzgebungs- und Rechtsprechungsreport Europäischen Unternehmensrecht 2012, BB 2013, 3
- Bayer, Walter/Schmidt, Jessica: Grenzüberschreitende Mobilität von Gesellschaften: Formwechsel durch isolierte Satzungssitzverlegung – Zugleich Besprechung EuGH v. 25. 10. 2017, ZIP 2017, 2225
- Bayer, Walter: Die EuGH-Entscheidung „Inspire Art" und die deutsche GmbH im Wettbewerb der europäischen Rechtsordnungen, BB 2003, 2357
- Bayer, Walter: Die Erosion der deutschen Mitbestimmung, NJW 2016, 1930
- Bayreuther, Frank: Inländerdiskriminierung bei Tariftreueerklärungen im Vergaberecht, EuZW 2009, 102
- Becker, Patricia: Die Europäische Niederlassungsfreiheit und der freie Kapitalverkehr: Ihre tatsächliche Umsetzung in den EU-Mitgliedstaaten, GmbHR 2005, R 309
- Behme, Caspar/Nohlen, Nicolas: Zur Wegzugsfreiheit von Gesellschaften – Der Schlussantrag von Generalanwalt Maduro in der Rechtssache Cartesio (C-210/06), NZG 2008, 496
- Behme, Caspar/Nohlen, Nicolas: EuGH: Cartesio – EuGH lehnt freie Verwaltungssitzverlegung ab, BB 2009, 11
- Behme, Caspar: Der Weg deutscher Aktiengesellschaften ins Ausland – Goldene Brücke statt Stolperpfad, BB 2008, 70
- Behme, Caspar: Verwaltungssitzverlegung deutscher Kapitalgesellschaften ins Ausland: Behandlung von Altfällen nach MoMiG und Cartesio, BB 2010, 1679
- Behme, Caspar: Reichweite und Grenzen der Überprüfbarkeit von nationalem Gesellschaftsrecht am Maßstab der Grundfreiheiten, AG 2014, 841
- Behme, Caspar: Die deutsche Mitbestimmung vor dem EuGH – Was bisher geschah und wie es weitergeht, EuZA 2016, 411
- Behme, Caspar: Europäisches Umwandlungsrecht – Stand und Perspektiven, ZHR 2018, 32
- Behrens, Peter: Identitätswahrende Sitzverlegung einer Kapitalgesellschaft von Luxemburg in die Bundesrepublik Deutschland, RIW 1986, 590
- Behrens, Peter: Die grenzüberschreitende Sitzverlegung von Gesellschaften in der EWG, IPRax 1989, 354

- Behrens, Peter: Das Internationale Gesellschaftsrecht nach dem Centros-Urteil des EuGH, IPRax 1999, 323
- Behrens, Peter: Gemeinschaftsrechtliche Grenzen der Anwendung inländischen Gesellschaftsrechts auf Auslandsgesellschaften nach Inspire Art, IPrax 2004, 20
- Behrens, Peter: Die neue Lektion aus Luxemburg zur internationalen Mobilität von Gesellschaften: Grenzüberschreitende Verschmelzungen sind möglich!, EuZW 2006, 65
- Behrens, Peter: Kommt der grenzüberschreitende Formwechsel von Gesellschaften?, EuZW 2012, 121
- Behrens, Peter: Niederlassungsfreiheit/Gesellschaftsrecht: Grenzüberschreitende Umwandlung von Gesellschaften, EuZW 2012, 621
- Behrens, Peter: Die grenzüberschreitende Mobilität der Gesellschaften im neuen Aktionsplan der Kommission, EuZW 2013, 121
- Behrens, Stefan: Kapitalertragsteuer und Europarecht, AG 2008, 117
- Berninger, Axel: Die Unternehmergesellschaft (haftungsbeschränkt) – Sachkapital-erhöhungsverbot und Umwandlungsrecht, GmbHR 2010, 63
- Beutel David/Rehberg, Martin: National Grid Indus – Schlusspunkt der Diskussion oder Quell neuer Kontroverse zur Entstrickungsbesteuerung?, IStR 2012, 94
- Bickenbach, Christian: Das Subsidiaritätsprinzip in Art. EUV Artikel 5 EUV und seine Kontrolle, EuR 2013, 523
- Binge, Christoph/Thölke, Ulrich: „Everything goes!"? – Das deutsche Internationale Gesellschaftsrecht nach „Inspire Art", DNotZ 2004, 21
- Binz, Mark K./Mayer, Gerd: Die ausländische Kapitalgesellschaft & Co. KG im Aufwind? – Konsequenzen aus dem „Überseering"-Urteil des EuGH v. 5.11.2002 – Rs. C-208/00, GmbHR 2003, 249
- Birkemeyer, Claas: Die unmittelbare Drittwirkung der Grundfreiheiten, EuR 2010, 662
- Bleckmann, Albert: Zu den Auslegungsmethoden des Europäischen Gerichtshofs, NJW 1982, 1177
- Bleckmann, Albert: Zum Begriff des Gemeinsamen Marktes im EWG-Vertrag, MDR 1986, 5
- Böcker, Philipp: Gesellschaftsrecht oder Insolvenzrecht? – Keine „Einheit der Rechtsordnung" im IPR, DZWiR 2016, 174
- Böing, Christian: Entstrickung der Wirtschaftsgüter bei Sitzverlegung in einen EU/EWR-Staat, GmbH-StB 2012, 36
- Bollacher, Phillipp: Keine Verletzung der Niederlassungsfreiheit durch nationale Beschränkungen des Wegzugs von Gesellschaften, RIW 2009, 150
- Bollacher, Phillipp: Niederlassungsfreiheit – Grenzüberschreitende Umwandlung einer Kapitalgesellschaft, RIW 2012, 712

- Bormann, Jens/Stelmaszczysk, Peter: Grenzüberschreitende Spaltungen und Formwechsel nach dem EU-Company Law Package, ZIP 2019, 353
- Borsutzky, Andres: Die international-privatrechtliche Anknüpfung des Rechts der Unternehmensmitbestimmung, EuZA 2014, 437
- Böttcher, Leif/Kraft, Julia: Grenzüberschreitender Formwechsel und tatsächliche Sitzverlegung – Die Entscheidung VALE des EuGH, NJW 2012, 2701
- Brakalova, Maria/Barth, Daniel: Nationale Beschränkungen des Wegzugs von Gesellschaften innerhalb der EU bleiben zulässig, DB 2009, 213
- Brandi, Tim Oliver: Grenzüberschreitender (Heraus-)Formwechsel – praktische Erfahrungen und Vergleich mit Reformvorschlägen im EU Company Law Package, BB 2018, 2626
- Braun, Dominik: Der grenzüberschreitende Rechtsformwechsel von Gesellschaften im Lichte des Konzepts und der Dogmatik der Niederlassungsfreiheit, DZWiR 2012, 411
- Brigola, Alexander: Der Grundsatz der Verhältnismäßigkeit im Gefüge der EU-Grundfreiheiten – Steuerungsinstrument oder Risikofaktor? – Eine Analyse am Beispiel des freien Warenverkehrs, EuZW 2017, 406
- Brinkmann, Jan/Reiter, Peter: National Grid Indus: Auswirkungen auf die deutsche Entstrickungsbesteuerung – Zugleich Anm. zum EuGH-Urteil vom 29. 11. 2011 – Rs. C-371/10
- Brocker, Moritz: Die grenzüberschreitende Verschmelzung von Kapitalgesellschaften, BB 2010, 971
- Brödermann, Eckart: Europäisches Gemeinschaftsrecht versus IPR: Einflüsse und Konformitätsgebot, MDR 1992, 89
- Bron, Jan: Besteuerung der grenzüberschreitenden Sitzverlegung im Lichte der Niederlassungsfreiheit – Zugleich Anmerkung zum EuGH-Urteil vom 29.11.2011 – Rs. C-371/10 National Grid Indus BV, EWS 2012, 32
- Bungert, Hartwin: Entwicklungen im internationalen Gesellschaftsrecht Deutschlands, AG 1995, 489
- Bungert, Hartwin: Rechtliche Auswirkungen der „domestication" einer deutschen GmbH in den USA nach deutschem Gesellschaftsrecht, RIW 1999, 109
- Bungert, Hartwin: Grenzüberschreitende Verschmelzungsmobilität – Anmerkung zur Sevic-Entscheidung des EuGH, BB 2006, 53
- Burwitz, Gero: Neuere Entwicklungen im Steuerrecht – EuGH im Sinne Verder Lab Tec: Steuerentstrickung bei Überführung von Wirtschaftsgütern europarechtskonform, NZG 2015, 949
- Butterstein, Alexandra: Modernisierung des EU-Gesellschaftsrechts zur Stärkung der grenzüberschreitenden Mobilität von Gesellschaften, EuZW 2018, 838

- Cains, Walter: Case Note on Cartesio Decision by the European Court of Justice, Case C-210/06, Cartesio Okatató és Szolgáltató, ERPL 2010, 569
- Campos Nave, José A.: Die Wegzugsbesteuerung als Einschränkung der europäischen Niederlassungsfreiheit, NZG 2004, 897
- Campos Nave, José A.: Die Liberalisierung der Wegzugsfreiheit in Europa, BB 2008, 1410
- Campos Nave, José A.: Das Ende der gegenwärtigen Wegzugsbesteuerung – Der zweite Blick auf Cartesio, BB 2009, 870
- Classen, Dieter: Die Grundfreiheiten im Spannungsfeld von europäischer Marktfreiheit und mitgliedstaatlichen Gestaltungskompetenzen, EuR 2004, 416
- Classen, Dieter: Vorfahrt für den Marktzugang?, EuR 2009, 555
- Clausnitzer, Jochen: Die Novelle des Internationalen Gesellschaftsrechts – Auswirkungen auf das deutsche Firmenrecht, NZG 2008, 321
- Clausnitzer, Jochen: Stellungnahme des EU-Parlaments zur Umsetzung des Stockholmer Programms, GmbHR 2011, R12
- Colneric, Ninon: Auslegung des Gemeinschaftsrechts und gemeinschaftsrechtskonforme Auslegung, ZEuP 2005, 225
- Cramer, Carsten: Von der Limited in die Personenhandelsgesellschaft, DStR 2018, 2435
- Cramer, Wolfram: Die Grundfreiheiten des Europäischen Unionsrechts, Jura 2015, 39
- Däubler, Wolfgang/Heuschmid, Johannes: Cartesio und MoMiG – Sitzverlagerung ins Ausland und Unternehmensmitbestimmung, NZG 2009, 493
- de Raet, Tobias: Zur Beschränkung der Niederlassungsfreiheit bei isolierter grenzüberschreitender Satzungssitzverlegung (Polbud – Wykonawstwo), EWiR 2018, 7
- Deck, Florian: Isolierter grenzüberschreitender Formwechsel von Niederlassungsfreiheit umfasst – neue Gestaltungsmöglichkeiten für deutsche Gesellschaften (oder solche, die es werden wollen) trotz fortbestehenden Reformbedarfs im Gesellschaftskollisionsrecht, GPR 2018, 8
- Dederer, Hans-Georg: Keine Ausübung „öffentlicher Gewalt" durch Notare – Anmerkung zum Urteil des EuGH v. 24. Mai 2011, Rs. C-54/08, EuR 2011, 865
- Dederichs, Mariele: Die Methodik des Gerichtshofes der Europäischen Gemeinschaften, EuR 2004, 345
- Deininger, Rainer: Körperschaftssteuerrechtliche Auswirkungen der Überseering-Entscheidung des EuGH, IStR 2003, 214
- Demleitner, Andreas: Die unionsrechtlichen Grundfreiheiten in der steuerrechtlichen Beratungspraxis, SteuK 2011, 360

- Deutscher Anwaltsverein (DAV): Stellungnahme zum Vorschlag für eine Richtlinie des Europäischen Parlaments und des Rates zur Änderung der RL 2017/1132/(EU) in Bezug auf grenzüberschreitende Umwandlungen, Verschmelzungen und Spaltungen COM (2018) 241, NZG 2018, 857
- Di Marco, Giuseppe: Der Vorschlag der Kommission für eine 14. Richtlinie – Stand und Perspektiven, ZGR 1999, 3
- Dietz, Sara/Streinz, Thomas: Das Marktzugangskriterium in der Dogmatik der Grundfreiheiten, EuR 2015, 50
- Doralt, Maria: Sevic: Traum und Wirklichkeit – die grenzüberschreitende Verschmelzung ist Realität, IPRax 2006, 572
- Drygala, Tim/von Bressensdorf, Tobias: Gegenwart und Zukunft grenzüberschreitender Verschmelzungen und Spaltungen, NZG 2016, 1161
- Drygala, Tim: Stand und Entwicklung des europäischen Gesellschaftsrechts, ZEuP 2004, 337
- Drygala, Tim: Die Mauer bröckelt – Bemerkungen zur Bewgungsfreiheit deutscher Unternehmen in Europa, ZIP 2005, 1995
- Drygala, Tim: Europäische Niederlassungsfreiheit vor der Rolle rückwärts?, EuZW 2013, 569
- Dürrschmidt, Daniel: „Europäisches Steuerrecht" nach Lissabon, NJW 2010, 2086
- Dutta, Anatol: Europäische Integration und nationales Privatrecht nach dem Vertrag von Lissabon: die Rolle des Internationalen Privatrechts, EuZW 2010, 530
- Ebenroth, Carsten Thomas/Auer, Thomas: Die Vereinbarkeit der Sitztheorie mit europäischem Recht, Zivil- und steuerrechtliche Aspekte, GmbHR 1994, 16
- Ebke, Werner F.: Märkte machen Recht – auch Gesellschafts- und Unternehmensrecht, Festschrift Lutter 2000, S. 17 ff.
- Eckter, Georg: Sitzverlegung von Gesellschaften nach der Cartesio-Entscheidung des EuGH, GesRZ 2009, 139
- Ege, Reinhard/Klett, Sabine: Praxisfragen der grenzüberschreitenden Mobilität von Gesellschaften, DStR 2012, 2442
- Eidenmüller, Horst/Rehm, Gebhard M.: Niederlassungsfreiheit versus Schutz des inländischen Rechtsverkehrs: Konturen des Europäischen Internationalen Gesellschaftsrechts Zugleich eine Besprechung der Entscheidung Inspire Art, EuGH NJW 2003, 3331, ZGR 2004, 159
- Eidenmüller, Horst: Verstoß gegen Niederlassungsfreiheit, wenn Auslandsgesellschaft nach Sitzverlegung ins Inland Klagemöglichkeit verliert („Überseering BV/NCC Baumanagement GmbH"), ZIP 2002, 75

- Eidenmüller, Horst: Wettbewerb der Gesellschaftsrechte in Europa: Zugleich Besprechung des Urteils des Europäischen Gerichtshofs vom 5.11.2002 in der Rechtssache C-208/00 (Überseering), ZIP 2002, 2233
- Eidenmüller, Horst: Europäisches und deutsches Gesellschaftsrecht im europäischen Wettbewerb der Gesellschaftsrechte, Festschrift Heldrich, 2005, S. 581 ff.
- Eidenmüller, Horst: Geschäftsleiter- und Gesellschafterhaftung bei europäischen Auslandsgesellschaften mit tatsächlichem Inlandssitz, NJW 2005, 1618
- Elicker, Michael: Die „steuerrechtliche Kohärenez" in der Rechtsprechung des Europäischen Gerichtshofes – Zugleich eine Einordnung der Entscheidung vom 11.3.2004 „de Lasteyrie" – IStR 2005, 89
- Endres, Dieter: Steuerliche Aspekte der europäischen Integration, RIW 1994, 572
- Engert, Andreas: Umstrukturierungen unter Beteiligung von EU-Auslandsgesellschaften im deutschen Steuerrecht, DStR 2004, 664
- Fisch, Markus: Der Übergang ausländischen Vermögens bei Verschmelzungen und Spaltungen – Eine Analyse aus Sicht der Praxis, NZG 2016, 448
- Fischer, Peter: Mitteilung der Kommission an den Rat, das Europäische Parlament und den Europäischen Wirtschafts- und Sozialausschuss – Anwendung von Maßnahmen zur Missbrauchsbekämpfung im Bereich der direkten Steuern (innerhalb der EU und im Hinblick auf Drittländer), JurisPR 3/2008, Anm. 5
- Flesner, Patrick: Die GmbH-Reform (MoMiG) aus Sicht der Akquisitions- und Restrukturierungspraxis, NZG 2006, 641
- Forsthoff, Ulrich: Niederlassungsrecht für Gesellschaften nach dem Centros-Urteil des EuGH: Eine Bilanz, EuR 2000, 167
- Forsthoff, Ulrich: Internationale Verschmelzungsrichtlinie: Verhältnis zur Niederlassungs-freiheit und Vorwirkung; Handlungszwang für Mitbestimmungsreform, DStR 2006, 613
- Forsthoff, Ulrich: Die Bedeutung der Rechtsprechung des EuGH zur Mobilität von Gesellschaften über das Gesellschaftsrecht hinaus, EuZW 2015, 248
- Franz, Theresa: Berührt „Hughes de Lasteyrie du Saillant" die durch den Wegzug veranlasste Besteuerung von Kapitalgesellschaften in Deutschland?, EuZW 2004, 270
- Franz, Tobias: Grenzüberschreitende Sitzverlegung und Niederlassungsfreiheit – eine systematische Betrachtung offener und geklärter Fragen, EuZW 2016, 930
- Freitag, Robert: Der Wettbewerb der Rechtsordnungen im Internationalen Gesellschaftsrecht, EuZW 1999, 267
- Fremuth, Michael: „Cassis de Dijon" – Zu der dogmatischen Einordnung zwingender, Erfordernisse, EuR 2006, 866

- Frenz, Walter: Die Berufsfreiheit – Nichtraucherschutz, Sportwetten, Studiengebühren, JA 2009, 252
- Frenzel, Ralf: Immer noch keine Wegzugsfreiheit für Gesellschaften im Europäischen Binnenmarkt – die Cartesio-Entscheidung des EuGH, EWS 2009, 158
- Frey, Michael/Pfeifer, Laura: Der ordre public – die öffentliche Ordnung: derselbe Begriff, verschiedene Funktionen – ein Rechtsprinzip?, EuR 2015, 721
- Frobenius, Tillmann: „Cartesio": Partielle Wegzugsfreiheit für Gesellschaften in Europa, DStR 2009, 487
- Gebert, Daniel/Fingerhuth, Jörn: Die Verlegung des Ortes der Geschäftsleitung ins Ausland – Steuerliche Fallstricke im Licht aktueller gesellschaftsrechtlicher Entwicklungen, IStR 2009, 445
- Geberth, Georg: Zwölfpunktepapier: „Vereinfachung" und „Modernisierung" der Unter-nehmensbesteuerung?, GmbHR 2012, R77
- Germelmann, Claas Friedrich: Konkurrenz von Grundfreiheiten und Missbrauch von Gemeinschaftsrecht – Zum Verhältnis von Kapitalverkehrs- und Niederlassungsfreiheit in der neueren Rechtsprechung, EuZW 2008, 596
- Geyrhalter, Volker/Gänßler, Peggy: Perspektiven nach „Überseering" – wie geht es weiter, NZG 2003, 409
- Geyrhalter, Volker/Gänßler, Peggy: „Inspire Art" – Briefkastengesellschaft „on the Move", DStR 2003, 2167
- Geyrhalter, Volker/Weber, Thomas: Die Schlussanträge des Generalanwalts in Sachen SEVIC Systems AG – Niederlassungsfreiheit über alles, NZG 2005, 837
- Geyrhalter, Volker/Weber, Thomas: Transnationale Verschmelzungen – im Spannungsfeld zwischen SEVIC Systems und der Verschmelzungsrichtlinie, DStR 2006, 146
- Giehl, Christoph: Mitbestimmung in der Komplementärin einer kapitalistischen KGaA, MittBayNot 2016, 285
- Goebel, Sören/Palm, Annette: Der Motivtest – Rettungsanker der deutschen Hinzurechnungsbesteuerung, IStR 2007, 720
- Goette, Wulf: Wo steht der BGH nach „Centros" und „Inspire Art"?, DStR 2005, 197
- Goette, Wulf: EuGH: Niederlassungsfreiheit zwingt Nationalstaaten nicht zur Erlaubnis des uneingeschränkten Wegzugs von Unternehmen in einen anderen EU-Staat, DStR 2009, 121
- Görk, Stefan: Das EuGH-Urteil in Sachen „Centros" vom 9. März 1999: Kein Freibrief für Briefkastengesellschaften!, GmbHR 1999, 793
- Göthel, Stephan: Internationales Privatrecht des Joint Ventures, RIW 1999, 566
- Gottschalk, Eckart: Grenzüberschreitende Verschmelzungen und Ablehnung ihrer Eintragung in nationales Handelsregister, EuZW 2006, 81

- Göttsche, Max: Das Centros-Urteil des EuGH und seine Auswirkungen – Eine Bestandsaufnahme aus gesellschafts-, handels- und steuerrechtlicher Sicht, DStR 1999, 1403
- Groh, Thomas: Auslegung des Gemeinschaftsrechts und Vorlagepflicht nach Art. 234 EG – Plädoyer für eine zielorientierte Konzeption, EuZW 2002, 460
- Grohmann, Uwe/Gruschinske, Nancy: Die identitätswahrende grenzüberschreitende Satzungssitzverlegung in Europa – Schein oder Realität?, GmbHR 2008, 27
- Grohmann, Uwe/Gruschinske, Nancy: Beschränkungen des Wegzugs von Gesellschaften innerhalb der EU – die Rechtssache Cartesio, EuZW 2008, 463
- Grohmann, Uwe: Grenzüberschreitende Mobilität von Gesellschaften nach der Rechtsprechung des EuGH – von Daily Mail bis Cartesio, DZWiR 2009, 322
- Großerichter, Helge: Ausländische Kapitalgesellschaften im deutschen Rechtsraum: Das deutsche Internationale Gesellschaftsrecht und seine Perspektiven nach der Entscheidung „Überseering“, DStR 2003, 159
- Großfeld, Bernhard/Luttermann, Claus: Zur Auslegung der EWGVtr Art 52, 58, JZ 1989, 386
- Großfeld, Bernhard/König, Thomas: Das Internationale Gesellschaftsrecht in der Europäischen Gemeinschaft, RIW 1992, 433
- Group of German Experts on Corporate Law (Bayer, Walter; Hoffmann-Becking, Michael; Fleischer, Holger; Lutter, Marcus; Noack, Ulrich; Röhricht, Volker; Schmidt, Karsten; Ulmer, Peter; Wiedemann, Herbert; Winter, Martin; Zöllner, Wolfgang): Zur Entwicklung des Europäischen Gesellschaftsrechts: Stellungnahme der Arbeitsgruppe Europäisches Gesellschaftsrecht zum Report oft he High Level Group of Company Law Experts on a modern Regulatory Framework for Company Law in Europe, ZIP 2003, 863
- Grundmann, Stefan/Möslein, Florian: ECLR – Die Goldene Aktie – Staatskontrollrechte in Europarecht und wirtschaftspolitischer Bewertung, ZGR 2003, 317
- Grundmann, Stefan: Die Informationen und ihre Grenzen im Europäischen und neuen englischen Gesellschaftsrecht, Festschrift Lutter, 2000, S. 61 ff.
- Grundmann, Stefan: Ausbau des Informationsmodells im Europäischen Gesellschaftsrecht, DStR 2004, 232
- Haak, Andreas/Klöck, Oliver: Warenverkehrsfreiheit gebietet Zulassung nicht prüffähiger Produkte, EuZW 2010, 53
- Haar, Brigitte: Konsolidierung des Binnenmarktes in der aktuellen Rechtsprechung des EuGH zum europäischen Gesellschaftsrecht, GPR 2010, 187
- Haas, Ulrich: „Flankierende Maßnahmen“ für eine Reform des Gläubigerschutzes in der GmbH, GmbHR 2006, 505
- Habersack, Mathias: Trihotel – Das Ende der Debatte?, ZGR 2008, 533

- Hahn, Hartmut/Heß, Ines: Einbeziehung der Gewinne beherrschter ausländischer Gesellschaften in die Steuerbemessungsgrundlage der Muttergesellschaft, JurisPR-SteuerR 49/2006, Anm. 2
- Hahn, Hartmut: Bemerkungen zum EuGH-Urteil „Cadbury Schweppes", IStR 2006, 667
- Hahn, Hartmut: Rechtfertigung von Beeinträchtigungen der Niederlassungsfreiheit bei grenzüberschreitenden Leistungen zwischen verbundenen Unternehmen / Neues zum Begriff der Umgehung, JurisPR-SteuerR 17/2010, Anm. 5
- Hahn, Hartmut: Unionsrechtskonformität der sog. Entstrickungstatbestände, JurisPR-SteuerR 6/2012, Anm. 2
- Hahn, Hartmut: Grenzüberschreitender Formwechsel und grenzüberschreitende Sitzverelgung („Vale"), JurisPR-SteuerR 39/2012, Anm. 6
- Hahn, Hartmut: Überlegungen zum Urteil des EuGH in der Rechtssache National Grid Indus, BB 2012, 681
- Halbhuber, Harald: Das Ende der Sitztheorie als Kompetenztheorie – Das Urteil des Europäischen Gerichtshofs in der Rechtssache C-208/00 (Überseering), ZEuP 2003, 418
- Heckschen, Heribert: Deutsche GmbH vor dem Aus? Eine merkwürdige „wissenschaftliche" Diskussion, GmbHR 2004, R 25
- Heckschen, Heribert: Die Reform des Umwandlungsrechts, DNotZ 2007, 444
- Heckschen, Heribert: Die GmbH-Reform – Wege und Irrwege, DStR 2007, 1442
- Heckschen, Heribert: Gründungserleichterungen nach dem MoMiG – Zweifelsfragen in der Praxis, DStR 2009, 166
- Heidenhain, Martin: Ausländische Kapitalgesellschaften mit Verwaltungssitz in Deutschland, NZG 2002, 1141
- Heinze, Stefan: Der Begriff des „Sitzes" gemäß §§ 13 III 1, 46 FZV II FZV bei Divergenz von Satzungssitz und Verwaltungssitz, NZV 2012, 369
- Hellgardt, Alexander/Illmer, Martin: Wiederauferstehung der Sitztheorie?, NZG 2009, 94
- Herrler, Sebastian: Ermöglichung grenzüberschreitender Verschmelzungen von Kapitalgesellschaften durch Änderung des Umwandlungsgesetzes – Umsetzung der Verschmelzungsrichtlinie unter Vernachlässigung der primärrechtlichen Rahmenbedingungen, EuZW 2007, 295
- Herrler, Sebastian, Gewährleistung des Wegzugs von Gesellschaften durch Art. 43, 48 EG nur in Form der Herausumwandlung – Anmerkungen zum Urt. des EuGH v. 16. 12. 2008 – Rs. C-210/06 (Cartesio), DNotZ 2009, 484
- Herzig, Norbert/Förster, Guido: Grenzüberschreitende Spaltung von Kapitalgesellschaften, BB 1992, 1251

- Heselhaus, Sebastian: Rechtfertigung unmittelbar diskriminierender Eingriffe in die Warenverkehrsfreiheit Nationaler Umweltschutz in einem unvollkommenen Binnenmarkt, EuZW 2001, 645
- Heuschmid, Johannes/Hlava, Daniel: Verfahren vor dem EuGH, NZA 2017, 1312
- Hilf, Meinhard/Pache, Eckhard: Das Bosman-Urteil des EuGH, NJW 1996, 1169
- Hilpold, Peter: Die europäische Sprachenpolitik – Babel nach Maß?, EuR 2010, 695
- Hippeli, Michael: Das Company Law Package der EU-Kommission vom 25.04.2018, JurisPR HaGesR 7/2018, Anm. 5
- Hirte, Heribert: Daihatsu: Durchbruch für die Publizität, NJW 1999, 36
- Hirte, Heribert: Die Entwicklung des Unternehmens- und Gesellschaftsrechts in Deutschland in den Jahren 1991–1995 – 1. Teil: Unternehmens- und Kapitalgesellschaftsrecht, NJW 1996, 2827
- Hirte, Heribert: Die „Große GmbH-Reform" – Ein Überblick über das Gesetz zur Modernisierung des GmbH-Rechts und zur Bekämpfung von Missbräuchen (MoMiG), NZG 2008, 761
- Hochhuth, Martin: Schatten über der Meinungsfreiheit – Der „Babycaust"-Beschluss des BVerfG bricht mit der „Vermutung für die Zulässigkeit der freien Rede", NJW 2007, 19
- Hoffmann, Jochen: Das Anknüpfungsmoment der Gründungstheorie, ZVglRWiss 2002, 283
- Holoch, Gerhard: BGH: „Überseering": Rechtsfähigkeit einer niederländischen Gesellschaft (BV) nach Verlegung ihres Verwaltungssitzes nach Deutschland, JuS 2003, 821
- Holst, Johannes: Konvergenz der Grundfreiheiten durch das Marktzugangskriterium?, EuR 2017, 633
- Hoor, Gerd: Das Centros-Urteil des EuGH und seine Auswirkungen auf die Anknüpfung des Gesellschaftsstatuts, NZG 1999, 984
- Horn, Norbert: Deutsches und europäisches Gesellschaftsrecht und die EuGH-Rechtsprechung zur Niederlassungsfreiheit – Inspire Art, NJW 2004, 893
- Hruschka, Franz: Sofortige Fälligkeit der Wegzugsbesteuerung einer Gesellschaft unverhältnismäßig, DStR 2011, 2334
- Huber, Peter: Unionsbürgerschaft, EuR 2013, 637
- Hübler, Julia: Aktuelles Europäisches und Internationales Insolvenzrecht – Dezember 2015 bis Januar 2016, NZI 2016, 125
- Hübner, Leonhard: Eine Rom-VO für das Internationale Gesellschaftsrecht – zugleich ein Beitrag zur Kohärenz im Internationalen Gesellschaftsrecht, ZGR 2018, 149

- Hushahn, Johannes: Grenzüberschreitende Formwechsel im EU/EWR-Raum – die identitätswahrende statutenwechselnde Verlegung des Satzungssitzes in der notariellen Praxis, RNotZ 2014, 137
- Hushahn, Johannes: Grenzüberschreitende Sitzverlegung einer luxemburgischen S. à r. l. nach Deutschland, DNotZ 2014, 150
- Hwang, Shu-Perng: Anwendungsvorrang statt Geltungsvorrang? Normlogische und institutionelle Überlegungen zum Vorrang des Unionsrechts, EuR 2016, 355
- Jaeger, Gerold: Kapitalgesellschaften in der EU – dauerhaft Niederlassungsberechtigte zweiter Klasse? Kommentar zu den Vorlagebeschlüssen des BGH vom 30. 3. 2000 und das AG Heidelberg von 3. 3. 2000 sowie zur Rechtsprechung in den Niederlanden und Österreich als Antwort auf die Centros-Entscheidung des EuGH vom 9. 3. 1999, NZG 2000, 918
- Jaensch, Michael: Niederlassungsfreiheit: Ist eine in einem Mitgliedstaat gegründete Gesellschaft berechtigt, unter Änderung ihrer Rechtsform ihren Satzungssitz in einen anderen Mitgliedstaat zu verlegen? – Schlussanträge VALE, EWS 2012, 183
- Jaensch, Michael: Der grenzüberschreitende Formwechsel: Das EuGH-Urteil VALE, EWS 2012, 353
- Jarass, Hans: Elemente einer Dogmatik der Grundfreiheiten, EuR 1995, 202
- Jarass, Hans: Elemente einer Dogmatik der Grundfreiheiten II, EuR 2000, 705
- Jung, Peter: Die Niederlassungsfreiheit von Schweizer Gesellschaften bei Sitzwahl und Sitzverlegung im Europäischen Wirtschaftsraum, EuZW 2012, 863
- Jung, Peter: EU Company law Package – Ein Upgrade?, GPR 2018, 157
- Jungbluth, Jochen: Mutter, Tochtergesellschaft, Gewinne aus Niedrigsteuerland, Hinzurechnung / „Cadbury Schweppes“ – Kurzkommentar, EWiR 2006, 679
- Junker, Abbo: Grundfreiheiten, Gesellschaftsrecht und Mitbestimmung – Bleibt die europäische Entwicklung Treiber des Reformbedarfs?, EuZA 2013, 223
- Kahl, Wolfgang/Schwind, Manuel: Europäische Grundrechte und Grundfreiheiten – Grundbausteine einer Interaktionslehre, EuR 2014, 170
- Kainer, Friedemann: Die unternehmerische Mitbestimmung im Fokus des Unionsrechts, IWRZ 2016, 57
- Kainer, Friedemann: EuGH: Deutsche Mitbestimmung zur Wahl von Arbeitnehmervertretern im Aufsichtsrat, NJW 2017, 2603
- Kallmeyer, Harald/Kappes, Stephan: Grenzüberschreitende Verschmelzungen und Spaltungen nach SEVIC Systems und der EU-Verschmelzungsrichtlinie, AG 2006, 224
- Kalss, Susanne: Der Minderheitenschutz bei Gründung und Sitzverlegung der SE nach dem Diskussionsentwurf, ZGR 2003, 593

- Kämmerer, Jörn Axel: Inländer im Europarecht – Obsoleszenz oder Renaissance eines Rechtsbegriffs?, EuR 2008, 45
- Kamp, Marcus: Die unternehmerische Mitbestimmung nach „Überseering“ und „Inspire Art“, BB 2004, 1496
- Kanzleiter, Rainer: „Inspire Art“ – die Konsequenzen, DNotZ 2003, 885
- Kanzler, Hans-Joachim: Beiläufiges über Beiläufiges – Das obiter dictum in der Rechtsprechung des Bundesfinanzhofs, DStR 2013, 1505
- Kappes, Stephan: Zulässigkeit grenzüberschreitender Verschmelzungen, NZG 2006, 101
- Kersting, Christian: Rechtswahlfreiheit im Europäischen Gesellschaftsrecht nach Überseering – Ein Richtlinienvorschlag, NZG 2003, 9
- Kessler, Wolgang/Philipp, Moritz: Rechtssache National Grid Indus BV – Ende oder Bestätigung der Entstrickungsbesteuerung?, DStR 2012, 267
- Kieninger, Eva-Maria: ECLR – Niederlassungsfreiheit als Rechtswahlfreiheit – Besprechung der Entscheidung EuGH EuZW 1999, 216 – Centros Ltd. ./. Erhvervs- og Selskabsstyrelsen, ZGR 1999, 724
- Kieninger, Eva-Maria: Internationales Gesellschaftsrecht nach „Centros“, „Überseering“ und „Inspire Art“: Antworten, Zweifel und offene Fragen, ZEuP 2004, 685
- Kieninger, Eva-Maria: Grenzüberschreitende Verschmelzungen in der EU – das SEVIC-Urteil des EuGH, EWS 2006, 49
- Kieninger, Eva-Maria: Internationales Gesellschaftsrecht zwischen Polbud, Panama und Paradise, ZEuP 2018, 309
- Kieninger, Eva-Maria: Niederlassungsfreiheit als Freiheit der nachträglichen Rechtswahl, NJW 2017, 3624
- Kimms, Frank: Das Grundrecht der Berufsfreiheit in der Fallbearbeitung, JuS 2001, 664
- Kindler, Peter: Niederlassungsfreiheit für Scheinauslandsgesellschaften? Die „Centros“-Entscheidung des EuGH und das internationale Privatrecht, NJW 1999, 1993
- Kindler, Peter: Auf dem Weg zur Europäischen Briefkastengesellschaft? Die „Überseering“-Entscheidung des EuGH und da sinternationale Privatrecht, NJW 2003, 1073
- Kindler, Peter: „Inspire Art“ – Aus Luxemburg nichts Neues zum internationalen Gesellschaftsrecht, NZG 2003, 1086
- Kindler, Peter: GmbH-Reform und internationales Gesellschaftsrecht – Auswirkungen auf grenzüberschreitend strukturierte Kapitalgesellschaften, AG 2007, 721

- Kindler, Peter: Die Begrenzung der Niederlassungsfreiheit durch das Gesellschaftsstatut, NJW 2007, 1785
- Kindler, Peter: Ende der Diskussion über die sogenannte Wegzugsfreiheit, NZG 2009, 130
- Kindler, Peter: „Cadbury-Schweppes“: Eine Nachlese zum internationalen Gesellschaftsrecht, IPRax 2010, 272
- Kindler, Peter: Der reale Niederlassungsbegriff nach dem VALE-Urteil des EuGH, EuZW 2012, 888
- Kindler, Peter: Unternehmen im Binnenmarkt – Transparenz und Nachhaltigkeit – Transparenz und Mobilität: konfligierende Regelungsziele im Europäischen Gesellschaftsrecht?, DNotZ-Sonderheft 2016, 75
- Kindler, Peter: Insolvenzrecht als Tätigkeitsausübungsregel – Die sachliche Reichweite der Niederlassungsfreiheit nach dem Kornhaas-Urteil des EuGH, EuZW 2016, 136
- Kindler, Peter: Unternehmensmobilität nach „Polbud“: Der grenzüberschreitende Formwechsel in Gestaltungspraxis und Rechtspolitik, NZG 2018, 1
- Kischel, Uwe: Die Kontrolle der Verhältnismäßigkeit durch den Europäischen Gerichtshof, EuR 2000, 380
- Klamert, Marcus: Altes und Neues zur Harmonisierung im Binnenmarkt, EuZW 2015, 265
- Kleba, Robert: Die grenzüberschreitende Spaltung von Kapitalgesellschaften aus deutscher Sicht, RNotZ 2016, 273
- Klein, Laurie-Ann/Baumgarten, Birger: Die Mitbestimmung des Betriebsrats beim Arbeitsschutz, ArbRAktuell 2017, 110
- Klein, Stefan: Grenzüberschreitende Verschmelzung von Kapitalgesellschaften, RNotZ 2007, 565
- Kleinert, Jens/Schwarz, Nikolai: Droht vom EuGH ein neues „Daily Mail“?, GmbHR 2006, R365
- Klett, Sabine: Gleichbehandlung inländischer und grenzüberschreitender Umwandlungen, GWR 2012, 319
- Klose-Mokroß, Lydia: Die Eintragung der Zweigniederlassung einer englischen „private limited company“ in das deutsche Handelsregister (Teil I), DStR 2005, 971
- Kloster, EU-grenzüberschreitende Verschmelzung sind (steuerneutral) durchführbar – Zugleich Anmerkungen zu LG Koblenz v. 16.9.2003 – 4 HK.T 1/03, GmbHR 2003, 1413
- Kluth, Winfried/Rieger, Frank: Die neue EU-Berufsanerkennungsrichtlinie – Regelungsgehalt und Auswirkungen für Berufsangehörige und Berufsorganisationen, EuZW 2005, 486

- Kluth, Winnfried: Aufgaben und Perspektiven der Rechtspolitik, ZRP 2017, 194
- Knaier, Ralf: Herausformwechsel einer GmbH in eine italienische S. r. l., DNotZ 2017, 381
- Knaier, Ralf: Crossing borders, digitally? Das „Company Law Package" auf dem Prüfstand, GmbHR 2018, R148
- Knapp, Andreas: Überseering – Zwingende Anerkennung von ausländischen Gesellschaften? – Zugleich Anmerkungen zum Urt. des EuGH v. 5.11.2002 – Rs. C-208/00 (Überseering), DNotZ 2003, 85
- Knof, Béla/Mock, Sebsatian: Das MoMiG und die Auslandsinsolvenz haftungsbeschränkter Gesellschaften – Herausforderung oder Sisyphismus des modernen Gesetzgebers?, GmbHR 2007, 852
- Knof, Béla/Mock, Sebsatian: EG Art. 43, 48, 234 – Vereinbarkeit von Wegzugsbeschränkungen mit der Niederlassungsfreiheit („Cartesio"), ZIP 2009, 24
- Knop, Jan: Die Wegzugsfreiheit nach dem Cartesio-Urteil des EuGH – Zugleich eine Besprechung des EuGH-Urteils vom 16.12.2008 – Rs. C-210/06 (Cartesio), DZWiR 2009, 147
- Kobelt, Robert: Internationale Optionen deutscher Kapitalgesellschaften nach MoMiG, „Cartesio" und „Trabrennbahn" – zur Einschränkung der Sitztheorie, GmbHR 2009, 808
- Koberski, Wolfgang/Heuschmid, Johannes: Die Beteiligung der Arbeitnehmer in der Europäischen Privatgesellschaft – Eine kritische Zwischenbilanz, RdA 2010, 207
- Koch, Ulrich: Die Entwicklung des Gesellschaftsrechts in den Jahren 1989/90 – Rechtspolitische Entwicklungen, Steuerrecht, deutsches internationales Gesellschaftsrecht, Recht der Personengesellschaften, NJW 1992, 404
- Kohler, Christian/Knapp; Andreas: Gemeinschaftsrecht und Privatrecht – Zur Rechtsprechung des EuGH im Jahre 2008, ZEuP 2010, 620
- Köhler, Stefan/Eicker, Klaus: Wichtige EuGH-Entscheidungen zur Hinzurechnungs- und Wegzugsbesteuerung – Anmerkungen zu den EuGH-Urteilen vom 7.9.2006, „N" und vom 12.9.2006, Cadbury Schweppes, DStR 2006, 1871
- Kokott, Juliane/Ost, Hartmut: Europäische Grundfreiheiten und nationales Steuerrecht, EuZW 2011, 496
- König, David/Bormann, Jens: „Genuine Link" und freie Rechtsformwahl im Binnenmarkt – Trendwende bei der Anerkennung von „Scheinauslandsgesellschaften" durch die VALE-Entscheidung des EuGH?, NZG 2012, 1241
- Kornblum, Udo: Bundesweite Rechtstatsachen zum Unternehmens- und Gesellschaftsrecht (Stand 1.1.2016), GmbHR 2016, 691
- Körner, Andreas: Europarecht und Wegzugsbesteuerung – das EuGH-Urteil „de Lasteyrie du Saillant", IStR 2004, 424

- Körner, Andreas: Europarecht und CFC-Regelungen – Anrufung des EuGH im Verfahren „Cadbury Schweppes“, IStR 2004, 697
- Körner, Andreas: Europarechtliches Verbot der Sofortbesteuerung stiller Reserven beim Transfer ins EU-Ausland – Anmerkung zum Urteil des EuGH vom 29. 11. 2011, C-371/10, IStR 2012, 1
- Korom, Veronika/Metzinger, Peter: Freedom of Establishment for Companies: the European Court of Justice confirms and refines its Daily Mail Decision in the Cartesio Case C-201/06, ECFR 2009, 125
- Kovács, Keve: Der grenzüberschreitende (Herein-)Formwechsel in der Praxis nach dem Polbud-Urteil des EuGH, ZIP 2018, 253
- Kraft, Gerhard/Bron, Jan: Grundfreiheiten und grenzüberschreitende Verschmelzung im Lichte aktueller EuGH-Rechtsprechung (Sevic), IStR 2006, 26
- Kraft, Gerhard/Bron, Jan: Deutsche Hinzurechnungsbesteuerung und Europarecht – Eine Anlyse vor dem Hintergrund aktueller Entwicklungen, RIW 2006, 209
- Kraft, Gerhard/Bron, Jan: Implikationen des Urteils in der Rechtssache „Cadbury Schweppes“ für die Fortexistenz der deutschen Hinzurechnungsbesteuerung, IStR 2006, 614
- Kraft, Gerhard/Michel, Stefan: Unionsrechtliche Problembereiche bei der Hinausverschmelzung von Organträger-Kapitalgesellschaften, IStR 2012, 882
- Kraft, Gerhard/Poley, Katja: Steuerliche Problembereiche im Kontext der Hinausverschmelzung von Kapital- auf Personengesellschaften, FR 2013, 1113
- Krause, Nils/Janko, Markus: Grenzüberschreitende Verschmelzungen und Arbeitnehmermitbestimmung, BB 2007, 2194
- Krause, Nils/Kulpa, Norman: Grenzüberschreitende Verschmelzungen – vor dem Hintergrund der „Sevic“-Entscheidung und der Reform des deutschen Umwandlungsrechts, ZHR 2007, 38
- Krebs, Christian A.: Grenzüberschreitender Formwechsel nach Deutschland – Einordnung, Voraussetzungen und Praxisfolgen, GWR 2014, 144
- Kreße, Bernhard: Mehrsprachigkeit im Recht der Europäischen Union, ZRP 2014, 11
- Kühnle, Karsten/Otto, Dirk: „Neues“ zur kollisionsrechtlichen Qualifikation Gläubiger schützender Materien in der Insolvenz der Scheinauslandsgesellschaft – Drei Fragen, ein Gesetz, ein Referentenentwurf und ein höchstrichterliches Urteil, IPRax 2009, 117
- Kumpan, Christoph/Pauschinger, Philipp: Entwicklung des europäischen Gesellschaftsrechts 2016, EuZW 2017, 327
- Kumpan, Christoph/Pauschinger, Philipp: Entwicklung des europäischen Gesellschaftsrechts 2017, EuZW 2018, 353

- Kuntz, Thilo: Die Insolvenz der Limited mit deutschem Verwaltungssitz – EU-Kapitalgesellschaften in Deutschland nach „Inspire Art“, NZI 2005, 424
- Kuntz, Thilo: Zur Möglichkeit grenzüberschreitender Fusionen – Die Schlussanträge in Sachen SEVIC Systems Aktiengesellschaft, EuZW 2005, 524
- Kuntz, Thilo: Internationales Umwandlungsrecht – zugleich eine Besprechung des Urteils „Sevic Systems“, IStR 2006, 224
- Lange, Frank-Holger: Wenn die UG erwachsen werden soll – „Umwandlung“ in die GmbH, NJW 2010, 3686
- Lehmann, Julia: Neues von der Schiedsgerichtsbarkeit des Mercosur – ein Integrationsmotor à la Luxemburg?, EuZW 2001, 622
- Leible, Stefan/Hoffmann, Jochen: „Überseering“ und das (vermeintliche) Ende der Sitztheorie, RIW 2002, 925
- Leible, Stefan/Hoffmann, Jochen: Wie inspiriert ist „Inspire Art“, EuZW 2003, 677
- Leible, Stefan/Hoffmann, Jochen: „Überseering“ und das deutsche Gesellschaftskollisionsrecht, ZIP 2003, 925
- Leible, Stefan/Hoffmann, Jochen: Cartesio – fortgeltende Sitztheorie, grenzüberschreitender Formwechsel und Verbot materiellrechtlicher Wegzugsbeschränkungen, BB 2009, 58
- Leible, Stefan: EuGH: Eintragung der Zweigniederlassung einer in einem anderen Mitgliedstaat ansässigen und rechtmäßig gegründeten Gesellschaft, die dort keine Geschäftstätigkeit entfaltet, NZG 1999, 298
- Leible, Stefan: Niederlassungsfreiheit und Sitzverlegungsrichtlinie, ZGR 2004, 531
- Leible, Stefan: Warten auf die Sitzverlegungsrichtlinie, Festschrift Roth, 2011, S. 447 ff.
- Leisner, Georg: Die subjektiv-historische Auslegung des Gemeinschaftsrechts Der „Wille des Gesetzgebers“ in der Judikatur des EuGH, EuR 2007, 689
- Leitzen, Mario: Die GmbH mit Verwaltungssitz im Ausland, NZG 2009, 728
- Lemor, Florian: Auswirkungen der Dienstleistungsrichtlinie auf ausgesuchte reglementierte Berufe, EuZW 2007, 135
- Leuering, Dieter: Von Scheinauslandsgesellschaften hin zu „Gesellschaften mit Migrationshintergrund“, ZRP 2008, 73
- Lieber, Bettina: Änderungen des Internationalen Steuerrechts durch das JStG 2007, JurisPR-SteuerR 3/2007, Anm. 5
- Lieder, Jan: Die neue Existenzvernichtungshaftung – Zugleich Besprechung der Urteile des BGH vom 7. 1. 2008 – II ZR 314/05 und vom 13. 12. 2007 – IX ZR 116/06, DZWiR 2008, 145

- Lieder, Martin/Bialluch, Jan: Brexit-Prophylaxe durch das 4. UmwG-ÄndG, NJW 2019, 805
- Linn, Alexander: Generalanwältin Kokott hält Entstrickungsvorschriften für nicht mit der Niederlassungsfreiheit vereinbar, IStR 2011, 817
- Linn, Alexander: Das EuGH-Urteil in der Rs. DMC und der Vorlagebeschluss des FG Düsseldorf – Ende der Diskussionen um die Wegzugssteuer?, IStR 2014, 136
- Lippert, André: Der grenzüberschreitende Sachverhalt – Der Yeti des Europarechts, ZEuS 2014, 273
- Lips, Jörg/Randel, Thierry/Werwigk, Claudius: Das neue GmbH-Recht – Ein Überblick, DStR 2008, 2220
- Ludwigs, Markus/ Weidermann, Sabine: Drittwirkung der Europäischen Grundfreiheiten – Von der Divergenz zur Konvergenz?, Jura 2014, 152
- Luke, Antje: EuGH: Haftung für masseverkürzende Zahlungen – Reichweite des Insolvenzstatus, IWRZ 2016, 120
- Lutter, Marcus/Drygala, Tim: Internationale Verschmelzungen in Europa, JZ 2006, 770
- Lutter, Marcus: Perspektiven eines europäischen Unternehmensrechts – Versuch einer Summe, ZGR 1992, 435
- Lutter, Marcus: „Überseering" und die Folgen, BB 2003, 7
- Luttermann, Claus: Die „mangelhafte" Umsetzung europäischer Richtlinien – Zugleich Besprechung von EuGH, EuZW 1998, 45 – Daihatsu, EuZW 1998, 264
- Luttermann, Claus: Beschränkung der VSt-Befreiung bei wesentlicher Beteiligung an ausländischer Gesellschaft, NZG 2000, 731
- Lutz, Timo: Hinweise für den Vertragsgestalter bei einer grenzüberschreitenden Verschmelzung unter dem besonderen Gesichtspunkt der Hinausverschmelzung, BWNotZ 2010, 23
- Manger-Nestler, Cornelia/Noack, Gregor: Europäische Grundfreiheiten und Grundrechte, JuS 2013, 503
- Mann, Thomas/Worthmann, Esther-Maria: Berufsfreiheit (Art. 12 GG) – Strukturen und Problemkonstellationen, JuS 2013, 385
- Martiny, Dieter: Babylon in Brüssel? – Das Recht und die europäische Sprachenvielfalt, ZEuP 1998, 227
- Matthies, Heinrich: Die Bindungswirkung von Urteilen des Gerichtshofes der Europäischen Gemeinschaften, Festschrift Hallstein 1966, S. 304 ff.
- Maul, Silja/Schmidt, Claudia: Inspire Art – Quo vadis Sitztheorie, BB 2003, 2297
- Mayer, Franz: Die Warenverkehrsfreiheit im Europarecht – eine Rekonstruktion, EuR 2003, 793
- Meckbach, Anne: Wahl des Satzungssitzes der Kapitalgesellschaft: Forum Shopping bei inländischen Gesellschaften?, NZG 2014, 526

- Meilicke, Wienand: Ausländische GmbH: Errichtung einer Zweigniederlassung in einem anderen EU-Mitgliedstaat, GmbHR 2003, 1260
- Meilicke, Wienand: Sitz: Verlegung des steuerlichen Wohnsitzes in einen anderen EU-Mitgliedsstaat, GmbHR 2004, 504
- Meilicke, Wienand/Rabback, Dieter E.: Die EuGH-Entscheidung in der Rechtssache Sevic und die Folgen für das deutsche Umwandlungsrecht nach Handels- und Steuerrecht, GmbHR 2006, 123
- Meister, Norbert: Die Auswirkungen des MoMiG auf das Umwandlungsrecht, NZG 2008, 767
- Melchior, Robin: „Checkliste" der Richterinnen und Richter des Amtsgerichts Charlottenburg – Handelsregister – betreffend die anzuwendenden Rechtsnormen bei grenzüberschreitenden Sitzverlegungen; Stand August 2014, GmbHR 2014, R311
- Messenzehl, Eric/Schwarzfischer, Benjamin: „Der EuGH mach den Weg frei für den grenzüberschreitenden Formwechsel", BB 2012, 2069
- Miras, Antonio: Aktuelle Fragen zur Unternehmergesellschaft (haftungsbeschränkt), NZG 2012, 486
- Miras, Antonio: Handelndenhaftung für fehlerhafte Firmierung im Rechtsverkehr, NZG 2012, 1095
- Mitschke, Wolfgang: Entstrickung und Verstrickung – BFH I R 77/06 und § ESTG § 4 Abs. ESTG § 4 Absatz 1 Satz 3 EStG – Kurze Erwiderung auf Körner (IStR 2009, 741 ff.), IStR 2010, 95
- Mitschke, Wolfgang: Entstrickung und Verstrickung – BFH I R 77/06 und § 4 Abs. 1 Satz 3 EStG – Kurze Duplik auf Körner, in diesem Heft auf S. 208, IStR 2010, 211
- Mitschke, Wolfgang: Kein steuerfreier Exit stiller Reserven bei Sitzverlegung einer SE von Deutschland nach Österreich – Anmerkungen zum Aussetzungsbeschluss des FG Rheinland-Pfalz vom 7. 1. 2011, IStR 2011, 294
- Mitschke, Wolfgang: National Grid Indus – Ein Pyrrhussieg für die Gegner der Sofortversteuerung? Zugleich eine Erwiderung auf Körner (S. 1), IStR 2012, 6
- Mitschke, Wolfgang: Das EuGH-Urteil „National Grid Indus" vom 29. 11. 2011 – Eine Bestandsaufnahme und eine Bewertung aus Sicht der Finanzverwaltung, DStR 2012, 629
- Mitschke, Wolfgang: Nochmals: Das EuGH-Urteil in der Rs. DMC – Ende der Diskussionen um die Wegzugsteuer? – Eine Erwiderung auf Linn (S. 136), IStR 2014, 216
- Möller, Christian: Die Hinzurechnungsbesteuerung ausgewählter EU-Mitgliedstaaten – Reaktionen auf „Cadbury Schweppes", IStR 2010, 166
- Möller-Gosoge, Dagmar/Kaiser, Florian: Die deutsche EXIT-Besteuerung bei Wegzug von Unternehmen ins Ausland, BB 2012, 803

- Momen, Leila: Auswirkungen des EuGH-Urteils in der Rs. National Grid Indus auf die deutsche Entstrickungsbesteuerung, RIW 2012, 302
- Montag, Frank/von Bonin, Andreas: Die Entwicklung des Unionsrechts bis Mitte 2012, NJW 2012, 3553
- Mörsdorf, Oliver/Jopen, Christian: Grenzüberschreitender Formwechsel einer Gesellschaft („Vale"), ZIP 2012, 1394
- Mörsdorf, Oliver: Was von Daily Mail übrig blieb – Die Wegzugsbesteuerung von EU-Gesellschaften nach dem EuGH-Urteil National Grid Indus, EuZW 2012, 296
- Mörsdorf, Oliver: Nun also doch! – Die überraschende Umdeutung der Niederlassungsfreiheit zur Rechtswahlfreiheit durch den EuGH im Urteil Polbud, ZIP 2017, 2381
- Mörsdorf, Oliver: Der Entwurf einer Richtlinie für grenzüberschreitende Umwandlungen – Meilenstein oder Scheinriese?, EuZW 2019, 141
- Möslein, Florian: Das Europäische Recht unternehmerischer Strukturmaßnahmen, JA 2007, 833
- Mössner, Jörg Manfred: EuGH und Entstrickung – Ist alles geklärt?, IStR 2015, 768
- Mucha, Ariel/Oplustil, Krzysztof: Redefining the Freedom of Establishment under EU Law as the Freedom to Choose the Applicable Company Law: A Discussion after the Judgment of the Court of Justice (Grand Chamber) of 25 October 2017 in Case C-106/16, Polbud, ECFR 2018, 270
- Mückl, Patrick/Götte, Mareike: Unternehmensmitbestimmung und grenzüberschreitende Unternehmensmobilität – Mitbestimmungsrecht im Vorschlag für eine Richtlinie in Bezug auf grenzüberschreitende Umwandlungen, Verschmelzungen und Spaltungen, BB 2018, 2036
- Müller, Hans-Friedrich: Insolvenz ausländischer Kapitalgesellschaften mit inländischem Verwaltungssitz, NZG 2003, 414
- Müller, Hans-Friedrich: Müller: Die grenzüberschreitende Verschmelzung nach dem Referentenentwurf des Bundesjustizministeriums, NZG 2006, 286
- Müller, Michael: Mehrdeutige Begriffe im Internationalen Privatrecht, Jura 2015, 1319
- Müller-Bonanni, Thomas: Unternehmensmitbestimmung nach „Überseering" und „Inspire Art", GmbHR 2003, 1235
- Müller-Graf, Peter-Christian: Transnationale Sitzverlegung von Kapitalgesellschaften im primären Binnenmarktrecht nach der Lissabonner Reform, Festschrift Hellwig, 2010, S. 251 ff.
- Müller-Graf, Peter-Christian: Die horizontale Direktwirkung der Grundfreiheiten, EuR 2014, 3

- Mutter, Stefan: EU-rechtswidrige Pflicht der Liquidation und Auflösung vor Löschung im Herkunftsstaat bei grenzüberschreitender Umwandlung („Polbud – Wykonawstwo"), EWiR 2017, 491
- Nagel, Bernhard: Die Richtlinie zur grenzüberschreitenden Verschmelzung, NZG 2006, 97
- Nagy, Csongor István: Grenzüberschreitende Umwandlung in einem rechtlichen Vakuum: die Folgeentscheidung des ungarischen Gerichtshofs im Fall VALE, IPRax 2013, 582
- Nentwig, Martin: Schlussantrag Generalanwalt beim EuGH: Grenzüberschreitender Form-wechsel innerhalb der EU ohne Verlegung des tatsächlichen Verwaltungssitzes, GWR 2017, 261
- Nicolai, Jakob/Kuszlik, Nina: Reform des Stiftungsrechts, ZRP 2016, 47
- Niesten-Dietrich, Julia: Integration und Staatsangehörigkeit, ZAR 2012, 85
- Noack, Max: Das Company Law Package – Vorschläge der Europäischen Kommission zur Harmonisierung des materiellen Schutzes der Minderheitsgesellschafter bei grenzüberschreitenden Verschmelzungen, AG 2018, 780
- Nowak, Carsten/Schnitzler, Jörg: Erweiterte Rechtfertigungsmöglichkeiten für mitgliedstaatliche Beschränkungen der EG-Grundfreiheiten – Genereller Rechtsprechungswandel oder Sonderweg im Bereich der sozialen Sicherheit?, EuZW 2000, 627
- Oechsler, Jürgen: Die Sitzverlegung der Europäischen Aktiengesellschaft nach Art. 8 SE-VO, AG 2005, 373
- Oechsler, Jürgen: Die Zulässigkeit grenzüberschreitender Verschmelzungen – Die Sevic-Entscheidung des EuGH, NJW 2006, 812
- Oechsler, Jürgen: Erlaubte Gestaltungen im Anwendungsbereich des Art. 56 I EG – Zugleich zur Entscheidung EuGH, NZG 2006, 942 – Golden Shares VI, NZG 2007, 161
- Oechsler, Jürgen: Die Polbud-Entscheidung und die Sitzverlegung der SE, ZIP 2018, 1269
- Ohler, Christoph: Mitgliedstaatliches Verbot des Vertriebs von Glücksspiel über das Internet, Anmerkung zum Urteil des EuGH vom 8. September 2009, Rs. C-42/07 – Liga Portuguesa de Futebol Profissional, Bwin International Ltd/ Departamento de Jogos da Santa Casa da Misericórdia de Lisboa, EuR 2010, 253
- Oplustil, Krzysztof/Sikora, Patrick: Grenzüberschreitende Verlegung des statutarischen Gesellschaftssitzes aus der Perspektive des Gründungsstaates: Vorlagefragen des polnischen Obersten Gerichts an den EuGH, EWS 2017, 134
- Otte, Sabine, Rechtsprechung der EG-Gerichte – Niederlassungsfreiheit: Der Gründungsmitgliedstaat kann es einer Gesellschaft verwehren, ihren effektiven Verwaltungssitz in einen anderen Staat zu verlegen und zugleich eine

Gesellschaft nationalen Rechts bleiben – „Cartesio" bestätigt „Daily Mail", EWS 2009, 31
- Pache, Eckhard: Der Grundsatz der Verhältnismäßigkeit in der Rechtsprechung der Gerichte der Europäischen Gemeinschaften, NVwZ 1999, 1033
- Paefgen, Walter: „Deutsche" Corporations im System des Gesellschaftskollisionsrechts, DZWiR 2003, 441
- Paefgen, Walter: Umwandlung, europäische Grundfreiheiten und Kollisionsrecht, GmbHR 2004, 463
- Paefgen, Walter: „Cartesio": Niederlassungsfreiheit minderer Güte – zum Urteil des EuGH vom 16.12.2008 („Cartesio"), WM 2009, 529
- Paefgen, Walter: „Polbud": Niederlassungsfreiheit als Sitzspaltungsfreiheit – Zum Urteil des EuGH vom 25.10.2017 in der Rechtssache „Polbud" = WM 2017, 2359 – Teil I, WM 2018, 981
- Paefgen, Walter: „Polbud": Niederlassungsfreiheit als Sitzspaltungsfreiheit – Zum Urteil des EuGH vom 25.10.2017 in der Rechtssache „Polbud" = WM 2017, 2359 – Teil II, WM 2018, 1029
- Papmehl, Markus: Delaware Corporate Law: Entstehungsgeschichte und Gründe für den Führungsanspruch im US-Gesellschaftsrecht, ZVglRWiss 2002, 200
- Peneva-Gädeke, Kalina: EuGH: Begriff der Arbeitnehmerentsendung – Zugang polnischer Arbeitnehmer zum Arbeitsmarkt früherer Unionsmitgliedstaaten, EuZW 2011, 347
- Pescatore, Pierre: Recht in einem mehrsprachigen Raum, ZEuP 1998, 1
- Pessi, Honkasalo/Tahvanainen, Janina: Piercing the corporate veil under the Copyright Act, GRUR Int 2013, 858
- Peters Carsten/Wüllrich, Phillipp: Grenzenlose gesellschaftsrechtliche Flexibilität – die Societas Privata Europaea (SPE), NZG 2008, 807
- Pießkalla, Michael: Unmittelbare Drittwirkung der Grundfreiheiten des EG-Vertrags bei Boykottaufrufen durch Gewerkschaften, NZA 2007, 1144
- Pießkalla, Michael: Verhinderbare Gesellschaftssitzverlegung in einen anderen Mitgliedstaat als den Gründungsmitgliedstaat, EuZW 2009, 75
- Pinkernell, Reimar: Das Steueroasen-Dilemma der amerikanischen IT-Konzerne, IStR 2013, 180
- Plewka, Harald/Renger, Stefan: Verstößt § 50 d Abs. 3 EStG tatsächlich gegen die Grundfreiheiten?, GmbHR 2007, 1027
- Poertzgen, Christoph: EuGH: Zuständigkeit nach EuInsVO für Klagen gegen Geschäftsführer nach § 64 GmbHG, NZI 2015, 88
- Potacs, Michael: Effet utile als Auslegungsgrundsatz, EuR 2009, 465
- Potacs, Michael: Wertkonforme Auslegung des Unionsrechts?, EuR 2016, 164
- Priester, Hans-Joachim: EU-Sitzverlegung – Verfahrensablauf, ZGR 1999, 36

- Prinz, Ulrich: Steuerliches Entstrickungskonzept – gelungen oder reparaturbedürftig?, GmbHR 2012, 195
- Probst, Peter/Kleinert, Jens: Schein-Auslandsgesellschaften – Erneute Betonung der Niederlassungsfreiheit durch den EuGH, MDR 2003, 1265
- Probst, Peter/Kleinert, Jens: Erneute klare Absage an Wegzugsbeschränkungen durch EuGH und Kommission, NJW 2004, 2425
- Radtke, Henning/Hoffmann, Maike: Die Anwendbarkeit von nationalem Insolvenzstrafrecht auf EU-Auslandsgesellschaften, EuZW 2009, 404
- Ratka, Thomas/Rauter, Roman Alexander: Cartesio und das ius vitae necisque des Wegzugstaates, WBL 2009, 62
- Richter, Lutz: Der identitätswahrende Wegzug deutscher Gesellschaften ins EU-/EWR-Ausland auf dem Vormarsch – Zugleich Anmerkungen zu den Schlussanträgen in der Rechtssache Cartesio vom 22. 5. 2008, IStR 2008, 719
- Richter, Lutz: Verlegung des Sitzes einer Gesellschaft in einen anderen Mitgliedstaat als den Gründungsmitgliedstaat, IStR 2009, 59
- Ringe, Wolf-Georg/Willemer, Charlotte: Die „deutsche Limited“ in der Insolvenz – Zugleich Anmerkung zu LG Kiel, Urt. v. 20. 4. 2006 – 10 S 44/05, EuZW 2006, 478, EuZW 2006, 621
- Ringe, Wolf-Georg/Willemer, Charlotte: Zur Anwendung von § 64 GmbHG auf eine englische Limited, NZG 2010, 56
- Ringe, Wolf-Georg: No Freedom of Emigration for Companies?, EBLR, 2005, 621
- Ringe, Wolf-Georg: Grenzüberschreitende Verschmelzungen: Ablehnung der Eintragung in das nationale Handelsregister – Verstoß gegen die Niederlassungsfreiheit, DB 2005, 2804
- Ringe, Wolf-Georg: Keine Beschränkungen des Wegzugs von Gesellschaften innerhalb der EU („Cartesio“), ZIP 2008, 1067
- Rödder, Thomas: Deutsche Unternehmensbesteuerung im Visier des EuGH, DStR 2004, 1629
- Rohler, Thomas: Wegzugsbesteuerung und Funktionsverlagerung – Auswirkungen des EuGH-Urteils National Grid Indus B.V., GmbH-StB 2012, 54
- Römermann, Volker: Die Limited in Deutschland – eine Alternative zur GmbH?, NJW 2006, 2065
- Römermann, Volker: Die Unternehmergesellschaft – manchmal die bessere Variante der GmbH – Wider die vorurteilsbelastete Sicht einer neuen Gesellschaftsform, NJW 2010, 905
- Römermann, Volker: Anwendung des § 64 GmbHG auf den Direktor einer Limited englischen oder walisischen Rechts, GmbHR 2016, 24
- Rosenthal, Michael: Die steuerliche Beurteilung von Auslandssachverhalten im Spannungsfeld zwischen Abkommensrecht und Europarecht – zugleich

Besprechung des Urteils des FG Hamburg vom 22. 8. 2006 zur Veräußerung von Anteilen an einer spanischen Personengesellschaft, IStR 2007, 610
- Roth, Günter Hermann: Gläubigerschutz durch Existenzschutz, NZG 2003, 1081
- Roth, Günter Hermann: Die Bedeutung von Cadbury-Schweppes für die Centros-Judikatur des EuGH, EuZW 2010, 607
- Roth, Günter Hermann: Das Ende der Briefkastengründung? – Vale contra Centros, ZIP 2012, 1744
- Roth, Günter Hermann: Literaturbesprechung – Caspar Behme: Rechtsformwahrende Sitzverlegung und Formwechsel von Gesellschaften über die Grenze, ZHR 2016, 691
- Roth, Wulf-Henning: Die Freiheiten des EG-Vertrages und das nationale Privatrecht – Zur Entwicklung internationaler Sachnormen für europäische Sachverhalte, ZEuP 1994, 5
- Rübenstahl, Markus/Zinser, Stefan: Die „Schwarzlohnabrede" – Lohnsteuerhinterziehung, Strafzumessungsrecht und obiter dicta, NJW 2011, 2481
- Rubner, Daniel/Leuering, Dieter: Grenzüberschreitende Verlegung des Satzungssitzes, NJW-Spezial 2012, 517
- Ruiner, Christoph: Überlegungen zur deutschen Wegzugsbesteuerung von Gesellschaften im Licht des EuGH-Urteils in der Rs. National Grid Indus BV, IStR 2012, 49
- Ruiner, Christoph: Fortentwicklung des EuGH-Urteils in der Rs. Cartesio durch die Schlussanträge des GA Jääskinen in der Rs. Vale Építési kft., IStR 2012, 257
- Saenger, Ingo: Wegzug von Personengesellschaften, Festschrift P+P Pöllath+Partners, 2008, S. 295 ff.
- Sander, Gerald G./Sigloch, Daniel: Der Arzneimittelversand im Lichte der Keck-Rechtsprechung des EuGH – zugleich Anmerkung zu den Schlussanträgen in der Rechtssache C-322/01, PharmaR 2003, 371
- Sandrock, Otto/Austmann, Andreas: Das Internationale Gesellschaftsrecht nach der Daily-Mail-Entscheidung des Europäischen Gerichtshofs: Quo vadis?, RIW 1989, 249
- Sandrock, Otto: Centros: Ein Etappensieg für die Überlagerungstheorie, BB 1999, 1337
- Sandrock, Otto: Gehören die deutschen Regelungen über die Mitbestimmung auf Unternehmensebene wirklich zum deutschen ordre public?, AG 2004, 57
- Saß, Gert: Neuere Entwicklungen beim Abbau steuerlicher Diskriminierungen von Ausländern in der Europäischen Union, BB 1995, 69
- Schaefer, Franz/Fackler, Stephan: Durchgriffshaftung wegen allgemeiner Unterkapitalisierung, NZG 2007, 377

- Schäfer, Carsten: Das Gesellschaftsrecht (weiter) auf dem Weg nach Europa – am Beispiel der SE-Gründung, NZG 2004, 785
- Schall, Alexander/Barth, Alexander: Stirbt Daily Mail langsam? Zu den Folgen von EuGH C-371/10 (National Grid Indus) für Kollisionsrecht und Wegzugsbesteuerung, NZG 2012, 414
- Schall, Alexander: Kapitalsystem und Europarecht – allgemeiner Verhältnismäßigkeitsvorbehalt im Zeichen der Niederlassungsfreiheit?, Festschrift Meilicke 2010, S. 651 ff.
- Schall, Alexander: Deutscher Gläubigerschutz und Europarecht – Lehren aus dem PIN-Fall des BGH, NJW 2011, 3745
- Schall, Alexander: Der grenzüberschreitende Formwechsel in Europa nach Polbud, ZfPW 2018, 176
- Schanze, Erich/Jüttner, Andreas: Anerkennung und Kontrolle ausländischer Gesellschaften – Rechtslage und Perspektiven nach der Überseering-Entscheidung des EuGH, AG 2003, 30
- Schanze, Erich/Jüttner, Andreas: Die Entscheidung für Pluralität: Kollisionsrecht und Gesellschaftsrecht nach der EuGH-Entscheidung „Inspire Art", AG 2003, 661
- Schanze, Erich: Gesellschafterhaftung für unlautere Einflussnahme nach § 826 BGB: Die Trihotel-Doktrin des BGH, NZG 2007, 681
- Schindler, Clemens Philipp: Hughes de Lasteyrie du Saillant als Ende der (deutschen) Wegzugsbesteuerung?, IStR 2004, 300
- Schindler, Clemens Philipp: Cross-Border Mergers in Europe – Company Law is catching up! – Commentary on the ECJ's Decision in Sevic Systems AG; ECFR 2006, 109
- Schlemmer-Schulte, Sabine: Die Dynamik des europäischen Gesellschaftsrechts, EWS 1992, 333
- Schmidt, Claudia/Maul, Silja: Niederlassungsfreiheit: Eintragung einer grenzüberschreitenden Verschmelzung in das nationale Handelsregister darf nicht verweigert werden – SEVIC Systems, BB 2006, 11
- Schmidt, Jessica: Neue Phase der Modernisierung des europäischen Gesellschaftsrechts, GmbHR 2011, R 177
- Schmidt, Jessica: Aktionsplan Europäisches Gesellschaftsrecht und Corporate Governance 2012, GmbHR 2013, R 33
- Schmidt-Kessel, Martin: Niederlassungsfreiheit gestattet Wegzugsbeschränkungen. Anmerkung zu EuGH, Urteil vom 16.12.2008, C-210/06 – Cartesio, GPR 2009, 26
- Schmitt, Joachim/Keuthen, Markus: Stille Lasten bei der Verschmelzung von Körperschaften, DStR 2015, 2521

- Schnitger, Arne/Sedemund, Jan: Überseering: Schluss mit der „Gründungstheorie“ im Binnenmarkt, IStR 2002, 809
- Schnitger, Arne: Verstoß der Wegzugsbesteuerung (§ 6 AStG) und weiterer Entstrickungsnormen des deutschen Ertragssteuerrechts gegen die Grundfreiheiten des EG-Vertrags – Auswirkungen der Rs. Lasteyrie du Saillant auf den deutschen Rechtskreis, BB 2004, 804
- Schollmeyer, Eberhard: Von der Niederlassungsfreiheit zur Rechtswahlfreiheit? – Das „Polbud“-Urteil des Europäischen Gerichtshofs vom 25. Oktober 2017, ZGR 2018, 186
- Scholz, Philipp: Neues zur Reichweite des Insolvenzstatuts, zur Niederlassungsfreiheit und zum Kompetenzgefüge im europäischen Kollisionsrecht, ZEuP 2016, 959
- Schön, Wolfgang: Besteuerung im Binnenmarkt – die Rechtsprechung des EuGH zu den direkten Steuern, IStR 2004, 289
- Schön, Wolfgang: Die Niederlassungsfreiheit von Kapitalgesellschaften im System der Grundfreiheiten, Festschrift Lutter, 2000, S. 685 ff.
- Schön, Wolfgang: The Mobility of Companies in Europe and the Organizational Freedom of Company Founders, ECFR 2006, 122
- Schön, Wolfgang: Das System der gesellschaftsrechtlichen Niederlassungsfreiheit nach VALE, ZGR 2013, 333
- Schönhaus, Mathias/Müller, Michael: Grenzüberschreitender Formwechsel aus gesellschafts- und steuerrechtlicher Sicht, IStR 2013, 174
- Schorkopf, Frank: Beweislast im Recht des freien Warenverkehrs, EuR 2009, 645
- Schroeder, Werner: Grenzen der Rechtsprechungsbefugnis des EuGH, Festschrift Roth 2011, S. 735 ff.
- Schulte, Christian: Innereuropäische formwechselnde Sitzverlegungen nach der VALE-Entscheidung des EuGH – Ein Überblick über die „Verfahrenstechnik“ und ein Ausblick, IWRZ 2016, 3
- Schulz, Martin: (Schein-)Auslandsgesellschaften in Europa – ein Schein-Problem?, NJW 2003, 2705
- Schwark, Eberhard: Globalisierung, Europarecht und Unternehmensmitbestimmung im Konflikt, AG 2004, 173
- Schwartz, Ivo: Perspektiven der Angleichung des Privatrechts in der Europäischen Gemeinschaft, ZEuP 1994, 559
- Schwedhelm, Rolf: Grenzüberschreitende Verschmelzungen nach neuem Recht – Neue Chancen und Risiken nach der Änderung von UmwG und UmwStG, GmbH-StB 2007, 182
- Schwenke, Michael: Die Kapitalverkehrsfreiheit im Wandel? – Eine erste Analyse neuer Entwicklungen in der Rechtsprechung des EuGH, IStR 2006, 748

- Sedemund, Jan: Die Bedeutung des Prinzips der steuerlichen Kohärenz als Rechtfertigungs-aspekt für Eingriffe in die Grundfreiheiten des EG-Vertrages, IStR 2001, 190
- Sedemund, Jan: EU-weite Verschmelzungen: Gesellschaftsrechtliche Vorgaben und steuerliche Implikationen des SEVIC-Urteils des EuGH vom 13.12.2005, BB 2006, 519
- Sedemund, Jan: Cadbury/Schweppes: Britische Regelungen zur Hinzurechnungsbesteuerung nur im Falle rein künstlicher Gestaltungen europarechtskonform, BB 2006, 2118
- Sedemund, Jochim/Montag, Frank: Die Entwicklung des Europäischen Gemeinschaftsrechts, NJW 1989, 1409
- Seebach, Daniel: Die Unternehmergesellschaft (haftungsbeschränkt) in der notariellen Praxis, RNotZ 2013, 261
- Sethe, Rolf/Winzer, Katharina: Der Umzug von Gesellschaften in Europa nach dem Cartesio-Urteil, WM 2009, 536
- Siems, Mathias: SEVIC: Der letzte Mosaikstein im Internationalen Gesellschaftsrecht der EU?, EuZW 2006, 135
- Soltész, Ulrich/Schilling, Simona: Europäisches Wettbewerbsrecht und Politik – ein unzertrennliches Paar?, EuZW 2016, 767
- Spahlinger, Andreas/Wegen, Gerhard: Deutsche Gesellschaften in grenzüberschreitenden Umwandlungen nach „SEVIC“ und der Verschmelzungsrichtlinie in der Praxis, NZG 2006, 721
- Starck, Christian: Bilanzpublizität und Datenschutz, DStR 2008, 2035
- Steinberg, Rudolf: Konrad Hesse†, NJW 2005, 1556
- Steindorff, Ernst: Gemeinsamer Markt als Binnenmarkt, ZHR 1986, 687
- Steindorff, Ernst: EuGH, 2.8.1993 – C-259, 331 u. 332/91 – Allué II, JZ 1994, 94
- Steindorff, Ernst: Unvollkommener Binnenmarkt, ZHR 1994, 149
- Stewen, Tobias: Der EuGH und die nationale Steuerhoheit – Spannungsverhältnis und Konfliktlösung, EuR 2008, 445
- Stieb, Stephan: Die Erledigung von Unerledigtem: Sitzverlegung von Gesellschaften innerhalb der EG, GmbHR 1992, R 25
- Stiegler, Sascha: Entwicklungen im europäischen Gesellschaftsrecht im Jahr 2013, DB 2014, 525
- Stiegler, Sascha: Anwendbarkeit des § 64 GmbHG auf EU-Auslandsgesellschaften, GWR 2016, 39
- Stöber Michael: Anwendbares Recht und Gerichtsstand bei Bestellung und Abberufung des Geschäftsführers einer in Deutschland tätigen Limited, GmbHR 2006, 1147

- Stöber, Michael: Goldene Aktien und Kapitalverkehrsfreiheit in Europa, NZG 2010, 977
- Stöber, Michael: Grenzüberschreitende Umwandlungen und ihre Besteuerung, ZIP 2012, 1273
- Stöber, Michael: Die Haftung für existenzvernichtende Eingriffe, ZIP 2013, 2295
- Stöber, Michael: Kapitalverkehrsfreiheit und persönliche Gesellschafterhaftung im europäischen Kapitalgesellschaftsrecht, ZVglRWiss 2014, 57
- Streinz, Rudolf/Leible, Stefan: Die unmittelbare Drittwirkung der Grundfreiheiten – Überlegungen aus Anlass von EuGH, EuZW 2000, 468 – Angonese, EuZW 2000, 459
- Streit, Thomas: Anforderungen an eine zum Vorsteuerabzug berechtigende Rechnung – Merkmal des vollständigen Namens und der vollständigen Anschrift – Geissel und Butin, DStR 2017, 2544
- Swierczok, Artur M.: EuGH: Haftung für masseverkürzende Zahlungen, NZI 2016, 48
- Sydow, Sabine: Das EuGH-Urteil Kommission/Dänemark, C-261/11 vom 18. 7. 2013 zur Exit Tax, IStR 2013, 663
- Teichmann, Christoph/Knaier, Ralf: Grenzüberschreitender Formwechsel nach „Polbud" – Die neue Umwandlungsfreiheit im Binnenmarkt, GmbHR 2017, 1314
- Teichmann, Christoph: Binnenmarktmobilität von Gesellschaften nach „Sevic", ZIP 2005, 2311
- Teichmann, Christoph: Binnenmarktmobilität nach „Sevic", ZIP 2006, 355
- Teichmann, Christoph: Cartesio: Die Freiheit zum formwechselnden Wegzug, ZIP 2009, 393
- Teichmann, Christoph: Gesellschaftsrecht im System der Europäischen Niederlassungsfreiheit, ZGR 2011, 639
- Teichmann, Christoph: Der grenzüberschreitende Formwechsel ist spruchreif – Das Urteil des EuGH in der Rs. Vale, DB 2012, 2085
- Teichmann, Christoph: Gesellschaften und natürliche Personen im Recht der europäischen Niederlassungsfreiheit, Festschrift Hommelhoff 2012, S. 1213 ff.
- Teichmann, Christoph: Grundlinien eines europäischen Umwandlungsrechts: Das „EU-Company Law Package 2018", NZG 2019, 241
- Thiermann, Christoph: „Grenzüberschreitende Neugründung einer Gesellschaft" – ein neues Rechtsinstitut innerhalb der Europäischen Union?, EuZW 2012, 209
- Thömmes, Otmar/Linn, Alexander: Verzinsung und Sicherheitsleistung bei aufgeschobener Fälligkeit von Steuern im Wegzugsfall, IStR 2012, 282
- Thonfeld, Henning: Der „instabile Überschuldungsbegriff" des Finanzmarktstabilisierungsgesetzes, NZI 2009, 15

- Thym, Daniel: Zustand und Zukunft der Europarechtswissenschaft in Deutschland, EuR 2015, 671
- Trams, Kai: Haftung des GmbH-Gesellschafters für Gesellschaftsschulden, NJW-Spezial 2015, 533
- Trautrims, Christoph: Geschichte und Bedeutung von Sitz- und Gründungstheorie im deutschen Recht, ZHR 2012, 435
- Triebel, Volker/von Hase, Karl: Wegzug und grenzüberschreitende Umwandlungen deutscher Gesellschaften nach „Überseering“ und „Inspire Art“, BB 2003, 2409
- Trstenjak, Verica/Beysen, Erwin: Das Prinzip der Verhältnismäßigkeit in der Unionsrechtsordnung, EuR 2012, 265
- Ulmer, Peter: Gläubigerschutz bei Scheinauslandsgesellschaften – Zum Verhältnis zwischen gläubigerschützendem nationalem Gesellschafts-, Delikts- und Insolvenzrecht und der EG-Niederlassungsfreiheit, NJW 2004, 1201
- Veit, Martin/Wichert, Joachim: Unternehmerische Mitbestimmung bei europäischen Kapitalgesellschaften mit Verwaltungssitz in Deutschland nach „Überseering“ und „Inspire Art“, AG 2004, 14
- Verse, Dirk A./Wiersch, Rachid René: Die Entwicklung des europäischen Gesellschaftsrechts im Jahr 2013, EuZW 2014, 375
- Verse, Dirk A./Wiersch, Rachid René: Die Entwicklung des europäischen Gesellschaftsrechts 2014–2015, EuZW 2016, 330
- Verse, Dirk A.: Die Entwicklung des Europäischen Gesellschaftsrechts im Jahr 2012, EuZW 2013, 336
- Verse, Dirk A.: Niederlassungsfreiheit und grenzüberschreitende Sitzverlegung – Zwischenbilanz nach „National Grid Indus“ und „Vale“, ZEuP 2013, 458
- Vetter, Jochen: Die neue dogmatische Grundlage des BGH zur Existenzvernichtungshaftung, BB 2007, 1965
- von Arnim, Christoph: U.S. Corporation und Aktiengesellschaft im Rechtsvergleich – Haftungsdurchgriff im deutschen Kapitalgesellschaftsrecht und Piercing the Corporate Veil im Recht der U.S.-amerikanischen Corporation, NZG 2000, 1001
- von Brocke, Klaus: Sofortige Fälligkeit der Wegzugsbesteuerung einer Gesellschaft unverhältnismäßig, SteuK 2012, 38
- Voß, Reimer: Steuern in Europa, DStR 1991, 925
- Wachter, Thomas: Ende der Wegzugsbeschränkungen in Europa, GmbHR 2004, R161
- Wachter, Thomas: Startschuss für grenzüberschreitende Verschmelzungen, GmbHR 2007, R161

- Wachter, Thomas: Verstoß einer Sitzverlegung von vorheriger Auflösung der Gesellschaft abhängig machender innerstaatlicher Regelung gegen die Niederlassungsfreiheit – Polbud, NZG 2017, 1308
- Wachter, Thomas: Neues zum Europäischen Umwandlungsrecht (I) – Grenzüberschreitende Verschmelzungen, Spaltungen und Formwechsel, GmbH-StB 2018, 283
- Wachter, Thomas: Neues zum Europäischen Umwandlungsrecht (II) – Grenzüberschreitende Verschmelzungen, Spaltungen und Formwechsel, GmbH-StB 2018, 317
- Wägenbaur, Rolf: Das Verbot „indirekter" Tabakwerbung und seine Vereinbarkeit mit Art. 30 EGV, EuZW 1998, 709
- Wagner, Jens: Der Regierungsentwurf für ein Drittes Gesetz zur Änderung des Umwandlungsgesetzes, DStR 2010, 1629
- Waldens, Stefan/Sedemund, Jan: Steuern steuern durch Prinzipalstrukturen: Ist nach Cadbury Schweppes nunmehr fast alles möglich?, IStR 2007, 450
- Wassermeyer, Franz/Schönfeld, Jens: Die EuGH-Entscheidung in der Rechtssache „Cadbury Schweppes" und deren Auswirkungen auf die deutsche Hinzurechnungsbesteuerung, GmbHR 2006, 1065
- Wassermeyer, Franz: Steuerliche Konsequenzen aus dem EuGH-Urteil „Hughes de Lasteyrie du Saillant", GmbHR 2004, 613
- Weber-Grellet, Heinrich: Neu-Justierung der EuGH-Rechtsprechung, DStR 2009, 1229
- Wegen, Gerhard/Asbrand, Dominik: Zivilrechtliche Haftung des Organs in Deutschland bei Geschäftstätigkeit mit Auslandsbezug, IWRZ 2016, 248
- Weiler, Frank: Grammatikalische Auslegung des vielsprachigen Unionsrechts, ZEuP 2010, 861
- Weiss, Manfred/Seifert, Achim: Der europarechtliche Rahmen für ein „Mitbestimmungserstreckungsgesetz", ZGR 2009, 542
- Weiss, Susanne/Wöhlert, Helge-Torsten: Die „Sevic-Entscheidung" des EuGH – „sudden death" für Societas Europea und Richtlinie zur grenzüberschreitenden Verschmelzung und Wegbereiter für grenzüberschreitende Spaltungen?, WM 2007, 580
- Weiß, Wolfgang: Nationales Steuerrecht und Niederlassungsfreiheit – Von der Konvergenz der Grundfreiheiten als Beschränkungsverbote zur Auflösung der Differenzierung zwischen unterschiedslosen und unterschiedlichen Maßnahmen, EuZW 1999, 493
- Weller, Marc-Philippe: „Inspire Art": Weitgehende Freiheiten beim Einsatz ausländischer Briefkastengesellschaften, DStR 2003, 1800
- Weller, Marc-Philippe: Zum identitätswahrenden Wegzug deutscher Gesellschaften, DStR 2004, 1218

- Weller, Marc-Philippe: Die Neuausrichtung der Existenzvernichtungshaftung durch den BGH und ihre Implikationen für die Praxis – Zugleich Besprechung BGH v. 16.7.2007 – II ZR 3/04, ZIP 2007, 1552 („Trihotel"), ZIP 2007, 1681
- Weller, Marc-Philippe: Internationales Unternehmensrecht 2010 – IPR-Methodik für grenzüberschreitende gesellschaftsrechtliche Sachverhalte, ZGR 2010, 679
- Weller, Marc-Philippe: Zukunftsfragen des Europäischen Unternehmensrechts, ZEuP 2012, 681
- Weller, Marc-Philippe: Unternehmensmitbestimmung für Auslandsgesellschaften, Festschrift Hommelhoff, 2012, S. 1275 ff.
- Weller, Marc-Philippe: Wind of Change im Gesellschaftsrecht: Von den „closed" zu den „framed open societies", ZEuP 2016, 53
- Weller, Marc-Philippe, Hübner, Leonhard: EuGH: Haftung für masseverkürzende Zahlungen – Reichweite des Insolvenzstatuts, NJW 2016, 223
- Weller, Marc-Philippe/Thomale, Chris/Benz, Nina: Englische Gesellschaften und Unternehmensinsolvenzen in der Post-Brexit-EU, NJW 2016, 2378
- Weng, Andreas: Die Rechtssache Cartesio – Das Ende Daily Mails?, EWS 2008, 264
- Wernicke, Thomas: EuGH: Rechtsfähigkeit niederländischer Gesellschaft in Deutschland, EuZW 2002, 754
- Wertenbruch, Johannes: Der Abschluss des „Überseering"-Verfahrens durch den BGH – Folgerungen, NZG 2003, 618
- Westhoff, André: Die Verbreitung der englischen Limited mit Verwaltungssitz in Deutschland, GmbHR 2007, 474
- Weymüller, Rainer: Anforderungen an eine zum Vorsteuerabzug berechtigende Rechnung – Merkmal des vollständigen Namens und der vollständigen Anschrift – Geissel und Butin, MwStR 2017, 987
- Wicke, Hartmut: Mobilität europäischer Kapitalgesellschaften am Vorabend der 14. Gesellschaftsrechtlichen Richtlinie über die grenzüberschreitende Sitzverlegung, GPR 2010, 238
- Wicke, Hartmut: Praktische Verwendung und Kapitalbildung der Unternehmergesellschaft (haftungsbeschränkt), GWR 2010, 259
- Wicke, Hartmut: Kontinuität und Wandel im Recht der GmbH, MittBayNot 2011, 23
- Wicke, Hartmut: Zulässigkeit des grenzüberschreitenden Formwechsels – Rechtssache „Vale" des Europäischen Gerichtshofs zur Niederlassungsfreiheit, DStR 2012, 1756
- Wicke, Hartmut: Grenzüberschreitender Formwechsel innerhalb der EU ohne Verlegung des tatsächlichen Sitzes, NZG 2017, 702

- Wicke, Hartmut: Optionen und Komplikationen bei der Umsetzung des Richtlinienvorschlags zum grenzüberschreitenden Formwechsel (Teil I), DStR 2018, 2642
- Wicke, Hartmut: Optionen und Komplikationen bei der Umsetzung des Richtlinienvorschlags zum grenzüberschreitenden Formwechsel (Teil II), DStR 2018, 2703
- Wiehe, Herbert/Thies, Angelika: Sitzverlegung nach Luxemburg in der Praxis, BB 2012, 1891
- Wieland, Joachim: Steuerwettbewerb in Europa, EuR 2001, 119
- Wieland, Joachim: Der EuGH im Spannungsverhältnis zwischen Rechtsanwendung und Rechtsgestaltung, NJW 2009, 1841
- Wilhelmi, Rüdiger: Europarecht. Gesellschaftsrecht, JZ 2009, 409
- Wilhelmi, Rüdiger: Die Freizügigkeit von Gesellschaften in der Europäischen Union – von Daily Mail bis VALE, Festschrift Hailbronner 2013, S. 531 ff.
- Winkler, Daniela: Vergangenheit und Zukunft der Flexibilitätsklausel im Spannungsfeld von unionalem Integrations- und mitgliedstaatlichem Souveränitätsanspruch, EuR 2011, 384
- Winter, Michael – Grenzüberschreitende Verschmelzungen – ein Update, GmbHR 2008, 532
- Winter, Michael/Marx, Eric/De Decker, Nadine: Mitbestimmungsrechtliche Aspekte der SE & Co. KG, NZA 2016, 334
- Winter, Michael/Marx, Eric/De Decker, Nadine: Von Paris nach Charlottenburg – zur Praxis grenzüberschreitender Formwechsel – Zugleich eine Anmerkung zu KG v. 21.3.2016 – 22 W 64/15, DStR 2016, 1997
- Winter, Michael/Marx, Eric/De Decker, Nadine: Von Frankfurt nach Rom – zur Praxis grenzüberschreitender „Hinausformwechsel" – Zugleich eine Anmerkung zu OLG Frankfurt a. M. v. 3.1.2017 – 20 W 88/15, DStR 2017, 1664
- Witt, Carl-Heinz: Modernisierung der Gesellschaftsrechte in Europa – Einige Sonderwege und manche gemeinsame Pfade, ZGR 2009, 872
- Wöhlert, Helge-Torsten/Degen, Stephan: Die neue Mobilität von Gesellschaften in Europa nach „Vale" und „National Grid Indus", GWR 2012, 432
- Wöhlert, Helge-Torsten: Umzug von Gesellschaften innerhalb Europas – Eine systematische Darstellung unter Auswertung der Entscheidungen „Cartesio" und „Trabrennbahn", GWR 2009, 161
- Wolf, Peter: Grenzüberschreitende Mobilität von Gesellschaften in Europa – Entwicklungslinien der Niederlassungsfreiheit zwischen Vale, Brexit und Digitalisierung, MittBayNot 2018, 510
- Wouters, Jan: Private International Law and Companies' Freedom of Establishment, EBOR 2001, 101 (110)

- Ziemons, Hildegard: Freie Bahn für den Umzug von Gesellschaften nach Inspire Art?!, ZIP 2003, 1913
- Zimmer, Daniel/Naendrup, Christoph: Das Cartesio-Urteil des EuGH: Rück- oder Fortschritt für das internationale Gesellschaftsrecht?, NJW 2009, 545
- Zimmer, Daniel: Ein Internationales Gesellschaftsrecht für Europa, RabelsZ 2003, 298
- Zimmer, Daniel: Nach „Inspire Art": Grenzenlose Gestaltungsfreiheit für deutsche Unternehmen?, NJW 2003, 3585